ONLINE

2024 최신판 비대면 채용대비

온라인 인적성검사

언어 ㅣ 수리 ㅣ 추리

SD에듀

㈜시대고시기획

2024 최신판 SD에듀 비대면 채용대비 온라인 인적성검사
언어 · 수리 · 추리

Always with you

사람의 인연은 길에서 우연하게 만나거나 함께 살아가는 것만을 의미하지는 않습니다.
책을 펴내는 출판사와 그 책을 읽는 독자의 만남도 소중한 인연입니다.
SD에듀는 항상 독자의 마음을 헤아리기 위해 노력하고 있습니다. 늘 독자와 함께하겠습니다.

PREFACE

머리말 | 2020년 초부터 우리나라에 감염력이 높은 코로나19 바이러스가 확산되면서 채용 시장은 급격하게 변화했다. 기업 채용과정 중 오프라인으로 진행되던 인적성검사와 면접전형에서 코로나19의 확산을 우려한 기업들이 채용을 취소하거나 미루는 사태가 발생했으며 오프라인으로만 시행하던 인적성검사와 면접전형을 온라인으로 전환, 시행하는 기업의 수도 늘어났다.

코로나19 확산이 계속되고 있는 상황에서 더 많은 기업체들이 인적성검사를 온라인으로 시행하고 있으며, 앞으로의 채용 과정에서도 온라인으로 인적성검사가 대체될 가능성이 높다.

이에 SD에듀에서는 수험생들이 온라인 인적성검사에 대한 '철저한 준비'를 할 수 있도록 다음과 같이 교재를 구성하였으며, 이를 통해 단기에 성적을 올릴 수 있는 학습법을 제시하였다.

도서의 특징

❶ 온라인으로 출제된 주요 기업의 7개년 기출복원문제를 수록하여 온라인 시험으로 출제될 가능성이 있는 유형별 출제 경향을 한눈에 볼 수 있도록 하였다.

❷ 영역별 이론점검, 대표유형, 유형점검을 수록하여 단계별로 학습이 가능하도록 하였다.

❸ 최종점검 모의고사 2회분과 오프라인용 OMR 답안지를 수록하여 오프라인과 온라인 시험 모두 대비할 수 있도록 하였다.

끝으로 본서를 통해 취업을 준비하는 여러분 모두의 건강과 합격을 진심으로 기원한다.

SDC(Sidae Data Center) 씀

삼성 GSAT

| 총평 | 삼성 온라인 GSAT |

전반적으로 기존에 출제되었던 유형에서 벗어나는 문제는 없었으나, 추리 영역에서 기존의 단어 대응 관계 문제 대신 문장나열 문제가 신유형으로 출제되었다. 영역별 유형의 비율은 기존 GSAT와 동일했으며 시험 영역 및 유형 등이 전체적으로 안정된 시험이었고 난이도도 평이했다. 다만, 추리 영역의 조건추리와 도형추리 유형을 풀이하는 데는 다른 유형보다 많은 시간이 소요되어 시간 분배가 중요한 시험이었다.

⬡ 온라인 GSAT의 핵심 전략

시험에 필요한 키트는 따로 배송되지 않으므로, 삼각대나 휴대폰 거치대를 미리 준비하는 것이 좋다. 특히 GSAT는 시험환경 설정이 까다로운 편이라 매뉴얼을 꼼꼼히 점검하는 것이 중요하다. 그리고 문제풀이 용지는 본인이 인쇄하여 준비해야 하므로, 화면만 보고 문제 푸는 법을 연습해야 한다.

시간 내에 풀 수 있는 문제를 전략적으로 선택하여 높은 정답률로 가장 많이 푸는 것이 핵심이다. 따라서 본인이 가장 자신 있는 유형과 자신 없는 유형을 먼저 파악해야 하고 문제 순서를 미리 정해 자신 있는 유형을 우선적으로 풀고 취약한 유형에 나머지 시간을 투자하도록 한다.

⬡ 시험 진행

영역	유형	문항 수	비율	응시시간
수리	응용수리	2문항	10%	30분
	자료해석	18문항	90%	
쉬는 시간				5분
추리	명제	3문항	10%	30분
	도형추리	3문항	10%	
	도식추리	4문항	13%	
	문장나열	2문항	7%	
	논리추리	7문항	23%	
	조건추리	11문항	37%	

|LG 인적성검사|

신유형 없이 기존에 출제되던 유형으로만 출제되었으며, 문항 수와 시간 또한 동일했다. 중하 정도의 난도로 빠르고 정확하게 푸는 것이 시험의 당락을 갈랐으며 자료해석은 숫자가 깔끔하게 떨어진 반면, 언어이해는 제시문을, 창의수리는 문제 자체를 꼼꼼하게 확인해야 정답을 거머쥘 수 있었다.

⬡ LG 온라인 인적성검사의 핵심 전략

어려운 문제를 푸는 것보다 빠르게 정답을 짚어내는 것이 중요한 시험이다. 40분을 주고 영역을 왔다 갔다 하며 문제를 푸는 시험이 아니라 한 영역당 10분의 시간이 네 번 주어지므로 놓친 문제는 다시 확인할 수 없다.

따라서 영역별로 접근하는 것이 필요하다. 먼저 영역별로 자주 출제되는 문제 유형을 익히고, 가장 자신 있는 유형과 자신 없는 유형을 파악해야 한다. 평소에도 문제 순서를 미리 정해 강한 유형을 먼저 풀고 약한 유형에 나머지 시간을 투자하는 연습을 한다.

또한, LG그룹은 적성검사만큼 인성검사의 반영 비율이 높다. 적성검사를 먼저 풀고 인성검사를 풀게 되므로 많은 문항 수에 지치지 않도록 체력 안배를 해두는 것이 좋다.

⬡ 시험 진행

구분	영역	문항 수	응시시간
적성검사	언어이해	15문항	10분
	언어추리	15문항	10분
	자료해석	15문항	10분
	창의수리	15문항	10분
인성검사	LG Way에 맞는 개인별 역량 또는 직업 성격적인 적합도 확인	183문항	20분

❶ 실제 인적성검사 시작 전에 약 45분의 점검 및 준비 시간이 주어진다.

❷ 각 영역 시작 전에 예시문제와 함께 1~3분의 준비 시간이 주어진다.

❸ 10분 동안의 시간을 재는 타이머가 제공되고, 10분의 시간이 지나면 다음 영역으로 넘어간다.

SK SKCT

총평 SK그룹 SKCT

계열사마다 온라인 또는 오프라인으로 시행되는 SKCT는 영역과 유형이 어느 정도 안정화된 것으로 보인다. 온라인 SKCT는 기존에 출제되었던 시각적 사고와 도형추리를 제외한 수리, 언어영역이 적성검사 I 의 인지역량으로 출제되고 실행역량이 추가되었다. 또한, N-back Game과 더불어 물 수위 예측, 수 크기 비교 등 적성검사 II 유형이 다양해져 어려웠다는 후기가 많았다. 오프라인 SKCT는 수리영역에 비해 언어영역이 높은 난이도로 출제되어 난이도 차이가 있었다. 오프라인 SKCT에만 출제되는 직무검사는 직무마다 유형이 다르고 어떤 문제가 나올지 예측이 어렵지만 공통적으로 추리 문제가 출제되며 그 외에는 직무에 대한 기초지식으로 풀 수 있으므로 다양한 문제를 연습하는 것이 도움이 되었다는 평이 많았다.

SK그룹 SKCT 핵심 전략

온라인과 오프라인 SKCT의 인지역량 영역이 서로 비슷해짐에 따라 SK그룹 입사를 준비하는 수험생의 부담은 조금 덜 해질 것으로 보인다. 다만, 비교적 오프라인 SKCT의 난이도가 상대적으로 높다는 평이 많으므로 다양한 유형과 난이도의 문제를 풀어 대비하는 것이 중요하다. 또한, 오답 감점이 존재하기 때문에 풀리지 않는 문제가 있다면 과감히 넘기고 다음 문제를 푸는 전략도 필요하다. 23년도 상반기부터 온라인 SKCT의 실행역량과 심층역량에도 문항별 제한시간이 추가되었으므로 전체 시험시간 동안 긴장을 늦추지 않고 페이스를 유지하는 것이 중요하다.

시험 진행(온라인)

구분	영역		문항 수	문항별 제한시간
적성검사 I	인지역량	수리	18문항	30/60/90초
		언어	18문항	30/60/90초
	실행역량		24문항	40초
적성검사 II	N-back Game, 물 수위 예측, 수 크기 비교 등			
심층역량	인성검사		400문항	10초

┃ 롯데 L-TAB ┃

총평

기존에 출제되었던 유형에서 크게 벗어나는 문제는 없었으며 난이도는 평이했다. 시험 응시시간은 사전 준비 1시간을 제외하면 2시간이지만 문항 수가 많기 때문에 시간 관리가 필수적이었다. 계산 문제도 단순하였으며, 프로그램 내 계산기나 메모장을 사용할 수 있었다. 다만 여러 자료를 동시에 활용하는 문제, 지문의 세부 내용을 파악해야 하는 문제 등이 출제되어 꼼꼼함을 요구하는 시험이었다.

◯ 온라인 L-TAB의 핵심 전략

일반적인 인적성검사와 달리 실제 업무와 유사한 문제가 주어지기 때문에 생소하게 느껴질 수 있다. 하지만 문제의 난이도는 상대적으로 낮은 편이라는 점을 기억하고, 문제가 요구하는 것을 정확하게 파악해야 한다. 온라인 시험은 실제 업무 프로그램 형식으로 진행되므로, 화면만 보고 문제 푸는 법을 연습해야 한다.

문항 수가 많으므로, 쉬운 문제부터 차근차근 풀어나가는 것이 핵심이다. 실제 업무 상황이 구현되기 때문에 직급에 대한 개념에 대해 이해하고 있는 것이 좋다. 특히, 전송한 메일은 수정이 불가능하기 때문에 다양한 지문과 자료의 조건을 꼼꼼하게 확인하여 실수를 방지하도록 한다.

◯ 시험 진행

구분	개요	응시시간
조직적합진단	• 롯데그룹의 인재상에 부합하는 인재인지 평가 • 지원자 개인 성향 및 인성 위주 질문 구성	1시간
직무적합진단	• 실제 업무 상황처럼 구현된 아웃룩 메일함/자료실 환경에서 이메일 및 메신저 등으로 전달된 다수의 과제 수행 • 문항에 따라 객관식, 주관식, 자료 첨부 등 다양한 형태의 답변이 가능 • 문항 수 구분은 없으나 대략적으로 3~4문제의 문항 수가 주어짐	3시간 (사전준비 1시간 포함)

❶ 조직적합진단은 직무적합진단 시행 이전에 진행되며, 일반적인 인성검사와 유사하다.

❷ 직무적합진단 시작 전에 1시간의 점검 및 준비 시간이 주어진다.

❸ 직무적합진단의 경우 상세한 문항 수 구분은 없으나 대략 하나의 상황마다 2~4문제가 묶여 출제된다.

KT 종합인적성검사

유형별로 난이도 차이가 다소 있었지만, 전체적으로 높은 난이도라는 의견이 많았다. 1교시 언어 영역은 평이했다는 의견이 많았으며 다만 KT 종합인적성검사의 첫 시작이기 때문에 긴장한 상태로 문제를 접한 수험생이 많았을 것이다. 2교시 언어 · 수추리 영역은 언어추리는 다소 난이도가 평이했지만 수추리가 다양한 유형으로 나와 까다롭게 느껴졌다는 의견도 있었다. 3교시 수리 영역은 응용수리와 자료해석으로 구성되어 출제되었는데 평소 수리 영역에 대한 준비가 잘 되어있다면 충분히 문제를 해결할 수 있었을 것이다. 4교시 도형 영역은 난이도가 높았고 시간이 부족했다는 의견이 대부분이었다.

◎ KT 온라인 종합인적성검사 핵심 전략

문제당 제한시간이 아닌 영역별 제한시간이 존재하므로 시간 내에 풀 수 있는 문제를 전략적으로 선택하여 정답률을 높이는 것이 좋다. 본인이 자신 있는 유형과 자신 없는 유형을 파악하여 시간을 잘 분배하는 것이 중요하다. 적성검사에서는 다시 앞으로 돌아갈 수 있으므로 자신 있는 유형부터 풀이하는 것도 좋은 전략이다. 영역별로 시험을 시작하기 전 예제문항을 보여주므로 이를 바탕으로 어떤 유형이 나올지 예측하는 것도 문제풀이에 도움이 될 것이다.

KT 종합인적성검사는 자체 프로그램으로 진행되며 화면 왼쪽에 메모와 계산기가 있어 시험 도중에 사용이 가능하다. 온라인으로 진행되는 시험이므로 이를 준비할 때 실제 시험과 유사한 환경을 구축하여 눈으로 푸는 연습을 한다면 실전에서 크게 당황하지 않을 것이다. 다만, 온라인 시험이니만큼 당일에 서버나 통신 오류 등이 발생할 수 있으므로 이러한 상황에서도 마음을 잘 가다듬는 것 또한 중요하다.

◎ 시험 진행

영역	문항 수	응시시간
언어	20문항	20분
언어 · 수추리	20문항	25분
수리	20문항	25분
도형	15문항	20분
인성검사	493문항	55분

CJ CAT

총평

2023년 상반기 CAT는 기존 출제됐던 영역에서 큰 변화를 보였다. 난이도는 중상 정도로 언어와 추리 영역은 변동이 없었으나 수리 영역은 자료해석과 창의수리로 나뉘었고, 공간지각 영역이 출제되지 않았다. 영역이 섞여서 출제됐던 방식에서 영역과 시간이 확실하게 구분된 점도 주목할 만하다. 많은 수험생이 어려워했던 공간지각 영역이 출제되지 않았지만 전체적으로 계산 문제가 늘어 시간 분배가 중요해졌다.

온라인 CAT의 핵심 전략

CJ그룹은 계열사마다 시험명, 시험 방식에 차이가 있다. 따라서 인적성검사를 준비하기 전 지원하는 계열사의 공고와 후기를 꼼꼼히 살펴보는 과정이 필요하다.

사전 정보를 얻었다면 언어이해, 언어추리, 자료해석, 창의수리 네 영역 중 시간을 줄일 수 있는 영역부터 공략한다. 언어추리 영역의 경우 도식화에 익숙해지면 식을 쓰지 않고도 눈으로 푸는 것이 가능하다. 짧은 시간 안에 확실한 정답을 골라내는 데 익숙해지면 어렵고 시간이 오래 걸리는 영역을 정확하게 푸는 것에 도전한다.

시험 진행

영역	유형	문항 수	응시시간
CAT	언어이해	20문항	15분
	언어추리	20문항	15분
	자료해석	20문항	20분
	창의수리	20문항	15분
인성검사		160문항	30분

┃두산 DCAT ┃

총평

여러 기업의 인적성검사 중 고난도로 출제되는 편인 두산 DCAT는 2023년 상반기에도 여전히 높은 난도라는 의견이 대부분이었다. 1교시 언어논리와 2교시 언어표현은 상대적으로 난이도가 평이했다. 그러나 많은 수험생들이 3교시 수리자료분석에서는 알고리즘형 문제에 당황했다고 답했다. 하지만 유형을 알고 접근하면 어렵지 않게 풀리는 문제이므로 영역별 예제를 보여주는 시간을 잘 활용했다면 쉽게 접근할 수 있었을 것이다. 4교시 공간추리는 블록과 관련된 문제가 출제되었으며, 5교시 도형추리는 여러 규칙을 적용시켜서 풀어야 하는 문제가 많아 가장 어려웠다는 의견이 많았다.

◯ 두산 온라인 DCAT 핵심 전략

매번 인적성검사마다 유형이 바뀐다고 수험생들에게 알려져 있는 DCAT는 공간추리, 도형추리가 수험생들에게 가장 까다롭게 느껴질 것이다. 해당 영역을 풀 때는 메모장도 사용이 불가하며 고개를 돌려가며 문제를 풀 경우에는 부정행위로 간주될 수 있으므로 주의해야 한다. 어떤 유형의 문제가 나오는지는 시험을 치기 전까지 알 수 없으므로 최대한 다양한 유형의 문제를 풀어보는 것이 중요하다. 각 영역이 시작되기 전에는 예제와 해당 영역에 대한 설명을 보여주므로 그 시간을 활용하여 어떤 방식으로 접근할지 미리 생각하는 것도 좋은 요령이 될 것이다.

두산 DCAT는 자체 프로그램으로 진행되며 프로그램에 내장되어 있는 메모장과 계산기를 일부 영역에서 사용할 수 있으므로 평소 준비할 때 메모장과 계산기를 화면에 두고 풀어보는 연습을 하는 것도 도움이 될 것이다. 또한, 온라인 시험이니 당일에 서버나 통신 오류 등이 발생할 수 있으므로 이러한 상황에서도 당황하지 않고 마음을 잘 가다듬는 것이 중요하다.

◯ 시험 진행

구분	영역	문항 수	응시시간
적성검사	언어논리	20문항	20분
	언어표현	15문항	10분
	수리자료분석	20문항	20분
	공간추리	10문항	7분 30초
	도형추리	10문항	7분 30초
인성검사		272문항	55분

포스코 PAT

총평   포스코 온라인 PAT

2023년 상반기 PAT는 온라인 인적성검사로 전환되면서 기존 언어이해, 자료해석, 문제해결, 상황판단, 사무지각(인문계) / 공간지각(이공계) 5개 영역에서 언어이해, 자료해석, 문제해결, 추리 4개 영역으로 영역 수가 축소되었다. 전체적으로 쉽지 않은 난이도였다는 평이 많았으나 영역마다 난이도 차이는 있었다. 언어이해에서는 쉽다고 느낀 수험생들이 많았으나, 자료해석은 까다로운 계산이 적지 않아 어렵게 느꼈다는 평가가 많았다. 더군다나 문제해결과 추리의 경우에는 난해하고 생소한 문제가 나와 당황했다는 의견도 많았다. 필기는 가능하지만 메모장에서만 가능했기 때문에 미리 연습을 하지 않았거나 익숙하지 않은 수험생들의 체감 난이도를 더 높였던 것으로 파악된다. 다만 영역 순서대로 풀지 않아도 된다는 점을 이용하여 언어이해와 평소 자신 있는 유형의 문제를 미리 풀고, 고난도 문제에 남은 시간을 투자하여 푸는 방식으로 진행했었다면 문제풀이 시간을 활용하는 데 도움이 되었을 것이다.

⬡ 온라인 PAT 인적성검사의 핵심 전략

2023년 상반기부터 인적성검사 영역이 변경되었으므로 먼저 영역 파악을 하는 것이 중요하다. 시간 내에 풀 수 있는 영역과 문제를 전략적으로 선택하여 정답률을 높이는 것이 핵심이므로 본인이 가장 자신 있는 유형과 자신 없는 유형을 파악하는 것이 도움이 된다. 문제 순서를 미리 정해서 자신 있는 유형을 먼저 풀고 약한 유형에 나머지 시간을 투자하는 것이 합격의 지름길이다.

모니터 내에서 메모장 외 아무것도 사용할 수 없고, 노트북 웹캠 외에 휴대폰 모니터 앱도 실행시켜 문제 푸는 동안의 모습을 실시간 촬영해야 하므로 화면만 보고 문제 푸는 법을 연습해 두면 실전에서 훨씬 수월할 것이다.

⬡ 시험 진행

구분	문항 수	응시시간
언어이해	15문항	15분
자료해석	15문항	15분
문제해결	15문항	15분
추리	15문항	15분
인성검사	450문항	50분

주요 대기업 적중 문제

삼성

14 다음은 마트 유형별 비닐봉투·종이봉투·에코백 사용률을 조사한 자료이다. 이에 대한 설명으로 〈보기〉에서 적절한 것을 모두 고르면?

〈마트별 비닐봉투·종이봉투·에코백 사용률〉

구분	대형마트 (2,000명 대상)	중형마트 (800명 대상)	개인마트 (300명 대상)	편의점 (200명 대상)
비닐봉투	7%	18%	21%	78%
종량제봉투	28%	37%	43%	13%
종이봉투	5%	2%	1%	0%
에코백	16%	7%	6%	0%
개인장바구니	44%	36%	29%	9%

※ 마트 유형별 전체 조사수는 상이하다.

보기

ㄱ. 대형마트의 종이봉투 사용자 수는 중형마트의 6배 이상이다.
ㄴ. 대형마트의 종량제봉투 사용자 수는 전체 종량제봉투 사용자 수의 절반 이하이다.
ㄷ. 비닐봉투 사용률이 가장 높은 곳과 비닐봉투 사용자 수가 가장 많은 곳은 동일하다.

※ 제시된 명제가 모두 참일 때, 빈칸에 들어갈 명제로 가장 적절한 것을 고르시오. [1~5]

01

전제1. 봄이 오면 꽃이 핀다.
전제2. _____
결론. 봄이 오면 제비가 돌아온다.

① 제비가 돌아오지 않으면 꽃이 핀다.
② 제비가 돌아오지 않으면 꽃이 피지 않는다.
③ 꽃이 피면 봄이 오지 않는다.
④ 꽃이 피면 제비가 돌아오지 않는다.

Hard

09 S그룹에서 근무하는 A∼E사원 중 한 명은 이번 주 금요일에 열리는 세미나에 참석해야 한다. 다음 A∼E사원의 대화에서 2명이 거짓말을 하고 있다고 할 때, 다음 중 이번 주 금요일 세미나에 참석하는 사람은 누구인가?(단, 거짓을 말하는 사람은 거짓만을 말한다)

A사원 : 나는 금요일 세미나에 참석하지 않아.
B사원 : 나는 금요일에 중요한 미팅이 있어. D사원이 세미나에 참석할 예정이야.
C사원 : 나와 D는 금요일에 부서 회의에 참석해야 하므로 세미나는 참석할 수 없어.
D사원 : C와 E 중 한 명이 참석할 예정이야.
E사원 : 나는 목요일부터 금요일까지 휴가라 참석할 수 없어. 그리고 C의 말은 모두 사실이야.

① A사원 　　　　　　　　　　② B사원
③ C사원 　　　　　　　　　　④ D사원

LG

언어이해 ▶ 순서 나열

※ 주어진 문장을 논리적 순서에 따라 바르게 배열하시오. [4~8]

04

(가) 상품 생산자, 즉 판매자는 화폐를 얻기 위해 자신의 상품을 시장에 내놓는다. 하지만 생산자가 만들어 낸 상품이 시장에 들어서서 다른 상품이나 화폐와 관계를 맺게 되면, 이제 그 상품은 주인에게 복종하기를 멈추고 자립적인 삶을 살아가게 된다.

(나) 이처럼 상품이나 시장 법칙은 인간에 의해 산출된 것이지만, 이제 거꾸로 상품이나 시장 법칙이 인간을 지배하게 된다. 이때 인간 및 인간들 간의 관계가 소외되는 현상이 나타난다.

(다) 상품은 그것을 만들어 낸 생산자의 분신이지만, 시장 안에서는 상품이 곧 독자적인 인격체가 된다. 즉, 사람이 주체가 아니라 상품이 주체가 된다.

(라) 또한 사람들이 상품들을 생산하여 교환하는 과정에서 시장의 경제 법칙을 만들어 냈지만, 이제 거꾸로 상품들은 인간의 손을 떠나 시장 법칙에 따라 교환된다. 이런 시장 법칙의 지배 아래에 서는 사람과 사람 간의 관계가 상품과 상품, 상품과 화폐 등 사물과 사물 간의 관계에 가려 보이지 않게 된다.

① (가) - (다) - (나) - (라)　　② (가) - (다) - (라) - (나)
③ (다) - (라) - (가) - (나)　　④ (다) - (라) - (나) - (가)
⑤ (다) - (가) - (라) - (나)

언어추리 ▶ 명제

07

• 모든 손님들은 A와 B 중에서 하나만을 주문했다.
• A를 주문한 손님 중에서 일부는 C를 주문했다.
• B를 주문한 손님들만 추가로 주문할 수 있는 D도 많이 판매되었다.
• 그러므로 _____

① B와 C를 동시에 주문하는 손님도 있었다.
② B를 주문한 손님은 C를 주문하지 않았다.
③ D를 주문한 손님은 C를 주문하지 않았다.
④ D를 주문한 손님은 A를 주문하지 않았다.
⑤ C를 주문한 손님은 모두 A를 주문했다.

창의수리 ▶ 경우의 수

16 남학생 5명과 여학생 3명이 운동장에 있다. 남학생 중 2명을 뽑고, 여학생 중 2명을 뽑아 한 줄로 세우는 경우의 수는?

① 120가지　　② 240가지
③ 360가지　　④ 720가지
⑤ 800가지

SK

수리 ▶ 방정식 ①

Hard

08 B씨는 다음과 같은 건물에 페인트칠을 하면, 1m²당 200원을 받는다. 모든 면에 페인트칠을 할 때, B씨가 받는 돈은 얼마인가?(단, 길이 단위는 m이다)

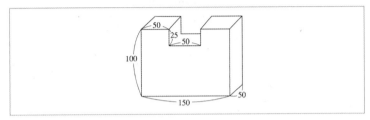

① 1,100만 원
② 1,200만 원
③ 1,300만 원
④ 1,400만 원
⑤ 1,500만 원

수리 ▶ 방정식 ②

Hard

11 1월부터 7월까지 A상품의 매달 판매량은 매달 평균 5,000개씩 증가하였다. 기록 중인 8월의 판매량을 살펴보니 3,500개를 판매한 1일부터 매일 하루 평균 100개씩 증가하며 팔리고 있다. 8월 말일까지 매일 100개가 증가하면서 팔렸다고 하면 전월 대비 8월의 판매량 증감률은?(단, 1월 판매량은 9만 개이고, 소수점 첫째 자리에서 반올림한다)

① 약 11%
② 약 17%
③ 약 23%
④ 약 29%
⑤ 약 35%

언어 ▶ 독해

☑ 제한시간 60초

27 다음 〈보기〉의 입장에서 제시문을 비판하는 내용으로 가장 적절한 것은?

로봇의 발달로 일자리가 줄어들 것이라는 사람들의 불안이 커지면서 최근 로봇세(Robot稅) 도입에 대한 논의가 활발하다. 로봇세는 로봇을 사용해 이익을 얻는 기업이나 개인에 부과하는 세금이다. 로봇으로 인해 일자리를 잃은 사람들을 지원하거나 사회 안전망을 구축하기 위해 예산을 마련하자는 것이 로봇세 도입의 목적이다. 이처럼 로봇의 사용으로 일자리가 감소할 것이라는 이유로 로봇세의 필요성이 제기되었지만, 역사적으로 볼 때 새로운 기술로 인해 전체 일자리는 줄지 않았다. 산업 혁명을 거치면서 새로운 기술에 대한 걱정은 늘 존재했지만, 산업 전반에서 일자리는 오히려 증가해왔다는 점이 이를 뒷받침한다. 따라서 로봇의 사용으로 일자리가 줄어들 가능성은 낮다.

우리는 로봇 덕분에 어렵고 위험한 일이나 반복적인 일로부터 벗어나고 있다. 로봇 사용의 증가 추세에서 알 수 있듯이 로봇 기술이 인간의 삶을 편하게 만들어 주는 것은 틀림이 없다. 로봇세의 도입으로 이러한 편안한 삶이 지연되지 않기를 바란다.

보기

로봇 기술의 발전에 따라 로봇의 생산 능력이 비약적으로 향상되고 있다. 이는 로봇 하나당 대체할 수 있는 인간 노동자의 수도 지속적으로 증가함을 의미한다. 로봇 사용이 사회 전반에 빠르게 확산되는 현실을 고려할 때, 로봇 사용으로 인한 일자리 대체 규모가 기하급수적으로 커질 것이다.

① 산업 혁명의 경우와 같이 로봇의 생산성 증가는 인간의 새로운 일자리를 만드는 데 기여할 것이다.

포스코

언어이해 》 주제 찾기

Easy

02 다음 글의 주제로 가장 적절한 것은?

> 빅데이터는 스마트 팩토리 등 산업 현장 및 ICT 소프트웨어 설계 등에 주로 활용되어 왔다. 유통이나 물류 업계의 '콘텐츠가 대량으로 이동하는 현장'에서는 데이터가 발생하면, 이를 분석하고 활용하는 쪽으로 주로 사용됐다. 이제는 다양한 영역에서 빅데이터의 적용이 빨라지고 있다. 대표적인 사례가 금융권이다. 국내의 은행들은 현재 빅데이터 스타트업 회사를 상대로 대규모 투자에 나서고 있다. 뉴스와 포털 등 현존하는 데이터를 확보하여 금융 키워드 분석에 활용하기 위해서다. 의료업계도 마찬가지다. 정부는 바이오헬스 산업의 혁신전략을 통해 연구개발 투자를 2025년까지 4조 원 이상으로 확대하겠다고 밝혔으며, 빅데이터와 인공 지능 등을 연계한 다양한 로드맵을 준비하고 있다. 벌써 의료 현장에 빅데이터 전략을 구사하고 있는 병원도 다수이다. 국세청도 빅데이터에 관심이 많다. 빅데이터 플랫폼 인프라 구축을 끝내는 한편, 50명 규모의 빅데이터 센터를 가동하기 시작했다. 조세 행정에서 빅데이터를 통해 탈세를 예방·적발하는 등 다양한 쓰임새를 고민하고 있다.

① 빅데이터의 정의와 장·단점
② 빅데이터의 종류
③ 빅데이터의 중요성
④ 빅데이터의 다양한 활용 방안

자료해석

Easy

01 다음은 인터넷 공유활동 참여 현황을 정리한 자료이다. 다음의 자료를 올바르게 이해하지 못한 사람은 누구인가?

〈인터넷 공유활동 참여율(복수응답)〉

(단위 : %)

구분		커뮤니티 이용	퍼나르기	블로그 운영	댓글달기	UCC게시
성별	남성	79.1	64.1	49.9	52.2	46.1
	여성	76.4	59.6	55.1	38.4	40.1
연령	10대	75.1	63.9	54.7	44.3	51.3
	20대	88.8	74.4	76.3	47.3	54.4
	30대	77.3	58.5	46.3	44.0	37.5
	40대	66.0	48.6	27.0	48.2	29.6

※ 성별, 연령별 조사인원은 동일함

① A사원 : 자료에 의하면 20대가 다른 연령대에 비해 인터넷상에서 공유활동을 활발히 참여하고 있네요.
② B주임 : 대체로 남성이 여성에 비해 상대적으로 활발한 활동을 하고 있는 것 같아요. 그런데 블로그 운영 활동은 여성이 더 많네요.
③ C대리 : 10대와 30대의 공유활동 참여율을 크기순으로 나열하면 재미있게도 두 연령대의 활동 순위가 동일하네요.
④ D사원 : 남녀 간의 참여율 격차가 가장 큰 영역은 댓글달기이네요. 반면에 커뮤니티 이용은 남녀 간의 참여율 격차가 가장 적네요.

도서 200% 활용하기

7개년 기출복원문제

온라인 시험으로 출제되었던 주요 기업의 기출복원문제를 수록하였다. 이를 통해 영역별, 연도별 출제 경향과 온라인 시험출제 가능성이 있는 유형을 학습할 수 있다.

체계적인 영역별 학습

영역별로 이론, 대표유형과 유형점검 문제를 수록하였다. 이론과 대표유형으로 온라인 시험에 출제될 가능성이 있는 유형을 학습한 후, 유형점검으로 기본기를 튼튼히 준비할 수 있다.

최종점검 모의고사 2회분 + 도서 동형 온라인 실전연습

실제 시험을 보는 것처럼 유사하게 구성된 최종점검 모의고사를 통해 최종 마무리를 할 수 있으며, 교재와 동일한 문제로 구성된 도서 동형 온라인 실전연습 서비스로 실전처럼 연습해 볼 수 있다.

최종점검 모의고사 수리 문제풀이 용지	
성명 :	수험번호 :
①	②
③	④

수리

온라인용
문제풀이 용지 제공

온라인 연습용 모의고사와 함께 PDF로 제공되는 문제풀이 용지를 활용하여 온라인 인적성검사에 대비할 수 있도록 하였다.

Easy
05 어느 펀드는 A, B, C주식에 각각 30%, 20%, 50%를 투자하였다. 매입가에서 A주식이 20%, B주식이 40%씩 각각 오르고, C주식이 20% 하락했다면, 이 펀드는 몇 %의 이익을 보았는가?

① 2% ② 4%
③ 6% ④ 8%
⑤ 10%

Hard
22 다음 글을 바탕으로 추론한 내용으로 적절한 것을 〈보기〉에서 모두 고르면?

재물은 우물에 비유할 수가 있다. 퍼내면 늘 물이 가득하지만 길어내기를 그만두면 물이 말라버림과 같다. 따라서 화려한 비단옷을 입지 않으므로 나라에는 비단을 짜는 사람이 없고, 그로 인해 여인의 기술이 피폐해졌다.

보기
ㄱ. 이 글은 소비를 권유한다.
ㄴ. 소비를 계속하는 것은 나라의 발전을 도모하는 것이다.
ㄷ. 수요가 사라지면 공급도 사라진다.

① ㄱ ② ㄱ, ㄴ
③ ㄱ, ㄷ ④ ㄴ, ㄷ
⑤ ㄱ, ㄴ, ㄷ

Easy & Hard로
난이도별 시간 분배 연습

조금만 연습하면 시간을 절약할 수 있는 난이도가 낮은 문제와 함께, 다른 문제에서 절약한 시간을 투자해야 하는 고난도 문제를 각각 표시하였다. 이를 통해 일반적인 문제들과는 다르게 시간을 적절하게 분배하여 풀이하는 연습이 가능하도록 하였다.

∴ $x=20$
따라서 깨끗한 물을 20g 더 넣어야 한다.

06 **정답 ②**
26 ~ 30세 응답자는 총 51명이다. 그중 4회 이상 방문한 응답자는 5+2=7명이고, 비율은 $\frac{7}{51}\times100≒13.72\%$이므로 10% 이상이다.

오답분석
① 전체 응답자 수는 113명이다. 그중 20 ~ 25세 응답자는 53명이므로, 비율은 $\frac{53}{113}\times100≒46.90\%$가 된다.
③ 주어진 자료만으로는 31 ~ 35세 응답자의 1인당 평균방문수를 정확히 구할 수 없다. 그 이유는 방문횟수를 '1회', '2 ~ 3회', '4 ~ 5회', '6회 이상' 구간으로 구분했기 때문이다. 단만 구간별 최소값으로 평균을 낼 때, 평균 방문횟수가 2회 이상이라는 점을 통해 2회 미만이라는 것은 틀렸다는 것을 알 수 있다.
ㄴ, 1, 1, 2, 2, 2, 2, 4, 4 → 평균= $\frac{19}{9}$ ≒2.11회
④ 응답자의 직업에서 학생과 공무원 응답자의 수는 51명이다. 즉, 전체 113명의 절반에 미치지 못하므로 비율은 50% 미만이다.
⑤ 주어진 자료만으로 판단할 때, 전문직 응답자 7명 모두 20 ~ 25세일 수 있으므로 비율이 5% 이상이 될 수 있다.

07 **정답 ③**
쓰레기 1kg당 처리비용은 400원으로 동결상태이다. 오희려 쓰레기 종량제 봉투 가격이 인상될수록 A신도시의 쓰레기 발생량과 쓰레기 관련 적자 예산이 급격히 감소하는 것을 볼 수 있다.

08 **정답 ④**
2022년 이전 신문 선호도 2022년 이후 인터넷으로 바꾼 구성원은 20명이다.

정답 및 오답분석으로
풀이까지 완벽 마무리

정답에 대한 자세한 해설은 물론 문제별 오답분석을 수록하여 오답이 되는 이유를 올바르게 이해할 수 있도록 하였다.

학습플랜

1주 완성 학습플랜

본서에 수록된 전 영역을 단기간에 끝낼 수 있도록 구성한 학습 플랜이다. 한 번에 전 영역을 공부하지 않고, 한 영역을 집중적으로 공부할 수 있도록 하였다. 인성검사 및 필기시험에 대한 기초 학습은 되어 있으나, 학습 계획 세우기에 자신이 없는 분들이나 미리 시험에 대비하지 못해 단시간에 많은 분량을 봐야 하는 수험생에게 추천한다.

ONE WEEK STUDY PLAN

	1일 차 ☐	2일 차 ☐	3일 차 ☐
Start!	_____월_____일	_____월_____일	_____월_____일

4일 차 ☐	5일 차 ☐	6일 차 ☐	7일 차 ☐
_____월_____일	_____월_____일	_____월_____일	_____월_____일

STUDY CHECK BOX

구분	1일 차	2일 차	3일 차	4일 차	5일 차	6일 차	7일 차
기출복원문제							
PART 2							
PART 3							
PART 4							
최종점검 모의고사 1회							
최종점검 모의고사 2회							
다회독 1회							
다회독 2회							
오답분석							

스터디 체크박스 활용법

1주 완성 학습플랜에서 계획한 학습량을 어느 정도 실천하였는지 표시하여 자신의 학습량을 효율적으로 관리할 수 있다.

구분	1일 차	2일 차	3일 차	4일 차	5일 차	6일 차	7일 차
기출복원문제	CHAPTER 01	X	X	완료			

이 책의 차례

PART 1

기출복원문제

※ 2023년부터 2020년 기출복원문제까지는 실제 온라인으로 시행된 필기시험을 복원한 문제입니다.

01 | 언어

Easy

01 다음 글의 제목으로 가장 적절한 것은?

> 중세 유럽에서는 토지나 자원을 왕실이 소유하고 있었다. 사람들은 이러한 토지나 자원을 이용하려면 일정한 비용을 지불해야 했다. 예를 들어 광산을 개발하거나 수산물을 얻는 사람들은 해당 자원의 이용에 대한 비용을 왕실에 지불하였고 이는 왕실의 권력과 부의 유지를 돕는 동시에 국가의 재정을 보충하는 역할을 하였는데, 이때 지불한 비용이 바로 로열티이다.
>
> 로열티의 개념은 산업혁명과 함께 발전하였다. 산업혁명을 통해 특허, 상표 등의 지식재산권이 보호되기 시작하면서 기업들은 이러한 권리를 보유한 개인이나 조직에게 사용에 대한 보상을 지불하게 되었다. 지식재산권은 기업이 특정한 기술, 디자인, 상표 등을 보유하고 있을 때 그들에게 독점적인 권리를 제공하고 이러한 권리의 보호와 보상을 위해 로열티 제도가 도입되었다.
>
> 로열티는 기업과 지식재산권 소유자 간의 계약에 의해 설정되는 형태로 발전하였다. 기업이 특정 제품을 판매하거나 특정 기술을 이용하는 경우 지식재산권 소유자에게 계약에 따라 정해진 로열티를 지불하게 된다. 이로써 지식재산권을 보유한 개인이나 조직은 자신들의 창작물이나 기술의 사용에 대한 보상을 받을 수 있으며, 기업들은 이러한 지식재산권의 이용을 허가받아 경쟁 우위를 확보할 수 있게 되었다.
>
> 현재 로열티는 제품 판매나 라이선스, 저작물의 이용 등 다양한 형태로 나타나며 지식재산권의 보호와 경제적 가치를 확보하는 중요한 수단으로 작용하고 있다. 로열티는 지식과 창조성의 보상으로서의 역할을 수행하며 기업들의 연구 개발을 촉진하고 혁신을 격려한다. 이처럼 로열티 제도는 기업과 지식재산권 소유자 간의 상호 협력과 혁신적인 경제 발전에 기여하는 중요한 구조적 요소이다.

① 지식재산권을 보호하는 방법
② 로열티 지급 시 유의사항
③ 지식재산권의 정의
④ 로열티 제도의 유래와 발전
⑤ 로열티 제도의 모순

02 다음 글의 중심 내용으로 가장 적절한 것은?

> 쇼펜하우어에 따르면 우리가 살고 있는 세계의 진정한 본질은 의지이며 그 속에 있는 모든 존재는 맹목적인 삶에의 의지에 의해서 지배당하고 있다. 쇼펜하우어는 우리가 일상적으로 또는 학문적으로 접근하는 세계는 단지 표상의 세계일 뿐이라고 주장하는데, 인간의 이성은 단지 이러한 표상의 세계만을 파악할 수 있을 뿐이다. 그에 따르면 존재하는 세계의 모든 사물들은 우선적으로 표상으로서 드러나게 된다. 시간과 공간 그리고 인과율에 의해서 파악되는 세계가 나의 표상인데, 이러한 표상의 세계는 오직 나에 의해서, 즉 인식하는 주관에 의해서만 파악되는 세계이다. 쇼펜하우어에 따르면 이러한 주관은 모든 현상의 세계, 즉 표상의 세계에서 주인의 역할을 하는 '나'이다.
> 이러한 주관을 이성이라고 부를 수도 있는데, 이성은 표상의 세계를 이끌어가는 주인공의 역할을 하는 것이다. 그러나 쇼펜하우어는 여기서 한발 더 나아가 표상의 세계에서 주인의 역할을 하는 주관 또는 이성은 의지의 지배를 받는다고 주장한다. 즉, 쇼펜하우어는 이성에 의해서 파악되는 세계의 뒤편에는 참된 본질적 세계인 의지의 세계가 있으므로 표상의 세계는 제한적이며 표면적인 세계일 뿐, 결코 이성에 의해서 또는 주관에 의해서 결코 파악될 수 없다고 주장한다. 오히려 그는 그동안 인간이 진리를 파악하는 데 최고의 도구로 칭송받던 이성이나 주관을 의지에 끌려 다니는 피지배자일 뿐이라고 비판한다.

① 세계의 본질로서 의지의 세계
② 표상의 세계의 극복과 그 해결 방안
③ 의지의 세계와 표상의 세계 간의 차이
④ 세계의 주인으로서 주관의 표상 능력
⑤ 표상의 세계 안에서의 이성의 역할과 한계

03 다음 글의 내용으로 가장 적절한 것은?

> 1899년 베이징의 한 금석학자는 만병통치약으로 알려진 '용골'을 살펴보다가 소스라치게 놀랐다. 용골의 표면에 암호처럼 알 듯 모를 듯한 글자들이 빼곡히 들어차 있었던 것이다. 흥분이 가신 후에 알아보니, 용골은 은 왕조의 옛 도읍지였던 허난성 안양현 샤오툰(小屯)촌 부근에서 나온 것이었다. 바로 갑골문자가 발견되는 순간이었다. 현재 갑골문자는 4천여 자가 확인되었고, 그중 약 절반 정도가 해독되었다. 사마천의 『사기』에는 은 왕조에 대해서 자세히 기록되어 있었으나, 사마천이 살던 시대보다 1천 수백 년 전의 사실이 너무도 생생하게 표현되어 있어 마치 '소설'처럼 생각되었다. 그런데 갑골문자를 연구한 결과, 거기에는 반경(般庚) 때부터 은 말까지 약 2백여 년에 걸친 내용이 적혀 있었는데, 이를 통하여 『사기』에 나오는 은나라의 왕위 계보도 확인할 수 있었다.

① 베이징은 은 왕조의 도읍지였다.
② 용골에는 당대의 소설이 생생하게 표현되었다.
③ 사마천의 『사기』에 갑골문자에 관한 기록이 나타난다.
④ 현재 갑골문자는 2천여 자가 해독되었다.
⑤ 사마천의 『사기』는 1천 수백 년 전의 사람이 만들었다.

04 다음 글의 내용으로 적절하지 않은 것은?

> 최저임금제도는 정부가 근로자들을 보호하고 일자리의 질을 향상시키기 위해 근로자들이 임금을 일정 수준 이하로 받지 않도록 보장하여 경제적인 안정성을 제공하는 제도이다.
>
> 최저임금제도는 일자리의 안정성과 경제의 포용성을 촉진한다. 일정 수준 이상으로 설정된 최저임금은 근로자들에게 최소한의 생계비를 보장하고 근로 환경에서의 안정성을 확보할 수 있게 한다. 이는 근로자들의 생활의 질과 근로 만족도를 향상시키는 데 기여한다.
>
> 최저임금제도는 불공정한 임금구조를 해소하고 경제적인 격차를 완화하는 데 도움을 준다. 일부 기업에서는 경쟁력 확보나 이윤 극대화를 위해 근로자들에게 낮은 임금을 지불하는 경우가 있다. 최저임금제도는 이런 부당한 임금 지급을 방지하고 사회적인 형평성을 증진시킨다.
>
> 또한 최저임금제도는 소비 활성화와 경기 부양에도 기여한다. 근로자들이 안정된 임금을 받게 되면 소비력이 강화되고, 소비 지출이 증가한다. 이는 장기적으로 기업의 생산과 판매를 촉진시켜 경기를 활성화한다.
>
> 그러나 최저임금제도는 일부 기업들에게 추가적인 경제적 부담으로 다가올 수 있다. 인건비 인상으로 인한 비용 부담 증가는 일자리의 제약이나 물가 상승으로 이어질 수 있다. 그러므로 정부는 적절한 최저임금 수준을 설정하고 기업의 경쟁력을 고려하여 적절한 대응 방안을 모색해야 한다.
>
> 이와 같이 최저임금제도는 노동자 보호와 경제적 포용성을 위한 중요한 정책 수단이다. 그러나 최저임금제도만으로는 모든 경제적 문제를 해결할 수 없으며 근로시간, 근로조건 등 다른 노동법과의 조화가 필요하다.

① 최저임금제도는 기업 입장에서 아무런 이득이 없다.
② 최저임금제도는 기업의 경제적 부담을 증가시킬 수 있다.
③ 최저임금제도는 근로자의 소비를 증가시킨다.
④ 최저임금제도는 경제적 양극화를 완화하는 데 도움을 준다.
⑤ 최저임금제도를 통해 근로자들은 최소한의 생계비를 보장받을 수 있다.

05 다음 글을 읽고 추론할 수 있는 내용으로 가장 적절한 것은?

PART 1

두뇌 연구는 지금까지 뉴런을 중심으로 진행되어 왔다. 뉴런 연구로 노벨상을 받은 카얄은 뉴런이 '생각의 전화선'이라는 이론을 확립하여 사고와 기억 등 두뇌에서 일어나는 모든 현상을 뉴런의 연결망과 뉴런 간의 전기 신호로 설명했다. 그러나 두뇌에는 뉴런 외에도 신경교 세포가 존재한다. 신경교 세포는 뉴런처럼 그 수가 많지만 전기 신호를 전달하지 못한다. 이 때문에 과학자들은 신경교 세포가 단지 두뇌 유지에 필요한 영양 공급과 두뇌 보호를 위한 전기 절연의 역할만을 가진다고 여겼다.

최근 과학자들은 신경교 세포에서 그 이상의 기능을 발견했다. 신경교 세포 중에도 '성상세포'라 불리는 별 모양의 세포는 자신만의 화학적 신호를 가진다는 것이 밝혀졌다. 성상세포는 뉴런처럼 전기를 이용하지는 않지만, '뉴런송신기'라고 불리는 화학물질을 방출하고 감지한다. 과학자들은 이러한 화학적 신호의 연쇄반응을 통해 신경교 세포가 전체 뉴런을 조정한다고 추론했다.

A연구팀은 신경교 세포가 전체 뉴런을 조정하면서 기억력과 사고력을 향상시킨다고 예상하고서, 이를 확인하기 위해 인간의 신경교 세포를 갓 태어난 생쥐의 두뇌에 주입했다. 그 결과, 쥐가 자라면서 주입된 인간의 신경교 세포도 성장했다. 이 세포들은 쥐의 뉴런들과 완벽하게 결합되어 쥐의 두뇌 전체에 걸쳐 퍼지게 되었다. 심지어 어느 두뇌 영역에서는 쥐의 뉴런의 숫자를 능가하기도 했다. 뉴런과 달리 쥐와 인간의 신경교 세포는 비교적 쉽게 구별된다. 인간의 신경교 세포는 매우 길고 무성한 섬유질을 가지기 때문이다. 쥐에 주입된 인간의 신경교 세포는 그 기능을 그대로 간직한다. 그렇게 성장한 쥐들은 다른 쥐들과 잘 어울렸고, 다른 쥐들의 관심을 끄는 것에 흥미를 보였다. 이 쥐들은 미로를 통과해 치즈를 찾는 테스트에서 더 뛰어났다. 보통의 쥐들은 네다섯 번의 시도 끝에 올바른 길을 배웠지만, 인간의 신경교 세포를 주입받은 쥐들은 두 번 만에 학습했다.

① 인간의 신경교 세포를 쥐에게 주입하면, 쥐의 뉴런은 전기 신호를 전달하지 못할 것이다.

② 인간의 뉴런 세포를 쥐에게 주입하면, 쥐의 두뇌에는 화학적 신호의 연쇄 반응이 더 활발해질 것이다.

③ 인간의 뉴런 세포를 쥐에게 주입하면, 그 뉴런 세포는 쥐의 두뇌 유지에 필요한 영양을 공급할 것이다.

④ 인간의 신경교 세포를 쥐에게 주입하면, 그 신경교 세포는 쥐의 뉴런을 보다 효과적으로 조정할 것이다.

⑤ 인간의 신경교 세포를 쥐에게 주입하면, 그 신경교 세포는 쥐의 신경교 세포의 기능을 갖도록 변화할 것이다.

다음 글을 읽고 추론할 수 있는 내용으로 적절하지 않은 것은?

태양 빛은 흰색으로 보이지만 실제로는 다양한 파장의 가시광선이 혼합되어 나타난 것이다. 프리즘을 통과시키면 흰색 가시광선은 파장에 따라 붉은빛부터 보랏빛까지의 무지갯빛으로 분해된다. 가시광선의 파장 범위는 390 ~ 780nm* 정도인데, 보랏빛이 가장 짧고 붉은빛이 가장 길다. 빛의 진동수는 파장과 반비례하므로 진동수는 보랏빛이 가장 크고 붉은빛이 가장 작다. 태양 빛이 대기층에 입사하여 산소나 질소 분자와 같은 공기 입자(직경 0.1 ~ 1nm 정도), 먼지 미립자, 에어로졸**(직경 1 ~ 100,000nm 정도) 등과 부딪치면 여러 방향으로 흩어지는데 이러한 현상을 산란이라 한다. 산란은 입자의 직경과 빛의 파장에 따라 '레일리(Rayleigh) 산란'과 '미(Mie) 산란'으로 구분된다. 레일리 산란은 입자의 직경이 파장의 1/10보다 작을 경우에 일어나는 산란을 말하는데 그 세기는 파장의 네제곱에 반비례한다. 대기의 공기 입자는 직경이 매우 작아 가시광선 중 파장이 짧은 빛을 주로 산란시키며, 파장이 짧을수록 산란의 세기가 강하다. 따라서 맑은 날에는 주로 공기 입자에 의한 레일리 산란이 일어나서 보랏빛이나 파란빛이 강하게 산란되는 반면, 붉은빛이나 노란빛은 약하게 산란된다. 산란되는 세기로는 보랏빛이 가장 강하겠지만, 우리 눈은 보랏빛보다 파란빛을 더 잘 감지하기 때문에 하늘은 파랗게 보이는 것이다. 만약 태양 빛이 공기 입자보다 큰 입자에 의해 레일리 산란이 일어나면 공기 입자만으로는 산란이 잘되지 않던 긴 파장의 빛까지 산란되어 하늘의 파란빛은 상대적으로 엷어진다.

미 산란은 입자의 직경이 파장의 1/10보다 큰 경우에 일어나는 산란을 말하는데 주로 에어로졸이나 구름 입자 등에 의해 일어난다. 이때 산란의 세기는 파장이나 입자 크기에 따른 차이가 거의 없다. 구름이 흰색으로 보이는 것은 미 산란으로 설명된다. 구름 입자(직경 20,000nm 정도)처럼 입자의 직경이 가시광선의 파장보다 매우 큰 경우에는 모든 파장의 빛이 고루 산란된다. 이 산란된 빛이 동시에 우리 눈에 들어오면 모든 무지갯빛이 혼합되어 구름이 하얗게 보인다. 이처럼 대기가 없는 달과 달리 지구는 산란 효과에 의해 파란 하늘과 흰 구름을 볼 수 있다.

*나노미터 : 물리학적 계량 단위(1nm=10^{-9}m)
**에어로졸 : 대기에 분산된 고체 또는 액체 입자

---

① 가시광선의 파란빛은 보랏빛보다 진동수가 작다.

② 프리즘으로 분해한 태양 빛을 다시 모으면 흰색이 된다.

③ 파란빛은 가시광선 중에서 레일리 산란의 세기가 가장 크다.

④ 빛의 진동수가 2배가 되면 레일리 산란의 세기는 16배가 된다.

⑤ 달의 하늘에서는 공기 입자에 의한 태양 빛의 산란이 일어나지 않는다.

07 다음 글의 빈칸에 들어갈 내용으로 가장 적절한 것은?

소독이란 물체의 표면 및 그 내부에 있는 병원균을 죽여 전파력 또는 감염력을 없애는 것이다. 이때, 소독의 가장 안전한 형태로는 멸균이 있다. 멸균이란 대상으로 하는 물체의 표면 또는 그 내부에 분포하는 모든 세균을 완전히 죽여 무균의 상태로 만드는 조작으로, 살아있는 세포뿐만 아니라 포자, 박테리아, 바이러스 등을 완전히 파괴하거나 제거하는 것이다.

물리적 멸균법은 열, 햇빛, 자외선, 초단파 따위를 이용하여 균을 죽여 없애는 방법이다. 열(Heat)에 의한 멸균에는 건열 방식과 습열 방식이 있는데, 건열 방식은 소각과 건식오븐을 사용하여 멸균하는 방식이다. 건열 방식이 활용되는 예로는 미생물 실험실에서 사용하는 많은 종류의 기구를 물 없이 멸균하는 것이 있다. 이는 습열 방식을 활용했을 때 유리를 포함하는 기구가 파손되거나 금속 재질로 이루어진 기구가 습기에 의해 부식할 가능성을 보완한 방법이다. 그러나 건열 방식은 습열 방식에 비해 멸균 속도가 느리고 효율이 떨어지며, 열에 약한 플라스틱이나 고무제품은 대상물의 변성이 이루어져 사용할 수 없다. 예를 들어 많은 세균의 내생포자는 습열 멸균 온도 조건(121℃)에서는 5분 이내에 사멸되나, 건열 방식을 활용할 경우 이보다 더 높은 온도(160℃)에서도 약 2시간 정도가 지나야 사멸되는 양상을 나타낸다. 반면, 습열 방식은 바이러스, 세균, 진균 등의 미생물들을 손쉽게 사멸시킨다. 습열 방식은 효소 및 구조단백질 등의 필수 단백질의 변성을 유발하고, 핵산을 분해하며 세포막을 파괴하여 미생물을 사멸시킨다. 끓는 물에 약 10분간 노출하면 대개의 영양세포나 진핵포자를 충분히 죽일 수 있으나, 100℃의 끓는 물에서는 세균의 내생포자를 사멸시키지는 못한다. 따라서 물을 끓여서 하는 열처리는 _____ 멸균을 시키기 위해서는 100℃가 넘는 온도(일반적으로 121℃)에서 압력(약 $1.1kg/cm^2$)을 가해 주는 고압증기멸균기를 이용한다. 고압증기멸균기는 물을 끓여 증기를 발생시키고 발생한 증기와 압력에 의해 멸균을 시키는 장치이다. 고압증기멸균기 내부가 적정 온도와 압력(121℃, 약 $1.1kg/cm^2$)에 이를 때까지 뜨거운 포화 증기를 계속 유입시킨다. 해당 온도에서 포화 증기는 15분 이내에 모든 영양세포와 내생포자를 사멸시킨다. 고압증기멸균기에 의해 사멸되는 미생물은 고압에 의해서라기보다는 고압 하에서 수증기가 얻을 수 있는 높은 온도에 의해 사멸되는 것이다.

① 더 많은 세균을 사멸시킬 수 있다.
② 멸균 과정에서 더 많은 비용이 소요된다.
③ 멸균 과정에서 더 많은 시간이 소요된다.
④ 소독을 시킬 수는 있으나, 멸균을 시킬 수는 없다.
⑤ 멸균을 시킬 수는 있으나, 소독을 시킬 수는 없다.

Hard

08

(가) 개념사를 역사학의 한 분과로 발전시킨 독일의 역사학자 코젤렉은 '개념은 실재의 지표이자 요소'라고 하였다. 이 말은 실타래처럼 얽혀 있는 개념과 정치·사회적 실재, 개념과 역사적 실재의 관계를 정리하기 위한 중요한 지침으로 작용한다. 그에 의하면 개념은 정치적 사건이나 사회적 변화 등의 실재를 반영하는 거울인 동시에 정치·사회적 사건과 변화의 실제적 요소이다.

(나) 개념은 정치적 사건과 사회적 변화 등에 직접 관련되어 있거나 그것을 기록, 해석하는 다양한 주체들에 의해 사용된다. 이러한 주체들, 즉 '역사 행위자'들이 사용하는 개념은 여러 의미가 포개어진 층을 이룬다. 개념사에서는 사회·역사적 현실과 관련하여 이러한 층들을 파헤치면서 개념이 어떻게 사용되어 왔는가, 이 과정에서 그 의미가 어떻게 변화했는가, 어떤 함의들이 거기에 투영되었는가, 그 개념이 어떠한 방식으로 작동했는가 등에 대해 탐구한다.

(다) 이상에서 보듯이 개념사에서는 개념과 실재를 대조하고 과거와 현재의 개념을 대조함으로써 그 개념이 대응하는 실재를 정확히 드러내고 있는가, 아니면 실재의 이해를 방해하고 더 나아가 왜곡하는가를 탐구한다. 이를 통해 코젤렉은 과거에 대한 '단 하나의 올바른 묘사'를 주장하는 근대 역사학의 방법을 비판하고, 과거의 역사 행위자가 구성한 역사적 실재와 현재 역사가가 만든 역사적 실재를 의미있게 소통시키고자 했다.

(라) 사람들이 '자유', '민주', '평화' 등과 같은 개념들을 사용할 때, 그 개념이 서로 같은 의미를 갖는 것은 아니다. '자유'의 경우, '구속받지 않는 상태'를 강조하는 개념으로 쓰이는가 하면, '자발성'이나 '적극적인 참여'를 강조하는 개념으로 쓰이기도 한다. 이러한 정의와 해석의 차이로 인해 개념에 대한 논란과 논쟁이 늘 있어 왔다. 바로 이러한 현상에 주목하여 출현한 것이 코젤렉의 '개념사'이다.

(마) 또한 개념사에서는 '무엇을 이야기 하는가.'보다는 '어떤 개념을 사용하면서 그것을 이야기하는가.'에 관심을 갖는다. 개념사에서는 과거의 역사 행위자가 자신이 경험한 '현재'를 서술할 때 사용한 개념과 오늘날의 입장에서 '과거'의 역사 서술을 이해하기 위해 사용한 개념의 차이를 밝힌다. 그리고 과거의 역사를 현재의 역사로 번역하면서 양자가 어떻게 수렴될 수 있는가를 밝히는 절차를 밟는다.

① (라) – (가) – (나) – (마) – (다)
② (라) – (나) – (가) – (다) – (마)
③ (마) – (나) – (가) – (다) – (라)
④ (마) – (라) – (나) – (다) – (가)
⑤ (가) – (나) – (다) – (라) – (마)

(가) 상품의 가격은 기본적으로 수요와 공급의 힘으로 결정된다. 시장에 참여하고 있는 경제 주체들은 자신이 가진 정보를 기초로 하여 수요와 공급을 결정한다.

(나) 이런 경우에는 상품의 가격이 우리의 상식으로는 도저히 이해하기 힘든 수준까지 일시적으로 뛰어오르는 현상이 나타날 가능성이 있다. 이런 현상은 특히 투기의 대상이 되는 자산의 경우에서 자주 나타나는데, 우리는 이를 '거품 현상'이라고 부른다.

(다) 그러나 현실에서는 사람들이 서로 다른 정보를 갖고 시장에 참여하는 경우가 많다. 어떤 사람은 특정한 정보를 갖고 있는데 거래 상대방은 그 정보를 갖고 있지 못한 경우도 있다.

(라) 일반적으로 거품 현상이란 것은 어떤 상품—특히 자산—의 가격이 지속해서 급격히 상승하는 현상을 가리킨다. 이와 같은 지속적인 가격 상승이 일어나는 이유는 애초에 발생한 가격 상승이 추가적인 가격 상승의 기대로 이어져 투기 바람이 형성되기 때문이다.

(마) 이들이 똑같은 정보를 함께 갖고 있으며 이 정보가 아주 틀린 것이 아닌 한, 상품의 가격은 어떤 기본적인 수준에서 크게 벗어나지 않을 것이라고 예상할 수 있다.

① (마) – (가) – (다) – (라) – (나)

② (라) – (가) – (다) – (나) – (마)

③ (가) – (다) – (나) – (라) – (마)

④ (가) – (마) – (다) – (나) – (라)

⑤ (라) – (다) – (가) – (나) – (마)

10 다음은 '기부 문화의 문제점과 활성화 방안'에 관한 글을 쓰기 위해 작성한 개요이다. 다음 개요의 수정·보완 및 자료 제시 방안으로 적절하지 않은 것은?

```
Ⅰ. 서론
  – 현황 및 실태 : 기부 참여 저조와 기부 시기의 편중 …… ㉠
Ⅱ. 본론
  1. 기부 문화의 문제점 분석
    가. 기부에 대한 대중의 인식 부족 ……………………… ㉡
    나. 금액 기부 위주의 기부 제도
    다. 기부 단체에 대한 대중의 낮은 신뢰도
  2. 기부 문화의 활성화 방안 …………………………………… ㉢
    가. 기부에 대한 대중의 인식 전환
    나. 기부 단체의 원활한 운영을 위한 정부의 지원 ……… ㉣
Ⅲ. 결론 : _____ ………………………… ㉤
```

① ㉠ : 일반인의 기부 참여율과 기부 시기를 조사한 설문조사 자료를 제시한다.

② ㉡ : 상위 항목과의 연관성을 고려하여 'Ⅱ – 2 – 가'와 위치를 바꾼다.

③ ㉢ : 상위 항목을 고려하여 '기부 유형과 방식의 다양화'를 하위 항목으로 추가한다.

④ ㉣ : 'Ⅱ – 1 – 다'의 내용을 고려하여 '투명성을 강화하기 위한 기부 단체의 운영 개선'으로 고친다.

⑤ ㉤ : 글의 주제를 고려하여 '기부 문화의 활성화를 위한 일반인의 인식 전환과 기부 단체의 제도 및 운영 방향 개선'을 결론으로 작성한다.

01 작년 S사의 일반 사원수는 400명이었다. 올해 진급하여 직책을 단 사원은 작년 일반 사원수의 12%이고, 20%는 퇴사를 하였다. 올해 전체 일반 사원수가 작년보다 6% 증가했을 때, 올해 채용한 신입사원의 인원수는?

① 144명 ② 146명
③ 148명 ④ 150명
⑤ 152명

02 K사원이 세미나에 다녀왔는데 갈 때는 시속 70km로 달리는 버스를 탔고, 올 때는 시속 120km로 달리는 기차를 탔더니 총 5시간이 걸렸다. 기차를 타고 온 거리가 버스를 타고 간 거리보다 30km 만큼 멀다고 할 때, 기차를 타고 온 거리는?(단, 세미나에 머문 시간은 무시한다)

① 210km ② 220km
③ 230km ④ 240km
⑤ 250km

03 무게가 1개당 15g인 사탕과 20g인 초콜릿을 합하여 14개를 사는데 총무게가 235g 이상 250g 이하가 되도록 하려고 한다. 이때 구매할 수 있는 사탕의 최대 개수는?

① 7개 ② 8개
③ 9개 ④ 10개
⑤ 11개

04 남학생 4명과 여학생 3명을 원형 모양의 탁자에 앉힐 때, 여학생 3명이 이웃해서 앉을 확률은?

① $\dfrac{1}{21}$ ② $\dfrac{1}{7}$

③ $\dfrac{1}{5}$ ④ $\dfrac{1}{15}$

⑤ $\dfrac{1}{20}$

05 농도가 14%로 오염된 물 50g이 있다. 깨끗한 물을 채워서 오염농도를 4%p 줄이기 위해 넣어야 하는 깨끗한 물의 양은?

① 5g
② 10g
③ 15g
④ 20g
⑤ 25g

06 퇴직 후 네일아트를 전문적으로 하는 뷰티숍을 개점하려는 S씨는 평소 눈여겨 본 지역의 고객 분포를 알아보기 위해 직접 설문조사를 하였다. 설문조사 결과가 다음과 같을 때, S씨가 이해한 내용으로 가장 적절한 것은?(단, 복수응답과 무응답은 없다)

〈응답자의 연령대별 방문횟수〉

(단위 : 명)

방문횟수 \ 연령대	20 ~ 25세	26 ~ 30세	31 ~ 35세	합계
1회	19	12	3	34
2 ~ 3회	27	32	4	63
4 ~ 5회	6	5	2	13
6회 이상	1	2	0	3
합계	53	51	9	113

〈응답자의 직업〉

(단위 : 명)

직업	응답자
학생	49
회사원	43
공무원	2
전문직	7
자영업	9
가정주부	3
합계	113

① 전체 응답자 중 20 ~ 25세 응답자가 차지하는 비율은 50% 이상이다.
② 26 ~ 30세 응답자 중 4회 이상 방문한 응답자 비율은 10% 이상이다.
③ 31 ~ 35세 응답자의 1인당 평균 방문횟수는 2회 미만이다.
④ 전체 응답자 중 직업이 학생 또는 공무원인 응답자 비율은 50% 이상이다.
⑤ 전체 응답자 중 20 ~ 25세인 전문직 응답자 비율은 5% 미만이다.

07 다음은 A신도시 쓰레기 처리 관련 통계에 대한 표이다. 이에 대한 설명으로 옳지 않은 것은?

〈A신도시 쓰레기 처리 관련 통계〉

구분	2019년	2020년	2021년	2022년
1kg 쓰레기 종량제 봉투 가격	100원	200원	300원	400원
쓰레기 1kg당 처리비용	400원	400원	400원	400원
A신도시 쓰레기 발생량	5,013톤	4,521톤	4,209톤	4,007톤
A신도시 쓰레기 관련 적자 예산	15억 원	9억 원	4억 원	0원

① 쓰레기 종량제 봉투 가격이 100원이었던 2019년에 비해 400원이 된 2022년에는 쓰레기 발생량이 약 20%나 감소하였고 쓰레기 관련 적자 예산은 0원이 되었다.
② 연간 쓰레기 발생량 감소 곡선보다 쓰레기 종량제 봉투 가격의 인상 곡선이 더 가파르다.
③ 쓰레기 1kg당 처리비용이 인상될수록 A신도시의 쓰레기 발생량과 쓰레기 관련 적자가 급격히 감소하는 것을 볼 수 있다.
④ 봉투 가격이 인상됨으로써 주민들은 비용에 부담을 느끼고 쓰레기 배출량을 줄였다고 추측할 수 있다.
⑤ 쓰레기 종량제 봉투 가격 상승과 A신도시의 쓰레기 발생량은 반비례한다.

08 다음은 C사의 구성원을 대상으로 한 2022년 전·후로 가장 선호하는 언론매체에 대한 설문조사 결과 자료이다. 이에 대한 설명으로 옳은 것은?

〈2022년 전·후로 선호하는 언론매체〉

(단위 : 명)

2022년 이전＼2022년 이후	TV	인터넷	라디오	신문
TV	40	55	15	10
인터넷	50	30	10	10
라디오	40	40	15	15
신문	35	20	20	15

① 2022년 이후에 인터넷을 선호하는 구성원 모두 2022년 이전에도 인터넷을 선호했다.
② 2022년 전·후로 가장 인기 없는 매체는 라디오이다.
③ 2022년 이후에 가장 선호하는 언론매체는 인터넷이다.
④ 2022년 이후에 가장 선호하는 언론매체를 신문에서 인터넷으로 바꾼 구성원은 20명이다.
⑤ TV에서 라디오를 선호하게 된 구성원 수는 인터넷에서 라디오를 선호하게 된 구성원 수와 같다.

09 다음은 카페 판매음료에 대한 연령대별 선호도에 대한 표이다. 이에 대한 설명으로 옳은 것을 〈보기〉에서 모두 고르면?

〈연령대별 카페 판매음료 선호도〉

구분	20대	30대	40대	50대
아메리카노	42%	47%	35%	31%
카페라테	8%	18%	28%	42%
카페모카	13%	16%	2%	1%
바닐라라테	9%	8%	11%	3%
핫초코	6%	2%	3%	1%
에이드	3%	1%	1%	1%
아이스티	2%	3%	4%	7%
허브티	17%	5%	16%	14%

보기

ㄱ. 연령대가 높아질수록 아메리카노에 대한 선호율은 낮아진다.
ㄴ. 아메리카노와 카페라테의 선호율 차이가 가장 적은 연령대는 40대이다.
ㄷ. 20대와 30대의 선호율 하위 3개 메뉴는 동일하다.
ㄹ. 40대와 50대의 선호율 상위 2개 메뉴가 전체 선호율의 70% 이상이다.

① ㄱ, ㄴ
② ㄱ, ㄹ
③ ㄴ, ㄷ
④ ㄴ, ㄹ
⑤ ㄷ, ㄹ

10 다음은 연도별 뺑소니 교통사고 통계현황에 대한 표이다. 이에 대한 설명으로 적절한 것을 〈보기〉에서 모두 고르면?

〈연도별 뺑소니 교통사고 통계현황〉

(단위 : 건, 명)

구분	2018년	2019년	2020년	2021년	2022년
사고건수	15,500	15,280	14,800	15,800	16,400
검거 수	12,493	12,606	12,728	13,667	14,350
사망자 수	1,240	1,528	1,850	1,817	1,558
부상자 수	9,920	9,932	11,840	12,956	13,940

※ $[\text{검거율}(\%)] = \dfrac{(\text{검거 수})}{(\text{사고건수})} \times 100$

※ $[\text{사망률}(\%)] = \dfrac{(\text{사망자 수})}{(\text{사고건수})} \times 100$

※ $[\text{부상률}(\%)] = \dfrac{(\text{부상자 수})}{(\text{사고건수})} \times 100$

보기

ㄱ. 사고건수는 매년 감소하지만 검거 수는 매년 증가한다.
ㄴ. 2020년의 사망률과 부상률이 2021년의 사망률과 부상률보다 모두 높다.
ㄷ. 2020 ~ 2022년의 사망자 수와 부상자 수의 증감추이는 반대이다.
ㄹ. 2019 ~ 2022년 검거율은 매년 높아지고 있다.

① ㄱ, ㄴ
② ㄱ, ㄹ
③ ㄴ, ㄹ
④ ㄷ, ㄹ
⑤ ㄱ, ㄷ, ㄹ

※ 다음 중 제시된 명제가 모두 참일 때, 빈칸에 들어갈 명제로 가장 적절한 것을 고르시오. **[1~2]**

01

> • 광물은 매우 규칙적인 원자 배열을 가지고 있다.
> • 다이아몬드는 광물이다.
> • _____

① 다이아몬드는 매우 규칙적인 원자 배열을 가지고 있다.
② 광물이 아니면 규칙적인 원자 배열을 가지고 있지 않다.
③ 다이아몬드가 아니면 광물이 아니다.
④ 광물은 다이아몬드이다.
⑤ 광물이 아니면 다이아몬드이다.

Hard

02

> • 음악을 좋아하는 사람은 상상력이 풍부하다.
> • 음악을 좋아하지 않는 사람은 노란색을 좋아하지 않는다.
> • _____

① 노란색을 좋아하지 않는 사람은 음악을 좋아한다.
② 음악을 좋아하지 않는 사람은 상상력이 풍부하지 않다.
③ 상상력이 풍부한 사람은 노란색을 좋아하지 않는다.
④ 노란색을 좋아하는 사람은 상상력이 풍부하다.
⑤ 상상력이 풍부하지 않은 사람은 음악을 좋아한다.

※ 다음 중 제시된 명제가 모두 참일 때, 반드시 참인 것을 고르시오. [3~5]

03

> • 지훈이는 이번 주 워크숍에 참여하며, 다음 주에는 체육대회에 참가할 예정이다.
> • 영훈이는 다음 주 체육대회와 창립기념일 행사에만 참여할 예정이다.

① 지훈이는 다음 주 창립기념일 행사에 참여한다.
② 영훈이는 이번 주 워크숍에 참여한다.
③ 지훈이와 영훈이는 이번 주 체육대회에 참가한다.
④ 지훈이와 영훈이는 다음 주 체육대회에 참가한다.
⑤ 영훈이는 창립기념일 행사보다 체육대회에 먼저 참가한다.

04

> • 속도에 관심 없는 사람은 디자인에도 관심이 없다.
> • 연비를 중시하는 사람은 내구성도 따진다.
> • 내구성을 따지지 않는 사람은 속도에도 관심이 없다.

① 연비를 중시하지 않는 사람도 내구성은 따진다.
② 디자인에 관심 없는 사람도 내구성은 따진다.
③ 연비를 중시하는 사람은 디자인에는 관심이 없다.
④ 내구성을 따지지 않는 사람은 디자인에도 관심이 없다.
⑤ 속도에 관심이 있는 사람은 연비를 중시하지 않는다.

05

> • 연차를 쓸 수 있으면 제주도 여행을 한다.
> • 배낚시를 하면 회를 좋아한다.
> • 다른 계획이 있으면 배낚시를 하지 않는다.
> • 다른 계획이 없으면 연차를 쓸 수 있다.

① 제주도 여행을 하면 다른 계획이 없다.
② 연차를 쓸 수 있으면 배낚시를 한다.
③ 다른 계획이 있으면 연차를 쓸 수 없다.
④ 배낚시를 하지 않으면 제주도 여행을 하지 않는다.
⑤ 제주도 여행을 하지 않으면 배낚시를 하지 않는다.

06 S사는 자율출퇴근제를 시행하고 있다. 출근시간은 12시 이전에 자유롭게 할 수 있으며 본인 업무를 마치면 바로 퇴근한다. 다음 1월 28일의 업무에 대한 일지를 고려하였을 때, 항상 참인 것은?

- 점심시간은 12시부터 1시까지이며, 점심시간에는 업무를 하지 않는다.
- 업무 1개당 1시간이 소요되며, 출근하자마자 업무를 시작하여 쉬는 시간 없이 근무한다.
- S사에 근무 중인 K팀의 A ~ D는 1월 28일에 전원 출근했다.
- A와 B는 오전 10시에 출근했다.
- B와 D는 오후 3시에 퇴근했다.
- C는 팀에서 업무가 가장 적어 가장 늦게 출근하고 가장 빨리 퇴근했다.
- D는 B보다 업무가 1개 더 많았다.
- A는 C보다 업무가 3개 더 많았고, 팀에서 가장 늦게 퇴근했다.
- 이날 K팀은 가장 늦게 출근한 사람과 가장 늦게 퇴근한 사람을 기준으로, 오전 11시에 모두 출근하였으며 오후 4시에 모두 퇴근한 것으로 보고되었다.

① A는 4개의 업무를 하고 퇴근했다.

② B의 업무는 A의 업무보다 많았다.

③ C는 2시에 퇴근했다.

④ A와 B는 팀에서 가장 빨리 출근했다.

⑤ 업무를 마친 C가 D의 업무 중 1개를 대신 했다면 D와 같이 퇴근할 수 있었다.

07 C사는 A ~ E제품을 대상으로 내구성, 효율성, 실용성 세 개 영역에 대해 1 ~ 3등급으로 나누어 평가하였다. A ~ E제품에 대한 평가 결과가 다음과 같을 때, 반드시 참이 되지 않는 것은?

- 모든 영역에서 3등급을 받은 제품이 있다.
- 모든 제품이 3등급을 받은 영역이 있다.
- A제품은 내구성 영역에서만 3등급을 받았다.
- B제품만 실용성 영역에서 3등급을 받았다.
- C, D제품만 효율성 영역에서 2등급을 받았다.
- E제품은 1개의 영역에서만 2등급을 받았다.
- A와 C제품이 세 영역에서 받은 등급의 총합은 서로 같다.

① A제품은 효율성 영역에서 1등급을 받았다.

② B제품은 내구성 영역에서 3등급을 받았다.

③ C제품은 내구성 영역에서 3등급을 받았다.

④ D제품은 실용성 영역에서 2등급을 받았다.

⑤ E제품은 실용성 영역에서 2등급을 받았다.

08 A ~ D는 취미로 꽃꽂이, 댄스, 축구, 농구 중에 한 가지 활동을 한다. 취미는 서로 겹치지 않으며, 모든 사람은 취미 활동을 한다. 다음 〈조건〉을 바탕으로 항상 참인 것은?

> 조건
> • A는 축구와 농구 중에 한 가지 활동을 한다.
> • B는 꽃꽂이와 축구 중에 한 가지 활동을 한다.
> • C의 취미는 꽃꽂이를 하는 것이다.

① B는 축구 활동을, D는 농구 활동을 한다.
② A는 농구 활동을, D는 댄스 활동을 한다.
③ A는 댄스 활동을, B는 축구 활동을 한다.
④ B는 축구 활동을 하지 않으며, D는 댄스 활동을 한다.
⑤ A는 농구 활동을 하지 않으며, D는 댄스 활동을 하지 않는다.

09 L사의 A ~ D는 각각 다른 팀에 근무하는데, 각 팀은 2 ~ 5층에 위치하고 있다. 〈조건〉을 참고할 때, 다음 중 항상 참인 것은?

> 조건
> • A ~ D 중 2명은 부장, 1명은 과장, 1명은 대리이다.
> • 대리의 사무실은 B보다 높은 층에 있다.
> • B는 과장이다.
> • A는 대리가 아니다.
> • A의 사무실이 가장 높다.

① 부장 중 한 명은 반드시 2층에 근무한다.
② A는 부장이다.
③ 대리는 4층에 근무한다.
④ B는 2층에 근무한다.
⑤ C는 대리이다.

10 제시된 내용을 바탕으로 내린 A, B의 결론에 대한 판단으로 옳은 것은?

- 자동차 외판원인 C ~ H 여섯 명의 판매실적을 비교했다.
- C는 D에게 실적에서 앞섰다.
- E는 F에게 실적에서 뒤졌다.
- G는 H에게 실적에서 뒤졌지만, C에게는 실적에서 앞섰다.
- D는 F에게 실적에서 앞섰지만, G에게는 실적에서 뒤졌다.

- A : 실적이 가장 좋은 외판원은 H이다.
- B : 실적이 가장 나쁜 외판원은 E이다.

---

① A만 옳다.

② B만 옳다.

③ A, B 모두 옳다.

④ A, B 모두 틀리다.

⑤ A, B 모두 옳은지 틀린지 판단할 수 없다.

11 어느 날 사무실에 도둑이 들었다. CCTV를 확인해보니 흐릿해서 잘 보이지는 않지만 도둑이 2명이라는 것을 확인했고, 사무실 직원들의 알리바이와 해당 시간대에 사무실에 드나든 사람들을 조사한 결과 피의자는 A ~ E 5명으로 좁혀졌다. 거짓을 말하는 사람이 1명이라고 할 때, 다음의 진술을 통해 거짓을 말한 사람은?(단, 모든 사람은 참이나 거짓만을 말한다)

A : B는 확실히 범인이에요. 제가 봤어요.
B : 저는 범인이 아니구요, E는 무조건 범인입니다.
C : A가 말하는 건 거짓이니 믿지 마세요.
D : C가 말하는 건 진실이에요.
E : 저와 C가 범인입니다.

---

① A

② B

③ C

④ D

⑤ E

※ 다음 도식에서 기호들은 일정한 규칙에 따라 문자를 변화시킨다. ?에 들어갈 문자로 적절한 것을 고르시오(단, 규칙은 가로와 세로 중 한 방향으로만 적용된다). [12~15]

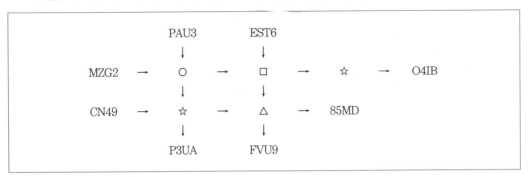

Easy
12

$$JLMP → ○ → □ → ?$$

① NORL
② LNOK
③ RONL
④ MPQM
⑤ ONKK

13

$$DRFT → □ → ☆ → ?$$

① THVF
② EUGW
③ SGQE
④ VHTF
⑤ DTFR

14

$$8TK1 \rightarrow \triangle \rightarrow \bigcirc \rightarrow ?$$

① 81KT ② 9WL4

③ UJ27 ④ KT81

⑤ 0LS9

15

$$F752 \rightarrow ☆ \rightarrow \square \rightarrow \triangle \rightarrow ?$$

① 348E ② 57F2

③ 974H ④ 388I

⑤ 663E

※ 다음 도식의 기호들은 일정한 규칙에 따라 도형을 변화시킨다. ?에 들어갈 도형으로 적절한 것을 고르시오(단, 주어진 조건이 두 가지 이상일 때, 모두 일치해야 YES로 이동한다). [16~17]

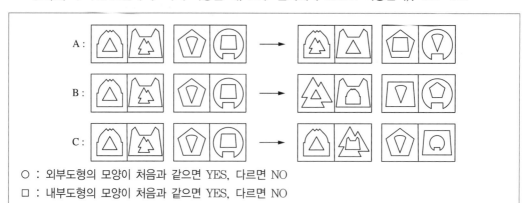

○ : 외부도형의 모양이 처음과 같으면 YES, 다르면 NO
□ : 내부도형의 모양이 처음과 같으면 YES, 다르면 NO
△ : 외부·내부도형의 모양이 처음과 같으면 YES, 다르면 NO

16

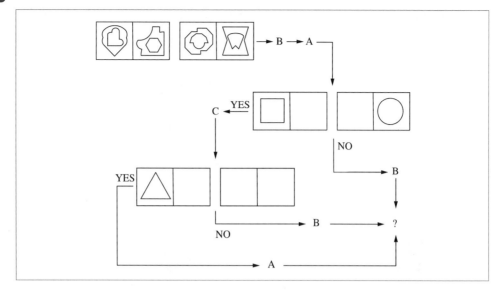

①

②

③

④

⑤

18

①

②

③

④

⑤

19

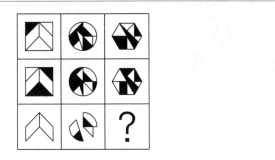

①

②

③

④

⑤

01 다음 글의 중심내용으로 가장 적절한 것은?

> 그리스 철학의 집대성자라고도 불리는 철학자 아리스토텔레스는 자연의 모든 물체는 '자연의 사다리'에 의해 계급화되어 있다고 생각했다. 자연의 사다리는 아래서부터 무생물, 식물, 동물, 인간, 그리고 신으로 구성되어 있는데, 이러한 계급에 맞춰 각각에 일정한 기준을 부여했다. 18세기 유럽 철학계와 과학계에서는 이러한 자연의 사다리 사상이 크게 유행을 했으며 사다리의 상층인 신과 인간에게는 높은 이성과 가치가 있고, 그 아래인 동물과 식물에게는 인간보다 낮은 가치가 있다고 보기 시작했다.
>
> 이처럼 서양의 자연관은 인간과 자연을 동일시하던 고대에서 벗어나 인간만이 영혼이 있으며, 이에 따라 인간만이 자연을 지배할 수 있다고 믿는 기독교 중심의 중세시대를 지나, 여러 철학자들을 거쳐 점차 인간이 자연보다 우월한 자연지배관으로 모습이 바뀌기 시작했다. 이러한 자연관을 토대로 서양에서는 자연스럽게 산업혁명 등을 통한 대량소비와 대량생산의 경제성장구조와 가치체계가 발전되어 왔다.
>
> 동양의 자연관 역시 동양철학과 불교 등의 이념과 함께 고대에서 중세시대를 지나게 되었다. 하지만 서양의 인간중심 철학과 달리 동양철학과 불교에서는 자연과 인간을 동일선상에 놓거나 둘의 조화를 중요시하여 합일론을 주장했다. 이들의 사상은 노자와 장자의 무위자연의 도, 불교의 윤회사상 등에서 살펴볼 수 있다. 대량소비와 대량생산으로 대표되는 자본주의의 한계와 함께 지구온난화, 자원고갈, 생태계 파괴가 대두되는 요즘, 동양의 자연관이 주목받고 있다.

① 서양철학에서 나타나는 부작용

② 자연의 사다리와 산업혁명

③ 철학과 지구온난화의 상관관계

④ 서양의 자연관과 동양의 자연관의 차이

⑤ 서양철학의 문제점과 동양철학을 통한 해결법

Easy

02 다음 글의 내용으로 적절하지 않은 것은?

운전자 10명 중 3명은 내년 4월부터 전면 시행되는 '안전속도 5030' 정책을 모르는 것으로 나타났다. 한국교통안전공단은 지난 7월 전국 운전자 3,922명을 대상으로 '안전속도 5030 정책 인지도'를 조사한 결과 이를 인지하고 있는 운전자는 68.1%에 그쳤다고 밝혔다. 안전속도 5030 정책은 전국 도시 지역 일반도로의 제한속도를 시속 50km로, 주택가 등 이면도로는 시속 30km 이하로 하향 조정하는 정책이다. 지난해 4월 도로교통법 시행규칙 개정에 따라 내년 4월 17일부터 본격적으로 시행된다. 교통안전공단에 따르면 예기치 못한 사고가 발생하더라도 차량의 속도를 30km로 낮추면 중상 가능성은 15.4%로 크게 낮아진다. 이번 조사에서 특히 20대 이하 운전자의 정책 인지도는 59.7%, 30대 운전자는 66.6%로 전체 평균보다 낮은 것으로 나타났다. 반면 40대(70.2%), 50대 (72.1%), 60대 이상(77.3%) 등 연령대가 높아질수록 안전속도 도입을 알고 있다고 응답한 비율이 높았다.

한국교통안전공단은 내년 4월부터 전면 시행되는 안전속도 5030의 성공적 정착을 위해 정책 인지도가 가장 낮은 2030 운전자를 대상으로 온라인 중심의 언택트(Untact) 홍보를 시행할 예정이다. 2030세대가 운전 시 주로 이용하는 모바일 내비게이션사와 협업하여 5030 속도 관리구역 음성안내 및 이미지 표출 등을 통해 제한속도 인식률 향상 및 속도 준수를 유도하고, 유튜브와 SNS 등을 활용한 대국민 참여 이벤트와 공모전 등을 통해 제한속도 하향에 대한 공감대 확산 및 자발적인 속도 하향을 유도할 예정이다.

① 운전자 10명 중 6명 이상은 안전속도 5030 정책을 알고 있다.
② 안전속도 5030 정책에 대한 인지도가 가장 낮은 연령대는 20대 이하이다.
③ 연령대가 높을수록 안전속도 5030 정책에 대한 인지도가 높다.
④ 안전속도 5030 정책에 대한 연령대별 인식률의 평균은 68.1%이다.
⑤ 안전속도 5030 정책이 시행되면 주택가에서의 주행속도는 시속 30km 이하로 제한된다.

※ 다음은 L사의 자율 휴가제도에 대한 자료이다. 이어지는 질문에 답하시오. **[3~4]**

〈자율 휴가제〉

• 연중 본인이 원하는 기간을 지정해 자유롭게 휴가를 사용할 수 있다.
• 3년 이상 근속 시 매해 1일씩 가산 휴가를 준다.
• 휴일에 업무를 하면 당일 근무일수의 2배의 휴가를 지급한다.
• 휴가 사용 시 토요일은 0.5일, 평일은 1.0일로 계산한다.

※ 월~토요일 주 6일제 근무임

---

03 신입사원 교육 시 자율 휴가제에 대한 장점을 부각하고자 할 때, 적절하지 않은 것은?

① 우리 회사는 근속한 사람에게 그만큼의 대우를 해 준다.
② 정규 근무일 이외에 근무 시 그에 정해진 보상을 한다.
③ 본인이 원하는 기간에 탄력적으로 휴가를 사용할 수 있다.
④ 휴일 업무 시 기존 휴가기간에 0.5일을 가산해 휴가를 지급한다.
⑤ 6년 동안 근속 시 4일의 가산 휴가를 지급한다.

04 C팀장은 개인 프로그램 참가로 인해 휴가 제안서를 제출했다. 다음 제안서와 달력을 참고하여 C팀장이 신청할 총 휴가일수를 바르게 계산한 것은?

〈휴가 제안서〉		◀		2022년 12월			▶
○○프로그램 참가		일	월	화	수	목	금	토

일	월	화	수	목	금	토
27	28	29	30	①1	2	3
4	5	6	7	8	9	10
11	12	13	14	15	16	17
18	19	20	21	22	23	24
25	26	27	28	29	30	31
1	2	3	4	5	6	7

○○프로그램 참가
프로그램 일정 : 12월 1 ~ 13일
휴가 신청일수 : ___일

① 9일   ② 10일
③ 11일   ④ 12일
⑤ 13일

05 다음 문단을 논리적 순서대로 바르게 나열한 것은?

> (가) 하지만 막상 앱을 개발하려 할 때 부딪히는 여러 난관이 있다. 여행지나 주차장에 한 정보를 모으는 것도 문제이고, 정보를 지속적으로 갱신하는 것도 문제이다. 이런 문제 때문에 결국 아이디어를 포기하는 경우가 많다.
>
> (나) 그러나 이제는 아이디어를 포기하지 않아도 된다. 바로 공공 데이터가 있기 때문이다. 공공 데이터는 공공 기관에서 생성, 취득하여 관리하고 있는 정보 중 전자적 방식으로 처리되어 누구나 이용할 수 있도록 국민들에게 제공된 것을 말한다.
>
> (다) 현재 정부에서는 공공 데이터 포털 사이트를 개설하여 국민들이 쉽게 이용할 수 있도록 하고 있다. 공공 데이터 포털 사이트에서는 800여 개 공공 기관에서 생성한 15,000여 건의 공공 데이터를 제공하고 있으며, 제공하는 공공 데이터의 양을 꾸준히 늘리고 있다.
>
> (라) 앱을 개발하려는 사람들은 아이디어가 넘친다. 사람들이 여행 준비를 위해 많은 시간을 허비하는 것을 보면 한 번에 여행 코스를 짜 주는 앱을 만들어 보고 싶어 하고, 도심에 주차장을 못 찾아 헤매는 사람들을 보면 주차장을 쉽게 찾아 주는 앱을 만들어 보고 싶어 한다.

① (가) – (라) – (나) – (다)
② (가) – (나) – (다) – (라)
③ (가) – (다) – (나) – (라)
④ (라) – (가) – (나) – (다)
⑤ (나) – (라) – (다) – (가)

06 다음 글을 읽고 추론할 수 있는 내용으로 가장 적절한 것은?

'쓰는 문화'가 책의 문화에서 가장 우선이다. 쓰는 이가 없이는 책이 나올 수가 없기 때문이다. 그러나 지혜를 많이 갖고 있다는 것과 그것을 글로 옮길 줄 아는 것은 별개의 문제이다. 엄격하게 이야기해서 지혜는 어떤 한 가지 일에 지속적으로 매달린 사람이면 누구나 머릿속에 쌓아두고 있는 것이다. 하지만 그것을 글로 옮기기 위해서는 특별하고도 고통스러운 훈련이 필요하다. 생각을 명료하게 정리하고 글 맥을 이어갈 줄 알아야 하며, 줄기찬 노력을 바칠 준비가 되어 있어야 한다. 모든 국민이 책 한 권을 남길 수 있을 만큼 쓰는 문화가 발달한 사회가 도래하면, 그때에는 지혜의 르네상스가 가능할 것이다.

'읽는 문화'의 실종, 그것이 바로 현대의 특징이다. 신문의 판매 부수가 날로 떨어져 가는 반면에 텔레비전의 시청률은 날로 증가하고 있다. 깨알 같은 글로 구성된 200쪽 이상의 책보다 그림과 여백이 압도적으로 많이 들어간 만화책 같은 것이 늘어나고 있다. '보는 문화'가 읽는 문화를 대체해 가고 있다. 읽는 일에는 피로가 동반되지만 보는 놀이에는 휴식이 따라온다. 일을 저버리고 놀이만 좇는 문화가 범람하고 있지 않은가. 보는 놀이가 머리를 비게 하는 것은 너무나 당연하다. 읽는 일이 장려되지 않는 한 생각 없는 사회로 치달을 수밖에 없다. 책의 문화는 읽는 일과 직결되며, 생각하는 사회를 만드는 지름길이다.

① 지혜로운 사람이 그렇지 않은 사람보다 더 논리적으로 글을 쓸 수 있다.
② 고통스러운 훈련을 견뎌야 지혜로운 사람이 될 수 있다.
③ 텔레비전을 많이 보는 사람은 그렇지 않은 사람보다 신문을 적게 읽는다.
④ 만화책은 내용과 관계없이 그림의 수준이 높을수록 더 많이 판매된다.
⑤ 사람들이 텔레비전을 많이 볼수록 생각하는 시간이 적어진다.

07 다음 글의 주장에 대한 반박으로 가장 적절한 것은?

고대 중국인들은 인간이 행하지 못하는 불가능한 일은 그들이 신성하다고 생각한 하늘에 의해서 해결 가능하다고 보았다. 그리하여 하늘은 인간에게 자신의 의지를 심어 두려움을 갖고 복종하게 하는 의미뿐만 아니라 인간의 모든 일을 책임지고 맡아서 처리하는 의미로까지 인식되었다. 그 당시에 하늘은 인간에게 행운과 불운을 가져다줄 수 있는 힘이고, 인간의 개별적 또는 공통적 운명을 지배하는 신비하고 절대적인 존재라는 믿음이 형성되었다. 이러한 하늘에 대한 인식은 결과적으로 하늘을 권선징악의 주재자로 보고, 모든 새로운 왕조의 탄생과 정치적 변천까지도 그것에 의해 결정된다는 믿음의 근거로 작용하였다.

① 하늘은 인륜의 근원이며, 인륜은 하늘의 덕성이 발현된 것이다.
② 사람이 받게 되는 재앙과 복의 원인은 모두 자신에게 있다.
③ 뱃사공들은 하늘에 제사를 지냄으로써 자신들의 항해가 무사하길 기원한다.
④ 인간의 길흉화복은 우주적 질서의 일부이다.
⑤ 천체의 움직임이 인간의 생활과 자연을 지배한다.

01 영업부 직원 4명이 1월부터 5월 사이에 한 달에 한 명씩 출장을 가려고 한다. 네 사람이 적어도
한 번 이상씩 출장 갈 경우의 수는?

① 60가지   ② 120가지

③ 180가지   ④ 240가지

⑤ 300가지

02 작년 A부서의 신입사원 수는 55명이다. 올해 A부서의 신입사원 수는 5명이 증가했고, B부서의
신입사원 수는 4명 증가했다. 올해 B부서 신입사원 수의 1.2배가 올해 A부서 신입사원 수라면,
작년 B부서의 신입사원 수는?

① 44명   ② 46명

③ 48명   ④ 50명

⑤ 52명

03 A ~ F 6개의 직무팀을 층마다 두 개의 공간으로 분리된 3층짜리 건물에 배치하려고 한다. A팀과
B팀이 2층에 들어갈 확률은?

① $\dfrac{1}{15}$ ② $\dfrac{1}{12}$

③ $\dfrac{1}{9}$ ④ $\dfrac{1}{6}$

⑤ $\dfrac{1}{3}$

04 S사에서 판매 중인 두 제품 A와 B의 원가의 합은 50,000원이다. 각각 10%, 12% 이익을 붙여서 5개씩 팔았을 때 마진이 28,200원이라면 B의 원가는?

① 12,000원   ② 17,000원

③ 22,000원   ④ 27,000원

⑤ 32,000원

05 S사 인사이동에서 A부서 사원 6명이 B부서로 넘어갔다. 부서 인원이 각각 15% 감소, 12% 증가했을 때, 인사이동 전 두 부서의 인원 차이는?

① 6명   ② 8명

③ 10명   ④ 12명

⑤ 14명

06 S부서에는 팀원이 4명인 제조팀, 팀원이 2명인 영업팀, 팀원이 2명인 마케팅팀이 있다. 한 주에 3명씩 청소 당번을 뽑으려고 할 때, 이번 주 청소 당번이 세 팀에서 한 명씩 뽑힐 확률은?

① $\dfrac{1}{3}$ ② $\dfrac{1}{4}$

③ $\dfrac{2}{5}$ ④ $\dfrac{2}{7}$

⑤ $\dfrac{2}{9}$

07 다음은 휴대폰 A ~ D의 항목별 고객평가 점수에 대한 표이다. 이에 대한 설명으로 적절한 것을 〈보기〉에서 모두 고르면?

〈휴대폰 A ~ D의 항목별 고객평가 점수〉

구분	A	B	C	D
디자인	8	7	4	6
가격	4	6	7	8
해상도	5	6	8	4
음량	6	4	7	5
화면크기·두께	7	8	3	4
내장·외장메모리	5	6	7	8

※ 각 항목의 최고점은 10점임
※ 기본점수 산정방법 : 각 항목에서 제일 높은 점수 순대로 5점, 4점, 3점, 2점 배점
※ 성능점수 산정방법 : 해상도, 음량, 내장·외장메모리 항목에서 제일 높은 점수 순대로 5점, 4점, 3점, 2점 배점

보기

ㄱ. 휴대폰 A ~ D 중 기본점수가 가장 높은 휴대폰은 C이다.
ㄴ. 휴대폰 A ~ D 중 성능점수가 가장 높은 휴대폰은 D이다.
ㄷ. 각 항목의 고객평가 점수를 단순 합산한 점수가 가장 높은 휴대폰은 B이다.
ㄹ. 성능점수 항목을 제외한 항목의 점수만을 단순 합산했을 때, 휴대폰 B의 점수는 휴대폰 C 점수의 1.5배이다.

① ㄱ, ㄷ
② ㄴ, ㄹ
③ ㄱ, ㄴ, ㄷ
④ ㄱ, ㄷ, ㄹ
⑤ ㄴ, ㄷ, ㄹ

08 다음은 S사 최종합격자 A ~ D 4명의 채용시험 점수표이다. 점수표를 기준으로 〈보기〉에 따라 A ~ D를 배치한다고 할 때, 최종합격자 A ~ D와 각 부서가 바르게 연결된 것은?

〈최종합격자 A ~ D의 점수표〉

구분	서류점수	필기점수	면접점수	평균
A	?	85	68	?
B	66	71	85	74
C	65	?	84	?
D	80	88	54	74
평균	70.75	80.75	72.75	74.75

보기

홍보팀 : 저희는 대외활동이 많다 보니 면접점수가 가장 높은 사람이 적합할 것 같아요.
총무팀 : 저희 부서는 전체적인 평균점수가 높은 사람의 배치를 원합니다.
인사팀 : 저희는 면접점수보다도, 서류점수와 필기점수의 평균이 높은 사람이 좋을 것 같습니다.
기획팀 : 저희는 어느 영역에서나 중간 정도 하는 사람이면 될 것 같아요.

※ 배치순서는 홍보팀 – 총무팀 – 인사팀 – 기획팀 순으로 결정함

	홍보팀	총무팀	인사팀	기획팀
①	A	B	C	D
②	B	C	A	D
③	B	C	D	A
④	C	B	D	A
⑤	C	B	A	D

09 다음은 2019년부터 2021년까지 우리나라의 국가채무 현황이다. 이에 대한 설명으로 적절한 것을 〈보기〉에서 모두 고르면?(단, 비율은 소수점 둘째 자리에서 반올림한다)

〈우리나라 국가채무 현황〉

(단위 : 조 원 / %)

구분	2019년	2020년	2021년
일반회계 적자보전	334.7	437.5	538.9
외환시장안정용	247.2	256.4	263.5
서민주거안정용	68.5	77.5	92.5
지방정부 순채무	24.2	27.5	27.5
공적자금 등	48.6	47.7	42.9
GDP 대비 국가채무 비율	37.6	43.8	47.3

$$※ \ (\text{국가채무}) = (\text{GDP}) \times \left[\frac{(\text{GDP 대비 국가채무 비율})}{100} \right]$$

보기

ㄱ. 서민주거안정용 국가채무가 국가채무에서 차지하는 비중은 2021년에 전년 대비 감소하였다.
ㄴ. 2020년과 2021년의 GDP 대비 국가채무의 비율과 지방정부 순채무의 전년 대비 증감추세는 동일하다.
ㄷ. 2020년 공적자금 등으로 인한 국가채무는 지방정부 순채무보다 60% 이상 많다.
ㄹ. GDP 중 외환시장안정용 국가채무가 차지하는 비율은 2020년이 2019년보다 높다.

① ㄱ, ㄴ
② ㄱ, ㄷ
③ ㄴ, ㄷ
④ ㄴ, ㄹ
⑤ ㄷ, ㄹ

※ 다음 중 제시된 명제가 모두 참일 때, 빈칸에 들어갈 명제로 가장 적절한 것을 고르시오. [1~3]

01

> 전제1. 수학을 좋아하는 사람은 과학을 잘한다.
> 전제2. 호기심이 적은 사람은 과학을 잘하지 못한다.
> 결론. _____

① 수학을 좋아하면 호기심이 적다.
② 과학을 잘하지 못하면 수학을 좋아한다.
③ 호기심이 많은 사람은 수학을 좋아하지 않는다.
④ 호기심이 적은 사람은 수학을 좋아하지 않는다.
⑤ 수학을 좋아하지 않으면 호기심이 적다.

02

> 전제1. 물에 잘 번지는 펜은 수성펜이다.
> 전제2. 수성펜은 뚜껑이 있다.
> 전제3. 물에 잘 안 번지는 펜은 잉크 찌꺼기가 생긴다.
> 결론. _____

① 물에 잘 번지는 펜은 뚜껑이 없다.
② 뚜껑이 없는 펜은 잉크 찌꺼기가 생긴다.
③ 물에 잘 안 번지는 펜은 뚜껑이 없다.
④ 물에 잘 번지는 펜은 잉크 찌꺼기가 안 생긴다.
⑤ 물에 잘 안 번지는 펜은 잉크 찌꺼기가 안 생긴다.

03

> 전제1. A를 구매한 어떤 사람은 B를 구매했다.
> 전제2. _____
> 결론. C를 구매한 어떤 사람은 A를 구매했다.

① B를 구매하지 않는 사람은 C도 구매하지 않았다.
② B를 구매한 모든 사람은 C를 구매했다.
③ C를 구매한 사람은 모두 B를 구매했다.
④ A를 구매하지 않은 어떤 사람은 C를 구매했다.
⑤ B를 구매한 어떤 사람은 C를 구매했다.

04 신발가게에서 일정 금액 이상 구매한 고객에게 추첨을 통해 다양한 경품을 주는 이벤트를 하고 있다. 함께 쇼핑을 한 A ~ E는 이벤트에 응모했고 이 중 1명만 신발에 당첨되었다. 다음 A ~ E의 대화에서 한 명이 거짓말을 한다고 할 때, 신발 당첨자는?

> A : C는 신발이 아닌 할인권에 당첨됐어.
> B : D가 신발에 당첨됐고, 나는 커피 교환권에 당첨됐어.
> C : A가 신발에 당첨됐어.
> D : C의 말은 거짓이야.
> E : 나는 꽝이야.

① A
② B
③ C
④ D
⑤ E

Easy

05 A ~ C 세 사람은 점심식사 후 아메리카노, 카페라테, 카푸치노, 에스프레소 4종류의 음료를 파는 카페에서 커피를 마신다. 주어진 〈조건〉이 항상 참일 때, 다음 중 참인 것은?(단, 세 사람 모두 4종류의 음료 중 한 가지 이상을 좋아한다)

> **조건**
> • A는 카페라테와 카푸치노를 좋아하지 않는다.
> • B는 에스프레소를 좋아한다.
> • A와 B는 좋아하는 커피의 종류가 서로 다르다.
> • C는 에스프레소를 좋아하지 않는다.

① C는 아메리카노를 좋아한다.
② A는 아메리카노를 좋아한다.
③ C와 B는 좋아하는 커피의 종류가 같다.
④ A가 좋아하는 커피의 종류는 주어진 조건만으로는 알 수 없다.
⑤ C는 카푸치노를 좋아한다.

06 A팀과 B팀은 보안등급상 해당하는 문서를 나누어 보관하고 있다. 이에 따라 두 팀은 보안을 위해 다음과 같은 〈조건〉에 따라 각 팀의 비밀번호를 지정하였다. A팀과 B팀에 들어갈 수 있는 암호배열은?

조건

• 1 ~ 9까지의 숫자로 (한 자리 수)×(두 자리 수)=(세 자리 수)=(두 자리 수)×(한 자리 수) 형식의 비밀번호로 구성한다.
• 가운데에 들어갈 세 자리 수의 숫자는 156이며 숫자는 중복 사용할 수 없다. 즉, 각 팀의 비밀번호에 1, 5, 6이란 숫자가 들어가지 않는다.

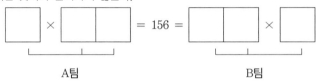

① 23

② 27

③ 29

④ 37

⑤ 39

07 A ~ D 네 명은 한 판의 가위바위보를 한 후 그 결과에 대해 각각 두 가지의 진술을 하였다. 두 가지의 진술 중 하나는 반드시 참이고, 하나는 반드시 거짓이라고 할 때, 다음 중 항상 참인 것은?

A : C는 B를 이길 수 있는 것을 냈고, B는 가위를 냈다.
B : A는 C와 같은 것을 냈지만, A가 편 손가락의 수는 나보다 적었다.
C : B는 바위를 냈고, 그 누구도 같은 것을 내지 않았다.
D : A, B, C 모두 참 또는 거짓을 말한 순서가 동일하다. 이 판은 승자가 나온 판이었다.

① B와 같은 것을 낸 사람이 있다.

② 보를 낸 사람은 1명이다.

③ D는 혼자 가위를 냈다.

④ B가 기권했다면 가위를 낸 사람이 지는 판이다.

⑤ 바위를 낸 사람은 2명이다.

Hard

08 정주, 경순, 민경이는 여름 휴가를 맞이하여 대만, 제주도, 일본 중 각각 한 곳으로 여행을 가는데, 게스트하우스 혹은 호텔에서 숙박할 수 있다. 다음 〈조건〉을 바탕으로 민경이의 여름 휴가 장소와 숙박 장소를 바르게 연결한 것은?(단, 세 사람 모두 이미 한 번 다녀온 곳으로는 휴가를 가지 않는다)

> **조건**
> • 제주도의 호텔은 예약이 불가하여, 게스트하우스에서만 숙박할 수 있다.
> • 호텔이 아니면 잠을 못 자는 경순이는 호텔을 가장 먼저 예약했다.
> • 여행 갈 때마다 호텔에 숙박했던 정주는 이번 여행은 게스트하우스를 예약했다.
> • 대만으로 여행 가는 사람은 앱 할인으로 호텔에 숙박한다.
> • 작년에 정주는 제주도와 대만을 다녀왔다.

① 제주도 – 게스트하우스　　　　② 대만 – 게스트하우스
③ 제주도 – 호텔　　　　　　　　④ 일본 – 호텔
⑤ 대만 – 호텔

※ 다음 짝지어진 단어의 관계가 동일하도록 빈칸에 들어갈 가장 적절한 단어를 고르시오. [9~10]

09

근면 : 태만 = 긴장 : (　　)

① 완화　　　　　　　　　　　② 경직
③ 수축　　　　　　　　　　　④ 압축
⑤ 팽창

10

고집 : 집념 = (　　) : 정점

① 제한　　　　　　　　　　　② 경계
③ 한도　　　　　　　　　　　④ 절경
⑤ 절정

※ 다음 도식에서 기호들은 일정한 규칙에 따라 도형을 변화시킨다. ?에 들어갈 도형으로 적절한 것을 고르시오. [11~12]

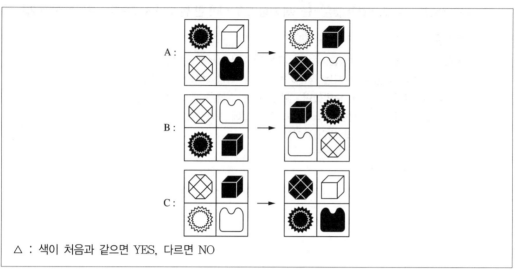

△ : 색이 처음과 같으면 YES, 다르면 NO

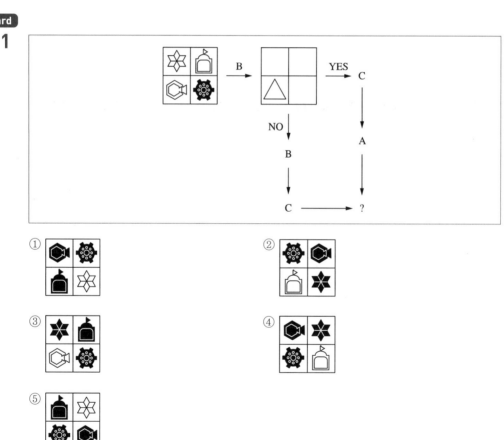

12

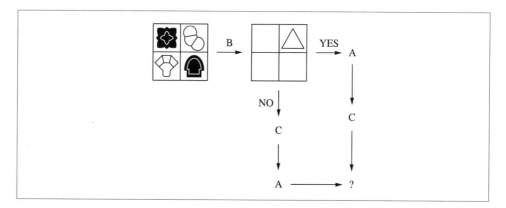

①

②

③

④

⑤

※ 다음 도식에서 기호들은 일정한 규칙에 따라 도형을 변화시킨다. ?에 들어갈 도형으로 적절한 것을 고르시오(단, 주어진 조건이 두 가지 이상일 때, 모두 일치해야 YES로 이동한다). [13~14]

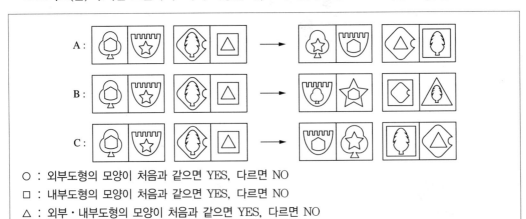

O : 외부도형의 모양이 처음과 같으면 YES, 다르면 NO
□ : 내부도형의 모양이 처음과 같으면 YES, 다르면 NO
△ : 외부·내부도형의 모양이 처음과 같으면 YES, 다르면 NO

13

14

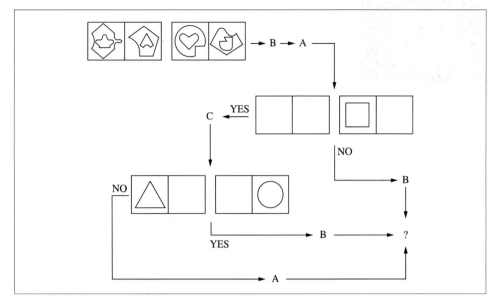

PART 1

01 언어

01 다음 글의 내용으로 적절하지 않은 것은?

> 수소와 산소는 H_2와 O_2의 분자 상태로 존재한다. 수소와 산소가 화합해서 물 분자가 되려면 이 두 분자가 충돌해야 하는데, 충돌하는 횟수가 많으면 많을수록 물 분자가 생기는 확률은 높아진다. 또한 반응하기 위해서는 분자가 원자로 분해되어야 한다. 좀 더 정확히 말한다면, 각각의 분자가 산소 원자끼리 그리고 수소 원자끼리의 결합력이 약해져야 한다. 높은 온도는 분자 간의 충돌 횟수를 증가시킬 뿐 아니라 분자를 강하게 진동시켜 분자의 결합력을 약하게 한다. 그리하여 수소와 산소는 이전까지 결합하고 있던 자신과 동일한 원자와 떨어져, 산소 원자 하나에 수소 원자 두 개가 결합한 물(H_2O)이라는 새로운 화합물이 되는 것이다.

① 수소 분자와 산소 분자가 충돌해야 물 분자가 생긴다.
② 수소 분자와 산소 분자가 원자로 분해되어야 반응을 할 수 있다.
③ 높은 온도는 분자를 강하게 진동시켜 결합력을 약하게 한다.
④ 산소 분자와 수소 분자가 각각 물(H_2O)이라는 새로운 화합물이 된다.
⑤ 산소 분자와 수소 분자의 충돌 횟수가 많아지면 물 분자가 될 확률이 높다.

Easy

02 다음 글에 대한 평가로 가장 적절한 것은?

> 대중문화는 매스미디어의 급속한 발전과 더불어 급속히 대중 속에 파고든, 젊은 세대를 중심으로 이루어진 문화를 의미한다. 그들은 TV 속에서 그들의 우상을 찾아 이를 모방하는 것으로 대리 만족을 느끼고자 한다. 그러나 대중문화라고 해서 반드시 젊은 사람을 중심으로 이루어지는 것은 아니다. 넓은 의미에서의 대중문화는 사실 남녀노소 누구나가 느낄 수 있는 우리 문화의 대부분을 의미할 수 있다. 따라서 대중문화가 우리 생활에서 차지하는 비중은 가히 상상을 초월하며 우리의 사고 하나하나가 대중문화와 떼어놓고 생각할 수 없는 것이다.

① 앞, 뒤에서 서로 모순되는 내용을 설명하고 있다.
② 충분한 사례를 들어 자신의 주장을 뒷받침하고 있다.
③ 사실과 다른 내용을 사실인 것처럼 논거로 삼고 있다.
④ 말하려는 내용 없이 지나치게 기교를 부리려고 하였다.
⑤ 적절한 비유를 들어 중심 생각을 효과적으로 전달했다.

03 다음 글을 통해 알 수 있는 내용으로 적절하지 않은 것은?

> 사물인터넷이 산업 현장에 적용되고, 디지털 관련 도구가 통합됨에 따라 일관된 전력 시스템의 필요성이 높아지고 있다. 다양한 산업시설 및 업무 현장에서의 예기치 못한 정전이나 낙뢰 등 급격한 전원 환경의 변화는 큰 손실과 피해로 이어질 수 있다. 이제 전원 보호는 데이터센터뿐만 아니라 반도체, 석유, 화학 및 기계 등 모든 분야에서 필수적인 존재가 되었다.
> UPS(Uninterruptible Power Supply : 무정전 전원 장치)는 일종의 전원 저장소로, 갑작스럽게 정전이 발생하더라도 전원이 끊기지 않고 계속해서 공급되도록 하는 장치이다. 갑작스러운 전원 환경의 변화로부터 기업의 핵심 인프라인 서버를 보호함으로써 기업의 연속성 유지에 도움을 준다. UPS를 구매할 때는 용량을 우선적으로 고려해야 한다. 너무 적은 용량의 UPS를 구입하면 용량이 초과되어 제대로 작동조차 하지 않는 상황이 나타날 수 있다. 따라서 설비에 필요한 용량의 1.5배 정도인 UPS를 구입해야 한다.
> 또한 UPS 사용 시에는 주기적인 점검이 필요하다. 특히 실질적으로 에너지를 저장하고 있는 배터리는 일정 시점마다 교체가 필요하다. 일반적으로 UPS에 사용되는 MF배터리의 수명은 1년 정도로, 납산배터리 특성상 방전 사이클을 돌 때마다 용량이 급감하기 때문이다.

① UPS의 필요성
② UPS의 역할
③ UPS 구매 시 고려사항
④ UPS 배터리 교체 주기
⑤ UPS 배터리 교체 방법

04 다음 중 해외여행 전 감염병 예방을 위한 행동으로 가장 적절한 것은?

> 최근 5년간 해외여행객은 꾸준히 증가하여 지난해 약 4,900만 명이 입국하였다. 이 중 발열 및 설사 등 감염병 증상을 동반하여 입국한 사람은 약 26만 명에 달했다. 따라서 국민들의 해외 감염병 예방에 대한 각별한 주의가 필요하다.
> 건강한 해외여행을 위해서는 여행 전 반드시 질병관리본부 홈페이지를 방문하여 해외감염병 발생 상황을 확인한 후 필요한 예방접종, 예방약, 예방물품 등을 준비해야 한다. 해외여행 중에는 스스로 위생을 지키기 위해 30초 이상 손 씻기, 안전한 음식 섭취하기 등 해외감염병 예방수칙을 준수해야 한다. 이 밖에도 해외여행지에서 만난 동물과의 접촉을 피해야 한다. 입국 시에는 건강상태 질문서를 작성해 검역관에게 제출하고, 귀가 후 발열, 설사 등 감염병 증상이 의심되면 의료기관을 방문하기 전에 질병관리본부의 콜센터 1339로 신고하여 안내를 받아야 한다.

① 손을 씻을 때 30초 이상 씻는다.
② 건강상태 질문서를 작성하여 검역관에게 제출한다.
③ 되도록 깨끗한 곳에서 안전한 음식을 먹는다.
④ 질병관리본부 홈페이지에서 해외감염병 발생 상황을 확인한다.
⑤ 질병관리본부 콜센터로 전화하여 여행 지역을 미리 신고한다.

〈A학교 교실 천장 교체공사 수의계약 안내 공고〉

다음과 같이 시설공사 수의 견적서 제출 안내를 공고합니다.

1. 견적에 부치는 사항
   가. 공사명 : A학교 교실 천장 교체공사
   나. 공사기간 : 착공일로부터 28일간
   다. 공사내용 : 본관 교실 7실 및 복도(1, 2층)

2. 견적 제출 및 계약방식
   가. 국가종합전자조달시스템을 이용하여 2인 이상으로부터 견적서를 제출받는 소액수의계약 및 전자입찰 방식으로 제출하여야 합니다.
   나. 안전 입찰서비스를 이용하여 입찰서를 제출하여야 합니다.

3. 견적서 제출기간
   가. 견적서 제출기간 : 2021. 06. 01.(화) 09:00 ~ 2021. 06. 14.(월) 10:00
   나. 견적서 제출확인은 국가종합전자조달 전자입찰시스템의 웹 송신함에서 확인하시기 바라며, 마감 시간이 임박하여 제출할 경우 입력 도중 중단되는 경우가 있으니 10분 전까지 입력을 완료하시기 바랍니다.
   다. 전자입찰은 반드시 안전 입찰서비스를 이용하여 입찰서를 제출하여야 합니다(자세한 사항은 안전 입찰서비스 유의사항 안내 참고).

4. 개찰일시 및 장소
   가. 개찰일시 : 2021. 06. 14.(월) 11:00
   나. 개찰장소 : K시 교육청 입찰집행관 PC(전산 장애 발생 시 개찰 시간이 다소 늦어지거나 연기될 수 있습니다)

5. 견적 제출 참가 자격
   가. ㉠ 수의 견적 재출 안내 공고일 전일부터 개약체결일까지 해당 지역에 법인등기부상 본점 소재지를 둔 업체이어야 하며, 그러하지 않을 경우 낙찰차 결정을 취소합니다(이외 지역 업체는 견적 제출에 참가할 수 없으며, 제출 시 무효 처리됩니다).
   나. 본 입찰은 지문인식 신원확인 입찰이 적용되므로 개인인증서를 보유한 대표자 또는 입찰대리인은 미리 지문정보를 등록하여야 전자입찰서 제출이 가능합니다. 다만, 지문인식 신원확인 입찰이 곤란한 자는 예외적으로 개인인증서에 의한 전자입찰서 제출이 가능합니다.
   다. 기타 자세한 사항은 K시 교육청 재정지원팀으로 문의하시기 바랍니다.

2021. 05. 28.

---

05 메신저를 통해 전달받은 파일은 A학교의 교실 천장 교체공사와 관련된 수의계약 공고문이다. 다음 중 공고문을 이해한 내용으로 가장 적절한 것은?

① 제출한 견적서에 관한 내용은 개인의 메일 수신함에서 확인할 수 있다.

② 개찰은 견적서 제출 마감일의 바로 다음 날 K시 교육청의 입찰집행관 PC에서 진행된다.

③ 견적서 입력 도중 마감 시간에 따라 시스템이 중단되었다면 10분 이내로 다시 제출할 수 있다.

④ 입찰대리인은 신원확인의 방법으로 지문이나 개인인증서 둘 중 하나를 선택할 수 있다.

⑤ 견적서 제출은 국가종합전자조달시스템의 안전 입찰서비스를 통해서만 가능하다.

06 밑줄 친 ㉠에서 찾아낼 수 있는 오류의 개수는?

① 1개   ② 2개

③ 3개   ④ 4개

⑤ 5개

07 L그룹 영업 1팀에서 A학교 교실 천장 교체공사 수의계약과 관련하여 K시 교육청 재정지원팀에게 문의를 하기로 했다. 총 10명의 팀원 중 문의 관련 업무를 진행할 2명의 사원을 선정하고 남은 팀원들 중 2명이 계약 관련 업무를 진행하도록 한다고 할 때, 나올 수 있는 경우의 수는?

① 1,024가지   ② 1,180가지

③ 1,260가지   ④ 1,320가지

⑤ 1,380가지

08 영업 1팀은 A학교 교실 천장 교체공사 수의계약과 관련하여 견적서를 제출하기 전 내부회의를 진행하기로 했다. 회의 결과에 따라 견적서를 수정하는 기간 사흘과 제출 전 검토 기간 이틀, 그리고 주말을 제외했을 때, 견적서 제출일과 가장 가까운 회의 날짜는?

① 6월 1일   ② 6월 2일

③ 6월 3일   ④ 6월 4일

⑤ 6월 7일

09 영업 1팀의 김대리는 계약 관련 업무 진행을 위한 협조 요청 메일을 보내고자 한다. 다음 중 담당자와 이메일을 주고받을 때 유의해야 할 사항으로 적절하지 않은 것은?

① 내용을 보낼 때는 용건을 간단히 하여 보낸다.

② 용량이 큰 파일은 반드시 압축하여 첨부한다.

③ 업무 보안상 제목에 메일의 내용이 드러나지 않도록 유의한다.

④ 메일 내용은 첫인사 → 내용 → 끝인사 순으로 작성해야 하며 소속과 직책을 밝혀야 한다.

⑤ 문장 구성 요소를 생략하거나 줄임말을 사용하지 말고 내용을 간결하게 정리한다.

01 S사에서는 스마트패드와 스마트폰을 제조하여 각각 80만 원, 17만 원에 판매하고 있고, 두 개를 모두 구매하는 고객에게는 91만 원으로 할인하여 판매하고 있다. 한 달 동안 S사에서 스마트패드와 스마트폰을 구매한 고객은 총 69명이고, 한 달 동안 S사의 매출액은 4,554만 원이다. 스마트폰만 구입한 고객은 19명일 때, 한 달 동안 스마트패드와 스마트폰을 모두 구입한 고객의 수는?

① 20명　　　　　　　　　　　　② 21명
③ 22명　　　　　　　　　　　　④ 23명
⑤ 24명

Easy

02 S사 M부서의 직원은 100명이며 40대, 30대, 20대로 구성되어 있다. 20대가 30대의 50%이고, 40대가 30대보다 15명이 많을 때, 30대 직원의 수는?

① 33명　　　　　　　　　　　　② 34명
③ 35명　　　　　　　　　　　　④ 36명
⑤ 37명

03 K씨는 100억 원을 주식 A와 B에 분산투자하려고 한다. A의 수익률은 10%, B의 수익률은 6%일 때, 총 7억 원의 수익을 내기 위해서 A에 투자할 금액은?

① 23억 원　　　　　　　　　　　② 24억 원
③ 25억 원　　　　　　　　　　　④ 26억 원
⑤ 27억 원

Hard

04 S학원에 초급반 A ~ C, 고급반 가 ~ 다 수업이 있다. 6개 수업을 순차적으로 개설하려고 할 때, 고급반 수업은 이어서 개설되고, 초급반 수업은 이어서 개설되지 않는 경우의 수는?

① 12가지　　　　　　　　　　　② 24가지
③ 36가지　　　　　　　　　　　④ 72가지
⑤ 144가지

05 A가 속한 동아리에는 총 6명이 활동 중이며, 올해부터 조장을 뽑기로 하였다. 조장은 매년 1명이며, 1년마다 새로 뽑는다. 연임은 불가능할 때 올해부터 3년 동안 A가 조장을 2번 할 확률은?(단, 3년 동안 해당 동아리에서 인원 변동은 없었다)

① $\dfrac{1}{3}$

② $\dfrac{1}{10}$

③ $\dfrac{1}{15}$

④ $\dfrac{1}{30}$

⑤ $\dfrac{1}{40}$

Hard

06 다음은 지역별 7급 공무원 현황에 대한 표이다. 이에 대한 설명으로 가장 적절한 것은?

〈지역별 7급 공무원 현황〉

(단위 : 명)

구분	남성	여성	합계
서울	14,000	11,000	25,000
경기	9,000	6,000	15,000
인천	9,500	10,500	20,000
부산	7,500	5,000	12,500
대구	6,400	9,600	16,000
광주	4,500	3,000	7,500
대전	3,000	1,800	4,800
울산	2,100	1,900	4,000
세종	1,800	2,200	4,000
강원	2,200	1,800	4,000
충청	8,000	12,000	20,000
전라	9,000	11,000	20,000
경상	5,500	4,500	10,000
제주	2,800	2,200	5,000
합계	85,300	82,500	167,800

※ 수도권 : 서울, 인천, 경기
※ 광역시 : 인천, 부산, 대구, 광주, 대전, 울산

① 남성 공무원 수가 여성 공무원 수보다 많은 지역은 5곳이다.
② 광역시 중 남성 공무원 수와 여성 공무원 수 차이가 가장 큰 지역은 울산이다.
③ 인천 여성 공무원 비율과 세종 여성 공무원 비율의 차이는 2.5%p이다.
④ 수도권 전체 공무원 수와 광역시 전체 공무원 수의 차이는 5,000명 이상이다.
⑤ 제주지역 전체 공무원 중 남성 공무원의 비율은 55%이다.

07 다음은 주요업종별 영업이익 비교에 대한 표이다. 이에 대한 설명으로 적절하지 않은 것은?

〈주요업종별 영업이익 비교〉

(단위 : 억 원)

구분	2019년 1분기 영업이익	2019년 4분기 영업이익	2020년 1분기 영업이익
반도체	40,020	40,540	60,420
통신	5,880	6,080	8,880
해운	1,340	1,450	1,660
석유화학	9,800	9,880	10,560
건설	18,220	19,450	16,410
자동차	15,550	16,200	5,240
철강	10,740	10,460	820
디스플레이	4,200	4,620	-1,890
자동차부품	3,350	3,550	-2,110
조선	1,880	2,110	-5,520
호텔	980	1,020	-3,240
항공	-2,880	-2,520	120

① 2019년 4분기의 영업이익은 2019년 1분기 영업이익보다 모든 업종에서 높다.

② 2020년 1분기 영업이익이 전년 동기 대비 영업이익보다 높은 업종은 5개이다.

③ 2020년 1분기 영업이익이 적자가 아닌 업종 중 영업이익이 직전 분기 대비 감소한 업종은 3개이다.

④ 2019년 1, 4분기에 흑자였다가 2020년 1분기에 적자로 전환된 업종은 4개이다.

⑤ 항공업은 2019년 1, 4분기에 적자였다가 2020년 1분기에 흑자로 전환되었다.

08 다음은 2016년부터 2020년까지 시행된 국가고시 현황에 대한 표이다. 이를 그래프로 변환한 것으로 적절하지 않은 것은?(단, 응시자와 합격자 수는 일의 자리에서 반올림한다)

〈국가고시 현황〉

(단위 : 명 / %)

구분	2016년	2017년	2018년	2019년	2020년
접수자	3,540	3,380	3,120	2,810	2,990
응시율	79.40	78.70	82.70	75.10	74.20
합격률	46.60	44.70	46.90	47.90	53.20

※ [응시율(%)] = $\dfrac{(\text{응시자 수})}{(\text{접수자 수})} \times 100$

※ [합격률(%)] = $\dfrac{(\text{합격자 수})}{(\text{응시자 수})} \times 100$

① 연도별 미응시자 수 추이

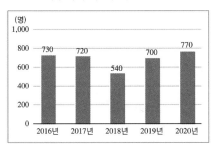

② 연도별 응시자 중 불합격자 수 추이

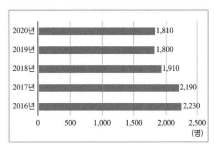

③ 2017 ~ 2020년 전년 대비 접수자 수 변화량

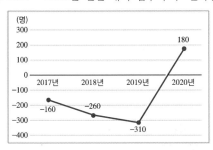

④ 2017 ~ 2020년 전년 대비 합격자 수 변화량

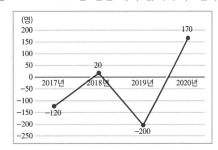

⑤ 2017 ~ 2020년 전년 대비 합격률 증감량

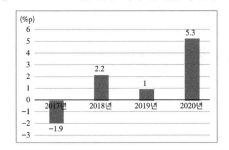

09 다음은 운동시간에 따른 운동효과에 대한 표이다. 운동효과와 운동시간의 관계가 주어진 표의 식과 같을 때, ㉠과 ㉡에 들어갈 숫자로 알맞은 것은?

<운동시간에 따른 운동효과>

운동시간(시간)	1	2	3	4
운동효과	4	62	(A)	(B)

※ (운동효과)$= a \times$ (운동시간)$- \dfrac{b^2}{\text{(운동시간)}}$

	(A)	(B)
①	90	150
②	100	151
③	100	152
④	108	151
⑤	108	152

10 S사에서 생산하는 A제품과 B제품의 매출액은 다음과 같다. 매출액 추이가 동일하게 유지될 때, 두 제품의 매출액을 합쳐서 300억 원을 초과하는 연도는?

<A, B제품 매출액>

(단위 : 억 원)

구분	2016년	2017년	2018년	2019년	2020년
A제품	100	101	103	107	115
B제품	80	78	76	74	72

① 2021년 ② 2022년

③ 2023년 ④ 2024년

⑤ 2025년

11 S사는 매년 A기계와 B기계를 생산한다. 다음과 같은 규칙으로 생산할 때, 2025년에 두 기계의 총 생산량은?

<A, B기계 생산대수>

(단위 : 대)

구분	2015년	2016년	2017년	2018년	2019년	2020년
A기계	20	23	26	29	32	35
B기계	10	11	14	19	26	35

① 130대
② 140대
③ 150대
④ 160대
⑤ 170대

※ 다음 중 제시된 명제가 모두 참일 때, 빈칸에 들어갈 명제로 가장 적절한 것을 고르시오. [1~5]

Easy

01

전제1. 대한민국에 사는 사람은 국내 여행을 간다.
전제2. 김치찌개를 먹지 않는 사람은 국내 여행을 가지 않는다.
결론. _____

① 국내 여행을 가는 사람은 김치찌개를 먹지 않는다.
② 김치찌개를 먹는 사람은 대한민국에 사는 사람이다.
③ 대한민국에 사는 사람은 김치찌개를 먹는다.
④ 김치찌개를 먹지 않는 사람은 국내 여행을 간다.
⑤ 대한민국에 살지 않는 사람은 김치찌개를 먹는다.

02

전제1. 작곡가를 꿈꾸는 사람은 TV 시청을 한다.
전제2. _____
결론. 안경을 쓰지 않은 사람은 작곡가를 꿈꾸지 않는다.

① 작곡가를 꿈꾸는 사람은 안경을 쓰지 않았다.
② TV 시청을 하는 사람은 안경을 쓰지 않았다.
③ 작곡가를 꿈꾸지 않은 사람은 안경을 쓰지 않았다.
④ 안경을 쓰지 않은 사람은 TV 시청을 하지 않는다.
⑤ 안경을 쓴 사람은 TV 시청을 한다.

03

전제1. _____

전제2. 바이올린을 배우는 사람은 모두 필라테스를 배운다.

결론. 피아노를 배우는 사람은 모두 필라테스를 배운다.

① 피아노를 배우는 사람은 모두 바이올린을 배운다.

② 피아노를 배우지 않는 사람은 바이올린을 배운다.

③ 바이올린을 배우는 사람은 피아노를 배운다.

④ 필라테스를 배우는 사람은 피아노를 배운다.

⑤ 필라테스를 배우지 않는 사람은 바이올린을 배운다.

04

전제1. 커피를 좋아하지 않는 모든 사람은 와인을 좋아하지 않는다.

전제2. _____

결론. 커피를 좋아하지 않는 모든 사람은 생강차를 좋아한다.

① 커피를 좋아하면 생강차를 좋아한다.

② 커피를 좋아하면 와인을 좋아한다.

③ 와인을 좋아하면 생강차를 좋아하지 않는다.

④ 와인을 좋아하지 않으면 생강차를 좋아한다.

⑤ 생강차를 좋아하면 와인을 좋아한다.

05

전제1. 유행에 민감한 모든 사람은 고양이를 좋아한다.

전제2. _____

결론. 고양이를 좋아하는 어떤 사람은 쇼핑을 좋아한다.

① 고양이를 좋아하는 모든 사람은 유행에 민감하다.

② 유행에 민감한 어떤 사람은 쇼핑을 좋아한다.

③ 쇼핑을 좋아하는 모든 사람은 고양이를 좋아하지 않는다.

④ 유행에 민감하지 않은 어떤 사람은 쇼핑을 좋아한다.

⑤ 고양이를 좋아하지 않는 모든 사람은 쇼핑을 좋아한다.

06 A ~ E 5명은 아이스크림 가게에서 바닐라, 딸기, 초코맛 중에 한 개씩 주문하였다. 〈조건〉이 모두 참일 때, 다음 중 참이 아닌 것은?

> **조건**
> • C 혼자 딸기맛을 선택했다.
> • A와 D는 서로 같은 맛을 선택했다.
> • B와 E는 다른 맛을 선택했다.
> • 바닐라, 딸기, 초코맛 아이스크림은 각각 2개씩 있다.
> • 마지막에 주문한 E는 인원 초과로 선택한 아이스크림을 먹지 못했다.

① A가 바닐라맛을 선택했다면, E는 바닐라맛을 선택했다.
② C가 딸기맛이 아닌 초코맛을 선택하고 딸기맛은 아무도 선택하지 않았다면 C는 아이스크림을 먹지 못했을 것이다.
③ D보다 E가 먼저 주문했다면, E는 원하는 맛의 아이스크림을 먹었을 것이다.
④ A와 E가 같은 맛을 주문했다면, B와 D는 서로 다른 맛을 주문했다.
⑤ E가 딸기맛을 주문했다면, 모두 각자 선택한 맛의 아이스크림을 먹을 수 있었다.

07 A ~ D 네 명은 옷가게에서 각자 마음에 드는 옷을 입어보았다. 〈조건〉이 모두 참일 때, 다음 중 항상 참인 것은?

> **조건**
> • 옷가게에서 판매하는 옷의 종류는 티셔츠, 바지, 코트, 셔츠이다.
> • 종류별로 각각 검은색, 흰색 색상이 있으며, 재고는 1장씩밖에 남지 않았다.
> • 각자 옷의 종류가 겹치지 않도록 2장씩 입었다.
> • 같은 색상으로 입어본 사람은 2명이다.
> • 코트를 입어본 사람은 셔츠를 입어보지 않았다.
> • 티셔츠를 입어본 사람은 바지를 입어보지 않았다.
> • B는 검은색 바지를, C는 흰색 셔츠를 입어보았다.
> • 코트는 A, B가, 티셔츠는 A, C가 입어보았다.
> • 검은색 코트와 셔츠는 A와 D가 입어보았다.

① A는 검은색 티셔츠와 흰색 바지를 입었다.
② A는 검은색 티셔츠와 흰색 코트를 입었다.
③ B는 흰색 바지와 흰색 코트를 입었다.
④ C는 흰색 티셔츠와 검은색 셔츠를 입었다.
⑤ D는 흰색 바지와 검은색 셔츠를 입었다.

08 1에서 5까지의 자연수가 적혀있는 카드가 A, B가 앉아있는 두 책상 위에 동일하게 놓여있다. A, B 두 사람은 각자의 책상 위에 숫자가 안보이게 놓여있는 카드를 세 장씩 뽑았다. A, B가 뽑은 카드가 〈조건〉과 같을 때, 카드 숫자 합이 가장 큰 조합은?(단, 한 번 뽑은 카드는 다시 뽑지 않으며 두 가지 이상의 경우의 수에서는 가장 큰 숫자 카드가 나오는 것으로 가정한다)

> **조건**
> • A와 B는 같은 숫자가 적힌 카드를 한 장 뽑았고, 그 숫자는 2이다.
> • B가 세 번째에 뽑은 카드에 적힌 숫자는 A가 세 번째에 뽑은 카드에 적힌 숫자보다 1만큼 작고, B가 첫 번째에 뽑은 카드에 적힌 숫자보다 1만큼 크다.
> • 첫 번째, 두 번째, 세 번째에 A가 뽑은 카드에 적힌 숫자는 B가 뽑은 카드에 적힌 숫자보다 1만큼 크다.

① A – 첫 번째, B – 세 번째

② A – 두 번째, B – 첫 번째

③ A – 두 번째, B – 두 번째

④ A – 세 번째, B – 두 번째

⑤ A – 세 번째, B – 세 번째

09 A ~ E가 순서대로 놓인 1 ~ 5번 콘센트를 1개씩 이용하여 배터리가 방전된 휴대폰을 충전하려고 한다. 다음 〈조건〉을 만족할 때, 항상 참인 것은?(단, 작동하는 콘센트를 이용하는 사람의 휴대폰은 전원이 켜지고, 작동되지 않는 콘센트를 이용하는 사람의 휴대폰은 전원이 켜지지 않는다)

> **조건**
> • 5번 콘센트는 작동되지 않고, 나머지 콘센트는 작동한다.
> • B는 3번 콘센트를 사용한다.
> • D는 5번 콘센트를 이용하지 않는다.
> • A는 1번이나 5번 콘센트를 이용한다.
> • A와 E, C와 D는 바로 옆 콘센트를 이용한다.

① C의 휴대폰에 전원이 켜지지 않는다면, E는 1번 콘센트를 이용한다.

② C가 B의 바로 옆 콘센트를 이용하면, A의 휴대폰에 전원이 켜지지 않는다.

③ E가 4번 콘센트를 이용하면, C는 B의 바로 옆 콘센트를 이용한다.

④ A의 휴대폰에 전원이 켜지지 않는다면, D는 1번 콘센트를 이용한다.

⑤ D가 2번 콘센트를 이용하면, E의 휴대폰에 전원이 켜지지 않는다.

10 가와 나 마을에 A ~ F가 살고 있다. 가와 나 마을에는 3명씩 살고 있으며, 가 마을 사람들은 항상 진실만을 말하고 나 마을 사람들은 항상 거짓만 말한다. F가 가 마을에 살고 있고, 다음을 고려했을 때 나 마을 사람을 바르게 나열한 것은?

> A : B, D 중 한 명은 가 마을이야.
> C : A, E 중 한 명은 나 마을이야.

① A, B, C
② A, B, D
③ B, C, D
④ B, C, E
⑤ C, D, E

※ 다음 짝지어진 단어의 관계가 동일하도록 빈칸에 들어갈 가장 적절한 단어를 고르시오. **[11~12]**

11

> 영겁 : 순간 = ( ) : 고귀

① 숭고
② 비속
③ 고상
④ 존귀
⑤ 신성

Hard

12

> 팽대 : 퇴세 = 쇄신 : ( )

① 진보
② 은폐
③ 세파
④ 답습
⑤ 개혁

※ 다음 짝지어진 단어 사이의 관계가 나머지와 다른 하나를 고르시오. [13~14]

Easy

13 ① 참조 – 참고   ② 숙독 – 탐독

③ 임대 – 차용   ④ 정세 – 상황

⑤ 분별 – 인식

14 ① 옹호하다 – 편들다   ② 상정하다 – 가정하다

③ 혁파하다 – 폐지하다   ④ 원용하다 – 인용하다

⑤ 겸양하다 – 거만하다

※ 다음 제시된 도형의 규칙을 보고 ?에 들어갈 도형으로 적절한 것을 고르시오. [15~17]

15

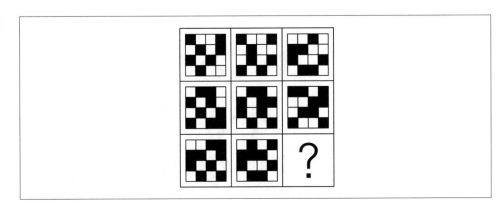

①   ②

③   ④

⑤

16

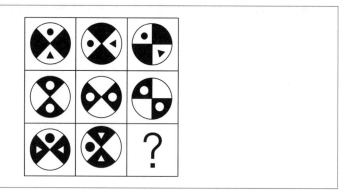

①

②

③

④

⑤

17

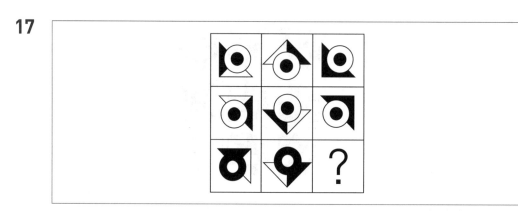

①

②

③

④

⑤

※ 다음 도식에서 기호들은 일정한 규칙에 따라 문자를 변화시킨다. ?에 들어갈 문자로 적절한 것을 고르시오(단, 규칙은 가로와 세로 중 한 방향으로만 적용된다). [18~20]

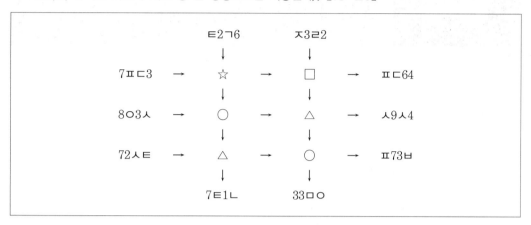

18

$$QE1O → □ → ☆ → ?$$

① 1QPD

② EQP1

③ E1QO

④ E1QP

⑤ D1QP

19

$$JW37 → △ → O → ?$$

① 82JX

② 82XJ

③ 8JX2

④ 37JW

⑤ JX28

Easy

20

$$? → △ → □ → OVUE$$

① UNWD

② UNVC

③ UOVE

④ UVEO

⑤ TNWD

01   언어

01   다음 글의 제목으로 가장 적절한 것은?

> 제4차 산업혁명은 인공지능이 기존의 자동화 시스템과 연결되어 효율이 극대화되는 산업 환경의 변화를 의미한다. 2016년 세계경제포럼에서 언급되어, 유행처럼 번지는 용어가 되었다. 학자에 따라 바라보는 견해는 다르지만 대체로 기계학습과 인공지능의 발달이 그 수단으로 꼽힌다. 2010년대 중반부터 드러나기 시작한 제4차 산업혁명은 현재진행형이며, 그 여파는 사회 곳곳에서 드러나고 있다. 현재도 사람을 기계와 인공지능이 대체하고 있으며, 현재 일자리의 $80 \sim 99\%$까지 대체될 것이라고 보는 견해도 있다.
>
> 만약 우리가 현재의 경제 구조를 유지한 채로 이와 같은 극단적인 노동 수요 감소를 맞게 된다면, 전후 미국의 대공황 등과는 차원이 다른 끔찍한 대공황이 발생할 것이다. 계속해서 일자리가 줄어들수록 중·하위 계층은 사회에서 밀려날 수밖에 없는데, 반면 자본주의 사회의 특성상 많은 비용을 수반하는 과학기술의 연구는 자본에 종속될 수밖에 없기 때문이다. 물론 지금도 이러한 현상이 없는 것은 아니지만, 아직까지는 단순노동이 필요하기 때문에 노동력을 제공하는 중·하위층들도 불합리한 부분들에 파업과 같은 실력행사를 할 수 있었다. 그러나 앞으로 자동화가 더욱 진행되어 노동의 필요성이 사라진다면 그들을 배려해야 할 당위성은 법과 제도가 아닌 도덕이나 인권과 같은 윤리적인 영역에만 남게 되는 것이다.
>
> 반면에, 이를 긍정적으로 생각한다면 이처럼 일자리가 없어졌을 때 극소수에 해당하는 경우를 제외한 나머지 사람들은 노동에서 완전히 해방되어, 인공지능이 제공하는 무제한적인 자원을 마음껏 향유할 수도 있을 것이다. 하지만 이러한 미래는 지금의 자본주의보다는 사회주의 경제 체제에 가깝다. 이 때문에 많은 경제학자와 미래학자들은 제4차 산업혁명 이후의 미래를 장밋빛으로 바꿔나가기 위해, 기본소득제 도입 등의 시도와 같은 고민들을 이어가고 있다.

① 제4차 산업혁명의 의의

② 제4차 산업혁명의 빛과 그늘

③ 제4차 산업혁명의 위험성

④ 제4차 산업혁명에 대한 준비

⑤ 제4차 산업혁명의 시작

02 다음 글의 내용으로 가장 적절한 것은?

> 세계 식품 시장의 20%를 차지하는 할랄식품(Halal Food)은 '신이 허용한 음식'이라는 뜻으로 이슬람 율법에 따라 생산, 처리, 가공되어 무슬림들이 먹거나 사용할 수 있는 식품을 말한다. 이런 기준이 적용된 할랄식품은 엄격하게 생산되고 유통과정이 투명하기 때문에 일반 소비자들에게도 좋은 평을 얻고 있다.
> 할랄식품 시장은 최근들어 급격히 성장하고 있는데 이의 가장 큰 원인은 무슬림 인구의 증가이다. 무슬림은 최근 20년 동안 5억 명 이상의 인구증가를 보이고 있어서 많은 유통업계들이 할랄식품을 위한 생산라인을 설치하는 등의 노력을 하고 있다.
> 그러나 할랄식품을 수출하는 것은 쉬운 일이 아니다. 신이 '부정한 것'이라고 하는 모든 것으로부터 분리돼야 하기 때문이다. 또한, 국제적으로 표준화된 기준이 없다는 것도 할랄식품 시장의 성장을 방해하는 요인이다. 세계 할랄 인증 기준만 200종에 달하고 수출업체는 각 무슬림 국가마다 별도의 인증을 받아야 한다. 전문가들은 이대로라면 할랄 인증이 무슬림 국가들의 수입장벽이 될 수 있다고 지적한다.

① 할랄식품은 무슬림만 먹어야 하는 식품이다.
② 할랄식품의 이미지 덕분에 소비자들에게 인기가 좋다.
③ 할랄식품 시장의 급격한 성장으로 유통업계에서 할랄식품을 위한 생산라인을 설치 중이다.
④ 표준화된 할랄 인증 기준을 통과하면 모든 무슬림 국가에 수출이 가능하다.
⑤ 할랄식품은 그 자체가 브랜드이기 때문에 큰 걸림돌 없이 지속적인 성장이 가능하다.

`Easy`

03 다음 글의 주제로 가장 적절한 것은?

> 누구나 깜빡 잊어버리는 증상을 겪을 수 있다. 나이가 들어서 자꾸 이런 증상이 나타난다면 치매가 아닐까 걱정하기 마련인데 이 중 정말 치매인 경우와 단순 건망증을 어떻게 구분해 낼 수 있을까? 치매란 기억력 장애와 함께 실행증, 집행기능의 장애 등의 증상이 나타나며 이런 증상이 사회적, 직업적 기능에 중대한 지장을 주는 경우라고 정의한다. 증상은 원인 질환의 종류 및 정도에 따라 다른데 아주 가벼운 기억장애부터 매우 심한 행동장애까지 다양하게 나타난다. 일상생활은 비교적 정상적으로 수행하지만 뚜렷한 건망증이 있는 상태를 '경도인지장애'라고 하는데 경도인지장애는 매년 10 ~ 15%가 치매로 진행되기 때문에 치매의 위험인자로 불린다. 모든 치매 환자에게서 공통으로 보이는 증상은 기억장애와 사고력, 추리력, 언어능력 등의 영역에서 동시에 장애를 보이는 것이며 인격 장애, 공격성, 성격의 변화와 비정상적인 행동들도 치매가 진행됨에 따라 나타날 수 있는 증상들이다. 국민건강보험 일산병원 신경과 교수는 "치매를 예방하기 위해서는 대뇌(Cerebrum) 활동 참여, 운동, 뇌졸중 예방, 식습관 개선 및 음주, 흡연을 자제해야 한다."고 말했다.
> 한편 치매는 시간이 지나면 악화가 되고 여러 행동이상(공격성, 안절부절 못함, 수면장애, 배회 등)을 보이며 시간이 지나면서 기억력 저하 등의 증상보다는 이런 행동이상에 의한 문제가 더 크기 때문에 행동이상에 대한 조사도 적절히 시행돼야 한다.

① 치매의 종류   ② 인지장애단계 구분
③ 치매의 의미   ④ 건망증의 분류
⑤ 기억력 장애 예방법

04 다음 글의 주장에 대한 반박으로 가장 적절한 것은?

> 인공 지능 면접은 더 많이 활용되어야 한다. 인공 지능을 활용한 면접은 인터넷에 접속하여 인공 지능과 문답하는 방식으로 진행되는데, 지원자는 시간과 공간에 구애받지 않고 면접에 참여할 수 있는 편리성이 있어 면접 기회가 확대된다. 또한 회사는 면접에 소요되는 인력을 줄여, 비용 절감 측면에서 경제성이 크다. 실제로 인공 지능을 면접에 활용한 ○○회사는 전년 대비 2억 원 정도의 비용을 절감했다. 그리고 기존 방식의 면접에서는 면접관의 주관이 개입될 가능성이 큰 데 반해, 인공 지능을 활용한 면접에서는 빅데이터를 바탕으로 한 일관된 평가 기준을 적용할 수 있다. 이러한 평가의 객관성 때문에 많은 회사들이 인공 지능 면접을 도입하는 추세이다.

① 빅데이터는 사회에서 형성된 정보가 축적된 결과물이므로 왜곡될 가능성이 적다.
② 인공 지능을 활용한 면접은 기술적으로 완벽하기 때문에 인간적 공감을 떨어뜨린다.
③ 회사 관리자 대상의 설문 조사에서 인공 지능을 활용한 면접을 신뢰한다는 비율이 높게 나온 것으로 보아 기존의 면접 방식보다 지원자의 잠재력을 판단하는 데 더 적합하다.
④ 회사의 특수성을 고려해 적합한 인재를 선발하려면 오히려 해당 분야의 경험이 축적된 면접관의 생각이나 견해가 면접 상황에서 중요한 판단 기준이 되어야 한다.
⑤ 면접관의 주관적인 생각이나 견해로는 지원자의 잠재력을 판단하기 어렵다.

05 다음 글을 통해 추론할 수 있는 내용으로 가장 적절한 것은?

> 미국 사회에서 동양계 미국인 학생들은 '모범적 소수 인종(Model Minority)', 즉 미국의 교육체계 속에서 뚜렷하게 성공한 소수 인종의 전형으로 간주되어 왔다. 그리고 그들은 성공적인 학교생활을 통해 주류 사회에 동화되고 이것에 의해 사회적 삶에서 인종주의의 영향을 약화시킨다는 주장으로 이어졌다. 하지만 동양계 미국인 학생들이 이렇게 정형화된 이미지처럼 인종주의의 장벽을 넘어 미국 사회의 구성원으로 참여하고 있는가는 의문이다. 미국 사회에서 동양계 미국인 학생들의 인종적 정체성은 다수자인 '백인'의 특성이 장점이라고 생각하는 것과 소수자인 동양인의 특성이 단점이라고 생각 하는 것의 사이에서 구성된다. 그리고 이것은 그들에게 보이지 않는 결과 두 가지를 제공한다. 하나는 대부분의 동양계 미국인 학생들이 인종적인 차이에 대한 그들의 불만을 해소하고 인종 차이에서 발생하는 차별을 피하고자 백인이 되기를 원하는 것이다. 다른 하나는 다른 사람들이 자신을 동양인으로 연상하지 않도록 자신 스스로 동양인들의 전형적인 모습에서 벗어나려고 하는 것이다. 그러므로 모범적 소수 인종으로서의 동양계 미국인 학생은 백인에 가까운 또는 동양인에서 먼 '미국인'으로 성장할 위험 속에 있다.

① '모범적 소수 인종'은 특유의 인종적 정체성을 내면화하고 있다.
② '동양계 미국인 학생들'의 성공은 일시적이고 허구적인 것이다.
③ 모든 소수 인종 집단은 인종 차이가 초래할 부정적인 효과에 대해 의식하고 있다.
④ 여러 집단의 인종은 사회에서 한정된 자원의 배분을 놓고 갈등하고 있다.
⑤ 다인종 사회에서 다수파 인종은 은폐된 형태로 인종 차별을 지속시키고 있다.

06 다음 글을 통해 추론할 수 있는 내용으로 적절하지 않은 것은?

> 소크라테스와 플라톤은 파르메니데스를 존경스럽고 비상한 능력을 지닌 인물로 높이 평가했다. 그러나 그의 사상은 지극히 난해하다고 했다. 유럽 철학사에서 파르메니데스의 중요성은 그가 최초로 '존재'의 개념을 정립했다는 데 있다. 파르메니데스는 아르케, 즉 근원적인 원리에 대한 근본적인 질문을 이오니아의 자연철학자들과는 다른 방식으로 다룬다. 그는 원천의 개념에서 일체의 시간적·물리적 성질을 제거하고 오로지 존재론적인 문제만을 남겨놓는다. 이 위대한 엘레아 사람은 지성을 기준으로 내세웠고, 예리한 인식에는 감각적 지각이 필요 없다고 주장했다. 경험적 인식과는 무관한 논리학이 사물의 본질을 파악할 수 있는 능력이라고 전제함으로써 그는 감각적으로 지각할 수 있는 세계 전체를 기만적인 것으로 치부하고 유일하게 실재하는 것은 '존재'라고 생각했다.
> 그리고 이 존재는 로고스에 의해 인식되며, 로고스와 같은 것이라고 했다. 파악함과 존재는 같은 것이므로 존재하는 것은 파악될 수 있다. 그리고 파악될 수 있는 것만이 존재한다. 파르메니데스는 '존재자'라는 근본적인 존재론적 개념을 유럽 철학에 최초로 도입한 인물일 뿐만 아니라, 경험세계와는 전적으로 무관하게 오로지 논리적 근거만을 사용하여 순수한 이론적 체계를 성립시킨 최초의 인물이기도 했다.

① 파르메니데스 사상의 업적은 존재란 개념을 이성적 파악의 대상으로 본 것이다.
② 플라톤의 이데아 개념은 파르메니데스의 이론에 영향을 받았을 것이다.
③ 파르메니데스는 감성보다 지성에 높은 지위를 부여했을 것이다.
④ 파르메니데스에게 예리한 인식이란 로고스로 파악하는 존재일 것이다.
⑤ 경험론자들의 주장과 파르메니데스의 주장은 일맥상통할 것이다.

07 다음 글을 읽은 독자의 반응으로 적절하지 않은 것은?

> 우주로 쏘아진 인공위성들은 지구 주위를 돌며 저마다의 임무를 충실히 수행한다. 이들의 수명은 얼마나 될까? 인공위성들은 태양 전지판으로 햇빛을 받아 전기를 발생시키는 태양전지와 재충전용 배터리를 장착하여 지구와의 통신은 물론 인공위성의 온도를 유지하고 자세와 궤도를 조정하는데, 이러한 태양전지와 재충전용 배터리의 수명은 평균 15년 정도이다.
>
> 방송 통신 위성은 원활한 통신을 위해 안테나가 늘 지구의 특정 위치를 향해 있어야 하는데, 안테나 자세 조정을 위해 추력기라는 작은 로켓에서 추진제를 소모한다. 자세 제어용 추진제가 모두 소진되면 인공위성은 자세를 유지할 수 없기 때문에 더 이상의 임무 수행이 불가능해지고 자연스럽게 수명을 다하게 된다.
>
> 첩보 위성의 경우는 임무의 특성상 아주 낮은 궤도를 비행한다. 하지만 낮은 궤도로 비행하게 될 경우 인공위성은 공기의 저항 때문에 마모가 훨씬 빨라지므로 수명이 몇 개월에서 몇 주일까지 짧아진다. 게다가 운석과의 충돌 등 예기치 못한 사고로 인하여 부품이 훼손되어 수명이 다하는 경우도 있다.

① 수명이 다 된 인공위성들은 어떻게 되는 걸까?

② 첩보 위성을 높은 궤도로 비행시키면 더욱 오래 임무를 수행할 수 있을 거야.

③ 안테나가 특정 위치를 향하지 않더라도 통신이 가능하도록 만든다면 방송 통신 위성의 수명을 늘릴 수 있을지도 모르겠군.

④ 별도의 충전 없이 오래가는 배터리를 사용한다면 인공위성의 수명을 더 늘릴 수 있지 않을까?

⑤ 아무런 사고 없이 임무를 수행한 인공위성이라도 15년 정도만 사용할 수 있겠구나.

08 다음 글의 빈칸에 들어갈 내용으로 가장 적절한 것은?

> 만약 어떤 사람에게 다가온 신비적 경험이 그가 살아갈 수 있는 힘으로 밝혀진다면, 그가 다른 방식으로 살아야 한다고 다수인 우리가 주장할 근거는 어디에도 없다. 사실상 신비적 경험은 우리의 모든 노력을 조롱할 뿐 아니라, 논리라는 관점에서 볼 때 우리의 관할 구역을 절대적으로 벗어나 있다. 우리 자신의 더 합리적인 신념은 신비주의자가 자신의 신념을 위해서 제시하는 증거와 그 본성에 있어서 유사한 증거에 기초해 있다. 우리의 감각이 우리의 신념에 강력한 증거가 되는 것과 마찬가지로, 신비적 경험도 그것을 겪은 사람의 신념에 강력한 증거가 된다. 우리가 지닌 합리적 신념의 증거와 유사한 증거에 해당되는 경험은, 그러한 경험을 한 사람에게 살아갈 힘을 제공해줄 것이다. 신비적 경험은 신비주의자들에게는 살아갈 힘이 되는 것이다. 따라서 _____
>
> _____

① 모든 합리적 신념의 증거는 사실상 신비적 경험에서 나오는 것이다.

② 신비주의자들의 삶의 방식이 수정되어야 할 불합리한 것이라고 주장할 수는 없다.

③ 논리적 사고와 신비주의적 사고를 상반된 개념으로 보는 견해는 수정되어야 한다.

④ 신비주의자들은 그렇지 않은 사람들보다 더 나은 삶을 살아간다고 할 수 있다.

⑤ 모든 합리적 신념의 증거는 사실상 신비적 경험에서 나오는 것이다.

09 다음 글의 내용으로 적절하지 않은 것은?

일반적으로 최초의 망원경은 네덜란드의 안경 제작자인 한스 리퍼쉬(Hans Lippershey)에 의해 만들어졌다고 알려져 있다. 이 최초의 망원경 발명에는 출처가 분명하지는 않지만 재미있는 일화가 전해진다.

1608년 리퍼쉬의 아들이 리퍼쉬의 작업실에서 렌즈를 가지고 놀다가 두 개의 렌즈를 어떻게 조합을 하였더니 멀리 있는 교회의 뾰족한 첨탑이 매우 가깝게 보였다. 리퍼쉬의 아들은 이러한 사실을 아버지에게 알렸고 이것을 본 리퍼쉬가 망원경을 발명하였다. 리퍼쉬가 만들었던 망원경은 당시 그 지역을 다스리던 영주에게 상납되었다. 유감스럽게도 리퍼쉬가 망원경 제작에 사용한 렌즈의 조합은 현재 정확하게 알려져 있지는 않지만, 아마도 두 개의 볼록렌즈를 사용했을 것으로 추측된다. 이렇게 망원경이 발명되었다는 소식은 유럽 전역으로 빠르게 전파되어, 약 1년 후에는 이탈리아의 갈릴레오에게까지 전해졌다.

1610년, 갈릴레오는 초점거리가 긴 볼록렌즈를 망원경의 대물렌즈로 사용하고 초점 거리가 짧은 오목렌즈를 초점면 앞에 놓아 접안렌즈로 사용하였다. 이 같은 설계는 물체와 상의 상하좌우가 같은 정립상을 제공하므로 지상 관측에 적당하다. 이러한 광학적 설계 방식을 갈릴레이식 굴절 망원경이라고 한다.

갈릴레오가 자신이 만든 망원경으로 천체를 관측하여 발견한 천문학적 사실 중 가장 중요한 것은 바로 금성의 상변화이다. 금성의 각크기가 변한다는 것을 관측함으로써 금성이 지구를 중심으로 공전하는 것이 아니라 태양을 중심으로 공전하고 있다는 것을 증명하였으며, 따라서 코페르니쿠스의 지동설을 지지하는 강력한 증거를 제공하였다. 그러나 갈릴레이식 굴절 망원경은 초점 거리가 짧은 오목렌즈 제작의 어려움으로 배율에 한계가 있었으며, 시야도 좁고 색수차가 심하여 17세기 초반까지만 사용되었다. 오늘날에는 갈릴레이식 굴절 망원경은 오페라 글라스와 같은 작은 쌍안경에나 쓰일 뿐 거의 사용되지 않고 있다.

이후 케플러가 설계했다는 천체 관측용 망원경이 만들어졌는데, 이 망원경은 갈릴레이식보다 진일보한 형태로 오늘날 천체 관측용 굴절 망원경의 원형이 되고 있다. 케플러식 굴절 망원경은 장초점의 볼록렌즈를 대물렌즈로 하고 단초점의 볼록렌즈를 초점면 뒤에 놓아 접안렌즈로 사용한 구조이다. 이러한 설계 방식은 상의 상하좌우가 뒤집힌 도립상을 보여주기 때문에 지상용으로는 부적절하지만 천체를 관측할 때는 별다른 문제가 없다.

① 네덜란드의 안경 제작자인 한스 리퍼쉬는 아들의 렌즈 조합 발견을 계기로 망원경을 제작할 수 있었다.

② 갈릴레오의 망원경은 볼록렌즈를 대물렌즈로, 오목렌즈를 접안렌즈로 사용하였다.

③ 갈릴레오는 자신이 발명한 망원경으로 금성의 상변화를 관측하여 금성이 태양을 중심으로 공전한다는 것을 증명하였다.

④ 케플러식 망원경은 볼록렌즈만 사용하여 만들어졌다.

⑤ 케플러식 망원경은 갈릴레오식 망원경과 다르게 상의 상하좌우가 같은 정립상을 보여준다.

10 다음 글을 토대로 〈보기〉를 해석한 내용으로 가장 적절한 것은?

요즘 대세로 불리는 폴더블 스마트폰이나 커브드 모니터를 직접 보거나 사용해 본 적이 있는가? 혁신적인 디자인과 더불어 사용자에게 뛰어난 몰입감을 제공하며 시장에서 큰 인기를 끌고 있는 이 제품들의 사양을 자세히 보면 'R'에 대한 값이 표시되어 있음을 알 수 있다. 이 R은 반지름(Radius)을 뜻하며 제품의 굽혀진 곡률을 나타내는데, 이 R의 값이 작을수록 접히는 부분의 비는 공간이 없어 완벽하게 접힌다.

일반적으로 여러 층의 레이어로 구성된 패널은 접었을 때 앞면에는 줄어드는 힘인 압축응력이, 뒷면에는 늘어나는 힘인 인장응력이 동시에 발생한다. 이처럼 서로 반대되는 힘인 압축응력과 인장응력이 충돌하면서 패널의 구조에 영향을 주는 것을 '폴딩 스트레스'라고 하며, 곡률이 작을수록 즉, 더 접힐수록 패널이 받는 폴딩 스트레스가 높아진다. 따라서 곡률이 상대적으로 작은 인폴딩 패널이 곡률이 큰 아웃폴딩 패널보다 개발 난이도가 높은 셈이다.

<보기>

S전자는 이번 행사에서 1.4R의 인폴딩 패널을 사용한 폴더블 스마트폰을 개발하는 데 성공했다고 발표했다. 이는 아웃폴딩 패널을 사용한 H기업이나 동일한 인폴딩 패널을 사용한 A기업의 폴더블 스마트폰보다 현저히 낮은 곡률이다.

---

① 이번에 H기업에서 새로 개발한 1.6R의 작은 곡률이 적용된 패널을 사용한 폴더블 스마트폰은 S전자에서 개발한 폴더블 스마트폰과 동일한 방식의 패널을 사용했을 것이다.

② 아웃폴딩 패널을 사용한 H기업의 폴더블 스마트폰은 이번에 S전자에서 개발한 폴더블 스마트폰보다 폴딩 스트레스가 낮을 것이다.

③ 인폴딩 패널을 사용한 A기업의 폴더블 스마트폰은 S전자에서 개발한 폴더블 스마트폰과 개발 난이도가 비슷했을 것이다.

④ 아웃폴딩 패널을 사용한 H기업의 폴더블 스마트폰의 R값이 인폴딩 패널을 사용한 A기업의 폴더블 스마트폰의 R값보다 작을 것이다.

⑤ S전자의 폴더블 스마트폰의 R값이 경쟁 기업보다 작은 것은 여러 층으로 구성된 패널의 층수를 타 기업의 패널보다 줄여 압축응력과 인장응력으로 인한 스트레스를 줄였기 때문일 것이다.

01 농도가 25%인 소금물 200g에 농도가 10%인 소금물을 섞었다. 섞은 후 소금물에 함유된 소금의 양이 55g일 때 섞은 후의 소금물의 농도는 얼마인가?

① 20%
② 21%
③ 22%
④ 23%
⑤ 24%

02 농도가 5%인 소금물에 소금 40g을 넣었더니 농도 25%의 소금물이 됐다. 이때 처음의 농도 5% 소금물의 양은?

① 130g
② 140g
③ 150g
④ 160g
⑤ 170g

03 S사에서는 A상품을 생산하는 데 모두 10억 원의 생산비용이 발생하며, A상품의 개당 원가는 200원, 정가는 300원이다. 생산한 A상품을 정가에서 25% 할인하여 판매했을 때 손해를 보지 않으려면 몇 개 이상 생산해야 하는가?(단, 이외의 비용은 생각하지 않고 생산한 A상품은 모두 판매된다. 또한 원가에는 생산비용이 포함되어 있지 않다)

① 3천만 개
② 4천만 개
③ 5천만 개
④ 6천만 개
⑤ 7천만 개

04 20억 원을 투자하여 10% 수익이 날 확률은 50%이고, 원가 그대로일 확률은 30%, 10% 손해를 볼 확률은 20%일 때 기대수익은?

① 4,500만 원 ② 5,000만 원
③ 5,500만 원 ④ 6,000만 원
⑤ 6,500만 원

05 A ~ C가 함께 작업할 때 6일이 걸리는 일이 있다. 이 일을 A와 B가 같이 작업하면 12일이 걸리고, B와 C가 같이 작업하면 10일이 걸린다. B가 혼자 일을 다 한다면 며칠이 걸리겠는가?(단, A, B, C 모두 혼자 일했을 때의 능률과 함께 일했을 때의 능률은 같다)

① 56일 ② 58일
③ 60일 ④ 62일
⑤ 64일

Hard

06 욕조에 A탱크로 물을 채웠을 때 18분에 75%를 채울 수 있다. 욕조의 물을 전부 뺀 후, 15분간 A탱크로 물을 채우다 B탱크로 채울 때 B탱크로만 물을 채우는 데 걸리는 시간은?(B탱크는 A보다 1.5배 빠르게 채운다)

① 2분 ② 3분
③ 4분 ④ 5분
⑤ 6분

07 S사는 작년에 직원이 총 45명이었다. 올해는 작년보다 안경을 쓴 사람은 20%, 안경을 쓰지 않은 사람은 40% 증가하여 총 58명이 되었다. 퇴사한 직원은 없다고 할 때 올해 입사한 사람 중 안경을 쓴 사람의 수는?

① 5명 ② 10명
③ 15명 ④ 20명
⑤ 25명

08 은경이는 태국 여행에서 네 종류의 A ~ D손수건을 총 9장 구매했으며, 그중 B손수건은 3장, 나머지는 각각 같은 개수를 구매했다. 기념품으로 친구 3명에게 종류가 다른 손수건 3장씩 나눠줬을 때, 가능한 경우의 수는?

① 5가지   ② 6가지

③ 7가지   ④ 8가지

⑤ 9가지

`Easy`

09 1 ~ 9까지의 수가 적힌 카드를 철수와 영희가 한 장씩 뽑았을 때 영희가 철수보다 큰 수가 적힌 카드를 뽑는 경우의 수는?

① 16가지   ② 32가지

③ 36가지   ④ 38가지

⑤ 64가지

10 S사는 A, B사로부터 동일한 양의 부품을 공급받는다. A사가 공급하는 부품의 0.1%는 하자가 있는 제품이고, B사가 공급하는 부품은 0.2%가 하자가 있는 제품이다. S사는 공급받은 부품 중 A사로부터 공급받은 부품 50%와 B사로부터 공급받은 부품 80%를 선별하였다. 이 중 한 부품을 검수하였는데 하자가 있는 제품일 때, 그 제품이 B사 부품일 확률은?(단, 선별 후에도 제품의 불량률은 변하지 않는다)

① $\dfrac{15}{21}$ ② $\dfrac{16}{21}$

③ $\dfrac{17}{21}$ ④ $\dfrac{18}{21}$

⑤ $\dfrac{19}{21}$

Easy

11 S사 직원은 각자 하나의 프로젝트를 선택하여 진행해야 하며 세 개의 X ~ Z프로젝트 중 선택되지 않은 프로젝트는 진행하지 않아도 상관없다. X ~ Z프로젝트 중 X프로젝트는 대리만, Y프로젝트는 사원만, Z프로젝트는 누구나 진행할 수 있다. 대리 2명, 사원 3명이 프로젝트를 선택하여 진행하는 경우의 수는?

① 16가지   ② 32가지

③ 36가지   ④ 48가지

⑤ 72가지

12 A는 0.8km의 거리를 12분 만에 걸어간 후 36km/h의 속력의 버스에 탑승해 8분 동안 이동하여 목적지에 도착했다. 다음날 A가 자전거를 이용해 같은 시간동안 같은 경로로 이동할 때 평균 속력은?

① 1.80km/분   ② 1.00km/분

③ 0.50km/분   ④ 0.28km/분

⑤ 0.15km/분

13 서울 지사에 근무하는 A와 B는 X와 Y경로를 이용하여 부산 지사로 외근을 갈 예정이다. 둘 다 X경로를 이용하여 이동을 하면 A가 B보다 1시간 늦게 도착한다. A는 X경로로 이동하고 B는 X경로보다 160km 긴 Y경로로 이동하면 A가 B보다 1시간 빨리 도착한다. 이때 B의 속력은?

① 40km/h   ② 50km/h

③ 60km/h   ④ 70km/h

⑤ 80km/h

14 다음은 2018년도 주택보급률에 대한 표이다. 이에 대한 내용으로 가장 적절한 것은?

〈2018년 주택보급률 현황〉

구분	2018년		
	가구 수(만 가구)	주택 수(만 호)	주택보급률(약 %)
전국	1,989	2,072	104
수도권	967	957	99
지방	1,022	1,115	109
서울	383	368	96
부산	136	141	103
대구	95	99	104
인천	109	110	101
광주	57	61	107
대전	60	61	102
울산	43	47	110
세종	11	12	109
경기	475	479	100
강원	62	68	110
충북	64	72	113
충남	85	95	112
전북	73	80	110
전남	73	82	112
경북	109	127	116
경남	130	143	110
제주	24	26	108

※ (주택보급률)$=\dfrac{(주택\ 수)}{(가구\ 수)}\times100$

※ 수도권은 서울, 인천, 경기 지역이며, 지방은 수도권 외에 모든 지역임

① 전국 주택보급률보다 낮은 지역은 모두 수도권 지역이다.

② 수도권 외 지역 중 주택 수가 가장 적은 지역의 주택보급률보다 높은 지역은 다섯 곳이다.

③ 가구 수가 주택 수보다 많은 지역은 전국에서 가구 수가 세 번째로 많다.

④ 지방 전체 주택 수의 10% 이상을 차지하는 수도권 외 지역 중 지방 주택보급률보다 낮은 지역의 주택보급률과 전국 주택보급률의 차이는 약 1%p이다.

⑤ 주택 수가 가구 수의 1.1배 이상인 지역에서 가구 수가 세 번째로 적은 지역의 주택보급률은 지방 주택보급률보다 약 2%p 높다.

※ 다음은 A국가의 인구동향에 대한 표이다. 이어지는 질문에 답하시오. [15~16]

〈인구동향〉

(단위 : 만 명 / %)

구분	2014년	2015년	2016년	2017년	2018년
전체 인구수	12,381	12,388	12,477	12,633	12,808
남녀성비	101.4	101.8	102.4	101.9	101.7
가임기 여성비율	58.2	57.4	57.2	58.1	59.4
출산율	26.5	28.2	29.7	31.2	29.2
남성 사망률	8.3	7.4	7.2	7.5	7.7
여성 사망률	6.9	7.2	7.1	7.8	7.3

※ 남녀성비 : 여자 100명당 남자 수

15 자료에 대한 설명으로 옳은 것을 〈보기〉에서 모두 고르면?(단, 인구수는 만 명 자리에서 버림한다)

보기

ㄱ. 전체 인구수는 2014년 대비 2018년에 5% 이상이 증가하였다.
ㄴ. 제시된 기간 동안 가임기 여성의 비율과 출산율의 증감 추이는 동일하다.
ㄷ. 출산율은 2015년부터 2017년까지 전년 대비 계속 증가하였다.
ㄹ. 출산율과 남성 사망률의 차이는 2017년에 가장 크다.

① ㄱ, ㄴ ② ㄱ, ㄷ
③ ㄴ, ㄷ ④ ㄴ, ㄹ
⑤ ㄷ, ㄹ

Easy

16 다음 보고서의 밑줄 친 내용 중 옳지 않은 것은 모두 몇 개인가?

〈보고서〉

자료에 의하면 ㉠ 남녀성비는 2016년까지 증가하는 추이를 보이다가 2017년부터 감소했고, ㉡ 전체 인구수는 계속하여 감소하였다. ㉢ 2014년에는 남성 사망률이 최고치를 기록했다.
그 밖에도 ㉣ 2014년부터 2018년 중 여성 사망률은 2018년이 가장 높았으며, 이와 반대로 ㉤ 2018년은 출산율이 계속 감소하다가 증가한 해이다.

① 1개 ② 2개
③ 3개 ④ 4개
⑤ 5개

17 S사 실험실에서 A세포를 배양하는 실험을 하고 있다. 다음과 같이 일정한 규칙으로 배양에 성공한다면 9시간 경과했을 때의 세포 수는?

〈시간대별 세포 수〉

(단위 : 개)

구분	0시간 경과	1시간 경과	2시간 경과	3시간 경과	4시간 경과
세포 수	220	221	223	227	235

① 727개　　　　　　　　　　② 728개

③ 729개　　　　　　　　　　④ 730개

⑤ 731개

Hard

18 다음은 Z세균을 각각 다른 환경인 X와 Y조건에서 방치하는 실험을 하였을 때 번식하는 수를 기록한 표이다. 번식하는 수가 일정한 규칙으로 변화할 때 10일 차에 Z세균의 번식 수는?

〈실험 결과〉

(단위 : 만 개)

구분	1일 차	2일차	3일 차	4일 차	5일 차	…	10일 차
X조건에서의 Z세균	10	30	50	90	150	…	(A)
Y조건에서의 Z세균	1	2	4	8	16	…	(B)

　　　　(A)　　　　(B)

① 1,770　　　512

② 1,770　　　256

③ 1,770　　　128

④ 1,440　　　512

⑤ 1,440　　　256

※ 다음 중 제시된 명제가 모두 참일 때, 빈칸에 들어갈 명제로 가장 적절한 것을 고르시오. [1~3]

01

- 야근을 하는 모든 사람은 X분야의 업무를 한다.
- 야근을 하는 모든 사람은 Y분야의 업무를 한다.
- 따라서 _____

① X분야의 업무를 하는 모든 사람은 야근을 한다.
② Y분야의 업무를 하는 어떤 사람은 X분야의 업무를 한다.
③ Y분야의 업무를 하는 모든 사람은 야근을 한다.
④ X분야의 업무를 하는 모든 사람은 Y분야의 업무를 한다.
⑤ 야근을 하는 어떤 사람은 X분야의 업무를 하지 않는다.

02

- 피자를 좋아하는 사람은 치킨을 좋아한다.
- 치킨을 좋아하는 사람은 감자튀김을 좋아한다.
- 나는 피자를 좋아한다.
- 따라서 _____

① 나는 피자를 좋아하지만 감자튀김은 좋아하지 않는다.
② 치킨을 좋아하는 사람은 피자를 좋아한다.
③ 감자튀김을 좋아하는 사람은 치킨을 좋아한다.
④ 나는 감자튀김을 좋아한다.
⑤ 감자튀김을 좋아하는 사람은 피자를 좋아한다.

Easy

03

- 갈매기는 육식을 하는 새이다.
- _____
- 바닷가에 사는 새는 갈매기이다.
- 따라서 헤엄을 치는 새는 육식을 한다.

① 바닷가에 살지 않는 새는 헤엄을 치지 않는다.
② 갈매기는 헤엄을 친다.
③ 육식을 하는 새는 바닷가에 살지 않는다.
④ 헤엄을 치는 새는 육식을 하지 않는다.
⑤ 갈매기가 아니어도 육식을 하는 새는 있다.

04

> **조건**
> • 6대를 주차할 수 있는 2행 3열로 구성된 G주차장이 있다.
> • G주차장에는 네 대의 자동차 a ~ d가 주차되어 있다.
> • 1행과 2행에 빈자리가 한 곳씩 있다.
> • a자동차는 대각선을 제외하고 주변에 주차된 차가 없다.
> • b자동차와 c자동차는 같은 행 바로 옆에 주차되어 있다.
> • d자동차는 1행에 주차되어 있다.

① b자동차의 앞 주차공간은 비어있다.
② c자동차의 옆 주차공간은 빈자리가 없다.
③ a자동차는 2열에 주차되어 있다.
④ a자동차와 d자동차는 같은 행에 주차되어 있다.
⑤ d자동차와 c자동차는 같은 열에 주차되어 있다.

Easy

05

> **조건**
> • A ~ E 다섯 명의 이름을 입사한 지 오래된 순서로 이름을 적었다.
> • A와 B의 이름은 바로 연달아서 적혔다.
> • C와 D의 이름은 연달아서 적히지 않았다.
> • E는 C보다 먼저 입사하였다.
> • 가장 최근에 입사한 사람은 입사한지 2년된 D이다.

① C의 이름은 A의 이름보다 먼저 적혔다.
② B는 E보다 먼저 입사하였다.
③ E의 이름 바로 다음에 C의 이름이 적혔다.
④ A의 이름은 B의 이름보다 나중에 적혔다.
⑤ B는 C보다 나중에 입사하였다.

06 다음 〈조건〉에 근거하여 추론할 때, 항상 참인 것은?

조건

• 사원번호는 0부터 9까지 정수로 이루어졌다.
• S사에 입사한 사원에게 부여되는 사원번호는 여섯 자리이다.
• 2020년 상반기에 입사한 S사 신입사원의 사원번호 앞의 두 자리는 20이다.
• 사원번호 앞의 두 자리를 제외한 나머지 자리에는 0이 올 수 없다.
• 2020년 상반기 S사에 입사한 K씨의 사원번호는 앞의 두 자리를 제외하면 세 번째, 여섯 번째 자리의 수만 같다.
• 사원번호 여섯 자리의 합은 9이다.

---

① K씨 사원번호의 세 번째 자리 수는 '1'이다.
② K씨의 사원번호는 '201321'이다.
③ K씨의 사원번호는 '201231'이 될 수 없다.
④ K씨의 사원번호 앞의 두 자리가 '20'이 아닌 '21'이 부여된다면 K씨의 사원번호는 '211231'이다.
⑤ K씨의 사원번호 네 번째 자리의 수가 다섯 번째 자리의 수보다 작다면 K씨의 사원번호는 '202032'이다.

07 고등학교 동창인 A ~ F 여섯 사람은 중국음식점에서 식사를 하기 위해 원형 테이블에 앉았다. 〈조건〉이 다음과 같을 때, 항상 옳은 것은?

조건

• E와 F는 서로 마주보고 앉아 있다.
• C와 B는 붙어있다.
• A는 F와 한 칸 떨어져 앉아 있다.
• D는 F의 바로 오른쪽에 앉아 있다.

---

① A와 B는 마주보고 있다.　　　　② A와 D는 붙어있다.
③ B는 F와 붙어있다.　　　　　　　④ C는 F와 붙어있다.
⑤ D는 C와 마주보고 있다.

08 A ~ E 다섯 사람은 마스크를 사기 위해 차례대로 줄을 서고 있다. 네 사람이 진실을 말한다고 할 때, 다음 중 거짓말을 하는 사람은?

A : B 다음에 E가 바로 도착해서 줄을 섰어.
B : D는 내 바로 뒤에 줄을 섰지만 마지막은 아니었어.
C : 내 앞에 줄을 선 사람은 한 명뿐이야.
D : 내 뒤에는 두 명이 줄을 서고 있어.
E : A는 가장 먼저 마스크를 구입할 거야.

① A   ② B
③ C   ④ D
⑤ E

Easy

09 친구 A ~ D는 휴일을 맞아 백화점에서 옷을 고르기로 했다. 〈조건〉이 다음과 같을 때, A ~ D가 고른 옷을 바르게 짝지은 것은?

조건
• 네 사람은 셔츠, 바지, 원피스, 치마 중 한 개씩 서로 겹치지 않게 구입했다.
• C는 원피스와 치마 중 하나를 구입했다.
• A는 셔츠와 치마를 입지 않는다.
• D는 셔츠를 구입하기로 했다.
• B는 치마와 원피스를 입지 않는다.

	A	B	C	D
①	치마	바지	원피스	셔츠
②	바지	치마	원피스	셔츠
③	치마	셔츠	원피스	바지
④	원피스	바지	치마	셔츠
⑤	바지	원피스	치마	셔츠

※ 다음 제시된 단어의 관계가 동일하도록 빈칸에 들어갈 가장 적절한 단어를 고르시오. **[10~15]**

10

변변하다 : 넉넉하다 = 소요하다 : (   )

① 치유하다   ② 한적하다
③ 공겸하다   ④ 소유하다
⑤ 소란하다

11

공시하다 : 반포하다 = 각축하다 : (   )

① 공들이다   ② 통고하다
③ 독점하다   ④ 상면하다
⑤ 경쟁하다

Hard
12

침착하다 : 경솔하다 = 섬세하다 : (   )

① 찬찬하다   ② 조악하다
③ 감분하다   ④ 치밀하다
⑤ 신중하다

13

겨냥하다 : 가늠하다 = 다지다 : (   )

① 진거하다   ② 겉잡다
③ 요량하다   ④ 약화하다
⑤ 강화하다

14

뇌까리다 : 지껄이다 = ( ) : 상서롭다

① 망하다   ② 성하다

③ 길하다   ④ 실하다

⑤ 달하다

Easy
15

초췌하다 : 수척하다 = 함양 : ( )

① 집합   ② 활용

③ 결실   ④ 도출

⑤ 육성

※ 다음 짝지어진 단어 사이의 관계가 나머지와 다른 하나를 고르시오. [16~18]

16   ① 황혼 : 여명   ② 유별 : 보통

      ③ 낭설 : 진실   ④ 유지 : 부지

      ⑤ 서막 : 결말

17   ① 노리다 : 겨냥하다   ② 엄정 : 해이

      ③ 성기다 : 뜨다   ④ 자아내다 : 끄집어내다

      ⑤ 보편 : 일반

18   ① 득의 : 실의   ② 엎어지다 : 자빠지다

      ③ 화해 : 결렬   ④ 판이하다 : 다르다

      ⑤ 고상 : 저열

※ 다음 제시된 도형의 규칙을 보고 ?에 들어갈 도형으로 적절한 것을 고르시오. [19~21]

19

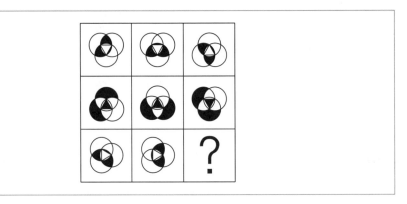

①

②

③

④

⑤

20

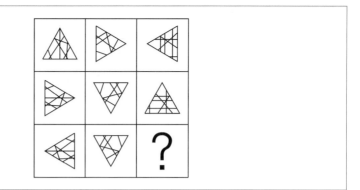

①

②

③

④

⑤

PART 1

21

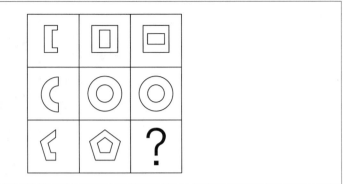

①

②

③

④

⑤

※ 다음 도식에서 기호들은 일정한 규칙에 따라 문자를 변화시킨다. ?에 들어갈 문자로 적절한 것을 고르시오(단, 규칙은 가로와 세로 중 한 방향으로만 적용된다). [22~25]

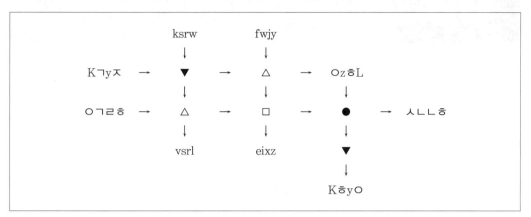

22

> ㅅㄴㄹㅁ → ▼ → ☐ → ?

① ㅁㄴㄹㅅ   ② ㅁㄹㄴㅅ
③ ㅁㅅㄴㄹ   ④ ㅇㄱㄷㅂ
⑤ ㅅㄱㄹㄹ

23

> isog → ● → △ → ?

① hsog   ② iosg
③ gosi   ④ hsng
⑤ irof

24

> ? → ▼ → ● → yenv

① neyv   ② vney
③ yfnw   ④ wyfn
⑤ wnfy

25

> ? → ☐ → △ → ㅇㅌㄷㄹ

① ㅈㄹㅋㄷ   ② ㅊㄹㄷㅈ
③ ㅈㅊㄹㄷ   ④ ㅅㅌㄴㄹ
⑤ ㅅㅌㄹㄴ

※ 2019년부터 2017년까지의 기출복원문제는 오프라인으로 시행된 필기시험을 복원한 문제입니다.

01 언어

01 다음 글의 내용으로 적절한 것을 〈보기〉에서 모두 고르면?

> 유럽 최대의 무역항이자 건축 수도인 로테르담에서는 거대한 말발굽, 혹은 연필깎이를 연상시키는
> 형상의 건축물이 새로운 랜드마크로 각광받고 있다. 길이 120m, 높이 40m에 10만여m² 규모로
> 10년의 건축기간을 거쳐 2014년 준공된 주상복합 전통시장 '마켓홀(Market Hall)'이 바로 그것이다.
> 네덜란드의 건축 그룹 엔베에르데베(MVRDV)가 건물의 전체 설계를 맡은 마켓홀은 터널처럼 파낸
> 건물 중앙부에는 약 100여 개의 지역 업체가 들어서 있으며, 시장 위를 둘러싸고 있는 건물에는
> 228가구의 아파트가 자리 잡고 있다. 양쪽 끝은 대형 유리벽을 설치해 자연광을 받을 수 있도록
> 하였고, 강한 외풍을 막아내기 위해 테니스 라켓 모양으로 디자인한 뒤 유리를 짜 넣어 건물 내외에서
> 서로를 감상할 수 있도록 하였다.
> 마켓홀의 내부에 들어서면 거대하고 화려한 외관 못지않은 거대한 실내 벽화가 손님들을 맞이한다.
> 1만 1,000m²에 달하는 천장벽화 '풍요의 뿔'은 곡식과 과일, 물고기 등 화려한 이미지로 가득한데,
> 이 벽화를 그린 네덜란드의 예술가 아르노 코넨과 이리스 호스캄은 시장에서 판매되는 먹을거리가
> 하늘에서 떨어지는 모습을 표현하기 위해 4,500개의 알루미늄 패널을 사용했다. 특히 이 패널은
> 작은 구멍이 뚫려있어 실내의 소리를 흡수, 소음을 줄여주는 기능적인 면 또한 갖추었다.
> 이처럼 현대의 건축기술과 미술이 접목되어 탄생한 마켓홀이 지닌 가장 큰 강점은 전통시장의 활성
> 화와 인근 주민과의 상생에 성공했다는 점이다. 마켓홀은 전통시장의 상설화는 물론 1,200대 이상의
> 차량을 주차할 수 있는 규모의 주차장을 구비해 이용객의 접근을 용이하게 하고, 마켓홀을 찾은 이
> 들이 자연스레 주변 5일장이나 인근 쇼핑거리로 향하게 하여 로테르담의 지역경제를 활성화하는 데
> 성공했다는 평가를 받고 있다.

보기

ㄱ. 엔베에르데베는 건물 내부에 설치한 4,500개의 알루미늄 패널을 통해 실내의 소리를 흡수하여
   소음을 줄일 수 있도록 했다.
ㄴ. 마켓홀은 새로운 랜드마크로 로테르담의 무역 활성화에 크게 기여했다.
ㄷ. 마켓홀의 거대한 천장벽화는 화려한 이미지를 표현한 것은 물론 기능미 또한 갖추었다.
ㄹ. 마켓홀은 이용객들을 유치할 수 있도록 해 로테르담 주민들과의 상생에 성공할 수 있었다.

① ㄱ, ㄴ   ② ㄴ, ㄷ
③ ㄱ, ㄷ   ④ ㄴ, ㄹ
⑤ ㄷ, ㄹ

02 다음 글의 내용으로 가장 적절한 것은?

> 미국의 사회이론가이자 정치학자인 로버트 액셀로드의 저서 『협력의 진화』에서 언급된 팃포탯(Tit for Tat) 전략은 '죄수의 딜레마'를 해결할 가장 유력한 전략으로 더욱 잘 알려져 있는 듯하다. 죄수의 딜레마는 게임 이론에서 가장 유명한 사례 중 하나로, 두 명의 실험자가 참여하는 비제로섬 게임(Non Zero-sum Game)의 일종이다. 두 명의 실험자는 각각 다른 방에 들어가 심문을 받는데, 둘 중 하나가 배신하여 죄를 자백한다면 자백한 사람은 즉시 석방되는 대신 나머지 한 사람이 10년을 복역하게 된다. 다만 두 사람 모두가 배신하여 죄를 자백할 경우는 5년을 복역하며, 두 사람 모두 죄를 자백하지 않는다면 각각 6개월을 복역하게 된다.
>
> 죄수의 딜레마에서 실험자들은 개인에게 있어 이익이 최대화된다는 가정 아래 움직이기 때문에 결과적으로는 모든 참가자가 배신을 선택하는 결과가 된다. 즉, 자신의 최대 이익을 노리려던 선택이 오히려 둘 모두에게 배신하지 않는 선택보다 나쁜 결과를 불러오는 것이다.
>
> 팃포탯 전략은 1979년 엑셀로드가 죄수의 딜레마를 해결하기 위해 개최한 1·2차 리그 대회에서 우승한 프로그램의 짧고 간단한 핵심전략이다. 캐나다 토론토 대학의 심리학자인 아나톨 라포트 교수가 만든 팃포탯은 상대가 배신한다면 나도 배신을, 상대가 의리를 지킨다면 의리로 대응한다는 내용을 담고 있다. 이 단순한 전략을 통해 팃포탯은 총 200회의 거래에서 유수의 컴퓨터 프로그램을 제치고 우승을 차지할 수 있었다.
>
> 대회가 끝난 후 엑셀로드는 참가한 모든 프로그램들의 전략을 '친절한 전략'과 '비열한 전략'으로 나누었는데, 친절한 전략으로 분류된 팃포탯을 포함해 대체적으로 친절한 전략을 사용한 프로그램들이 좋은 성적을 냈다는 사실을 확인할 수 있었다. 그리고 그중에서도 팃포탯이 두 차례 모두 우승할 수 있었던 것은 비열한 전략을 사용하는 프로그램에게는 마찬가지로 비열한 전략으로 대응했기 때문임을 알게 되었다.

① 엑셀로드가 만든 팃포탯은 죄수의 딜레마에서 우승할 수 있는 가장 유력한 전략이다.

② 죄수의 딜레마에서 자신의 이득이 최대로 나타나는 경우는 죄를 자백하지 않는 것이다.

③ 엑셀로드는 리그 대회를 통해 팃포탯과 같은 대체로 비열한 전략을 사용하는 프로그램이 좋은 성적을 냈다는 사실을 알아냈다.

④ 대회에서 우승한 팃포탯 전략은 비열한 전략을 친절한 전략보다 많이 사용했다.

⑤ 팃포탯 전략이 우승한 것은 비열한 전략에 마찬가지로 비열하게 대응했기 때문이다.

03 다음 글을 토대로 '자본주의 정신'에 대한 설명으로 적절하지 않은 것은?

『프로테스탄트 윤리와 자본주의 정신(The Protestant Ethic and the Spirit of Capitalism)』은 독일의 경제학자이자 사회학자인 막스 베버의 저서로, 베버의 사망 직후인 1920년 책으로 간행된 이래 현재까지도 자본주의의 발생과 발전을 연구하는 학자들에게 귀한 고전으로 평가받고 있다. 당시 베버는 영국이나 미국, 네덜란드 등 개신교의 영향이 강한 나라에서는 자본주의가 발달하는 반면 이탈리아, 스페인 등 가톨릭의 영향이 강한 나라나 이슬람교, 힌두교, 유교 등의 영향이 강한 나라에서는 자본주의의 발달이 늦는 것을 발견하고 모종의 인과관계를 느꼈다. 『프로테스탄트 윤리와 자본주의 정신』은 바로 그러한 의문에 대한 베버 나름의 해답을 담고 있다.

책에서 베버는 근대 자본주의의 근본이 당시의 통념과는 전혀 다른 것이라고 기술한다. 즉, 끝없이 자신의 이윤만을 추구하는 것은 자본주의는 물론, 자본주의의 정신과는 더더욱 관계가 없으며, 오히려 비합리적인 충동의 억제나 합리적 조절과 동일시할 수 있다는 것이다. 일견 이해가 가지 않는 이 주장은 그러나 개신교, 그중에서도 당시 개인의 생활을 극도로 엄격하고 진지하게 통제하던 칼뱅주의가 득세한 지역에서 특히 근대 자본주의가 발달했다는 사실을 통해 설득력을 지니게 되었다.

그렇다면 근대 자본주의의 정신을 움직이는 원동력은 무엇인가? 이에 대해 베버는 자본의 증식을 개인의 의무로 여기는 사고방식, 보다 정확하게는 자신의 직업에 엄격한 의무감과 소명의식을 갖고 근면하고 성실하며 정직하게 자본을 늘리고자 하는 정신이라고 대답한다. 현실의 근면한 삶에 종교적 의미를 강하게 부여한 칼뱅주의는 근대 자본주의를 움직이는 근본적인 정신이 된 셈이다.

다만 서구의 근대 자본주의의 정신이 꾸준하게 이어질 수 있는가에 대하여는 베버 또한 부정적인 전망을 내놓기도 했다. 그는 자본주의가 직업적 소명의식과 종교적 청빈함과 근면함과 같은 가치합리적 행위가 없이 재화만을 탐하는 목적합리적 행위만으로 합리성이 굴러가는 것을 경고한 것이다. 직업적 소명의식이나 청렴함과 같은 내용물이 없이, 비윤리적이며 불법적인 행위를 해서라도 이윤이라는 겉껍데기를 탐하는 현대 자본주의를 과연 베버는 어떻게 생각할까?

---

① 개신교 종파 중에서도 칼뱅주의가 득세한 지역에서 근대 자본주의가 발달한 경향을 보였다는 점에서 자본주의 정신과 칼뱅주의는 밀접하게 연관되어 있다.

② 베버는 당시 자본주의 정신의 근본은 일반적인 사회의 편견과는 다른 것으로, 지나친 탐욕이나 이기주의와는 거리가 멀었다고 생각했다.

③ 베버는 비록 개신교의 정신이 자본주의 정신과 밀접하게 연관이 있을지라도 노력 여하에 따라 다른 종교관을 지닌 지역 또한 근대 자본주의가 발달할 수 있을 것이라고 생각했다.

④ 베버는 자본주의 정신에서 자본의 증식은 일종의 의무이며, 종교적인 직업 소명의식에 의한 일종의 결과물이자 성실함의 증거라고 생각했다.

⑤ 베버는 목적합리적 행위가 가치합리적 행위보다 높게 평가받으며 합리성을 작동하게 하는 것을 경계했다.

04 다음 글의 내용으로 적절하지 않은 것은?

> 인간의 삶과 행위를 하나의 질서로 파악하고 개념과 논리를 통해 이해하고자 하는 시도는 소크라테스와 플라톤을 기점으로 시작된 가장 전통적인 방법론이라고 할 수 있다. 이는 결국 경험적이고 우연적인 요소를 배제하여 논리적 필연으로 인간을 규정하고자 한 것이다. 이에 반해 경험과 감각을 중시하고 욕구하는 실체로서의 인간을 파악하고자 한 이들이 소피스트들이다. 이 두 관점은 두 개의 큰 축으로 서구 지성사에 작용해 온 것이 사실이다.
>
> 하지만 이는 곧 소크라테스와 플라톤의 관점에서는 삶과 행위의 구체적이고 실제적인 일상이 무시된 채 본질적이고 이념적인 영역을 추구하였다는 것이며, 소피스트들의 관점에서는 고정적 실체로서의 도덕이나 정당화의 문제보다는 변화하는 실제적 행위만이 인정되었다는 이야기로 환원되어왔다. 그리고 이와 같은 문제를 제대로 파악한 것이 바로 고대 그리스의 웅변가이자 소피스트인 '이소크라테스'이다.
>
> 이소크라테스는 소피스트들에 대해서는 그들의 교육이 도덕이나 시민적 덕성의 함양과는 무관하게 탐욕과 사리사욕을 위한 교육에 그치고 있다고 비판했으며, 동시에 영원불변하는 보편적 지식의 무용성을 주장했다. 그는 시의적절한 의견들을 통해 더 좋은 결과에 이를 수 있는 능력을 얻으려는 자가 바로 철학자라고 주장했다. 그렇기에 이소크라테스의 수사학은 플라톤의 이데아론은 물론 소피스트들의 무분별한 실용성을 지양하면서도, 동시에 삶과 행위의 문제를 이론적이고도 실제적으로 해석하는 것으로 평가할 수 있다.

① 이소크라테스의 주장에 따르면 플라톤의 이데아론은 과연 그것이 현실을 살아가는 이들에게 무슨 의미가 있는가에 대한 필연적인 물음에 맞닥뜨리게 된다.
② 소피스트들의 주장과 관점은 현대사회의 물질만능주의를 이해하기에 적절한 사례가 된다.
③ 소피스트와 이소크라테스는 영원불변하는 보편적 지식의 존재를 부정하며 구체적이고 실제적인 일상을 중요하게 여겼다.
④ 이소크라테스를 통해 절대적인 진리를 추구하지 않는 것이 반드시 비도덕적인 일로 환원된다고는 볼 수 없음을 확인할 수 있다.
⑤ 훌륭한 말과 미덕을 갖춘 지성인은 이소크라테스가 추구한 목표에 가장 가까운 존재라고 할 수 있다.

※ 다음 글을 통해 추론할 수 있는 내용으로 적절하지 않은 것을 고르시오. [5~6]

05

일상에서 타인의 특성과 성향을 구분 지을 때 흔히 좌뇌형 인간과 우뇌형 인간이라는 개념이 쓰이곤 한다. 이 개념에 따르면 좌뇌형 인간은 추상적인 언어나 사고, 수학적 계산 등 논리적인 능력이 뛰어나며, 우뇌형 인간은 전체를 보는 통찰력과 협동성, 예술적인 직관이 뛰어난데, 이를 성별에 빗대 좌뇌형 인간을 남성적이고 우뇌형 인간을 여성적이라고 평가하는 일 또한 흔하다.

하지만 성별이나 성향에 따른 좌뇌와 우뇌의 활용도 차이는 결과에 따른 사후해석에 가깝다. 물론 말하기를 담당하는 브로카 영역과 듣기를 담당하는 베르니케 영역이 거의 대부분 좌반구에 존재하기 때문에 좌측 뇌에 손상을 받으면 언어 장애가 생기는 것은 사실이다. 하지만 그렇기 때문에 좌뇌형 인간은 언어능력이 뛰어나며, 각자의 성격이나 장점에 직접적으로 관여한다고 결론짓는 것은 근거가 없는 개념인 것이다. 또한 이 개념대로라면 실제로 좌반구는 우측 신체를 담당하고, 우반구는 좌측 신체를 담당하기 때문에 오른손잡이가 대부분 좌뇌형 인간이 되는 불상사가 일어난다.

다만 성별에 따른 뇌기능 차이에 대해서는 어느 정도 유의미한 실험 결과들이 존재하기도 한다. 1998년 미국 듀크대학 연구팀은 실험을 통해 남성은 공간 정보를 담은 표지물의 절대적 위치를 주로 활용하고, 여성은 '의미화'될 수 있는 공간 정보의 상대적 위치를 가늠하여 기억한다는 사실을 발견했다. 2014년 미국 펜실베이니아대학 연구팀은 여성 뇌에서는 좌뇌와 우뇌의 상호 연결이 발달한 데 반해 남성 뇌에서는 좌뇌와 우뇌 각각의 내부 연결이 발달하는 특징이 나타난다고 보고했다.

① 좌뇌 우뇌 개념에 따르면 법조계에서 일하는 여성은 좌뇌형 인간에 가까우며, 따라서 남성성이 상대적으로 강할 것이라고 추측할 수 있다.

② 윗글의 주장에 따르면 단순히 베르니케 영역에 문제가 생겼다고 해서 언어를 이해하는 능력에 문제가 발생할 것이라고 단정 짓기는 어렵다.

③ 오른손잡이가 대부분이라는 점에서 그들이 좌반구가 우반구보다 발달했을 것이라고 추측할 수 있다.

④ 상대적으로 여성이 남성에 비해 다양한 일을 고르게 수행하는 멀티플레이에 능할 가능성이 높을 것이다.

⑤ 남성에게 길을 물을 때 여성에게 길을 묻는 것보다 구체적인 답변이 나올 가능성이 상대적으로 높을 것이다.

06

‘리플리 증후군(Ripley Syndrome)’은 미국의 소설가인 패트리샤 하이스미스의 1955년작 소설 『재능 있는 리플리 씨(The Talented Mr. Ripley)』에서 처음으로 사용된 용어로, 리플리 병이나 리플리 효과로 불리기도 한다. 실제로 자신이 처한 현실을 부정하면서 허구의 세계를 진실이라 믿고 상습적으로 거짓된 말과 행동을 반복하는 반사회적 인격장애를 뜻하는 리플리 증후군은, 소설 속 주인공인 톰 리플리와 같이 행동하는 실제 사례가 나타나면서 20세기 후반부터 정신병리학자들의 본격적인 연구 대상이 되었다.

리플리 증후군은 얼핏 듣기에는 재미있고 신기한 증후군의 사례로 넘어가기 쉽지만, 최근 들어 학력 위조사건이나 특정 인물을 사칭하는 사건이 발생하는 등 현실적인 피해사례가 증가하면서 재조명되기도 했다. 다만 리플리 증후군 환자들은 일반적인 사기꾼이나 신분사칭범과 달리 스스로가 거짓말을 한다는 자각이 없어, 그로 인한 불안감이 없다는 차이점을 가지고 있다.

정확한 원인은 아직까지 밝혀지지 않고 있지만, 리플리 증후군이 발생하는 이유를 설명하려는 몇 가지 가설은 존재한다. 성취욕구가 높은 사람들이 현실적인 문제로 욕구를 실현할 수 없을 때 열등감과 피해의식을 충족하기 위한 행위라는 가설, 모종의 이유로 현실을 부정하는 욕구가 극에 달했을 때 발생한다는 가설, 주변 사람들의 과도한 기대와 압박 때문에 스스로가 창조한 새로운 세계에 개인이 갇힌 것이라는 가설, 어린 시절 육체나 성욕과 관련해 학대 피해나 문제 가정에서 자랐기 때문이라는 가설 등이다.

그중 리플리 증후군을 작화증의 일종으로 생각하며 뇌 손상이 원인이라고 예측하는 가설 또한 존재한다. 작화증은 자신이 기억하지 못하는 부분을 메우기 위해 가상의 상황을 만들어내는 증상으로, 뇌 질환을 앓은 환자들에게서 자주 나타나고 있다. 작화증은 광의에서 베르니케 코르사코프 증후군으로 불리는데, 미국 국립노화연구소 연구진은 연구를 통해 베르니케 코르사코프 증후군 환자들의 해마 부위가 정상인보다 작아졌다는 사실을 밝혀낸 바 있다. 이 가설이 옳을 경우 리플리 증후군의 원인은 뇌의 해마 부분의 손상 때문이라는 사실이 증명되는 셈이다.

PART 1

① 경찰이 사기범죄자를 체포했을 때, 해당 범죄자가 리플리 증후군인지 아닌지를 근본적으로 구분하기는 어려울 것이다.

② 현재 단계에서 리플리 증후군이 발생하는 원인을 단순히 하나일 것이라고 단정 짓기는 어렵다고 할 수 있다.

③ 리플리 증후군이 발생하는 가설은 여럿 존재하지만 정신적·육체적 문제가 근본적인 발생 원인이라는 점에서는 의견이 일치할 것이다.

④ 소설에서 어원이 유래된 것을 볼 때, 리플리 증후군은 소설이 출간되기 이전에는 학자들에게 그다지 연구되지 않은 증상이었을 것이다.

⑤ 리플리 증후군이 작화증의 일종이라는 가설이 사실로 나타날 경우, 리플리 증후군은 치료가 가능해질 수 있다.

07 다음 글의 전개상 특징으로 가장 적절한 것은?

영화는 특정한 인물이나 집단, 나라 등을 주제로 하는 대중문화로, 작품 내적으로 시대상이나 당시의 유행을 반영한다는 사실은 굳이 평론가의 말을 빌리지 않더라도 모두가 공감하는 사실일 것이다. 하지만 영화가 유행에 따라 작품의 외적인 부분, 그중에서도 제목의 글자 수가 변화한다는 사실을 언급하면 고개를 갸웃하는 이들이 대부분일 것이다.

2000년대에는 한국 최초의 블록버스터 영화로 꼽히는 '쉬리'와 '친구'를 비롯해 두 글자의 간결한 영화 제목이 주류를 이뤘지만 그로부터 5년이 지난 2005년에는 두 글자의 짧은 제목의 영화들이 7%로 급격히 감소하고 평균 제목의 글자 수가 5개에 달하게 되었다. 이는 영화를 한 두 줄의 짧은 스토리로 요약할 수 있는 코미디 작품들이 늘어났기 때문이었는데 '나의 결혼 원정기', '미스터 주부 퀴즈왕', '내 생애 가장 아름다운 일주일' 등이 대표적이다.

이후 2010년대 영화계에서는 오랜 기간 세 글자 영화 제목이 대세였다고 해도 과언이 아니다. '추격 자'를 비롯해 '우리 생애 최고의 순간'을 줄인 '우생순'과 '좋은 놈, 나쁜 놈, 이상한 놈'을 '놈놈놈'으로 줄여 부르기도 했으며 '아저씨', '전우치'나 '해운대', '신세계'를 비롯해 '베테랑', '부산행', '강철비', '곤지암'은 물론 최근 '기생충'에 이르기까지 세 글자 영화들의 대박행진은 계속되고 있다. 이에 반해 2018년에는 제작비 100억을 넘은 두 글자 제목의 한국 영화 네 편이 모두 손익분기점을 넘기지 못하는 초라한 성적표를 받기도 했다.

그렇다면 역대 박스오피스에 등재된 한국영화들의 평균 글자 수는 어떻게 될까? 부제와 시리즈 숫자, 줄임 단어로 주로 불린 영화의 원 음절 등을 제외한 2019년까지의 역대 박스오피스 100위까지의 한국영화 제목 글자 수는 평균 4.12였다. 다만 두 글자 영화는 21편, 세 글자 영화는 29편, 네 글자 영화는 21편으로 세 글자 제목의 영화가 역대 박스오피스 TOP 100에 가장 많이 등재된 것으로 나타 났다.

① 특정한 이론을 제시한 뒤 그에 반박하는 의견을 제시하여 대비를 이루고 있다.
② 현상을 언급한 뒤 그에 대한 사례를 순서대로 나열하고 있다.
③ 특정한 현상을 분석하여 추려낸 뒤 해결 방안을 이끌어 내고 있다.
④ 대상을 하위 항목으로 구분하여 논의의 범주를 명시하고 있다.
⑤ 현상의 변천 과정을 고찰한 뒤 앞으로의 발전 방향을 제시하고 있다.

08 다음 글의 빈칸에 들어갈 내용으로 가장 적절한 것은?

> 최근 경제·시사분야에서 빈번하게 등장하는 단어인 탄소배출권(CER; Certified Emission Reduction)에 대한 개념을 이해하기 위해서는 먼저 교토메커니즘(Kyoto Mechanism)과 탄소배출권거래제(Emission Trading)를 알아둘 필요가 있다.
>
> 교토메커니즘은 지구 온난화의 규제 및 방지를 위한 국제 협약인 기후변화협약의 수정안인 교토 의정서에서, 온실가스를 보다 효과적이고 경제적으로 줄이기 위해 도입한 세 유연성체제인 '공동이행제도', '청정개발체제', '탄소배출권거래제'를 묶어 부르는 것이다.
>
> 이 중 탄소배출권거래제는 교토의정서 6대 온실가스인 이산화탄소, 메테인, 아산화질소, 과불화탄소, 수소불화탄소, 육불화황의 배출량을 줄여야 하는 감축의무국가가 의무감축량을 초과 달성하였을 경우에 그 초과분을 다른 국가와 거래할 수 있는 제도로, _____
>
> 결국 탄소배출권이란 현금화가 가능한 일종의 자산이자 가시적인 자연보호성과인 셈이며, 이에 따라 많은 국가 및 기업에서 탄소배출을 줄임과 동시에 탄소감축활동을 통해 탄소배출권을 획득하기 위해 동분서주하고 있다. 특히 기업들은 탄소배출권을 확보하는 주요 수단인 청정개발체제 사업을 확대하는 추세인데, 청정개발체제 사업은 개발도상국에 기술과 자본을 투자해 탄소배출량을 줄였을 경우에 이를 탄소배출량 감축목표달성에 활용할 수 있도록 한 제도이다.

① 다른 국가를 도왔을 때, 그로 인해 줄어든 탄소배출량을 감축목표량에 더할 수 있는 것이 특징이다.

② 교토메커니즘의 세 유연성체제 중에서도 가장 핵심이 되는 제도라고 할 수 있다.

③ 6대 온실가스 중에서도 특히 이산화탄소를 줄이기 위해 만들어진 제도이다.

④ 의무감축량을 준수하지 못한 경우에도 다른 국가로부터 감축량을 구입할 수 있는 것이 특징이다.

⑤ 다른 감축의무국가를 도움으로써 획득한 탄소배출권이 사용되는 배경이 되는 제도이다.

다음 중 〈보기〉가 들어갈 위치로 가장 적절한 것은?

사물인터넷(IOT, Internet of Things)은 각종 사물에 센서와 통신 기능을 내장하여 인터넷에 연결하는 기술. 즉, 무선 통신을 통해 각종 사물을 연결하는 기술을 의미한다. (가) 우리들은 이 같은 사물인터넷의 발전을 상상할 때 더 똑똑해진 가전제품들을 구비한 가정집, 혹은 더 똑똑해진 자동차들을 타고 도시로 향하는 모습 등, 유선형의 인공미 넘치는 근미래 도시를 떠올리곤 한다. 하지만 발달한 과학의 혜택은 인간의 근본적인 삶의 조건인 의식주 또한 풍요롭고 아름답게 만든다. 아쿠아포닉스(Aquaponics)는 이러한 첨단기술이 1차산업에 적용된 대표적인 사례이다. (나) 아쿠아포닉스는 물고기양식(Aquaculture)과 수경재배(Hydro-ponics)가 결합된 합성어로 양어장에 물고기를 키우며 발생한 유기물을 이용하여 식물을 수경 재배하는 순환형 친환경 농법이다. (다) 물고기를 키우는 양어조, 물고기 배설물로 오염된 물을 정화시켜 주는 여과시스템, 정화된 물로 채소를 키워 생산할 수 있는 수경재배 시스템으로 구성되어 있으며, 농약이나 화학비료 없이 물고기와 채소를 동시에 키울 수 있어 환경과 실용 모두를 아우르는 농법으로 주목받고 있다. (라) 이러한 수고로움을 덜어주는 것이 바로 사물인터넷이다. 사물인터넷은 적절한 시기에 물고기 배설물을 미생물로 분해하여 농작물의 영양분으로 활용하고, 최적의 온도를 알아서 맞추는 등 실수 없이 매일매일 세심한 관리가 가능하다. 전기로 가동하여 별도의 환경오염 또한 발생하지 않으므로 가히 농업과 찰떡궁합이라고 할 수 있을 것이다. (마)

보기

물론 단점도 있다. 물고기와 식물이 사는 최적의 조건을 만족시켜야 하며 실수나 사고로 시스템에 큰 문제가 발생할 수도 있다. 물이 지나치게 오염되지 않도록 매일매일 철저한 관리는 필수이다. 아쿠아포닉스는 그만큼 신경 써야 할 부분이 많고 사람의 손이 많이 가기에 자칫 배보다 배꼽이 더 큰 상황이 발생할 수도 있다.

① (가) ② (나)
③ (다) ④ (라)
⑤ (마)

※ 다음 글의 순서를 고려하여 그 구조를 바르게 분석한 것을 고르시오. [10~13]

Hard
10

(가) 칸트의 '무관심성'에 대한 논의에서 이에 대한 단서를 얻을 수 있다. 칸트는 미적 경험의 주체가 '객체가 존재한다.'는 사실성 자체로부터 거리를 둔다고 주장한다. 이에 따르면, 영화관에서 관객은 영상의 존재 자체에 대해 '무관심한' 상태에 있다. 영상의 흐름을 냉정하고 분석적인 태도로 받아들이는 것이 아니라, 영상의 흐름이 자신에게 말을 걸어오는 듯이, 자신이 미적 경험의 유희에 초대된 듯이 공감하며 체험하고 있다. 미적 거리 두기와 공감적 참여의 상태를 경험하는 것이다. 주체와 객체가 엄격하게 분리되거나 완전히 겹쳐지는 것으로 이해하는 통상적인 동일시 이론과 달리, 칸트는 미적 지각을 지각 주체와 지각 대상 사이의 분리와 융합의 긴장감 넘치는 '중간 상태'로 본 것이다.

(나) 관객은 영화를 보면서 영상의 흐름을 어떻게 지각하는 것일까? 그토록 빠르게 변화하는 앵글, 인물, 공간, 시간 등을 어떻게 별 어려움 없이 흥미진진하게 따라가는 것일까? 흔히 영화의 수용에 대해 설명할 때 관객의 눈과 카메라의 시선 사이에 일어나는 동일시 과정을 내세운다. 그러나 동일시 이론은 어떠한 조건을 기반으로, 어떠한 과정을 거쳐서 동일시가 일어나는지, 영상의 흐름을 지각할 때 일어나는 동일시의 고유한 방식이 어떤 것인지에 대해 의미 있는 설명을 제시하지 못하고 있다.

(다) 이렇게 볼 때 영화 관객은 자신의 눈을 단순히 카메라의 시선과 직접적으로 동일시하는 것이 아니다. 관객은 영화를 보면서 영화 속 공간, 운동의 양상 등을 유희적으로 동일시하며, 장소 공간이나 방향 공간 등 다양한 공간의 층들을 동시에 인지할 뿐만 아니라 감정 공간에서 나오는 독특한 분위기의 힘을 감지하고, 이를 통해 영화 속의 공간과 공감하며 소통하고 있는 것이다.

(라) 관객이 영상의 흐름을 생동감 있게 체험할 수 있는 이유는, 영화 속의 공간이 단순한 장소로서의 공간이라기보다는 '방향 공간'이기 때문이다. 카메라의 다양한 앵글 선택과 움직임, 자유로운 시점 선택이 방향 공간적 표현을 용이하게 해 준다. 두 사람의 대화 장면을 보여 주는 장면을 생각해 보자. 관객은 단지 대화에 참여한 두 사람의 존재와 위치만 확인하는 것이 아니라, 두 사람의 시선 자체가 지닌 방향성의 암시, 즉 두 사람의 얼굴과 상반신이 서로를 향하고 있는 방향 공간적 상황을 함께 지각하고 있는 것이다.

(마) 영화의 매체적 강점은 방향 공간적 표현이라는 데만 그치지 않는다. 영상의 흐름에 대한 지각은 언제나 생생한 느낌을 동반한다. 관객은 영화 속 공간과 인물의 독특한 감정에서 비롯된 분위기의 힘을 늘 느끼고 있다. 따라서 영화 속 공간은 근본적으로 이러한 분위기의 힘을 느끼도록 해 주는 '감정 공간'이라 할 수 있다.

①
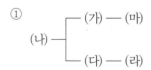

②
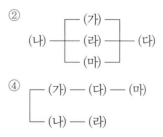

③
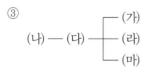

④ ┌ (가) ─ (다) ─ (마)
  └ (나) ─ (라)

⑤
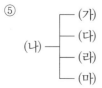

11

(가) '정합설'은 관념과 대상의 일치가 불가능하다는 반성에서 출발한다. 새로운 경험이나 지식이 옳은지 그른지 실재에 비추어 보아서는 확인할 수 없으므로, 이미 가지고 있는 지식의 체계 중 옳다고 판별된 체계에 비추어 볼 수밖에 없다는 것이다. 즉, 새로운 지식이 기존의 지식 체계에 모순됨이 없이 들어맞는지 여부에 의해 지식의 옳고 그름을 가릴 수밖에 없다는 주장이 바로 정합설이다. '모든 사람은 죽는다.'는 것은 우리가 옳다고 믿는 명제이지만, '모든 사람' 속에는 우리의 경험이 미치지 못하는 사람들도 포함된다. 이처럼 감각적 판단으로 확인할 수 없는 전칭 판단*이나 고차적인 과학적 판단들의 진위를 가려내는 데 적합한 이론이 정합설이다.

(나) 우리가 일상생활, 특히 학문적 활동에서 추구하고 있는 진리란 어떤 것인가? 도대체 어떤 조건을 갖춘 지식을 진리라고 할 수 있을까? 여기에 대해서는 세 가지 학설이 있는데 '대응설'에서는 어떤 명제나 생각이 사실이나 대상에 들어맞을 때 그것을 진리라고 주장한다. 우리는 특별한 장애가 없는 한 대상을 있는 그대로 정확하게 파악한다고 믿는다. 가령 앞에 있는 책상이 모나고 노란 색깔이라고 할 때 우리의 시각으로 파악된 관념은 앞에 있는 대상이 지닌 있는 성질을 있는 그대로 반영한 것으로 생각한다.

(다) 실용주의자들은 대응설이나 정합설과는 아주 다른 관점에서 진리를 고찰한다. 그들은 지식을 그 자체로 다루지 않고 생활상의 수단으로 본다. 그래서 지식이 실제 생활에 있어서 만족스러운 결과를 낳거나 실제로 유용할 때 '참'이라고 한다. 관념과 생각 그 자체는 참도 아니고 거짓도 아니며, 행동을 통해 생활에 적용되어 유용하면 비로소 진리가 되고 유용하지 못하면 거짓이 되는 것이다.

(라) 그러나 진리가 행동과 관련되어 있다는 것은, 행동을 통한 실제적인 결과를 기다려야 비로소 옳고 그름의 판단이 가능하다는 뜻이 된다. 하지만 언제나 모든 것을 다 실행해 볼 수는 없다. 또한 '만족스럽다.'든가 '실제로 유용하다.'든가 하는 개념은 주관적이고 상대적이어서 옳고 그름을 가리는 논리적 기준으로는 불명확하다. 바로 이 점에서 실용설이 지니는 한계가 분명하게 드러나는 것이다.

(마) 하지만 정합설에도 역시 한계가 있다. 어떤 명제가 기존의 지식 체계와 정합**할 때 '참'이라고 하는데, 그렇다면 기존의 지식 체계의 진리성은 어떻게 확증할 수 있을까? 그것은 또 그 이전의 지식 체계와 정합해야 하는데, 이 과정은 무한히 거슬러 올라가 마침내는 더 이상 소급할 수 없는 단계에까지 이르고, 결국 기존의 지식 체계와 비교할 수 없게 된다.

(바) 그러나 우리의 감각은 늘 거울과 같이 대상을 있는 그대로 모사하는 것일까? 조금만 생각해 보아도 우리의 감각이 언제나 거울과 같지는 않다는 것을 알 수 있다. 감각 기관의 생리적 상태, 조명, 대상의 위치 등 모든 것이 정상적이라 할지라도 감각 기관의 능력에는 한계가 있다. 그래서 인간의 감각은 외부의 사물을 있는 그대로 모사하지는 못한다.

* 전칭 판단 : '모든 S는 P이다.'와 같이, 주사(主辭)의 모든 범위에 걸쳐 긍정 또는 부정하는 판단
** 정합 : 이론의 내부에 모순이 없는 것

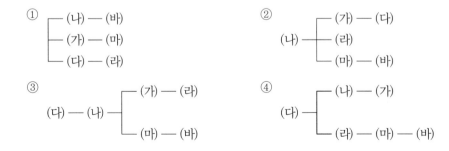

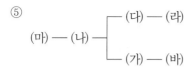

⑤ (마) ─ (나) ┬ (다) ─ (라)
                └ (가) ─ (바)

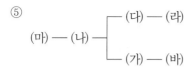

Easy

12

(가) 이로부터 그가 퍼부은 욕설은 손상을 입지 않은 오른쪽 뇌에 저장되어 있었다는 사실을 알게 되었다. 여러 차례 반복된 욕설은 더 이상 의식적인 언어 조작을 필요로 하지 않게 되었고, 따라서 오른쪽 뇌는 마치 녹음기처럼 그 욕설을 틀어놓은 것이다.

(나) 우리는 일상적으로 몸에 익히게 된 행위의 대부분이 뇌의 구조나 생리학적인 상태에 의해 이미 정해진 방향으로 연결되어 있다는 사실을 알고 있다. 우리는 걷고, 헤엄치고, 구두끈을 매고, 단어를 쓰고, 익숙해진 도로로 차를 모는 일 등을 수행하는 동안에 거의 대부분 그런 과정을 똑똑히 의식하지 않는다.

(다) 언어 사용 행위에 대해서도 비슷한 이야기를 할 수 있다. 마이클 가자니가는 언어활동의 핵심이 되는 왼쪽 뇌의 언어 중추에 심한 손상을 입은 의사의 예를 들고 있다. 사고 후 그 의사는 세 단어로 된 문장도 만들 수 없게 되었다. 그런데 그 의사는 실제로 아무 효과가 없는데도 매우 비싼 값이 매겨진 특허 약에 대한 이야기를 듣자, 문제의 약에 대해 무려 5분 동안이나 욕을 퍼부어 댔다. 그의 욕설은 매우 조리 있고 문법적으로 완벽했다.

(라) 사람의 사유 행위도 마찬가지이다. 우리는 일상적으로 어떻게 새로운 아이디어를 얻게 되는가? 우리는 엉뚱한 생각에 골몰하거나 다른 일을 하고 있는 동안 무의식중에 멋진 아이디어가 떠오르곤 하는 경우를 종종 경험한다. '영감'의 능력으로 간주할 만한 이런 일들은 시간을 보내기 위해 언어로 하는 일종의 그림 맞추기 놀이와 비슷한 것이다. 그런 놀이를 즐길 때면 우리는 의식하지 못하는 사이에 가장 적합한 조합을 찾기도 한다. 이처럼 영감이라는 것도 의식적으로 발생하는 것이 아니라 자동화된 프로그램에 의해 나타나는 것이다.

①
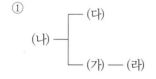

(나) ┬ (다)
      └ (가) ─ (라)

②
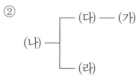

(나) ┬ (다) ─ (가)
      └ (라)

③
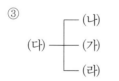

(다) ┬ (나)
      ├ (가)
      └ (라)

④
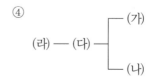

(라) ─ (다) ┬ (가)
            └ (나)

⑤
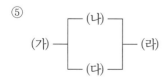

(가) ┬ (나)
      ├─ (라)
      └ (다)

13

(가) 심리학 전공자인 필립 호지슨이 행한 실험은 힐렌브랜드의 손을 들어준다. 호지슨은 선천적으로 귀머거리인 피실험자들에게 칠판을 손톱으로 긁는 모습을 보여주며 이것이 혐오감을 주는지 물었다. 응답자의 83%가 그렇다고 답했다.

(나) 최근까지 혐오감을 일으키는 원인은 소리의 고주파라고 생각해왔다. 고주파에 오래 노출될 경우 청각이 손상될 수 있어서 경계심이 발동되기 때문이다.

(다) 1986년 랜돌프 블레이크와 제임스 힐렌브랜드는 소음에서 고주파를 걸러내더라도 여전히 소리가 혐오스럽다는 점을 밝혀냈다. 사실 3 ~ 6kHz의 중간 주파수 대역까지는 낮은 주파수가 오히려 사람을 견딜 수 없게 하는 것처럼 보인다.

(라) 그러나 이러한 이론은 2004년 메사추세츠 공과대학에서 수행된 솜머리비단원숭이를 대상으로 한 연구에서 입증되지 못했다. 피실험자인 원숭이들은 석판에 긁히는 소리를 전혀 소음으로 느끼지 않았다. 힐렌브랜드는 더 이상 이 이론에 동의하지 않는다. 그는 소리보다는 시각이 어떤 혐오감을 불러일으킨다고 주장한다.

(마) 이들은 세 갈래로 갈라진 갈퀴가 긁히는 소리와 같은 소음이 사람에게 원초적인 경고음 또는 맹수의 소리 같은 것을 상기시키기 때문에, 이러한 소리를 혐오하는 것은 선천적이라는 이론을 세웠다.

(바) 세상에는 혐오스러운 소리가 수없이 많다. 도자기 접시를 포크로 긁는 소리라든가 칠판에 분필이 잘못 긁히는 소리에 대해서는 대부분의 사람들이 혐오스럽다고 생각한다. 왜 이런 소리들이 혐오감을 유발할까?

①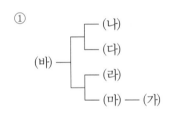

②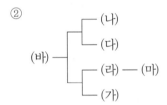

③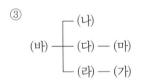

④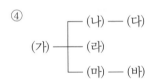

⑤

(가) — (나) ┬ (다) — (라)
└ (마) — (바)

14 다음은 '국내 외국인 노동자 문제 해결 방안'에 대한 글을 쓰기 위한 개요이다. 개요 수정 및 자료 제시 방안으로 적절하지 않은 것은?

Ⅰ. 서론 : 국내에서 일하고 있는 외국인 노동자의 현황 ············ ㉠

Ⅱ. 본론
　　1. 외국인 노동자의 국내 유입 원인
　　　　(1) 국내 중소기업 생산직의 인력난 ····························· ㉡
　　　　(2) 가난에서 벗어나기 위한 외국인 노동자의 선택
　　2. 국내 외국인 노동자 문제 및 실태 ························· ㉢
　　　　(1) 국내 문화에 대한 부적응
　　　　(2) 과중한 노동시간과 저임금
　　　　(3) 내국인 직원에 의한 신체 및 정서적 폭력
　　3. 국내 외국인 노동자 문제에 대한 해결 방안
　　　　(1) 인간다운 생활을 보장하기 위한 사회제도 마련 ········· ㉣
　　　　(2) 노동기본권을 보장하기 위한 법적 조치
　　　　(3) ＿＿＿＿＿＿＿＿＿＿＿＿＿＿＿＿＿ ······················ ㉤

Ⅲ. 결론 : 국내 외국인 노동자도 인간으로서의 권리를 갖고 있음을 강조

---

① ㉠ : 우리의 산업 현장에서 일하고 있는 외국인 노동자의 수를 통계 수치로 제시한다.

② ㉡ : 중소기업의 생산직을 기피하는 예비 직장인의 직업 선호도 조사 자료를 제시한다.

③ ㉢ : 외국인 노동자라는 이유로 법에서 정한 근로 조건을 보장받지 못하고 있는 사례를 제시한다.

④ ㉣ : 'Ⅱ-2-(1)'을 고려하여 '기술 습득을 돕기 위한 정부 차원의 제도 마련'으로 수정한다.

⑤ ㉤ : 'Ⅱ-2-(3)'을 고려하여 '국내 외국인 노동자에 대한 내국인 직원의 의식 개선 교육 강화'라는 항목을 추가한다.

15 A는 다음과 같이 개요 (가)를 작성하였는데, 새로운 자료 (나)를 추가로 접하였다. A가 (가)와 (나)를 종합하여 새로 작성한 개요에 대한 내용으로 적절하지 않은 것은?

(가)

제목 : 4차 산업혁명에 대응하는 미래형 도시계획
Ⅰ. 살고 싶은 도시 만들기
Ⅱ. 도시정책 패러다임의 변화
   1. 시민들이 선호하는 새로운 도시
   2. 새로운 도시계획 세우기
Ⅲ. 4차 산업형 도시의 기대효과

(나)

최근 기후변화에 따른 불확실성 증가로 인해 폭우, 지진, 산사태 등의 재해 피해가 증가하고 있으며, 특히 도시 지역을 중심으로 재해 피해가 급격히 증가하는 추세이다. 우리나라 도시는 급격한 도시화에 따른 저지대 개발, 불투수율 증가로 재해 취약성이 높고, 자연 및 인공사면으로 재해 위험성이 증가하고 있다. 결국, 인구, 기반시설 등이 집적된 도시에서의 예방대책이 충분히 수립되지 못한 채 재해로 인한 피해가 커지는 형태로 도시가 개발되고 있다.

제목 : 재해 예방을 고려한 4차 산업형 도시계획 ·· ①
Ⅰ. 살고 싶은 도시 만들기
Ⅱ. 도시정책 패러다임의 변화
   1. 최첨단 스마트 미래형 도시 ··· ②
   2. 기후변화에 따른 재해 예방형 도시 ··· ③
   3. 저성장 시대에 재해 예방을 고려한 도시계획 세우기 ···················· ④
Ⅲ. 안전한 미래형 도시의 기대 효과 ··· ⑤

※ 다음 글의 ㉠~㉤을 바꾸어 쓸 때 적절하지 않은 것을 고르시오. [16~17]

16

적혈구는 일정한 수명을 가지고 있어서 그 수와 관계없이 총 적혈구의 약 0.8% 정도는 매일 몸 안에서 파괴된다. 파괴된 적혈구로부터 빌리루빈이라는 물질이 유리되고, 이 빌리루빈은 여러 생화학적 대사 과정을 통해 간과 소장에서 다른 물질로 변환된 후에 대변과 소변을 통해 배설된다. ㉠<u>소변의 색깔을 통해 건강상태를 확인할 수 있다.</u>

적혈구로부터 유리된 빌리루빈이라는 액체는 강한 지용성 물질이어서 혈액의 주요 구성물질인 물에 ㉡<u>용해되지</u> 않는다. 이러한 빌리루빈을 비결합 빌리루빈이라고 하며, 혈액 내에서 비결합 빌리루빈은 알부민이라는 혈액 단백질에 부착된 상태로 혈류를 따라 간으로 이동한다. 간에서 비결합 빌리루빈은 담즙을 만드는 간세포에 흡수되고 글루쿠론산과 결합하여 물에 잘 녹는 수용성 물질인 결합 빌리루빈으로 바뀌게 된다. 결합 빌리루빈의 대부분은 간세포에서 만들어져 담관을 통해 ㉢<u>분비돼는</u> 담즙에 포함되어 소장으로 배출되지만 일부는 다시 혈액으로 되돌려 보내져 혈액 내에서 알부민과 결합하지 않고 혈류를 따라 순환한다.

간세포에서 분비된 담즙을 통해 소장으로 들어온 결합 빌리루빈의 절반은 장세균의 작용에 의해 소장에서 흡수되어 혈액으로 이동하는 유로빌리노젠으로 전환된다. 나머지 절반의 결합 빌리루빈은 소장에서 흡수되지 않고 대변에 포함되어 배설된다. 혈액으로 이동한 유로빌리노젠의 일부분은 혈액이 신장을 통과할 때 혈액으로부터 여과되어 신장으로 이동한 후 소변으로 배설된다. 하지만 대부분의 혈액 내 유로빌리노젠은 간으로 이동하여 간세포에서 만든 담즙을 통해 소장으로 배출되어 대변을 통해 배설된다.

빌리루빈의 대사와 배설에 장애가 있을 때 여러 임상 증상이 나타날 수 있다. ㉣<u>그러나 빌리루빈이나 빌리루빈 대사물의 양을 측정한 후, 그 값을 정상치와 비교하면 임상 증상을 일으키는 원인이 되는 질병이나 문제를 ㉤<u>추측할수</u> 있다.</u>

① ㉠ : 글의 통일성을 해치고 있으므로 삭제한다.

② ㉡ : 문맥에 흐름을 고려하여 '용해되지'로 수정한다.

③ ㉢ : 맞춤법에 어긋나므로 '분비되는'으로 수정한다.

④ ㉣ : 문장을 자연스럽게 연결하기 위해 '따라서'로 수정한다.

⑤ ㉤ : 띄어쓰기가 올바르지 않으므로 '추측할 수'로 수정한다.

17

우리나라의 전통음악은 정악(正樂)과 민속악으로 나눌 수 있다. 정악은 주로 양반들이 ㉠ 향유하던 음악으로, 궁중에서 제사를 지낼 때 사용하는 제례악과 양반들이 생활 속에서 즐기던 풍류음악 등이 이에 속한다. 이와 달리 민속악은 서민들이 즐기던 음악으로, 서민들이 생활 속에서 느낀 기쁨, 슬픔, 한(恨) 등의 감정이 ㉡ 솔직하게 표현되어 있다.

정악의 제례악에는 종묘제례악과 문묘제례악이 있다. 본래 제례악의 경우 중국 음악을 ㉢ 사용하였는데, 이 때문에 우리나라의 정악을 중국에서 들어온 것으로 여기고 순수한 우리의 음악으로 ㉣ 받아들이지 않을 수 있다. 그러나 종묘제례악은 세조 이후부터 세종대왕이 만든 우리 음악을 사용하였고, 중국 음악으로는 문묘제례악과 이에 사용되는 악기 몇 개일 뿐이다.

정악의 풍류음악은 주로 양반 사대부들이 사랑방에서 즐기던 음악으로, 궁중에서 경사가 있을 때 연주되기도 하였다. 대표적인 곡으로는 '영산회상', '여민락' 등이 있으며, 양반 사대부들은 이러한 정악곡을 ㉤ 반복적으로 연주하면서 음악에 동화되는 것을 즐겼다. 이처럼 대부분의 정악은 이미 오래전부터 우리 민족 고유의 정서와 감각을 바탕으로 만들어져 전해 내려온 것으로 부정할 수 없는 우리의 전통 음악이다.

① ㉠ : 누리던 ② ㉡ : 진솔하게
③ ㉢ : 구사하였는데 ④ ㉣ : 수급하지
⑤ ㉤ : 거듭

01 S사 서비스센터의 직원들은 의류 건조기의 모터를 교체하는 업무를 진행하고 있다. 1대의 모터를 교체하는 데 A직원이 혼자 업무를 진행하면 2시간이 걸리고, A와 B직원이 함께 업무를 진행하면 80분이 걸리며, B와 C직원이 함께 진행하면 1시간이 걸린다. 세 직원 A∼C가 모두 함께 건조기 1대의 모터를 교체하는 데 걸리는 시간은?

① 40분
② 1시간
③ 1시간 12분
④ 1시간 20분
⑤ 1시간 35분

02 S미술관의 올해 신입사원 수는 작년에 비해 남자는 50% 증가하고, 여자는 40% 감소하여 60명이다. 작년의 전체 신입사원 수가 55명이었을 때, 올해 입사한 여자 신입사원 수는?

① 11명
② 12명
③ 13명
④ 14명
⑤ 15명

03 A와 B는 제품을 포장하는 아르바이트를 하고 있다. A는 8일마다 남은 물품의 $\frac{1}{2}$씩 포장하고, B는 2일마다 남은 물품의 $\frac{1}{2}$씩 포장한다. A가 처음 512개의 물품을 받아 포장을 시작했는데 24일 후의 A와 B의 남은 물품의 수가 같았다. B가 처음에 받은 물품의 개수는?

① 2^{16}개
② 2^{17}개
③ 2^{18}개
④ 2^{19}개
⑤ 2^{20}개

04 동전을 던져 앞면이 나오면 +2만큼 이동하고, 뒷면이 나오면 −1만큼 이동하는 게임을 하려고 한다. 동전을 5번 던져서 다음 수직선 위의 A가 4지점으로 이동할 확률은?

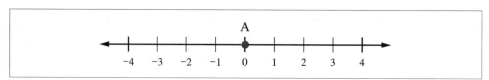

① $\dfrac{3}{32}$　　　　　　　　　② $\dfrac{5}{32}$

③ $\dfrac{1}{4}$　　　　　　　　　④ $\dfrac{5}{16}$

⑤ $\dfrac{7}{16}$

05 테니스 경기를 진행하는데 1팀은 6명, 2팀은 7명으로 구성되었고, 팀별 예선을 진행한다. 예선전은 팀에 속한 선수들이 모두 만나 한 번씩 경기를 진행한 후 각 팀의 1, 2등이 준결승전에 진출하는 방식이다. 그리고 본선에 진출한 선수 4명을 임의로 2명씩 나눠 준결승전을 진행한 후 이긴 두 선수는 결승전, 진 두 선수는 3·4위전을 진행한다. 예선 경기의 입장권 가격이 20,000원이고, 본선 경기의 입장권 가격이 30,000원이라면 전체경기를 관람하는 데 필요한 금액은?

① 84만 원　　　　　　　　② 85만 원

③ 86만 원　　　　　　　　④ 87만 원

⑤ 88만 원

06 0, 1, 2, 3, 4가 적힌 5장의 카드가 있다. A와 B는 이 중 3장의 카드를 뽑아 큰 숫자부터 나열하여 가장 큰 세 자리 숫자를 만든 사람이 이기는 게임을 하기로 했다. A가 0, 2, 3을 뽑았을 때, B가 이길 확률은?

① 60%　　　　　　　　　② 65%

③ 70%　　　　　　　　　④ 75%

⑤ 80%

07 집에서 회사까지의 거리는 1.8km이다. O사원은 운동을 위해 회사까지 걷거나 자전거를 타고 출근하기로 했다. 전체 거리의 25%는 3km/h의 속력으로 걷고, 나머지 거리는 30km/h의 속력으로 자전거를 이용해서 회사에 도착했다. 출근하는 데 걸린 시간은?

① 10분 46초　　　　　　　② 10분 52초

③ 11분 20초　　　　　　　④ 11분 42초

⑤ 12분 10초

08 농도가 15%인 소금물을 5% 증발시킨 후 농도가 30%인 소금물 200g을 섞어서 농도가 20%인 소금물을 만들었다. 증발 전 농도가 15%인 소금물의 양은?

① 350g ② 400g

③ 450g ④ 500g

⑤ 550g

09 A물고기는 한 달 만에 성체가 되어 번식을 한다. 다음과 같이 번식을 하고 있다면 12월의 물고기의 수는?

〈A물고기 개체 수〉

(단위 : 마리)

구분	1월	2월	3월	4월	5월
개체 수	1	1	2	3	5

① 72마리 ② 86마리

③ 100마리 ④ 124마리

⑤ 144마리

Hard

10 어항 안에 A금붕어와 B금붕어가 각각 1,675마리, 1,000마리가 있다. 다음과 같이 금붕어가 팔리고 있다면, 10일 차에 남아있는 두 금붕어의 수는?

〈어항 안 A금붕어와 B금붕어의 수〉

(단위 : 마리)

구분	1일 차	2일 차	3일 차	4일 차	5일 차
A금붕어	1,675	1,554	1,433	1,312	1,191
B금붕어	1,000	997	992	983	968

	A금붕어	B금붕어
①	560마리	733마리
②	586마리	733마리
③	621마리	758마리
④	700마리	758마리
⑤	782마리	783마리

11 다음은 중국의 의료 빅데이터 예상 시장 규모에 대한 표이다. 전년 대비 성장률을 구했을 때 그래프로 올바르게 변환한 것은?(단, 소수점 둘째 자리에서 올림한다)

〈2015 ~ 2024년 중국 의료 빅데이터 예상 시장 규모〉

(단위 : 억 위안)

구분	2015년	2016년	2017년	2018년	2019년	2020년	2021년	2022년	2023년	2024년
규모	9.6	15.0	28.5	45.8	88.5	145.9	211.6	285.6	371.4	482.8

①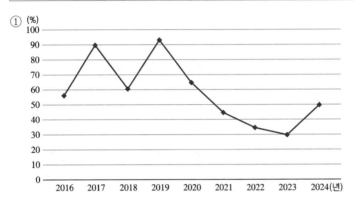

②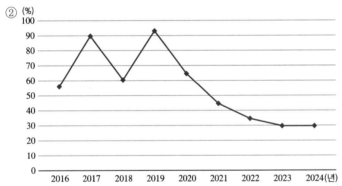

③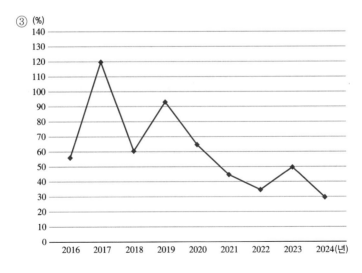

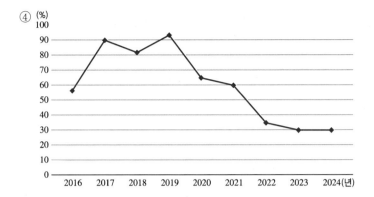

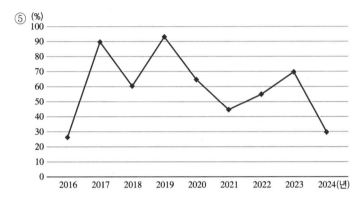

12 다음은 10년간 국내 의사와 간호사 인원 현황에 대한 그래프이다. 이에 대한 설명으로 옳은 것을 〈보기〉에서 모두 고르면?(단, 비율은 소수점 셋째 자리에서 버림한다)

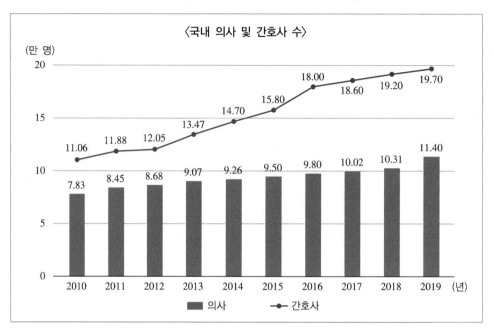

<보기>

ㄱ. 2017년 대비 2019년 의사 수의 증가율은 간호사 수의 증가율보다 5%p 이상 높다.

ㄴ. 2011 ~ 2019년 동안 전년 대비 의사 수 증가량이 2천 명 이하인 해의 의사와 간호사 수의 차이는 5만 명 미만이다.

ㄷ. 2010 ~ 2014년 동안 의사 한 명당 간호사 수가 가장 많은 연도는 2014년도이다.

ㄹ. 2013 ~ 2016년까지 간호사 수의 평균은 15만 명 이상이다.

① ㄱ

② ㄱ, ㄴ

③ ㄷ, ㄹ

④ ㄴ, ㄹ

⑤ ㄱ, ㄷ, ㄹ

13 다음은 우리나라 강수량에 대한 표이다. 이를 그래프로 올바르게 변환한 것은?

〈2017년 우리나라 강수량〉

(단위 : mm / 위)

구분	1월	2월	3월	4월	5월	6월	7월	8월	9월	10월	11월	12월
강수량	15.3	29.8	24.1	65.0	29.5	60.7	308.0	241.0	92.1	67.6	12.7	21.9
역대순위	32	23	39	30	44	43	14	24	26	13	44	27

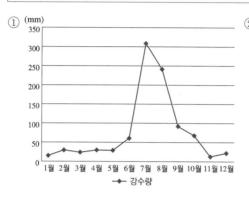

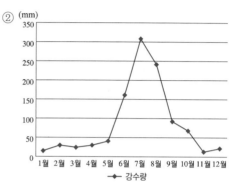

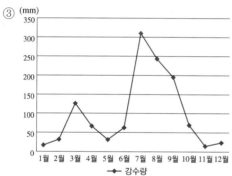

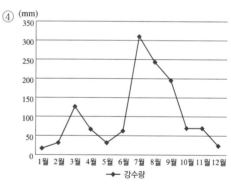

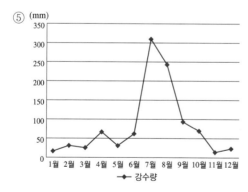

14 다음은 우리나라 국가채권 현황에 대한 표이다. 이에 대한 설명으로 옳은 것을 〈보기〉에서 모두 고르면?

〈우리나라 국가채권 현황〉

(단위 : 조 원)

구분	2014년		2015년		2016년		2017년	
	국가채권	연체채권	국가채권	연체채권	국가채권	연체채권	국가채권	연체채권
합계	238	27	268	31	298	36	317	39
조세채권	26	18	30	22	34	25	38	29
경상 이전수입	8	7	8	7	9	8	10	8
융자회수금	126	0	129	0	132	0	142	0
예금 및 예탁금	73	0	97	0	118	0	123	0
기타	5	2	4	2	5	3	4	2

보기

㉠ 2014년 총 연체채권은 2016년 총 연체채권의 80% 이상이다.
㉡ 국가채권 중 조세채권의 전년 대비 증가율은 2015년이 2017년보다 높다.
㉢ 융자회수금의 국가채권과 연체채권의 총합이 가장 높은 해에는 경상 이전수입의 국가채권과 연체채권의 총합도 가장 높다.
㉣ 2014년 대비 2017년 경상 이전수입 중 국가채권의 증가율은 경상 이전수입 중 연체채권의 증가율보다 낮다.

① ㉠, ㉡   ② ㉠, ㉢
③ ㉡, ㉢   ④ ㉡, ㉣
⑤ ㉢, ㉣

15 다음 룰렛에 적힌 수는 일정한 규칙을 갖는다. ㉠+㉡+㉢의 값은?

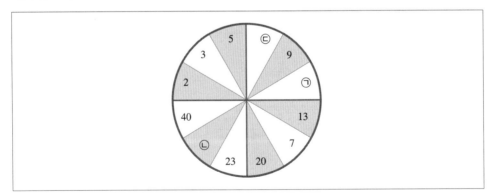

① 28   ② 33
③ 38   ④ 43
⑤ 48

16 다음 룰렛에 적힌 수는 일정한 규칙을 갖는다. (㉠+㉢)÷㉡의 값은?

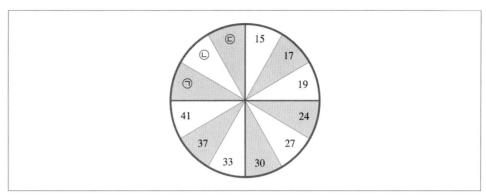

① 1   ② 2

③ 3   ④ 4

⑤ 5

17 다음 룰렛에 적힌 수는 일정한 규칙을 갖는다. ㉠×㉡×㉢의 값은?

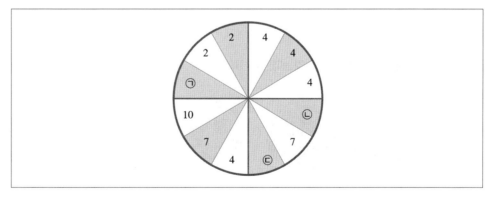

① 48   ② 60

③ 64   ④ 72

⑤ 80

18 다음 시계는 일정한 규칙을 갖는다. A×B의 값은?

① 55
② 62
③ 65
④ 70
⑤ 84

19 다음 시계는 일정한 규칙을 갖는다. A+B의 값은?

① 8
② 11
③ 14
④ 17
⑤ 20

20 다음 시계는 일정한 규칙을 갖는다. A×B의 값은?

① 4
② 9
③ 17
④ 25
⑤ 31

※ 제시된 단어의 관계가 동일하도록 빈칸에 들어갈 가장 적절한 단어를 고르시오. **[1~4]**

01

| 제한하다 : 통제하다 = 만족하다 : (　　) |

① 번잡하다　　　　　　　　② 부족하다
③ 탐탁하다　　　　　　　　④ 모자라다
⑤ 듬직하다

02

| 돛단배 : 바람 = 전등 : (　　) |

① 어둠　　　　　　　　　　② 전기
③ 태양　　　　　　　　　　④ 에어컨
⑤ 빛

03

| 응분 : 과분 = 겸양하다 : (　　) |

① 강직하다　　　　　　　　② 너그럽다
③ 쩨쩨하다　　　　　　　　④ 겸손하다
⑤ 젠체하다

Hard

04

| 칠칠하다 : 야무지다 = (　　) : (　　) |

① 순간, 영원　　　　　　　② 낙찰, 유찰
③ 널널하다, 너르다　　　　④ 가축, 야수
⑤ 천진, 사악

※ 다음 짝지어진 단어 사이의 관계가 나머지와 다른 하나를 고르시오. [5~6]

Easy

05 ① 견사 – 비단 ② 오디 – 뽕잎
　　 ③ 콩 – 두부 ④ 포도 – 와인
　　 ⑤ 우유 – 치즈

06 ① 괄시 – 후대 ② 비호 – 보호
　　 ③ 숙려 – 숙고 ④ 속박 – 농반
　　 ⑤ 채근 – 독촉

07 경제학과, 물리학과, 통계학과, 지리학과 학생인 A ~ D는 검은색, 빨간색, 흰색의 세 가지 색 중 최소 1가지 이상의 색을 좋아한다. 다음 〈조건〉에 따라 항상 참이 되는 것은?

> **조건**
> • 경제학과 학생은 검은색과 빨간색만 좋아한다.
> • 경제학과 학생과 물리학과 학생은 좋아하는 색이 서로 다르다.
> • 통계학과 학생은 빨간색만 좋아한다.
> • 지리학과 학생은 물리학과 학생과 통계학과 학생이 좋아하는 색만 좋아한다.
> • C는 검은색을 좋아하고, B는 빨간색을 좋아하지 않는다.

① A는 통계학과이다.
② B는 물리학과이다.
③ C는 지리학과이다.
④ D는 경제학과이다.
⑤ B와 C는 빨간색을 좋아한다.

08 어젯밤 회사에 남아있던 A ~ E 5명 중에서 창문을 깬 범인을 찾고 있다. 범인은 2명이고 거짓을 말하며, 범인이 아닌 사람은 진실을 말한다고 한다. 5명의 진술이 다음과 같을 때, 동시에 범인이 될 수 있는 사람끼리 짝지어진 것은?

> A : B와 C가 함께 창문을 깼어요.
> B : A가 창문을 깨는 것을 봤어요.
> C : 저랑 E는 확실히 범인이 아니에요.
> D : C가 범인이 확실해요.
> E : 제가 아는데, B는 확실히 범인이 아닙니다.

① A, B ② A, C

③ B, C ④ C, D

⑤ D, E

09 S전자 마케팅부 직원 A ~ J 10명이 점심식사를 하러 가서 〈조건〉에 따라 6인용 원형테이블 2개에 각각 4명, 6명씩 나눠 앉았다. 다음 중 항상 거짓인 것은?

> **조건**
> • A와 I는 빈자리 하나만 사이에 두고 앉아 있다.
> • C와 D는 1명을 사이에 두고 앉아 있다.
> • F의 양옆 중 오른쪽 자리만 비어 있다.
> • E는 C나 D의 옆자리가 아니다.
> • H의 바로 옆에 G가 앉아 있다.
> • H는 J와 마주보고 앉아 있다.

① A와 B는 같은 테이블이다.

② H와 I는 다른 테이블이다.

③ C와 G는 마주보고 앉아 있다.

④ A의 양옆은 모두 빈자리이다.

⑤ D의 옆에 J가 앉아 있다.

※ 다음 제시된 도형의 규칙을 보고 ?에 들어갈 도형으로 적절한 것을 고르시오. [10~11]

10

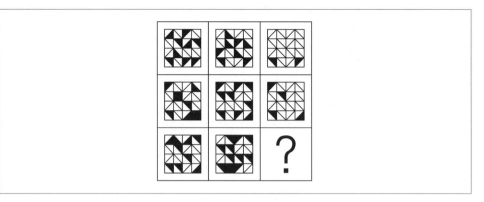

①

②

③

④

⑤

11

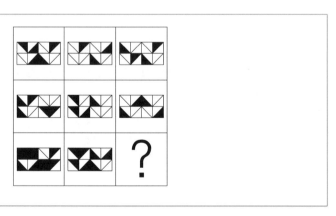

①

②

③

④

⑤

※ 다음은 화살표 방향에 따라 전체규칙을 적용한 후 해당 칸이 의미하는 개별규칙을 적용한 것이다. 각각의 규칙을 추론하여 〈보기〉의 ?에 들어갈 도형으로 적절한 것을 고르시오. [12~13]

Hard

12

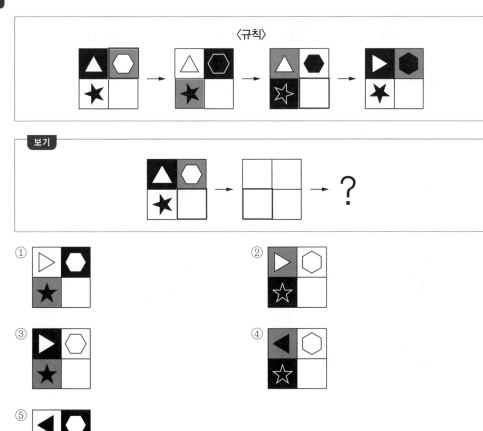

13

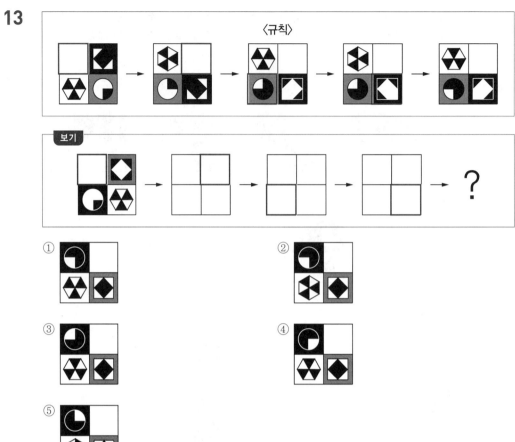

※ 다음 도형들은 일정한 규칙으로 변화하고 있다. ?에 들어갈 도형으로 적절한 것을 고르시오. [14~16]

14

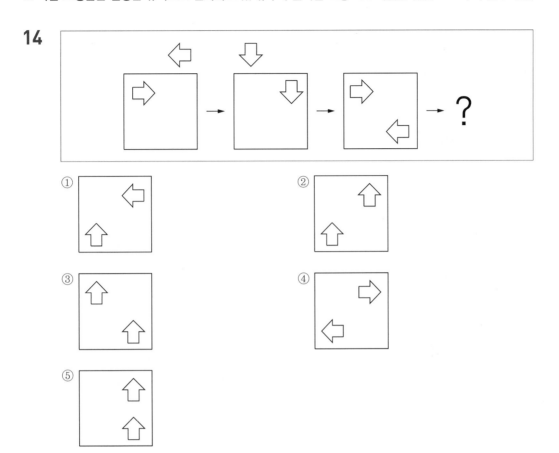

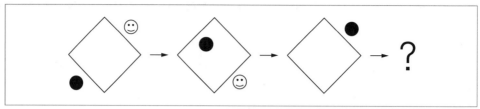

①

②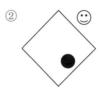

③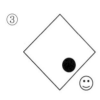

④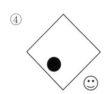

⑤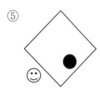

16

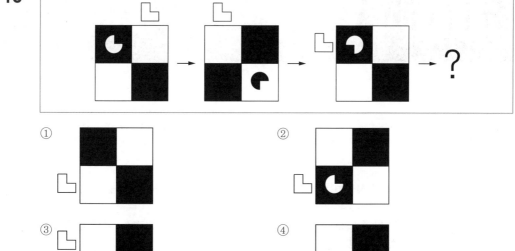

①

②

③

④

⑤

01 언어

Easy

01 다음 중 ㉠ ~ ㉤에서 사용된 글의 전개방식과 같은 방법을 사용하지 않은 것은?

> ㉠ 안전운전 교육은 총 7가지로 구성되는데 기초훈련, 자유훈련, 안전교육, 직선제동, 빗길제동, 곡선주행, 고속주행으로 구성된다.
> ㉡ 저희 회사의 신약은 99.7%의 실험 성공률을 보였기 때문에 상용화에 전혀 문제가 없습니다.
> ㉢ 토끼는 빨랐지만 게을렀고 거북이는 느렸지만 성실했기 때문에 토끼를 이길 수 있었습니다. 이처럼 느리더라도 성실한 것이 가장 중요합니다.
> ㉣ 셧다운제는 청소년의 게임중독을 막을 수 있다는 점에서 긍정적인 효과가 있지만 권리를 박탈한다는 점에서 문제가 있다는 주장이 제기되고 있다.
> ㉤ 사장님께서 임금을 인상시켜 주시지 않는다면 제 아들은 수술을 받지 못해서 평생 휠체어를 타야 합니다.

① ㉠ : 개미의 구조는 머리, 가슴, 배로 나눌 수 있다.

② ㉡ : 우주선 안에서의 시간보다 우주선 밖의 시간이 빨리 흘러가는 이유를 아인슈타인의 상대성 이론으로 설명할 수 있다.

③ ㉢ : 베토벤은 청각장애가 있었음에도 불구하고 음악에 전념하여 많은 걸작을 만들었습니다. 우리는 베토벤의 집념과 노력을 배워야 합니다.

④ ㉣ : 청소년에게 투표권을 주는 것은 자유로운 의사표현이 가능하다는 것이 긍정적이지만 학교가 정치화될 수 있다는 점에서 우려의 목소리가 나오고 있다.

⑤ ㉤ : A씨의 죄질은 굉장히 나쁘지만 이 사람이 구속되면 노모와 어린 아들이 굶어 죽습니다. 제발 선처해 주십시오.

Easy

02 다음 글의 내용으로 가장 적절한 것은?

일반적으로 소비자들은 합리적인 경제 행위를 추구하기 때문에 최소 비용으로 최대 효과를 얻으려 한다는 것이 소비의 기본 원칙이다. 그들은 '보이지 않는 손'이라고 일컬어지는 시장 원리 아래에서 생산자와 만난다. 그러나 이러한 일차적 의미의 합리적 소비가 언제나 유효한 것은 아니다. 생산보다는 소비가 화두가 된 소비 자본주의 시대에 소비는 단순히 필요한 재화, 그리고 경제학적으로 유리한 재화를 구매하는 행위에 머물지 않는다. 최대 효과 자체에 정서적이고 사회 심리학적인 요인이 개입하면서, 이제 소비는 개인이 세계와 만나는 다분히 심리적인 방법이 되어버린 것이다. 곧 인간의 기본적인 생존 욕구를 충족시켜 주는 합리적 소비 수준에 머물지 않고, 소비는 자신을 표현하는 상징적 행위가 된 것이다. 이처럼 오늘날의 소비문화는 물질적 소비 차원이 아닌 심리적 소비 형태를 띠게 된다.

소비 자본주의의 화두는 이제 과소비가 아니라 과시 소비로 넘어간 것이다. 과시 소비의 중심에는 신분의 논리가 있다. 신분의 논리는 유용성의 논리, 나아가 시장의 논리로 설명되지 않는 것들을 설명해 준다. 혈통로 이어지던 폐쇄적 계층 사회는 소비 행위에 대해 계급에 근거한 제한을 부여했다. 먼 옛날 부족 사회에서 수장들만이 걸칠 수 있었던 장신구에서부터, 제아무리 권문세가의 정승이라도 아흔아홉 칸을 넘을 수 없던 집이 좋은 예이다. 권력을 가진 자는 힘을 통해 자기의 취향을 주위 사람들과 분리시킴으로써 경외감을 강요하고, 그렇게 자기 취향을 과시함으로써 잠재적 경쟁자들을 통제한 것이다.

가시적 신분 제도가 사라진 현대 사회에서도 이러한 신분의 논리는 여전히 유효하다. 이제 개인은 소비를 통해 자신의 물질적 부를 표현함으로써 신분을 과시하려 한다.

① '보이지 않는 손'에 의한 소비 이론은 오늘날에 와서 치명적 모순이 있음이 발견되었다.
② 현대 사회에서 소비자의 행위는 더 이상 생존 욕구와는 상관이 없다.
③ 유용성의 논리로 과시 소비 현상을 설명할 수 있다.
④ 폐쇄적 계층 사회에서는 소비를 통제하여 과시적 소비가 발생하지 않았다.
⑤ 현대사회의 소비 행위는 개인을 드러내는 과시 행위를 포함한다.

※ 다음 글의 내용으로 적절하지 않은 것을 고르시오. [3~5]

03

청색기술은 자연의 원리를 차용하거나 자연에서 영감을 얻은 기술을 말한다. 그리고 청색기술을 경제 전반으로 확대한 것을 '청색경제'라고 한다. 벨기에의 환경운동가인 군터 파울리(Gunter Pauli)가 저탄소 성장을 표방하는 녹색기술의 한계를 지적하며 청색경제를 제안했다. 녹색경제가 환경오염에 대한 사후 대책으로 환경보호를 위한 비용이 수반된다면 청색경제는 애초에 자연 친화적이면서도 경제적인 물질을 창조한다는 점에서 차이가 있다.

청색기술은 오랫동안 진화를 거듭해서 자연에 적응한 동식물 등을 모델 삼아 새로운 제품을 만드는데, 특히 화학·재료과학 분야에서 연구가 활발히 진행되고 있다. 예를 들어 1955년 스위스에서 식물 도꼬마리의 가시를 모방해 작은 돌기를 가진 잠금장치 '벨크로(일명 찍찍이)'가 발명된 것이나 얼룩 말의 줄무늬에서 피부 표면 온도를 낮추는 원리를 알아낼 수 있다.

이미 미국·유럽·일본 등 선진국에서는 청색기술을 국가 전략사업으로 육성하고 있고, 세계 청색 기술 시장은 2030년에 1조 6,000억 달러 규모로 성장할 전망이다. 그러나 커다란 잠재력에 비해 사람들의 인식은 터무니없이 부족하다. 청색기술에 대해 많은 사람이 알고 있을수록 환경과 기술에 대한 가치관의 변화를 이끌어낼 수 있고 기술을 상용화시킬 수 있다. 따라서 청색기술의 발전을 위해서는 많은 홍보가 필요하다.

① 청색경제는 자연과 상생하는 것을 목적으로 하며 이를 바탕으로 경제성을 창조한다.
② 청색기술의 대상은 자연에 포함되는 모든 동식물이다.
③ 흰개미집을 모델로 냉난방 없이 공기를 신선하게 유지하게 설계된 건물은 청색기술을 활용한 것이다.
④ 청색기술 시장은 커다란 잠재력을 지닌 시장이다.
⑤ 청색기술을 홍보하는 것은 사람들의 가치관 변화와 기술 상용화에 도움이 된다.

기업은 많은 이익을 남기길 원하고, 소비자는 좋은 제품을 저렴하게 구매하길 원한다. 그 과정에서 힘이 약한 저개발국가의 농민, 노동자, 생산자들은 무역상품의 가격 결정 과정에 참여하지 못하고, 자신이 재배한 식량과 상품을 매우 싼값에 팔아 겨우 생계를 유지한다. 그 결과, 세계 인구의 20% 정도가 우리 돈 약 1,000원으로 하루를 살아가고, 세계 노동자의 40%가 하루 2,000원 정도의 소득으로 살아가고 있다.

이러한 무역 거래의 한계를 극복하고, 공평하고 윤리적인 무역 거래를 통해 저개발국가 농민, 노동자, 생산자들이 겪고 있는 빈곤 문제를 해결하기 위해 공정무역이 생겨났다. 공정무역은 기존 관행 무역으로부터 소외당하고 불이익을 받고 있는 생산자와 지속가능한 파트너십을 통해 공정하게 거래하는 것으로, 생산자들과 공정무역 단체의 직거래를 통한 거래 관계에서부터 단체나 제품 등에 대한 인증 시스템까지 모두 포함하는 무역을 의미한다.

이와 같은 공정무역은 국제 사회 시민운동의 일환으로, 1946년 미국의 시민단체 '텐사우전드빌리지 (Ten Thousand Villages)'가 푸에르토리코의 자수 제품을 구매하고, 1950년대 후반 영국의 '옥스팜(Oxfam)'이 중국 피난민들의 수공예품과 동유럽국가의 수공예품을 팔면서 시작되었다. 이후 1960년대에는 여러 시민 단체들이 조직되어 아프리카, 남아메리카, 아시아의 빈곤한 나라에서 본격적으로 활동을 전개하였다. 이 단체들은 가난한 농부와 노동자들이 스스로 조합을 만들어 환경친화적으로 농산물을 생산하도록 교육하고 이에 필요한 자금 등을 지원했다. 2000년대에는 공정무역이 자본주의의 대안활동으로 여겨지며 급속도로 확산되었고, 공정무역 단체나 회사가 생겨남에 따라 저개발국가 농부들이 생산한 농산물이 공정한 값을 받고 거래되었다. 이러한 과정에서 공정무역은 저개발국 생산자들의 삶을 개선하기 위한 중요한 시장 메커니즘으로 주목을 받게 된 것이다.

① 기존 관행 무역에서는 저개발국가의 농민, 노동자, 생산자들이 무역상품의 가격 결정 과정에 참여하지 못했다.

② 세계 노동자의 40%가 하루 2,000원 정도의 소득으로 살아가며, 세계 인구의 20%는 약 1,000원으로 하루를 살아간다.

③ 공정무역에서는 저개발국가의 생산자들과 지속가능한 파트너십을 통해 그들을 무역 거래 과정에서 소외시키지 않는다.

④ 공정무역은 1946년 시작되었고, 1960년대 조직된 여러 시민 단체들이 본격적으로 활동을 전개하였다.

⑤ 시민 단체들은 조합을 만들어 환경친화적인 농산물을 직접 생산하고, 이를 회사에 공정한 값으로 판매하였다.

꿀벌은 인간에게 단순히 달콤한 꿀을 제공하는 것을 넘어 크나큰 유익을 선사해왔다. 꿀벌은 꽃을 찾아다니며 자신에게 필요한 단백질과 탄수화물을 꽃가루와 꿀에서 얻는데, 이를 꽃가루받이 (pollination)라 한다. 이 과정에서 벌의 몸에 묻은 꽃가루가 암술머리로 옮겨가고, 그곳에서 씨방으로 내려간 꽃가루는 식물의 밑씨와 결합한다. 씨가 생기고 뒤이어 열매가 열린다. 인간이 재배하는 작물 중 30%는 꽃가루받이에 의존하며, 세계 식량의 90%를 차지하는 100대 농작물 중 71%는 꿀벌 덕분에 얻을 수 있는 것들이다.

그러나 오랜 시간 동안 지구의 생태계를 지켜온 꿀벌은 지구에서 급격히 사라져가고 있다. 군집붕괴 현상(Colony Collapse Disorder)이라고 불리는 이 현상은 2006년 플로리다에서 시작되어, 아메리카와 유럽, 아시아, 오세아니아에 이르기까지 지구촌 전역으로 확산되고 있다. 벌집을 나간 벌이 다시 돌아오지 않아 여왕벌과 유충이 잇달아 집단폐사하면서 미국은 2006년에 비해 꿀벌의 개체 수가 40% 가량 감소했고, 2007년 여름 이미 북반구 꿀벌의 약 25%가 사라졌다는 보고가 있었다. 지구상에 존재하는 식물의 상당수는 벌을 매개로 종족을 번식한다. 꽃가루받이를 할 벌이 사라진다는 것은 꿀벌을 매개로 해 번식하는 식물군 전체가 열매를 맺지 못할 위기에 놓인다는 것을 의미한다. 벌을 위협하는 요인은 비단 몇 가지로 단정지어 설명하기는 어렵다. 살충제와 항생제, 대기오염은 꿀벌을 병들게 만들었고, 꿀벌에게 필요한 수많은 식물들이 '잡초'라는 오명을 쓰고 사라져갔다. 최근에는 휴대폰 등 전자기기의 전자파가 꿀벌의 신경계를 마비시킨다는 연구 결과도 있다. 꿀벌이 사라짐에 따라 매년 과수원에는 꽃가루받이 수작업을 위해 수천 명의 자원봉사자가 투입되고 있다지만, 이는 미봉책에 불과하다. 인류의 삶에서, 나아가 전 생태계에서 양봉업과 농업이 차지하는 위상을 재확인한다. 그리하여 꿀벌과 상생할 수 있는 농업 방식과 도시 환경을 강구해야 할 것이다.

① 꿀벌이 식물의 번식에 도움을 주는 것은 자신의 먹이를 얻는 과정에서 비의도적으로 이루어지는 현상이다.

② 밖으로 나간 꿀벌이 다시 돌아오지 않아 꿀벌의 개체 수가 줄어드는 현상을 군집붕괴현상이라고 한다.

③ 꿀벌의 개체 수가 감소하는 원인은 현대문명사회의 도래와 관련이 깊다.

④ 대다수 식물들은 벌을 매개로 한 방법 이외에 번식할 수 있는 방법이 없다.

⑤ 논밭의 잡초를 무분별하게 제거하는 것도 꿀벌에게는 해가 될 수 있다.

06 다음 밑줄 친 ⊙ ∼ ⑩에 대한 설명으로 적절하지 않은 것은?

사람의 혈액은 ⊙ 혈구와 ⓛ 혈장으로 구성되어 있는데, 혈구에는 적혈구와 백혈구 그리고 혈소판이 포함되고 혈액의 나머지 액성 물질은 혈장에 포함된다. 혈장의 90%는 물로 구성되어 있으며 상당량의 무기질 및 유기질 성분들이 함유되어 있다. 혈구를 구성하는 물질 중 99% 이상이 ⓒ 적혈구이며 백혈구와 혈소판은 1% 미만을 차지한다.

전체 혈액 중 적혈구가 차지하는 비율은 여성보다 남성이 약간 높다. 적혈구는 말초 조직에 있는 세포로 산소를 전달하고, 말초 조직에 있는 세포가 만든 이산화탄소를 폐로 전달하는 역할을 한다. 이러한 역할을 수행하는 적혈구의 수를 혈액 내에서 일정하게 유지하는 것은 정상 상태의 인체를 유지하는 데 매우 중요하다.

하지만 혈액을 구성하는 물질의 조성(組成)은 질병이나 주변 환경 그리고 인체의 상태에 따라 달라질 수 있다. 예를 들면 ⓔ 빈혈은 말초 조직에 있는 세포에서 필요로 하는 산소를 공급하는 적혈구의 수가 충분하지 않을 때 나타난다. 골수계 종양의 하나인 ⑩ 진성적혈구증가증에 걸리면 다른 혈액 성분에 비해 적혈구가 많이 생산된다. 적혈구 총량에는 변동 없이 혈장이 감소하는 가성적혈구증가증도 혈액의 조성에 영향을 준다. 또한 과도한 운동이나 심각한 설사로 체내 혈장의 물이 체내로 유입되는 물보다 더 많이 외부로 유출되면 심한 탈수 현상이 일어난다.

---

① ⊙ : ⓒ이 99% 이상을 차지한다.

② ⓛ : 90%는 물로 구성되어 있다.

③ ⓒ : 산소와 이산화탄소를 각각 전달한다.

④ ⓔ : ⓒ의 수가 충분하지 않을 때 나타난다.

⑤ ⑩ : ⓒ의 총량에는 변동이 없으나 ⓛ이 감소한다.

※ 다음 글을 통해 추론할 수 있는 내용으로 적절하지 않은 것을 고르시오. [7~8]

07

우리는 일상생활 속에서 아직 알지 못하는 '미래'에 대하여 많은 관심을 갖는다. 우리가 관심을 갖는 '미래'에는 과학자들의 미래 기후 예측이나 점쟁이들의 사주 등이 포함된다. 그렇다면 미래를 예상하는 점쟁이의 예언과 과학자의 예측은 어떻게 다를까?

먼저 점쟁이란 '관상, 사주 등처럼 한 개인의 사적인 개인정보를 이용하여 그 사람 고유의 미래를 예언해 주는 일을 직업으로 삼는 사람'을 의미한다. 반면 과학자는 '생물, 물리, 화학, 환경 등 과학 분야 전반에 걸쳐서 나타나는 여러 가지 현상들을 연구하고, 이를 토대로 새로운 과학적 원리를 발견하거나 이를 실생활에 적용하는 일을 하는 사람'을 의미한다. 이러한 점쟁이와 과학자 사이에 존재하는 가장 큰 공통점은 '미래를 예상한다는 것'이다. 여기서 '미래'는 현재의 상황 이후의 시간을 나타내는 용어로써 이미 지난 시간이나 지금 이 순간이 아닌, 곧 다가올 시간의 매 순간이 미래가 될 수 있다.

점쟁이는 주로 사적인 일을 예상한다. '당신은 미래에 재물 복이 많을 것입니다.' 혹은 '당신은 ○○년 ○○월 ○○일에 태어났으므로 평생 운이 따를 것입니다.' 등 점쟁이의 말을 들어본 적이 있을 것이다. 점쟁이는 이처럼 각 개인에게 개인 고유의 운세나 미래 등을 이야기해 준다. 이때, 이들은 대체로 모호한 표현을 사용한다. '언젠가는', '어느 순간'과 같은 애매한 표현을 주로 사용함으로써 그들이 예상하는 어떤 일이 미래의 어느 시점에서 어떻게 일어날지 그 누구도 정확하게 알 수 없는 것이다. 그 결과 당혹스러운 상황이 발생하기도 한다. 한 고대 국가의 왕이 점쟁이에게 나라의 미래를 점쳐 달라고 요청하자 점쟁이는 '전쟁을 하면 나라가 크게 승리할 것이다.'라고 예언하였다. 왕은 점쟁이의 예언을 믿고 전쟁을 일으켰지만 결국 전쟁에서 대패하였고, 이후 점쟁이를 찾아가 예언이 어긋난 이유를 물었다. 그 점쟁이는 당시 자신이 말했던 '나라'는 왕의 나라가 아닌 상대편 나라를 의미했다고 변명하였다. 이처럼 점쟁이들은 모호한 표현을 사용하여 자신의 말이 반드시 미래와 일치하도록 하는 것이다.

그러나 과학자가 미래를 예측하는 활동은 점쟁이와는 매우 다르다. 점쟁이가 사적인 일을 예언해 준다면, 과학자는 대부분 모든 사람에게 똑같이 발생하는 미래의 현상들을 예측해 준다. 지구 온난화 현상이나 화석 연료의 고갈 속도 등에 대한 예측이 그 예이다. 또 점쟁이는 모호한 표현을 사용해서 그 예언이 사실인지 아닌지에 대한 실험을 할 수 없으므로 그 예언의 진실 여부를 확인할 수도 없다. 그러나 과학자는 정확하고 전문적인 용어를 사용하여 미래를 예측하기에 자신의 예측에 대한 과학적인 근거를 제시할 수 있고, 사실 판단에 대해 실험도 할 수 있다. 예를 들어 한 과학자가 'A금속은 물속에 담가 놓은 채로 10분이 경과하면 녹이 슬기 시작할 것이다.'라는 예측을 하면, 실제로 A금속을 물속에 담가 과학자의 예측이 진실인지 거짓인지 확인할 수 있다.

① 점쟁이는 한 사람의 미래를 예언할 때 주로 그 사람의 관상이나 사주 등의 개인정보를 이용한다.

② 전쟁에서 승리할 것이라는 점쟁이의 예언이 어긋난 이유는 상대 나라에 대한 정보가 부족했기 때문이다.

③ 여러 현상에 대한 연구를 바탕으로 이루어지는 과학자의 예측은 점쟁이의 예언보다 공적인 성격을 띤다.

④ 주로 사적인 일을 모호하게 표현하는 점쟁이의 예언은 과학자의 예측에 비해 신뢰성이 낮다.

⑤ 점쟁이의 예언과 과학자의 예측은 예상하는 내용과 그 내용을 표현하는 방법에서 차이가 있다.

1930년대 우리나라 탐정소설에는 과학적 수사의 강조, 감정적 혹은 육감적 사건 전개라는 두 가지 특성이 나타난다. 이러한 것들은 1930년대 우리나라 탐정소설에 서구 번역 탐정소설이 미친 영향력 못지않게 국내에서 유행하던 환상소설, 공포소설, 모험소설, 연애소설 등의 대중 소설 장르가 영향력을 미친 데서 비롯된 것이다. 2000년대 이후 오늘날의 탐정소설은 과학적 수사, 증명, 논리적 추론 과정에 초점이 맞추어지는 데 반해, 1930년대 탐정소설은 감정적, 심리적, 우연적 요소의 개입 같은 것들이 사건 해결의 열쇠를 쥐고 있었다. 감정적 혹은 육감적 사건 전개는 탐정소설의 범위를 넓히는 동시에 다양한 세부 장르를 형성하였다. 그러나 현재로 오면서 두 번째 특성은 소멸되고 첫 번째의 특성만 강하게 남아, 그것이 탐정소설의 전부인 것처럼 인식되는 경향이 지배적이다.

다양한 의미와 유형을 내포했던 1930년대의 '탐정'과 '탐정소설'은 현재로 오면서 오히려 그 범위가 협소해진 것으로 보인다. '탐정'이라는 용어는 서술어적 의미가 사라지고 인물의 의미로 국한되어 사용되었으며, 탐정소설은 감정적 혹은 육감적 사건 전개나 기괴한 이야기가 지니는 환상적인 매력이 사라지고 논리적 추론 과정에 초점이 맞추어지는 서구의 고전적 탐정소설 유형만이 남게 되었다. 1930년대의 탐정소설이 서구 고전적 탐정소설로 귀착되면서, 탐정소설과 다른 대중 소설 장르가 결합된 양식들은 사라졌다. 그런 면에서 1930년대 탐정소설의 고유한 특성을 밝히는 것은 서구의 것과는 다른 한국식 탐정소설의 양식들이 발전할 수 있는 가능성을 제기하는 것이기도 하다.

① 1930년대 우리나라에서 '탐정'이라는 말은 현재보다 더 넓은 의미를 가졌다.
② 서구의 고전적 탐정소설은 과학적 수사와 논리적 추론 과정에 초점을 맞춘다.
③ 오늘날 우리나라 탐정소설에서는 기괴한 이야기가 가진 환상적 매력을 발견하기 어렵다.
④ 과학적, 논리적 추론 과정의 정립은 한국식 탐정소설의 다양한 형식을 발전시키는 데 기여했다.
⑤ 1930년대 우리나라 탐정소설은 서구 번역 탐정소설과 한국의 대중 소설 장르의 영향을 받았다.

09 다음 글을 읽고 보인 반응으로 가장 적절한 것은?

> 타인의 위법행위에 의해 정신적·물질적 손해를 입은 경우, 손해의 정도가 같아도 해당 위법 행위가 민사적으로 처리될 때와 형사적으로 처리될 때에 따라 결론이 달라지는 경우가 나타난다. 즉, 민사소송에서 민사책임을 물어 승소하더라도 형사소송에서 패소하거나, 형사소송에서 형사책임을 물어 승소하고 민사소송에 패소하는 경우가 얼마든지 존재할 수 있다는 것이다. 이러한 경우가 발생하는 것은 민사책임과 형사책임의 차이가 존재하기 때문이다. 민사책임은 고의와 과실의 구분이 없으며 실제로 손해가 발생한 경우에만 책임을 인정하는 손해배상에 중점을 두지만, 형사책임은 고의성과 위법성에 무게를 두며 피해자의 고소가 없더라도 국가가 형벌을 가할 수 있는 응보적 성격을 띠고 있다.

① 아무리 의도가 좋았더라도 손해가 발생하면 형사책임을 물어야 하는구나.

② 물건을 옮기다 나도 모르게 상대를 밀쳐 넘어뜨렸으니 형사책임을 물어야 하는구나.

③ 민사책임이라고 해도 고의가 인정되면 더 큰 책임을 물 수 있겠구나.

④ 피해자가 원하지 않으면 가해자도 형벌을 쉽게 피할 수 있구나.

⑤ 옆집 아저씨가 작정하고 나를 때려 크게 다쳤으니 민사소송과 형사소송 둘 다 승소할 수 있겠구나.

01 어떤 농구 대회는 총 8개의 팀이 상대 팀과 각각 한 번씩 경기하는 리그 형식으로 예선을 치른 후, 상위 4개 팀이 토너먼트 형식으로 본선을 치른다. 예선 티켓 값이 1만 원, 본선 티켓 값이 2만 원이라고 할 때, 모든 경기를 한 번씩 보려면 티켓을 사는 데 드는 비용은?

① 30만 원

② 32만 원

③ 34만 원

④ 36만 원

⑤ 38만 원

02 어떤 프로젝트를 A사원이 혼자서 진행하면 시작부터 끝내기까지 총 4시간이 걸린다고 한다. A 사원과 B사원이 함께 프로젝트 업무를 2시간 동안 진행하다가, B사원이 급한 업무가 생겨 퇴근 한 후 A사원 혼자 40분을 더 일하여 마무리 지었다. B사원이 혼자 프로젝트를 진행했을 때 걸리는 시간은?

① 4시간

② 5시간

③ 6시간

④ 7시간

⑤ 8시간

Hard

03 S연구소에서 식물 배양세포의 증식이 얼마나 빠른지 알아보기 위해 두 가지 세포의 증식 속도를 측정해 보았다. A세포는 한 개당 하루에 4개로 분열되며, B세포는 한 개당 하루에 3개로 분열된다. A세포 한 개와 B세포 두 개가 있을 때, 두 세포의 개수가 각각 250개 이상이 되는 것은 며칠 후부터 인가?(단, log2=0.30, log3=0.48, log10=1로 계산한다)

	A세포	B세포
①	5일	4일
②	5일	5일
③	4일	4일
④	4일	5일
⑤	4일	6일

04 S전자에서는 컴퓨터 모니터를 생산한다. 지난달에 생산한 모니터의 불량률은 10%였고, 모니터 한 대당 17만 원에 판매하였다. 이번 달도 지난달과 동일한 양을 생산했는데, 불량률은 15%로 올랐다고 한다. 지난달보다 매출액이 떨어지지 않으려면 모니터의 한 대당 가격은 최소 얼마로 책정해야 하는가?(단, 불량품은 매출액에서 제외한다)

① 18만 원   ② 19만 원

③ 20만 원   ④ 21만 원

⑤ 22만 원

05 A충전기로 스마트폰을 충전할 때 사용하지 않으면서 충전만 할 경우 분당 2%p씩 충전이 되고, 충전기에 연결한 상태로 스마트폰을 사용하면 분당 1%p씩 충전이 된다. 배터리가 20% 남아있는 상태에서 스마트폰을 충전하기 시작하였더니 48분 후에 충전이 완료되었다면 충전 중 스마트폰을 사용한 시간은?

① 13분   ② 14분

③ 15분   ④ 16분

⑤ 17분

06 농도 10% 소금물과 농도 8% 소금물을 섞어서 농도 9.2%의 소금물을 만들었다. 농도 8% 소금물이 40g이라면 농도 10% 소금물의 양은?

① 50g   ② 54g

③ 60g   ④ 64g

⑤ 70g

Easy

07 둘레가 20km인 운동장의 반은 시속 20km로 달리고, 나머지 반은 시속 $x$km로 달렸더니 운동장 전체를 완주하기까지 평균 24km/h의 속력으로 달린 셈이 되었다. x의 값은?

① 24   ② 26

③ 28   ④ 30

⑤ 32

08 다음은 2018년 달러와 엔화의 환율 변동에 대한 표이다. 이에 대한 설명으로 옳은 것은?(단, 소수점 둘째 자리에서 반올림한다)

〈2018년 달러 및 엔화 환율 변동 현황〉

구분	1월	2월	3월	4월	5월	6월	7월	8월	9월	10월
달러 환율 (원/달러)	1,065	1,090	1,082	1,070	1,072	1,071	1,119	1,117	1,119	1,133
엔화 환율 (원/100엔)	946	990	1,020	992	984	980	1,011	1,003	1,004	1,003

① 2월에 일본 여행을 갔다면, 2월보다 1월에 미리 환전해야 5% 이상 이득이었다.

② 5월부터 10월까지 달러 환율은 계속 증가하고 있다.

③ 달러 환율과 엔화 환율의 차가 가장 큰 것은 1월이다.

④ 전월 대비 달러 환율 증가율은 7월의 증가율이 10월의 증가율보다 4배 이상 높다.

⑤ 달러 환율이 가장 낮을 때의 엔화 환율은 달러 환율이 가장 높을 때의 엔화 환율에 비해 5% 이상 낮다.

09 다음은 2014 ~ 2018년 A국의 네 종류의 스포츠 경기 수에 대한 표이다. 이에 대한 설명으로 옳지 않은 것은?

〈국내 연도별 스포츠 경기 수〉

(단위 : 회)

구분	2014년	2015년	2016년	2017년	2018년
농구	413	403	403	403	410
야구	432	442	425	433	432
배구	226	226	227	230	230
축구	228	230	231	233	233

① 농구의 경기 수는 2015년의 전년 대비 감소율이 2018년의 전년 대비 증가율보다 크다.

② 제시된 네 가지 스포츠의 경기 수 총합이 가장 많았던 연도는 2018년이다.

③ 2014년부터 2018년까지 야구의 평균 경기 수는 축구의 평균 경기 수의 2배 이하이다.

④ 2015년부터 2017년까지 경기 수가 계속 증가한 종목은 1종류이다.

⑤ 2018년도 경기 수가 5년 동안의 평균 경기 수보다 적은 스포츠는 1종류이다.

※ 다음 전개도는 일정한 규칙에 따라 나열된 수열이다. ?에 들어갈 값으로 적절한 것을 고르시오. **[10~12]**

Easy

10

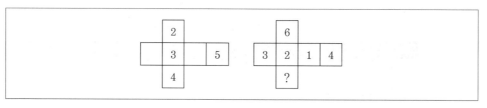

① 2   ② 3

③ 4   ④ 5

⑤ 6

11

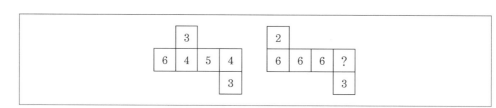

① 1   ② 4

③ 6   ④ 8

⑤ 10

12

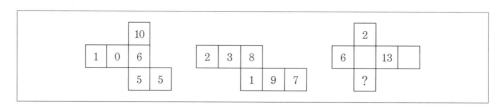

① 6   ② 7

③ 8   ④ 9

⑤ 10

13 다음 퍼즐은 일정한 규칙에 따라 나열된 수열이다. $(A)+(B)+(C)$의 값은?

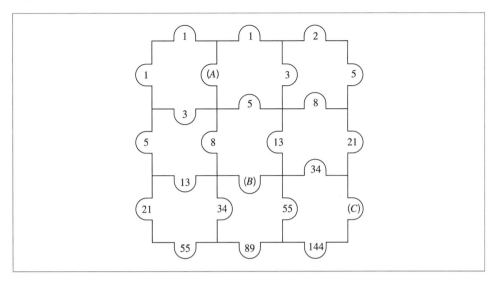

① 91

② 104

③ 112

④ 121

⑤ 135

14 다음 퍼즐은 일정한 규칙에 따라 나열된 수열이다. $(A)\times(B)\times(C)$의 값은?

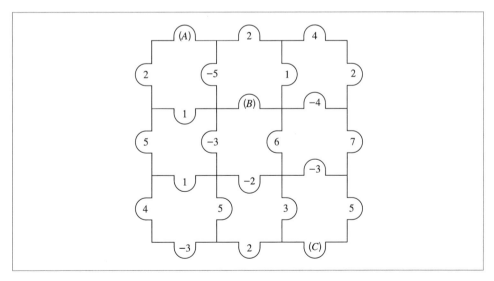

① 24

② 48

③ 64

④ 90

⑤ 136

※ 제시된 단어의 관계가 동일하도록 빈칸에 들어갈 가장 적절한 단어를 고르시오. **[1~4]**

Easy
01

용호상박 : 용, 호랑이 = 토사구팽 : (　　)

① 뱀, 토끼　　　　　　　　　② 개, 토끼

③ 뱀, 개　　　　　　　　　　④ 토끼, 호랑이

⑤ 개, 호랑이

02

동가홍상 : 붉은색 = 청렴결백 : (　　)

① 흰색　　　　　　　　　　　② 푸른색

③ 검은색　　　　　　　　　　④ 노란색

⑤ 회색

03

마이동풍 : 말 = 당구풍월 : (　　)

① 당나귀　　　　　　　　　　② 여우

③ 개　　　　　　　　　　　　④ 새

⑤ 원숭이

04

문학 : 수필 = 포유류 : (　　)

① 박쥐　　　　　　　　　　　② 펭귄

③ 도마뱀　　　　　　　　　　④ 상어

⑤ 개구리

※ 다음 짝지어진 단어 사이의 관계가 나머지와 다른 하나를 고르시오. [5~6]

05 ① 원자 – 분자 ② 우유 – 치즈

③ 단어 – 문장 ④ 고무 – 바퀴

⑤ 돈 – 지갑

Easy
06 ① 이따금 – 간혹 ② 다독 – 정독

③ 값 – 액수 ④ 파견 – 파송

⑤ 우수리 – 잔돈

07 A ~ E는 함께 카페에 가서 다음 〈조건〉과 같이 음료를 주문하였다. 다음 중 녹차를 주문한 사람은?(단, 한 사람당 하나의 음료만 주문하였다)

> **조건**
> • 홍차를 주문한 사람은 2명이며, B는 커피를 주문하였다.
> • A는 홍차를 주문하였다.
> • C는 홍차 또는 녹차를 주문하였다.
> • D는 커피 또는 녹차를 주문하였다.
> • E는 딸기주스 또는 홍차를 주문하였다.
> • 직원의 실수로 E만 잘못된 음료를 받았다.
> • 주문 결과 홍차 1잔과 커피 2잔, 딸기주스 1잔, 녹차 1잔이 나왔다.

① A ② B

③ C ④ D

⑤ E

08 S기업의 영업1팀은 강팀장, 김대리, 이대리, 박사원, 유사원으로 이루어져 있었으나 최근 인사이동으로 팀원의 변화가 일어났고, 이로 인해 자리를 새롭게 배치하려고 한다. 주어진 〈조건〉이 다음과 같을 때, 항상 참인 것은?

> **조건**
> • 영업1팀의 김대리는 영업2팀의 팀장으로 승진하였다.
> • 이번 달 영업1팀에 김사원과 이사원이 새로 입사하였다.
> • 각 팀의 자리는 일렬로 위치해 있으며, 영업1팀은 영업2팀과 마주하고 있다.
> • 자리의 가장 안쪽 옆은 벽이며, 반대편 끝자리의 옆은 복도이다.
> • 각 팀의 팀장은 가장 안쪽인 왼쪽 끝에 앉는다.
> • 이대리는 영업2팀 팀장의 대각선에 앉는다.
> • 박사원의 양옆은 신입사원이 앉는다.
> • 김사원의 자리는 이사원의 자리보다 왼쪽에 있다.

① 유사원과 이대리의 자리는 서로 인접한다.
② 박사원의 자리는 유사원의 자리보다 왼쪽에 있다.
③ 이사원의 양옆 중 한쪽은 복도이다.
④ 김사원의 자리는 유사원의 자리와 인접하지 않는다.
⑤ 이대리의 자리는 강팀장의 자리와 서로 인접한다.

09 A ~ C 세 사람이 각각 빨간색, 파란색, 노란색 모자를 쓰고 일렬로 서 있다. 세 사람 모두 누가 어떤 모자를 쓰고 몇 번째 줄에 서 있는지 모른다고 대답할 때, 다음 〈조건〉을 토대로 반드시 거짓인 것은?

> **조건**
> • B는 파란색 모자를 쓰지 않았다.
> • C는 바로 앞에 있는 파란색 모자를 보고 있다.

① C는 빨간색 모자를 쓰고 맨 뒤에 서 있다.
② B는 빨간색 모자를 쓰고 세 번째에 서 있다.
③ B는 노란색 모자를 쓰고 두 번째에 서 있다.
④ A는 B와 C 사이에 서 있다.
⑤ A는 무조건 파란색 모자밖에 쓸 수 없다.

※ 다음 도형들은 각 행 또는 열마다 공통 규칙이 적용된 후 개별 규칙이 적용되고 있다. 적용되고 있는 각 규칙은 아래의 규칙들 중 1 ~ 2가지로 이루어졌으며, 도형들에 적용되는 규칙을 찾아 〈보기〉의 A, B에 들어갈 도형으로 적절한 것을 고르시오. [10~12]

10

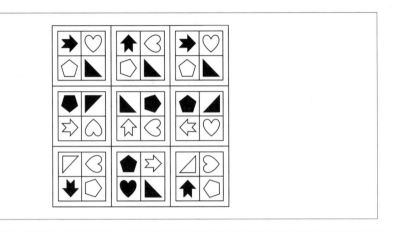

〈규칙〉

- 색 반전
- 180° 회전
- 시계 방향으로 한 칸 이동
- 시계 방향으로 세 칸 이동
- 좌우대칭
- 1열과 2열 교환
- 1행1열과 2행1열 교환
- 1행2열과 2행1열 교환
- 2행1열과 2행2열 교환

- 시계 방향으로 90° 회전
- 시계 반대 방향으로 90° 회전
- 시계 방향으로 두 칸 이동
- 상하대칭
- 1행과 2행 교환
- 1행1열과 1행2열 교환
- 1행1열과 2행2열 교환
- 1행2열과 2행2열 교환

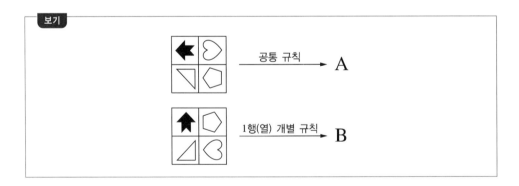

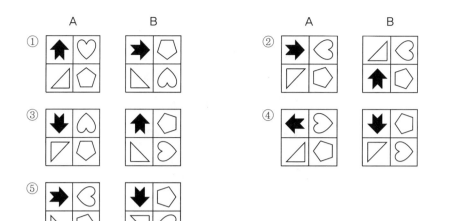

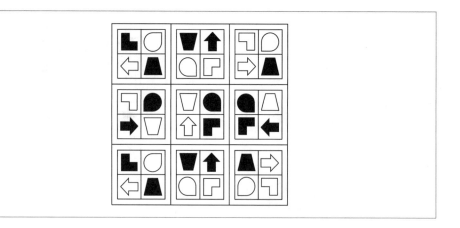

〈규칙〉

- 색 반전
- 180° 회전
- 시계 방향으로 한 칸 이동
- 시계 방향으로 세 칸 이동
- 좌우대칭
- 1열과 2열 교환
- 1행1열과 2행1열 교환
- 1행2열과 2행1열 교환
- 2행1열과 2행2열 교환
- 시계 방향으로 90° 회전
- 시계 반대 방향으로 90° 회전
- 시계 방향으로 두 칸 이동
- 상하대칭
- 1행과 2행 교환
- 1행1열과 1행2열 교환
- 1행1열과 2행2열 교환
- 1행2열과 2행2열 교환

보기

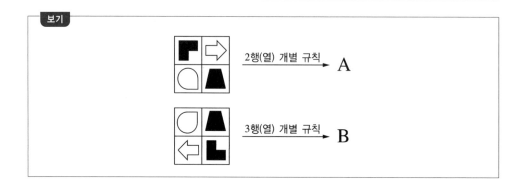

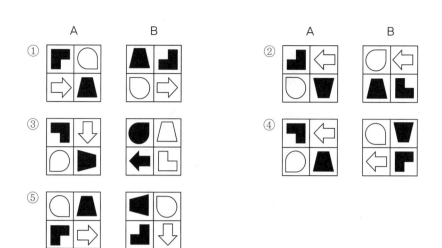

PART 1

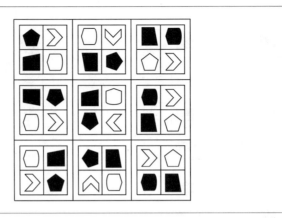

〈규칙〉

- 색 반전
- 180° 회전
- 시계 방향으로 한 칸 이동
- 시계 방향으로 세 칸 이동
- 좌우대칭
- 1열과 2열 교환
- 1행1열과 2행1열 교환
- 1행2열과 2행1열 교환
- 2행1열과 2행2열 교환

- 시계 방향으로 90° 회전
- 시계 반대 방향으로 90° 회전
- 시계 방향으로 두 칸 이동
- 상하대칭
- 1행과 2행 교환
- 1행1열과 1행2열 교환
- 1행1열과 2행2열 교환
- 1행2열과 2행2열 교환

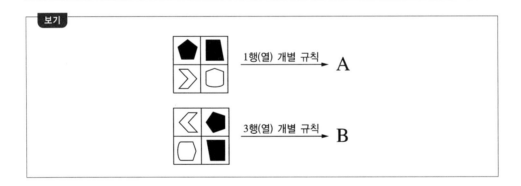

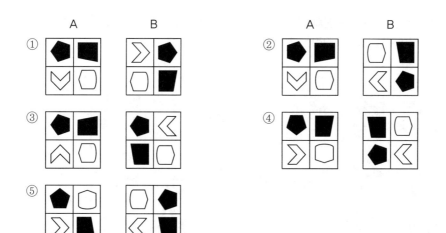

※ 오른쪽에 위치한 원은 행 또는 전체에 적용되는 일정한 규칙을 표시한다. 제시된 도형의 규칙을 이용하여 A~C에 들어갈 도형으로 적절한 것을 고르시오. [13~14]

13

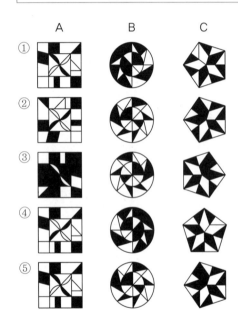

14

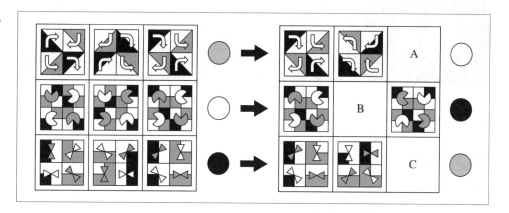

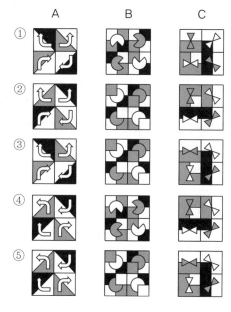

01 언어

01 다음 글의 내용으로 가장 적절한 것은?

> 우리는 선인들이 남긴 훌륭한 문화유산이나 정신 자산을 언어(특히, 문자언어)를 통해 얻는다. 언어가 시대를 넘어 문명을 전수하는 역할을 하는 것이다. 언어를 통해 전해진 선인들의 훌륭한 문화유산이나 정신 자산은 당대의 문화나 정신을 살찌우는 밑거름이 된다. 만약 언어가 없다면 선인들과 대화하는 일은 불가능할 것이다. 그렇게 되면 인류사회는 앞선 시대와 단절되어 더 이상의 발전을 기대할 수 없게 된다. 인류가 지금과 같은 고도의 문명사회를 이룩할 수 있었던 것도 언어를 통해 선인들과 끊임없이 대화하며 그들에게서 지혜를 얻고 그들의 훌륭한 정신을 이어받았기 때문이다.

① 언어는 인간에게 유일한 의사소통의 도구이다.

② 과거의 문화유산은 남김없이 계승되어야 한다.

③ 문자 언어는 음성 언어보다 우월한 가치를 가진다.

④ 문명의 발달은 언어와 더불어 이루어져 왔다.

⑤ 언어는 시간에 구애받지 않고 정보를 전달할 수 있다.

02

오늘날 여성들은 체중에 상관없이 스스로를 뚱뚱하다고 생각하는 경우가 많다. 빈부, 노소를 떠나서 하나같이 날씬해지기를 원하고 그러한 욕망은 다이어트 열풍으로 이어진다. 몸이 우리의 다양한 욕구나 자기표현과 관련된다는 점에서 다이어트 열풍은 우리 사회를 읽어내는 하나의 거울이 될 수 있다.

몸에 대한 관심은 어제오늘의 일이 아니다. 한 사회학 보고서에 따르면, 미국에서 1930년대에는 바싹 마른 몸매의 여성이, 1950년대에는 마릴린 먼로와 같이 풍만한 몸매의 여성이 인기를 끌었다고 한다. 대공황으로 경제 사정이 좋지 않았던 1930년대에는 일하는 여성이 필요했기에 민첩해 보이는 마른 여성이 매력의 상징이 되었다. 하지만 경제 사정이 좋아지기 시작한 1950년대에는 여성이 행복한 가정을 꾸리기를 바라는 풍조로 바뀌면서 사람들은 풍만한 곡선미를 지닌 여배우의 이미지를 선호하였다.

소비 사회에서 몸은 자연스럽게 자기 표현의 중심이 된다. 산업의 발달로 물질이 풍요해지자 인간은 다양한 소비를 통해 자신의 욕구를 충족할 수 있게 되었고 소비를 통해 자신을 표현한다고 믿게 되었다. 오늘날 소비는 대중 매체에 의해 조정되고 조절되는 경향이 짙다. 또한 인간은 영상 매체에서 본 이미지를 모방하여 자신을 표현하고자 한다. 이러한 점에서 소비를 통한 자기표현은 타인의 시선에 의해 규정된다고 할 수 있으며, 주체적이고 능동적인 자기 이미지를 만드는 과정으로 보기 어렵다. 결국 소비를 통해 자신의 이미지를 형성하려는 행위는 자신의 상품 가치를 높이는 것에 불과할 뿐이다.

날씬한 여성의 이미지를 선호하는 것도 이와 밀접하게 닿아 있다. 모든 유형의 다이어트가 오늘날과 같은 이유로 행해진 것은 아니다. 중세의 다이어트는 종교적 생활양식에서 영혼을 통제하려는 훈육의 한 방법이었고, 18세기에는 특정 집단에 속한 사람들이 음식의 양과 유형을 조절하는 방식이었다. 이와 달리 오늘날의 다이어트는 대부분 날씬한 몸매를 만들어서 자신의 상품 가치를 높이려는 목적에서 이루어진다. 외모에 대한 그릇된 인식은 이러한 다이어트 열풍을 부추겼으며, 대중 매체를 통해 점점 더 확대되고 재생산되고 있다.

자기를 표현하는 수단으로서의 몸에 대한 관심은 자본주의의 상품화 논리에 지배되면서 오히려 자기 몸을 소외시키고 있다. 대중 매체를 통해 확산되는 상품으로서의 몸 이미지와 외모 지향적 가치관은 매력적인 몸에 대한 강박 관념을 강화하고, 사람들을 다이어트를 통한 날씬한 몸매 만들기 대열에 합류시킨다. 이처럼 대중 매체 속에서 만들어진 획일화된 몸 이미지는 우리에게 더 이상 몸은 없고 몸 이미지만 남게 한다.

① 18세기의 여성들은 날씬한 몸매로 자신의 상품 가치를 높이고자 하였다.
② 소비 사회에서 사람들은 영상 매체에서 얻은 몸의 이미지를 모방한다.
③ 경제 상황이 사람들의 몸 이미지를 형성하는 데 영향을 미친다.
④ 사람들이 선호하는 몸의 이미지는 시대에 따라 변화해 왔다.
⑤ 1950년대 미국에서는 풍만한 몸매의 여성이 인기를 끌었다.

쇼윈도는 소비 사회의 대표적인 문화적 표상 중의 하나이다. 책을 읽기 전에 표지나 목차를 먼저 읽듯이 우리는 쇼윈도를 통해 소비 사회의 공간 텍스트에 입문할 수 있다. '텍스트'는 특정한 의도를 가지고 소통할 목적으로 생산한 모든 인공물을 이르는 용어이다. 쇼윈도는 '소비 행위'를 목적으로 하는 일종의 공간 텍스트이다. 기호학 이론에 따르면 '소비 행위'는 이런 공간 텍스트를 매개로 하여 생산자와 소비자가 의사소통하는 과정으로 이해할 수 있다.

옷 가게의 쇼윈도에는 마네킹이 멋진 목걸이를 한 채 붉은색 스커트를 날씬한 허리에 감고 있다. 환한 조명 때문에 마네킹은 더욱 선명해 보인다. 길을 걷다가 환한 불빛에 이끌려 마네킹을 하나씩 살펴본다. 마네킹의 예쁜 모습을 보면서 나도 모르게 이야기를 시작한다. '참 날씬하고 예쁘기도 하네. 저 비싸 보이는 목걸이는 어디서 났을까. 짧은 스커트가 눈부시네……. 나도 저 마네킹처럼 되고 싶다.'라는 생각에 곧 옷 가게로 들어간다.

이와 같은 일련의 과정은 소비자가 쇼윈도라는 공간 텍스트를 읽는 행위로 이해할 수 있다. 공간 텍스트는 세 개의 층위(표층, 심층, 서사)로 존재한다. 표층 층위는 쇼윈도의 장식, 조명, 마네킹의 모습 등과 같은 감각적인 층위이다. 심층 층위는 쇼윈도의 가치와 의미가 내재되어 있는 층위이다. 서사 층위는 표층 층위와 심층 층위를 연결하는 층위로서 이야기 형태로 존재한다.

서사 층위에서 생산자와 소비자는 상호 작용을 한다. 생산자는 텍스트에 의미와 가치를 부여하고 이를 이야기 형태로 소비자에게 전달한다. 소비자는 이야기를 통해 텍스트의 의미와 가치를 해독한다. 이런 소비의 의사소통 과정은 소비자의 '서사 행로'로 설명될 수 있다. 이 서사 행로는 다음과 같은 네 가지 과정을 거쳐 진행된다.

첫 번째는 소비자가 제품에 관심을 갖기 시작하는 과정이다. 이때 소비자는 쇼윈도 앞에 멈추어 공간 텍스트를 읽을 준비를 한다. 두 번째는 소비자가 상품을 꼼꼼히 관찰하는 과정이다. 이 과정에서 소비자는 쇼윈도와 쇼윈도의 구성물들을 감상한다. 세 번째는 소비자가 상품에 부여된 가치를 해독하는 과정이다. 이 과정에서 소비자는 쇼윈도 텍스트에 내재된 가치들을 읽어내게 된다. 네 번째는 소비자가 상품에 대한 최종적인 평가를 내리는 과정이다.

이 네 과정을 거치면서 소비자는 구매 여부를 결정하게 된다. 서사 행로는 소비자의 측면에서 보면 이 상품이 꼭 필요한지, 자기가 그 상품을 살 능력을 갖고 있는지 등을 면밀히 검토하는 과정이라고 할 수 있다.

① 쇼윈도는 소비자를 소비 공간으로 유인한다.
② 책을 읽는 능력은 공간 텍스트 해독에 도움을 준다.
③ 마네킹을 통해서 소비자는 생산자와 의사소통을 한다.
④ 공간 텍스트에는 생산자가 부여한 의미가 담기게 된다.
⑤ 소비자는 서사 행로를 통해 구매 여부를 결정하게 된다.

04

한국 고유의 전통 무술인 택견은 유연하고 율동적인 춤과 같은 동작으로 다리를 걸어 넘어뜨리거나 상대를 공격한다. 택견 전수자는 우아한 몸놀림으로 움직이며 부드러운 곡선을 만들어 내지만 이를 통해 유연성뿐 아니라 힘도 보여준다. 택견에서는 발동작이 손만큼이나 중요한 역할을 한다. 부드러워 보이지만, 택견은 모든 가능한 전투 방법을 이용하며 다양한 공격과 방어 기술을 강조하는 효과적인 무술이다.

택견은 또한 배려의 무술이다. 숙련된 택견 전수자는 짧은 시간 내에 상대를 제압할 수 있지만, 진정한 고수는 상대를 다치게 하지 않으면서도 물러나게 하는 법을 안다. 우리 민족의 역사 속에서 택견은 계절에 따른 농업과 관련된 전통의 한 부분으로서 공동체의 통합을 이루어왔고, 대중적인 스포츠로서 공중 보건을 증진하는 역할까지 맡아왔다.

택견의 동작은 유연하고 율동적인 춤과 같으며, 이러한 동작으로 상대를 공격하거나 다리를 걸어 넘어뜨린다. 천천히 꿈틀거리고 비트는 유연하고 곡선적인 동작은 때로 웃음을 자아내기도 하지만 전수자에 내재된 에너지는 엄청난 유연성과 힘으로 나타난다. 수천 년의 역사를 지닌 이 한국의 토착 무술은 보기에는 정적이고 품위 있으나 근본적으로는 활력이 있으며 심지어 치명적이다.

택견은 주도권을 장악하는 바로 그 순간까지 상대를 배려해야 한다고 가르친다. 또한, 공격보다는 수비 기술을 더 많이 가르치며, 바로 이러한 점에서 택견은 여타의 무술과는 다르다. 이는 전투 스포츠에서는 상상할 수도 없는 개념이나, 택견에서는 이 모든 것이 가능하다.

택견은 자신보다 상대를, 개인보다 집단을 배려하도록 가르친다. 택견의 동작은 유연하고 부드럽지만 전수자를 강력하게 유도하는 힘이 있다. 한 마리의 학과 같이 우아하기만 한 숙련된 택견 전수자의 몸놀림도 공격할 때만은 매와 같이 빠르고 강력하다.

택견에는 몇 가지 독특한 특징이 있다. 첫째, 곡선을 그리는 듯한 움직임 때문에 외적으로는 부드러우나 내적으로는 강한 무술이다. 둘째, 우아함과 품위를 강조하는 자연스럽고 자발적인 무술이다. 셋째, 걸고 차는 다양한 기술을 통해 공격과 방어의 조화를 이루는 실질적이고 통합된 무술이다. 부드러운 인상을 풍기지만, 택견은 모든 가능한 전투 방법을 이용하며 다양한 공격과 방어 기술을 강조하는 효과적인 무술이다. 한국의 전통 무술의 뿌리라 할 수 있는 택견은 한국 문화의 특징인 합일과 온전함을 대표한다.

① 택견은 상대방을 다치지 않게 하기 위해 수비의 기술을 더 많이 가르친다.
② 택견은 공격과 수비가 조화를 이루는 무술이다.
③ 택견은 부드러운 동작 때문에 유연성만 강조된 무술 같으나 실은 강력한 힘이 내재되어 있다.
④ 택견은 자연스러움의 무술이다.
⑤ 택견은 내면의 아름다움을 중시하는 스포츠이다.

05 다음 글의 내용으로 적절한 것을 〈보기〉에서 모두 고르면?

영웅이 어떻게 만들어지는가, 어떻게 신비화되고 통속화되는가, 영웅에 대한 기억이 시대에 따라 어떤 변천을 겪는가를 탐구하는 것은 '더 사실에 가까운 영웅'의 모습에 다가서려는 이들에게 필수적이다. 영웅을 둘러싼 신화가 만들어지고 전승되는 과정과 그 메커니즘을 이해하고 특히 국민 정체성 형성에 그들이 간여한 바를 추적함으로써, 우리는 영웅을 만들고 그들의 초상을 새롭게 덧칠해 온 각 시대의 서로 다른 욕망을 읽어 내어 그 시대로부터 객관적인 거리를 획득한다.

무릇 영웅이란 죽고 나서 한층 더 길고 파란만장한 삶을 살아가며, 그런 사후 인생이 펼쳐지는 무대는 바로 후대인들의 변화무쌍한 기억이다. 잔 다르크는 계몽주의 시대에는 '신비와 경건을 가장한 바보 처녀'로 치부되었지만, 프랑스 혁명기와 나폴레옹 집권기에 와서는 애국의 화신으로 추앙받기 시작했다. 민족주의의 성장과 더불어 그 숭배의 열기가 더 달아올라, 19세기 공화주의적 민족주의자들은 잔을 '프랑스의 수호자'이자 '민중의 딸'로 재창조했다. 국경을 넘어 20세기 여성 참정권자들에게 잔은 '전투적 페미니즘'의 상징이었고 한국에서는 '프랑스의 유관순 열사'로 기억되었다.

영웅에 대한 후대인들의 기억이 어떻게 만들어지는가를 추구하는 문제의식의 배경에는 '기억의 관리'가 부와 권력의 분배 못지않게 중요한 사회적 과제라는 전제가 깔려 있다. 인간의 기억은 기본적으로 사회적 틀에서 형성되며, 시간적·공간적으로 제한된 특정 사회 집단에 의해서 선택적으로 전해진다. 그래서 기억의 문제는 개인적이라기보다는 집단적이며 사회적인 권력의 문제이다. 동시에 이는 기억과 표리 관계인 망각의 문제이기도 하다.

근대 역사에서 기억이 구성되고 가공되는 데 가장 중요한 단위는 '민족'이었다. 근대 역사학 자체의 탄생과도 밀접하게 관련되는 '민족의 과거'에 대한 기억에서 영웅은 중요한 기억의 터전을 차지해 왔다. 이때 영웅은 그저 비범한 능력의 소유자에 그치지 않고 민족의 영광과 상처를 상징하는 육화된 기호로서 구성원에게 동일시할 대상으로 나타난다.

이때 영웅은 종종 '애국'의 덕목과 결부되었다. 한국에서도 봉건 시대에 충군의 이념에 충실했던 인물이 계몽 운동기에 들어서 구국의 영웅으로 재탄생하는 것을 종종 볼 수 있다. 박은식, 신채호 등 개화기 지식인들이 '민족정신'에 눈뜨면서 재발견한 이순신이나 을지문덕과 같은 영웅은 이제 '충군'이 아닌 '애국'을 지상 과제로 삼는다. 이 같은 근대의 영웅은 서로 모르는 사람들을 하나의 '국민'으로 묶어주는 상상의 원천이 되었다. 이렇게 영웅은 구성원 모두를 상하, 수평 관계 속에서 매개하고 연결한다는 의미에서 하나의 미디어였다.

보기
ㄱ 영웅에 대한 각 시대의 평가는 곧 그 시대를 비추는 거울이다.
ㄴ 영웅을 만들어 유포하는 체제는 결코 좋은 체제가 아니다.
ㄷ 근대 국가의 집단 정체성 형성에 애국적 영웅은 중요한 역할을 했다.
ㄹ 영웅의 고난과 승리는 대중에게 강력한 정서적 영향을 끼친다.

① ㄱ, ㄴ, ㄷ   ② ㄱ, ㄴ, ㄹ
③ ㄱ, ㄷ, ㄹ   ④ ㄴ, ㄷ, ㄹ
⑤ ㄱ, ㄴ, ㄷ, ㄹ

06 다음 중 글쓴이의 생각으로 적절하지 않은 것은?

> 인간 사회와 더불어 오래 전부터 존재해 온 기술은 산업혁명 이후 매우 빠른 속도로 발전을 거듭해 왔다. 그에 따라 기술의 영향력은 날로 증대되어 오늘날 우리는 그 누구도 기술의 영향에서 벗어날 수 없게 되었다.
>
> 그렇다면 기술의 발전은 삶의 질을 높이고 사회가 진보하는 데 긍정적인 영향만을 끼치는가? 그렇지는 않다. 기술의 발전은 인간과 사회에 긍정적인 영향과 부정적인 영향을 동시에 끼친다. 이러한 이유로 기술에 대한 사회적 통제의 필요성이 제기되었다. 이에 부응하여 등장한 국가 기술 정책의 수단이 기술 영향 평가(Technology Assessment)이다. 기술 영향 평가는 전문가와 이해 당사자 및 일반 시민들이 특정한 기술의 사회적 영향을 평가한 다음, 긍정적 영향은 극대화하고 부정적 영향은 최소화할 수 있도록 기술 변화의 방향과 속도를 통제하는 것을 목표로 한다.
>
> 초창기의 기술 영향 평가는 이미 개발된 기술이 사회에 끼치는 영향을 사후에 평가하고 처방하는 데 주력하는 경향이 있었다. 그러나 이러한 사후적 평가와 처방은 기술에 대한 '통제의 딜레마' 문제에 부딪히게 되었다. 통제의 딜레마란, 비록 기술 영향 평가를 통해 어떤 기술이 문제가 많다고 판단할지라도, 그 기술의 개발이 이미 상당히 진행되어 있는 상태라면 그것을 중단시키는 일이 거의 불가능한 상황을 말한다. 이 딜레마는 기술에 대한 사회적 통제를 어렵게 만든다. 결국 통제의 딜레마로 인해 사후적 기술 영향 평가는 기술을 통제하고자 했던 원래의 목적을 달성하는 데 한계를 드러내게 되었다.
>
> 이 딜레마를 극복하고자 기술 개발의 전 과정에 대한 지속적인 평가를 통해 기술 변화가 사회적으로 바람직한 방향으로 이루어지도록 적극적으로 유도하는, 사전적이고 과정적인 기술 영향 평가가 새롭게 등장하였다. 기술이 일방적으로 사회에 영향을 끼치기만 하는 것이 아니라, 사회도 기술 변화의 내용이나 속도에 영향을 끼칠 수 있다는 기술 사회학적 인식이 그 배경이 되었다. 이 새로운 기술 영향 평가는 기술 개발의 과정에 초점을 둠으로써 기술 통제의 측면에서 전통적인 기술 영향 평가에 비해 좀 더 성공적이라고 평가받고 있다.
>
> 그러면 이 새로운 기술 영향 평가는 통제의 딜레마를 완전히 해결했는가? 이 질문에 아주 긍정적으로 답하기는 어렵다. 무엇보다 기술 발전의 방향은 불확실성이 많아 사전적이고 과정적인 평가조차도 기술의 영향을 정확하게 예측하기 힘들기 때문이다. 설혹 잘 예측하여 기술 통제를 위해 적절한 기술 정책을 실시한다고 하더라도 그 정책이 의도하지 않은 결과를 낳을 수도 있다. 그럼에도 불구하고 사회적 영향이 점점 더 커지고 있는 기술들에 대한 평가와 통제의 필요성을 감안한다면 이 기술 영향 평가는 현재로서 우리가 취할 수 있는 최선의 기술 정책 수단이라고 할 수 있다.

① 기술과 사회는 상호 작용하는 관계이다.
② 기술 발전의 방향을 시장 원리에만 맡겨서는 안 된다.
③ 과학적 기술 예측은 기술 통제의 성공으로 이어진다.
④ 기술은 문제 해결이 아니라 문제 발생의 원인이 되기도 한다.
⑤ 직접적인 이해관계에 있는 사람도 기술 영향 평가에 참여할 수 있다.

07 다음 글의 제목으로 가장 적절한 것은?

맥주의 주원료는 양조용수·보리·홉 등이다. 맥주를 양조하기 위해서는 일반적으로 맥주생산량의 10 ~ 20배 정도 되는 물이 필요하며, 이것을 양조용수라고 한다. 양조용수는 맥주의 종류와 품질을 좌우하며, 무색·무취·투명해야 한다.

보리를 싹틔워 맥아로 만든 것을 사용하여 맥주를 제조하는데, 맥주용 보리로는 곡립이 고르고 녹말질이 많으며 단백질이 적은 것, 그리고 곡피(穀皮)가 얇으며 발아력이 왕성한 것이 좋다.

홉은 맥주 특유의 쌉쌀한 향과 쓴맛을 만들어 내는 주요 첨가물이며, 맥주를 맑게 하고 잡균의 번식을 막아주는 역할을 한다.

맥주의 제조공정을 살펴보면 맥아제조, 담금, 발효, 저장, 여과의 다섯 단계로 나눌 수 있다.

이 중 발효공정은 맥즙이 발효되어 술이 되는 과정을 말하는데, 효모가 발효탱크 속에서 맥즙에 있는 당분을 알코올과 탄산가스로 분해한다. 이 공정은 1주일간 이어지며, 그동안 맥즙 안에 있던 당분은 점점 줄어들고 알코올과 탄산가스가 늘어나 맥주가 되는 것이다. 이때 발효 중 맥즙의 온도 상승을 막기 위해 탱크를 냉각 코일로 감고 그 표면을 하얀 폴리우레탄으로 단열시키는데, 그 모습이 마치 남극의 이글루같이 보이기도 한다.

발효의 방법에 따라 하면발효 맥주와 상면발효 맥주로 구분되는데, 이는 어떤 온도에서 발효시키느냐에 달려있다. 세계 맥주 생산량의 70%를 차지하는 하면발효 맥주는 발효 중 밑으로 가라앉는 효모를 사용해 저온에서 발효시킨 맥주를 말한다. 요즘 유행하는 드래프트비어가 바로 여기에 속한다. 반면, 상면발효 맥주는 주로 영국, 미국, 캐나다, 벨기에 등에서 생산되며 발효 중 표면에 떠오른 효모로 비교적 높은 온도에서 발효시킨 맥주를 말한다. 에일, 스타우트 등이 상면발효 맥주에 포함된다.

① 홉과 발효 방법의 종류에 따른 맥주 구분법
② 주원료에 따른 맥주의 발효 방법 분류
③ 맥주의 주원료와 발효 방법에 따른 맥주의 종류
④ 맥주의 제조공정
⑤ 맥주의 발효 과정

※ 다음 문장을 논리적 순서대로 바르게 나열한 것을 고르시오. [8~9]

Easy

08

(가) 사물을 볼 때 우리는 중립적으로 보지 않고 우리의 경험이나 관심, 흥미에 따라 사물의 상을 잡아당겨 보는 경향이 있다.

(나) 그래서 매우 낯설거나 순간적으로 명료하게 파악되지 않는 이미지를 보면 그것과 유사한, 자신이 잘 아는 어떤 사물의 이미지와 연결하여 보려는 심리적 경향을 보이게 된다.

(다) 이런 면에서 어떤 사물을 보든지 우리는 늘 '오류'의 가능성을 안고 있다.

(라) 그러나 이런 가능성이 항상 부정적인 것만은 아니다.

(마) 사실 화가가 보여주는 일루전(Illusion), 곧 환영(幻影)도 이런 오류의 가능성에서 나오는 것이다.

① (가) - (나) - (다) - (라) - (마)
② (나) - (마) - (가) - (다) - (라)
③ (가) - (다) - (라) - (마) - (나)
④ (다) - (마) - (가) - (라) - (나)
⑤ (다) - (라) - (가) - (나) - (마)

09

(가) 점차 우리의 생활에서 집단이 차지하는 비중이 커지고, 사회가 조직화되어 가는 현대 사회에서는 개인의 윤리 못지 않게 집단의 윤리, 즉 사회 윤리의 중요성도 커지고 있다.

(나) 따라서 우리는 현대 사회의 특성에 맞는 사회 윤리의 정립을 통해 올바른 사회를 지향하는 노력을 계속해야 할 것이다.

(다) 그러나 이러한 사회 윤리가 단순히 개개인의 도덕성이나 윤리 의식의 강화에 의해서만 이루어지는 것은 아니다.

(라) 물론 그것은 인격을 지니고 있는 개인과는 달리 전체의 이익을 합리적으로 추구하는 사회의 본질적 특성에서 연유하는 것이기도 하다.

(마) 그것은 개개인이 도덕적이라는 것과 그들로 이루어진 사회가 도덕적이라는 것은 별개의 문제이기 때문이다.

① (가) - (다) - (마) - (라) - (나)
② (가) - (다) - (나) - (라) - (마)
③ (가) - (나) - (마) - (라) - (다)
④ (가) - (나) - (다) - (라) - (마)
⑤ (가) - (나) - (라) - (다) - (마)

PART 1

01 400명의 사람들을 대상으로 A ~ C물건에 대한 선호도를 조사했다. 그랬더니 A를 좋아하는 사람은 280명, B를 좋아하는 사람은 160명, C를 좋아하는 사람은 200명이었고, 아무것도 좋아하지 않는 사람은 30명이었다. 세 가지 물건 중 두 가지만 좋다고 답한 사람의 수는 110명이라고 할 때, 세 물건을 모두 좋아하는 사람은 몇 명인가?(단, 투표는 중복투표이다)

① 40명 ② 50명
③ 60명 ④ 70명
⑤ 80명

02 A지점에서 B지점으로 가는 길이 다음과 같을 때 P지점을 거쳐서 갈 수 있는 경우의 수는 얼마인가?(단, 이미 지나간 길은 되돌아갈 수 없다)

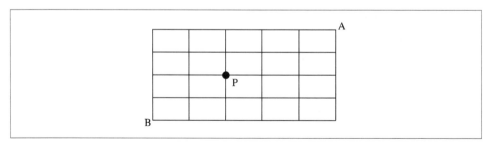

① 60가지 ② 70가지
③ 80가지 ④ 90가지
⑤ 100가지

03 10원짜리 3개, 50원짜리 1개, 100원짜리 2개, 500원짜리 1개로 지불할 수 있는 금액의 경우의 수는?(단, 0원은 지불한 것으로 보지 않는다)

① 44가지   ② 45가지

③ 46가지   ④ 47가지

⑤ 48가지

Hard

04 총 500m 거리의 산책로에 50m 간격으로 가로등을 설치하고, 100m 간격으로는 벤치를 설치할 때, 가로등과 벤치 개수의 합은?(단, 시작과 끝 지점에는 모두 설치한다)

① 15개   ② 16개

③ 17개   ④ 18개

⑤ 19개

05 길이가 800m인 다리에 기차가 진입하는 순간부터 다리를 완전히 벗어날 때까지 걸린 시간은 36초일 때, 기차의 속력은?(단, 기차의 길이는 100m이다)

① 70km/h   ② 75km/h

③ 80km/h   ④ 85km/h

⑤ 90km/h

06 다음은 임차인 A ~ E의 전·월세 전환 현황에 대한 표이다. 이에 대한 설명으로 적절한 것을 〈보기〉에서 모두 고르면?

〈임차인 A ~ E의 전·월세 전환 현황〉

(단위 : 만 원)

임차인	전세금	월세보증금	월세
A	( )	25,000	50
B	42,000	30,000	60
C	60,000	( )	70
D	38,000	30,000	80
E	58,000	53,000	( )

※ [전·월세 전환율(%)] $= \dfrac{(월세) \times 12}{(전세금) - (월세보증금)} \times 100$

보기

ㄱ. A의 전·월세 전환율이 6%라면, 전세금은 3억 5천만 원이다.

ㄴ. B의 전·월세 전환율은 10%이다.

ㄷ. C의 전·월세 전환율이 3%라면, 월세보증금은 3억 6천만 원이다.

ㄹ. E의 전·월세 전환율이 12%라면, 월세는 50만 원이다.

① ㄱ, ㄴ   ② ㄱ, ㄷ

③ ㄱ, ㄹ   ④ ㄴ, ㄹ

⑤ ㄷ, ㄹ

07 다음은 8개 기관의 장애인 고용 현황에 대한 표이다. 〈조건〉에 근거하여 A ~ D에 해당하는 기관을 바르게 나열한 것은?

〈기관별 장애인 고용 현황〉

(단위 : 명, %)

기관	전체 고용인원	장애인 고용의무인원	장애인 고용인원	장애인 고용률
남동청	4,013	121	58	1.45
A	2,818	85	30	1.06
B	22,323	670	301	1.35
북동청	92,385	2,772	1,422	1.54
C	22,509	676	361	1.60
D	19,927	598	332	1.67
남서청	53,401	1,603	947	1.77
북서청	19,989	600	357	1.79

※ [장애인 고용률(%)]=$\dfrac{(장애인\ 고용인원)}{(전체\ 고용인원)} \times 100$

조건

ㄱ. 동부청의 장애인 고용의무인원은 서부청보다 많고, 남부청보다 적다.
ㄴ. 장애인 고용률은 서부청이 가장 낮다.
ㄷ. 장애인 고용의무인원은 북부청이 남부청보다 적다.
ㄹ. 동부청은 남동청보다 장애인 고용인원은 많으나, 장애인 고용률은 낮다.

	A	B	C	D
①	동부청	서부청	남부청	북부청
②	동부청	서부청	북부청	남부청
③	서부청	동부청	남부청	북부청
④	서부청	동부청	북부청	남부청
⑤	서부청	남부청	동부청	북부청

08 다음은 우리나라의 시·도별 사교육비 및 참여율에 대한 표이다. 이에 대한 설명으로 옳지 않은 것은?

〈시·도별 학생 1인당 월평균 사교육비 및 참여율〉

(단위 : 만 원, %, %p)

구분	사교육비				참여율			
	2014년	전년 대비	2015년	전년 대비	2014년	전년 대비	2015년	전년 대비
전체	24.2	1.1	24.4	1.0	68.6	−0.2	68.8	0.2
서울	33.5	2.1	33.8	0.9	74.4	−0.6	74.3	−0.2
부산	22.7	−0.8	23.4	2.9	65.8	−1.5	67.8	2.0
대구	24.2	0.1	24.4	0.6	70.3	−1.6	71.3	1.0
인천	21.1	1.7	21.3	0.9	65.9	0.6	65.9	−
광주	23.1	−3.3	22.8	−1.4	68.7	−1.1	68.8	0.1
대전	25.7	−0.9	25.4	−1.0	70.5	−2.2	70.2	−0.3
울산	22.2	−1.1	21.9	−1.2	67.6	0.3	69.6	2.0
세종	18.6	−	19.6	5.6	66.3	−	67.7	1.4
경기	26.0	2.6	26.5	2.0	72.8	0.8	72.3	−0.5
강원	16.7	−3.0	17.1	2.5	60.9	−1.0	62.2	1.3
충북	18.8	−	19.0	1.0	60.7	−1.8	61.6	0.9
충남	18.1	3.9	18.0	−0.5	61.1	0.4	61.2	−
전북	18.3	4.3	18.6	1.8	59.4	−0.5	60.6	1.1
전남	16.4	−2.3	16.5	0.3	58.5	−0.5	59.6	1.1
경북	19.1	1.9	19.0	−0.2	64.5	0.2	64.5	−0.1
경남	20.3	−2.6	20.4	0.7	67.1	−0.2	66.9	−0.1
제주	19.9	1.4	20.1	1.0	63.3	−1.1	64.2	0.9

※ 사교육비는 전년 대비 증감률을 구한 값이고, 참여율은 전년 대비 증감량을 구한 값임
※ 사교육비는 백 원에서 반올림하고, 참여율과 증감률, 증감량은 소수점 둘째 자리에서 반올림하였음

① 2014년 대비 2015년 사교육비가 감소한 지역의 수와 참여율이 감소한 지역의 수는 같다.
② 2015년 시·도를 통틀어 사교육 참여율이 가장 높은 지역과 낮은 지역의 차는 14.7%p이다.
③ 제시된 기간 동안 전년 대비 사교육비와 참여율의 증감 추세가 동일한 지역은 5곳이다.
④ 2014년 도 지역 중 학생 1인당 월평균 사교육비가 가장 높은 지역과 낮은 지역의 차는 9.6만 원이다.
⑤ 서울·경기 지역은 2014 ~ 2015년 모두 평균 이상의 수치를 보여주고 있다.

09 다음은 1970 ∼ 2015년 성·연령별 기대여명 추이에 대한 표이다. 이에 대한 설명으로 옳지 않은 것은?

〈1970 ∼ 2015년 성·연령별 기대여명 추이〉

(단위 : 세)

연령	남자					여자				
	1970년	1995년	2005년	2014년	2015년	1970년	1995년	2005년	2014년	2015년
0	58.7	69.7	74.9	78.6	79.0	65.8	77.9	81.6	85.0	85.2
1	60.3	69.3	74.2	77.8	78.2	67.6	77.6	80.9	84.3	84.4
10	52.8	60.7	65.4	68.9	69.3	60.2	68.9	72.1	75.3	75.5
20	43.9	51.1	55.5	59.0	59.4	51.3	59.1	62.2	65.4	65.5
30	35.4	41.7	45.9	49.3	49.7	43.0	49.4	52.4	55.6	55.7
40	26.7	32.6	36.4	39.7	40.1	34.3	39.8	42.7	45.9	46.0
50	19.0	24.2	27.5	30.5	30.8	26.0	30.5	33.2	36.3	36.4
60	12.7	16.7	19.3	22.0	22.2	18.4	21.7	24.0	26.9	27.0
70	8.2	10.5	12.2	14.1	14.3	11.7	13.7	15.4	17.9	17.9
80	4.7	6.1	6.9	7.8	8.0	6.4	7.8	8.5	10.1	10.1
90	2.8	3.3	3.6	4.0	4.1	3.4	4.2	4.2	4.9	4.8
100세 이상	1.7	1.8	1.9	2.1	2.1	1.9	2.2	2.2	2.4	2.3

① 2015년에 1970년 대비 변동폭이 가장 작은 연령대는 100세 이상이다.

② 2015년에 1970년 대비 기대여명이 가장 많이 늘어난 것은 0세 남자이다.

③ 남녀 모든 연령에서 기대여명은 2015년까지 지속해서 증가했다.

④ 기대여명은 동일 연령에서 여자가 항상 높았다.

⑤ 90세와 100세 이상을 제외하고 2014년 대비 2015년의 기대여명의 증감 수치는 모든 연령대에서 남자가 여자보다 크다.

10 다음 톱니바퀴에 새겨진 숫자는 일정한 규칙에 따라 나열된 수열이다. (A)+(B)의 값을 구하면?

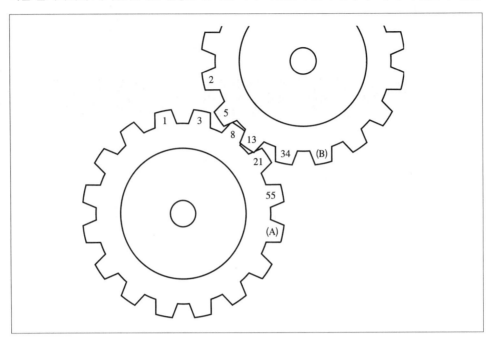

① 89

② 144

③ 212

④ 233

⑤ 259

11 다음 톱니바퀴에 새겨진 숫자는 일정한 규칙에 따라 나열된 수열이다. (B)-(A)의 값을 구하면?

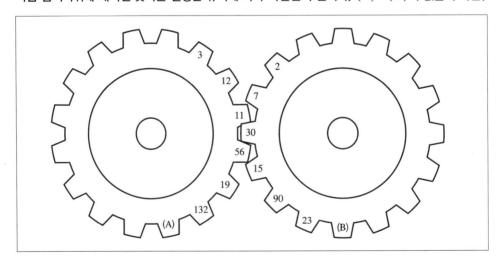

① 0

② 46

③ 74

④ 127

⑤ 155

Hard

12

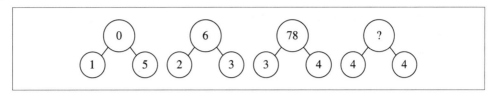

① 214 ② 236
③ 252 ④ 264
⑤ 273

13

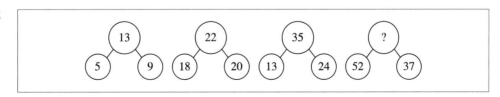

① 16 ② 22
③ 28 ④ 34
⑤ 40

01 주어진 전제를 통해 다음과 같은 결론이 나왔을 때, 빈칸에 들어갈 적절한 명제는?

〈전제〉
• 공부를 잘하는 사람은 모두 꼼꼼하다.
• _____

〈결론〉
꼼꼼한 사람 중 일부는 시간 관리를 잘한다.

① 공부를 잘하는 사람 중 일부는 꼼꼼하지 않다.
② 시간 관리를 잘하지 못하는 사람은 꼼꼼하다.
③ 꼼꼼한 사람은 시간 관리를 잘하지 못한다.
④ 공부를 잘하는 어떤 사람은 시간 관리를 잘한다.
⑤ 시간 관리를 잘하는 사람 중 일부는 꼼꼼하지 않다.

※ 다음 제시된 단어와 동일한 관계가 되도록 빈칸에 들어갈 가장 적절한 단어를 고르시오. **[2~3]**

Hard
02

고매하다 : 고결하다 = 곱다 : (   )

① 추하다   ② 밉다
③ 거칠다   ④ 치밀하다
⑤ 조악하다

03

만족 : 흡족 = 부족 : (   )

① 미미   ② 곤궁
③ 궁핍   ④ 결핍
⑤ 가난

04 다음 중 단어 간의 관계가 나머지와 다른 하나는?

① 연주자 – 악기 – 음악
② 대장장이 – 망치 – 광물
③ 요리사 – 프라이팬 – 음식
④ 화가 – 붓 – 그림
⑤ 목수 – 톱 – 식탁

05 테니스공, 축구공, 농구공, 배구공, 야구공, 럭비공을 각각 A ~ C상자에 넣으려고 한다. 한 상자에 공을 두 개까지 넣을 수 있고, 〈조건〉이 다음과 같다고 할 때 거짓인 것은?

> **조건**
> • 테니스공과 축구공은 같은 상자에 넣는다.
> • 럭비공은 B상자에 넣는다.
> • 야구공은 C상자에 넣는다.

① 농구공을 C상자에 넣으면 배구공은 B상자에 들어가게 된다.
② 테니스공과 축구공은 반드시 A상자에 들어간다.
③ 배구공과 농구공은 같은 상자에 들어갈 수 없다.
④ B상자에 배구공을 넣으면 농구공은 야구공과 같은 상자에 들어가게 된다.
⑤ 럭비공은 반드시 배구공과 같은 상자에 들어간다.

06 S학교에는 A ~ E 다섯 명의 교사가 있다. 이들이 각각 1반부터 5반까지 한 반씩 담임을 맡는다고 할 때, 주어진 〈조건〉이 다음과 같다면 옳지 않은 것은?(단, 1반부터 5반까지 각 반은 왼쪽에서 오른쪽 방향으로 순서대로 위치한다)

> **조건**
> • A는 3반의 담임을 맡는다.
> • E는 A의 옆 반 담임을 맡는다.
> • B는 양 끝에 위치한 반 중 하나의 담임을 맡는다.

① C가 2반을 맡으면 D는 1반 또는 5반을 맡게 된다.
② B가 5반을 맡으면 C는 반드시 1반을 맡게 된다.
③ E는 절대 1반을 맡을 수 없다.
④ B는 절대 2반을 맡을 수 없다.
⑤ 1반을 B가, 2반을 E가 맡는다면 C는 D의 옆 반이다.

07 신입사원인 윤지, 순영, 재철, 영민이는 영국, 프랑스, 미국, 일본으로 출장을 간다. 출장은 나라별로 한 명씩 가야 하며, 출장 기간은 서로 중복되지 않아야 한다. 다음 〈조건〉을 토대로 참인 것은?

> **조건**
> • 윤지는 가장 먼저 출장을 가지 않는다.
> • 재철은 영국 또는 프랑스로 출장을 가야 한다.
> • 영민은 순영보다는 먼저 출장을 가야 하고, 윤지보다는 늦게 가야 한다.
> • 가장 마지막 출장지는 미국이다.
> • 영국 출장과 프랑스 출장은 일정이 연달아 잡히지 않는다.

① 윤지는 프랑스로 출장을 간다.
② 재철은 영국으로 출장을 간다.
③ 영민은 세 번째로 출장을 간다.
④ 순영은 두 번째로 출장을 간다.
⑤ 윤지와 순영은 연이어 출장을 간다.

08 동성, 현규, 영희, 영수, 미영은 A의 이사를 도와주면서 A가 사용하지 않는 물건들을 각각 하나씩 받으려고 한다. 다음 〈조건〉을 만족할 때 옳지 않은 것은?

> **조건**
> • A가 사용하지 않는 물건은 세탁기, 컴퓨터, 드라이기, 로션, 핸드크림이고, 동성, 현규, 영희, 영수, 미영 순서로 물건을 고를 수 있다.
> • 동성이는 세탁기 또는 컴퓨터를 받길 원한다.
> • 현규는 세탁기 또는 드라이기를 받길 원한다.
> • 영희는 로션 또는 핸드크림을 받길 원한다.
> • 영수는 전자기기 이외의 것을 받길 원한다.
> • 미영은 아무것이나 받아도 상관없다.

① 동성이는 자신이 원하는 물건을 받을 수 있다.
② 영희는 영수와 원하는 물건이 동일하다.
③ 미영이는 드라이기를 받을 수 없다.
④ 영수는 원하는 물건을 고를 수 있는 선택권이 없다.
⑤ 현규는 드라이기를 받을 확률이 더 높다.

※ 다음 도식에서 기호들은 일정한 규칙에 따라 문자를 변화시킨다. ?에 들어갈 문자로 적절한 것을 고르시오. [9~11]

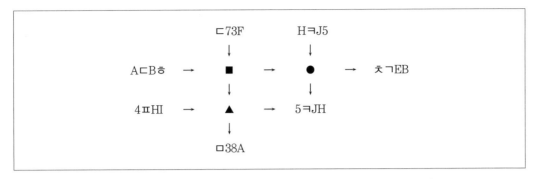

09

$$GHKT → ■ → ● → ?$$

① PFNH

② PFMH

③ SFNH

④ PFMI

⑤ PFNR

10

$$5454 → ▲ → ● → ?$$

① 3275

② 3266

③ 3376

④ 3276

⑤ 2276

11

$$76ㄱI → ▲ → ■ → ?$$

① 91ㅂD

② 92ㅅD

③ 92ㅂT

④ 84ㄹF

⑤ 92ㅂD

※ 다음 도식에서 기호들은 일정한 규칙에 따라 문자를 변화시킨다. ?에 들어갈 문자로 적절한 것을 고르시오. [12~14]

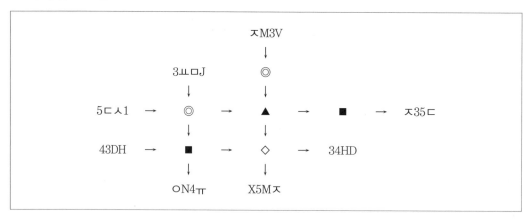

12

$$2U ㅓ ㅋ → ◇ → ▲ → ?$$

① T1ㅈㅑ

② ㅈ3Rㅠ

③ 4ㅍㅗS

④ ㅊㅏT0

⑤ ㅋ5Oㅑ

13

$$ㅂ5ㄴ6 → ■ → ◎ → ?$$

① ㄷ8ㅈ9

② ㅊ8ㄹ7

③ 67ㅅㄱ

④ 68ㄱㄷ

⑤ 79ㄹㅅ

14

$$4ㅜDH → ▲ → ◇ → ◎ → ?$$

① DㅛC5

② GEㅠ7

③ 6ㅜID

④ 6FㅗC

⑤ ㅗ2BG

15 다음 제시된 도형의 규칙을 보고 ?에 들어갈 도형으로 적절한 것을 고르면?

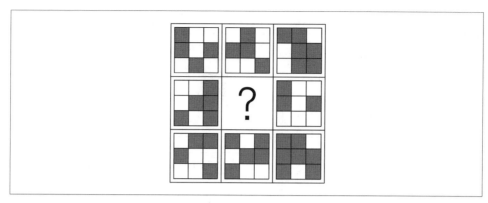

①

②

③

④

⑤

16

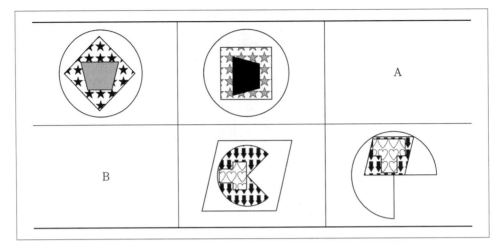

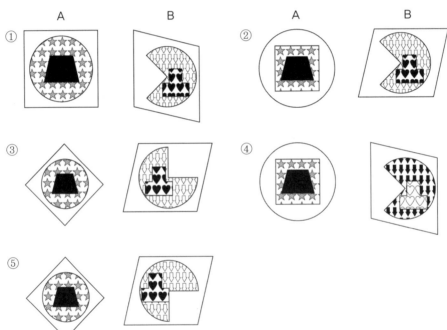

17

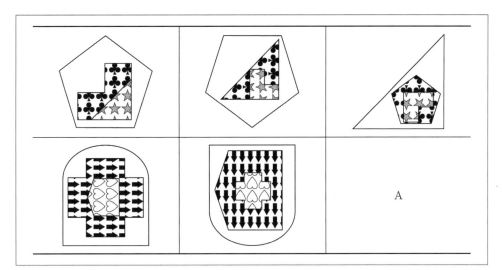

①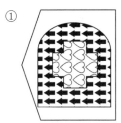

②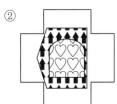

③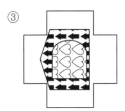

④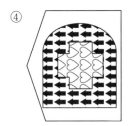

⑤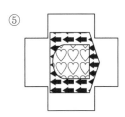

※ 면 위의 점은 다음과 같은 규칙에 따라 이동하며 궤적을 남긴다. ?에 들어갈 궤적으로 적절한 것을 고르시오. [18~19]

↑, ↓, ←, → : 점이 상, 하, 좌, 우로 이동한다.

⌐ : 점이 시계 방향으로 이동한다.

⌐ : 점이 시계 반대 방향으로 이동한다.

○ : 점이 이동하면서 선이 점점 굵어진다.

× : 점이 이동하면서 선이 점점 가늘어진다.

◆ : 현재까지의 궤적과 점의 위치가 시계 방향으로 90° 회전하고, 회전 후 점의 이동 경로와 겹치는 궤적은 삭제된다.

◎ : 현재까지의 궤적과 점의 위치가 시계 반대 방향으로 90° 회전하고, 회전 후 점의 이동 경로와 겹치는 궤적은 삭제된다.

● : 현재까지의 궤적과 점의 위치가 180° 회전하고, 회전 후 점의 이동 경로와 겹치는 궤적은 삭제된다.

△ : 점이 좌우대칭으로 이동하면서 궤적은 좌우대칭했을 때 반대편에 없는 선은 그려지고, 서로 겹치는 선은 삭제된다.

□ : 점이 상하대칭으로 이동하면서 궤적은 상하대칭했을 때 반대편에 없는 선은 그려지고, 서로 겹치는 선은 삭제된다.

※ 회전규칙과 이동규칙이 동시에 적용되는 경우, 회전규칙이 우선 적용된다.

18

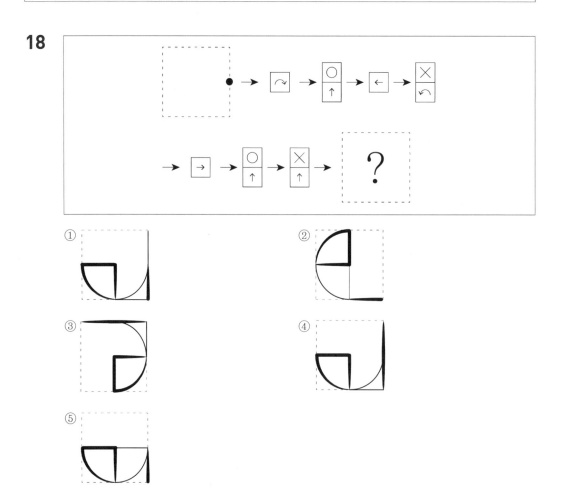

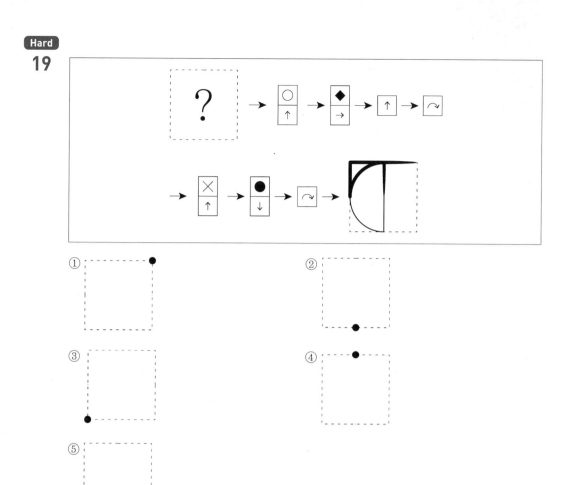

①

②

③

④

⑤

훌륭한 가정만한 학교가 없고, 덕이 있는 부모만한 스승은 없다.

- 마하트마 간디 -

PART 2

언어

1. 논리구조

논리구조에서는 주로 단락과 문장 간의 관계나 글 전체의 논리적 구조를 정확히 파악했는지를 묻는다. 글의 순서를 바르게 배열하는 유형이 출제되고 있다. 제시문의 전체적인 흐름을 바탕으로 각 문단의 특징, 단락 간의 역할 등을 논리적으로 구조화할 수 있는 능력을 길러야 한다.

(1) 문장과 문장 간의 관계

① **상세화 관계** : 주지 → 구체적 설명(비교, 대조, 유추, 분류, 분석, 인용, 예시, 비유, 부연, 상술 등)

② **문제(제기)와 해결 관계** : 한 문장이 문제를 제기하고, 다른 문장이 그 해결책을 제시하는 관계(과제 제시 → 해결 방안, 문제 제기 → 해답 제시)

③ **선후 관계** : 한 문장이 먼저 발생한 내용을 담고, 다음 문장이 나중에 발생한 내용을 담고 있는 관계

④ **원인과 결과 관계** : 한 문장이 원인이 되고, 다른 문장이 그 결과가 되는 관계(원인제시 → 결과 제시, 결과 제시 → 원인 제시)

⑤ **주장과 근거 관계** : 한 문장이 필자가 말하고자 하는 바(주지)가 되고, 다른 문장이 그 문장의 증거(근거)가 되는 관계(주장 제시 → 근거 제시, 의견 제안 → 의견 설명)

⑥ **전제와 결론 관계** : 앞 문장에서 조건이나 가정을 제시하고, 뒤 문장에서 이에 따른 결론을 제시하는 관계

(2) 문장의 연결 방식

① **순접** : 원인과 결과, 부연 설명 등의 문장 연결에 쓰임
  예 그래서, 그리고, 그러므로 등

② **역접** : 앞글의 내용을 전면적 또는 부분적으로 부정
  예 그러나, 그렇지만, 그래도, 하지만 등

③ **대등·병렬** : 앞뒤 문장의 대비와 반복에 의한 접속
  예 및, 혹은, 또는, 이에 반하여 등

④ **보충·첨가** : 앞글의 내용을 보다 강조하거나 부족한 부분을 보충하기 위해 다른 말을 덧붙이는 문맥
  예 단, 곧, 즉, 더욱이, 게다가, 왜냐하면 등

⑤ **화제 전환** : 앞글과는 다른 새로운 내용을 이야기하기 위한 문맥
  예 그런데, 그러면, 다음에는, 이제, 각설하고 등

⑥ **비유·예시** : 앞글에 대해 비유적으로 다시 말하거나 구체적인 예를 보임
  예 예를 들면, 예컨대, 마치 등

(3) 원리 접근법

앞뒤 문장의 중심 의미 파악	→	앞뒤 문장의 중심 내용이 어떤 관계인지 파악	→	문장 간의 접속어, 지시어의 의미와 기능	→	문장의 의미와 관계성 파악
각 문장의 의미를 어떤 관계로 연결해서 글을 전개하는지 파악해야 한다.		지문 안의 모든 문장은 서로 논리적 관계성이 있다.		접속어와 지시어를 음미하는 것은 독해의 길잡이 역할을 한다.		문단의 중심 내용을 알기 위한 기본 분석 과정이다.

2. 논리적 이해

(1) 전제의 추론

전제의 추론은 규칙적으로 주어진 내용의 이면에 내포되어 있는 이미 옳다고 인정된 사실을 유추하는 유형이다.

① 먼저 주장이 무엇인지 명확하게 파악해야 한다.

② 주장이 성립하기 위해서 논리적으로 필요한 요건이 무엇인지 생각해 본다.

③ 선택지 중 주장과 논리적으로 인과 관계를 형성할 수 있는 조건을 찾아낸다.

(2) 결론의 추론

주어진 내용을 명확히 이해한 다음, 이를 근거로 이끌어 낼 수 있는 올바른 결론이나 관련 사항을 논리적인 관점에서 찾는 문제 유형이다. 이와 같은 문제는 평상시 비판적이고 논리적인 관점으로 글을 읽는 연습을 충분히 해 두어야 유리하다고 볼 수 있다.

자주 출제되는 유형

• 정의가 바르게 된 것

• 문맥상 삭제해도 되는 부분

• 빈칸에 들어갈 적절한 것

• 다음 글에 이어 나올 수 있는 것

• 글의 내용을 통해 알 수 없는 것

• 가장 타당한 논증

• 다음 내용이 들어가기에 가장 적절한 위치

이와 같은 유형의 문제를 풀 때는 먼저 제시문을 읽고, 그 글을 통해 타당성 여부를 검증해 가는 방법을 취하는 것이 좋다. 물론 통독(通讀)을 통해 각 문단에서 다루고 있는 내용이 무엇인지 미리 확인해 두어야만 선택지와 관련된 내용을 이끌어 낼 근거가 언급된 부분을 쉽게 찾을 수 있다.

01 주제 · 제목 찾기

| 유형분석 |

- 글을 읽고 말하고자 하는 주제를 파악할 수 있는지를 평가하는 유형이다.
- 단순한 설명문부터 주장, 반박문까지 다양한 성격의 지문이 제시되므로 글의 성격별 특징을 알아두는 것이 좋다.

다음 글의 제목으로 가장 적절한 것은?

반대는 필수불가결한 것이다. 지각 있는 대부분의 사람이 그러하듯 훌륭한 정치가는 항상 열렬한 지지자보다는 반대자로부터 더 많은 것을 배운다. 만약 반대자들이 위험이 있는 곳을 지적해 주지 않는다면, 그는 지지자들에 떠밀려 파멸의 길을 걷게 될 수 있기 때문이다. 따라서 현명한 정치가라면 그는 종종 친구들로부터 벗어나기를 기도할 것이다. 친구들이 자신을 파멸시킬 수도 있다는 것을 알기 때문이다. 그리고 비록 고통스럽다 할지라도 결코 반대자 없이 홀로 남겨지는 일이 일어나지 않기를 기도할 것이다. 반대자들이 자신을 이성과 양식의 길에서 멀리 벗어나지 않도록 해준다는 사실을 알기 때문이다. 자유의지를 가진 국민의 범국가적 화합은 정부의 독단과 반대당의 혁명적 비타협성을 무력화시키는 정치권력의 충분한 균형에 의존하고 있다. 그 균형이 어떤 상황 때문에 강제로 타협하게 되지 않는 한, 그리고 모든 시민이 어떤 정책에 영향을 미칠 수는 있으나 누구도 혼자 정책을 지배할 수 없다는 것을 느끼게 되지 않는 한, 그리고 습관과 필요에 의해서 서로 조금씩 양보하지 않는 한, 자유는 유지될 수 없기 때문이다.

① 민주주의와 사회주의
② 반대의 필요성과 민주주의
③ 민주주의와 일방적인 의사소통
④ 권력을 가진 자와 혁명을 꿈꾸는 집단
⑤ 혁명의 정의

제시문의 핵심 내용을 보면 '반대는 필수불가결한 것이다.', '자유의지를 가진 국민의 범국가적 화합은 정부의 독단과 반대당의 혁명적 비타협성을 무력화시키는 정치권력의 충분한 균형에 의존하고 있다.', '그 균형이 더 이상 존재하지 않는다면 민주주의는 사라지고 만다.'로 요약할 수 있다. 이 내용을 토대로 주제를 찾는다면 ②와 같은 의미가 전체 내용의 핵심이라는 것을 알 수 있다.

30초 컷 풀이 Tip

• 주제가 되는 글 또는 문단의 앞과 뒤에 핵심어가 오는 경우가 있으므로 먼저 글을 읽어 핵심어를 잡아낸 뒤 중심내용을 파악할 수 있도록 한다. 또한 선택지 중 세부적인 내용을 다루고 있는 것은 정답에서 제외시킨다.
• 글의 전체적인 진행 중에 반전이 되는 내용이나 접속어가 나온다면 그 다음 내용이 중심내용인 경우가 많다. 따라서 글의 분위기가 반전되는 경우 이에 집중하여 독해한다.

온라인 풀이 Tip

• 스마트폰에서 뉴스를 볼 때도 그냥 스크롤을 내리지 말고, 텍스트를 읽는 연습을 해야 한다. 만약 상황이 여의치 않다면 독서대에 책을 세워놓고 글을 읽는 연습을 한다.
• 시간을 단축할 수 있는 효자 유형이다. 집중력을 잃어서 문제를 2번씩 보는 일이 없도록 하고, 메모장 사용 없이 30초 안에 문제를 풀 수 있도록 연습한다.

| 유형분석 |

- 글의 내용과 흐름을 잘 파악하고 있는지를 평가하는 유형이다.
- 문단 순서 배열에서 가장 중요한 것은 지시어와 접속어이므로, 접속어의 쓰임에 대해 정확히 알고 있어야 하며, 지시어가 가리키는 것이 무엇인지 잘 파악해야 한다.

다음 문단을 논리적 순서대로 바르게 나열한 것은?

(가) 본성 대 양육 논쟁은 앞으로 치열하게 전개될 소지가 많다. 하지만 유전과 환경이 인간의 행동에 어느 정도 영향을 미치는가를 따지는 일은 멀리서 들려오는 북소리가 북에 의한 것인지, 아니면 연주자에 의한 것인지를 분석하는 것처럼 부질없는 것인지 모른다. 본성과 양육 다 인간 행동에 필수적인 요인이므로.

(나) 20세기 들어 공산주의와 나치주의의 출현으로 본성 대 양육 논쟁이 극단으로 치달았다. 공산주의의 사회 개조론은 양육을, 나치즘의 생물학적 결정론은 본성을 옹호하는 이데올로기이기 때문이다. 히틀러의 유대인 대량 학살에 충격을 받은 과학자들은 환경 결정론에 손을 들어 줄 수밖에 없었다. 본성과 양육 논쟁에서 양육 쪽이 일방적인 승리를 거두게 된 것이다.

(다) 이러한 추세는 1958년 미국 언어학자 노엄 촘스키에 의해 극적으로 반전되기 시작했다. 촘스키가 치켜든 선천론의 깃발은 진화 심리학자들이 승계했다. 진화 심리학은 사람의 마음을 생물학적 적응의 산물로 간주한다. 1992년 심리학자인 레다 코스미데스와 인류학자인 존 투비 부부가 함께 저술한『적응하는 마음』이 출간된 것을 계기로 진화 심리학은 하나의 독립된 연구 분야가 됐다. 말하자면 윌리엄 제임스의 본능에 대한 개념이 1세기 만에 새 모습으로 부활한 셈이다.

(라) 더욱이 1990년부터 인간 게놈 프로젝트가 시작됨에 따라 본성과 양육 논쟁에서 저울추가 본성 쪽으로 기울면서 생물학적 결정론이 더욱 강화되었다. 그러나 2001년 유전자 수가 예상보다 적은 3만여 개로 밝혀지면서 본성보다는 양육이 중요하다는 목소리가 커지기 시작했다. 이를 계기로 본성 대 양육 논쟁이 재연되기에 이르렀다.

① (가) - (나) - (다) - (라)
② (가) - (나) - (라) - (다)
③ (가) - (다) - (나) - (라)
④ (나) - (다) - (라) - (가)
⑤ (나) - (라) - (다) - (가)

정답 ④

'본성 대 양육 논쟁'이라는 화제를 제기하는 (나)문단이 첫 번째에 배치되어야 하며, (다)문단의 '이러한 추세'가 가리키는 것이 (나)문단에서 언급한 '양육 쪽이 일방적인 승리를 거두게 된 것'이므로, (나) – (다) 순으로 이어지는 것이 자연스럽다. 또한 (라)문단의 첫 번째 문장, '더욱이'는 앞 내용과 연결되는 내용을 덧붙여 앞뒤 문장을 이어주는 말이므로 (다)의 뒤에 이어져야 하며, 본성과 양육 논쟁의 가열을 전망하면서 본성과 양육 모두 인간 행동에 필수적인 요인임을 밝히고 있는 (가)문단이 가장 마지막에 배치되는 것이 적절하다.

30초 컷 풀이 Tip

글의 전체적인 진행 중에 반전이 되는 내용이나 접속어가 나온다면 그 다음 내용이 중심내용인 경우가 많다. 따라서 글의 분위기가 반전되는 경우 이에 집중하여 독해한다.

| 유형분석 |

- 글의 세부적인 내용을 이해할 수 있는지를 평가하는 유형이다.
- 경제·경영·철학·역사·예술·과학 등 다양한 분야에 관련된 지문이 제시되므로 폭 넓은 지식을 쌓는다.

다음 글의 내용으로 적절하지 않은 것은?

> 낭만주의의 초석이라 할 수 있는 칸트는 인간 정신에 여러 범주들이 내재하기 때문에 이것들이 우리가 세계를 지각하는 방식을 선험적으로 결정한다고 주장한 바 있다. 이 범주들은 공간, 시간, 원인, 결과 등의 개념들이다. 우리는 이 개념들을 '배워서' 아는 것이 아니다. 즉, 경험에 앞서 이미 아는 것이다. 경험에 앞서는 범주를 제시했다는 점에서 혁명적 개념이었고, 경험을 강조한 베이컨 주의에 대한 강력한 반동인 셈이다.
>
> 칸트 스스로도 이것을 철학에 있어 '코페르니쿠스적 전환'이라고 보았다. "따라서 우리는 자신의 인식에 부분적으로 책임이 있고, 자기 존재의 부분적 창조자다." 인간이라는 존재는 백지에 쓴 경험의 총합체가 아니며, 그만큼 우리는 권리와 의무를 가진 주체적인 결정권자라는 선언이었다. 세상은 결정론적이지 않고 인간은 사회의 기계적 부품 같은 존재가 아님을 강력히 암시하고 있다.
>
> 칸트가 건설한 철학적 관념론은 우리 외부에서 지각되는 대상은 사실 우리 정신의 내용과 연관된 관념일 뿐이라는 것을 명백히 했다. 현실적인 것은 근본적으로 심리적이라는 것이라는 신념으로서, 객관적이고 물질적인 것에서 근본을 찾는 유물론과는 분명한 대척점에 있는 관점이다.
>
> 그 밖에도 "공간과 시간은 경험적으로 실재적이지만 초월적으로는 관념적이다.", "만일 우리가 주관을 제거해버리면 공간과 시간도 사라질 것이다. 현상으로서 공간과 시간은 그 자체로서 존재할 수 없고 단지 우리 안에서만 존재할 수 있다."처럼 시간과 공간의 실재성에도 의문을 품었던 칸트의 생각들은 독일 철학의 흐름 속에 이어지다가 후일 아인슈타인에게도 결정적 힌트가 되었다. 그리고 결국 아인슈타인은 상대성이론으로 뉴턴의 세계를 무너뜨린다.

① 칸트에 의하면 공간, 시간 등의 개념들은 태어나면서부터 아는 것이다.

② 낭만주의와 베이컨 주의는 상반된 견해를 가지고 있다.

③ 칸트에 의하면 현실의 공간과 시간은 인간에 의해 존재한다.

④ 칸트의 철학적 관념론은 주관적인 것에 가깝다.

⑤ 칸트와 아이슈타인의 견해는 같다고 볼 수 있다.

정답 ⑤

마지막 문단의 '칸트의 생각들은 독일 철학의 흐름 속에 이어지다가 후일 아인슈타인에게도 결정적 힌트가 되었다.'라는 내용에서 칸트의 견해가 아인슈타인에게 영향을 끼친 것은 알 수 있지만, 두 사람의 견해가 같다는 것은 확인할 수 없다.

오답분석

① '우리는 이 개념들을 배워서 아는 것이 아니다. 즉, 경험에 앞서 이미 아는 것이다.'에서 공간, 시간 등의 개념은 태어날 때부터 가진 것임을 알 수 있다.

② '경험에 앞서는 범주를 제시했다는 점에서 혁명적 개념이었고, 경험을 강조한 베이컨 주의에 대한 강력한 반동인 셈이다.'라는 내용을 통해 낭만주의와 베이컨 주의가 상반된 내용을 다룬다는 것을 짐작할 수 있다.

③ '현상으로서 공간과 시간은 그 자체로서 존재할 수 없고 단지 우리 안에서만 존재할 수 있다.'는 내용을 통해 알 수 있다.

④ 세 번째 문단 중 '칸트가 건설한 철학적 관념론은 … 객관적이고 물질적인 것에서 근본을 찾는 유물론과는 분명한 대척점에 있는 관점이다.'라는 내용을 통해 객관적이기보다는 주관적인 것에 가깝다는 것을 유추할 수 있다.

30초 컷 풀이 Tip

주어진 글의 내용과 일치하는 것 또는 일치하지 않는 것을 고르는 문제의 경우, 지문을 읽기 전에 문제와 선택지를 먼저 읽어보는 것이 좋다. 이를 통해 지문 속에서 알아내야 할 정보가 무엇인지를 먼저 인지한 후 글을 읽어야 문제 푸는 시간을 단축할 수 있다.

온라인 풀이 Tip

선택지를 읽고 전체적인 내용을 대략적으로 이해한 후 제시문을 읽는다. LG그룹의 온라인 인적성검사는 짧은 시간 내에 많은 문제를 풀어야 하므로, 2, 3번을 읽으면 그만큼 다른 문제의 풀이시간에 손해가 생긴다. 때문에 시험 시작 전에 화면으로 텍스트를 읽으면서 워밍업을 하는 것도 좋은 방법이다.

| 유형분석 |

- 글에 드러나지 않은 부분을 추론하여 답을 도출해야 하는 유형이다.
- 자신의 주관적인 판단보다는 글의 세부적 내용에 대한 이해를 기반으로 문제를 풀어야 한다.

다음 글을 읽고 추론할 수 있는 내용으로 가장 적절한 것은?

사람들은 단순히 공복을 채우기 위해서가 아니라 다른 많은 이유로 '먹는다.'는 행위를 행한다. 먹는다는 것에 대한 비 생리학적인 동기에 관해서 연구하고 있는 과학자들에 따르면 비만인 사람들과 표준체중인 사람들은 식사 패턴에서 꽤나 차이를 보이는 것을 알 수 있다고 한다. 한 연구에서는 비만인 사람들에 대해 식사 전에 그 식사에 대한 상세한 설명을 하면 설명을 하지 않은 경우에 비해서 식사량이 늘었지만, 표준체중인 사람들에게서는 그런 현상이 보이지 않았다. 또한 표준체중인 사람들은 밝은 색 접시에 담긴 견과류와 어두운 색 접시에 담긴 견과류를 먹은 개수의 차가 거의 없는 것에 비해, 비만인 사람들은 밝은 색 접시에 담긴 견과류를 어두운 색 접시에 담긴 견과류보다 2배 더 많이 먹었다는 연구도 있다.

① 비만인 사람들은 표준체중인 사람들에 비해 외부 자극에 의해 식습관에 영향을 받기 쉽다.

② 표준체중인 사람들은 비만체중인 사람들에 비해 식사량이 적다.

③ 비만인 사람들은 생리학적인 필요성이라기보다 감정적 또는 심리적인 필요성에 쫓겨서 식사를 하고 있다.

④ 비만인 사람들은 표준체중인 사람들보다 감각이 예민하다.

⑤ 표준체중인 사람들은 음식에 대한 욕구를 절제할 수 있다.

①

식사에 관한 상세한 설명이 주어지거나, 요리가 담긴 접시 색이 밝을 때 비만인 사람들의 식사량이 증가했다는 내용을 통해 비만인 사람들이 외부로부터의 자극에 의해 식습관에 영향을 받기 쉽다는 것을 추론할 수 있다.

30초 컷 풀이 Tip

문제에서 제시하는 추론 유형이 어떤 형태인지 파악한다.

- 글쓴이의 주장 / 의도를 추론하는 유형 : 글에 나타난 주장, 근거, 논증 방식을 파악하는 유형으로, 주장의 타당성을 평가하여 글쓴이의 관점을 이해하며 읽는다.
- 세부적인 내용을 추론하는 유형 : 주어진 선택지를 먼저 읽고 지문을 읽으면서 답이 아닌 선택지를 지워나가는 방법이 효율적이다.

| 유형분석 |

- 글을 읽고 비판적 의견이나 반박을 생각할 수 있는지를 평가하는 유형이다.
- 제시문의 '주장'에 대한 반박을 찾는 것이므로, '근거'에 대한 반박이나 논점에서 벗어난 것을 찾지 않도록 주의해야 한다.

다음 글에 대한 반박으로 가장 적절한 것은?

비타민D 결핍은 우리 몸에 심각한 건강 문제를 일으킬 수 있다. 비타민D는 칼슘이 체내에 흡수되어 뼈와 치아에 축적되는 것을 돕고 가슴뼈 뒤쪽에 위치한 흉선에서 면역세포를 생산하는 작용에 관여하는데, 비타민D가 부족할 경우 칼슘과 인의 흡수량이 줄어들고 면역력이 약해져 뼈가 약해지거나 신체 불균형이 일어날 수 있다.

비타민D는 주로 피부가 중파장 자외선에 노출될 때 형성된다. 중파장 자외선은 피부와 혈류에 포함된 7-디하이드로콜레스테롤을 비타민D로 전환시키는데, 이렇게 전환된 비타민D는 간과 신장을 통해 칼시트리롤(Calcitriol)이라는 호르몬으로 활성화된다. 바로 이 칼시트리롤을 통해 우리는 혈액과 뼈에 흡수될 칼슘과 인의 흡수를 조절하는 것이다.

이러한 기능을 담당하는 비타민D를 함유하고 있는 식품은 자연에서 매우 적기 때문에, 우리의 몸은 충분한 비타민D를 생성하기 위해 주기적으로 태양빛에 노출될 필요가 있다.

① 태양빛에 노출될 경우 피부암 등의 질환이 발생하여 도리어 건강이 더 악화될 수 있다.

② 비타민D 결핍으로 인해 생기는 부작용은 주기적인 칼슘과 인의 섭취를 통해 해결할 수 있다.

③ 비타민D 보충제만으로는 체내에 필요한 비타민D를 얻을 수 없다.

④ 태양빛에 직접 노출되지 않거나 자외선 차단제를 사용했음에도 체내 비타민D 수치가 정상을 유지한다는 연구결과가 있다.

⑤ 선크림 등 자외선 차단제를 사용하더라도 비타민D 생성에 충분한 중파장 자외선에 노출될 수 있다.

지문에서는 비타민D의 결핍으로 인해 발생하는 건강문제를 근거로 신체를 태양빛에 노출하여 건강을 유지해야 한다고 주장하고 있다. 따라서 태양빛에 노출되지 않고도 충분한 비타민D 생성이 가능하다는 근거가 있다면 지문에 대한 반박이 되므로 ④가 정답이 된다.

오답분석

① 태양빛에 노출될 경우 피부암 등의 질환이 발생하는 것은 사실이나, 이것이 비타민D의 결핍을 해결하는 또 다른 방법을 제시하거나 지문에서 주장하는 내용을 반박하고 있지는 않다.

② 비타민D는 칼슘과 인의 흡수 외에도 흉선에서 면역세포를 생산하는 작용에 관여하고 있다. 따라서 칼슘과 인의 주기적인 섭취만으로는 문제를 해결할 수 없으며, 지문에 대한 반박이 되지 못한다.

③ 지문에서는 비타민D 보충제에 대해 언급하고 있지 않다. 따라서 비타민D 보충제가 태양빛 노출을 대체할 수 있을지 판단하기 어렵다.

⑤ 지문에서는 자외선 차단제를 사용했을 때 중파장 자외선이 어떻게 작용하는지 언급하고 있지 않다. 또한 자외선 차단제를 사용한다는 사실이 태양빛에 노출되어야 한다는 지문의 주장을 반박한다고는 보기 어렵다.

30초 컷 풀이 Tip

- 주장, 관점, 의도, 근거 등 문제를 풀기 위한 글의 핵심을 파악한다. 이후 글의 주장 및 근거의 어색한 부분을 찾아 반박할 주장과 근거를 생각해본다.
- 제시된 지문이 지나치게 길 경우 선택지를 먼저 파악하여 홀로 글의 주장이 어색하거나 상반된 의견을 제시하고 있는 답은 없는지 확인한다.

온라인 풀이 Tip

비판적 독해는 결국 주제 찾기와 추론적 독해가 결합된 유형이다. 반박하는 내용으로 제시되는 선택지는 추론적 독해처럼 세세하게 지문을 파악하지 않아도 풀이가 가능하다. 그러므로 너무 긴장하지 말고 문제에 접근하도록 한다.

| 유형분석 |

- 제시된 글의 개요의 흐름을 파악하여 부족한 부분을 추가하거나 잘못 수정한 부분을 잡아내는 유형이다.
- 글의 맥락을 이해하여 통일성에 위배되는 부분을 찾아낼 수 있도록 한다.

다음은 '우리나라 장애인 고용 정책'에 대한 글을 쓰기 위해 작성한 개요이다. 빈칸에 들어갈 내용으로 가장 적절한 것은?

Ⅰ. 서론 : 우리나라 장애인 고용 현황
Ⅱ. 본론
    1. 우리나라 장애인 고용 정책의 문제점과 원인
        가. 장애인들의 삶을 사회가 책임져야 한다는 공감대 부족
        나. 작업 환경 개선을 위한 정부의 재정적 지원 부족
    2. 우리나라 장애인 고용 정책의 문제 해결 방안
        가. _____
        나. 장애인 고용 기업에 대한 재정적 지원 확대 정책
Ⅲ. 결론
    1. 사회적 의식 개선을 위한 홍보 활동 강화
    2. 재정적 지원 확대를 위한 법률 마련

---

① 찾아가는 장애인 고충 상담 서비스
② 기업의 장애인 채용 제도 개선
③ 장애인 지원에 대한 사회적 인식 변화
④ 장애인에 대한 정서적 지원 확대 정책
⑤ 고용 안정을 위한 정규직 전환 실시

정답 ③

'Ⅱ-1'에서는 우리나라 장애인 고용 정책의 문제점과 그 원인을, 'Ⅱ-2'에서는 우리나라 장애인 고용 정책의 문제 해결 방향을 제시하고 있다. 따라서 빈칸에는 글의 논리적 흐름에 따라 'Ⅱ-1-가'와 'Ⅲ-1'을 연결하여 사회적 인식의 변화 방안을 제시하는 내용의 ③이 들어가는 것이 가장 적절하다.

30초 컷 풀이 Tip

가장 먼저 숙지해야 할 것은 서론·본론·결론의 주제의식으로, 이를 기반으로 하위 주제들과의 호환성이나 결론의 타당성을 확인할 수 있다.

07 맞춤법

| 유형분석 |

- 주어진 글에서 적절하지 못한 부분을 찾아 올바르게 수정할 수 있는지 평가하는 유형이다.
- 어휘력, 문장의 호응, 첨삭여부를 판단해야 한다.

다음 밑줄 친 ㉠~㉤의 수정 방안으로 적절하지 않은 것은?

조직문화란 조직 구성원들이 공유하는 가치체계·신념체계·사고방식의 복합체를 말한다. ㉠ <u>그러나</u> 조직 문화는 조직 구성원들에게 정체성과 집단적 몰입(Collective Commitment)을 가져오며, 조직체계의 안정성과 조직 구성원들의 행동을 형성하는 기능을 ㉡ <u>수행할 것이다.</u>

따라서 어느 조직사회에서나 조직 구성원들에게 소속감을 부여하고 화합을 도모하여 조직생활의 활성화를 ㉢ <u>기하므로</u> 여러 가지 행사를 마련하게 되는데, 예컨대 본 업무 외에 회식·야유회(MT)·체육대회·문화 행사 등의 진행이 그것이다.

개인이 규범·가치·습관·태도 등에서 ㉣ <u>공통점이 느껴지고</u> 동지의식을 가지며 애착·충성의 태도로 임 하는 집단을 내집단(In Group)이라고 한다. 가족·친구·국가·민족 등이 이에 해당한다. 반면에 타인·타국 등 다른 문화를 가진 집단을 외집단(Out Group)이라고 부른다. 조직 구성원 간의 단합을 ㉤ <u>도모함으로써</u> 조직의 정체성과 집단적 몰입을 꾀하는 조직문화는 곧 조직의 내집단 의식 고취를 목적으로 한다고 할 수 있다.

① ㉠ : 문맥을 고려하여 '그리하여'로 수정한다.
② ㉡ : 미래·추측의 의미가 아니므로 '수행한다.'로 수정한다.
③ ㉢ : 문맥을 고려하여 '기하기 위해'로 수정한다.
④ ㉣ : 문장 중간에 동작 표현이 바뀌어 어색하므로 '공통점을 느끼고'로 수정한다.
⑤ ㉤ : 문장의 부사어로 사용되고 있으므로 '도모함으로서'로 수정한다.

정답 ⑤

조사 '-로써'는 '~을 가지고', '~으로 인하여'라는 의미이고, '-로서'는 '지위', '신분' 등의 의미이다. 따라서 '도모함으로써'가 올바른 표현이다.

30초 컷 풀이 Tip

주로 시험에서 나오는 문제는 주어와 피동·사동 형태, 역접 기능의 접속어 존재유무 등, 그리고 맞춤법이다. 헷갈리는 문항에 매달리기보단 확실한 답을 먼저 소거해나가는 형태로 풀도록 한다.

※ 다음 글의 내용으로 적절하지 않은 것을 고르시오. [1~4]

01

> 2022년 기초생활보장 생계급여는 1인 기준 중위소득(1,944,812원)의 30%인 583,444원으로 국민기초생활수급자의 수급비가 현실을 반영하지 못한 채 여전히 불충분한 상황에 놓여있다. 여기에 애초 신청조차 할 수 없도록 한 복지제도가 많아 역차별 논란까지 빚고 있다.
> 통계청에 따르면 전국의 만18세 이상 34세 이하 청년들의 생활비는 월 849,222원인 것으로 나타났으며, 나이가 많아질수록 생활비는 더 늘어났다. 하지만 생계급여 수급비 액수 자체가 물가인상률 등 현실적인 요소를 제대로 반영하지 못하고 있는데다가, 수급자들의 근로소득 공제율이 낮아 근로를 하고 싶어도 수급자 탈락을 우려해 일을 하지 않거나 일부러 적게 하는 경우도 생겨나고 있다.
> 특히 현 제도하에서의 소득하위 20%인 수급자들은 생필품조차 제대로 구입하지 못하고 있는 것으로 나타났으며, 이들은 취업시장과도 거리가 멀어져 탈수급도 요원해지는 상황이다. 여기에다 기초수급자들은 생계급여를 받는다는 이유로 긴급복지지원제도 · 국민내일배움카드 · 노인일자리사업 · 구직촉진수당 · 연금(기초 · 공적연금) 등 5가지 복지제도에 신청조차 할 수 없어, 기초수급비가 충분한 금액이 아니기 때문에 조그마한 일이 생겨도 위기상황에 처하는 등 위험에 노출돼 있어 극단적 선택을 하는 경우가 많아지고 있다.

① 복지혜택이 가장 시급한 이들이 일부 복지제도에서 제외되고 있다.
② 수급자들이 근로를 할 경우 오히려 근로 이전보다 생계가 어려워질 수도 있다.
③ 근로소득 공제율을 높이면 탈수급을 촉진할 수 있다.
④ 현 생계급여 수급비로는 생계유지가 곤란한 상황이다.
⑤ 수급자들의 취업 기회를 높이기 위해 국민내일배움카드, 구직촉진수당의 지급이 이루어져야 한다.

02

2016년 4월 27일 오전 7시 20분경 임실역에서 익산역으로 향하던 열차가 전기 공급 중단으로 멈추는 사고가 발생해 약 50여 분간 열차 운행이 중단되었다. 원인은 바로 전차선에 지은 까치집 때문이었는데, 까치가 집을 지을 때 사용하는 젖은 나뭇가지나 철사 등이 전선과 닿거나 차로에 떨어져 합선과 단전을 일으키게 된 것이다.

비록 이번 사고는 단전에서 끝났지만, 고압 전류가 흐르는 전차선인 만큼 철사와 젖은 나뭇가지만으로도 자칫하면 폭발사고로 이어질 우려가 있다. 지난 5년간 까치집으로 인한 단전사고는 한 해 평균 3 ~ 4건이 발생하고 있으며, 한국철도는 사고방지를 위해 까치집 방지 설비를 설치하고 설비가 없는 구간은 작업자가 육안으로 까치집 생성 여부를 확인해 제거하고 있는데, 이렇게 제거해 온 까치집 수가 연평균 8,000개에 달하고 있다. 하지만 까치집은 빠르면 불과 4시간 만에 완성되어 작업자들에 큰 곤욕을 주고 있다.

이에 한국철도는 전차선로 주변 까치집 제거의 효율성과 신속성을 높이기 위해 인공지능(AI)과 사물인터넷(IoT) 등 첨단 기술을 활용하기에 이르렀다. 열차 운전실에 영상 장비를 설치해 달리는 열차에서 전차선을 촬영한 화상 정보를 인공지능으로 분석해 까치집 등의 위험 요인을 찾아 해당 위치와 현장 이미지를 작업자에게 실시간으로 전송하는 '실시간 까치집 자동검출시스템'을 개발한 것이다. 하지만 시속 150km로 빠르게 달리는 열차에서 까치집 등의 위험 요인을 실시간으로 판단해 전송하는 것이다 보니 그 정확도는 65%에 불과했다.

이에 한국철도는 전차선과 까치집을 정확하게 식별하기 위해 인공지능이 스스로 학습하는 '딥러닝' 방식을 도입했고, 전차선을 구성하는 복잡한 구조 및 까치집과 유사한 형태를 빅데이터로 분석해 이미지를 구분하는 학습을 실시한 결과 까치집 검출 정확도는 95%까지 상승했다. 또한 해당 이미지를 실시간 문자메시지로 작업자에게 전송해 위험 요소를 확인하여 위치를 인지시켜 현장에 적용할 수 있다는 사실도 확인했으며, 이와 더불어 정기열차가 운행하지 않거나 작업자가 접근하기 쉽지 않은 차량 정비 시설 등에 드론을 띄워 전차선의 까치집을 발견 및 제거하는 기술도 시범 운영하고 있다.

① 인공지능도 학습을 통해 그 정확도를 향상시킬 수 있다.
② 빠른 속도에서의 인공지능의 사물 식별 정확도는 낮아진다.
③ 사람의 접근이 불가능한 곳에 위치한 까치집의 제거도 가능해졌다.
④ 까치집 자동검출시스템을 통해 실시간으로 까치집 제거가 가능해졌다.
⑤ 인공지능 등의 스마트 기술 도입으로 까치집 생성의 감소를 기대할 수 있다.

03

고야의 마녀도 리얼하다. 이는 고야가 인간과 마녀를 분명하게 구별하지 않고, 마녀가 실존하는 것처럼 그렸기 때문이다. 따라서 우리는 고야가 마녀의 존재를 믿었는지 의심할 수 있다. 그러나 그것은 중요한 문제가 아니다. 고야는 마녀를 비이성의 상징으로 그려서 세상이 완전하게 이성에 의해서만 지배되지 않음을 표현하고 있을 뿐이다. 또한 악마가 사실 인간 자신의 정신 내면에 존재하는 것임을 시사한다. 그것이 바로 가장 유명한 작품인 제43번 「이성이 잠들면 괴물이 나타난다.」에서 그려진 것이다.

① 고야가 마녀의 존재를 믿었는가의 여부는 알 수 없다.
② 고야는 이성의 존재를 부정하였다.
③ 고야는 비이성이 인간 내면에 존재한다고 판단했다.
④ 고야는 세상을 이성과 비이성이 뒤섞인 상태로 이해했다.
⑤ 고야는 악마가 인간의 정신 내면에 존재하는 점을 시사하였다.

04

엘리스에 따르면, 인간의 심리적 문제는 개인의 비합리적인 신념의 산물이다. 엘리스가 말하는 비합리적 신념의 공통적 특성은 다음과 같다. 첫째, 당위적 사고이다. 이러한 사고방식은 스스로에게 너무나 많은 것을 요구하게 하고, 세상이 자신의 당위에서 조금만 벗어나 있어도 그것을 참지 못하는 경직된 사고를 유발하게 된다. 둘째, 지나친 과장이다. 이는 문제 상황을 지나치게 과장함으로써 문제에 대한 차분하고 객관적인 접근을 가로막는다. 셋째, 자기 비하이다. 이러한 사고방식은 자신의 부정적인 한 측면을 기초로 자신의 인격 전체를 폄하하는 부정적 사고방식을 낳게 된다.

① 당위적 사고는 경직된 사고를 유발한다.
② 지나친 과장은 객관적 사고를 가로막는다.
③ 비합리적 신념에는 공통적 특징들이 존재한다.
④ 심리적 문제가 비합리적인 신념의 원인이 된다.
⑤ 자기 비하는 자신의 인격 전체를 폄하하는 부정적 사고방식을 낳게 된다.

05 G씨는 성장기인 아들의 수면습관을 바로 잡기 위해 수면습관에 관련된 글을 찾아보았다. 다음 중 G씨가 이해한 내용으로 적절하지 않은 것은?

수면은 비렘(Non-Rem)수면과 렘수면으로 이뤄진 사이클이 반복되면서 이뤄지는 복잡한 신경계의 상호작용이며 좋은 수면이란 이 사이클이 끊어지지 않고 충분한 시간 동안 유지되도록 하는 것이다. 수면 패턴은 일정한 것이 좋으며 깨는 시간을 지키는 것이 중요하다. 그리고 수면 패턴은 휴일과 평일 모두 일정하게 지키는 것이 성장하는 아이들의 수면 리듬을 유지하는 데 좋다. 수면상태에서 깨어날 때 영향을 주는 자극들은 '빛, 식사 시간, 운동, 사회 활동' 등이 있으며 이 중 가장 강한 자극은 '빛'이다. 침실을 밝게 하는 것은 적절한 수면 자극을 방해하는 것이다. 반대로 깨어날 때는 강한 빛 자극을 주면 빠르게 수면 상태에서 벗어날 수 있다. 이는 뇌의 신경 전달 물질인 멜라토닌의 농도와 연관되어 나타나는 현상으로, 수면 중 최대치로 올라간 멜라토닌은 시신경이 강한 빛에 노출되면 빠르게 줄어들게 되는데 이때 수면 상태에서 벗어나게 된다. 아침 일찍 일어나 커튼을 젖히고 밝은 빛이 침실 안으로 들어오게 하는 것은 매우 효과적인 각성 방법인 것이다.

① 잠에서 깨는 데 가장 강력한 자극을 주는 것은 빛이었구나.
② 멜라토닌의 농도에 따라 수면과 각성이 영향을 받는군.
③ 평일에 잠이 모자란 우리 아들은 잠을 보충해줘야 하니까 휴일에 늦게까지 자도록 둬야겠다.
④ 좋은 수면은 비렘수면과 렘수면의 사이클이 충분한 시간동안 유지되도록 하는 것이구나.
⑤ 우리 아들 침실이 좀 밝은 편이니 충분한 수면을 위해 암막커튼을 달아줘야겠어.

06 다음 글의 내용으로 적절하지 않은 것을 〈보기〉에서 모두 고르면?

찬 공기가 따뜻한 공기 쪽으로 이동하면 상대적으로 밀도가 낮은 따뜻한 공기는 찬 공기 위로 상승하게 된다. 이때 상승하는 공기가 충분한 수분을 포함하고 있다면 공기 중의 수증기가 냉각되어 작은 물방울이나 얼음 알갱이로 응결되면서 구름이 형성된다. 이 과정에서 열이 외부로 방출된다. 이때 방출된 열이 상승하는 공기에 공급되어 공기가 더 높은 고도로 상승할 수 있게 한다. 그런데 공기에 포함된 수증기의 양이 충분하지 않으면 상승하던 공기는 더 이상 열을 공급받지 못하게 되면서 주변의 대기보다 차가워지게 되고 그렇게 되면 공기가 더 이상 상승하지 못하고 구름도 발달하기 어렵게 된다. 만일 상승하는 공기가 일반적인 공기에 비해 매우 따뜻하고 습한 공기일 경우에는 상승 과정에서 수증기가 냉각 응결하며 방출하는 열이 그 공기에 지속적으로 공급되면서 일반적인 공기보다 더 높은 고도에서도 계속 새로운 구름들을 만들어 낼 수 있다. 그렇기 때문에 따뜻하고 습한 공기는 상승하는 과정에서 구름을 생성하고 그 구름들이 아래쪽부터 연직으로 차곡차곡 쌓이게 되어 두터운 구름층을 형성하게 된다. 이렇게 형성된 구름을 적란운이라고 한다.

보기

㉠ 구름은 공기에 충분한 수분이 있을 때 생길 가능성이 높다.
㉡ 구름이 생성될 때 공기의 온도는 높아진다.
㉢ 공기가 따뜻하고 습할수록 구름을 생성하기 어렵다.
㉣ 적란운은 가로로 넓게 퍼진 형태를 띤다.

① ㉠
② ㉣
③ ㉠, ㉡
④ ㉡, ㉢
⑤ ㉢, ㉣

※ 다음 글의 내용으로 가장 적절한 것을 고르시오. [7~10]

07

한국, 중국 등 동아시아 사회에서 오랫동안 유지되었던 과거제는 세습적 권리와 무관하게 능력주의적인 시험을 통해 관료를 선발하는 제도라는 점에서 합리성을 갖추고 있었다. 정부의 관직을 두고 정기적으로 시행되는 공개 시험인 과거제가 도입되어, 높은 지위를 얻기 위해서는 신분이나 추천보다 시험 성적이 더욱 중요해졌다.

명확하고 합리적인 기준에 따른 관료 선발 제도라는 공정성을 바탕으로 과거제는 보다 많은 사람들에게 사회적 지위 획득의 기회를 줌으로써 개방성을 제고하여 사회적 유동성 역시 증대시켰다. 응시 자격에 일부 제한이 있었다 하더라도, 비교적 공정한 제도였음은 부정하기 어렵다. 시험 과정에서 익명성의 확보를 위한 여러 가지 장치를 도입한 것도 공정성 강화를 위한 노력을 보여 준다.

과거제는 여러 가지 사회적 효과를 가져왔는데, 특히 학습에 강력한 동기를 제공함으로써 교육의 확대와 지식의 보급에 크게 기여했다. 그 결과 통치에 참여할 능력을 갖춘 지식인 집단이 폭넓게 형성되었다. 시험에 필요한 고전과 유교 경전이 주가 되는 학습의 내용은 도덕적인 가치 기준에 대한 광범위한 공유를 이끌어냈다. 또한 최종 단계까지 통과하지 못한 사람들에게도 국가가 여러 특권을 부여하고, 그들이 지방 사회에 기여하도록 하여 경쟁적 선발 제도가 가져올 수 있는 부작용을 완화하고자 노력했다.

동아시아에서 과거제가 천 년이 넘게 시행된 것은 과거제의 합리성이 사회적 안정에 기여했음을 보여 준다. 과거제는 왕조의 교체와 같은 변화에도 불구하고 동질적인 엘리트층의 연속성을 가져왔다. 그리고 이러한 연속성은 관료 선발 과정뿐 아니라 관료제에 기초한 통치의 안정성에도 기여했다.

과거제를 장기간 유지한 것은 세계적으로 드문 현상이었다. 과거제에 대한 정보는 선교사들을 통해 유럽에 전해져 많은 관심을 불러일으켰다. 일군의 유럽 계몽사상가들은 학자의 지식이 귀족의 세습적 지위보다 우위에 있는 체제를 정치적인 합리성을 갖춘 것으로 보았다. 이러한 관심은 사상적 동향뿐 아니라 실질적인 사회 제도에까지 영향을 미쳐서, 관료 선발에 시험을 통한 경쟁이 도입되기도 했다.

① 계몽사상가들은 귀족의 지위가 학자의 지식보다 우위에 있는 체제가 합리적이라고 여겼다.
② 시험을 통한 관료 선발 제도는 동아시아에만 있었던 제도이다.
③ 과거제는 몇몇 상위 지식인 집단을 만들어 통치에 기여하도록 했다.
④ 과거 시험의 최종 단계까지 통과하지 못하면 국가로부터 어떤 특권도 받을 수 없었다.
⑤ 국가는 경쟁을 바탕으로 한 과거제의 부작용을 완화하고자 노력하였다.

국내에서 벤처버블이 발생한 1999 ~ 2000년 동안 한국뿐 아니라 미국, 유럽 등 전세계 주요 국가에서 벤처버블이 나타났다. 미국 나스닥의 경우 1999년 초 이후에 주가가 급상승하여 2000년 3월을 전후해서 정점에 이르렀는데, 이는 한국의 주가 흐름과 거의 일치한다. 또한 한국에서는 1998년 5월부터 외국인의 종목별 투자한도를 완전 자유화하였는데, 외환위기 이후 해외투자를 유치하기 위한 이런 주식시장의 개방은 주가 상승에 영향을 미쳤다. 외국인 투자자들은 벤처버블이 정점에 이르렀던 1999년 12월에 벤처기업으로 구성되어 있는 코스닥 시장에서 투자금액을 이전 달의 1조 4천억 원에서 8조 원으로 늘렸으며, 투자비중도 늘렸다.

또한 벤처버블 당시 국내에서는 인터넷이 급속히 확산되고 있었다. 초고속 인터넷 서비스는 1998년 첫 해에 1만 3천 가구에 보급되었지만 1999년에는 34만 가구로 확대되었다. 또한 1997년 163만 명이던 인터넷 이용자는 1999년에 천만 명으로 폭발적으로 증가하였다. 이처럼 초고속 인터넷의 보급과 인터넷 사용인구의 급증은 뚜렷한 수익모델이 없는 업체라 할지라도 인터넷을 활용한 비즈니스를 내세우면 투자자들 사이에서 높은 잠재력을 가진 기업으로 인식되는 효과를 낳았다.

한편 1997년 8월에 시행된 벤처기업 육성에 관한 특별조치법은 다음과 같은 상황으로 인해 제정되었다. 법 제정 당시 우리 경제는 혁신적 기술이나 비즈니스 모델에 의한 성장보다는 설비확장에 토대한 외형성장에 주력해 왔다. 그러나 급격한 임금상승, 공장용지와 물류 및 금융 관련 비용 부담 증가, 후발국가의 추격 등은 우리 경제가 하루빨리 기술과 지식을 경쟁력의 기반으로 하는 구조로 변화해야 할 필요성을 높였다. 게다가 1997년 말 외환위기로 30대 재벌의 절반이 부도 또는 법정관리에 들어가게 되면서 재벌을 중심으로 하는 경제성장 방식의 한계가 지적되었고, 이에 따라 우리 경제는 고용창출과 경제성장을 주도할 새로운 기업군을 필요로 하게 되었다. 이로 인해 시행된 벤처기업 육성 정책은 벤처기업에 세제 혜택은 물론, 기술개발, 인력공급, 입지공급까지 다양한 지원을 제공하면서 벤처기업의 폭증에 많은 영향을 주게 되었다.

① 해외 주식시장의 주가 상승은 국내 벤처버블 발생의 주요 원인이 되었다.

② 벤처버블은 한국뿐 아니라 전세계 모든 국가에서 거의 비슷한 시기에 발생했다.

③ 국내의 벤처기업 육성책 실행은 한국 경제구조 변화의 필요성과 관련을 맺고 있다.

④ 국내 초고속 인터넷 서비스 확대는 벤처기업을 활성화 시켰으나 대기업 침체의 요인이 되었다.

⑤ 외환위기는 새로운 기업과 일자리 창출의 필요성을 불러왔고, 해외 주식을 대규모로 매입하는 계기가 되었다.

09

특허출원이란 발명자가 자신의 발명을 개인 또는 변리사를 통해 특허출원 명세서에 기재한 후 특허청에 등록 여부 판단을 받기 위해 신청하는 행위의 전반을 의미한다. 특허출원은 주로 경쟁자로부터 자신의 제품이나 서비스를 지키기 위해 이루어진다. 그러나 선두업체로 기술적 우위를 표시하기 위해 또는 벤처기업 등의 인증을 받기 위해 이루어지기도 한다. 단순하게 발명의 보호를 받아 타인의 도용을 막는 것뿐만 아니라 다양한 이유로 진행되고 있는 것이다.

특허출원 시에는 특허출원서와 특허명세서를 제출해야 한다. 특허출원서는 출원인 정보, 발명자 정보 등의 서지사항을 기재하는 문서이며, 특허명세서는 발명의 구체적인 내용을 기재하는 문서이다. 특허 명세서에는 발명의 명칭, 발명의 효과, 발명의 실시를 위한 구체적인 내용, 청구범위, 도면 등의 항목들을 작성하는데, 이때 권리로 보호받고자 하는 사항을 기재하는 청구범위가 명세서의 가장 핵심적인 부분이 된다. 청구범위를 별도로 구분하는 이유는 특허등록 후 권리 범위가 어디까지인지 명확히 구분하기 위한 것이다. 청구범위가 존재하지 않는다면 상세한 설명으로 권리 범위를 판단해야 하는데, 권리 범위가 다양하게 해석된다면 분쟁의 원인이 될 수 있다.

특허를 출원할 때 많은 부분을 보호받고 싶은 마음에 청구범위를 넓게 설정하는 경우가 있다. 그러나 이는 다른 선행기술들과 저촉되는 일이 발생하게 되므로 특허가 거절될 가능성이 매우 높아진다. 그렇다고 특허등록 가능성을 높이기 위해 청구범위를 너무 좁게 설정해서도 안 된다. 청구범위가 좁을 경우 특허등록 가능성은 높아지지만, 보호 범위가 좁아져 제3자가 특허 범위를 회피할 가능성이 높아지게 된다. 따라서 기존에 존재하는 선행기술에 저촉되지 않는 범위 내에서 청구범위를 설정하는 것이 중요하다.

① 자신의 발명을 특허청에 등록하기 위해서는 반드시 본인이 특허출원 명세서를 기재해야 한다.
② 기업체의 특허출원은 타사로부터의 기술 도용을 방지하기 위한 것일 뿐 이를 통해 기술적 우위를 나타낼 순 없다.
③ 특허출원서는 발명의 명칭, 발명의 효과, 청구범위 등의 항목을 모두 작성하여야 한다.
④ 청구범위가 넓으면 특허 등록의 가능성이 줄어들고, 좁으면 특허등록 가능성이 커진다.
⑤ 청구범위가 넓을 경우 제3자가 특허 범위를 회피할 가능성이 높아지게 된다.

10

정치 갈등의 중심에는 불평등과 재분배의 문제가 자리하고 있다. 이 문제로 좌파와 우파는 오랫동안 대립해 왔다. 두 진영이 협력하여 공동의 목표를 이루려면 두 진영이 일치하지 않는 지점을 찾아 이 지점을 올바르고 정확하게 분석해야 한다. 바로 이것이 우리가 논증하고자 하는 바이다.

우파는 시장 원리, 개인 주도성, 효율성이 장기 관점에서 소득 수준과 생활환경을 실제로 개선할 수 있다고 주장한다. 따라서 정부 개입을 통한 재분배는 그 규모가 크지 않아야 한다. 이 점에서 이들은 선순환 메커니즘을 되도록 방해하지 않는 원천징수나 근로장려세 같은 조세 제도만을 사용해야 한다고 주장한다.

반면, 19세기 사회주의 이론과 노동조합 운동을 이어받은 좌파는 사회 및 정치 투쟁이 극빈자의 불행을 덜어주는 더 좋은 방법이라고 주장한다. 이들은 불평등을 누그러뜨리고 재분배를 이루려면 우파가 주장하는 조세 제도만으로는 부족하고, 생산수단을 공유화하거나 노동자의 급여 수준을 강제하는 등 보다 강력한 정부 개입이 있어야 한다고 주장한다. 정부의 개입이 생산 과정의 중심에까지 영향을 미쳐야 시장원리의 실패와 이 때문에 생긴 불평등을 해소할 수 있다는 것이다.

좌파와 우파의 대립은 두 진영이 사회정의를 바라보는 시각이 다른 데서 비롯된 것이 아니다. 오히려 불평등이 왜 생겨났으며 그것을 어떻게 해소할 것인가를 다루는 사회경제 이론이 다른 데서 비롯되었다. 사실 좌우 진영은 이미 사회정의의 몇 가지 기본 원칙에 합의했다.

행운으로 얻었거나 가족에게 물려받은 재산의 불평등은 개인이 통제할 수 없다. 개인이 통제할 수 없는 요인 때문에 생겨난 불평등을 그런 재산의 수혜자에게 책임지우는 것은 옳지 않다. 이 점에서 행운과 상속의 혜택을 받은 이들에게 이런 불평등 문제를 해결하라고 요구하는 것은 바람직하지 않다. 혜택 받지 못한 이들, 곧 매우 불리한 형편에 부닥친 이들의 처지를 개선하려고 애써야 할 당사자는 당연히 국가이다. 정의로운 국가라면 국가가 사회 구성원 모두 평등권을 되도록 폭넓게 누리도록 보장해야 한다는 정의의 원칙은 좌파와 우파 모두에게 널리 받아들여진 생각이다.

불리한 형편에 놓인 이들의 삶을 덜 나쁘게 하고 불평등을 누그러뜨려야 하는 국가의 목표를 이루는 데 두 진영이 협력하는 첫걸음이 무엇인지는 이제 거의 분명해졌다.

① 사회정의를 위한 기본 원칙에 대해 좌파와 우파는 합의하지 않는다.
② 상속으로 생겨난 재산의 불평등 문제는 상속의 혜택을 받은 이들이 해결해야 한다.
③ 우파는 불평등과 재분배의 문제에 정부의 강력한 개입이 필요하다고 주장한다.
④ 사회정의를 바라보는 시각이 다른 데서 좌파와 우파의 대립이 비롯되었다.
⑤ 좌우 진영은 모두 국가가 사회 구성원 모두의 평등권을 보장해야 한다는 데 동의한다.

11 다음 글의 내용으로 적절한 것을 〈보기〉에서 모두 고르면?

> 과거에는 일반 시민들이 사회 문제에 관한 정보를 얻을 수 있는 수단이 거의 없었다. 따라서 일반 시민들은 신문과 같은 전통적 언론을 통해 정보를 얻었고 전통적 언론은 주요 사회 문제에 대한 여론을 형성하는 데 강한 영향을 끼쳤다. 지금도 신문에서 물가 상승 문제를 반복해서 보도하면 일반 시민들은 이를 중요하다고 생각하고, 그와 관련된 여론도 활성화된다.
>
> 이처럼 전통적 언론이 여론을 형성하는 것을 '의제설정기능'이라고 한다. 하지만 막강한 정보원으로 인터넷이 등장한 이후 전통적 언론의 영향력은 약화되고 있다. 그리고 인터넷을 통한 상호작용매체인 소셜 네트워킹 서비스(이하 SNS)가 등장한 이후에는 그러한 경향이 더욱 강화되고 있다. 일반 시민들이 SNS를 통해 문제를 제기하고, 많은 사람들이 그 문제에 대해 중요하다고 생각하면 역으로 전통적 언론에서 뒤늦게 그 문제에 대해 보도하는 현상이 생기게 된 것이다. 이러한 현상을 일반 시민이 의제설정을 주도한다는 점에서 '역의제설정 현상'이라고 한다.

보기
> ㉠ 현대의 전통적 언론은 의제설정기능을 전혀 수행하지 못하고 있다.
> ㉡ SNS는 일반 시민이 의제설정을 주도하는 것을 가능하게 했다.
> ㉢ 현대 언론은 과거 언론에 비해 의제설정기능의 역할이 강하다.
> ㉣ SNS로 인해 의제설정 현상이 강해지고 있다.

① ㉡   ② ㉢
③ ㉠, ㉡   ④ ㉠, ㉣
⑤ ㉢, ㉣

12 다음 글을 읽고 추론할 수 있는 내용으로 가장 적절한 것은?

> 딸의 생일 선물을 깜빡 잊은 아빠가 "내일 우리 집보다 더 큰 곰 인형 사 올게."라고 말했을 때, 아빠가 발화한 문장은 상황에 적절한 발화인가 아닌가?
>
> 발화의 적절성 판단은 상황에 의존하고 있다. 화행(話行) 이론은 요청, 명령, 질문, 약속, 충고 등의 발화가 상황에 적절한지를 판단하는 기준으로 적절성 조건을 제공한다. 적절성 조건은 상황에 대한 배경적 정보와 관련되는 예비 조건, 그 행위에 대한 진실된 심리적 태도와 관련되는 진지성 조건, 그 행위가 본래의 취지대로 이행되도록 만드는 발화 효과와 관련되는 기본 조건으로 나뉜다. 어떤 발화가 적절한 것으로 판정되기 위해서는 이 세 가지 조건이 전부 충족되어야 한다.
>
> 적절성 조건을 요청의 경우에 적용해 보자. 청자가 그 행위를 할 능력이 있음을 화자가 믿는 것이 예비 조건, 청자가 그 행위를 하기를 화자가 원하는 것이 진지성 조건, 화자가 청자로 하여금 그 행위를 하게 하고자 하는 것이 기본 조건이다. "산타 할아버지를 만나게 해 주세요."라는 발화는, 산타클로스의 존재를 믿는 아들의 입장에서는 적절한 발화이지만 수행할 능력이 없는 부모의 입장에서는 예비 조건을 어긴 요청이 된다. "저 좀 미워해 주세요."라는 요청은, 화자가 진심으로 원하는 상황이라면 적절하지만 진심으로 원하지 않는 상황이라면 진지성 조건을 어긴 요청이 된다. "저 달 좀 따다 주세요."라는 요청은, 화자가 청자로 하여금 정말로 달을 따러 가게 하지 않을 것이므로 기본 조건을 어긴 요청이 된다.
>
> 둘 이상의 조건을 어긴 발화도 있다. 앞서 예로 들었던 "저 달 좀 따다 주세요."의 경우, 화자는 청자가 달을 따다 줄 능력이 없음을 알고 있고 달을 따다 주기를 진심으로 원하지도 않으며 또 달을 따러 가게 할 생각도 없는 것이 일반적인 상황이므로, 세 조건을 전부 어기고 있다. 그런데도 이 발화가 동서고금을 막론하고 빈번히 사용되고 또 용인되는 이유는 무엇일까? 화자는 이 발화가 세 조건을 전부 어기고 있음을 알고 있지만 오히려 이를 이용해서 모종의 목적을 이루고자 하고 청자 또한 그런 점을 이해하기 때문에, 이 발화는 적절하지는 않지만 유효한 의사소통의 방법으로 용인된다.
>
> 화행 이론은 적절성 조건을 이용하여 상황에 따라 달라지는 발화의 적절성에 대해 유용한 설명을 제공한다. 그러나 발화가 이루어지는 상황은 너무나 복잡다단하여 이것만으로 발화와 상황의 상호 관계를 다 설명할 수는 없다. 이러한 한계는 발화 상황과 연관 지어 언어를 이해하고 설명하려는 언어 이론의 공통적 한계이기도 하다.

① 적절성 조건을 어긴 문장은 문법적으로도 잘못이다.

② 예비 조건은 다른 적절성 조건들보다 우선 적용된다.

③ 적절성 조건이 가장 잘 적용되는 발화 행위는 요청이다.

④ 하나의 발화도 상황에 따라 적절성 여부가 달라질 수 있다.

⑤ 적절성 조건을 어긴 발화는 그렇지 않은 발화보다 의사소통에 효과적이다.

13 다음 글을 읽고 복제 순서를 바르게 나열한 것은?

> 6년생 암양의 DNA 유전자를 다른 양의 난자와 결합시켜 성교나 수컷의 정액 없이 태어난 양이 바로 복제양 돌리이다. 돌리는 체세포 복제 기술에 의해 1972년 탄생하였고 그 이후로 생쥐·소 등의 체세포 복제가 이어졌다.
>
> 체세포 복제는 난자의 핵을 제거한 뒤 그 대신 본인 체세포의 핵을 투입하여 자신과 똑같은 복제생물을 만드는 것을 말한다. 본래 체세포는 난자와 정자가 결합하는 생식을 통해 유전정보를 다음 세대로 전달하는 생식세포와 달리, 유전정보를 전달하지 못한다. 그러나 체세포 복제는 난자와 정자가 결합하는 수정 과정 없이도 생명체를 탄생시킬 수 있다.
>
> 복제 대상에게서 체세포를 떼어내고, 유전 물질인 DNA가 담겨있는 핵만 따로 분리한다. 그리고 암컷에게서 난자를 채취한 뒤 난자의 핵을 제거한 후 체세포의 핵을 전기 충격으로 융합시켜 '복제 수정란'을 만드는 것이다. 수정란이 어느 정도 자란 배아를 자궁에 이식, 임신기간이 끝나면 새끼가 태어난다. 따라서 체세포 복제는 난자와 정자가 결합하는 수정과정 없이도 생명체를 탄생시킬 수 있다. 체세포를 이용해 만든 복제 수정란에 있는 세포의 유전정보가 체세포를 제공한 사람의 유전정보와 같다는 점에서 복제라는 용어를 쓰는데, 난자만 있다면 몸에서 떨어진 작은 세포 하나로도 자신과 유전형질이 똑같은 복제인간을 만들 수 있다는 것이다.

① 복제 대상자의 체세포 분리 – 체세포를 제거한 난자 준비 – 복제 수정란 – 이식 – 출산

② 복제 대상자의 체세포에서 핵 분리 – 핵을 제거한 난자 준비 – 전기 충격 – 수정란 이식 – 출산

③ 복제 대상자의 체세포에서 핵 제거 – 암컷의 난자 채취 – 융합 – 수정란 이식 – 출산

④ 핵을 제거한 난자 준비 – 복제 대상자의 핵 제거 – 전기 충격 – 수정란 이식 – 출산

⑤ 복제 대상자의 난자 준비 – 융합 – 전기 충격 – 수정란 이식 – 출산

14 다음 글을 읽고 답을 찾을 수 있는 질문으로 적절하지 않은 것은?

'붕어빵'을 팔던 가게에서 붕어빵과 모양은 비슷하지만 크기가 더 큰 빵을 '잉어빵'이란 이름의 신제품으로 내놓았다고 하자. 이 잉어빵은 어떻게 만들어진 말일까? '붕어 : 붕어빵=잉어 : [   ]'와 같은 관계를 통해 잉어빵의 형성을 설명할 수 있다. 이는 붕어와 붕어빵의 관계를 바탕으로 붕어빵보다 크기가 큰 신제품의 이름을 잉어빵으로 지었다는 뜻이다. 붕어빵에서 잉어빵을 만들어 내듯이 기존 단어의 유사한 속성을 바탕으로 새로운 단어를 만들어 내는 것을 유추에 의한 단어 형성이라고 한다.

유추에 의해 단어가 형성되는 과정은 보통 네 가지 단계로 이루어진다. 첫째, 새로운 개념을 나타내는 어떤 단어가 필요한 경우 그것을 만들겠다고 결정한다. 둘째, 머릿속에 들어 있는 수많은 단어 가운데 근거로 이용할 만한 단어들을 찾는다. 셋째, 수집한 단어들과 만들려는 단어의 개념과 형식을 비교하여 공통성을 포착한다. 이 단계에서 근거로 삼을 단어를 확정한다. 넷째, 근거로 삼은 단어의 개념과 형식 관계를 적용해서 단어 형성을 완료한다. 이렇게 형성된 단어는 처음에는 신어(新語)로 다루어지지만 이후에 널리 쓰이게 되면 국어사전에 등재된다.

그러면 이러한 단계에 따라 '종이공'이라는 단어가 형성되는 과정을 살펴보자. 먼저 '종이로 만든 공'이라는 개념의 단어를 만들기로 결정한다. 그 다음에 근거가 되는 단어를 찾는다. 그런데 근거 단어가 될 만한 '○○공'에는 두 가지 종류가 있다. 하나는 축구공, 야구공 유형이고 다른 하나는 고무공, 가죽공 유형이다. 전자의 경우 공 앞에 오는 말이 공의 사용 종목인 반면 후자는 공의 재료라는 차이가 있다. 국어 화자는 종이공을 고무공, 가죽공보다 축구공, 야구공에 가깝다고 생각하지는 않는다. 그러므로 '종이를 할 때 쓰는 공'으로 해석하지 않고 '종이로 만든 공'으로 해석한다. 그 결과 '종이로 만든 공'을 의미하는 종이공이라는 새로운 단어가 형성된다.

유추에 의해 단어가 형성되는 과정을 잘 살펴보면 불필요한 단어를 과도하게 생성하지 않는 장치가 있다는 것을 알 수 있다. 필요에 의해 기존 단어를 본떠서 단어를 형성하므로 불필요한 단어의 생성을 최대한 억제할 수 있는 것이다. 유추에 의해 단어가 형성된다는 이론에서는 이러한 점을 포착할 수 있다는 장점이 있다.

① 유추에 의한 단어 형성이란 무엇인가?
② 유추에 의해 단어가 형성되는 과정은 무엇인가?
③ 유추에 의해 단어가 형성되는 예로는 무엇이 있는가?
④ 유추에 의한 단어 형성 외에 어떤 단어 형성 방식이 있는가?
⑤ 유추에 의해 단어가 형성되는 이론의 장점은 무엇인가?

15 다음 글의 내용으로 적절하지 않은 것을 〈보기〉에서 모두 고르면?

> 벼슬에 나아감과 물러남의 도리에 밝은 옛 군자는 조금이라도 관직에 책임을 다하지 못하거나 의리의 기준으로 보아 직책을 더 이상 수행할 수 없을 경우, 반드시 몸을 이끌고 급히 물러났습니다. 그들도 임금을 사랑하는 정(情)이 있기에 차마 물러나기 어려웠을 터이나, 정 때문에 주저하여 자신이 물러나야 할 때를 놓치지는 않았으니, 이는 정보다는 의리를 지키지 않을 수 없었기 때문입니다.
>
> 임금과 어버이는 일체이므로 모두 죽음으로 섬겨야 할 대상입니다. 그러나 부자관계는 천륜이어서 자식이 어버이를 봉양하는 데 한계가 없지만, 군신관계는 의리로 합쳐진 것이라, 신하가 임금을 받드는 데 한계가 있습니다. 한계가 없는 경우에는 은혜가 항상 의리에 우선하므로 관계를 떠날 수 없지만, 한계가 있는 경우에는 때때로 의리가 은혜보다 앞서기도 하므로 떠날 수 있는 상황이 생기는 것입니다. 의리의 문제는 사람과 때에 따라 같지 않습니다. 공들의 경우는 벼슬에 나가는 것이 의리가 되지만 나에게 공들처럼 하도록 요구해서는 안 되며, 내 경우는 물러나는 것이 의리가 되니 공들에게 나처럼 하도록 바라서도 안 됩니다.

> **보기**
>
> ㄱ. 부자관계에서는 은혜가 의리보다 중요하다.
> ㄴ. 군신관계에서 의리가 은혜에 항상 우선하는 것은 아니다.
> ㄷ. 군신관계에서 신하들이 임금에 대해 의리를 실천하는 방식은 누구에게나 동일하다.

① ㄱ   ② ㄷ

③ ㄱ, ㄴ   ④ ㄴ, ㄷ

⑤ ㄱ, ㄴ, ㄷ

16 다음 ㉠과 ㉡에 들어갈 말을 바르게 나열한 것은?

이동통신이 유선통신에 비하여 어려운 점은 다중 경로에 의해 통신 채널이 계속 변화하여 통신 품질이 저하된다는 것이다. 다중 경로는 송신기에서 발생한 신호가 수신기에 어떠한 장애물을 거치지 않고 직접 도달하기도 하고 장애물을 통과하거나 반사하여 간접적으로 도달하기도 하기 때문에 발생한다. 이 다중 경로 때문에 송신기에서 발생한 신호가 안테나에 도달할 때 신호마다 시간 차이가 발생한다. 이렇게 하나의 송신 신호가 시시각각 수신기에 다르게 도달하기 때문에 이동통신 채널은 일반적으로 유선통신 채널보다 빈번히 변화한다. 일반적으로 거쳐 오는 경로가 길수록 수신되는 진폭은 작아지고 지연 시간도 길어지게 된다. 다중 경로를 통해 전파가 전송되어 오면 각 경로의 거리 및 전송 특성 등의 차이에 의해 수신기에 도달하는 시간과 신호 세기의 차이가 발생한다.

시간에 따라 변화하는 이동통신의 품질을 극복하기 위해 개발된 것이 A기술이다. 이 기술을 사용하면 하나의 송신기로부터 전송된 하나의 신호가 다중 경로를 통해 안테나에 수신된다. 이때 안테나에 수신된 신호 중 일부 경로를 통해 수신된 신호의 크기가 작더라도 나머지 다른 경로를 통해 수신된 신호의 크기가 크면 수신된 신호 중 가장 큰 것을 선택하여 안정적인 송수신을 이루려는 것이 A기술이다. A기술은 마치 한 종류의 액체를 여러 배수관에 동시에 흘려보내 가장 빨리 나오는 배수관의 액체를 선택하는 것에 비유할 수 있다. 여기서 액체는 ___㉠___ 에 해당하고, 배수관은 ___㉡___ 에 해당한다.

	㉠	㉡		㉠	㉡
①	송신기	안테나	②	신호	경로
③	신호	안테나	④	안테나	경로
⑤	안테나	신호			

17 다음 글에 이어질 내용으로 가장 적절한 것은?

> 테레민이라는 악기는 손을 대지 않고 연주하는 악기이다. 이 악기를 연주하기 위해 연주자는 허리 높이쯤에 위치한 상자 앞에 선다. 오른손은 상자에 수직으로 세워진 안테나 주위에서 움직인다. 오른손의 엄지와 집게손가락으로 고리를 만들고 손을 흔들면서 나머지 손가락을 하나씩 펴면 안테나에 손이 닿지 않고서도 음이 들린다. 이때 들리는 음은 피아노 건반을 눌렀을 때 나는 것처럼 정해진 음이 아니고 현악기를 연주하는 것과 같은 연속음이며, 소리는 손과 손가락의 움직임에 따라 변한다. 왼손은 손가락을 펼친 채로 상자에서 수평으로 뻗은 안테나 위에서 서서히 오르내리면서 소리를 조절한다.
>
> 오른손으로는 수직 안테나와의 거리에 따라 음고(音高)를 조절하고 왼손으로는 수평 안테나와의 거리에 따라 음량을 조절한다. 따라서 오른손과 수직 안테나는 음고를 조절하는 회로에 속하고 왼손과 수평 안테나는 음량을 조절하는 또 다른 회로에 속한다. 이 두 회로가 하나로 합쳐지면서 두 손의 움직임에 따라 음고와 음량을 변화시킬 수 있다.
>
> 어떻게 테레민에서 다른 음고의 음이 발생되는지 알아보자. 음고를 조절하는 회로는 가청주파수 범위 바깥의 주파수를 갖는 서로 다른 두 개의 음파를 발생시킨다. 이 두 개의 음파 사이에 존재하는 주파수의 차이 값에 의해 가청주파수를 갖는 새로운 진동이 발생하는데 그것으로 소리를 만든다. 가청주파수 범위 바깥의 주파수 중 하나는 고정된 주파수를 갖고 다른 하나는 연주자의 손 움직임에 따라 주파수가 바뀐다. 이렇게 발생한 주파수의 변화에 의해 진동이 발생되고 이 진동의 주파수는 가청주파수 범위 내에 있기 때문에 그 진동을 증폭시켜 스피커로 보내면 소리가 들린다.

① 수직 안테나에 손이 닿으면 소리가 발생하는 원리
② 왼손의 손가락 모양에 따라 음고가 바뀌는 원리
③ 수평 안테나와 왼손 사이의 거리에 따라 음량이 조절되는 원리
④ 음고를 조절하는 회로에서 가청주파수의 진동이 발생하는 원리
⑤ 오른손 손가락으로 가상의 피아노 건반을 눌러 음량을 변경하는 원리

18 다음과 같이 '독서 심리 치료'와 관련한 개요를 작성하였다. 이에 대한 수정 계획으로 적절하지 않은 것은?

주제 : _____㉠_____

Ⅰ. 처음 : 독서 심리 치료에 대한 관심의 증대
Ⅱ. 중간
    1. 독서 심리 치료의 방법
        (1) 독서 심리 치료의 유래
        (2) 독서 심리 치료의 개념
    2. 독서 심리 치료의 이론적 기초
        (1) 정신분석 이론
        (2) 사회학습 이론
    3. 독서 심리 치료의 과정
        (1) _____㉡_____
        (2) 참여자에게 필요한 정보를 제공
        (3) 참여자의 자발적인 해결을 유도
    4. 독서 심리 치료의 효과
        (1) 단기적 효과
        (2) 장기적 효과
Ⅲ. 끝 : 독서 심리 치료의 활성화

---

① ㉠은 '독서 심리 치료를 바르게 이해하고 활성화하자.'로 한다.
② Ⅰ에서 관련 신문 기사를 인용하여 흥미를 불러일으킨다.
③ 'Ⅱ-1'은 '독서 심리 치료의 정의'로 바꾼다.
④ 'Ⅱ-2'의 하위 항목으로 '독서 심리 치료의 성공 사례'를 추가한다.
⑤ ㉡은 '참여자의 심리 상태를 진단'으로 한다.

19 C씨는 지역에서 열리고 있는 축제에 대해 조사한 뒤 '지역 축제의 문제점과 발전 방안'에 대한 보고서를 준비하고 있다. 다음은 C씨가 작성한 개요일 때, 이에 대한 수정 계획으로 적절하지 않은 것은?

주제 : 지역 축제의 문제점과 발전 방안
 Ⅰ. 지역 축제의 실태
    가. 지역 축제에 대한 관광객의 외면
    나. 지역 축제에 대한 지역 주민의 무관심
 Ⅱ. 지역 축제의 문제점
    가. 지역마다 유사한 내용의 축제
    나. 관광객을 위한 편의 시설 낙후
    다. 행사 전문 인력의 부족
    라. 인근 지자체 협조 유도
    마. 지역 축제 시기 집중
 Ⅲ. 지역 축제 발전을 위한 방안
    가. 지역적 특성을 보여줄 수 있는 프로그램 개발
    나. 관광객을 위한 편의 시설 개선
    다. 원활한 진행을 위한 자원봉사자 모집
    라. 지자체 간 협의를 통한 축제 시기의 분산
 Ⅳ. 결론 : 지역 축제가 가진 한계 극복

---

① 'Ⅱ-라. 인근 지자체 협조 유도'는 상위 항목에 해당하지 않으므로 삭제한다.

② 'Ⅲ-다. 원활한 진행을 위한 자원봉사자 모집'은 'Ⅱ-다'와 연계하여 '지역 축제에 필요한 전문 인력 양성'으로 수정한다.

③ 'Ⅳ. 결론 : 지역 축제가 가진 한계 극복'은 주제와 부합하도록 '내실 있는 지역 축제로의 변모 노력 촉구'로 수정한다.

④ 'Ⅱ-가. 지역마다 유사한 내용의 축제'는 '관광객 유치를 위한 홍보 과열'로 수정한다.

⑤ Ⅰ의 가, 나를 '지역 축제에 대한 사람들의 무관심'으로 합치고 '유명무실하거나 금방 폐지됨'을 추가한다.

20 다음 개요의 흐름을 고려할 때, 빈칸에 들어갈 내용으로 가장 적절한 것은?

> I. 서론 : 재활용이 어려운 포장재 쓰레기가 늘고 있다.
> II. 본론 : 1. 포장재 쓰레기가 늘고 있는 원인
>   (1) 기업들이 과도한 포장 경쟁을 벌이고 있다.
>   (2) 소비자들이 호화로운 포장을 선호하는 경향이 있다.
>   2. 포장재 쓰레기의 양을 줄이기 위한 방안
>   (1) 기업은 과도한 포장 경쟁을 자제해야 한다.
>   (2) _____
> III. 결론 : 상품의 생산과 소비 과정에서 환경을 먼저 생각하는 자세를 지녀야 한다.

① 정부의 지속적인 감시와 계몽 활동이 필요하다.

② 실속을 중시하는 합리적인 소비 생활을 해야 한다.

③ 상품 판매를 위한 지나친 경쟁이 자제되어야 한다.

④ 재정 상태를 고려하여 분수에 맞는 소비를 해야 한다.

⑤ 환경 친화적인 상품 개발을 위한 투자가 있어야 한다.

Hard

21 '재래시장의 활성화 방안'에 대한 글을 쓰기 위해 다음과 같이 개요를 작성하였다. 수정·보완 및 자료 제시 방안으로 적절하지 않은 것은?

> I. 서론 : 재래시장의 침체 실태 ··· ㉠
> II. 본론
>   1. 재래시장 침체의 원인 ·· ㉡
>   (1) 대형 유통점 및 전자상거래 중심으로의 유통 구조 변화
>   (2) 상인들의 서비스 의식 미흡
>   (3) 편의시설 미비 ··· ㉢
>   (4) 매출액 감소 및 빈 점포의 증가 ································· ㉣
>   2. 재래시장 활성화 방안
>   (1) 접근성과 편의성을 살려 구조 및 시설 재정비
>   (2) 시장 상인들을 대상으로 한 서비스 교육 실시
>   (3) 지역 특산물 육성 및 지원
> III. 결론 : 재래시장 활성화를 위한 공동체 의식의 촉구 ···················· ㉤

① ㉠ : I의 보충자료로 최근 10년간 재래시장 매출 및 점포수를 그래프로 제시한다.

② ㉡ : II-2-(3)과의 호응을 고려하여 '소비자를 유인할 만한 특성화 상품의 부재'를 하위항목으로 추가한다.

③ ㉢ : II-1-(1)과 내용이 중복되고 II-2에 대응하는 항목도 없으므로 삭제한다.

④ ㉣ : 상위 항목과 일치하지 않으므로 I의 하위항목으로 옮긴다.

⑤ ㉤ : 'II-2'와의 논리적 일관성을 고려해야 하므로 '재래시장의 가치 강조 및 활성화 대책 촉구'로 수정한다.

22 다음은 '과소비의 문제점과 대책'이라는 제목으로 글을 쓰기 위해 작성한 개요이다. 빈칸에 들어갈 내용으로 적절하지 않은 것은?

> Ⅰ. 서론 : 현재의 과소비 실태 소개
>   가. 유명 상표 선호 현상
>   나. 고가 외제 물건 구매 현상
> Ⅱ. 본론 : 과소비의 문제점과 억제 방안 제시
>   가. 과소비의 문제점
>   _____
>   나. 과소비의 억제 방안
>   1. 근검절약의 사회 기풍 진작
>   2. 과소비에 대한 무거운 세금 부과
>   3. 건전한 소비 생활 운동 전개
> Ⅲ. 결론 : 건전한 소비문화의 정착 강조

① 소비재 산업의 기형적 발전
② 개방화에 따른 외국 상품의 범람
③ 충동구매로 인한 가계 부담의 가중
④ 외화 낭비 및 계층 간의 위화감 조성
⑤ 총수요의 증가로 인한 물가 상승

23 다음은 '의료 사각지대 해소'에 대한 글을 쓰기 위해 작성한 개요이다. 수정·보완 및 자료 제시 방안으로 적절하지 않은 것은?

> Ⅰ. 서론 : 의료 사각지대 문제의 심각성 ·················· ㉠
> Ⅱ. 본론
>   1. 의료 사각지대 발생원인 ·················· ㉡
>   가. 빈곤층에 대한 정책적 지원 부족
>   나. 인구 고령화 현상으로 인한 노동 인력 감소 ·········· ㉢
>   2. 의료 사각지대의 확대 방안 ·················· ㉣
>   가. 병원 접근성이 취약한 지역에 공공 병원 확충
>   나. 건강보험의 보장 수준 향상
> Ⅲ. 결론 : _____ ·················· ㉤

① ㉠ : 잘못된 의료 지식으로 인해 사망에 이른 사람들의 사례를 제시한다.
② ㉡ : 'Ⅱ-2-가'의 내용을 고려하여 '의료 기관의 지역 쏠림 현상'을 하위 항목으로 추가한다.
③ ㉢ : 상위 항목과 어울리지 않으므로 삭제한다.
④ ㉣ : 글의 주제를 고려하여 '의료 사각지대의 해소 방안'으로 고친다.
⑤ ㉤ : 개요의 흐름을 고려하여 '의료 공공성 강화를 통한 전 국민의 안전망이 확보된 미래 전망 제시'의 결론을 작성한다.

24 다음은 '도시 농업의 활성화 방안'에 대한 글을 쓰기 위해 작성한 개요이다. 빈칸에 들어갈 내용으로 적절하지 않은 것은?

> Ⅰ. 서론 : 도시 농업이란?
> Ⅱ. 본론 : 도시 농업의 현황과 문제점, 그에 따른 활성화 방안
>   1. 현황
>   가. 도시 농업에 대한 관심 증가
>   나. 도시 농업 활동의 부진
>   2. 문제점 분석
>   가. 도시 농업에 필요한 경작 공간의 부족
>   나. 도시 농업 관련 연구 및 기술 부족
>   다. 도시 농업을 담당할 전문 인력의 부족
>   라. 도시 농업의 제도적 기반 미흡
>   3. 활성화 방안
>   _____
> Ⅲ. 결론 : 도시 농업 활성화를 위한 지자체의 노력 촉구

① 도시 농업 전문 인력 양성 및 교육
② 도시 농업 관련 제도적 기반 구축
③ 도시 농업을 통한 안전한 먹을거리 확보
④ 도시 농업 공간 확보
⑤ 도시 농업 관련 기술 개발 및 보급 확대

25 다음과 같은 글의 개요에서 ㉠과 ㉡에 들어갈 내용으로 가장 적절한 것은?

주제 : _____㉠_____

서론 : 환경오염의 심각성이 날로 도를 더해 간다.

본론

1. 환경오염 현상에 대한 우리의 반응
   (1) 부정적 모습 : 환경오염을 남의 일인 양 생각하는 모습
   (2) 긍정적 모습 : 환경오염의 심각성을 깨닫고 적극적으로 나서는 모습
2. 환경오염의 심각성을 깨닫지 못하는 사람
   (1) 잠시의 편안함을 위해 주위 환경을 함부로 훼손하는 사람
   (2) 다른 사람의 환경오염에 대해 참견을 하려고 하지 않는 사람
3. 환경오염 방지에 적극적으로 나서는 사람
   (1) 자신부터 환경을 오염시키지 않으려는 사람
   (2) 환경오염 방지는 물론 쾌적한 환경을 위해 노력하는 사람

결론 : _____㉡_____

① ㉠ : 환경오염에 대한 인식
　 ㉡ : 쾌적한 환경을 유지하기 위해 전 국민적인 노력이 필요하다.
② ㉠ : 환경오염 방지의 생활화
　 ㉡ : 환경오염 방지를 위한 정부의 대책 마련이 시급하다.
③ ㉠ : 환경 보호의 중요성
　 ㉡ : 우리가 물려받은 환경을 우리의 후손에게 물려주어야 한다.
④ ㉠ : 자연적 환경과 문화적 환경
　 ㉡ : 자연적 환경뿐만 아니라 문화적 환경에 대한 중요성을 강조한다.
⑤ ㉠ : 환경오염의 원인
　 ㉡ : 환경 보호를 위한 방법

26 다음은 '전기 에너지 부족 문제'에 대한 글을 쓰기 위해 작성한 개요이다. 수정·보완 및 자료 제시 방안으로 적절하지 않은 것은?

> Ⅰ. 서론 : 우리나라 전기 에너지 부족 현황 ······················ ㉠
> Ⅱ. 본론
>   1. 문제의 원인 분석
>   가. 전기 에너지 생산 시설의 부족과 노후화
>   나. 기업의 과도한 전기 에너지 사용 ····················· ㉡
>   다. 가정의 무분별한 전기 에너지 사용
>   2. 문제의 해결 방안 ······································· ㉢
>   가. 기업의 과도한 전기 에너지 사용 규제
>   나. 홍보를 통한 가정의 절전 실천 유도 ················ ㉣
> Ⅲ. 결론 : 전기 에너지 부족 문제의 심각성 강조 ············· ㉤

① ㉠ : 전기 에너지의 공급량과 사용량을 구체적으로 제시하여 수요 대비 공급이 부족한 현황을 나타낸다.

② ㉡ : 기업이 저렴한 가격의 산업용 전기를 사용함으로써 얻을 수 있는 연간 이익을 근거로 제시한다.

③ ㉢ : 'Ⅱ-1-가'를 고려하여 '전기 에너지 생산 시설의 확충과 노후 시설 개선'을 하위 항목으로 추가한다.

④ ㉣ : 전기 에너지 절약을 위한 캠페인 활동 등을 사례로 제시한다.

⑤ ㉤ : 전기 에너지 부족 문제의 심각성을 강조하기보다는 이를 해결하기 위해 정부, 기업, 가정이 함께 노력해야 함을 강조한다.

27 다음은 '사내 가족친화제도 활성화 방안'에 대한 글을 쓰기 위해 작성한 개요이다. 빈칸에 들어갈 내용으로 가장 적절한 것은?

주제 : _____

Ⅰ. 서론 : 가족 친화지수에 대한 사회적 관심

Ⅱ. 본론

    1. 현황

        가. 가족친화제도의 도입 및 활용 증가 추세

        나. 가족친화제도의 도입 및 활용 상의 문제

    2. 문제 원인 분석

        가. 제도 도입 측면 : 비용 부담

        나. 제도 활용 측면 : 제도 사용 분위기

    3. 문제 해결 방안

        가. 제도 도입 측면 : 제도 도입 시 세제 혜택 정책

        나. 제도 활용 측면 : 사용 장려에 대한 정부 차원의 관리 필요

Ⅲ. 결론 : 본론의 요약 및 강조

---

① 개인 선택의 폭이 넓어지도록 정부는 다양한 가족친화제도를 만들어야 한다.

② 가족친화제도에 대한 회사 경영진의 관심이 필요하다.

③ 가족친화제도 사용에 대한 노사 간의 합의가 필요하다.

④ 가족친화제도 사용이 자유로운 사내 분위기 조성을 위해 회사가 먼저 노력해야 한다.

⑤ 가족친화제도 활성화를 위한 정부 차원의 정책 마련이 필요하다.

※ 다음 글에서 ㉠ ~ ㉤의 수정 방안으로 적절하지 않은 것을 고르시오. [28~29]

28

동양의 산수화에는 자연의 다양한 모습을 대하는 화가의 개성 혹은 태도가 ㉠드러나 있는데, 이를 표현하는 기법 중의 하나가 준법이다. 준법(皴法)이란 점과 선의 특성을 활용하여 산, 바위, 토파(土坡) 등의 입체감, 양감, 질감, 명암 등을 나타내는 기법으로 산수화 중 특히 수묵화에서 발달하였다. 수묵화는 선의 예술이다. 수묵화에서는 먹(墨)만을 사용하기 때문에 대상의 다양한 모습이나 질감을 ㉡표현하는데 한계가 있다. ㉢거친 선, 부드러운 선, 곧은 선, 꺾은 선 등 다양한 선을 활용하여 대상에 대한 느낌, 분위기를 표현한다. 이 과정에서 선들이 지닌 특성과 효과 등이 점차 유형화되어 발전된 것이 준법이다.

준법 가운데 보편적으로 쓰이는 것에는 피마준, 수직준, 절대준, 미점준 등이 있다. 일정한 방향과 간격으로 선을 여러 개 그어 산의 능선을 표현하여 부드럽고 차분한 느낌을 주는 것이 피마준이다. 반면 수직준은 선을 위에서 아래로 죽죽 내려 그어 강하고 힘찬 느낌을 주어 뾰족한 바위산을 표현할 때 주로 사용한다. 절대준은 수평으로 선을 긋다가 수직으로 꺾어 내리는 것을 반복하여 마치 'ㄱ'자 모양이 겹쳐진 듯 표현한 것이다. 이는 주로 모나고 거친 느낌을 주는 지층이나 바위산을 표현할 때 쓰인다. 미점준은 쌀알 같은 타원형의 작은 점을 연속적으로 ㉣찍혀 주로 비 온 뒤의 습한 느낌이나 수풀을 표현할 때 사용한다.

㉤준법은 화가가 자연에 대해 인식하고 표현하는 수단이다. 화가는 준법을 통해 단순히 대상의 외양뿐만 아니라 대상에 대한 자신의 느낌, 인식의 깊이까지 화폭에 그려내는 것이다.

① ㉠ : 문맥의 흐름을 고려하여 '들어나'로 수정한다.
② ㉡ : 띄어쓰기가 올바르지 않으므로 '표현하는 데'로 수정한다.
③ ㉢ : 문장을 자연스럽게 연결하기 위해 문장 앞에 '그래서'를 추가한다.
④ ㉣ : 목적어와 서술어의 호응 관계를 고려하여 '찍어'로 수정한다.
⑤ ㉤ : 필요한 문장 성분이 생략되었으므로 '표현하는' 앞에 '인식의 결과를'을 추가한다.

Easy

29

나전 기법은 중국에서 시작되었고 당대(唐代)에 성행하여 한국과 일본에 전해진 것으로 보인다. 중국 당대에는 주로 백색의 야광패로 두껍게 만든 자개만을 사용하였다. 이것의 영향을 받아서 한국에서도 전래 초기에는 백색의 야광패를 ㉠사용하였고, 후대에는 청록빛을 ㉡띈 오묘한 색상의 전복 껍데기를 얇게 만들어 ㉢부치는 방법이 발달하게 되었다. 이외에도 한국에서는 이전에 볼 수 없었던 끊음질 기법, 할패법 등의 다양한 표현 기법이 개발되어 나전 기법이 화려한 꽃을 피웠고 도리어 중국에 영향을 끼칠 정도로 성행하였다.

오늘날 중국과 일본의 나전은 쇠퇴하여 그 명맥이 끊겼지만, ㉣한국에서도 여전히 자개를 상감하는 나전칠기가 계속 이어져 오고 있으며, 그 섬세한 무늬와 신비스러운 빛으로 인해 ㉤오랜 세월 동안 우리 고유의 공예품으로 사랑받고 있다.

① ㉠ : 문맥의 흐름을 고려하여 '사용하였으나'로 수정한다.
② ㉡ : 맞춤법에 어긋나므로 '띤'으로 수정한다.
③ ㉢ : 문맥에 어울리지 않으므로 '붙이는'으로 수정한다.
④ ㉣ : 조사의 쓰임이 적절하지 않으므로 '한국에서는'으로 수정한다.
⑤ ㉤ : 띄어쓰기가 올바르지 않으므로 '오랜세월'로 수정한다.

30 다음 중 글의 흐름상 필요 없는 문장은?

> 가을을 맞아 기획바우처 행사가 전국 곳곳에서 마련된다. (가) <u>기획바우처는 문화소외계층을 상대로 '모셔오거나 찾아가는' 맞춤형 예술 체험 프로그램이다.</u> (나) <u>서울 지역의 '함께 하는 역사 탐방'은 독거노인을 모셔 와서 역사 현장을 찾아 연극을 관람하고 체험하는 프로그램이다.</u> (다) <u>경기도에서도 가족과 함께 낭만과 여유를 즐길 수 있는 다양한 문화행사를 준비하고 있다.</u> (라) <u>강원도 강릉과 영월에서는 저소득층 자녀를 대상으로 박물관 관람 프로그램을 준비하고 있다.</u> (마) <u>부산 지역의 '어울림'은 방문 공연 서비스로서 지역예술가들이 가난한 동네를 돌아다니며 직접 국악, 클래식, 미술 등 재능을 기부한다.</u>

① (가) ② (나)
③ (다) ④ (라)
⑤ (마)

31 다음 글에서 ㉠ ~ ㉤의 수정 방안으로 가장 적절한 것은?

> 언어가 대규모로 소멸하는 원인은 ㉠<u>중첩적이다.</u> 토착 언어 사용자들의 거주지가 파괴되고, 종족 말살과 동화(同化)교육이 이루어지며, 사용 인구가 급격히 감소하는 것 외에 '문화적 신경가스'라고 불리는 전자 매체가 확산되는 것도 그 원인이 된다. 물론 우리는 소멸을 강요하는 사회적, 정치적 움직임들을 중단시키는 한편, 토착어로 된 교육 자료나 문학작품, 텔레비전 프로그램 등을 ㉡<u>개발함으로서</u> 언어 소멸을 어느 정도 막을 수 있다. 나아가 소멸 위기에 처한 언어라도 20세기의 히브리어처럼 지속적으로 공식어로 사용할 의지만 있다면 그 언어를 부활시킬 수도 있다.
> 합리적으로 보자면, 우리가 지구상의 모든 동물이나 식물종들을 보존할 수 없는 것처럼 모든 언어를 보존할 수는 없으며, 어쩌면 그래서는 안 되는지도 모른다. ㉢<u>여기에는 도덕적이고 현실적인 문제들이 얽혀있기 때문이다.</u> 어떤 언어 공동체가 경제적 발전을 보장해 주는 주류 언어로 돌아설 것을 선택할 때, 그 어떤 외부 집단이 이들에게 토착 언어를 유지하도록 강요할 수 있겠는가? 또한, 한 공동체 내에서 이질적인 언어가 사용되면 사람들 사이에 심각한 분열을 초래할 수도 있다. ㉣<u>그러나</u> 이러한 문제가 있더라도 전 세계 언어의 50% 이상이 빈사 상태에 있다면 이를 그저 바라볼 수만은 없다.
> 왜 우리는 위험에 처한 언어에 관심을 가져야 하나? 언어적 다양성은 인류가 지닌 언어 능력의 범위를 보여 준다. 언어는 인간의 역사와 지리를 담고 있으므로 한 언어가 소멸한다는 것은 역사적 문서를 소장한 도서관 하나가 ㉤<u>통째로</u> 불타 없어지는 것과 비슷하다. 또 언어는 한 문화에서 시, 이야기, 노래가 존재하는 기반이 되므로, 언어의 소멸이 계속되어 소수의 주류 언어만 살아남는다면 이는 인류의 문화적 다양성까지 해치는 셈이 된다.

① ㉠ : 문맥상 적절하지 않은 단어이므로 '불투명하다'로 수정한다.
② ㉡ : 행위나 방법에 해당되므로 '개발함으로써'로 수정한다.
③ ㉢ : 문맥상 상관없는 내용에 해당하므로 삭제한다.
④ ㉣ : 앞 문장과 뒤 문장이 순접 관계이므로 '그리고'로 수정한다.
⑤ ㉤ : 맞춤법에 어긋나므로 '통채'로 수정한다.

32 다음 글은 독서반 학생이 독서 일기에 쓴 내용과 친구들이 덧붙인 의견을 옮긴 것이다. 친구들의 의견을 읽고 떠올린 ㉠ ~ ㉤의 수정 방안으로 적절하지 않은 것은?

〈㉠ 흥부전〉

　　　　　　㉡　　　　　　 ㉢ 고전을 읽는 이유는 고전이 시대를 초월하여 우리에게 다양한 의미를 준다. 흥부전은 권선징악(勸善懲惡)의 교훈만 주는 것이 아니라, 흥부와 놀부라는 인물 유형을 통해 바람직한 삶과 행복의 조건에 대해 끊임없이 재해석할 여지를 준다.

시대는 달라졌지만 고전에 나타난 문제의식은 여전히 유효하다. 현대 사회가 안고 있는 정치, 사회, 교육 등 수많은 문제들은 우리 시대만의 문제라기보다는 인류가 오랫동안 고민해 온 문제라고 할 수 있다. 　　　　　　㉣　　　　　　

㉤ 고전은 왜 읽는가? 컴퓨터만 켜면 수많은 정보와 지식을 손쉽게 얻을 수 있는 현실에서, 힘들여 고전을 읽는 일이 과연 왜 필요한가에 대해 의문을 품는 것도 무리는 아니다.

따라서 우리는 인류가 쌓아온 지혜의 보물 창고인 고전에서 현대 사회를 바라보는 안목과 자신의 삶에 대한 새로운 통찰을 얻을 수 있을 것이다.

| 친구들의 의견 | • 영희 : 제목만 보고는 글의 내용을 짐작하기 어려웠어.
 • 주희 : 옛날 책은 다 고전인 거야?
 • 민희 : 첫 번째 문장이 어딘지 어색하지 않아?
 • 재희 : 난 흥부전이 고전으로서 왜 가치가 있는지 좀 더 자세히 알고 싶은데.
 • 경희 : 세 번째 문단이 다른 문단이랑 잘 연결되지 않는 것 같아. |

① '영희'의 의견을 보니, 제목이 주제를 효과적으로 드러내지 못하고 있어. ㉠을 '고전의 가치 – 흥부전을 읽는 이유'로 바꿔야겠어.

② '주희'의 의견을 보니, 고전의 개념을 명확히 밝힐 필요가 있어. ㉡에 '고전은 오랜 세월을 두고 읽을 만한 좋은 책을 뜻한다.'라는 내용을 추가해야겠어.

③ '민희'의 의견을 보니, 문장 성분의 호응이 제대로 이뤄지지 않았어. ㉢을 '고전을 읽는 이유는 고전이 시대를 초월하여 우리에게 다양한 의미를 주기 때문이다.'로 바꿔야겠어.

④ '재희'의 의견을 보니, 내 생각을 뒷받침할 근거가 부족했어. 흥부전에서 현대 사회에 적용할 수 있는 구체적인 내용을 찾아 ㉣에서 제시해야겠어.

⑤ '경희'의 의견을 보니, 세 번째 문단 ㉤의 위치가 적절하지 않아. 글의 흐름이 자연스럽도록 마지막 문단으로 옮겨야겠어.

33 다음 빈칸에 들어갈 단어로 적절한 것은?

> • 그는 부인에게 자신의 친구를 ㉠ <u>소개시켰다 / 소개했다</u>.
> • 이 소설은 실제 있었던 일을 바탕으로 ㉡ <u>쓰인 / 쓰여진</u> 것이다.
> • 자전거가 마주 오던 자동차와 ㉢ <u>부딪혔다 / 부딪쳤다</u>.

	㉠	㉡	㉢
①	소개시켰다	쓰인	부딪혔다
②	소개시켰다	쓰인	부딪혔다
③	소개했다	쓰인	부딪혔다
④	소개했다	쓰인	부딪쳤다
⑤	소개했다	쓰여진	부딪쳤다

34 다음 밑줄 친 부분의 띄어쓰기가 모두 옳은 것은?

① 최선의 세계를 만들기 위해서 <u>무엇 보다</u> 이 세계에 있는 모든 대상들이 지닌 성질을 정확하게 <u>인식해야 만</u> 한다.

② 일과 여가 <u>두가지를</u> 어떻게 <u>조화시키느냐하는</u> 문제는 항상 인류의 관심대상이 되어 왔다.

③ <u>내로라하는</u> 영화배우 중 내 고향 출신도 상당수 된다. 그래서 자연스럽게 영화배우를 꿈꿨고, <u>그러다 보니</u> 영화는 내 생활의 일부가 되었다.

④ 실기시험은 까다롭게 <u>심사하는만큼</u> 준비를 철저히 해야 한다. <u>한 달 간</u> 실전처럼 연습하면서 시험에 대비하자.

⑤ 우주의 <u>삼라 만상은</u> 우리에게 온갖 경험을 제공하지만 많은 경험의 결과들이 서로 <u>모순 되는</u> 때가 많다.

35 다음 중 맞춤법에 맞도록 바르게 고친 것은?

① <u>번번히</u> 지기만 하다 보니 게임이 재미없어졌다. → 번번이

② 방문 <u>횟수</u>가 늘어날수록 얼굴에 생기가 돌기 시작했다. → 회수

③ <u>널따란</u> 마당에 낙엽이 수북이 쌓여있다. → 넓다란

④ <u>왠지</u> 예감이 좋지 않아 발걸음을 재게 놀렸다. → 웬지

⑤ 대문을 제대로 <u>잠갔는지</u> 기억이 나지 않았다. → 잠궜는지

배우기만 하고 생각하지 않으면 얻는 것이 없고, 생각만 하고 배우지 않으면 위태롭다.

- 공자 -

PART 3

수리

1. 수의 관계

(1) 약수와 배수
a가 b로 나누어떨어질 때, a는 b의 배수, b는 a의 약수라고 한다.

(2) 소수
1과 자기 자신만을 약수로 갖는 수. 즉, 약수의 개수가 2개인 수

(3) 합성수
1과 자신 이외의 수를 약수로 갖는 수. 즉, 소수가 아닌 수 또는 약수의 개수가 3개 이상인 수

(4) 최대공약수
2개 이상의 자연수의 공통된 약수 중에서 가장 큰 수

(5) 최소공배수
2개 이상의 자연수의 공통된 배수 중에서 가장 작은 수

(6) 서로소
1 이외에 공약수를 갖지 않는 두 자연수. 즉, 최대공약수가 1인 두 자연수

(7) 소인수분해
주어진 합성수를 소수의 거듭제곱의 형태로 나타내는 것

(8) 약수의 개수
자연수 $N = a^m \times b^n$에 대하여, N의 약수의 개수는 $(m+1) \times (n+1)$개

(9) 최대공약수와 최소공배수의 관계
두 자연수 A, B에 대하여, 최소공배수와 최대공약수를 각각 L, G라고 하면 A×B=L×G가 성립한다.

2. 방정식의 활용

(1) 날짜 · 요일 · 시계

① 날짜 · 요일

ㄱ 1일=24시간=1,440분=86,400초

ㄴ 날짜 · 요일 관련 문제는 대부분 나머지를 이용해 계산한다.

② 시계

ㄱ 시침이 1시간 동안 이동하는 각도 : $30°$

ㄴ 시침이 1분 동안 이동하는 각도 : $0.5°$

ㄷ 분침이 1분 동안 이동하는 각도 : $6°$

(2) 시간 · 속력 · 거리

① $(시간) = \dfrac{(거리)}{(속력)}$

② $(속력) = \dfrac{(거리)}{(시간)}$

ㄱ 흐르는 물에서 배를 타는 경우

- (하류로 내려갈 때의 속력)=(배 자체의 속력)+(물의 속력)

- (상류로 올라갈 때의 속력)=(배 자체의 속력)-(물의 속력)

③ $(거리) = (속력) \times (시간)$

ㄱ 기차가 터널을 통과하거나 다리를 지나가는 경우

- (기차가 움직인 거리)=(기차의 길이)+(터널 또는 다리의 길이)

ㄴ 두 사람이 반대 방향 또는 같은 방향으로 움직이는 경우

- (두 사람 사이의 거리)=(두 사람이 움직인 거리의 합 또는 차)

(3) 나이 · 인원 · 개수

구하고자 하는 것을 미지수로 놓고 식을 세운다. 동물의 경우 다리의 개수에 유의해야 한다.

(4) 원가 · 정가

① $(정가) = (원가) + (이익)$, $(이익) = (정가) - (원가)$

② a원에서 $b\%$ 할인한 가격 $= a \times \left(1 - \dfrac{b}{100}\right)$

(5) 일률 · 톱니바퀴

① 일률

전체 일의 양을 1로 놓고, 시간 동안 한 일의 양을 미지수로 놓고 식을 세운다.

- $(일률) = \dfrac{(작업량)}{(작업기간)}$

- $(작업기간) = \dfrac{(작업량)}{(일률)}$

- $(작업량) = (일률) \times (작업기간)$

② 톱니바퀴

(톱니 수)×(회전수)=(총 맞물린 톱니 수)

즉, A, B 두 톱니에 대하여, (A의 톱니 수)×(A의 회전수)=(B의 톱니 수)×(B의 회전수)가 성립한다.

(6) 농도

① $(농도)=\dfrac{(용질의 양)}{(용액의 양)}\times 100$

② $(용질의 양)=\dfrac{(농도)}{100}\times(용액의 양)$

(7) 수 I

① 연속하는 세 자연수 : $x-1,\ x,\ x+1$

② 연속하는 세 짝수(홀수) : $x-2,\ x,\ x+2$

(8) 수 II

① 십의 자릿수가 x, 일의 자릿수가 y인 두 자리 자연수 : $10x+y$

이 수에 대해, 십의 자리와 일의 자리를 바꾼 수 : $10y+x$

② 백의 자릿수가 x, 십의 자릿수가 y, 일의 자릿수가 z인 세 자리 자연수 : $100x+10y+z$

(9) 증가・감소에 관한 문제

① x가 $a\%$ 증가 : $\left(1+\dfrac{a}{100}\right)x$

② y가 $b\%$ 감소 : $\left(1-\dfrac{b}{100}\right)y$

3. 경우의 수・확률

(1) 경우의 수

① 경우의 수 : 어떤 사건이 일어날 수 있는 모든 가짓수

② 합의 법칙

㉠ 두 사건 A, B가 동시에 일어나지 않을 때, A가 일어나는 경우의 수를 m, B가 일어나는 경우의 수를 n이라고 하면, 사건 A 또는 B가 일어나는 경우의 수는 $m+n$이다.

㉡ '또는', '~이거나'라는 말이 나오면 합의 법칙을 사용한다.

③ 곱의 법칙

㉠ A가 일어나는 경우의 수를 m, B가 일어나는 경우의 수를 n이라고 하면, 사건A와 B가 동시에 일어나는 경우의 수는 $m\times n$이다.

㉡ '그리고', '동시에'라는 말이 나오면 곱의 법칙을 사용한다.

④ 여러 가지 경우의 수

　㉠ 동전 n개를 던졌을 때, 경우의 수 : 2^n

　㉡ 주사위 m개를 던졌을 때, 경우의 수 : 6^m

　㉢ 동전 n개와 주사위 m개를 던졌을 때, 경우의 수 : $2^n \times 6^m$

　㉣ n명을 한 줄로 세우는 경우의 수 : $n! = n \times (n-1) \times (n-2) \times \cdots \times 2 \times 1$

　㉤ n명 중, m명을 뽑아 한 줄로 세우는 경우의 수 : $_n\mathrm{P}_m = n \times (n-1) \times \cdots \times (n-m+1)$

　㉥ n명을 한 줄로 세울 때, m명을 이웃하여 세우는 경우의 수 : $(n-m+1)! \times m!$

　㉦ 0이 아닌 서로 다른 한 자리 숫자가 적힌 n장의 카드에서, m장을 뽑아 만들 수 있는 m자리 정수의 개수 : $_n\mathrm{P}_m$

　㉧ 0을 포함한 서로 다른 한 자리 숫자가 적힌 n장의 카드에서, m장을 뽑아 만들 수 있는 m자리 정수의 개수 : $(n-1) \times {_{n-1}}\mathrm{P}_{m-1}$

　㉨ n명 중, 자격이 다른 m명을 뽑는 경우의 수 : $_n\mathrm{P}_m$

　㉩ n명 중, 자격이 같은 m명을 뽑는 경우의 수 : $_n\mathrm{C}_m = \dfrac{_n\mathrm{P}_m}{m!}$

　㉪ 원형 모양의 탁자에 n명을 앉히는 경우의 수 : $(n-1)!$

⑤ **최단거리 문제** : A에서 B 사이에 P가 주어져 있다면, A와 P의 최단거리, B와 P의 최단거리를 각각 구하여 곱한다.

(2) 확률

① (사건 A가 일어날 확률) $= \dfrac{(\text{사건 A가 일어나는 경우의 수})}{(\text{모든 경우의 수})}$

② **여사건의 확률**

　㉠ 사건 A가 일어날 확률이 p일 때, 사건 A가 일어나지 않을 확률은 $(1-p)$이다.

　㉡ '적어도'라는 말이 나오면 주로 사용한다.

③ **확률의 계산**

　㉠ 확률의 덧셈

　　두 사건 A, B가 동시에 일어나지 않을 때, A가 일어날 확률을 p, B가 일어날 확률을 q라고 하면, 사건 A 또는 B가 일어날 확률은 $p+q$이다.

　㉡ 확률의 곱셈

　　A가 일어날 확률을 p, B가 일어날 확률을 q라고 하면, 사건 A와 B가 동시에 일어날 확률은 $p \times q$이다.

④ **여러 가지 확률**

　㉠ 연속하여 뽑을 때, 꺼낸 것을 다시 넣고 뽑는 경우 : 처음과 나중의 모든 경우의 수는 같다.

　㉡ 연속하여 뽑을 때, 꺼낸 것을 다시 넣지 않고 뽑는 경우 : 나중의 모든 경우의 수는 처음의 모든 경우의 수보다 1만큼 작다.

　㉢ (도형에서의 확률) $= \dfrac{(\text{해당하는 부분의 넓이})}{(\text{전체 넓이})}$

(1) 꺾은선(절선)그래프

① 시간적 추이(시계열 변화)를 표시하는 데 적합하다.

　예 연도별 매출액 추이 변화 등

② 경과·비교·분포를 비롯하여 상관관계 등을 나타낼 때 사용한다.

〈중학교 장학금, 학비감면 수혜현황〉

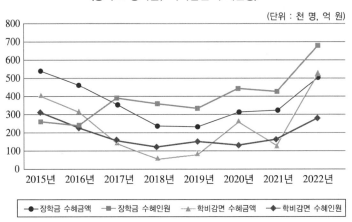

(2) 막대그래프

① 비교하고자 하는 수량을 막대 길이로 표시하고, 그 길이를 비교하여 각 수량 간의 대소 관계를 나타내는 데 적합하다.

　예 영업소별 매출액, 성적별 인원분포 등

② 가장 간단한 형태로 내역·비교·경과·도수 등을 표시하는 용도로 사용한다.

〈연도별 암 발생 추이〉

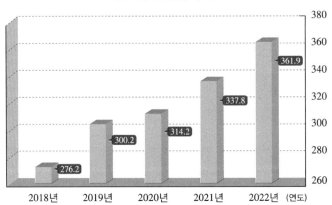

(3) 원그래프

① 내역이나 내용의 구성비를 분할하여 나타내는 데 적합하다.

  예 제품별 매출액 구성비 등

② 원그래프를 정교하게 작성할 때는 수치를 각도로 환산해야 한다.

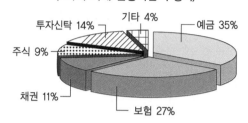

〈C국의 가계 금융자산 구성비〉

(4) 점그래프

① 지역분포를 비롯하여 도시, 지방, 기업, 상품 등의 평가나 위치, 성격을 표시하는 데 적합하다.

  예 광고비율과 이익률의 관계 등

② 종축과 횡축에 두 요소를 두고, 보고자 하는 것이 어떤 위치에 있는가를 알고자 할 때 사용한다.

〈OECD 국가의 대학졸업자 취업률 및 경제활동인구 비중〉

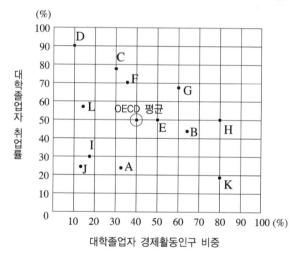

(5) 층별그래프

① 합계와 각 부분의 크기를 백분율로 나타내고 시간적 변화를 보는 데 적합하다.

② 합계와 각 부분의 크기를 실수로 나타내고 시간적 변화를 보는 데 적합하다.

　예 상품별 매출액 추이 등

③ 선의 움직임보다는 선과 선 사이의 크기로써 데이터 변화를 나타내는 그래프이다.

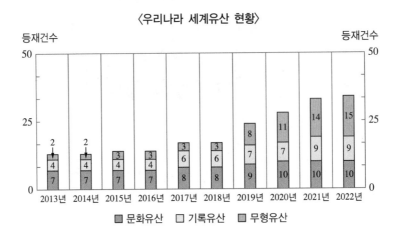

〈우리나라 세계유산 현황〉

(6) 레이더 차트(거미줄그래프)

① 다양한 요소를 비교할 때, 경과를 나타내는 데 적합하다.

　예 매출액의 계절변동 등

② 비교하는 수량을 직경, 또는 반경으로 나누어 원의 중심에서의 거리에 따라 각 수량의 관계를 나타내는 그래프이다.

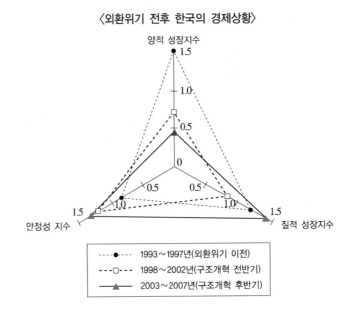

〈외환위기 전후 한국의 경제상황〉

(1) 등차수열 : 앞의 항에 일정한 수를 더해 이루어지는 수열

예 1　3　5　7　9　11　13　15
　　　+2　+2　+2　+2　+2　+2　+2

(2) 등비수열 : 앞의 항에 일정한 수를 곱해 이루어지는 수열

예 1　2　4　8　16　32　64　128
　　　×2　×2　×2　×2　×2　×2　×2

(3) 계차수열 : 앞의 항과의 차가 일정하게 증가하는 수열

예 1　2　4　7　11　16　22　29
　　+1　+2　+3　+4　+5　+6　+7
　　　+1　+1　+1　+1　+1　+1

(4) 피보나치수열 : 앞의 두 항의 합이 그 다음 항의 수가 되는 수열

$$a_n = a_{n-1} + a_{n-2} \ (n \geq 3, \ a_1 = 1, \ a_2 = 1)$$

예 1　1　2　3　5　8　13　21
　　　　　1+1　1+2　2+3　3+5　5+8　8+13

(5) 건너뛰기 수열 : 두 개 이상의 수열이 일정한 간격을 두고 번갈아가며 나타나는 수열

예 1　1　3　7　5　13　7　19

- 홀수 항 : 1　3　5　7
　　　　　　　+2　+2　+2

- 짝수 항 : 1　7　13　19
　　　　　　　+6　+6　+6

(6) 군수열 : 일정한 규칙성으로 몇 항씩 묶어 나눈 수열

예
- 1　1　2　1　2　3　1　2　3　4
　⇒ 1 1 2 ｜ 1 2 3 ｜ 1 2 3 4

- 1　3　4　6　5　11　2　6　8　9　3　12
　⇒ 1 3 4 ｜ 6 5 11 ｜ 2 6 8 ｜ 9 3 12
　　　1+3=4　　6+5=11　　2+6=8　　9+3=12

- 1　3　3　2　4　8　5　6　30　7　2　14
　⇒ 1 3 3 ｜ 2 4 8 ｜ 5 6 30 ｜ 7 2 14
　　　1×3=3　　2×4=8　　5×6=30　　7×2=14

| 유형분석 |

- (거리)=(속력)×(시간) 공식을 활용한 문제이다.

$$(속력)=\frac{(거리)}{(시간)}$$

$$(시간)=\frac{(거리)}{(속력)}$$

거리	
속력	시간

으로 기억해두면 세 가지 공식을 한 번에 기억할 수 있다.
- 기차와 터널의 길이, 물과 같이 속력이 있는 장소 등 추가적인 거리나 속력 시간에 관한 조건과 결합하여 난이도 높은 문제로 출제된다.

A사원은 회사 근처 카페에서 거래처와 미팅을 갖기로 했다. 처음에는 4km/h로 걸어가다가 약속 시간에 늦을 것 같아서 10km/h로 뛰어서 24분 만에 미팅 장소에 도착했다. 회사에서 카페까지의 거리가 2.5km일 때, A사원이 뛴 거리는?

① 0.6km
② 0.9km
③ 1.2km
④ 1.5km
⑤ 1.8km

④

총 거리와 총 시간이 주어져 있으므로 걸은 거리와 뛴 거리 또는 걸은 시간과 뛴 시간을 미지수로 잡을 수 있다. 미지수를 잡기 전에 문제에서 묻는 것을 정확하게 파악해야 나중에 답을 구할 때 헷갈리지 않는다. 문제에서 A사원이 뛴 거리를 물어보았으므로 거리를 미지수로 놓는다.

A사원이 회사에서 카페까지 걸어간 거리를 $x$km, 뛴 거리를 $y$km라고 하자. 회사에서 카페까지의 거리는 2.5km이므로 걸어간 거리 $x$km와 뛴 거리 $y$km를 합하면 2.5km이다.

$x+y=2.5$ … ㉠

A사원이 회사에서 카페까지 24분이 걸렸으므로 걸어간 시간$\left(\dfrac{x}{4}\text{시간}\right)$과 뛰어간 시간$\left(\dfrac{y}{10}\text{시간}\right)$을 합치면 24분이다. 이때 속력은 시간 단위이므로 분으로 바꾸어 계산한다.

$\dfrac{x}{4}\times 60+\dfrac{y}{10}\times 60=24 \rightarrow 5x+2y=8$ … ㉡

㉡$-$2㉠을 하여 ㉠과 ㉡을 연립하면 $x=1$이고, 구한 x의 값을 ㉠에 대입하면 $y=1.5$이다.

따라서 A사원이 뛴 거리는 1.5km이다.

30초 컷 풀이 Tip

1. 미지수를 정할 때에는 문제에서 묻는 것을 정확하게 파악해야 한다.
2. 속력과 시간의 단위를 처음에 정리하여 계산하면 계산 실수 없이 풀이할 수 있다.
   • 1시간=60분=3,600초
   • 1km=1,000m=100,000cm

온라인 풀이 Tip

삼성의 경우 풀이를 문제풀이 용지에 작성하여 시험이 끝난 후 제출해야 한다. 따라서 문제풀이 용지를 최대한 활용해야 한다. 문제를 풀 때 필요한 정보를 문제풀이 용지에 옮겨 적어 문제풀이 용지만 보고 답을 구할 수 있도록 한다. 다음은 문제풀이 용지를 활용한 풀이 예시이다.

걸은 속력 : 4km/h 뛴 속력 : 10km/h 총 걸린 시간 : 24분 총 거리 : 2.5km **뛴 거리는 몇 km?**	**주어진 정보**
걸어간 거리를 $x$km, 뛴 거리를 $y$km 가정 $x+y=2.5$ $\dfrac{x}{4}\times 60+\dfrac{y}{10}\times 60=24$ $\rightarrow 5x+2y=8$ $x=1,\ \underline{y=1.5}$	**문제 풀이**

| 유형분석 |

- 출제되는 응용수리 2문제 중 1문제에 속할 가능성이 높은 유형이다.
- $(농도)=\dfrac{(용질의\ 양)}{(용액의\ 양)}\times100$ 공식을 활용한 문제이다.

  $(용질의\ 양)=\dfrac{(농도)}{100}\times(용액의\ 양)$

  다음과 같이 주어진 정보를 한눈에 알아볼 수 있도록 표를 그리면 식을 세우기 쉽다.

구분	용액1	용액2	…
용질의 양			
용액의 양			
농도			

- (소금물의 양)=(물의 양)+(소금의 양)이라는 것에 유의하고, 더해지거나 없어진 것을 미지수로 두고 풀이한다.
- 온라인으로 시행되고 나서 한 번도 빠짐없이 출제된 유형이다.

소금물 500g이 있다. 이 소금물에 농도가 3%인 소금물 200g을 온전히 섞었더니 소금물의 농도는 7%가 되었다. 500g의 소금물에 녹아 있던 소금의 양은?

① 31g ② 37g

③ 43g ④ 49g

⑤ 55g

문제에서 구하고자 하는 500g의 소금물에 녹아 있던 소금의 양을 미지수로 놓는다.

500g의 소금물에 녹아 있던 소금의 양을 xg이라고 하자.

소금물 500g에 농도 3%인 소금물 200g을 섞었을 때 소금물의 농도가 주어졌으므로 농도를 기준으로 식을 세울 수 있다. 식을 세우기 전에 주어진 정보를 바탕으로 표를 그리면 식을 세우기 훨씬 쉬워진다.

구분	섞기 전	섞을 소금물	섞은 후
소금(g)	x	6	$x+6$
소금+물(g)	500	200	500+200
농도(%)	구할 필요 없음	3	7

섞은 후의 정보를 가지고 식을 구하면 다음과 같다.

$$\frac{x+6}{500+200} \times 100 = 7$$

→ $(x+6) \times 100 = 7 \times (500+200)$

→ $(x+6) \times 100 = 4,900$

→ $100x + 600 = 4,900$

→ $100x = 4,300$

∴ $x = 43$

따라서 500g의 소금물에 녹아 있던 소금의 양은 43g이다.

30초 컷 풀이 Tip

간소화
숫자의 크기를 최대한 간소화해야 한다. 특히, 농도의 경우 분수와 정수가 같이 제시되고, 최근에는 비율을 활용한 문제가 많이 출제되고 있으므로 통분이나 약분을 통해 수를 간소화시켜 계산 실수를 줄일 수 있도록 한다.

주의사항
항상 미지수를 구해서 그 값을 계산하여 풀이해야 하는 것은 아니다. 문제에서 원하는 값은 정확한 미지수를 구하지 않아도 풀이과정에서 답이 제시되는 경우가 있으므로 문제에서 묻는 것을 명확히 해야 한다.

섞은 소금물 풀이 방법
1. 정보 정리
   주어진 정보를 각 소금물 단위로 정리한다. 각 소금물에서 2가지 정보가 주어졌다면 계산으로 나머지 정보를 찾는다.
2. 미지수 설정
   각 소금물에서 2가지 이상의 정보가 없다면 그중 한 가지 정보를 미지수로 설정한다. 나머지 모르는 정보도 앞서 설정한 미지수로 표현해놓는다.
3. 식 세우기
   섞기 전과 섞은 후의 소금의 양, 소금물의 양을 이용하여 식을 세운다.

| 유형분석 |

- 전체 일의 양을 1로 두고 풀이하는 유형이다.
- 분이나 초 단위 계산이 가장 어려운 유형으로 출제되고 있다.
- (일률)=$\dfrac{(작업량)}{(작업기간)}$

  (작업기간)=$\dfrac{(작업량)}{(일률)}$

  (작업량)=(일률)×(작업기간)

한 공장에서는 기계 2대를 운용하고 있다. 이 공장의 전체 작업을 수행할 때 A기계로는 12시간이 걸리며, B기계로는 18시간이 걸린다. 이미 절반의 작업이 수행된 상태에서, A기계로 4시간 동안 작업하다가 이후로는 A, B 두 기계를 모두 동원해 작업을 수행했다면 남은 절반의 작업을 완료하는 데 소요되는 총 시간은?

① 5시간
② 5시간 12분
③ 5시간 20분
④ 5시간 30분
⑤ 5시간 40분

정답 ②

전체 일의 양을 1이라고 하자. A기계가 한 시간 동안 작업할 수 있는 일의 양은 $\dfrac{1}{12}$ 이고, B기계가 한 시간 동안 작업할 수 있는 일의 양은 $\dfrac{1}{18}$ 이다.

이미 절반의 작업이 진행되었으므로 남은 일의 양은 $1-\dfrac{1}{2}=\dfrac{1}{2}$ 이다. 이 중 A기계로 4시간 동안 작업을 진행했으므로 A기계와 B기계가 함께 작업해야 하는 일의 양은 $\dfrac{1}{2}-\left(\dfrac{1}{12}\times4\right)=\dfrac{1}{6}$ 이다. 따라서 남은 $\dfrac{1}{6}$ 을 수행하는 데 걸리는 시간은 $\dfrac{\dfrac{1}{6}}{\left(\dfrac{1}{12}+\dfrac{1}{18}\right)}=$

$\dfrac{\dfrac{1}{6}}{\dfrac{5}{36}}=\dfrac{6}{5}$ 시간이다.

따라서 남은 절반의 작업을 완료하는 데에 총 5시간 12분이 걸린다.

1. 전체의 값을 모르는 상태에서 비율을 묻는 문제의 경우 전체를 1이라고 하면 쉽게 풀이할 수 있다.

   예 S가 1개의 빵을 만드는 데 3시간이 걸린다. 1개의 빵을 만드는 일의 양을 1이라고 하면 S는 한 시간에 $\frac{1}{3}$ 만큼의 빵을 만든다.

2. 난이도가 있는 일의 양 문제를 접근할 때 전체 일의 양을 막대 그림으로 표현하면서 풀이하면 한눈에 파악할 수 있다.

   예
$\frac{1}{2}$ 수행됨	A기계로 4시간 동안 작업	A, B 두 기계를 모두 동원해 작업

온라인 풀이 Tip

문제를 보자마자 기계별로 단위 시간당 일의 양부터 적고 시작한다. 그리고 남은 일의 양과 동원되는 기계는 몇 대인지를 확인하여 적어두고 풀이한다.

구분	A기계	B기계
시간당 일의 양	$\frac{1}{12}$	$\frac{1}{18}$

* 절반 작업됨 & A기계 4시간 작업 & A, B 두 기계를 모두 사용

남은 절반의 작업 소요 시간?   주어진 정보

A기계 4시간 작업 후 남은 일의 양 : $\frac{1}{2} - \left(\frac{1}{12} \times 4\right) = \frac{1}{6}$

$\rightarrow \dfrac{\frac{1}{6}}{\left(\frac{1}{12} + \frac{1}{18}\right)} = \dfrac{\frac{1}{6}}{\frac{5}{36}} = \dfrac{6}{5}$ 문제 풀이

$\therefore 4 + \dfrac{6}{5}$

| 유형분석 |

- 원가, 정가, 할인가, 판매가 등의 개념을 명확히 한다.
  (정가)=(원가)+(이익)
  (이익)=(정가)-(원가)

  a원에서 $b\%$ 할인한 가격$=a\times\left(1-\dfrac{b}{100}\right)$
- 난이도가 어려운 편은 아니지만 비율을 활용한 계산 문제이기 때문에 실수하기 쉽다.
- 최근에는 경우의 수와 결합하여 출제되기도 했다.

종욱이는 25,000원짜리 피자 두 판과 8,000원짜리 샐러드 세 개를 주문했다. 통신사 멤버십 혜택으로 피자는 15%, 샐러드는 25%를 할인 받을 수 있고, 이벤트로 통신사 멤버십 혜택을 적용한 금액의 10%를 추가 할인받았다고 한다. 종욱이가 할인받은 금액은?

① 12,150원
② 13,500원
③ 18,600원
④ 19,550원
⑤ 20,850원

할인받기 전 종욱이가 지불할 금액은 $25,000 \times 2 + 8,000 \times 3 = 74,000$원이다.

통신사 할인과 이벤트 할인을 적용한 금액은 $(25,000 \times 2 \times 0.85 + 8,000 \times 3 \times 0.75) \times 0.9 = 54,450$원이다.

따라서 종욱이가 할인받은 금액은 $74,000 - 54,450 = 19,550$원이다.

30초 컷 풀이 Tip

전체 금액을 구하는 것이 아니라 할인된 금액을 구하면 수의 크기도 작아지고, 풀이 과정을 단축시킬 수 있다.

예를 들어 위의 문제에서 피자는 15%, 샐러드는 25%를 할인받았으므로 할인받은 금액은 각각 7,500원, 6,000원이다. 할인받은 금액의 합을 원래 지불했어야 하는 금액에서 빼면 60,500원이고, 이의 10%는 6,050원이므로 종욱이가 할인받은 총 금액은 $7,500 + 6,000 + 6,050 = 19,550$원이다.

온라인 풀이 Tip

다음은 온라인 문제풀이 용지를 활용한 풀이 예시이다.

금액 유형은 한번 잘못 계산하면 되돌아가기 쉽지 않다. 문제를 두 번 정도 읽는다는 생각으로 정확하게 정리해야 한다.

$25,000 \times 2$	$8,000 \times 3$
15% 할인	25% 할인
10% 할인	

할인받은 금액?

주어진 정보

할인 전 금액 : $25,000 \times 2 + 8,000 \times 3 = 74,000$원

할인 후 금액 : $(25,000 \times 2 \times 0.85 + 8,000 \times 3 \times 0.75) \times 0.9 = 54,450$원

할인받은 금액 : $74,000 - 54,450 = 19,550$원

문제 풀이

| 유형분석 |

- 출제되는 응용수리 2문제 중 1문제에 속할 가능성이 높은 유형이다.
- 순열(P)과 조합(C)을 활용한 문제이다.

$$_nP_m = n \times (n-1) \times \cdots \times (n-m+1)$$

$$_nC_m = \frac{_nP_m}{m!} = \frac{n \times (n-1) \times \cdots \times (n-m+1)}{m!}$$

- 벤다이어그램을 활용한 문제가 출제되기도 한다.

S전자는 토요일에는 2명의 사원이 당직 근무를 서도록 사칙으로 규정하고 있다. S전자의 B팀에는 8명의 사원이 있다. B팀이 앞으로 3주 동안 토요일 당직 근무를 선다고 했을 때, 가능한 모든 경우의 수는?(단, 모든 사원은 당직 근무를 2번 이상 서지 않는다)

① 1,520가지
② 2,520가지
③ 5,040가지
④ 10,080가지
⑤ 15,210가지

8명을 2명씩 3그룹으로 나누는 경우의 수는 $_8C_2 \times _6C_2 \times _4C_2 \times \dfrac{1}{3!} = 28 \times 15 \times 6 \times \dfrac{1}{6} = 420$가지이다.

3개의 그룹을 각각 A, B, C라 하면, 3주 동안 토요일에 근무자를 배치하는 경우의 수는 A, B, C를 일렬로 배열하는 방법의 수와 같다. 3그룹을 일렬로 나열하는 경우의 수는 $3 \times 2 \times 1 = 6$가지이다.

따라서 구하는 경우의 수는 $420 \times 6 = 2,520$가지이다.

30초 컷 풀이 Tip

합의 법칙

ⓐ 두 사건 A, B가 동시에 일어나지 않을 때, A가 일어나는 경우의 수를 m, B가 일어나는 경우의 수를 n이라고 하면, 사건 A 또는 B가 일어나는 경우의 수는 $m+n$이다.

ⓑ '또는', '~이거나'라는 말이 나오면 합의 법칙을 사용한다.

곱의 법칙

ⓐ A가 일어나는 경우의 수를 m, B가 일어나는 경우의 수를 n이라고 하면, 사건A와 B가 동시에 일어나는 경우의 수는 $m \times n$이다.

ⓑ '그리고', '동시에'라는 말이 나오면 곱의 법칙을 사용한다.

온라인 풀이 Tip

경우의 수 유형은 길게 풀어져 있는 문장을 알고 있는 공식에 대입할 수 있게 숫자를 잘 정리하는 게 포인트이다. 온라인으로 경우의 수 유형을 풀 때에도 수만 잘 정리하면 쉽게 풀 수 있다.

예 해당 문제에서는 '8명의 사원을 2명씩 3주에 배치'가 핵심이다.

8명의 사원

↓

2명씩 / 3주

$\therefore \ _8C_2 \times _6C_2 \times _4C_2$

| 유형분석 |

- 출제될 가능성이 높은 유형이다.
- 순열(P)과 조합(C)을 활용한 문제이다.
- 조건부 확률 문제가 출제되기도 한다.

주머니에 1부터 10까지의 숫자가 적힌 카드 10장이 들어있다. 주머니에서 카드를 세 번 뽑는다고 할 때, 1, 2, 3이 적힌 카드 중 하나 이상을 뽑을 확률은?(단, 꺼낸 카드는 다시 넣지 않는다)

① $\dfrac{5}{8}$

② $\dfrac{17}{24}$

③ $\dfrac{7}{24}$

④ $\dfrac{7}{8}$

⑤ $\dfrac{5}{6}$

(1, 2, 3이 적힌 카드 중 하나 이상을 뽑을 확률)=1−(세 번 모두 4~10이 적힌 카드를 뽑을 확률)

세 번 모두 4~10이 적힌 카드를 뽑을 확률은 $\frac{7}{10} \times \frac{6}{9} \times \frac{5}{8} = \frac{7}{24}$ 이다.

따라서 1, 2, 3이 적힌 카드 중 하나 이상을 뽑을 확률은 $1 - \frac{7}{24} = \frac{17}{24}$ 이다.

30초 컷 풀이 Tip

여사건의 확률
㉠ 사건 A가 일어날 확률이 p일 때, 사건 A가 일어나지 않을 확률은 $(1-p)$이다.
㉡ '적어도'라는 말이 나오면 주로 사용한다.

확률의 덧셈
두 사건 A, B가 동시에 일어나지 않을 때, A가 일어날 확률을 p, B가 일어날 확률을 q라고 하면, 사건 A 또는 B가 일어날 확률은 $p+q$이다.

확률의 곱셈
A가 일어날 확률을 p, B가 일어날 확률을 q라고 하면, 사건 A와 B가 동시에 일어날 확률은 $p \times q$이다.

온라인 풀이 Tip

경우의 수 유형과 마찬가지로 확률 유형을 풀이하는 방법은 같다.
[예] 1~10 10장
$\downarrow$
3장 / 1, 2, 3 중 적어도 1장 이상
$\therefore 1 - \frac{7}{10} \times \frac{6}{9} \times \frac{5}{8}$

| 유형분석 |

- 자료를 보고 해석하거나 추론한 내용을 고르는 문제가 출제된다.
- 증감 추이, 증감률, 증감폭 등의 간단한 계산이 포함되어 있다.
- %, %p 등의 차이점을 알고 적용할 수 있어야 한다.

%(퍼센트) : 어떤 양이 전체(100)에 대해서 얼마를 차지하는가를 나타내는 단위

%p(퍼센트 포인트) : %로 나타낸 수치가 이전 수치와 비교했을 때 증가하거나 감소한 양

다음은 지방자치단체 재정력 지수에 대한 표이다. 이에 대한 설명으로 옳은 것은?

〈지방자치단체 재정력 지수〉

구분	2020년	2021년	2022년	평균
서울	1.106	1.088	1.010	1.068
부산	0.942	0.922	0.878	0.914
대구	0.896	0.860	0.810	0.855
인천	1.105	0.984	1.011	1.033
광주	0.772	0.737	0.681	0.730
대전	0.874	0.873	0.867	0.871
울산	0.843	0.837	0.832	0.837
경기	1.004	1.065	1.032	1.034
강원	0.417	0.407	0.458	0.427
충북	0.462	0.446	0.492	0.467
충남	0.581	0.693	0.675	0.650
전북	0.379	0.391	0.404	0.393
전남	0.319	0.330	0.320	0.323

※ 매년 지방자치단체의 기준 재정수입액이 기준 재정수요액에 미치지 않는 경우, 중앙정부는 그 부족만큼의 지방교부세를 당해 연도에 지급함

※ (재정력 지수)=(기준 재정수입액)÷(기준 재정수요액)

① 3년간 지방교부세를 지원받은 적이 없는 지방자치단체는 서울, 인천, 경기 3곳이다.

② 2022년의 서울 재정력 지수 대비 전북 재정력 지수의 비율은 30% 미만이다.

③ 3년간 재정력 지수가 지속적으로 상승한 지방자치단체는 전북이 유일하다.

④ 3년간 지방교부세를 가장 많이 지원받은 지방자치단체는 전남이다.

⑤ 3년간 대전과 울산의 기준 재정수입액이 매년 서로 동일하다면 기준 재정수요액은 대전이 울산보다 항상 많다.

3년간 재정력 지수가 지속적으로 상승한 지방자치단체는 전북이 유일하다고 하였으므로 우선 전북부터 재정력 지수가 지속적으로 상승하였는지 확인한다. 전북은 3년간 재정력 지수가 지속적으로 상승하였으므로 나머지 지방자치단체 중 3년간 재정력 지수가 상승하는 지방자치단체가 있는지 파악하여 전북이 유일한지를 확인한다. 3년간이므로 2020년 대비 2021년에 상승한 지방만 2021년 대비 2022년에 상승했는지 확인한다.

구분	2020년 대비 2021년	2021년 대비 2022년	구분	2020년 대비 2021년	2021년 대비 2022년
서울	하락	–	경기	상승	하락
부산	하락	–	강원	하락	–
대구	하락	–	충북	하락	–
인천	하락	–	충남	상승	하락
광주	하락	–	전북	상승	상승
대전	하락	–	전남	상승	하락
울산	하락	–	–	–	–

오답분석

① 기준 재정수입액이 수요액보다 작으면 정부의 지원을 받는데 기준 재정수입액이 수요액보다 작으면 재정력지수는 1 미만이다. 인천의 경우 2021년에 재정력 지수가 1 미만이므로 정부의 지원을 받은 적이 있다.

② 2022년의 서울 재정력 지수 대비 전북 재정력 지수의 비율은 $\frac{0.404}{1.010} \times 100 = 40\%$로 30% 이상이다.

④ 재정력 지수는 액수에 대한 비율을 나타낸 값이므로 절대적인 액수를 파악할 수 없다.

⑤ 기준 재정수입액이 동일하면 재정력 지수가 클수록 기준 재정수요액이 적다. 따라서 대전은 울산보다 기준 재정수요액이 항상 적다.

30초 컷 풀이 Tip

간단한 선택지부터 해결하기
계산이 필요 없거나 생각하지 않아도 되는 선택지를 먼저 해결한다.
예 ③은 제시된 수치의 증감 추이를 판단하는 문제이므로 가장 먼저 풀이 가능하다.

옳은 것/옳지 않은 것 헷갈리지 않게 표시하기
자료해석은 옳은 것 또는 옳지 않은 것을 찾는 문제가 출제된다. 문제마다 매번 바뀌므로 이를 확인하는 것은 매우 중요하다. 따라서 선택지에 표시할 때에도 선택지가 옳지 않은 내용이라서 '×' 표시를 했는지, 옳은 내용이지만 문제가 옳지 않은 것을 찾는 문제라 '×' 표시를 했는지 헷갈리지 않도록 표시 방법을 정해야 한다.

제시된 자료를 통해 계산할 수 있는 값인지 확인하기
제시된 자료만으로 계산할 수 없는 값을 묻는 선택지인지 먼저 판단해야 한다. 문제를 읽고 바로 계산부터 하면 함정에 빠지기 쉽다.

온라인 풀이 Tip

오프라인 시험에서는 종이에 중요한 부분을 표시할 수 있지만, 온라인 시험에서는 표시할 방법이 없어 필요한 여러 정보를 눈으로 확인해야 한다. 따라서 마우스 포인터와 손가락으로 표시하는 행동은 자료해석 유형을 풀이할 때 많은 도움이 되므로 이를 활용하여 풀이한다.

자료에서 가장 큰 값 찾기
자료를 위에서 아래로 또는 왼쪽에서 오른쪽으로 훑으면서 지금까지 확인한 숫자 중 가장 큰 값을 손가락으로 가리킨다. 자료가 많으면 줄이 헷갈릴 수 있으므로 마우스 포인터로 줄을 따라가며 읽는다.

| 유형분석 |

- 주어진 자료를 통해 문제에서 주어진 특정한 값을 찾고, 자료의 변동량을 구할 수 있는지를 평가하는 유형이다.
- 각 그래프의 선이 어떤 항목을 의미하는지와 단위를 정확히 확인한다.
- 그림을 통해 계산하지 않고 눈으로 확인할 수 있는 내용(증감추이)이 있는지 확인한다.

다음은 연도별 국내 출생아 및 혼인건수에 대한 표이다. 정보를 보고 (ㄱ)~(ㄷ)에 들어갈 수를 바르게 나열한 것은?

〈연도별 출생아 및 혼인 현황〉

(단위 : 명)

구분	2014년	2015년	2016년	2017년	2018년	2019년	2020년	2021년	2022년
출생아수	471,265	484,550	436,455	435,435	438,420	406,243	357,771	326,822	(ㄷ)
합계출산율	(ㄱ)	1.297	1.187	1.205	1.239	1.172	1.052	0.977	0.918
출생성비	105.7	105.7	105.3	105.3	(ㄴ)	105.0	106.3	105.4	105.5
혼인건수 (건)	329,087	327,073	322,807	305,507	302,828	281,635	264,455	257,622	239,159

※ 합계출산율 : 한 여자가 가임기간(15 ~ 49세)에 낳을 것으로 기대되는 평균 출생아 수

※ 출생성비 $\left[=\dfrac{(\text{남자 출생아})}{(\text{여자 출생아})}\times100\right]$: 여자 출생아 100명당 남자 출생아 수

〈정보〉

- 출생아수는 2019 ~ 2022년 동안 전년 대비 감소하는 추세이며, 그중 2022년도 전년 대비 감소한 출생아 수가 가장 적다.
- 2014 ~ 2022년까지 연도별 합계출산율에서 2014년 합계출산율은 두 번째로 많다.
- 2016년부터 3년 동안 출생성비는 동일하다.

	(ㄱ)	(ㄴ)	(ㄷ)
①	1.204	105.0	295,610
②	1.237	105.0	295,610
③	1.244	105.3	302,676
④	1.237	105.3	302,676
⑤	1.251	105.3	295,873

정답 ③

(ㄱ) 두 번째 정보에 따라 2014년부터 2022년까지 연도별 합계출산율 순위중 2014년도가 두 번째로 높은 연도이므로 가장 많은 2015년 합계출산율인 1.297명보다 낮고, 세 번째로 많은 2018년도의 1.239명보다 높아야 된다. 따라서 선택지에서 1.244명과 1.251명이 범위에 포함된다.

(ㄴ) 세 번째 정보로부터 2016년부터 2018년까지의 출생성비가 동일함을 알 수 있다. 따라서 (ㄴ)에 들어갈 수는 105.3명이다.

(ㄷ) 첫 번째 정보에서 2019 ~ 2022년 동안 전년 대비 출생아 수는 감소하는 추세이며, 빈칸에 해당하는 2022년 전년 대비 감소한 출생아 수가 가장 적다고 하였다. 연도별 전년 대비 출생아 수 감소 인원은 다음과 같다.

연도	2019년	2020년	2021년
전년 대비 출생아 수 감소 인원	438,420−406,243 =32,177명	406,243−357,771 =48,472명	357,771−326,822 =30,949명

2019 ~ 2021년 중 2020년도가 전년 대비 감소 인원이 가장 적으므로 이보다 적게 차이가 나는 수를 찾으면 선택지 중 302,676명이 된다.

• 2022년 전년 대비 출생아 수 감소 인원 : 326,822−302,676=24,146명＜30,949명

따라서 (ㄱ), (ㄴ), (ㄷ)에 들어갈 적절한 수로 나열된 선택지는 ③이다.

30초 컷 풀이 Tip

• 자료계산 유형은 선택지를 소거하면서 풀이하면 시간을 단축시킬 수 있다.

온라인 풀이 Tip

• 숫자를 확인 후, 정확하게 계산을 할지 어림계산을 할지 판단한다.
• 온라인 시험에서는 숫자 계산이 깔끔하게 떨어지는 경우가 많다.

대표유형

09 자료변환

| 유형분석 |

- 제시된 표나 그래프의 수치를 그래프로 올바르게 변환한 것을 묻는 유형이다.
- 복잡한 표가 제시되지 않으므로 수의 크기만을 판단하여 풀이할 수 있다.
- 정확한 수치가 제시되지 않을 수 있으므로 그래프의 높낮이나 넓이를 판단하여 풀이해야 한다.
- 제시된 표나 그래프의 수치를 계산하여 변환하는 유형도 출제될 수 있다.

다음은 연도별 치킨전문점의 개·폐업점 수에 대한 표이다. 이를 변환한 그래프로 옳은 것은?

〈연도별 개·폐업점 수〉

(단위 : 개)

구분	개업점 수	폐업점 수	구분	개업점 수	폐업점 수
2011년	3,449	1,965	2017년	3,252	2,873
2012년	3,155	2,121	2018년	3,457	2,745
2013년	4,173	1,988	2019년	3,620	2,159
2014년	4,219	2,465	2020년	3,244	3,021
2015년	3,689	2,658	2021년	3,515	2,863
2016년	3,887	2,785	2022년	3,502	2,758

①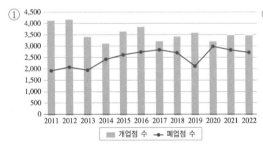

②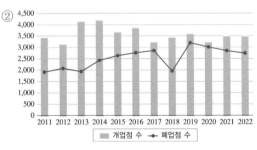

③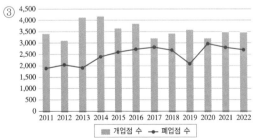

④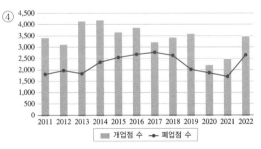

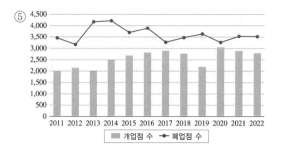

⑤

정답 ③

제시된 자료의 개업점 수와 폐업점 수의 증감 추이를 나타내면 다음과 같다.

구분	2011년	2012년	2013년	2014년	2015년	2016년	2017년	2018년	2019년	2020년	2021년	2022년
개업점 수	–	감소	증가	증가	감소	증가	감소	증가	증가	감소	증가	감소
폐업점 수	–	증가	감소	증가	증가	증가	증가	감소	감소	증가	감소	감소

이와 일치하는 추이를 보이고 있는 ③의 그래프가 적절하다.

오답분석

① 2011 ~ 2012년 개업점 수가 자료보다 높고, 2013 ~ 2014년 개업점 수는 낮다.

② 2018년 폐업점 수는 자료보다 낮고, 2019년의 폐업점 수는 높다.

④ 2020 ~ 2021년 개업점 수와 폐업점 수가 자료보다 낮다.

⑤ 2011 ~ 2022년 개업점 수와 폐업점 수가 바뀌었다.

30초 컷 풀이 Tip

1. 수치를 일일이 확인하는 것보다 해당 풀이처럼 증감 추이를 먼저 판단해서 선택지를 1차적으로 거르고 나머지 선택지 중 그래프 모양이 크게 차이 나는 곳의 수치를 확인하면 빠르게 풀이할 수 있다.
2. 막대그래프가 자료로 제시되는 경우 막대의 가운데 부분을 연결하면 꺾은선그래프가 된다.

온라인 풀이 Tip

이 유형은 계산이 없다면 눈으로만 풀이해도 되지만, 삼성의 경우에는 문제풀이 용지에 풀이를 남겨야 하므로 다음과 같이 작성한다.
1. 계산이 있는 경우
   계산 부분만 문제풀이 용지에 적어도 충분하다.
2. 계산이 없는 경우
   해당 문제 풀이처럼 주어진 자료에서 증가, 감소를 파악하여 작성하거나 [오답분석]처럼 '①은 2010년 개업점 수가 자료보다 높음'으로 메모하고 다른 부분만 요약하여 작성한다.

| 유형분석 |

- 제시된 자료의 규칙을 바탕으로 미래의 값을 추론하는 유형이다.
- 등차수열이나 등비수열, log, 지수 등의 수학적인 지식을 묻기도 한다.

주요 수열 종류

구분	설명
등차수열	앞의 항에 일정한 수를 더해 이루어지는 수열
등비수열	앞의 항에 일정한 수를 곱해 이루어지는 수열
계차수열	수열의 인접하는 두 항의 차로 이루어진 수열
피보나치수열	앞의 두 항의 합이 그 다음 항의 수가 되는 수열
건너뛰기 수열	1. 두 개 이상의 수열이 일정한 간격을 두고 번갈아가며 나타나는 수열
	2. 두 개 이상의 규칙이 일정한 간격을 두고 번갈아가며 적용되는 수열
군수열	일정한 규칙성으로 몇 항씩 묶어 나눈 수열

A제약회사에서는 유산균을 배양하는 효소를 개발 중이다. 이 효소와 유산균이 만났을 때 다음과 같이 유산균의 수가 변화하고 있다면 효소의 양이 12g일 때 남아있는 유산균의 수는?

〈효소의 양 및 유산균의 수〉					
효소의 양(g)	1	2	3	4	5
유산균의 수(억 마리)	120	246	372	498	624

① 1,212억 마리
② 1,346억 마리
③ 1,480억 마리
④ 1,506억 마리
⑤ 1,648억 마리

1. 규칙 파악

문제에서 효소와 유산균이 만났을 때 유산균의 수가 변화한다고 하였으므로 효소의 양과 유산균의 수의 변화는 관련이 있는 것을 알 수 있다. 효소의 수는 한 개씩 늘어나고 있고 그에 따른 유산균의 수는 계속 증가하고 있다. 수열 문제에 접근할 때 가장 먼저 등차수열이나 등비수열이 아닌지 확인해야 한다. 이 문제에서 유산균의 수는 공차가 126인 등차수열임을 알 수 있다.

2. 계산

삼성 수추리는 직접 계산해도 될 만큼의 계산력을 요구한다. 물론 식을 세워서 계산하는 방법이 가장 빠르고 정확하지만 공식이 기억나지 않는다면 머뭇거리지 말고 직접 계산을 해야 한다.

이 문제 역시 효소의 양이 12g일 때 유산균의 수를 물었으므로 공식이 생각나지 않는다면 직접 계산으로 풀이할 수 있다. 하지만 시험 보기 전까지 식을 세워보는 연습을 하여 실전에서 빠르게 풀 수 있도록 다음과 같이 2가지의 풀이 방법을 제시하였다.

㉠ 직접 계산하기

효소의 양(g)	5		6		7		8		9		10		11		12
유산균의 수(억 마리)	624	→	750	→	876	→	1,002	→	1,128	→	1,254	→	1,380	→	1,506
		+126		+126		+126		+126		+126		+126		+126	

㉡ 식 세워 계산하기

식을 세우기 전에 미지수를 지정한다. 효소의 양이 ng일 때 유산균의 수를 a_n 억 마리라고 하자.

등차수열의 공식이 $a_n =$ (첫 항)+(공차)$\times(n-1)$임을 활용한다.

유산균의 수는 매일 126억 마리씩 증가하고 있다. 등차수열 공식에 의해 $a_n = 120+126(n-1)=126n-6$이다.

따라서 효소의 양이 12g일 때의 유산균의 수는 $a_{12}=126\times12-6=1,512-6=1,506$억 마리이다.

30초 컷 풀이 Tip

자료해석의 수추리는 복잡한 규칙을 묻지 않고, 지나치게 큰 n(미래)의 값을 묻지 않는다. 등차수열이나 등비수열 등이 출제되었을 때, 공식이 생각나지 않는다면 써서 나열하는 것이 문제 풀이 시간을 단축할 수 있는 방법이다.

PART 3

01 사냥개가 토끼의 뒤를 쫓고 있다. 사냥개가 세 발짝을 달리는 동안 토끼는 네 발짝을 달리고, 사냥개의 두 걸음의 길이는 토끼의 세 걸음의 길이와 같다고 한다. 사냥개와 토끼 사이의 거리가 10m라고 할 때, 사냥개가 토끼를 잡기 위해 더 달려야 하는 거리는?

① 82m   ② 85m

③ 88m   ④ 90m

⑤ 94m

02 혜영이가 자전거를 타고 300m를 달리는 동안 지훈이는 자전거를 타고 400m를 달린다고 한다. 두 사람이 둘레가 1,800m인 원 모양의 연못 둘레를 같은 지점에서 같은 방향으로 동시에 출발하여 15분 후 처음으로 만날 때 혜영이와 지훈이가 이동한 거리의 합은?

① 7,200m   ② 8,800m

③ 9,400m   ④ 12,600m

⑤ 16,800m

03 지하철 환승구간에서 0.6m/s로 움직이는 무빙워크가 반대방향으로 2대가 설치되어 있다. A씨는 0.8m/s로 무빙워크 위를 걸어가고, B씨는 반대방향인 무빙워크를 타고 걸어가고 있다. A씨와 B씨가 같은 지점에서 서로 반대방향으로 걸어갈 경우 B씨가 무빙워크를 타고 걸어갈 때와 타지 않고 걸어갈 때의 30초 후 A씨와 B씨의 멀어진 거리 차이는?(단, 각자 무빙워크와 같은 방향으로 걸어가고 있다)

① 15m   ② 16m

③ 17m   ④ 18m

⑤ 19m

Easy

04 길이가 30m인 기차가 150m 길이의 터널을 완전히 통과하는 데 30초 걸렸다. 이 기차의 속력은?

① 4m/s   ② 5m/s

③ 6m/s   ④ 7m/s

⑤ 8m/s

Easy

05 농도가 10%인 설탕물 300g에서 일정량의 물을 증발시켰더니 농도가 30%인 설탕물이 되었다. 증발시킨 물의 양은?

① 50g   ② 100g

③ 150g   ④ 200g

⑤ 250g

06 A그릇에는 9%의 소금물 200g, B그릇에는 4%의 소금물 150g이 있다. A그릇에서 100g의 소금물을 B그릇으로 옮겼을 때, B그릇에 들어있는 소금물의 농도는?

① 4%   ② 4.5%

③ 5%   ④ 5.5%

⑤ 6%

07 순수한 물 100g에 농도 36%의 설탕물 50g과 농도 20%의 설탕물 50g을 모두 섞었을 때, 합친 설탕물의 농도는?

① 10% ② 12%

③ 14% ④ 16%

⑤ 18%

08 A매장에서는 직원 6명이 마감청소를 하는 데 5시간이 걸린다. 이때, 리모델링 작업을 진행하기 위해 3시간 만에 마감청소를 끝낼 수 있도록 단기 직원을 추가로 고용한다면, 필요한 단기 직원의 수는?(단, 모든 직원의 능률은 동일하다)

① 2명 ② 3명

③ 4명 ④ 5명

⑤ 6명

09 수도관으로 물을 가득 채우는 데 1시간이 걸리는 수영장이 있다. 이 수영장에 가득 찬 물을 배수로로 빼내는 데 1시간 40분이 걸린다. 만약 텅 빈 수영장에 물을 채우기 시작했는데 배수로로 물이 계속 빠져나가고 있었다면, 수영장에 물을 가득 채우는 데 걸리는 시간은?

① 2시간 ② 2시간 10분

③ 2시간 20분 ④ 2시간 30분

⑤ 2시간 40분

10 주어진 시간 동안 A가 정리할 수 있는 운동장의 넓이는 B의 1.5배이다. A와 B가 100m^2 넓이의 운동장을 5시간 만에 모두 정리하였다면, A가 한 시간 동안에 정리할 수 있는 면적의 넓이는?

① 8m^2
② 12m^2
③ 15m^2
④ 18m^2
⑤ 20m^2

Easy

11 어떤 가게에서는 사과 10개들이 한 상자를 9,500원에 판매하고 있다. 이 가게에서 사과를 낱개로 구매하려면 개당 1,000원을 지불해야 한다. 50,000원으로 이 가게에서 살 수 있는 사과의 최대 개수는?

① 48개
② 50개
③ 52개
④ 54개
⑤ 56개

Hard

12 딸의 나이는 8살이고, a년 후 딸과 아버지의 나이를 합치면 현재 딸의 나이의 7배가 된다고 한다. 현재 아버지의 나이는 딸의 나이의 몇 배인가?

① $\dfrac{20-a}{4}$ 배
② $\dfrac{22-a}{4}$ 배
③ $\dfrac{24-a}{4}$ 배
④ $\dfrac{26-a}{4}$ 배
⑤ $\dfrac{28-a}{4}$ 배

13 A지역 유권자의 $\frac{3}{5}$ 과 B지역 유권자의 $\frac{1}{2}$ 이 헌법 개정에 찬성하였다. A지역 유권자가 B지역 유권자의 4배일 때, 헌법 개정에 찬성한 A와 B 두 지역 유권자의 비율은?

① 50%
② 52%
③ 54%
④ 56%
⑤ 58%

14 한 영화관의 평일 특별관 티켓 정가는 25,000원이며, 주말 특별관 티켓 정가는 이보다 20% 더 비싸다. 만일 이 영화관이 지역 주민을 대상으로 모든 티켓 가격을 10% 인하된 가격에 판매하는 이벤트를 진행한다면, 주말 티켓 가격은 원래 정가에 비해 얼마나 할인된 가격으로 판매되겠는가?

① 2,500원
② 3,000원
③ 3,500원
④ 4,000원
⑤ 4,500원

15 A마트에서는 아이스크림을 1개당 a원에 들여온다. 이 아이스크림을 20%의 이익을 붙여 판매를 한다. 개점 3주년을 맞아 아이스크림을 1개당 500원 할인하여 팔기로 했다. 이때 아이스크림 1개 당 700원의 이익이 생긴다면, 아이스크림 1개당 원가는?

① 5,000원
② 5,250원
③ 5,500원
④ 5,750원
⑤ 6,000원

16 원우는 자신을 포함한 8명의 친구와 부산에 놀러 가기 위해 일정한 금액을 걷었다. 원우가 경비를 계산해보니, 총 금액의 30%는 숙박비에 사용하고, 숙박비 사용 금액의 40%는 외식비로 사용한다. 그리고 남은 금액이 92,800원이라면, 각자 얼마씩 돈을 냈는가?

① 15,000원 ② 18,000원
③ 20,000원 ④ 22,000원
⑤ 25,000원

17 어느 해의 10월 1일은 월요일이다. 다음 해의 3월 1일은 무슨 요일인가?(단, 다음 해는 2월이 29일까지 있다)

① 화요일 ② 수요일
③ 목요일 ④ 금요일
⑤ 토요일

Easy

18 12시 이후 처음으로 시침과 분침의 각도가 55°가 되는 시각은 12시 몇 분인가?

① 10분 ② 11분
③ 12분 ④ 13분
⑤ 14분

19 숫자 1 ~ 4가 적혀 있는 카드가 있다. 이 중 한 숫자의 카드는 2장이 있다. 이 5장의 카드를 일렬로 나열하려고 한다. 카드를 나열할 때 홀수끼리 또는 짝수끼리는 서로 인접할 수 없으나 같은 숫자의 카드일 경우는 인접할 수 있다. 2장이 될 수 있는 카드의 숫자를 모두 고르면?

① 1, 4

② 2, 3

③ 1, 2, 4

④ 2, 3, 4

⑤ 1, 2, 3, 4

Hard

20 한국, 중국, 일본, 미국, 러시아 5개국이 서울에서 회담을 진행하기로 했다. 5개국에서 각각 5명, 5명, 5명, 4명, 2명의 대표자가 방문하였고, 이들을 6석, 5석, 5석, 3석, 3석의 테이블 5개에 나누어 앉게 하려 한다. 같은 국가에서 온 대표자들을 서로 다른 테이블에 앉게 하려면 최대 몇 명의 대표자들을 앉게 할 수 있는가?

① 17명

② 18명

③ 19명

④ 20명

⑤ 21명

Easy

21 A기획의 출근 시각은 오전 9시이다. 지하철역에서 A기획 정문까지 셔틀버스가 운행된다. 정문에 셔틀버스가 출근 시각에 도착할 확률은 $\frac{1}{2}$, 출근 시각보다 늦게 도착할 확률은 $\frac{1}{8}$, 출근 시각보다 빨리 도착할 확률은 $\frac{3}{8}$이다. 지하철역에서 3대가 동시에 출발할 때, 2대의 버스는 출근 시각보다 빨리 도착하고, 1대의 버스는 출근 시각에 도착할 확률은?

① $\frac{1}{128}$

② $\frac{3}{128}$

③ $\frac{9}{128}$

④ $\frac{27}{128}$

⑤ $\frac{81}{128}$

22 7경기 중 4경기를 이기면 우승하는 야구 경기에서 현재 A팀이 3승 1패로 앞서고 있다. 매 경기 어느 한 팀이 이길 확률은 각각 같고, 비기는 경우는 없다고 가정할 때, A팀이 우승할 확률은?

① $\dfrac{5}{6}$

② $\dfrac{6}{7}$

③ $\dfrac{7}{8}$

④ $\dfrac{8}{9}$

⑤ $\dfrac{9}{10}$

23 7명의 선수가 다음 대진표와 같이 당구 대회에 출전하였다. 7명의 선수를 대진표에 배치하는 경우의 수는?

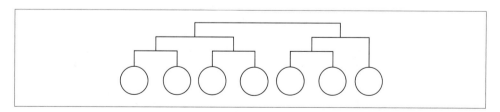

① 300가지

② 315가지

③ 330가지

④ 345가지

⑤ 360가지

24 다음은 A국의 2022년 월별 영화 개봉편수 및 관객 수에 대한 자료이다. 이를 변형한 그래프로 옳은 것은?

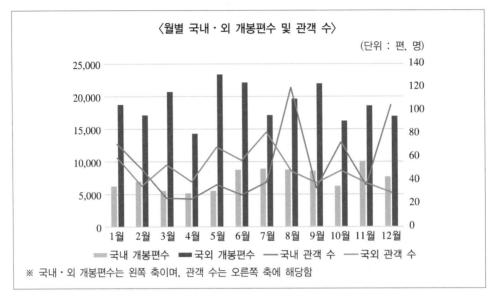

〈월별 국내·외 개봉편수 및 관객 수〉

(단위 : 편, 명)

■국내 개봉편수 ■국외 개봉편수 ─국내 관객 수 ─국외 관객 수

※ 국내·외 개봉편수는 왼쪽 축이며, 관객 수는 오른쪽 축에 해당함

①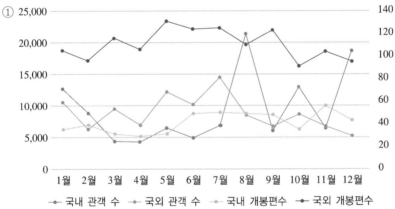

─●─국내 관객 수 ─●─국외 관객 수 ─●─국내 개봉편수 ─●─국외 개봉편수

②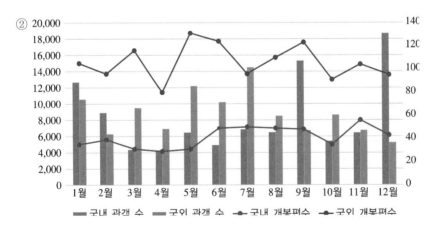

■구내 과객 수 ■구이 과객 수 ─●─구내 개보편수 ─●─구이 개보편수

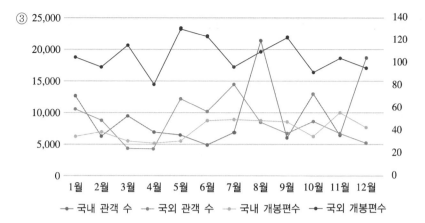

③

1월 2월 3월 4월 5월 6월 7월 8월 9월 10월 11월 12월

—●— 국내 관객 수　—●— 국외 관객 수　—●— 국내 개봉편수　—●— 국외 개봉편수

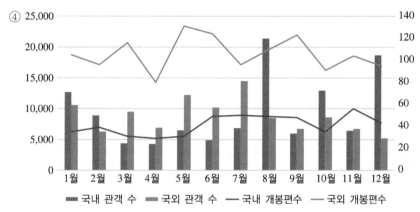

④

1월 2월 3월 4월 5월 6월 7월 8월 9월 10월 11월 12월

■ 국내 관객 수　■ 국외 관객 수　— 국내 개봉편수　— 국외 개봉편수

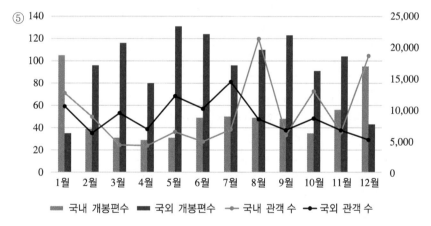

⑤

1월 2월 3월 4월 5월 6월 7월 8월 9월 10월 11월 12월

■ 국내 개봉편수　■ 국외 개봉편수　—●— 국내 관객 수　—●— 국외 관객 수

25 다음은 한국·미국·일본 3국 환율에 대한 자료이다. 이를 변형한 그래프로 옳은 것은?

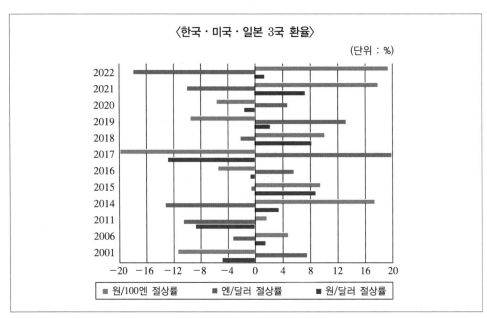

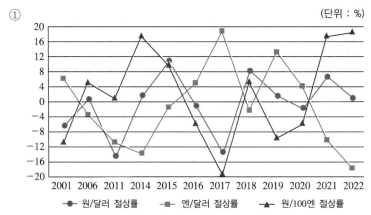

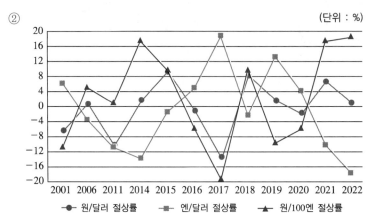

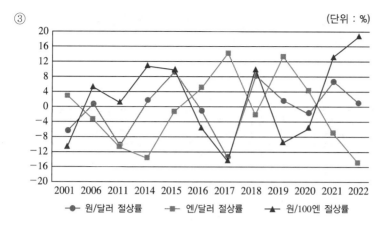

③ (단위 : %)

원/달러 절상률　　엔/달러 절상률　　원/100엔 절상률

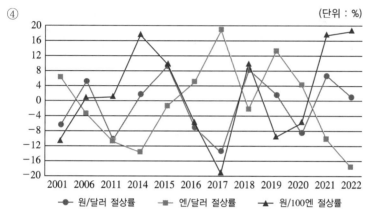

④ (단위 : %)

원/달러 절상률　　엔/달러 절상률　　원/100엔 절상률

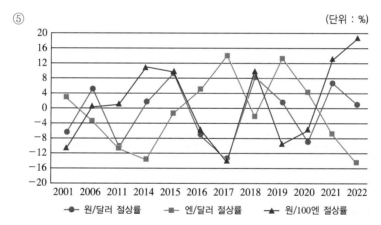

⑤ (단위 : %)

원/달러 절상률　　엔/달러 절상률　　원/100엔 절상률

26 다음은 전국 교통안전시설 설치현황에 대한 표이다. 빈칸에 들어갈 숫자로 가장 적절한 것은?(단, 각 수치는 매년 일정한 규칙으로 변화한다)

〈전국 교통안전시설 설치현황〉

(단위 : 개)

연도	안전표지				신호등	
	주의	규제	지시	보조	차신호등	보행등
2014년	100	110	80	57	88	35
2015년	126	120	90	82	73	40
2016년	140	140	100	85	82	45
2017년	160		110	100	95	50
2018년	175	180	130	135	110	48
2019년	205	200	150	140	160	70
2020년	205	230	150	140	160	70
2021년	230	240	165	135	195	80
2022년	240	260	175	145	245	87

① 140
② 150
③ 160
④ 170
⑤ 180

Easy

27 다음은 2023년도 경기전망을 나타낸 표이다. 경제성장률이 자료에서 나타나는 것보다 2%p씩 상승하는 경우 경제성장률의 기댓값을 구하면?(단, 경제성장률이 변화해도 확률은 변하지 않는다)

〈2023년도 경기전망〉

경제성장률(확률변수)	확률
5%	0.2
15%	0.4
20%	0.4

※ (기댓값)＝(확률변수)×(확률의 합)

① 14%
② 15%
③ 16%
④ 17%
⑤ 18%

28 다음은 A ~ D사의 남녀 직원비율을 나타낸 표이다. 이에 대한 설명으로 옳지 않은 것은?

〈A ~ D사의 남녀 비율〉

(단위 : %)

구분	A	B	C	D
남	54	48	42	40
여	46	52	58	60

① 여직원 대비 남직원 비율이 가장 높은 회사는 A사이며, 가장 낮은 회사는 D사이다.

② B, C, D사의 여직원 수의 합은 남직원 수의 합보다 크다.

③ A사의 남직원이 B사의 여직원보다 많다.

④ A사의 전체 직원 수가 B사 전체 직원 수의 2배이면 A, B사의 전체 직원 중 남직원이 차지하는 비율은 52%이다.

⑤ A, B, C사의 전체 직원 수가 같다면 A, C사 여직원 수의 합은 B사 여직원 수의 2배이다.

29 다음 룰렛에 적힌 수는 일정한 규칙을 갖는다. (㉡+㉢)÷㉠의 값은?

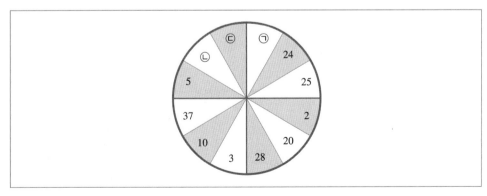

① 42

② 45

③ 48

④ 51

⑤ 54

30 다음 전개도는 일정한 규칙에 따라 나열된 수열이다. ?에 들어갈 값으로 적절한 것은?

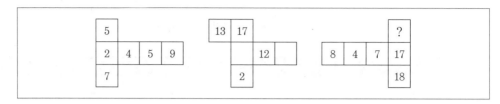

① 2   ② 3
③ 4   ④ 5
⑤ 6

Hard

31 다음 퍼즐은 일정한 규칙에 따라 나열된 수열이다. $(A)+(B)+(C)$의 값은?

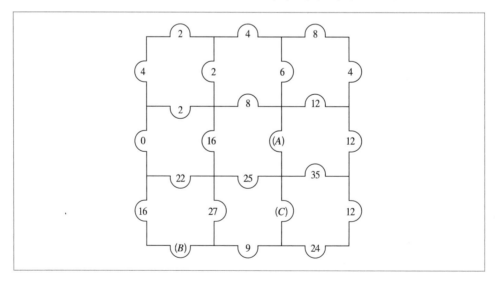

① 22   ② 23
③ 24   ④ 25
⑤ 26

32 다음은 일정한 규칙에 따라 나열된 수이다. 빈칸에 들어갈 수 있는 쌍의 개수는?

(6, 2)=[(1, 5), (2, 4), (3, 3)]
(6, 3)=[(1, 1, 4), (1, 2, 3), (2, 2, 2)]
(6, 4)=[   ]

① 1개
② 2개
③ 3개
④ 4개
⑤ 5개

33 일정한 규칙으로 수를 나열할 때, 빈칸에 들어갈 수로 가장 적절한 것은?

5	2	6	15	4	6	18	12	15	5	(	)	75

① 5
② 10
③ 15
④ 20
⑤ 25

할 수 있다고 믿는 사람은 그렇게 되고, 할 수 없다고 믿는 사람도 역시 그렇게 된다.

- 샤를 드골 -

PART 4

추리

| 언어추리 |

01   어휘추리

1. 유의 관계

두 개 이상의 어휘가 서로 소리는 다르나 의미가 비슷한 경우를 유의 관계라고 하고, 유의 관계에 있는 어휘를 유의어(類義語)라고 한다. 유의 관계의 대부분은 개념적 의미의 동일성을 전제로 한다. 그렇다고 하여 유의 관계를 이루는 단어들을 어느 경우에나 서로 바꾸어 쓸 수 있는 것은 아니다. 따라서 언어 상황에 적합한 말을 찾아 쓰도록 노력하여야 한다.

(1) 원어의 차이

한국어는 크게 고유어, 한자어, 외래어로 구성되어 있다. 따라서 하나의 사물에 대해서 각각 부르는 일이 있을 경우 유의 관계가 발생하게 된다.

(2) 전문성의 차이

같은 사물에 대해서 일반적으로 부르는 이름과 전문적으로 부르는 이름이 다른 경우가 많다. 이런 경우에 전문적으로 부르는 이름과 일반적으로 부르는 이름 사이에 유의 관계가 발생한다.

(3) 내포의 차이

나타내는 의미가 완전히 일치하지는 않으나, 유사한 경우에 유의 관계가 발생한다.

(4) 완곡어법

문화적으로 금기시하는 표현을 둘러서 말하는 것을 완곡어법이라고 하며, 이러한 완곡어법 사용에 따라 유의 관계가 발생한다.

2. 반의 관계

(1) 개요

반의어(反意語)는 둘 이상의 단어에서 의미가 서로 짝을 이루어 대립하는 경우를 말한다.

즉, 반의어는 어휘의 의미가 서로 대립하는 단어를 말하며, 이러한 어휘들의 관계를 반의 관계라고 한다. 한 쌍의 단어가 반의어가 되려면, 두 어휘 사이에 공통적인 의미 요소가 있으면서도 동시에 서로 다른 하나의 의미 요소가 있어야 한다.

반의어는 반드시 한 쌍으로만 존재하는 것이 아니라, 다의어(多義語)이면 그에 따라 반의어가 여러 개로 달라질 수 있다. 즉, 하나의 단어에 대하여 여러 개의 반의어가 있을 수 있다.

(2) 반의어의 종류

반의어에는 상보 반의어와 정도 반의어, 관계 반의어, 방향 반의어가 있다.

① **상보 반의어** : 한쪽 말을 부정하면 다른 쪽 말이 되는 반의어이며, 중간항은 존재하지 않는다. '있다'와 '없다'가 상보적 반의어이며, '있다'와 '없다' 사이의 중간 상태는 존재할 수 없다.

② **정도 반의어** : 한쪽 말을 부정하면 반드시 다른 쪽 말이 되는 것이 아니며, 중간항을 갖는 반의어이다. '크다'와 '작다'가 정도 반의어이며, 크지도 작지도 않은 중간이라는 중간항을 갖는다.

③ **관계 반의어** : 관계 반의어는 상대가 존재해야만 자신이 존재할 수 있는 반의어이다. '부모'와 '자식'이 관계 반의어의 예이다.

④ **방향 반의어** : 맞선 방향을 전제로 하여 관계나 이동의 측면에서 대립을 이루는 단어 쌍이다. 방향 반의어는 공간적 대립, 인간관계 대립, 이동적 대립 등으로 나누어 볼 수 있다.

3. 상하 관계

상하 관계는 단어의 의미적 계층 구조에서 한쪽이 의미상 다른 쪽을 포함하거나 다른 쪽에 포섭되는 관계를 말한다. 상하 관계를 형성하는 단어들은 상위어(上位語)일수록 일반적이고 포괄적인 의미를 지니며, 하위어(下位語)일수록 개별적이고 한정적인 의미를 지닌다.

따라서 상위어는 하위어를 함의하게 된다. 즉, 하위어가 가지고 있는 의미 특성을 상위어가 자동적으로 가지게 된다.

4. 부분 관계

부분 관계는 한 단어가 다른 단어의 부분이 되는 관계를 말하며, 전체 – 부분 관계라고도 한다. 부분 관계에서 부분을 가리키는 단어를 부분어(部分語), 전체를 가리키는 단어를 전체어(全體語)라고 한다. 예를 들면, '머리, 팔, 몸통, 다리'는 '몸'의 부분어이며, 이러한 부분어들에 의해 이루어진 '몸'은 전체어이다.

1. 연역 추론

이미 알고 있는 판단(전제)을 근거로 새로운 판단(결론)을 유도하는 추론이다. 연역 추론은 진리일 가능성을 따지는 귀납 추론과는 달리, 명제 간의 관계와 논리적 타당성을 따진다. 즉, 연역 추론은 전제들로부터 절대적인 필연성을 가진 결론을 이끌어내는 추론이다.

(1) 직접 추론

한 개의 전제로부터 중간적 매개 없이 새로운 결론을 이끌어내는 추론이며, 대우 명제가 그 대표적인 예이다.

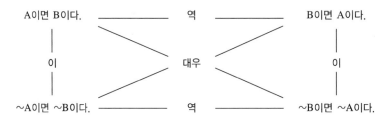

• 한국인은 모두 황인종이다.	(전제)
• 그러므로 황인종이 아닌 사람은 모두 한국인이 아니다.	(결론1)
• 그러므로 황인종 중에는 한국인이 아닌 사람도 있다.	(결론2)

(2) 간접 추론

둘 이상의 전제로부터 새로운 결론을 이끌어내는 추론이다. 삼단논법이 가장 대표적인 예이다.

① **정언 삼단논법** : 세 개의 정언명제로 구성된 간접추론 방식이다. 세 개의 명제 가운데 두 개의 명제는 전제이고, 나머지 한 개의 명제는 결론이다. 세 명제의 주어와 술어는 세 개의 서로 다른 개념을 표현한다.

② **가언 삼단논법** : 가언명제로 이루어진 삼단논법을 말한다. 가언명제란 두 개의 정언명제가 '만일 ~이라면'이라는 접속사에 의해 결합된 복합명제이다. 여기서 '만일'에 의해 이끌리는 명제를 전건이라고 하고, 그 뒤의 명제를 후건이라고 한다. 가언 삼단논법의 종류로는 혼합가언 삼단논법과 순수가언 삼단논법이 있다.

　㉠ **혼합가언 삼단논법** : 대전제만 가언명제로 구성된 삼단논법이다. 긍정식과 부정식 두 가지가 있으며, 긍정식은 'A면 B이다. A이다. 그러므로 B이다.'이고, 부정식은 'A면 B이다. B가 아니다. 그러므로 A가 아니다.'이다.

• 만약 A라면 B이다.
• B가 아니다.
• 그러므로 A가 아니다.

ⓛ 순수가언 삼단논법 : 대전제와 소전제 및 결론까지 모두 가언명제들로 구성된 삼단논법이다.

> • 만약 A라면 B이다.
> • 만약 B라면 C이다.
> • 그러므로 만약 A라면 C이다.

③ 선언 삼단논법 : '~이거나 ~이다.'의 형식으로 표현되며 전제 속에 선언 명제를 포함하고 있는 삼단
논법이다.

> • 내일은 비가 오거나 눈이 온다(A 또는 B이다).
> • 내일은 비가 오지 않는다(A가 아니다).
> • 그러므로 내일은 눈이 온다(그러므로 B이다).

④ 딜레마 논법 : 대전제는 두 개의 가언명제로, 소전제는 하나의 선언명제로 이루어진 삼단논법으로,
양도추론이라고도 한다.

> • 만일 네가 거짓말을 하면, 신이 미워할 것이다.   (대전제)
> • 만일 네가 거짓말을 하지 않으면, 사람들이 미워할 것이다.   (대전제)
> • 너는 거짓말을 하거나, 거짓말을 하지 않을 것이다.   (소전제)
> • 그러므로 너는 미움을 받게 될 것이다.   (결론)

2. 귀납 추론

특수한 또는 개별적인 사실로부터 일반적인 결론을 이끌어 내는 추론을 말한다. 귀납 추론은 구체적 사실들
을 기반으로 하여 결론을 이끌어 내기 때문에 필연성을 따지기보다는 개연성과 유관성, 표본성 등을 중시하
게 된다. 여기서 개연성이란, 관찰된 어떤 사실이 같은 조건하에서 앞으로도 관찰될 수 있는가 하는 가능성
을 말하고, 유관성은 추론에 사용된 자료가 관찰하려는 사실과 관련되어야 하는 것을 일컬으며, 표본성은
추론을 위한 자료의 표본 추출이 공정하게 이루어져야 하는 것을 가리킨다. 이러한 귀납 추론은 일상생활
속에서 많이 사용하고, 우리가 알고 있는 과학적 사실도 이와 같은 방법으로 밝혀졌다.
그러나 전제들이 참이어도 결론이 항상 참인 것은 아니다. 단 하나의 예외로 인하여 결론이 거짓이 될 수
있다.

> • 성냥불은 뜨겁다.
> • 연탄불도 뜨겁다.
> • 그러므로 모든 불은 뜨겁다.

위 예문에서 '성냥불이나 연탄불이 뜨거우므로 모든 불은 뜨겁다.'라는 결론이 나왔는데, 반딧불은 뜨겁지
않으므로 '모든 불이 뜨겁다.'라는 결론은 거짓이 된다.

(1) 완전 귀납 추론

관찰하고자 하는 집합의 전체를 다 검증함으로써 대상의 공통 특질을 밝혀내는 방법이다. 이는 예외 없는 진실을 발견할 수 있다는 장점은 있으나, 집합의 규모가 크고 속성의 변화가 다양할 경우에는 적용하기 어려운 단점이 있다.

예 1부터 10까지의 수를 다 더하여 그 합이 55임을 밝혀내는 방법

(2) 통계적 귀납 추론

통계적 귀납 추론은 관찰하고자 하는 집합의 일부에서 발견한 몇 가지 사실을 열거함으로써 그 공통점을 결론으로 이끌어 내려는 방식을 가리킨다. 관찰하려는 집합의 규모가 클 때 그 일부를 표본으로 추출하여 조사하는 방식이 이에 해당하며, 표본 추출의 기준이 얼마나 적합하고 공정한가에 따라 그 결과에 대한 신뢰도가 달라진다는 단점이 있다.

예 여론조사에서 일부의 국민에 대한 설문 내용을 바탕으로, 이를 전체 국민의 여론으로 제시하는 것

(3) 인과적 귀납 추론

관찰하고자 하는 집합의 일부 원소들이 지닌 인과 관계를 인식하여 그 원인이나 결과를 이끌어 내려는 방식을 말한다.

① 일치법 : 공통적인 현상을 지닌 몇 가지 사실 중에서 각기 지닌 요소 중 어느 한 가지만 일치한다면 이 요소가 공통 현상의 원인이라고 판단

② 차이법 : 어떤 현상이 나타나는 경우와 나타나지 않은 경우를 놓고 보았을 때, 각 경우의 여러 조건 중 단 하나만이 차이를 보인다면 그 차이를 보이는 조건이 원인이 된다고 판단

　예 현수와 승재는 둘 다 지능이나 학습 시간, 학습 환경 등이 비슷한데 공부하는 태도에는 약간의 차이가 있다. 따라서 두 사람이 성적이 차이를 보이는 것은 학습 태도의 차이 때문으로 생각된다.

③ 일치·차이 병용법 : 몇 개의 공통 현상이 나타나는 경우와 몇 개의 그렇지 않은 경우를 놓고 일치법과 차이법을 병용하여 적용함으로써 그 원인을 판단

　예 학업 능력 정도가 비슷한 두 아동 집단에 대해 처음에는 같은 분량의 과제를 부여하고 나중에는 각기 다른 분량의 과제를 부여한 결과, 많이 부여한 집단의 성적이 훨씬 높게 나타났다. 이로 보아, 과제를 많이 부여하는 것이 적게 부여하는 것보다 학생의 학업 성적 향상에 도움이 된다고 판단할 수 있다.

④ 공변법 : 관찰하는 어떤 사실의 변화에 따라 현상의 변화가 일어날 때 그 변화의 원인이 무엇인지 판단

　예 담배를 피우는 양이 각기 다른 사람들의 집단을 조사한 결과, 담배를 많이 피울수록 폐암에 걸릴 확률이 높다는 사실이 발견되었다.

⑤ 잉여법 : 앞의 몇 가지 현상이 뒤의 몇 가지 현상의 원인이며, 선행 현상의 일부분이 후행 현상의 일부분이라면, 선행 현상의 나머지 부분이 후행 현상의 나머지 부분의 원인임을 판단

　예 어젯밤 일어난 사건의 혐의자는 정은이와 규민이 두 사람인데, 정은이는 알리바이가 성립되어 혐의 사실이 없는 것으로 밝혀졌다. 따라서 그 사건의 범인은 규민이일 가능성이 높다.

3. 유비 추론

두 개의 대상 사이에 일련의 속성이 동일하다는 사실에 근거하여 그것들의 나머지 속성도 동일하리라는 결론을 이끌어내는 추론, 즉 이미 알고 있는 것에서 다른 유사한 점을 찾아내는 추론을 말한다. 그렇기 때문에 유비 추론은 잣대(기준)가 되는 사물이나 현상이 있어야 한다. 유비 추론은 가설을 세우는 데 유용하다. 이미 알고 있는 사례로부터 아직 알지 못하는 것을 생각해 봄으로써 쉽게 가설을 세울 수 있다. 이때 유의할 점은 이미 알고 있는 사례와 이제 알고자 하는 사례가 매우 유사하다는 확신과 증거가 있어야 한다. 그렇지 않은 상태에서 유비 추론에 의해 결론을 이끌어 내면, 그것은 개연성이 거의 없고 잘못된 결론이 될 수도 있다.

- 지구에는 공기, 물, 흙, 햇빛이 있다(A는 a, b, c, d의 속성을 가지고 있다).
- 화성에는 공기, 물, 흙, 햇빛이 있다(B는 a, b, c, d의 속성을 가지고 있다).
- 지구에 생물이 살고 있다(A는 e의 속성을 가지고 있다).
- 그러므로 화성에도 생물이 살고 있을 것이다(그러므로 B도 e의 속성을 가지고 있을 것이다).

| 도형추리 |

1. 회전 모양

(1) 180° 회전한 도형은 좌우가 상하가 모두 대칭이 된 모양이 된다.

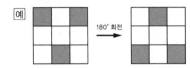

(2) 시계 방향으로 90° 회전한 도형은 시계 반대 방향으로 270° 회전한 도형과 같다.

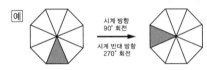

(3) 좌우 반전 → 좌우 반전, 상하 반전 → 상하 반전은 같은 도형이 된다.

(4) 도형을 거울에 비친 모습은 방향에 따라 좌우 또는 상하로 대칭된 모습이 나타난다.

2. 회전 각도

도형의 회전 각도는 도형의 모양으로 유추할 수 있다.

(1) 회전한 모양이 회전하기 전의 모양과 같은 경우

도형	가능한 회전 각도
$60°$ 삼각형	$\cdots, -240°, -120°, +120°, +240°, \cdots$
$90°$ 사각형	$\cdots, -180°, -90°, +90°, +180°, \cdots$
$108°$ 오각형	$\cdots, -144°, -72°, +72°, +144°, \cdots$

(2) 회전한 모양이 회전하기 전의 모양과 다른 경우

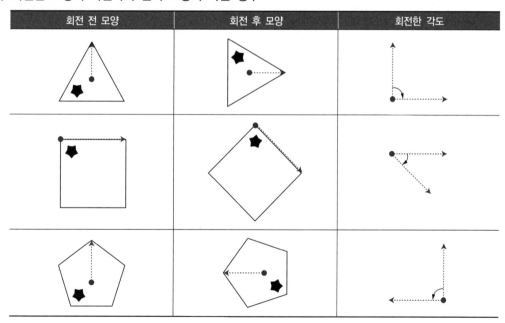

회전 전 모양	회전 후 모양	회전한 각도

01 삼단논법

| 유형분석 |

- '$p \rightarrow q$, $q \rightarrow r$이면 $p \rightarrow r$이다.' 형식의 삼단논법과 명제의 대우를 활용하여 푸는 유형이다.
- 전제를 추리하거나 결론을 추리하는 유형이 출제된다.
- 'A○ → B×' 또는 '$p \rightarrow \sim q$'와 같이 명제를 단순화하여 정리하면서 풀어야 한다.

제시된 명제가 모두 참일 때, 빈칸에 들어갈 명제로 가장 적절한 것은?

전제1. 공부를 하지 않으면 시험을 못 본다.
전제2. _____
결론. 공부를 하지 않으면 성적이 나쁘게 나온다.

① 공부를 한다면 시험을 잘 본다.
② 시험을 잘 본다면 공부를 한 것이다.
③ 성적이 좋다면 공부를 한 것이다.
④ 시험을 잘 본다면 성적이 좋은 것이다.
⑤ 성적이 좋다면 시험을 잘 본 것이다.

⑤

'공부를 함'을 p, '시험을 잘 봄'을 q, '성적이 좋게 나옴'을 'r'이라 하면 첫 번째 명제는 $\sim p \rightarrow \sim q$, 마지막 명제는 $\sim p \rightarrow \sim r$이다. 따라서 $\sim q \rightarrow \sim r$이 빈칸에 들어가야 $\sim p \rightarrow \sim q \rightarrow \sim r$이 되어 $\sim p \rightarrow \sim r$이 성립한다. 참인 명제의 대우도 역시 참이므로 $\sim q \rightarrow \sim r$의 대우인 '성적이 좋다면 시험을 잘 본 것이다.'가 답이 된다.

30초 컷 풀이 Tip

전제 추리 방법	결론 추리 방법
전제1이 $p \rightarrow q$일 때, 결론이 $p \rightarrow r$이라면 각 명제의 앞부분이 같으므로 뒷부분을 $q \rightarrow r$로 이어준다. 만일 형태가 이와 맞지 않는다면 대우명제를 이용한다.	대우명제를 활용하여 전제1과 전제2가 $p \rightarrow q$, $q \rightarrow r$의 형태로 만들어진다면 결론은 $p \rightarrow r$이다.

온라인 풀이 Tip

해설처럼 p, q, r 등의 문자로 표현하는 것이 아니라 자신이 알아볼 수 있는 단어나 기호로 표시한다. 삼성의 경우 문제풀이 용지만 봐도 문제 풀이가 가능하도록 풀이과정을 써야 한다.

전제1. 공부 × → 시험 ×
전제2. _____
결론. 공부 × → 성적 ×

주어진 정보

⇒ 전제2. 시험 × → 성적 ×
      & 성적 ○ → 시험 ○

문제 풀이

PART 4

| 유형분석 |

- '어떤', '모든' 등 일부 또는 전체를 나타내는 명제 유형이다.
- 전제를 추리하거나 결론을 추리하는 유형이 출제된다.
- 벤다이어그램으로 나타내어 접근한다.

제시된 명제가 모두 참일 때, 빈칸에 들어갈 명제로 가장 적절한 것은?

전제1. 어떤 키가 작은 사람은 농구를 잘한다.
전제2. _____
결론. 어떤 순발력이 좋은 사람은 농구를 잘한다.

---

① 어떤 키가 작은 사람은 순발력이 좋다.

② 농구를 잘하는 어떤 사람은 키가 작다.

③ 순발력이 좋은 사람은 모두 키가 작다.

④ 키가 작은 사람은 모두 순발력이 좋다.

⑤ 어떤 키가 작은 사람은 농구를 잘하지 못한다.

'키가 작은 사람'을 A, '농구를 잘하는 사람'을 B, '순발력이 좋은 사람'을 C라고 하면, 전제1과 결론은 다음과 같은 벤다이어그램으로 나타낼 수 있다.

1) 전제1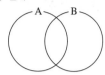
2) 결론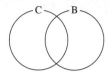

결론이 참이 되기 위해서는 B와 공통되는 부분의 A와 C가 연결되어야 하므로 A를 C에 모두 포함시켜야 한다. 즉, 다음과 같은 벤다이어그램이 성립할 때 마지막 명제가 참이 될 수 있으므로 빈칸에 들어갈 명제는 '키가 작은 사람은 모두 순발력이 좋다.'의 ④이다.

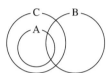

오답분석
① 다음과 같은 경우 성립하지 않는다.

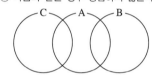

③ 다음과 같은 경우 성립하지 않는다.

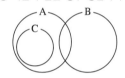

30초 컷 풀이 Tip

다음은 출제 가능성이 높은 명제 유형을 정리한 표이다. 이를 응용한 다양한 유형의 문제가 출제될 수 있으므로 대표적인 유형을 학습해두어야 한다.

명제 유형		전제1	전제2	결론
유형1	명제	어떤 A는 B이다.	모든 A는 C이다.	어떤 C는 B이다. (＝어떤 B는 C이다.)
	벤다이어그램			
유형2	명제	모든 A는 B이다.	모든 A는 C이다.	어떤 C는 B이다. (＝어떤 B는 C이다.)
	벤다이어그램			

| 유형분석 |

- 주어진 조건에 따라 한 줄로 세우거나 자리를 배치하는 유형이다.
- 평소 충분한 연습이 되어있지 않으면 풀기 어려운 유형이므로, 최대한 다양한 유형을 접해 보고 패턴을 익히는 것이 좋다.

S전자 마케팅팀에는 A부장, B · C과장, D · E대리, F · G신입사원 총 7명이 근무하고 있다. A부장은 신입사원 입사 기념으로 팀원을 데리고 영화관에 갔다. 영화를 보기 위해 다음 〈조건〉에 따라 자리에 앉는다고 할 때, 항상 옳은 것은?

조건
- 7명은 7자리가 일렬로 붙어 있는 좌석에 앉는다.
- 양 끝자리 옆에는 비상구가 있다.
- D와 F는 인접한 자리에 앉는다.
- A와 B 사이에는 한 명이 앉아 있다.
- C와 G 사이에는 한 명이 앉아 있다.
- G는 왼쪽 비상구 옆 자리에 앉아 있다.

① E는 D와 B 사이에 앉는다.
② G와 가장 멀리 떨어진 자리에 앉는 사람은 D이다.
③ C 양 옆에는 A와 B가 앉는다.
④ D는 비상구와 붙어 있는 자리에 앉는다.
⑤ 가운데 자리에는 항상 B가 앉는다.

여섯 번째 조건에 의해 G는 첫 번째 자리에 앉고, 다섯 번째 조건에 의해 C는 세 번째 자리에 앉는다.

A와 B가 네 번째·여섯 번째 또는 다섯 번째·일곱 번째 자리에 앉으면 D와 F가 나란히 앉을 수 없다. 따라서 A와 B는 두 번째, 네 번째 자리에 앉는다. 그러면 남은 자리는 다섯 번째·여섯 번째·일곱 번째 자리이므로 D와 F는 다섯 번째·여섯 번째 또는 여섯 번째·일곱 번째 자리에 앉게 되고, 나머지 한 자리에 E가 앉는다.

이를 정리하면 다음과 같다.

구분	1	2	3	4	5	6	7
경우 1	G	A	C	B	D	F	E
경우 2	G	A	C	B	F	D	E
경우 3	G	A	C	B	E	D	F
경우 4	G	A	C	B	E	F	D
경우 5	G	B	C	A	D	F	E
경우 6	G	B	C	A	F	D	E
경우 7	G	B	C	A	E	D	F
경우 8	G	B	C	A	E	F	D

C의 양 옆에는 항상 A와 B가 앉으므로 ③은 항상 옳다.

[오답분석]

① 경우 3, 경우 4, 경우 7, 경우 8에서만 가능하며, 나머지 경우에는 성립하지 않는다.

②·④ 경우 4와 경우 8에서만 가능하며, 나머지 경우에는 성립하지 않는다.

⑤ B는 두 번째 자리에 앉을 수도 있다.

■ 30초 컷 풀이 Tip

이 유형에서 가장 먼저 해야 할 일은 고정된 조건을 찾는 것이다. 고정된 조건을 찾아 그 부분을 정해 놓으면 경우의 수가 훨씬 줄어든다.

■ 온라인 풀이 Tip

컴퓨터 화면을 오래 쳐다보면서 풀 수 있는 유형이 아니므로 빠르게 문제를 읽고 문제풀이 용지만 보고 풀 수 있도록 모든 조건을 정리해 놓아야 한다. 그러기 위해서는 주어진 조건을 기호화하여 알아보기 쉽도록 정리할 수 있어야 한다.

간단한 기호로 조건 정리하기

주어진 조건	기호화 예시								
7명은 7자리가 일렬로 붙어 있는 좌석에 앉는다.	1	2	3	4	5	6	7		
양 끝자리 옆에는 비상구가 있다.	비	1	2	3	4	5	6	7	비
D와 F는 인접한 자리에 앉는다.	D∧F								
A와 B 사이에는 한 명이 앉아 있다.	A∨B								
C와 G 사이에는 한 명이 앉아 있다.	C∨G								
G는 왼쪽 비상구 옆 자리에 앉아 있다.	|G								

| 유형분석 |

- 일반적으로 4~5명의 진술이 제시되며, 각 진술의 진실 및 거짓 여부를 확인하여 범인을 찾는 유형이다.
- 추리영역 중에서도 체감난이도가 상대적으로 높은 유형으로 알려져 있으나, 문제풀이 패턴을 익히면 시간을 절약할 수 있는 문제이다.
- 각 진술 사이의 모순을 찾아 성립하지 않는 경우의 수를 제거하거나, 경우의 수를 나누어 모든 조건이 들어맞는지를 확인해야 한다.

5명의 취업준비생 A~E가 S그룹에 지원하여 그중 1명이 합격하였다. 취업준비생들은 다음과 같이 이야기하였고, 그중 1명이 거짓말을 하였다. 합격한 학생은 누구인가?

> A : B는 합격하지 않았다.
> B : 합격한 사람은 정이다.
> C : 내가 합격하였다.
> D : B의 말은 거짓말이다.
> E : 나는 합격하지 않았다.

① A   ② B
③ C   ④ D
⑤ E

③

B와 D는 상반된 이야기를 하고 있으므로 둘 중 한 명은 진실, 다른 한 명은 거짓을 말하고 있다.

ⅰ) B가 진실, D가 거짓인 경우 : D를 제외한 네 사람의 말은 모두 참이므로 합격자는 C, D가 되는데, 합격자는 1명이어야 하므로 모순이다. 따라서 B는 거짓, D는 진실을 말한다.

ⅱ) B가 거짓, D가 진실인 경우 : D를 제외한 네 사람의 말은 모두 참이므로 합격자는 C이다.

즉, 합격자는 C가 된다.

30초 컷 풀이 Tip

진실게임 유형 중 90% 이상은 다음 두 가지 방법으로 풀 수 있다. 주어진 진술을 빠르게 훑으며 다음 두 가지 중 어떤 경우에 해당되는지 확인한 후 문제를 풀어나간다.

두 명 이상의 발언 중 한쪽이 진실이면 다른 한쪽이 거짓인 경우

1) A가 진실이고 B가 거짓인 경우, B가 진실이고 A가 거짓인 경우 두 가지로 나눌 수 있다.
2) 두 가지 경우에서 각 발언의 진위 여부를 판단한다.
3) 주어진 조건과 비교한다(범인의 숫자가 맞는지, 진실 또는 거짓을 말한 인원수가 조건과 맞는지 등).

두 명 이상의 발언 중 한쪽이 진실이면 다른 한쪽도 진실인 경우

1) A와 B가 모두 진실인 경우, A와 B가 모두 거짓인 경우 두 가지로 나눌 수 있다.
2) 두 가지 경우에서 각 발언의 진위 여부를 판단하여 범인을 찾는다.
3) 주어진 조건과 비교한다(범인의 숫자가 맞는지, 진실 또는 거짓을 말한 인원수가 조건과 맞는지 등).

PART 4

| 유형분석 |

- 주어진 단어 사이의 관계를 유추하여 빈칸에 들어갈 알맞은 단어를 찾는 문제이다.
- 유의관계, 반의관계, 상하관계 이외에도 원인과 결과, 행위와 도구, 한자성어 등 다양한 관계가 제시된다.
- 최근에는 유의관계와 반의관계 위주로 출제되고 있다.

다음 제시된 단어의 관계가 동일하도록 빈칸에 들어갈 가장 적절한 단어는?

황공하다 : 황름하다 = ( ) : 아퀴짓다

① 두려워하다   ② 거칠다
③ 마무리하다   ④ 시작하다
⑤ 치장하다

정답 ③

최근에 출제되는 어휘유추 유형 문제는 선뜻 답을 고르기 쉽지 않은 경우가 많다. 이 경우 먼저 ① ~ ⑤의 단어를 모두 빈칸에 넣어 보고, 제시된 단어와 관계 자체가 없는 보기 → 관계가 있지만 빈칸에 들어갔을 때 옆의 단어 관계와 등가 관계를 이룰 수 없는 보기 순서로 소거하면 좀 더 쉽게 답을 찾을 수 있다.

제시된 단어의 대응관계는 유의관계이다. ① 두려워하다, ② 거칠다, ⑤ 치장하다는 확실히 '아퀴짓다'와의 관계를 찾기 어려우므로 보기에서 먼저 제거할 수 있다. 다음으로 ④가 빈칸에 들어갈 경우, 제시된 두 단어는 유의관계인데, '아퀴짓다'와 ④는 반의관계이므로 제외한다. 따라서 남은 ③이 정답이다.

- 황공하다・황름하다 : 위엄이나 지위 따위에 눌리어 두렵다.
- 아퀴짓다 : 일이나 말을 끝마무리하다.
- 마무리하다 : 일을 끝맺다.

30초 컷 풀이 Tip

동의어/반의어 종류

종류		뜻	예시
동의어		형태는 다르나 동일한 의미를 가지는 두 개 이상의 단어	가난 – 빈곤, 가격 – 비용, 가능성 – 잠재력 등
반의어	상보 반의어	의미 영역이 상호 배타적인 두 영역으로 양분하는 두 개 이상의 단어	살다 – 죽다, 진실 – 거짓 등
	정도(등급) 반의어	정도나 등급에 있어 대립되는 두 개 이상의 단어	크다 – 작다, 길다 – 짧다, 넓다 – 좁다, 빠르다 – 느리다 등
	방향(상관) 반의어	맞선 방향을 전제로 하여 관계나 이동의 측면에서 대립하는 두 개 이상의 단어	오른쪽 – 왼쪽, 앞 – 뒤, 가다 – 오다, 스승 – 제자 등

함정 제거

동의어를 찾는 문제라면 무조건 보기에서 반의어부터 지우고 시작한다. 반대로 반의어를 찾는 문제라면 보기에서 동의어를 지우고 시작한다. 단어와 관련이 없는 보기는 헷갈리지 않지만 관련이 있는 보기는 아는 문제여도 함정에 빠져 틀리기 쉽기 때문이다.

PART 4

| 유형분석 |

- 2 ~ 3개 단어의 묶음이 각각의 보기로 제시되고, 이 중에서 단어 사이의 관계가 다른 하나를 찾는 문제이다.
- 관계유추 유형에서 제시되는 단어 사이의 관계는 도구와 행위자, 재료와 결과물 등 어휘유추 유형보다 더욱 폭이 넓고 다양한 편이지만 이 유형 역시 앞의 유형처럼 유의관계와 반의관계가 가장 많이 출제되고 있다.

다음 짝지어진 단어 사이의 관계가 나머지와 다른 하나는?

① 당착(撞着) – 모순(矛盾)

② 용인(庸人) – 범인(凡人)

③ 굴착(掘鑿) – 매립(埋立)

④ 체류(滯留) – 체재(滯在)

⑤ 모범(模範) – 귀감(龜鑑)

③

①·②·④·⑤는 유의관계이나, ③은 반의관계이다.

• 굴착(掘鑿) : 땅이나 암석 따위를 파고 뚫음
• 매립(埋立) : 우묵한 땅이나 하천, 바다 등을 돌이나 흙 따위로 채움

① • 당착(撞着) : 말이나 행동 따위의 앞뒤가 맞지 않음
　• 모순(矛盾) : 어떤 사실의 앞뒤, 또는 두 사실이 이치상 어긋나서 서로 맞지 않음
② • 용인(庸人)·범인(凡人) : 평범한 사람
④ • 체류(滯留)·체재(滯在) : 객지에 가서 머물러 있음
⑤ • 모범(模範) : 본받아 배울 만한 대상
　• 귀감(龜鑑) : 거울로 삼아 본받을 만한 모범

30초 컷 풀이 Tip

단어 사이의 관계를 가장 확실히 알 수 있는 보기를 기준으로 하여 다른 보기와 대조해 본다.

적용
위 문제의 경우, ⑤에서 '모범(模範)'과 '귀감(龜鑑)'은 유의관계임을 알 수 있으며, 나머지 ①·②·④도 마찬가지로 유의관계임을 확인할 수 있다. 그런데 ③의 경우 '굴착(掘鑿)'과 '매립(埋立)'은 반의관계이므로 ③의 단어 사이의 관계가 다른 보기와 다름을 알 수 있다.

온라인 풀이 Tip

온라인 시험에서 답이 아닌 선택지를 화면에서는 지울 수 없다. 따라서 문제풀이 용지에 답이 아닌 선택지를 제거하는 표시를 하는 방법과 손가락을 접거나 화면에서 선택지를 손가락으로 가리는 방법을 사용해야 한다.

│ 유형분석 │

- 3×3의 칸에 나열된 각 도형들 사이의 규칙을 찾아 물음표에 들어갈 알맞은 도형을 찾는 유형이다.
- 이때 규칙은 가로 또는 세로로 적용되며, 회전, 색 반전, 대칭, 겹치는 부분 지우기/남기기/색 반전 등 다양한 규칙이 적용된다.
- 온라인 시험에서는 비교적 간단한 규칙이 출제되고 있다.

다음 제시된 도형의 규칙을 보고 ?에 들어갈 도형으로 적절한 것을 고르면?

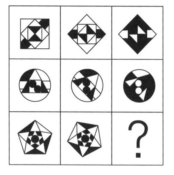

①

②

③

④

⑤

정답 ④

규칙은 가로 방향으로 적용된다.

첫 번째 도형을 시계 방향으로 45° 회전한 것이 두 번째 도형, 이를 색 반전한 것이 세 번째 도형이다.

30초 컷 풀이 Tip

1. 규칙 방향 파악

   규칙이 적용되는 방향이 가로인지 세로인지부터 파악한다. 해당 문제처럼 세 도형이 서로 다른 모양일 때에는 쉽게 파악할 수 있지만 아닌 경우도 많다. 모양이 비슷한 경우에는 가로와 세로 모두 확인하여 규칙이 적용된 방향을 유추해야 한다.

2. 규칙 유추

   규칙을 유추하기 쉬운 도형을 기준으로 규칙을 파악한다. 나머지 도형을 통해 유추한 규칙이 맞는지 확인한다.

주요 규칙

규칙		예시
회전	45° 회전	시계 방향
	60° 회전	시계 반대 방향
	90° 회전	시계 반대 방향
	120° 회전	시계 반대 방향
	180° 회전	
색반전		
대칭	x축 대칭	
	y축 대칭	

| 유형분석 |

- 문자를 바꾸는 규칙을 파악한 후, 제시된 규칙이 적용되었을 때 물음표에 들어갈 알맞은 문자를 고르는 유형이다.
- 각 규칙들이 2개 이상 한꺼번에 적용되어 제시되기 때문에 각각의 예시만 봐서는 규칙을 파악하기 어렵다. 공통되는 규칙이 있는 예시를 찾아 서로 비교하여 각 문자열의 위치가 바뀌었는지/숫자의 변화가 있었는지 등을 확인하며 규칙을 찾아야 한다.

다음 도식에서 기호들은 일정한 규칙에 따라 문자를 변화시킨다. ?에 들어갈 문자로 적절한 것은?(단, 규칙은 가로와 세로 중 한 방향으로만 적용된다)

```
                 wate            meao
                  ↓               ↓
     four   →    ⊡      →        ⊡      →   qfnu
                  ↓               ↓
     lasy   →    ⊡      →        ⊡      →   lzsx
                  ↓               ↓
     doub   →    ⊞      →        ⊡      →   bduo
                  ↓               ↓
                 dzwt            nmda
```

ㄱㅊㄷㅈ → ⊡ → ⊡ → ?

① ㅈㄱㅊㄷ

② ㄴㅈㅊㄷ

③ ㄴㅈㅊㄱ

④ ㅇㄱㅈㄷ

⑤ ㄱㅊㄴㅈ

정답 ④

1. 규칙 파악할 순서 찾기

　　□ → □ and □ → □

2. 규칙 파악

1	2	3	4	5	6	7	8	9	10	11	12	13	14	15	16	17	18	19	20	21	22	23	24	25	26
A	B	C	D	E	F	G	H	I	J	K	L	M	N	O	P	Q	R	S	T	U	V	W	X	Y	Z
ㄱ	ㄴ	ㄷ	ㄹ	ㅁ	ㅂ	ㅅ	ㅇ	ㅈ	ㅊ	ㅋ	ㅌ	ㅍ	ㅎ	ㄱ	ㄴ	ㄷ	ㄹ	ㅁ	ㅂ	ㅅ	ㅇ	ㅈ	ㅊ	ㅋ	ㅌ

• □ : 가로 두 번째 도식과 세로 두 번째 도식에서 □ → □ 규칙이 겹치므로 이를 이용하면 □의 규칙이 1234 → 4123임을 알 수 있다.

• □ and □ : □의 규칙을 찾았으므로 가로 첫 번째 도식에서 □의 규칙이 각 자릿수 −1, 0, −1, 0임을 알 수 있다. 같은 방법으로 가로 세 번째 도식에서 □의 규칙이 1234 → 1324임을 알 수 있다.

• □ : □의 규칙을 찾았으므로 가로 두 번째 도식에서 □의 규칙이 각 자릿수 +1, −1, +1, −1임을 알 수 있다.

따라서 정리하면 다음과 같다.

□ : 1234 → 4123

□ : 각 자릿수 −1, 0, −1, 0

□ : 1234 → 1324

□ : 각 자릿수 +1, −1, +1, −1

ㄱㅊㄷㅈ → ㅈㄱㅊㄷ → ㅇㄱㅈㄷ
　　　　□　　　　　□

30초 컷 풀이 Tip

문자 순서 표기
문제를 보고 규칙을 찾기 전에 문제에서 사용한 문자를 순서대로 적어놓아야 빠르게 풀이할 수 있다.

묶음 규칙 이용
규칙을 한 번에 파악할 수 없을 때 두 가지 이상의 규칙을 한 묶음으로 생각하여 접근한다.

예

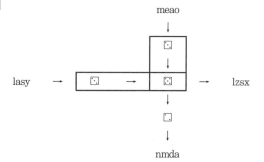

　　　　　　　　　　meao
　　　　　　　　　　↓
　　　　　　　　　　□
　　　　　　　　　　↓
lasy → □ → □ → lzsx
　　　　　　　　　　↓
　　　　　　　　　　□
　　　　　　　　　　↓
　　　　　　　　　　nmda

가로 도식에서 □ → □ 규칙을 한 묶음으로 생각하면 last → □ → □ → lzss이므로 □ → □는 각 자릿수 0, −1, 0, −1의 규칙을 갖는다.

세로 도식에서 meao은 □ → □의 규칙이 적용되면 mdan이 되므로 mdan → □ → nmda이다. 따라서 □의 규칙은 1234 → 41230이다.

규칙 정리
유추한 규칙을 알아볼 수 있도록 정리해둔다.

기출 규칙
자주 출제되는 규칙은 크게 두 가지이다.

규칙	예시
순서 교체	1234 → 4321
각 자릿수 + 또는 −	+1, −1, +1, −1

※ 다음 제시된 단어의 관계가 동일하도록 빈칸에 들어갈 가장 적절한 단어를 고르시오. **[1~2]**

Easy

01

위임 : 의뢰 = ( ) : 계몽

① 대리 ② 주문

③ 효시 ④ 개화

⑤ 미개

02

준거 : 표준 = 자취 : ( )

① 척도 ② 흔적

③ 주관 ④ 반영

⑤ 보증

※ 다음 짝지어진 단어 사이의 관계가 나머지와 다른 하나를 고르시오. **[3~4]**

03 ① 성공 – 노력 ② 타인 – 생각

③ 인재 – 육성 ④ 소설 – 집필

⑤ 목적 – 달성

04 ① 버스 – 지하철 – 택시 ② 만년필 – 볼펜 – 샤프

③ 물 – 음료수 – 이온음료 ④ 버터 – 마가린 – 식용유

⑤ 소고기 – 닭고기 – 돼지고기

※ 제시된 명제가 모두 참일 때, 빈칸에 들어갈 명제로 가장 적절한 것을 고르시오. [5~7]

Easy

05

- 모든 전화기는 휴대폰이다.
- 어떤 플라스틱은 전화기이다.
- 그러므로 _____

① 모든 플라스틱은 전화기이다.
② 모든 휴대폰은 플라스틱이다.
③ 모든 플라스틱은 휴대폰이다.
④ 어떤 플라스틱은 휴대폰이다.
⑤ 모든 전화기는 플라스틱이다.

06

- 어떤 여학생은 채팅을 좋아한다.
- 어떤 남학생은 채팅을 좋아한다.
- 모든 남학생은 컴퓨터 게임을 좋아한다.
- 그러므로 _____

① 어떤 여학생은 컴퓨터 게임을 좋아한다.
② 모든 여학생은 컴퓨터 게임을 싫어한다.
③ 어떤 여학생은 채팅과 컴퓨터 게임을 모두 좋아한다.
④ 모든 남학생은 채팅을 싫어한다.
⑤ 어떤 남학생은 채팅과 컴퓨터 게임을 모두 좋아한다.

Easy

07

- 노력하지 않으면 보상도 없다.
- _____
- 호야는 보상을 받지 못했다.

① 호야는 노력하지 않았다.
② 보상을 받았다는 것은 곧 노력했다는 의미이다.
③ 호야는 보상을 받았다.
④ 호야는 노력하고 있다.
⑤ 보상을 받았다는 것이 곧 노력했다는 의미는 아니다.

08 A ~ E 5명이 5층 건물 한 층에 한 명씩 살고 있다. 다음 〈조건〉에 근거하여 바르게 추론한 것은?

> **조건**
> • C와 D는 서로 인접한 층에 산다.
> • A는 2층에 산다.
> • B는 A보다 높은 층에 산다.

① D는 가장 높은 층에 산다.

② A는 E보다 높은 층에 산다.

③ C는 3층에 산다.

④ E는 D보다 높은 층에 산다.

⑤ B는 3층에 살 수 없다.

Easy

09 다음 〈조건〉에 근거하여 추론할 때, 서로 언어가 통하지 않는 사람끼리 짝지어진 것은?

> **조건**
> • A는 한국어와 영어만을 할 수 있다.
> • B는 영어와 독일어만을 할 수 있다.
> • C는 한국어와 프랑스어만을 할 수 있다.
> • D는 중국어와 프랑스어만을 할 수 있다.

① A, B   ② A, C

③ B, D   ④ C, D

⑤ 없음

10 X기업은 임직원의 날 행사를 위해 A ~ E에게 역할을 배정하려고 한다. 행사를 위한 역할에는 '홍보', '구매', '기획', '섭외', '예산' 총 다섯 가지가 있다. 다음 대화에서 한 명은 거짓을 말하고 있다고 할 때, 반드시 참인 것은?

> A : 저는 '홍보'를 담당하고 있고, C는 참을 말하고 있어요.
> B : 저는 숫자를 다뤄야 하는 '예산'과는 거리가 멀어서, 이 역할은 피해서 배정받았죠.
> C : 저는 친화력이 좋아서 '섭외'를 배정해 주셨어요.
> D : 저는 '구매'를 담당하고, C는 '기획'을 담당하고 있어요.
> E : 저는 '예산'을 담당하고 있어요.

① A는 홍보를 담당하고 있다.
② B는 예산을 담당한다.
③ C는 섭외를 담당하지 않는다.
④ D는 섭외를 담당한다.
⑤ A는 거짓을 말하고 있다.

11 다음 〈조건〉에 근거하여 추론할 때, 반드시 참인 것은?

> **조건**
> • 관수는 보람이보다 크다.
> • 창호는 보람이보다 작다.
> • 동주는 관수보다 크다.
> • 인성이는 보람이보다 작지 않다.

① 인성이는 창호보다 크고 관수보다 작다.
② 보람이는 동주, 관수보다 작지만 창호보다는 크다.
③ 창호는 관수, 보람이보다 작지만 인성보다는 크다.
④ 동주는 관수, 보람, 창호, 인성이보다 크다.
⑤ 창호는 키가 가장 작지는 않다.

12 다음 중 제시된 명제가 모두 참일 때, 반드시 참인 것은?

> • 냉면을 좋아하는 사람은 여름을 좋아한다.
> • 호빵을 좋아하는 사람은 여름을 좋아하지 않는다.

① 호빵을 좋아하는 사람은 냉면을 좋아한다.
② 여름을 좋아하는 사람은 냉면을 좋아한다.
③ 냉면을 좋아하는 사람은 호빵을 좋아한다.
④ 호빵을 좋아하는 사람은 냉면을 좋아하지 않는다.
⑤ 호빵을 좋아하지 않는 사람은 냉면을 좋아하지 않는다.

Easy

13 A ~ D의 4명은 각각 1명의 자녀를 두고 있는 아버지이다. 4명의 아이 중 2명은 아들이고, 2명은 딸이다. 아들의 아버지인 두 명만 사실을 말할 때, 다음 중 참인 것은?

> A : B와 C의 아이는 아들이다.
> B : C의 아이는 딸이다.
> C : D의 아이는 딸이다.
> D : A와 C의 아이는 딸이다.

① A의 아이는 아들이다.
② B의 아이는 딸이다.
③ C의 아이는 아들이다.
④ D의 아이는 아들이다.
⑤ D와 A의 아이는 딸이다.

14 다음 중 논리적으로 가장 적절한 것은?

① ○○기획사는 좋은 가수를 데뷔시킨다. ○○기획사는 그녀를 데뷔시키지 않았다. 따라서 그녀는 좋은 가수가 아니다.
② 고양이가 멧돼지에게 공격당하면 죽는다. 여기에 고양이 한 마리가 죽어 있다. 그러니 이 주변에 반드시 멧돼지가 있다.
③ 나는 PC방에 가면 시험공부를 하지 못해 후회할 것이다. 또 내가 만약 시험공부를 한다면 PC방에 가지 못해 후회할 것이다. 나는 PC방에 가거나 시험공부를 할 것이다. 따라서 나는 후회할 것이다.
④ 사람이 성실하면 부자가 되거나 이름을 날린다. 그는 성실해서 부자가 되었으므로 이름을 날리지 못했을 것이다.
⑤ 철수가 우등상을 받지 못한 걸 보니 꼴찌를 한 것이 분명하다.

15 다음 중 논리적 오류를 범한 사람을 〈보기〉에서 모두 고르면?

> **보기**
>
> 철이 : 폐암으로 인한 사망자의 90%는 흡연자라는 연구 결과가 나왔어. 너 담배 피우지? 그렇다면 폐암으로 죽을 확률이 90%야.
>
> 영이 : A사 신발의 90%는 말레이시아에 있는 공장에서 생산되고 10%만 국내에서 생산된대. 어제 A사 신발을 샀는데 이거 말레이시아에서 만들었을 확률이 90%네.
>
> 민지 : 어제 병원에 가서 폐렴에 감염되어 있는지 검사해 봤는데, 감염자는 양성으로 나올 확률이 99%인 정확한 검사방법을 사용했거든. 그런데 내가 양성으로 나온 거야. 내가 폐렴에 걸려 있을 확률이 99%라니 믿어지지 않아.
>
> 유진 : 통계 자료에 의하면 기상청에서 비가 내린다고 예보한 다음날 실제로 비가 올 확률이 90% 고, 맑을 것이라고 예보한 다음날 실제로 맑을 확률이 90%래. 지난번 소풍 간 날 비가 왔었 잖아. 그렇다면 그 전날 비가 내린다고 예보했을 확률이 90%겠네.

① 철이, 영이　　　　　　　　　　② 영이, 민지

③ 철이, 민지, 유진　　　　　　　　④ 영이, 민지, 유진

⑤ 철이, 영이, 민지, 유진

16 다음 문장이 범하고 있는 오류와 같은 종류의 오류를 범하고 있는 것은?

> 그 책은 재미없는 책이다. 내 친구 A가 재미없다고 했기 때문이다. A는 거짓말하지 않는 친구이다.

① 넌 나랑 더 친한데, 어떻게 저 아이의 편을 들어줄 수 있어?

② 예로부터 하나를 보면 열을 알 수 있다고 했는데, 옷 입은 꼴을 보니 그 친구는 성품이 좋지 않은 것 같구나. 그 아이랑은 같이 다니지 말거라.

③ 왜 점심을 안 먹는다는 거니? 밥도 안 먹고 굶어 죽으려고 작정했구나.

④ 신랑과 신부 모두 훌륭한 인재들이므로 가정을 화목하고 지혜롭게 꾸려나갈 것이 틀림없다.

⑤ 모르핀은 왜 고통을 느끼지 못하게 하는가, 모르핀에는 고통을 느끼지 못하게 하는 효과가 있기 때문이다.

※ 다음 제시된 도형의 규칙을 보고 ?에 들어갈 도형으로 적절한 것을 고르시오. [17~18]

17

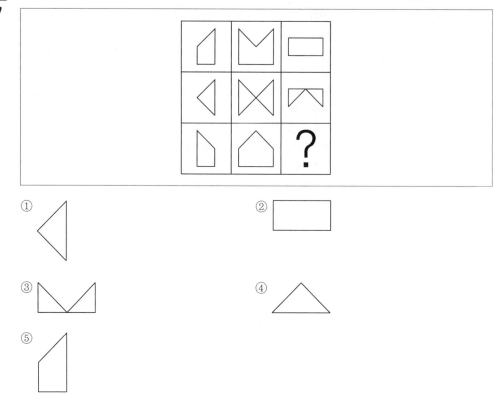

①
②
③
④
⑤

18

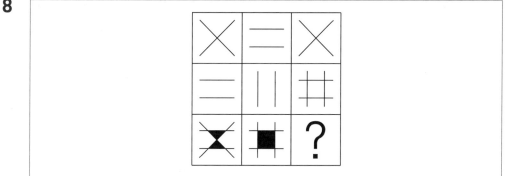

①

②

③

④

⑤

19

①

②

③

④

⑤

20

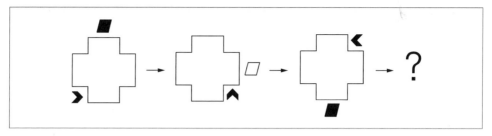

①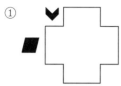

②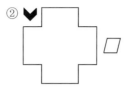

③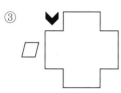

④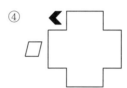

⑤

※ 다음 제시된 도형의 규칙을 보고 A, B에 들어갈 도형으로 적절한 것을 고르시오. [21~22]

21

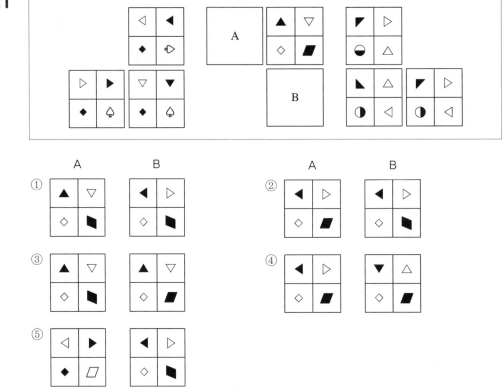

	A	B
①	▲ ▽ / ◇ ◣	◀ ▷ / ◇ ◣
②	◀ ▷ / ◇ ◣	◀ ▷ / ◇ ◣
③	▲ ▽ / ◇ ◣	▲ ▽ / ◇ ◣
④	◀ ▷ / ◇ ◣	▼ △ / ◇ ◣
⑤	◁ ▶ / ◆ ▱	◀ ▷ / ◇ ◣

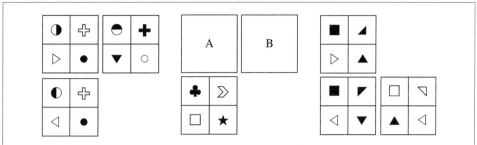

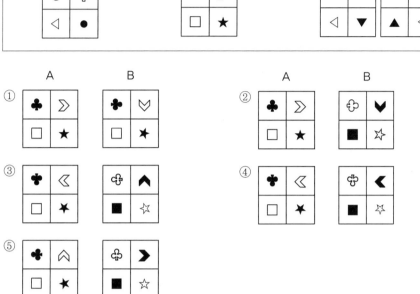

※ 다음 도식에서 기호들은 일정한 규칙에 따라 문자를 변화시킨다. ?에 들어갈 문자로 적절한 것을 고르시오. [23~25]

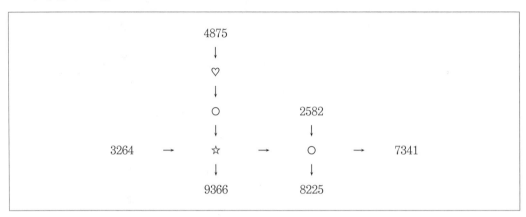

23

$$5873 \rightarrow \bigcirc \rightarrow \bigstar \rightarrow \ ?$$

① 1460   ② 8267

③ 4782   ④ 1633

⑤ 6212

24

$$6573 \rightarrow \bigstar \rightarrow \heartsuit \rightarrow \ ?$$

① 6708   ② 4115

③ 2847   ④ 8111

⑤ 5349

Easy

25

$$0291 \rightarrow \bigcirc \rightarrow \heartsuit \rightarrow \ ?$$

① 2019   ② 2091

③ 2190   ④ 2109

⑤ 2910

※ 다음 도식에서 기호들은 일정한 규칙에 따라 문자를 변화시킨다. ?에 들어갈 문자로 적절한 것을 고르시오. [26~28]

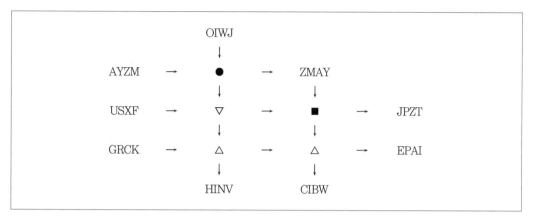

Hard
26

$$BSCM \rightarrow \blacksquare \rightarrow \triangle \rightarrow ?$$

① LPEF   ② COJD
③ DKEO   ④ EODK
⑤ EFLP

27

$$IQTD \rightarrow \triangle \rightarrow \bullet \rightarrow ?$$

① SCHP   ② DQTI
③ TDIQ   ④ MNVC
⑤ CNVM

28

$$ZNOR \rightarrow \triangledown \rightarrow \bullet \rightarrow ?$$

① OZRN   ② OZNR
③ ZONR   ④ ZORN
⑤ ONZR

절대로 고개를 떨구지 말라. 고개를 치켜들고 세상을 똑바로 바라보라.

- 헬렌 켈러 -

PART 5

최종점검 모의고사

제1회
최종점검 모의고사

도서 동형 온라인 실전연습 서비스
APBB-00000-185E3

🕐 응시시간 : 90분   📑 문항 수 : 70문항

정답 및 해설 p.094

01   언어

※ 다음 글의 중심 내용으로 가장 적절한 것을 고르시오. [1~3]

01

> BMO 금속 및 광업 관련 리서치 보고서에 따르면 최근 가격 강세를 지속해 온 알루미늄, 구리, 니켈 등 산업금속들이 4분기 중 공급부족 심화와 가격 상승세가 전망된다. 산업금속이란, 산업에 필수적으로 사용되는 금속들을 말하는데, 앞서 제시한 알루미늄, 구리, 니켈뿐만 아니라 비교적 단단한 금속에 속하는 은이나 금 등도 모두 산업에 많이 사용될 수 있는 금속이므로 산업금속의 카테고리에 속한다고 할 수 있다. 이러한 산업금속은 물품을 생산하는 기계의 부품으로서 필요하기도 하고, 전자제품 등의 소재로 쓰이기도 하기 때문에 특정 분야의 산업이 활성화되면 특정 금속의 가격이 뛰거나 심각한 공급난을 겪기도 한다.
>
> 지난 4일 금융투자업계에 따르면 최근 전세계적인 경제 회복 조짐과 함께 탈 탄소 트렌드, 즉 '그린 열풍'에 따른 수요 증가로 산업금속 가격이 초강세이다. 런던금속거래소에서 발표한 자료에 따르면 올해 들어 지난달까지 알루미늄은 20.7%, 구리가 47.8%, 니켈은 15.9% 각각 가격이 상승했다. 자료에서도 알 수 있듯이 구리 수요를 필두로 알루미늄, 니켈 등 전반적인 산업금속 섹터의 수요량이 증가하였다. 이는 전기자동차 산업의 확충과 관련이 있다. 전기자동차의 핵심적인 부품인 배터리를 만드는 데에 구리와 니켈이 사용되기 때문이다. 이때, 배터리 소재 중 니켈의 비중을 높이면 배터리의 용량을 키울 수 있으나 배터리의 안정성이 저하된다. 기존의 전기자동차 배터리는 니켈의 사용량이 높았기 때문에 더욱 안정성 문제가 제기되어 왔다. 그래서 연구 끝에 적정량의 구리를 배합하는 것이 배터리 성능과 안정성을 모두 향상시키기 위해서 중요하다는 것을 밝혀내었다. 구리가 전기자동차 산업의 핵심 금속인 셈이다.
>
> 이처럼 전기자동차와 배터리 등 친환경 산업에 필수적인 금속들의 수요는 증가하는 반면 세계 각국의 환경 규제 강화로 인해 금속의 생산은 오히려 감소하고 있기 때문에 산업금속에 대한 공급난과 가격 인상이 우려되고 있다.

① 전기자동차의 배터리 성능을 향상하는 기술
② 세계적인 '그린 열풍' 현상 발생의 원인
③ 필수적인 산업금속 공급난으로 인한 문제
④ 전기자동차 확충에 따른 구리 수요 증가 상황
⑤ 탈 탄소 산업의 대표 주자인 전기자동차산업

02

맹자는 다음과 같은 이야기를 전한다. 송나라의 한 농부가 밭에 나갔다 돌아오면서 처자에게 말한다. "오늘 일을 너무 많이 했다. 밭의 싹들이 빨리 자라도록 하나하나 잡아당겨줬더니 피곤하구나." 아내와 아이가 밭에 나가보았더니 싹들이 모두 말라 죽어 있었다. 이렇게 자라는 것을 억지로 돕는 일, 즉 조장(助長)하지 말라고 맹자는 말한다. 싹이 빨리 자라기를 바란다고 싹을 억지로 잡아 올려서는 안 된다. 목적을 이루기 위해 가장 빠른 효과를 얻고 싶겠지만 이는 도리어 효과를 놓치는 길이다. 억지로 효과를 내려고 했기 때문이다. 싹이 자라기를 바라 싹을 잡아당기는 것은 이미 시작된 과정을 거스르는 일이다. 효과가 자연스럽게 나타날 가능성을 방해하고 막는 일이기 때문이다. 당연히 싹의 성장 가능성은 땅속의 씨앗에 들어있는 것이다. 개입하고 힘을 쏟고자 하는 대신에 이 잠재력을 발휘할 수 있도록 하는 것이 중요하다.

피해야 할 두 개의 암초가 있다. 첫째는 싹을 잡아당겨서 직접적으로 성장을 이루려는 것이다. 이는 목적성이 있는 적극적 행동주의로서 성장의 자연스러운 과정을 존중하지 않는 것이다. 달리 말하면 효과가 숙성되도록 놔두지 않는 것이다. 둘째는 밭의 가장자리에 서서 자라는 것을 지켜보는 것이다. 싹을 잡아당겨서도 안 되고 그렇다고 단지 싹이 자라는 것을 지켜만 봐서도 안 된다. 그렇다면 무엇을 해야 하는가? 싹 밑의 잡초를 뽑고 김을 매주는 일을 해야 하는 것이다. 경작이 용이한 땅을 조성하고 공기를 통하게 함으로써 성장을 보조해야 한다. 기다리지 못함도 삼가고 아무것도 안함도 삼가야 한다. 작동 중에 있는 자연스런 성향이 발휘되도록 기다리면서도 전력을 다할 수 있도록 돕는 노력도 멈추지 말아야 한다.

① 인류사회는 자연의 한계를 극복하려는 인위적 노력에 의해 발전해 왔다.
② 싹이 스스로 성장하도록 그대로 두는 것이 수확량을 극대화하는 방법이다.
③ 어떤 일을 진행할 때 가장 중요한 것은 명확한 목적성을 설정하는 것이다.
④ 잠재력을 발휘하도록 하려면 의도적 개입과 방관적 태도 모두를 경계해야 한다.
⑤ 자연의 순조로운 운행을 방해하는 인간의 개입은 예기치 못한 화를 초래할 것이다.

Easy

03

청소년보호법 유해매체물 심의 기준에 '동성애' 조항이 포함된 것은 동성애자의 평등권 침해라는 항의에 대하여, 위원회 쪽은 아직 판단력이 부족한 청소년들에게 균형 잡힌 정보를 제공해야 하므로 동성애를 상대적으로 우월하거나 바람직한 것으로 인식하게 할 우려가 있는 매체물을 단속하기 위함일 뿐, 결코 동성애를 성적 지향의 하나로 존중하지 않는 건 아니라고 주장했다. 일견 그럴싸하게 들리지만 이것이 정말 평등일까? 동성애를 조장하는 매체물을 단속한다는 명목은 이성애를 조장하는 매체물이란 개념으론 연결되지 않는다. 애초에 이성애주의에 기반을 두어 만들어진 규칙의 적용이 결코 평등일 순 없다.

① 청소년보호법 유해매체물 심의 기준은 동성애자에 대한 차별을 내포하고 있다.
② 청소년보호법은 청소년들의 자유로운 매체물 선택을 제한한다.
③ 청소년은 동성애에 대해 중립적인 시각을 갖기 어려울 것이다.
④ 청소년에게 동성애를 이성애와 차별하지 않도록 교육할 필요가 있다.
⑤ 동성애에 기반을 두어 규칙을 만들면 동성애보다 이성애를 존중하기 때문이다.

※ 다음 중 주어진 문단을 논리적 순서대로 바르게 나열한 것을 고르시오. [4~6]

Hard

04

(가) 위기가 있는 만큼 기회도 주어진다. 다만, 그 기회를 잡기 위해 우리에게 가장 필요한 것은 지혜이다. 그리고 그 지혜를 행동으로 옮길 때, 우리는 성공이라는 결과를 얻을 수 있는 것이다.

(나) 세계적 금융위기는 끝나지 않았고, 동중국해를 둘러싼 중국과 일본의 영토분쟁은 세계 경제에 새로운 위협 요인이 되고 있다. 국가경제도 부동산가격 하락으로 가계부채 문제가 경제에 부담이 될 것이라는 예측이 나온다. 휴일 영업을 둘러싼 대형마트와 재래시장 간의 갈등도 심화되고 있다. 기업의 입장에서나, 개인의 입장에서나 온통 풀기 어려운 문제에 둘러싸인 형국이다.

(다) 이 위기를 이겨낸 사람이 성공하고, 위기를 이겨낸 기업이 경쟁에서 승리한다. 어려움을 이겨낸 나라가 자신에게 주어진 무대에서 주역이 되었다는 것을 우리는 지난 역사 속에서 배울 수 있다.

(라) 한마디로 위기(危機)의 시대이다. 위기는 '위험'을 의미하는 위(危)자와 '기회'를 의미하는 기(機)자가 합쳐진 말이다. 위기라는 말에는 위험과 기회라는 이중의 의미가 함께 들어 있다. 위험을 이겨낸 사람이 기회를 잡을 수 있다는 말이다. 위기는 기회의 또 다른 얼굴이다.

① (나) – (라) – (다) – (가)　　　② (가) – (라) – (나) – (다)
③ (나) – (가) – (다) – (라)　　　④ (라) – (가) – (다) – (나)
⑤ (라) – (다) – (가) – (나)

05

(가) 장인들은 옹기에 다른 사람의 무늬와 구별되는 무늬를 새겨 넣음으로써 자신의 개성을 나타낸다.

(나) 몸체를 만든 후에 장인은 옹기를 전체적으로 살펴 울퉁불퉁한 곳을 매끄럽게 손질한다.

(다) 옹기 장인은 먼저 무엇을 위해 옹기를 만드는지를 정하고 이에 따라 적절한 흙을 골라 채취한다.

(라) 그 다음에는 흙을 매만지고 반죽하여 흙가래를 만들고, 이 흙가래들을 쌓아 올려 서로 연결되도록 두드리며 몸체를 만든다.

① (나) – (다) – (가) – (라)　　　② (다) – (라) – (나) – (가)
③ (나) – (가) – (라) – (다)　　　④ (다) – (나) – (라) – (가)
⑤ (나) – (다) – (라) – (가)

06

> (가) 이는 대부분의 족보가 처음 편찬된 조선 중기나 후기까지는 적어도 '단군'이라는 공통의 조상을 모신 단일 민족이라는 의식이 별로 없었다는 증거가 된다.
>
> (나) 우리는 한 분의 조상으로부터 퍼져 나온 단일 민족일까? 고대부터 고려 초에 이르기까지 대규모로 인구가 유입된 사례는 수 없이 많다.
>
> (다) 각 성씨의 족보를 보더라도 자기 조상이 중국으로부터 도래했다고 주장하는 귀화 성씨가 적지 않다. 또 한국의 토착 성씨인 김 씨나 박 씨를 보더라도 그 시조는 알에서 태어났지 단군의 후손임을 표방하지는 않는다.
>
> (라) 또 엄격한 신분제가 유지된 전통 사회에서 천민과 지배층이 같은 할아버지의 자손이라는 의식은 존재할 여지가 없다.

① (다) – (가) – (라) – (나)

② (라) – (가) – (다) – (나)

③ (나) – (다) – (가) – (라)

④ (나) – (라) – (다) – (가)

⑤ (라) – (다) – (나) – (가)

※ 다음 글의 내용으로 가장 적절한 것을 고르시오. **[7~12]**

07

> 음악에서 화성이나 멜로디가 하나의 음 또는 하나의 화음을 중심으로 일정한 체계를 유지하는 것을 조성(調性)이라 한다. 조성을 중심으로 한 음악은 서양음악에 지배적인 영향을 미쳤는데, 여기에서 벗어나 자유롭게 표현하고 싶은 음악가의 열망이 무조(無調) 음악을 탄생시켰다. 무조 음악에서는 한 옥타브 안의 12음 각각에 동등한 가치를 두어 음들을 자유롭게 사용하였다. 이로 인해 무조 음악은 표현의 자유를 누리게 되었지만 조성이 주는 체계성은 잃게 되었다. 악곡의 형식을 유지하는 가장 기초적인 뼈대가 흔들린 것이다. 이와 같은 상황 속에서 무조 음악이 지닌 자유로움에 체계성을 더하고자 고민한 작곡가 쇤베르크는 '12음 기법'이라는 독창적인 작곡 기법을 만들어 냈다. 쇤베르크의 12음 기법은 12음을 한 번씩 사용하여 만든 기본 음렬(音列)에 이를 '전위', '역행', '역행 전위'의 방법으로 파생시킨 세 가지 음렬을 더해 악곡을 창작하는 체계적인 작곡 기법이다.

① 조성은 하나의 음으로 여러 음을 만드는 것을 말한다.

② 무조 음악은 조성이 발전한 형태라고 말할 수 있다.

③ 무조 음악은 한 옥타브 안의 음 각각에 가중치를 두어서 사용했다.

④ 조성은 체계성을 추구하고, 무조 음악은 자유로움을 추구한다.

⑤ 쇤베르크의 12음 기법은 무조 음악과 조성 모두에서 벗어나고자 한 작곡 기법이다.

08

'청렴(淸廉)'은 현대 사회에서 좁게는 반부패와 동의어로 사용되며 넓게는 투명성과 책임성 등을 포괄하는 통합적 개념으로 사용되고 있다. 유학자들은 청렴을 효제와 같은 인륜의 덕목보다는 하위에 두었지만 군자라면 마땅히 지켜야 할 일상의 덕목으로 중시하였다. 조선의 대표적 유학자였던 이황과 이이는 청렴을 사회 규율이자 개인 처세의 지침으로 강조하였다. 특히 공적 업무에 종사하는 사람이라면 사회 규율로서의 청렴이 개인의 처세와 직결된다는 점에 유념해야 한다고 보았다.

청렴에 대한 논의는 정약용의 『목민심서』에서 본격적으로 나타난다. 정약용은 청렴이야말로 목민관이 지켜야 할 근본적인 덕목이며 목민관의 직무는 청렴이 없이는 불가능하다고 강조하였다. 정약용은 청렴을 당위의 차원에서 주장하는 기존의 학자들과 달리 행위자 자신에게 실질적 이익이 된다는 점을 들어 설득하고자 한다. 그는 청렴은 큰 이득이 남는 장사라고 말하면서, 지혜롭고 욕심이 큰 사람은 청렴을 택하지만 지혜가 짧고 욕심이 작은 사람은 탐욕을 택한다고 설명한다. 정약용은 "지자(知者)는 인(仁)을 이롭게 여긴다."라는 공자의 말을 빌려 "지혜로운 자는 청렴함을 이롭게 여긴다."라고 하였다. 비록 재물을 얻는 데 뜻이 있더라도 청렴함을 택하는 것이 결과적으로는 지혜로운 선택이라고 정약용은 말한다. 목민관의 작은 탐욕은 단기적으로 보면 눈 앞의 재물을 취하여 이익을 얻을 수 있겠지만 궁극에는 개인의 몰락과 가문의 불명예를 가져올 수 있기 때문이다.

정약용은 청렴을 지키는 것은 두 가지 효과가 있다고 보았다. 첫째, 청렴은 다른 사람에게 긍정적 효과를 미친다. 목민관이 청렴할 경우 백성을 비롯한 공동체 구성원에게 좋은 혜택이 돌아갈 것이다. 둘째, 청렴한 행위를 하는 것은 목민관 자신에게도 좋은 결과를 가져다준다. 청렴은 그 자신의 덕을 높이는 것일 뿐 아니라 자신의 가문에 빛나는 명성과 영광을 가져다줄 것이다.

① 정약용은 청렴이 목민관이 반드시 지켜야 할 덕목임을 당위론 차원에서 정당화하였다.

② 정약용은 탐욕을 택하는 것보다 청렴을 택하는 것이 이롭다는 공자의 뜻을 계승하였다.

③ 정약용은 청렴한 사람은 욕심이 작기 때문에 재물에 대한 탐욕에 빠지지 않는다고 보았다.

④ 정약용은 청렴이 백성에게 이로움을 줄 뿐 아니라 목민관 자신에게도 이로운 행위라고 보았다.

⑤ 이황과 이이는 청렴을 개인의 처세에 있어 주요 지침으로 여겼으나 사회 규율로는 보지 않았다.

인류가 남긴 수많은 미술 작품을 살펴보다 보면 다양한 동물들이 등장하고 있음을 알 수 있다. 미술 작품 속에 등장하는 동물에는 일상에서 흔히 접할 수 있는 개나 고양이, 꾀꼬리 등도 있지만 해태나 봉황 등 인간의 상상에서 나온 동물도 적지 않음을 알 수 있다.

미술 작품에 등장하는 동물은 그 성격에 따라 나누어 보면 종교적·주술적인 동물, 신을 위한 동물, 인간을 위한 동물로 구분할 수 있다. 물론 이 구분은 엄격한 것이 아니므로 서로의 개념을 넘나들기도 하며, 여러 뜻을 동시에 갖기도 한다.

종교적·주술적인 성격의 동물은 가장 오랜 연원을 가진 것으로, 사냥 미술가들의 미술에 등장하거나 신앙을 목적으로 형성된 토템 등에서 확인할 수 있다. 여기에 등장하는 동물들은 대개 초자연적인 강대한 힘을 가지고 인간 세계를 지배하거나 수호하는 신적인 존재이다. 인간의 이지가 발달함에 따라 이들의 신적인 기능은 점차 감소되어, 결국 이들은 인간에게 봉사하는 존재로 전락하고 만다. 동물은 절대적인 힘을 가진 신의 위엄을 뒷받침하고 신을 도와 치세(治世)의 일부를 분담하기 위해 이용되기도 한다. 이 동물들 역시 현실 이상의 힘을 가지며 신성시되는 것이 보통이지만, 이는 어디까지나 신의 권위를 강조하기 위한 것에 지나지 않는다. 이들은 신에게 봉사하기 위해서 많은 동물 중에서 특별히 선택된 것들이다. 그리하여 그 신분에 알맞은 모습으로 조형화되었다.

① 미술 작품 속에는 일상에서 흔히 접할 수 있는 개나 고양이, 꾀꼬리 등이 주로 등장하고, 해태나 봉황 등은 찾아보기 어렵다.

② 미술 작품에 등장하는 동물은 성격에 따라 종교적·주술적인 동물, 신을 위한 동물, 인간을 위한 동물로 엄격하게 구분한다.

③ 종교적·주술적 성격의 동물은 초자연적인 강대한 힘으로 인간 세계를 지배하거나 수호하는 신적인 존재로 나타난다.

④ 인간의 이지가 발달함에 따라 신적인 기능이 감소한 종교적·주술적 동물은 신에게 봉사하는 존재로 전락한다.

⑤ 신의 위엄을 뒷받침하고 신을 도와 치세의 일부를 분담하기 위해 이용되는 동물은 별다른 힘을 지니지 않는다.

10

특허출원이란 발명자가 자신의 발명을 개인 또는 변리사를 통해 특허출원 명세서에 기재한 후 특허청에 등록 여부 판단을 받기 위해 신청하는 행위의 전반을 의미한다. 특허출원은 주로 경쟁자로부터 자신의 제품이나 서비스를 지키기 위해 이루어진다. 그러나 선두업체로 기술적 우위를 표시하기 위해 또는 벤처기업 등의 인증을 받기 위해 이루어지기도 한다. 단순하게 발명의 보호를 받아 타인의 도용을 막는 것뿐만 아니라 다양한 이유로 진행되고 있는 것이다.

특허출원 시에는 특허출원서와 특허명세서를 제출해야 한다. 특허출원서는 출원인 정보, 발명자 정보 등의 서지사항을 기재하는 문서이며, 특허명세서는 발명의 구체적인 내용을 기재하는 문서이다. 특허명세서에는 발명의 명칭, 발명의 효과, 발명의 실시를 위한 구체적인 내용, 청구범위, 도면 등의 항목들을 작성하는데, 이때 권리로 보호받고자 하는 사항을 기재하는 청구범위가 명세서의 가장 핵심적인 부분이 된다. 청구범위를 별도로 구분하는 이유는 특허등록 후 권리 범위가 어디까지인지 명확히 구분하기 위한 것이다. 청구범위가 존재하지 않는다면 상세한 설명으로 권리 범위를 판단해야 하는데, 권리 범위가 다양하게 해석된다면 분쟁의 원인이 될 수 있다.

특허를 출원할 때 많은 부분을 보호받고 싶은 마음에 청구범위를 넓게 설정하는 경우가 있다. 그러나 이는 다른 선행기술들과 저촉되는 일이 발생하게 되므로 특허가 거절될 가능성이 매우 높아진다. 그렇다고 특허등록 가능성을 높이기 위해 청구범위를 너무 좁게 설정해서도 안 된다. 청구범위가 좁을 경우 특허등록 가능성은 높아지지만, 보호 범위가 좁아져 제3자가 특허 범위를 회피할 가능성이 높아지게 된다. 따라서 기존에 존재하는 선행기술에 저촉되지 않는 범위 내에서 청구범위를 설정하는 것이 중요하다.

① 자신의 발명을 특허청에 등록하기 위해서는 반드시 본인이 특허출원 명세서를 기재해야 한다.
② 기업체의 특허출원은 타사로부터의 기술 도용을 방지하기 위한 것일 뿐 이를 통해 기술적 우위를 나타낼 순 없다.
③ 특허출원서는 발명의 명칭, 발명의 효과, 청구범위 등의 항목을 모두 작성하여야 한다.
④ 청구범위가 넓으면 특허 등록의 가능성이 줄어들고, 좁으면 특허등록 가능성이 커진다.
⑤ 청구범위가 넓을 경우 제3자가 특허 범위를 회피할 가능성이 높아지게 된다.

뉴턴은 빛이 눈에 보이지 않는 작은 입자라고 주장하였고, 이것은 그의 권위에 의지하여 오랫동안 정설로 여겨졌다. 그러나 19세기 초에 토머스 영의 겹실틈 실험은 빛의 파동성을 증명하였다. 이 실험의 방법은 먼저 한 개의 실틈을 거쳐 생긴 빛이 다음에 설치된 두 개의 겹실틈을 지나가게 하여 스크린에 나타나는 무늬를 관찰하는 것이다. 이때 빛이 파동이냐 입자이냐에 따라 결과 값이 달라진다. 즉, 빛이 입자라면 일자 형태의 띠가 두 개 나타나야 하는데, 실험 결과 스크린에는 예상과 다른 무늬가 나타났다. 마치 두 개의 파도가 만나면 골과 마루가 상쇄와 간섭을 일으키듯이, 보강 간섭이 일어난 곳은 밝아지고 상쇄 간섭이 일어난 곳은 어두워지는 간섭무늬가 연속적으로 나타난 것이다. 그러나 19세기 말부터 빛의 파동성으로는 설명할 수 없는 몇 가지 실험적 사실이 나타났다. 1905년에 아인슈타인은 빛은 광량자라고 하는 작은 입자로 이루어졌다는 광량자설을 주장하였다. 빛의 파동성은 명백한 사실이었으므로 이것은 빛이 파동이면서 동시에 입자인 이중적인 본질을 가지고 있다는 것을 의미하는 것이었다.

① 뉴턴의 가설은 그의 권위에 의해 현재까지도 정설로 여겨진다.
② 겹실틈 실험은 한 개의 실틈을 거쳐 생긴 빛이 다음 설치된 두 개의 겹실틈을 지나가게 해서 그 틈을 관찰하는 것이다.
③ 겹실틈 실험 결과, 일자 형태의 띠가 두 개 나타났으므로, 빛은 입자이다.
④ 토머스 영의 겹실틈 실험은 빛의 파동성을 증명하였지만, 이는 아인슈타인에 의해서 거짓으로 판명 났다.
⑤ 아인슈타인의 광량자설은 뉴턴과 토머스 영의 가설을 모두 포함한다.

보름달 중에 가장 크게 보이는 보름달을 슈퍼문이라고 한다. 이때 보름달이 크게 보이는 이유는 달이 평소보다 지구에 가까이 있기 때문이다. 슈퍼문이 되려면 보름달이 되는 시점과 달이 지구에 가장 가까워지는 시점이 일치하여야 한다. 달의 공전 궤도가 완벽한 원이라면 지구에서 달까지의 거리가 항상 똑같을 것이다. 하지만 실제로는 타원 궤도여서 달이 지구에 가까워지거나 멀어지는 현상이 생긴다. 유독 달만 그런 것은 아니고 태양계의 모든 행성이 태양을 중심으로 타원 궤도로 돈다. 이것이 바로 그 유명한 케플러의 행성운동 제1법칙이다.

지구와 달의 평균 거리는 약 38만km인 반면 슈퍼문일 때는 그 거리가 35만 7,000km 정도로 가까워진다. 달의 반지름은 약 1,737km이므로, 지구와 달의 거리가 평균 정도일 때 지구에서 보름달을 바라보는 시각도*는 0.52도 정도인 반면, 슈퍼문일 때는 시각도가 0.56도로 커진다. 반대로 보름달이 가장 작게 보일 때, 다시 말해 보름달이 지구에서 제일 멀 때는 그 거리가 약 40만km여서 보름달을 보는 시각도가 0.49도로 작아진다.

밀물과 썰물이 생기는 원인은 지구에 작용하는 달과 태양의 중력 때문인데, 달이 태양보다는 지구에 훨씬 더 가깝기 때문에 더 큰 영향을 미친다. 달이 지구에 가까워지면 평소 달이 지구를 당기는 힘보다 더 강하게 지구를 당긴다. 그리고 달의 중력이 더 강하게 작용하면, 달을 향한 쪽의 해수면은 평상시보다 더 높아진다. 실제 우리나라에서도 슈퍼문일 때 제주도 등 해안가에 바닷물이 평소보다 더 높게 밀려 들어와서 일부 지역이 침수 피해를 겪기도 했다.

한편 달의 중력 때문에 높아진 해수면이 지구와 함께 자전을 하다보면 지구의 자전을 방해하게 된다. 일종의 브레이크가 걸리는 셈이다. 이 때문에 지구의 자전 속도가 느려지게 되고 그 결과 하루의 길이에 미세하게 차이가 생긴다. 실제 연구 결과에 따르면 100만 년에 17초 정도씩 길어지는 효과가 생긴다고 한다.

*시각도 : 물체의 양끝에서 눈의 결합점을 향하여 그은 두 선이 이루는 각을 의미함

① 지구에서 태양까지의 거리는 1년 동안 항상 일정하다.

② 해수면의 높이는 지구와 달의 거리와 관계가 없다.

③ 달이 지구에서 멀어지면 궤도에서 벗어나지 않기 위해 평소보다 더 강하게 지구를 잡아당긴다.

④ 지구와 달의 거리가 36만km 정도인 경우, 지구에서 보름달을 바라보는 시각도는 0.49도보다 크다.

⑤ 달의 중력 때문에 지구가 자전하는 속도는 점점 빨라지고 있다.

13 다음 글에서 지적한 정보화 사회의 문제점에 대한 반대 입장으로 적절하지 않은 것은?

> 정보화 사회에서 지식과 정보는 부가가치의 원천이다. 지식과 정보에 접근할 수 없는 사람들은 소득을 얻는 데 불리할 수밖에 없다. 고급 정보에 대한 접근이 용이한 사람들은 부를 쉽게 축적하고, 그 부를 바탕으로 고급 정보 획득에 많은 비용을 투입할 수 있다. 이렇게 벌어진 정보 격차는 시간이 갈수록 심화될 가능성이 높아지고 있다. 정보나 지식이 독점되거나 진입 장벽을 통해 이용이 배제되는 경우도 문제이다. 특히 정보가 상품화됨에 따라 정보를 둘러싼 불평등은 더욱 심화될 것이다.

① 인터넷이나 컴퓨터 유지비 측면에서의 격차 발생
② 정보의 확산으로 기존의 자본주의에 의한 격차 완화 가능성
③ 정보 기기의 보편화로 인한 정보 격차 완화
④ 인터넷의 발달에 따라 전 계층의 고급 정보 접근용이
⑤ 일방적 정보 전달에서 벗어나 상호작용의 의사소통 가능

14 다음 글에 나오는 논증을 반박하는 내용으로 적절하지 않은 것은?

> 윤리와 관련하여 가장 광범위하게 받아들여진 사실 가운데 하나는 옳은 것과 그른 것에 대한 광범위한 불일치가 과거부터 현재까지 항상 있었고, 아마도 앞으로도 계속 있을 것이라는 점이다. 가령 육식이 올바른지를 두고 한 문화에 속해 있는 사람들의 판단은 다른 문화에 속해 있는 사람들의 판단과 굉장히 다르다. 그뿐만 아니라 한 문화에 속한 사람들의 판단은 시대마다 아주 다르기도 하다. 심지어 우리는 동일한 문화와 시대 안에서도 하나의 행위에 대해 서로 다른 윤리적 판단을 하는 경우를 볼 수 있다.
> 이러한 사실이 의미하는 바는 사람들의 윤리적 기준이 시간과 장소 그리고 그들이 사는 상황에 따라 달라진다는 것이다. 그러므로 올바른 윤리적 기준은 그것을 적용하는 사람에 따라 상대적이다. 이것이 바로 윤리적 상대주의의 핵심 논지이다. 따라서 우리는 윤리적 상대주의가 참이라는 결론을 내려야 한다.

① 사람들의 윤리적 판단은 그들이 사는 지역에 따라 크게 다르지 않다.
② 윤리적 판단이 다르다고 해서 윤리적 기준도 반드시 달라지는 것은 아니다.
③ 윤리적 상대주의가 옳다고 해서 사람들의 윤리적 판단이 항상 서로 다른 것은 아니다.
④ 인류학자들에 따르면 문화에 따른 판단의 차이에도 불구하고 일부 윤리적 기준은 보편적으로 신봉되고 있다.
⑤ 서로 다른 윤리적 판단이 존재하는 경우에도 그중에 올바른 판단은 하나뿐이며, 그런 올바른 판단을 옳게 만들어 주는 객관적 기준이 존재한다.

Hard

15

커피 찌꺼기를 일컫는 커피박이라는 단어는 우리에게 생소한 편이다. 하지만 외국에서는 커피 웨이스트(Coffee Waste), 커피 그라운드(Coffee Ground) 등 다양한 이름으로 불린다. 커피박은 커피원두로부터 액을 추출한 후 남은 찌꺼기를 말하는데 이는 유기물뿐만 아니라 섬유소, 리그닌, 카페인 등 다양한 물질을 풍부하게 함유하고 있어 재활용 가치가 높은 유기물 자원으로 평가받고 있다.

특히 우리나라는 높은 커피 소비국으로 2007년부터 2010년까지의 관세청 자료에 의하면 매년 지속적으로 커피원두 및 생두 수입이 지속적으로 증가한 것으로 나타났다. 1인당 연간 커피 소비량은 2019년 기준 평균 328잔 정도에 달하며 커피 한잔에 사용되는 커피콩은 0.2%, 나머지는 99.8%로 커피박이 되어 생활폐기물 혹은 매립지에서 소각처리된다.

이렇게 커피 소비량이 증가하고 있는 가운데 커피를 마시고 난 후 생기는 부산물인 커피박도 연평균 12만 톤 이상 발생하고 있는 것으로 알려져 있다. 이렇듯 막대한 양의 커피박은 폐기물로 분류되며 폐기처리만 해도 큰 비용이 발생된다.

따라서 우리나라와 같이 농업분야의 유기성 자원이 절대적으로 부족한 곳에서는 비료 원자재 대부분을 수입산에 의존하고 있는데, 원재료 매입비용이 적은 반면 부가가치를 창출할 수 있는 수익성이 매우 높은 재료로 고가로 수입된 커피박 자원을 재활용할 수 있다면 자원절감과 비용절감 두 마리 토끼를 잡을 수 있을 것으로 기대된다.

또한 커피박은 부재료 선택에 신경을 쓴다면 분명 더 나은 품질의 퇴비가 가능하다고 전문가들은 지적한다. 그 가운데 톱밥, 볏짚, 버섯폐배지, 한약재찌꺼기, 쌀겨, 스테비아분말, 채종유박, 깻묵 등의 부재료 화학성 pH는 4.9 ~ 6.4, 총탄소 4 ~ 54%, 총질소 0.08 ~ 10.4%, 탈질률 7.8 ~ 680으로 매우 다양했다. 그 중에서 한약재찌꺼기의 질소함량이 가장 높았고, 유기물 함량은 톱밥이 가장 높았다.

유기물 퇴비를 만들기 위한 조건은 수분함량, 공기, 탄질비, 온도 등이 중요하다. 흔히 유기퇴비의 원료로는 농가에서 쉽게 찾아볼 수 있는 볏짚, 나무껍질, 깻묵, 쌀겨 등이 있다. 그밖에 낙엽이나 산야초를 베어 퇴비를 만들어도 되지만 일손과 노동력이 다소 소모된다는 단점이 있다. 무엇보다 양질의 퇴비를 만들기 위해서는 재료로 사용되는 자재가 지닌 기본적인 탄소와 질소의 비율이 중요한데 탄질률은 20 ~ 30 : 1 인 것이 가장 이상적이다. 농촌진흥청 관계자는 이에 대해 "탄질률은 퇴비의 분해 속도와 관련이 있어 지나치게 질소가 많거나 탄소성분이 많을 경우 양질의 퇴비를 얻을 수 없다. 또한 퇴비재료에 미생물이 첨가되면서 자연 분해되면 열이 발생하는데 이는 유해 미생물을 죽일 수 있어 양질의 퇴비를 얻기 위해서는 퇴비 더미의 온도를 50℃ 이상으로 유지하는 것이 바람직하다."고 밝혔다.

① 커피박을 이용하여 유기농 비료를 만드는 것은 환경 보호뿐만 아니라 경제적으로도 이득이다.

② 커피박과 함께 비료에 들어갈 부재료를 고를 때에는 질소나 유기물이 얼마나 들어있는지가 중요한 기준이다.

③ 비료에서 중요한 성분인 질소가 많이 함유되어 있을수록 좋은 비료라고 할 수 있다.

④ 퇴비 재료에 있는 유해 미생물을 50℃ 이상의 고온을 통해 없앨 수 있다.

⑤ 커피박을 이용하여 유기 비료를 만들 때, 질소 보충이 필요한 사람이라면 한약재 찌꺼기를 첨가하는 것이 좋다.

16

과학자들은 알코올이 뇌에 흡수됐을 때에도 유사한 상황이 전개된다고 보고 있다. 알코올이 뇌의 보상중추 안의 신경세포를 자극해 신경전달물질인 도파민을 분출하게 한다는 것. 도파민은 보상을 담당하고 있는 화학 물질이다. 이 '기쁨의 화학 물질'은 술을 마시고 있는 사람의 뇌에 지금 보상을 받고 있다는 신호를 보내 음주 행위를 계속하도록 만든다. 이 신호가 직접 전달되는 곳은 뇌의 보상 중추인 복측 피개영역(VTA; Ventral Tefmental Area)이다. 과학자들은 VTA에 도파민이 도달하면 신경세포 활동이 급격히 증가하면서 활발해지는 것을 발견했다. 그러나 도파민이 '어떤 경로'를 거쳐 VTA에 도달하는지는 아직 밝혀내지 못하고 있었다. 이 경로를 일리노이대 후성유전학 알코올 연구센터에서 밝혀냈다. 연구팀은 쥐 실험을 통해 VTA에 있는 칼륨채널과 같은 기능이 작동하는 것을 알아냈다. 칼륨채널이란 세포막에 있으면서 칼륨이온을 선택적으로 통과시키는 일을 하고 있는 것으로 생각되고 있는 경로를 말한다. 연구 결과에 따르면 뇌에 들어간 알코올 성분이 'KNOCK13'이란 명칭이 붙여진 이 채널에 도달해 도파민 분비를 촉진하도록 압박을 가하는 것으로 밝혀졌다. 일리노이 의과대학의 마크 브로디 교수는 "알코올에 의해 강하게 압력을 받은 'KCNK13 채널'이 신경세포들로 하여금 더 많은 도파민을 분비하도록 촉진하는 일을 하고 있었다."며 "이 활동을 차단할 수 있다면 폭음을 막을 수 있을 것"이라고 말했다. 일리노이대 연구팀은 이번 연구를 위해 'KCNK13 채널'의 크기와 활동량을 보통 쥐보다 15% 축소한 쥐를 유전자 복제했다. 그리고 알코올을 제공한 결과 보통의 쥐보다 30%나 더 많은 양의 알코올을 폭음하기 시작했다. 브로디 교수는 "이 동물 실험을 통해 'KCNK13 채널'의 활동량이 작은 쥐일수록 도파민 분비로 인한 더 많은 보상을 획득하기 위해 더 많은 알코올을 원하고 있다는 사실을 확인할 수 있었다."라고 말했다.

① 뇌는 알코올을 보상으로 인식한다.
② KCNK13 채널의 크기와 활동량을 15% 축소하면 쥐가 더 많은 알코올을 폭음한다.
③ 일리노이대에서 밝혀내기 이전에는 도파민이 VTA에 도달하는 경로를 알지 못했다.
④ VTA에 도파민이 도달하면 음주 행위를 계속할 가능성이 높다.
⑤ KCNK13 채널이 도파민을 촉진하는 활동을 차단할 수 있는 약을 개발하였다.

초기의 독서는 소리 내어 읽는 음독 중심이었다. 고대 그리스인들은 쓰인 글이 완전해지려면 소리 내어 읽는 행위가 필요하다고 생각했다. 또한 초기의 두루마리 책은 띄어쓰기나 문장부호 없이 이어 쓰는 연속 기법으로 표기되어 어쩔 수 없이 독자가 자기 목소리로 문자의 뜻을 더듬어가며 읽어봐야 글을 이해할 수 있었다. 흡사 종교의식을 치르듯 성서나 경전을 진지하게 암송하는 낭독이나, 필자 나 전문 낭독가가 낭독하는 것을 들음으로써 간접적으로 책을 읽는 낭독 – 듣기가 보편적이었다. 그러던 12세기 무렵 독서 역사에 큰 변화가 일어나는데, 그것은 유럽 수도원의 필경사들 사이에서 시작된 '소리를 내지 않고 읽는 묵독'의 발명이었다. 공동생활에서 소리를 최대한 낮춰 읽는 것이 불가피했던 것이다. 비슷한 시기에 두루마리 책을 완전히 대체하게 된 책자형 책은 주석을 참조하거 나 앞부분을 다시 읽는 것을 가능하게 하여 묵독을 도왔다. 묵독이 시작되자 낱말의 간격이나 문장 의 경계 등을 표시할 필요성이 생겨 띄어쓰기와 문장부호가 발달했다. 이와 함께 반체제, 에로티시 즘, 신앙심 등 개인적 체험을 기록한 책도 점차 등장했다. 이러한 묵독은 꼼꼼히 읽는 분석적 읽기 를 가능하게 했다.

음독과 묵독이 공존하던 18세기 중반에 새로운 독서 방식으로 다독이 등장했다. 금속활자와 인쇄술 의 보급으로 책 생산이 이전의 3 ~ 4배로 증가하면서 다양한 장르의 책들이 출판되었다. 이전에 책 을 접하지 못했던 여성들이 독자로 대거 유입되었고, 독서 조합과 대출 도서관 등 독서 기관이 급격 히 증가했다. 이전 시대에는 제한된 목록의 고전을 여러 번 정독하는 집중형 독서가 주로 행해졌던 반면, 이제는 분산형 독서가 행해졌다. 이것은 필서인 고전의 권위에 대항하여 자신이 읽고 싶은 것을 골라 읽는 자유로운 선택적 읽기를 뜻한다. 이처럼 오늘날 행해지는 다양한 독서 방식들은 장 구한 시간의 흐름 속에서 하나씩 등장했다. 그래서 거기에는 당대의 지식사를 이끌었던 흔적들이 남아 있다.

① 다양한 내용의 책을 읽는 데에는 분산형 독서가 효과적이다.
② 분산형 독서는 고전이 전에 가졌던 권위를 약화시켰다.
③ 18세기 중반 이전에는 여성 독자의 수가 제한적이었다.
④ 책의 형태가 변화하면 독서의 방식도 따라서 변화한다.
⑤ 책자형 책의 출현으로 인해 낭독의 확산이 가능해졌다.

※ 다음 글의 빈칸에 들어갈 내용으로 가장 적절한 것을 고르시오. [18~20]

18

MZ세대 직장인을 중심으로 '조용한 사직'이 유행하고 있다. '조용한 사직'이라는 신조어는 2022년 7월 한 미국인이 SNS에 소개하면서 큰 호응을 얻은 것으로 실제로 퇴사하진 않지만 최소한의 일만 하는 업무 태도를 말한다. 실제로 MZ세대 직장인은 적당히 하자라는 생각으로 주어진 업무는 하되 더 찾아서 하거나 스트레스 받을 수준으로 많은 일을 맡지 않고, 사내 행사도 꼭 필요할 때만 참여해 일과 삶을 철저히 분리하고 있다.

한 채용플랫폼의 설문조사 결과에 따르면 직장인 10명 중 7명이 '월급 받는 만큼만 일하면 끝'이라고 답했고, 20대 응답자 중 78.5%, 30대 응답자 중 77.1%가 '받은 만큼만 일한다.'라고 답했다. 설문조사 결과 연령대가 높아질수록 그 비율은 감소해 젊은 층을 중심으로 이 같은 인식이 확산하고 있음을 짐작할 수 있다.

이러한 인식이 확산하는 데는 인플레이션으로 인한 임금 감소, '돈을 많이 모아도 집 한 채를 살 수 있을까?' 등 전반적인 경제적 불만이 기저에 있다고 전문가들은 말했다. 또 MZ세대가 '노력에 상응하는 보상을 받고 있는지'에 민감하게 반응하는 특성을 가지고 있는 것도 한 몫 하고 있다.

문제점은 이러한 '조용한 사직' 분위기가 기업의 전반적인 생산성 저하로 이어지고 있는 것이다. 이에 맞서 기업도 '조용한 사직'으로 대응해 게으른 직원에게 업무를 주지 않는 '조용한 해고'를 하는 상황이 발생하고 있다. 이에 전문가들은 MZ세대 직장인을 나태하다고 구분 짓는 사고방식은 잘못되었다고 지적하며, 기업 차원에서는 "＿＿＿＿＿＿＿＿＿＿＿＿＿"이, 개인 차원에서는 "스스로 일과 삶을 잘 조율하는 현명함을 만드는 것"이 필요하다고 언급했다.

① 직원이 일한 만큼 급여를 올려주는 것
② 직원이 스트레스를 받지 않게 적당량의 업무를 배당하는 것
③ 젊은 세대의 채용을 신중히 하는 것
④ 젊은 세대의 특성을 이해하고 온전히 받아들이는 것
⑤ 젊은 세대가 함께할 수 있도록 분위기를 만드는 것

제주 한라산 천연보호구역에 있는 한 조립식 건물에서 불이 나 3명의 사상자가 발생했다. 이 건물은 무속 신을 모시는 신당으로 수십 년 동안 운영된 곳이나, 실상은 허가 없이 지은 불법 건축물에 해당되었다. 특히 해당 건물은 조립식 샌드위치 패널로 지어져 있어 이번 화재는 자칫 대형 산불로 이어져 한라산까지 타버릴 아찔한 사고였지만, 행정당국은 불이 난 뒤에야 이 건축물의 존재를 파악했다. 해당 건물에서의 화재는 30여 분 만에 빠르게 진화되었지만, 이 불로 건물 안에 있던 40대 남성이 숨지고, 60대 여성 2명이 화상을 입어 병원으로 이송되었다. 이는 해당 건물이 _____ 불이 삽시간에 번져 나갔기 때문이었다.

행정당국은 서귀포시는 산림이 울창하고, 인적이 드문 곳이어서 관련 신고가 접수되지 않는 등 단속에 한계가 있다고 밝히며 행정의 손이 미치지 않는 취약한 지역, 산지나 으슥한 지역은 관련 부서와 협의를 거쳐 점검할 필요가 있다고 말했다.

① 화재에 취약한 구조로 지어져 있어
② 산지에 위치해 기후가 건조했기 때문에
③ 안정성을 검증받지 못한 가건물에 해당 되어
④ 소방시설과 거리가 있는 곳에 위치하고 있어
⑤ 인적이 드문 지역에 위치하여 발견이 쉽지 않아

20

현대인들이 부족한 잠으로 인해 만성 피로를 겪고 있다. 성인 평균 권장 수면시간은 7 ~ 8시간이지만, 이를 지키는 이들은 우리나라 성인 기준 단 4%에 불과하다. 2016년 국가별 일평균 수면시간 조사에 따르면, 한국인의 하루 평균 수면시간은 7시간 41분으로 OECD 18개 회원국 중 최하위를 기록했다. 또한, 직장인의 수면시간은 이보다도 짧은 6시간 6분, 권장 수면시간에 2시간 가까이 부족한 수면시간으로 현대인 대부분이 수면 부족에 시달린다 해도 과언이 아닐 정도이다.

수면시간 총량이 적은 것도 문제지만 더 심각한 점은 _____, 즉 수면의 질 또한 높지 않다는 것이다. 수면장애 환자는 '단순히 일이 많아서', 또는 '잠버릇 때문에' 발생한 일시적인 가벼운 증상 정도로 여기는 사회적 분위기를 고려하면 실제 더 많을 것으로 추정된다. 특히 대표적인 수면장애인 '수면무호흡증'은 피로감·불안감·우울감은 물론 고혈압·당뇨병과 심혈관질환·뇌졸중까지 다양한 합병증을 유발할 수 있다는 점에서 진단과 치료가 요구된다.

① '어떻게 잘 잤는지'
② '언제 잠을 잤는지'
③ '어디서 잠을 잤는지'
④ '얼마만큼 많이 잤는지'
⑤ '왜 잠이 부족한 것인지'

01 어떤 공원의 트랙 모양의 산책로를 걷는데 민주는 시작 지점에서 분속 40m의 속력으로 걷고, 같은 지점에서 세희는 분속 45m의 속력으로 서로 반대 방향으로 걷고 있다. 출발한 지 40분 후에 둘이 두 번째로 마주치게 된다고 할 때, 산책로의 길이는?

① 1,320m

② 1,400m

③ 1,550m

④ 1,700m

⑤ 1,750m

02 어느 학교의 학생은 A과목과 B과목 중 한 과목만을 선택하여 수업을 받는다고 한다. A과목과 B과목을 선택한 학생의 비율이 각각 전체의 40%, 60%이고, A과목을 선택한 학생 중 여학생은 30%, B과목을 선택한 학생 중 여학생은 40%라고 하자. 이 학교의 3학년 학생 중에서 임의로 뽑은 학생이 여학생일 때, 그 학생이 B과목을 선택한 학생일 확률은?

① $\dfrac{1}{3}$

② $\dfrac{2}{3}$

③ $\dfrac{1}{4}$

④ $\dfrac{3}{4}$

⑤ $\dfrac{2}{5}$

03 소희와 상애는 여의도 공원에서 운동을 하기로 했다. 소희는 뛰어서, 상애는 걸어서 공원을 도는데, 공원 입구에서 같은 방향으로 가면 10분 만에 다시 만나고, 반대 방향으로 가면 5분 만에 다시 만난다. 여의도 공원의 둘레가 2km일 때, 소희가 뛰는 속력은?(단, 소희가 상애보다 빠르다)

① 100m/min
② 200m/min
③ 300m/min
④ 400m/min
⑤ 500m/min

Hard

04 할아버지가 1,000만 원의 유산을 세 아들(태수, 태준, 태형)과 세 손자(철수, 경수, 민수)에게 물려주었다. 세 아들에게는 각각 아들이 한 명씩 있다. 태수는 자기 아들이 받은 액수의 세 배를, 태준은 자기 아들이 받은 액수의 두 배를, 태형은 자기 아들이 받은 액수만큼을 받았다. 세 손자가 받은 유산의 총액은 300만 원이며, 철수는 경수보다 50만 원을 더 받았고, 민수는 철수보다 50만 원을 더 받았다. 이때 아버지와 아들이 바르게 연결된 것은?

① 태형 – 경수
② 태수 – 철수
③ 태형 – 민수
④ 태준 – 민수
⑤ 태준 – 경수

Easy

05 어느 펀드는 A, B, C주식에 각각 30%, 20%, 50%를 투자하였다. 매입가에서 A주식이 20%, B주식이 40%씩 각각 오르고, C주식이 20% 하락했다면, 이 펀드는 몇 %의 이익을 보았는가?

① 2%
② 4%
③ 6%
④ 8%
⑤ 10%

※ 다음은 A기업의 반도체 거래내역에 대한 표이다. 이어지는 질문에 답하시오. **[6~7]**

〈A기업의 반도체 거래내역〉

날짜	수입	환율
23년 1월	4달러	1,000원/달러
23년 2월	3달러	1,120원/달러
23년 3월	2달러	1,180원/달러

※ 평균환율=총 원화금액÷환전된 총 달러금액

06 다음은 A기업이 1분기에 해외로부터 반도체를 수입한 거래내역과 거래일의 환율이다. 자료로 통해 구해진 1분기 평균환율은?

① 1,180원/달러

② 1,120원/달러

③ 1,100원/달러

④ 1,080원/달러

⑤ 1,000원/달러

PART 5

07 A기업 수입한 반도체가 현재 창고에 200달러만큼 재고가 존재할 때, 위에서 구한 평균환율로 환산한 창고재고의 금액은?

① 200,000원

② 216,000원

③ 245,000원

④ 268,000원

⑤ 232,000원

※ 다음은 2023년 5 ~ 10월 한·중·일 3국의 관광 현황에 대한 표이다. 이어지는 질문에 답하시오.
[8~9]

〈한·중·일 3국 간 관광객 수 및 전년 동월 대비 증감률〉

(단위 : 천 명, %)

국적	여행국		5월	6월	7월	8월	9월	10월
한국	중국	관광객 수	381	305	327	342	273	335
		증감률	-9	-22	-27	-29	-24	-19
	일본	관광객 수	229	196	238	248	160	189
		증감률	-8	-3	-6	-9	-21	-15
중국	한국	관광객 수	91	75	101	115	113	105
		증감률	9	-4	6	-5	7	-5
	일본	관광객 수	75	62	102	93	94	87
		증감률	6	-1	0	-6	1	-5
일본	한국	관광객 수	191	183	177	193	202	232
		증감률	8	4	8	-3	5	3
	중국	관광객 수	284	271	279	281	275	318
		증감률	-17	-20	-15	-21	-17	-10

〈한국의 관광 수지 및 전년 동월 대비 증감률〉

(단위 : 백만 달러, %)

구분		5월	6월	7월	8월	9월	10월
총 관광 수입	금액	668	564	590	590	780	1,301
	증감률	38	31	38	14	102	131
총 관광 지출	금액	1,172	1,259	1,534	1,150	840	595
	증감률	-10	-9	2	-25	-30	-57
총 관광 수지	금액	-504	-695	-944	-560	-60	706
	증감률	38	27	13	44	93	187

〈관광객 1인당 평균 관광 지출 및 전년 동월 대비 증감률〉

(단위 : 달러, %)

구분		5월	6월	7월	8월	9월	10월
중국인 관광객 한국 내 지출	금액	1,050	900	1,050	1,010	930	600
	증감률	20	10	5	-5	-15	-40
일본인 관광객 한국 내 지출	금액	1,171	1,044	1,038	1,016	1,327	2,000
	증감률	27	27	28	15	92	130
한국인 관광객 해외지출	금액	1,066	1,259	1,350	988	1,026	637
	증감률	-9	-3	16	-15	-13	-50

08 다음 자료를 바탕으로 나타낸 그래프로 옳은 것은?

① 2023년 5 ~ 10월 한국을 관광한 중국인 및 일본인 관광객 수

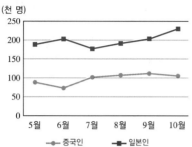

② 2023년 5 ~ 10월 한국의 총 관광 수입 및 지출액

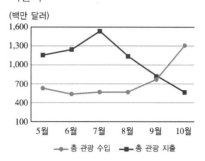

③ 2023년 5 ~ 10월 중국을 관광한 한국인 및 일본인 관광객 수

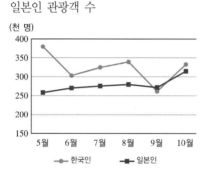

④ 2023년 5 ~ 9월 중국인 및 일본인 관광객의 한국 내 지출액

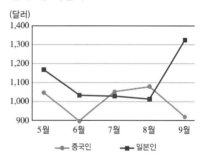

⑤ 2023년 5 ~ 10월 한국을 관광한 중국인과 일본을 관광한 한국인 관광객 수

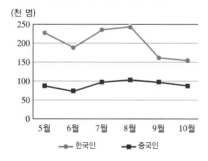

09 다음 〈보기〉의 설명 중 옳은 것을 모두 고르면?

보기

ㄱ. 2023년 8월 한국을 관광한 중국인 및 일본인 관광객 수는 전년 동월 대비 감소했다.

ㄴ. 2023년 6월 한국인 관광객의 일본 내 전체 관광 지출은 한국인 관광객이 중국에서 지출한 전체 관광 지출의 60% 이상이다.

ㄷ. 2023년 일본인 전체 관광객의 한국 내 관광 지출은 7월보다 8월에 더 많다.

ㄹ. 2023년 10월 중국인 및 일본인 관광객의 한국 내 전체 관광 지출은 해당 월 한국의 총 관광 수입의 50% 이상이다.

① ㄱ, ㄴ   ② ㄱ, ㄷ

③ ㄴ, ㄷ   ④ ㄴ, ㄹ

⑤ ㄷ, ㄹ

Hard

10 다음은 일정한 규칙에 따라 나열된 수열이다. $2A + B$의 값은?

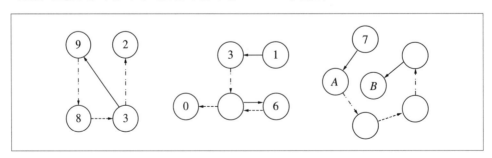

① 33   ② 44

③ 55   ④ 66

⑤ 77

11 다음은 정부의 스마트워크 유형별 취업인구 수 추정치에 대한 표이다. 빈칸에 들어갈 숫자로 가장 적절한 것은?(단, 해를 거듭할수록 일정 규칙에 따라 변하고 있다)

〈스마트워크 유형별 취업인구 수 추정치〉

(단위 : 천 명)

구분		2017년	2018년	2019년	2020년	2021년	2022년
재택근무	공공	39	58	85	116	149	184
	민간	343	480	686	1,029	1,715	2,881
스마트워크센터	공공	1	2	4	6	6	7
	민간	3	37	62	125	125	125
모바일워크	공공	6	9	15	24		63
	민간	600	1,000	1,500	2,100	2,800	3,600

① 36
② 39
③ 42
④ 45
⑤ 48

12 다음은 A국의 치료감호소 수용자 현황에 대한 표이다. (가) ~ (라)에 해당하는 수를 모두 더한 값은?

〈치료감호소 수용자 현황〉

(단위 : 명)

구분	약물	성폭력	심신장애자	합계
2017년	89	77	520	686
2018년	(가)	76	551	723
2019년	145	(나)	579	824
2020년	137	131	(다)	887
2021년	114	146	688	(라)
2022년	88	174	688	950

① 1,524
② 1,639
③ 1,751
④ 1,763
⑤ 1,770

13 다음은 2018 ~ 2022년 각 시·도·광역시별 '비브리오 패혈증' 감염자 수와 사망자 수를 나타낸 표이다. 이에 대한 설명으로 옳지 않은 것은?

〈시·도·광역시별 비브리오 패혈증 감염자 및 사망자 수〉

(단위 : 명)

구분	2018년		2019년		2020년		2021년		2022년		합계	
	감염	사망	감염	사망	감염	사망	감염	사망	감염	사망	감염	사망
서울	6	2	12	9	10	3	1	0	6	3	35	17
부산	5	3	6	3	4	3	10	7	4	1	29	17
대구	0	0	1	0	0	0	0	0	0	0	1	0
인천	3	1	3	3	2	1	7	5	3	1	18	11
광주	2	2	1	0	1	0	0	0	0	0	4	2
대전	0	0	1	1	2	0	0	0	3	1	6	2
울산	0	0	3	2	3	1	1	1	1	0	8	4
경기	12	6	10	6	9	7	8	4	6	1	45	24
강원	0	0	0	0	1	1	0	0	0	0	1	1
충북	1	0	1	1	3	1	1	1	0	0	6	3
충남	4	3	2	2	7	6	2	1	0	0	15	12
전북	2	1	6	1	4	2	3	3	2	2	17	9
전남	7	3	5	2	4	1	17	13	6	1	39	20
경북	0	0	2	1	0	0	6	5	2	0	10	6
경남	9	5	8	4	6	5	6	2	4	3	33	19
제주	0	0	0	0	0	0	2	0	0	0	2	0
세종	0	0	0	0	0	0	0	0	0	0	0	0
합계	51	26	64	37	56	31	61	40	37	13	269	147

※ 감염자 수에는 사망자 수가 포함되어 있음

① 2018 ~ 2022년 전체 기간 동안 사망자가 발생하지 않은 도시는 3곳이다.

② 서울, 경기, 부산 감염자 수의 합은 매년 전체 감염자 수의 50% 미만이다.

③ 2018 ~ 2022년 전체 기간 동안 도시별 감염자 수 대비 사망자 수의 비율이 50% 미만인 도시는 7곳이다.

④ 2020년 서울, 경기, 부산의 사망자 수의 합은 2020년 전체 사망자 수의 30% 이상이다.

⑤ 2018 ~ 2022년 전체 기간 동안 총 감염자 수 대비 사망자 수의 비율은 50%를 넘는다.

Hard

14 다음은 2021 ~ 2022년 5개 비철금속의 품목별 목표재고일수와 수입수요량에 대한 표이다. 이에 대한 설명으로 옳은 것은?

〈품목별 목표재고일수와 수입수요량〉

(단위 : 일, 톤)

품목	목표재고일수	수입수요량	
		2021년	2022년
알루미늄	40	89,000	92,000
구리	80	39,000	34,000
납	40	1,400	4,400
아연	60	9,400	8,400
니켈	60	18,200	22,200

※ 별도의 가정이 없으면, 품목별 목표재고일수는 매년 동일함

※ $\{목표재고량(톤)\} = \dfrac{(전년도\ 수입수요량)}{365} \times (목표재고일수)$

① 2022년 5개 품목 목표재고량의 합계는 2021년보다 증가한다.
② 2022년 목표재고량이 전년보다 감소한 품목의 수는 3개이다.
③ 2021년 목표재고량이 가장 큰 품목은 구리이다.
④ 납의 2022년 목표재고일수가 10일로 줄어들면, 납의 목표재고량은 2021년보다 증가한다.
⑤ 2021년 구리의 목표재고량은 납의 50배 이하이다.

15 다음은 한국, 중국, 일본 3개국의 배타적경제수역(EEZ) 내 조업현황에 대한 표이다. 이에 대한 설명으로 옳은 것은?

〈한국, 중국, 일본의 배타적경제수역(EEZ) 내 조업현황〉

(단위 : 척, 일, 톤)

해역	어선 국적	구분	2021년 12월	2022년 11월	2022년 12월
한국 EEZ	일본	입어척수	30	70	57
		조업일수	166	1,061	277
		어획량	338	2,176	1,177
	중국	입어척수	1,556	1,468	1,536
		조업일수	27,070	28,454	27,946
		어획량	18,911	9,445	21,230
중국 EEZ	한국	입어척수	68	58	62
		조업일수	1,211	789	1,122
		어획량	463	64	401
일본 EEZ	한국	입어척수	335	242	368
		조업일수	3,992	1,340	3,236
		어획량	5,949	500	8,233

① 2022년 12월 중국 EEZ 내 한국어선 조업일수는 전월 대비 감소하였다.

② 2022년 11월 한국어선의 일본 EEZ 입어척수는 전년 동월 대비 감소하였다.

③ 2022년 12월 일본 EEZ 내 한국어선의 조업일수는 같은 기간 중국 EEZ 내 한국어선 조업일수의 3배 이상이다.

④ 2022년 12월 일본어선의 한국 EEZ 내 입어척수당 조업일수는 전년 동월 대비 증가하였다.

⑤ 2022년 11월 일본어선과 중국어선의 한국 EEZ 내 어획량 합은 같은 기간 중국 EEZ와 일본 EEZ 내 한국어선 어획량 합의 20배 이상이다.

16 다음은 A국의 토지구성 변화에 대한 표이다. 빈칸에 들어갈 숫자로 가장 적절한 것은?(단, 해를 거듭할수록 일정 규칙에 따라 변하고 있다)

〈A국의 토지구성〉

구분	도시	산림	하천	농경지	기타
2017년	360	5,890	550	2,780	550
2018년	420	5,930	310	2,880	610
2019년	490	5,850	330	2,830	620
2020년	580	5,870	350	2,780	640
2021년	730	5,710	400	2,630	670
2022년	820		430	2,570	670

① 5,720
② 5,760
③ 5,790
④ 5,870
⑤ 6,040

17 다음은 세종특별시에 거주하는 20 ~ 30대 청년들의 주거 점유형태에 대한 표이다. 이에 대한 설명으로 옳은 것은?(단, 소수점 둘째 자리에서 반올림한다)

〈20 ~ 30대 청년 주거 점유형태〉

(단위 : 명)

구분	자가	전세	월세	무상	합계
20 ~ 24세	537	1,862	5,722	5,753	13,874
25 ~ 29세	795	2,034	7,853	4,576	15,258
30 ~ 34세	1,836	4,667	13,593	1,287	21,383
35 ~ 39세	2,489	7,021	18,610	1,475	29,595
합계	5,657	15,584	45,778	13,091	80,110

① 20 ~ 24세 전체 인원 중 월세 비중은 38.2%이고, 자가 비중은 2.9%이다.
② 20 ~ 24세를 제외한 20 ~ 30대 청년 중에서 무상이 차지하는 비중이 월세 비중보다 더 높다.
③ 20 ~ 30대 청년 인원 대비 자가 비율보다 20대 청년 중에서 자가가 차지하는 비율이 더 낮다.
④ 연령대가 높아질수록 연령대별로 자가 비중이 높아지고, 월세 비중이 낮아진다.
⑤ 20 ~ 30대 연령대에서 월세에 사는 25 ~ 29세 연령대가 차지하는 비율은 10% 이상이다.

18 다음은 2018 ~ 2022년 A당과 B당의 정당지지도 연도별 추이에 대한 자료이다. 이에 대한 설명으로 옳은 것은?

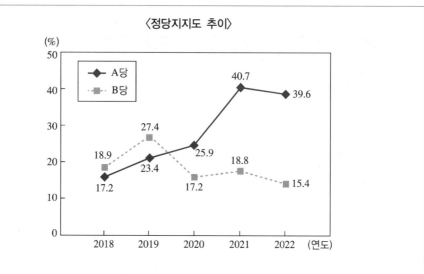

〈정당지지도 추이〉

〈연도별·연령대별 정당지지도〉

(단위 : %)

연령대＼연도＼정당	2018년 A	2018년 B	2019년 A	2019년 B	2020년 A	2020년 B	2021년 A	2021년 B	2022년 A	2022년 B
20대	10.6	21.9	11.2	30.0	19.3	18.1	33.2	14.9	35.3	12.6
30대	12.6	19.8	14.4	32.8	16.0	21.6	36.5	40.6	33.6	18.8
40대	20.6	14.4	27.5	24.2	28.8	18.2	43.4	17.6	38.4	14.4
50대	23.0	16.9	36.0	22.5	36.3	13.7	49.0	17.9	46.4	16.2
60대 이상	25.4	21.5	36.4	23.8	34.2	12.9	45.8	18.7	48.2	15.0

※ 정당지지도 조사는 매년 1회만 실시함

※ 정당은 A당과 B당만 존재하는 것으로 가정하고, 어느 당도 지지하지 않는 응답자들은 모두 '지지정당 없음'으로 처리함

① 2021년은 전년에 비해 '지지정당 없음'의 비율이 낮아졌다.

② 2019년에 비해 2020년에 모든 연령대에서 A당에 대한 지지도는 높아졌다.

③ 20대의 각 정당지지도 차이는 2019년부터 10%p 이상을 유지하고 있다.

④ A당이 B당의 지지도를 처음으로 추월한 해에 A당 지지도가 가장 높은 연령대는 40대이다.

⑤ 정당지지도의 차이가 가장 큰 해에, 그 차이보다 더 큰 차이를 보이는 연령대는 총 3개이다.

19 다음은 2022년 국가기록원의 비공개기록물 공개 재분류 사업 결과 및 현황 표이다. 이에 대한 설명으로 옳지 않은 것은?

〈비공개기록물 공개 재분류 사업 결과〉

(단위 : 건)

구분	합계	재분류 결과			
		공개			비공개
		소계	전부공개	부분공개	
합계	6,891,460	6,261,102	269,599	5,991,503	630,358
30년 경과 비공개기록물	6,228,952	6,088,255	199,517	5,888,738	140,697
30년 미경과 비공개기록물	662,508	172,847	70,082	102,765	489,661

〈30년 경과 비공개기록물 중 비공개로 재분류된 기록물의 비공개 사유별 현황〉

(단위 : 건)

합계	비공개 사유					
	법령상 비밀	국방 등 국익침해	국민의 생명 등 공익침해	재판 관련 정보	개인 사생활 침해	법인 등 영업상 비밀침해
140,697	46	9,660	11,952	17,368	99,645	2,026

① 사업 대상 전체 기록물 중 10% 미만이 비공개로 재분류되었다.

② 30년 미경과 비공개기록물 중 전부공개로 재분류된 기록물 건수가 30년 경과 비공개기록물 중 '개인 사생활 침해' 사유에 해당하여 비공개로 재분류된 기록물 건수보다 적다.

③ 사업 대상 전체 기록물 중 전부공개로 재분류된 기록물의 비율이 30년 경과 비공개기록물 중 전부공개로 재분류된 기록물의 비율보다 낮다.

④ 재분류 건수가 많은 것부터 순서대로 나열하면, 30년 경과 비공개기록물은 부분공개, 전부공개, 비공개 순서이고 30년 미경과 비공개기록물은 비공개, 부분공개, 전부공개 순서이다.

⑤ 30년 경과 비공개기록물 중 '국민의 생명 등 공익침해'와 '개인 사생활 침해' 사유에 해당하여 비공개로 재분류된 기록물 건수의 합은 사업 대상 전체 기록물의 3% 이하이다.

20 다음은 2022년 정부지원금 수혜자 200명을 대상으로 조사한 자료이다. 이에 대한 설명으로 옳지 않은 것은?

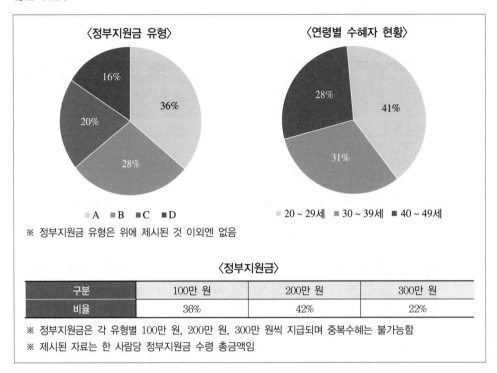

〈정부지원금 유형〉
16%, 36%, 20%, 28%
■A ■B ■C ■D

〈연령별 수혜자 현황〉
28%, 41%, 31%
■20 ~ 29세 ■30 ~ 39세 ■40 ~ 49세

※ 정부지원금 유형은 위에 제시된 것 이외엔 없음

〈정부지원금〉

구분	100만 원	200만 원	300만 원
비율	36%	42%	22%

※ 정부지원금은 각 유형별 100만 원, 200만 원, 300만 원씩 지급되며 중복수혜는 불가능함
※ 제시된 자료는 한 사람당 정부지원금 수령 총금액임

① 정부지원금에 들어간 총 비용은 3,000만 원 이상이다.
② 정부지원금 유형A 수령자가 모두 20대라고 할 때, 전체 20대 중 정부지원금 유형A 수령자가 차지하는 비율은 85% 이하이다.
③ 모든 20대의 정부지원금 금액이 200만 원이라고 할 때, 200만 원 수령자 중 20대가 차지하는 비율은 95% 이상이다.
④ 정부지원금 수혜자가 2배 증가하고 수혜자 현황 비율이 동일하다면, 정부지원금에 들어간 비용도 2배이다.
⑤ 정부지원금 유형A의 지원금은 모두 100만 원으로 동일하다고 할 때, 유형B, C, D에 들어간 총 비용은 30,000만 원이다.

※ 다음 제시된 단어와 동일한 관계가 되도록 빈칸에 들어갈 가장 적절한 단어를 고르시오. [1~3]

Hard

01

| 마수걸이 : 개시 = 뚜렷하다 : (   ) |

① 흐릿하다   ② 복잡하다
③ 깔끔하다   ④ 분명하다
⑤ 산뜻하다

Hard

02

| 장작 : 강다리 = (   ) : 축 |

① 김   ② 국수
③ 북어   ④ 바늘
⑤ 오징어

03

| 준거 : 표준 = 자취 : (   ) |

① 척도   ② 흔적
③ 주관   ④ 반영
⑤ 보증

※ 다음 짝지어진 단어 사이의 관계가 나머지와 다른 하나를 고르시오. [4~6]

04
① 눈 – 얼굴 – 몸
② 뱀 – 파충류 – 동물
③ 김치 – 반찬 – 음식
④ 조각 – 조소 – 미술
⑤ 형태소 – 낱말 – 단어

05
① 식당 – 가족 – 식사
② 당구장 – 연인 – 당구
③ 도서관 – 수험생 – 공부
④ 운동장 – 동급생 – 축구
⑤ 놀이터 – 선생님 – 시소

06
① 보석 – 세공 – 반지
② 생선 – 가공 – 어묵
③ 우유 – 냉동 – 아이스크림
④ 흙 – 물레 – 도자기
⑤ 쌀 – 가열 – 밥

※ 다음 도식에서 기호들은 일정한 규칙에 따라 문자를 변화시킨다. ?에 들어갈 문자로 적절한 것을 고르시오.
[7~9]

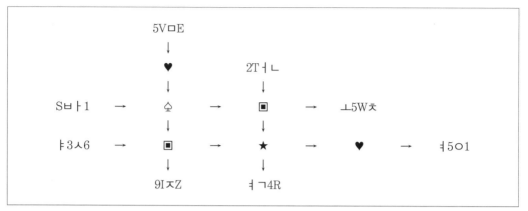

07

K ㄹ7Q → ★ → ♥ → ?

① 7M ㅂS
② 4S ㅁT
③ 9 ㄷLO
④ 9RT ㅁ
⑤ 7P ㄷM

08

3 ㅂ1 ㅛ → ■ → ♤ → ★ → ?

① 3 ㅡ1 ㄷ
② ㅅ ㅗ46
③ ㅠ4 ㅈ3
④ 6 ㅡ9 ㅇ
⑤ 7 ㅣ5 ㅊ

09

D ㅋW ㅁ → ★ → ♥ → ■ → ?

① ZC ㄹㅋ
② ㅋVA ㄹ
③ YB ㅂㅊ
④ X ㅊE ㄴ
⑤ E ㄷY ㅊ

※ 다음 제시된 도형의 규칙을 보고 ?에 들어갈 도형으로 적절한 것을 고르시오. [10~11]

Hard

10

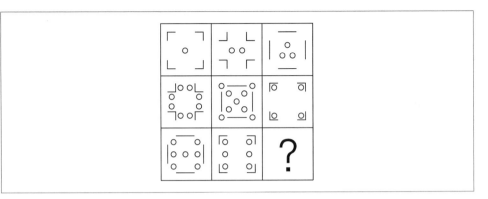

①
②
③
④
⑤

12

> A학교와 B학교의 수학 시험 결과, 언제나 A학교의 수학 시험 점수가 B학교의 점수보다 더 높은 것으로 나타났다. 이 결과로부터 A학교의 학생인 철수가 B학교의 학생인 영희보다 수학을 더 잘한다는 것을 알 수 있다.

① 모든 구리는 전도성을 가진다. 내 앞에 놓여진 물체는 구리다. 따라서 이 물체는 전도성을 가질 것이다.

② 이 회사는 매우 전문적이고 뛰어난 회사임에 틀림없다. 회사의 사원들 각자가 전문적이고 뛰어난 사람들로 구성되었기 때문이다.

③ 세계에서 이 카메라가 가장 가볍고 성능이 좋다. 그러므로 이 카메라의 각 부품들 역시 세계에서 가장 가볍고 성능이 좋을 것임에 틀림없다.

④ 사교성을 측정하는 심리 검사에서 나는 평균보다 높은 점수를 받았고 준영이는 평균보다 낮은 점수를 받았다. 즉, 내가 준영이보다 성격이 좋다.

⑤ 이 차는 작년에 최고 판매량을 기록하였습니다. 따라서 현명한 소비자는 이 차를 택합니다.

Easy

13

> 얘야, 일찍 자거라. 그래야 착한 어린이야.

① A정당을 지지하지 않는다고? 그럼 너는 B정당을 지지하겠구나?

② 정부의 통일 정책을 반대한다면 조국의 통일을 가로막는 사람이라고 할 수 있다.

③ 내가 게으르다고? 너는 더 심각하던걸?

④ 이렇게 추운데 옷을 얇게 입은 걸 보니 감기에 걸리고 싶은가 보구나?

⑤ 네가 범인이 아니라는 것을 증명하지 못한다면 넌 범인이 틀림없어!

Easy

14

- 테니스를 좋아하는 사람은 가족 여행을 싫어한다.
- 가족 여행을 좋아하는 사람은 독서를 좋아한다.
- 독서를 좋아하는 사람은 쇼핑을 싫어한다.
- 쇼핑을 좋아하는 사람은 그림 그리기를 좋아한다.
- 그림 그리기를 좋아하는 사람은 테니스를 좋아한다.

① 그림 그리기를 좋아하는 사람은 가족 여행을 좋아한다.
② 쇼핑을 싫어하는 사람은 그림 그리기를 좋아한다.
③ 테니스를 좋아하는 사람은 독서를 좋아한다.
④ 쇼핑을 좋아하는 사람은 가족 여행을 싫어한다.
⑤ 쇼핑을 싫어하는 사람은 테니스를 좋아한다.

15

- 액션영화를 보면 팝콘을 먹는다.
- 커피를 마시지 않으면 콜라를 마시지 않는다.
- 콜라를 마시지 않으면 액션영화를 본다.
- 팝콘을 먹으면 나쵸를 먹지 않는다.
- 애니메이션을 보면 커피를 마시지 않는다.

① 커피를 마시면 액션영화를 본다.
② 액션영화를 보면 애니메이션을 본다.
③ 나쵸를 먹으면 액션영화를 본다.
④ 애니메이션을 보면 나쵸를 먹지 않는다.
⑤ 콜라를 마시면 나쵸도 먹는다.

16

- 모든 철학자는 천재이다. 모든 천재는 공처가이다.
- 모든 조개는 공처가이다. 모든 공처가는 거북이이다.

① 모든 거북이는 천재이다.
② 모든 공처가는 천재이다.
③ 모든 조개는 거북이이다.
④ 어떤 철학자는 거북이가 아니다.
⑤ 어떤 공처가는 거북이가 아니다.

※ 다음 중 제시된 명제가 모두 참일 때, 빈칸에 들어갈 명제로 가장 적절한 것을 고르시오. [17~19]

17

- 승리했다면 팀플레이가 되었다는 것이다.
- _____
- 패스하지 않으면 패배한다.

① 팀플레이가 된다면 패스했다는 것이다.
② 팀플레이가 된다면 패배한다.
③ 승리했다면 패스했다는 것이다.
④ 팀플레이가 된다면 승리한다.
⑤ 패스하면 팀플레이가 된다.

18

- 인기가 하락했다면 호감을 못 얻은 것이다.
- _____
- 인기가 하락했다면 타인에게 잘 대하지 않은 것이다.

① 타인에게 잘 대하면 호감을 얻는다.
② 호감을 얻으면 인기가 상승한다.
③ 타인에게 잘 대하면 인기가 하락한다.
④ 호감을 얻으면 타인에게 잘 대한다.
⑤ 타인에게 잘 대하면 인기가 상승한다.

19

- 경찰에 잡히지 않으면 도둑질을 하지 않은 것이다.
- _____
- 감옥에 안 가면 도둑질을 하지 않은 것이다.

① 도둑질을 하면 감옥에 간다.
② 감옥에 가면 도둑질을 한다.
③ 도둑질을 하면 경찰에 잡힌다.
④ 경찰에 잡히면 감옥에 간다.
⑤ 감옥에 가면 도둑질을 하지 않는다.

20 다음은 서로 다른 밝기 등급(1~5등급)을 가진 A~E 별의 밝기를 측정한 결과이다. 이에 근거하여 바르게 추론한 것은?(단, 1등급이 가장 밝은 밝기 등급이다)

- A별은 가장 밝지도 않고, 두 번째로 밝지도 않다.
- B별은 C별보다 밝고, E별보다 어둡다.
- C별은 D별보다 밝고, A별보다 어둡다.
- E별은 A별보다 밝다.

① A별의 밝기 등급은 4등급이다.
② A~E 별 중 B별이 가장 밝다.
③ 어느 별이 가장 어두운지 확인할 수 없다.
④ 어느 별이 가장 밝은지 확인할 수 없다.
⑤ 별의 밝기 등급에 따라 순서대로 나열하면 'E - B - A - C - D'이다.

Hard

21 다음 중 한 명만 거짓말을 할 때, 항상 참인 것은?(단, 한 층에 한 명만 내린다)

- A : B는 1층에서 내렸다.
- B : C는 1층에서 내렸다.
- C : D는 적어도 3층에서 내리지 않았다.
- D : A는 4층에서 내렸다.
- E : A는 4층에서 내리고 나는 5층에 내렸다.

① C는 1층에서 내렸다.
② A는 4층에서 내리지 않았다.
③ D는 3층에서 내렸다.
④ C는 B보다 높은 층에서 내렸다.
⑤ A는 D보다 높은 층에서 내렸다.

22 다음 글을 바탕으로 추론한 내용으로 적절한 것을 〈보기〉에서 모두 고르면?

> 재물은 우물에 비유할 수가 있다. 퍼내면 늘 물이 가득하지만 길어내기를 그만두면 물이 말라버림과 같다. 따라서 화려한 비단옷을 입지 않으므로 나라에는 비단을 짜는 사람이 없고, 그로 인해 여인의 기술이 피폐해졌다.

> **보기**
>
> ㄱ. 이 글은 소비를 권유한다.
> ㄴ. 소비를 계속하는 것은 나라의 발전을 도모하는 것이다.
> ㄷ. 수요가 사라지면 공급도 사라진다.

① ㄱ   ② ㄱ, ㄴ
③ ㄱ, ㄷ   ④ ㄴ, ㄷ
⑤ ㄱ, ㄴ, ㄷ

23 주어진 명제가 모두 참일 때, 다음 중 바르게 유추한 것으로 옳지 않은 것은?

> • 비가 많이 내리면 습도가 높아진다.
> • 겨울보다 여름에 비가 더 많이 내린다.
> • 습도가 높으면 먼지가 잘 나지 않는다.
> • 습도가 높으면 정전기가 잘 일어나지 않는다.

① 겨울은 여름보다 습도가 낮다.
② 먼지는 여름이 겨울보다 잘 난다.
③ 여름에는 겨울보다 정전기가 잘 일어나지 않는다.
④ 비가 많이 오면 정전기가 잘 일어나지 않는다.
⑤ 정전기가 잘 일어나면 비가 적게 온 것이다.

24 주어진 명제가 모두 참일 때, 다음 중 바르게 유추한 것은?

> • 영희, 상욱, 수현이는 영어, 수학, 국어 시험을 보았다.
> • 영희는 영어 2등, 수학 2등, 국어 2등을 하였다.
> • 상욱이는 영어 1등, 수학 3등, 국어 1등을 하였다.
> • 수현이는 수학만 1등을 하였다.
> • 시험 점수로 전체 평균 1등을 한 사람은 영희이다.

① 총점이 가장 높은 것은 영희이다.
② 수현이의 수학 점수는 상욱이의 영어 점수보다 높다.
③ 상욱이의 영어 점수는 영희의 수학 점수보다 높다.
④ 영어와 수학 점수만을 봤을 때, 상욱이가 1등일 것이다.
⑤ 상욱이의 국어 점수는 수현이의 수학 점수보다 낮다.

Hard

25 중학생 50명을 대상으로 한 해외여행에 대한 설문조사 결과가 다음 〈보기〉와 같을 때, 항상 참인 것은?

> **보기**
> • 미국을 여행한 사람이 가장 많다.
> • 일본을 여행한 사람은 미국 또는 캐나다 여행을 했다.
> • 중국과 캐나다를 모두 여행한 사람은 없다.
> • 일본을 여행한 사람의 수가 캐나다를 여행한 사람의 수보다 많다.

① 일본을 여행한 사람보다 중국을 여행한 사람이 더 많다.
② 일본을 여행했지만 미국을 여행하지 않은 사람은 중국을 여행하지 않았다.
③ 미국을 여행한 사람의 수는 일본 또는 중국을 여행한 사람의 합보다 많다.
④ 중국을 여행한 사람은 일본을 여행하지 않았다.
⑤ 미국과 캐나다를 모두 여행한 사람은 없다.

26 A박물관에는 발견된 연도가 서로 다른 왕의 유물들이 전시되어 있다. 다음 〈조건〉에 근거하여 바르게 추론한 것은?

> **조건**
> - 왕의 목걸이는 100년 전에 발견되었다.
> - 왕의 신발은 목걸이보다 나중에 발견되었다.
> - 왕의 초상화는 가장 최근인 10년 전에 발견되었다.
> - 왕의 편지는 신발보다 먼저 발견되었고 목걸이보다 나중에 발견되었다.
> - 왕의 반지는 30년 전에 발견되어 신발보다 늦게 발견되었다.

① 왕의 유물을 발견된 순서대로 나열하면 '목걸이 – 편지 – 신발 – 반지 – 초상화'이다.
② 왕의 편지는 목걸이와 반지보다 늦게 발견되었다.
③ 왕의 반지는 편지보다 먼저 발견되었다.
④ 왕의 신발은 두 번째로 발견되었다.
⑤ 왕의 편지가 가장 먼저 발견되었다.

27 어떤 보안회사에서는 하루에 정확하게 7개의 사무실에 보안점검을 실시한다. 7개의 회사는 A ~ G이다. 다음과 같은 〈조건〉이 주어질 때 E가 3번째로 점검을 받는다면, 사무실 중 반드시 은행인 곳은?

> **조건**
> - 보안점검은 한 번에 한 사무실만 실시하게 되며, 하루에 같은 사무실을 중복해서 점검하지는 않는다.
> - 7개의 회사는 은행 아니면 귀금속점이다.
> - 귀금속점은 2회 이상 연속해서 점검하지 않는다.
> - F는 B와 D를 점검하기 전에 점검한다.
> - F를 점검하기 전에 점검하는 사무실 가운데 정확히 두 곳은 귀금속점이다.
> - A는 6번째로 점검받는다.
> - G는 C를 점검하기 전에 점검한다.

① B   ② C
③ D   ④ E
⑤ G

28 학교에서 온라인 축구게임 대회가 열렸다. 예선전을 펼친 결과 8개의 나라만 남게 되었다. 남은 8개의 나라는 8강 토너먼트를 치르기 위해 추첨을 통해 대진표를 작성했다. 이들 나라는 모두 다르 며 남은 8개의 나라를 본 세 명의 학생 은진, 수린, 민수는 다음과 같이 4강 진출 팀을 예상하였다. 이때, 8개의 나라 중에서 4강 진출 팀으로 꼽히지 않은 팀이 네덜란드라면 네덜란드의 상대팀은?

> • 은진 : 브라질, 불가리아, 이탈리아, 루마니아
> • 수린 : 스웨덴, 브라질, 이탈리아, 독일
> • 민수 : 스페인, 루마니아, 독일, 브라질

① 불가리아 ② 루마니아
③ 독일 ④ 스페인
⑤ 브라질

Hard

29 윤아, 태연, 서현, 유리, 수영 5명이 한동네에서 살고, 이들의 집은 연속으로 줄지어 있다고 한다. 이들의 집이 다음 〈조건〉에 따라 배열되어 있을 때, 항상 참인 것은?

> **조건**
> • 윤아 : 태연의 옆집에 산다.
> • 태연 : 유리와 이웃해서 살지 않는다.
> • 서현 : 유리보다 오른쪽에 산다.
> • 유리 : 수영과 이웃해서 산다.
> • 수영 : 가장자리에 살지 않는다.

① 서현이 가장 오른쪽에 산다.
② 태연이 가장 왼쪽에 살 때, 서현은 가장 오른쪽에 산다.
③ 유리가 가장 왼쪽에 살 때, 윤아는 오른쪽에서 두 번째에 산다.
④ 유리는 항상 태연보다 왼쪽에 산다.
⑤ 수영이 왼쪽에서 두 번째에 살 때, 태연과 서현은 이웃해서 산다.

30 어느 모임에서 지갑 도난 사건이 일어났다. 여러 가지 증거를 근거로 혐의자는 A ~ E로 좁혀졌다. 이들 중 한 명이 범인이고, 그들의 진술은 다음과 같다. 각각의 혐의자들이 말한 세 가지 진술 중에 두 가지는 참이지만, 한 가지는 거짓이라고 밝혀졌을 때, 지갑을 훔친 사람은?

- A : 나는 훔치지 않았다. C도 훔치지 않았다. D가 훔쳤다.
- B : 나는 훔치지 않았다. D도 훔치지 않았다. E가 진짜 범인을 알고 있다.
- C : 나는 훔치지 않았다. E는 내가 모르는 사람이다. D가 훔쳤다.
- D : 나는 훔치지 않았다. E가 훔쳤다. A가 내가 훔쳤다고 말한 것은 거짓말이다.
- E : 나는 훔치지 않았다. B가 훔쳤다. C와 나는 오랜 친구이다.

---

① A 　　　　　　　　　　② B
③ C 　　　　　　　　　　④ D
⑤ E

🕐 응시시간 : 90분   📝 문항 수 : 70문항

정답 및 해설 p.109

01	언어

※ 다음 글의 주제로 가장 적절한 것을 고르시오. **[1~3]**

Easy

01

우리사회는 타의 추종을 불허할 정도로 빠르게 변화하고 있다. 가족정책도 4인 가족 중심에서 1 ~ 2인 가구 중심으로 변해야 하며, 청년실업률과 비정규직화, 독거노인의 증가를 더 이상 개인의 문제가 아닌 사회문제로 다뤄야 하는 시기이다. 여러 유형의 가구와 생애주기 변화, 다양해지는 수요에 맞춘 공동체 주택이야말로 최고의 주거복지사업이다. 공동체 주택은 공동의 목표와 가치를 가진 사람들이 커뮤니티를 이뤄 사회문제에 공동으로 대처해 나가도록 돕고, 나아가 지역사회와도 연결시키는 작업을 진행하고 있다.

임대료 부담으로 작품활동이나 생계에 어려움을 겪는 예술인을 위한 공동주택, 1인 창업과 취업을 위해 골몰하는 청년을 위한 주택, 지속적인 의료서비스가 필요한 환자나 고령자를 위한 의료안심주택은 모두 시민의 삶의 질을 높이고 선별적 복지가 아닌 복지사회를 이루기 위한 노력의 일환이다. 혼자가 아닌 '함께 가는' 길에 더 나은 삶이 있기 때문에 오늘도 수요자 맞춤형 공공주택은 수요자에 맞게 진화하고 있다.

① 주거난에 대비하는 주거복지 정책
② 4차 산업혁명과 주거복지
③ 선별적 복지 정책의 긍정적 결과
④ 수요자 중심의 대출규제 완화
⑤ 다양성을 수용하는 주거복지 정책

02

이제 2023년 6월부터 민법과 행정 분야에서 나이를 따질 때 기존 계산하는 방식에 따라 1~2살까지 차이가 났던 우리나라 특유의 나이 계산법이 국제적으로 통용되는 '만 나이'로 일원화된다. 이는 태어난 해를 0살로 보고 정확하게 1년이 지날 때마다 한 살씩 더하는 방식을 말한다.

이에 대해 여론은 대체적으로 긍정적이나, 일각에서는 모두에게 익숙한 관습을 벗어나 새로운 방식에 적응해야 한다는 점을 우려하고 있다. 특히 지금 받고 있는 행정서비스에 급격한 변화가 일어나 혹시라도 손해를 보거나 미리 따져봐야 할 부분이 있는 건 아닌지, 또 다른 혼선이 야기되는 건 아닌지 하는 것들이 이에 해당한다.

이처럼 국회가 법적 나이 규정을 만 나이로 정비한 이유는 한국의 나이 기준이 우리가 관습적으로 쓰는 '세는 나이'와 민법 등에서 법적으로 규정한 '만 나이', 일부 법령이 적용하고 있는 '연 나이' 등 세 가지로 되어있기 때문에 한 사람의 나이가 계산 방식에 따라 최대 2살이 달라져 이러한 '나이 불일치'로 각종 행정서비스 이용과 계약체결 과정에서 혼선과 법적 다툼이 발생했기 때문이다.

더군다나 법적 나이를 규정한 민법에서조차 표현상으로 만 나이와 일반 나이가 혼재되어 있어 문구를 통일해야 한다는 지적이 나왔다. 표현상 '만 ○○세'로 되어 있지 않아도 기본적으로 만 나이로 보는 게 관례이지만 법적 분쟁 발생 시 이는 해석의 여지를 줄 수 있기 때문이다. 다른 법에서 특별히 나이의 기준을 따로 두지 않았다면 민법의 나이 규정을 따르도록 되어 있는데 실상은 민법의 규정도 명확하지 않았던 것이다.

정부는 내년부터 개정된 법이 시행되면 우선 그동안 문제로 지적됐던 법적·사회적 분쟁이 크게 줄어들 것으로 기대하고 있지만 국민 전체가 일상적으로 체감하는 변화는 크지 않을 것으로 보고 있다. 이번 법 개정의 취지 자체가 나이 계산법 혼용에 따른 분쟁을 해소하는 데 맞춰져 있고, 오랜 세월 확립된 나이에 대한 사회적 인식이 법 개정으로 단번에 바뀔 수 있는 건 아니기 때문이다.

또한 여야와 정부는 연 나이를 채택해 또래 집단과 동일한 기준을 적용하는 것이 오히려 혼선을 막을 수 있고 법 집행의 효율성이 담보된다고 합의한 병역법, 청소년보호법, 민방위기본법 등 52개 법령에 대해서는 연 나이 규정 필요성이 크다면 굳이 만 나이 적용을 하지 않겠다고 밝혔다.

① 연 나이 계산법 유지의 필요성
② 우리나라 나이 계산법의 문제점
③ 기존 나이 계산법 개정의 필요성
④ 나이 계산법 혼용에 따른 분쟁 해소 방안
⑤ 나이 계산법의 변화로 달라지는 행정 서비스

03

> 힘 있는 나라를 가지고 싶어 하는 것은 인류의 공통적인 염원이다. 이것은 시간의 고금(古今)을 가리지 아니하고 공간의 동서(東西)를 따질 것이 없는 한결같은 진리다. 그래서 위대하지 아니한 나라에서 태어난 사람은 태어난 나라를 위대하게 만들기 위하여 혼신의 힘을 기울인다. 보잘것없는 나라의 국민이 된다는 것은 내세울 것 없는 집안의 후손인 것 이상으로 우리를 슬프게 한다. 세계 여러 나라 사람이 모인 곳에 간다고 가정해 보자. 누가 여기서 가장 큰소리치면서 위세 당당하게 처신할 것인가? 얼핏 생각하면 이목구비가 시원하게 생긴 사람, 지식과 화술이 뛰어난 사람, 교양과 인품이 훌륭한 사람, 외국어에 능통한 사람이 돋보일 것처럼 생각된다. 실제로 그런 사람들이 국제 무대에서 뛰어난 활약을 하는 것은 사실이다. 그래서 사람은 스스로 다듬고 기르는 것이 아닌가? 그러나 실제 어떤 사람으로 하여금 국제 사회에서 돋보이게 하는 것은 그가 등에 업고 있는 조국의 국력이다.

① 배움에 힘쓰자.
② 일등 국민을 본받자.
③ 문호 개방을 확대하자.
④ 국력을 키우자.
⑤ 훌륭한 인품을 갖추자.

※ 주어진 문단을 논리적 순서대로 바르게 나열한 것을 고르시오. [4~6]

04

> (가) 그뿐 아니라, 자신을 알아주는 이, 즉 지기자(知己者)를 위해서라면 기꺼이 자신의 전부를 버릴 수 있어야 하며, 더불어 은혜는 은혜대로, 원수는 원수대로 자신이 받은 만큼 되갚기 위해 진력하여야 한다.
>
> (나) 무공이 높다고 하여 반드시 협객으로 인정되지 않는 이유는 바로 이런 원칙에 위배되는 경우가 심심치 않게 발생하기 때문이다. 요컨대 협이란 사생취의(捨生取義)의 정신에 입각하여 살신성명(殺身成名)의 의지를 실천하는 것, 또는 그러한 실천을 기꺼이 감수할 준비가 되어 있는 상태를 뜻한다고 할 수 있다.
>
> (다) 협으로 인정받기 위해서는 무엇보다도 절개와 의리를 숭상하여야 하며, 개인의 존엄을 중시하고 간악함을 제거하기 위해 노력해야만 한다. 신의(信義)를 목숨보다도 중히 여길 것도 강조되는데, 여기서의 신의란 상대방을 향한 것인 동시에 스스로에게 해당되는 것이기도 하다.
>
> (라) 무(武)와 더불어 보다 신중하게 다루어야 할 것이 '협(俠)'의 개념이다. 무협 소설에서 문제가 되는 협이란 무덕(武德), 즉 무인으로서의 덕망이나 인격과 관계가 되는 것으로, 이는 곧 무공 사용의 전제가 되는 기준 내지는 원칙이라고 할 수 있다.

① (라) – (가) – (다) – (나)
② (라) – (다) – (가) – (나)
③ (나) – (다) – (라) – (가)
④ (나) – (다) – (가) – (라)
⑤ (다) – (라) – (나) – (가)

(가) 이들이 주장한 바로는 아이들의 언어 습득은 '자극 – 반응 – 강화'의 과정을 통해 이루어진다. 즉, 행동주의 학자들은 후천적인 경험이나 학습을 언어 습득의 요인으로 본다.

(나) 이러한 촘스키의 주장은 아이들이 선천적으로 지니고 태어나는 언어 능력에 주목함으로써 행동주의 학자들의 주장만으로는 설명할 수 없었던 복잡한 언어 습득 과정을 효과적으로 설명해 주고 있다.

(다) 그러나 이러한 행동주의 학자들의 주장은 아이들의 언어 습득 과정을 후천적인 요인으로만 파악하려 한다는 점에서 비판을 받는다.

(라) 아이들은 어떻게 언어를 습득하는 걸까? 이 물음에 대해 행동주의 학자들은 아이들이 다른 행동을 배울 때와 마찬가지로 지속적인 모방과 학습을 통해 언어를 습득한다고 주장한다.

(마) 미국의 언어학자 촘스키는 아이들이 의식적인 노력이나 훈련 없이도 모국어를 완벽하게 구사하는 이유는 태어나면서부터 두뇌 속에 '언어습득장치(LAD)'라는 것을 가지고 있기 때문이라고 주장한다.

① (다) – (라) – (가) – (나) – (마)
② (다) – (가) – (라) – (나) – (마)
③ (라) – (가) – (다) – (마) – (나)
④ (라) – (다) – (가) – (마) – (나)
⑤ (라) – (가) – (나) – (마) – (다)

06

(가) 왜냐하면 눈과 자율신경을 통한 인간의 정신적·생리적 삶의 리듬은 일별, 월별로 변화하는 주광에 영향을 받기 때문이다.

(나) 인공광은 변화하는 주광과 달리 시간의 제약 없이 빛의 밝기를 원하는 대로 조절할 수 있지만, 인간의 건강과 안락감에 부정적 영향을 미치는 측면을 간과할 수 없다.

(다) 우리가 전등이라고 부르는 인공광은 빛의 조도 조절, 야간 조명, 기후나 기상에 따른 변화 등에 대처하기 위해서 필요하다.

(라) 하지만 인공광은 생리적 반응에 있어서 자연광과 일치하지 않기 때문에 인간의 시각적 적응 능력을 필요로 하며, 자연 채광이 차단된 밀폐된 공간에서는 상황 판단에 혼란을 일으키기 쉽다는 단점이 있다.

① (다) – (라) – (나) – (가)
② (다) – (나) – (가) – (라)
③ (라) – (가) – (나) – (다)
④ (가) – (다) – (나) – (라)
⑤ (가) – (나) – (다) – (라)

※ 다음 글의 내용으로 적절하지 않은 것을 고르시오. [7~9]

07

참여예산제는 예산 편성의 단계에서 시민들의 참여를 가능하게 하는 제도이다. 행정부의 독점적인 예산 편성은 계층제적 권위에 의한 참여의 부족을 불러와 비효율성의 또 다른 원인이 될 수 있기 때문에, 참여예산제의 시행은 재정 민주주의의 실현을 위해서뿐만 아니라 예산 배분의 효율성 제고를 위해서도 필요한 것이라 할 수 있다. 그러나 참여가 형식에 그치게 되거나 예기치 못한 형태의 주민 간 갈등이 나타날 수 있다는 문제점이 존재한다. 또 인기 영합적 예산 편성과 예산 수요의 증가 및 행정부 의사 결정의 곤란과 같은 문제점도 지적된다.

① 참여예산제의 시행은 민주성의 실현이라는 의의가 있다.
② 참여예산제의 시행은 예산 편성상의 효율성을 제고할 것이다.
③ 참여예산제는 주민들의 다양한 이익을 반영할 수 있을 것이다.
④ 참여예산제는 재정 상태를 악화시킬 것이다.
⑤ 참여예산제의 시행은 행정부의 권위주의를 견제하기 위해서 필요할 것이다.

`Easy`

08

골격근에서 전체 근육은 근육섬유를 뼈에 연결시키는 주변 조직인 힘줄과 결합조직을 모두 포함한다. 골격근의 근육섬유가 수축할 때 전체 근육의 길이가 항상 줄어드는 것은 아니다. 근육 수축의 종류 중 근육섬유가 수축함에 따라 전체 근육의 길이가 변화하는 것을 '등장수축'이라 하는데, 등장수축은 근육섬유 수축과 함께 전체 근육의 길이가 줄어드는 '동심 등장수축'과 전체 근육의 길이가 늘어나는 '편심 등장수축'으로 나뉜다.
반면에 근육섬유가 수축함에도 불구하고 전체 근육의 길이가 변하지 않는 수축을 '등척수축'이라고 한다. 예를 들어 아령을 손에 들고 팔꿈치의 각도를 일정하게 유지하고 있는 상태에서 위팔의 이두근 근육섬유는 끊임없이 수축하고 있지만, 이 근육에서 만드는 장력이 근육에 걸린 부하량, 즉 아령의 무게와 같아 전체 근육의 길이가 변하지 않기 때문에 등척수축을 하는 것이다. 등척수축은 골격근의 주변 조직과 근육섬유 내에 있는 탄력섬유의 작용에 의해 일어난다. 근육에 부하가 걸릴 때, 이 부하를 견디기 위해 탄력섬유가 늘어나기 때문에 근육섬유는 수축하지만 전체 근육의 길이는 변하지 않는 등척수축이 일어날 수 있다.

① 등장수축에서는 근육섬유가 수축할 때, 전체 근육 길이가 줄어든다.
② 등척수축에서는 근육섬유가 수축할 때, 전체 근육 길이가 변하지 않는다.
③ 등척수축은 탄력섬유의 작용에 의해 일어난다.
④ 골격근은 힘줄과 결합조직을 모두 포함한다.
⑤ 근육에 부하가 걸릴 때, 부하를 견디기 위해 탄력섬유가 늘어난다.

인간 사유의 결정적이고도 독창적인 비약은 시각적인 표시의 코드 체계의 발명에 의해서 이루어졌다. 시각적인 표시의 코드 체계에 의해 인간은 정확한 말을 결정하여 텍스트를 마련하고, 또 이해할 수 있게 된 것이다. 이것이 바로 진정한 의미에서의 '쓰기(Writing)'이다.

이러한 '쓰기'에 의해 코드화된 시각적인 표시는 말을 사로잡아 그때까지 소리 속에서 발전해 온 정밀하고 복잡한 구조나 지시 체계의 특수한 복잡성이 그대로 시각적으로 기록될 수 있게 되고, 나아가서는 그러한 시각적인 기록으로 인해 그보다 훨씬 정교한 구조나 지시 체계가 산출될 수 있게 된다. 그러한 정교함은 구술적인 발화가 지니는 잠재력으로써는 도저히 이룩할 수 없는 정도의 것이다. 이렇듯 '쓰기'는 인간의 모든 기술적 발명 속에서도 가장 영향력이 큰 것이었으며, 지금도 그러하다. 쓰기는 말하기에 단순히 첨가된 것이 아니다. 왜냐하면 쓰기는 말하기를 구술 – 청각의 세계에서 새로운 감각의 세계, 즉 시각의 세계로 이동시킴으로써 말하기와 사고를 함께 변화시키기 때문이다.

① 인간은 시각적 코드 체계를 사용함으로써 말하기를 한층 정교한 구조로 만들었다.
② 인간은 쓰기를 통해서 정확한 말을 사용한 텍스트의 생산과 소통이 가능하게 되었다.
③ 인간은 쓰기를 통해 지시 체계의 복잡성을 기록함으로써 말하기와 사고의 변화를 일으킨다.
④ 인간은 정밀하고 복잡한 지시 체계를 통해 시각적 코드를 발명하였다.
⑤ 인간의 모든 기술적 발명 속에서도 '쓰기'는 예전이나 지금이나 가장 영향력이 크다.

※ 다음 글의 내용으로 가장 적절한 것을 고르시오. [10~13]

10

사람의 목숨을 좌우할 수 있는 형벌문제는 군현(郡縣)에서 항상 일어나는 것이고 지방 관리가 되면 늘 처리해야 하는 일인데도, 사건을 조사하는 것이 항상 엉성하고 죄를 결정하는 것이 항상 잘못된다. 옛날에 자산이라는 사람이 형벌규정을 정한 형전(刑典)을 새기자 어진 사람들이 그것을 나무랐고, 이회가 법률서적을 만들자 후대의 사람이 그를 가벼이 보았다. 그 뒤 수(隋)나라와 당(唐)나라 때에 와서는 이를 절도(竊盜)·투송(鬪訟)과 혼합하고 나누지 않아서, 세상에서 아는 것은 오직 한패공(漢沛公: 한 고조 유방)이 선언한 '사람을 죽인 자는 죽인다.'는 규정뿐이었다.

그런데 선비들은 어려서부터 머리가 희어질 때까지 오직 글쓰기나 서예 등만 익혔을 뿐이므로 갑자기 지방관리가 되면 당황하여 어찌할 바를 모른다. 그래서 간사한 아전에게 맡겨 버리고는 스스로 알아서 처리하지 못하니, 저 재화(財貨)만을 숭상하고 의리를 천히 여기는 간사한 아전이 어찌 이치에 맞게 형벌을 처리할 수 있겠는가?

– 정약용, 『흠흠신서(欽欽新書)』 서문

① 고대 중국에서는 형벌 문제를 중시하였다.
② 아전을 형벌 전문가로서 높이 평가하고 있다.
③ 조선시대의 사대부들은 형벌에 대해 잘 알지 못한다.
④ 지방관들은 인명을 다루는 사건을 현명하게 처리하고 있다.
⑤ 선비들은 이치에 맞게 형벌을 처리할 수 있었다.

11

> ASEM에서 논의 중인 아시아 지역에서의 무역자유화를 위해 한국 정부에서는 A와 B 두 가지 협상안 중 한 가지를 선택하고자 한다. A안이 선택되었을 때, 다른 회원국들의 협조가 있다면 한국은 연간 약 30억의 경제적 이익을, 다른 회원국들은 230억의 경제적 이익을 볼 수 있다. 그러나 A안이 선택되었을 때, 다른 회원국들의 협조가 없다면 한국이 얻을 수 있는 경제적 이익은 없고, 다른 회원국들의 이익은 150억 정도가 된다. B안이 선택될 경우, 다른 회원국들의 협조가 있다면, 한국은 연간 20억의 경제적 이익을, 다른 회원국들은 200억의 경제적 이익을 얻을 수 있다. 그러나 다른 회원국들의 협조가 없다면, 한국은 연간 10억의 경제적 손실을, 다른 회원국들은 180억의 경제적 이익을 얻을 수 있다.

① 한국의 입장에서는 다른 회원국들이 협조할 것이라고 판단되면, A안을 선택하는 것이 유리하다.

② 전체 아시아 지역의 경제적 이익을 모두 고려하는 ASEM은 다른 회원국들이 협조할 것으로 판단되면, A안을 선택하는 것이 유리하다.

③ 한국의 입장에서는 다른 회원국들이 비협조할 것이라고 판단되면, B안을 선택하는 것이 유리하다.

④ 아시아 전체적으로 보아 A안이 선택되면, 모든 회원국이 협조하는 것이 유리하다.

⑤ 다른 회원국이 비협조하는 경우 한국이 A안을 선택하면 경제적 이익은 없다.

12

> 멋이란 일상생활의 단조로움이나 생활의 압박에서 해방되려는 노력의 하나일 것이다. 끊임없이 일상의 복장, 그 복장이 주는 압박감에서 벗어나기 위해 옷을 잘 차려 입는 사람은 그래서 멋쟁이이다. 또는 삶을 공리적 계산으로서가 아니라 즐김의 대상으로 볼 수 있게 해 주는 활동, 가령 서도(書道)라든가 다도(茶道)라든가 꽃꽂이라든가 하는 일을 과외로 즐길 줄 아는 사람을 우리는 생활의 멋을 아는 사람이라고 말한다. 그러나 그렇다고 해서 값비싸고 화려한 복장, 어떠한 종류의 스타일과 수련을 전제하는 활동만이 멋을 나타내는 것이 아니다. 경우에 따라서는 털털한 옷차림, 겉으로 내세울 것이 없는 소탈한 생활 태도가 멋있게 생각될 수도 있다. 기준적인 것에 변화를 더하는 것이 중요한 것이다. 그러나 기준으로부터의 편차가 너무 커서는 안 된다. 혐오감을 불러일으킬 정도의 몸가짐, 몸짓 또는 생활 태도는 멋이 있는 것으로 생각되지 않는다. 편차는 어디까지나 기준에 의해서만 존재하는 것이다.

① 다양한 종류의 옷을 가지고 있는 사람은 멋쟁이이다.

② 값비싸고 화려한 복장을 하는 사람은 공리적 계산을 하는 사람이다.

③ 소탈한 생활 태도를 갖는 것이 가장 중요하다.

④ 꽃꽂이를 과외로 즐길 줄 아는 사람은 생활의 멋을 아는 사람이다.

⑤ 차는 종류별로 즐길 줄 알아야 진정한 멋을 아는 사람이다.

13

사회 진화론은 다원의 생물 진화론을 개인과 집단에 적용시킨 사회 이론이다. 사회 진화론의 중심 개념은 19세기에 등장한 '생존경쟁'과 '적자생존'인데, 이 두 개념의 적용 범위가 개인인가 집단인가에 따라 자유방임주의와 결합하기도 하고 민족주의나 제국주의와 결합하기도 하였다. 1860년대 대표적인 사회 진화론자인 스펜서는 인간 사회의 생활은 개인 간의 '생존경쟁'이며, 그 경쟁은 '적자생존'에 의해 지배된다고 주장하였다. 19세기 말 키드, 피어슨 등은 인종이나 민족, 국가 등의 집단 단위로 '생존경쟁'과 '적자생존'을 적용하여 우월한 집단이 열등한 집단을 지배하는 것은 자연법칙이라고 주장함으로써 인종 차별이나 제국주의를 정당화하였다. 일본에서는 19세기 말 문명개화론자들이 사회 진화론을 수용하였다.

이들은 '생존경쟁'과 '적자생존'을 국가와 민족 단위에 적용하여 '약육강식'·'우승열패'의 논리를 바탕으로 서구식 근대 문명국가 건설과 군국주의를 역설하였다.

① 사회 진화론은 생물 진화론을 바탕으로 개인에게만 적용시킨 사회 이론이다.
② 사회 진화론은 19세기 이전에는 존재하지 않았다.
③ '생존경쟁'과 '적자생존'의 개념이 개인의 범위에 적용되면 민족주의와 결합한다.
④ 키드, 피어슨 등의 주장은 사회 진화론의 개념을 집단 단위에 적용한 결과이다.
⑤ 문명개화론자들은 생물 진화론을 수용하였다.

Easy

14 다음 글을 바탕으로 한 편의 글을 쓴다고 할 때, 이어질 내용의 주제로 가장 적절한 것은?

바다거북은 모래사장 아래 25 ~ 90cm 되는 곳에 알을 낳는다. 새끼 거북들이 모래 틈을 헤집고 통로를 내기란 어려운 일이라서 땅 위로 올라왔을 때는 체질량의 20%를 잃는다. 이때에는 곧장 수분을 섭취해야 하며 그러지 못하면 탈수 증상으로 죽기도 한다. 그러나 무엇보다도 그러한 갈증이 뜨거운 해변의 모래를 가로질러 바다로 향해 가게 하는 힘이 된다.

① 가혹한 현실은 이상의 실현에 큰 장애가 된다.
② 장애 요인이 목표 달성의 원동력이 될 수도 있다.
③ 주어진 현실에 상관없이 꿈을 향해 매진해야 한다.
④ 무조건 높은 꿈보다 실현 가능한 꿈을 꾸어야 한다.
⑤ 태생적인 한계를 극복하기 위해 최선을 다해야 한다.

15 다음 의견에 대한 반대 측의 논거로 가장 적절한 것은?

> 인터넷 신조어를 국어사전에 당연히 올려야 한다고 생각합니다. 사전의 역할은 모르는 말이 나올 때, 그 뜻이 무엇인지 쉽게 찾을 수 있도록 하는 것입니다. '안습', '멘붕' 같은 말은 널리 쓰이고 있음에도 불구하고 국어사전에 없기 때문에 어른들이나 우리말을 배우는 외국인들이 큰 불편을 겪고 있습니다.

① '멘붕'이나 '안습' 같은 신조어는 이미 널리 쓰이고 있다. 급격한 변화를 특징으로 하는 정보화 시대에 많은 사람이 사용하는 말이라면 표준으로 인정해야 한다.

② 영국의 권위 있는 사전인 '옥스퍼드 영어 대사전'은 최근 인터넷 용어로 쓰이던 'OMG(어머나)', 'LOL(크게 웃다)' 등과 같은 말을 정식 단어로 인정하였다.

③ 언어의 창조성 측면에서 우리말이 현재보다 더욱 풍부해질 수 있으므로 가능하면 더 많은 말을 사전에 등재하는 것이 바람직하다.

④ '멘붕'이나 '안습' 같은 말들은 갑자기 생긴 말로 오랜 시간 언중 사이에서 사용되지 않고 한때 유행하다가 사라질 가능성이 있는 말이다.

⑤ 인터넷 신조어의 등장은 시대에 따라 변한 언어의 한 종류로 자연스러운 언어 현상 중 하나이다.

PART 5

※ 다음 글에서 〈보기〉의 문장이 들어갈 위치로 가장 적절한 곳을 고르시오. [16~18]

16

> 유기농 농법으로 키운 작물보다 유전자 변형 식품이 더 안전할 수 있다. 사람들은 식품에 '자연산'이라는 표시가 있으면 무조건 안전하려니 믿는 경향이 있다. (가) 특히 유기농 식품이라면 무조건 좋다고 생각하는 사람이 많다. (나) 하지만 유기농 식품이 더 위험할 수 있다. (다) 이렇게 보면 자연식품이 안전하고 더 몸에 좋을 것이라는 생각은 편견일 가능성이 많다. (라) 자연 또는 천연이라는 말이 반드시 안전을 의미하지는 않는 것이다. (마)

> **보기**
> 세균 오염으로 인한 치명적인 결과를 초래할 수 있기 때문이다.

① (가)　　　　　　　　　　② (나)

③ (다)　　　　　　　　　　④ (라)

⑤ (마)

17

(가) 자연계는 무기적인 환경과 생물적인 환경이 상호 연관되어 있으며 그것은 생태계로 불리는 한 시스템을 이루고 있음이 밝혀진 이래, 이 이론은 자연을 이해하기 위한 가장 기본이 되는 것으로 받아들여지고 있다. (나) 그동안 인류는 더 윤택한 삶을 누리기 위하여 산업을 일으키고 도시를 건설하며 문명을 이룩해왔다. (다) 이로써 우리의 삶은 매우 윤택해졌으나 우리의 생활환경은 오히려 훼손되고 있으며 환경오염으로 인한 공해가 누적되고 있고, 우리 생활에서 없어서는 안 될 각종 자원도 바닥이 날 위기에 놓이게 되었다. (라) 따라서 우리는 낭비되는 자원, 그리고 날로 황폐해지는 자연에 대하여 우리가 해야 할 시급한 임무가 무엇인지를 깨닫고, 이를 실천하기 위해 우리 모두의 지혜와 노력을 모아야만 한다. (마)

> **보기**
> 만약 우리가 이 위기를 슬기롭게 극복해내지 못한다면 인류는 머지않아 파멸에 이르게 될 것이다.

① (가) ② (나)
③ (다) ④ (라)
⑤ (마)

18

한국의 전통문화는 근대화의 과정에서 보존되어야 하는가, 아니면 급격한 사회 변동에 따라 해체되어야 하는가? 한국 사회 변동 과정에서 외래문화는 전통문화에 흡수되어 토착화되는가, 아니면 전통문화 자체를 전혀 다른 것으로 변질시키는가? 이러한 질문에 대해서 오늘 한국 사회는 진보주의와 보수주의로 나뉘어 뜨거운 논란을 빚고 있다. (가) 그러나 전통의 유지와 변화에 대한 견해 차이는 단순하게 진보주의와 보수주의로 나뉠 성질의 것이 아니다. 한국 사회는 한 세기 이상의 근대화 과정을 거쳐 왔으며 앞으로도 광범하고 심대한 사회 구조의 변동을 가져올 것이다. (나) 이런 변동 때문에 보수주의적 성향을 가진 사람들도 전통문화의 변질을 어느 정도 수긍하지 않을 수 없고, 진보주의 성향을 가진 사람 또한 문화적 전통의 가치를 인정하지 않을 수 없다. (다) 근대화는 전통문화의 계승과 끊임없는 변화를 다 같이 필요로 하며 외래문화의 수용과 토착화를 동시에 요구하기 때문이다. (라) 근대화에 따르는 사회 구조적 변동이 문화를 결정짓기 때문에 전통문화의 변화 문제는 특수성이나 양자택일이라는 기준으로 다룰 것이 아니라 끊임없는 사회 구조의 변화라는 시각에서 바라보고 분석하는 것이 중요하다. (마)

> **보기**
> 또한 이 논란은 단순히 외래문화나 전통문화 중 양자택일을 해야 하는 문제도 아니다.

① (가) ② (나)
③ (다) ④ (라)
⑤ (마)

19 다음 글을 읽고 추론한 내용으로 가장 적절한 것은?

한 연구원이 어떤 실험을 계획하고 참가자들에게 이렇게 설명했다.

"여러분은 지금부터 둘씩 조를 지어 함께 일을 하게 됩니다. 여러분의 파트너는 다른 작업장에서 여러분과 똑같은 일을, 똑같은 노력을 기울여야 할 것입니다. 이번 실험에 대한 보수는 각 조당 5만 원입니다."

실험 참가자들이 작업을 마치자 연구원은 참가자들을 세 부류로 나누어 각각 2만 원, 2만 5천 원, 3만 원의 보수를 차등 지급하면서, 그들이 다른 작업장에서 파트너가 받은 액수를 제외한 나머지 보수를 받은 것으로 믿게 하였다.

그 후 연구원은 실험 참가자들에게 몇 가지 설문을 했다. '보수를 받고 난 후에 어떤 기분이 들었는지, 나누어 받은 돈이 공정하다고 생각하는지'를 묻는 것이었다. 연구원은 설문을 하기 전에 3만 원을 받은 참가자가 가장 행복할 것이라고 예상했다. 그런데 결과는 예상과 달랐다. 3만 원을 받은 사람은 2만 5천 원을 받은 사람보다 덜 행복해 했다. 자신이 과도하게 보상을 받아 부담을 느꼈기 때문이다. 2만 원을 받은 사람도 덜 행복해 한 것은 마찬가지였다. 받아야 할 만큼 충분히 받지 못했다고 생각했기 때문이다.

① 인간은 공평한 대우를 받을 때 더 행복해 한다.
② 인간은 남보다 능력을 더 인정받을 때 더 행복해 한다.
③ 인간은 타인과 협력할 때 더 행복해 한다.
④ 인간은 상대를 위해 자신의 몫을 양보했을 때 더 행복해 한다.
⑤ 인간은 자신이 설정한 목표를 달성했을 때 더 행복해 한다.

20 다음 글의 서술상 특징으로 적절한 것은?

지방은 여러 질병의 원인으로서 인체에 해로운 것으로 인식되었다. 하지만 문제가 되는 것은 지방 자체가 아니라 전이지방이다. 전이지방은 특수한 물리·화학적 처리에 따라 생성되는 것으로서, 몸에 해로운 포화지방의 비율이 자연 상태의 기름보다 높다. 전이지방을 섭취하면 심혈관계 질환이나 유방암 등이 발병할 수 있다. 이러한 전이지방이 지방을 대표하는 것으로 여겨지면서 지방이 여러 질병의 원인으로 지목됐던 것이다.

중요한 것은 지방이라고 모두 같은 지방이 아니라는 사실을 일깨우는 것이다. 불포화 지방의 섭취는 오히려 각종 질병의 위험을 감소시키며, 체내 지방 세포는 장수에 도움을 주기도 한다. 지방이 각종 건강상의 문제를 야기하는 것은 지방 그 자체의 속성 때문이라기보다는 지방을 섭취하는 인간의 자기 관리가 허술했기 때문이다.

① 새로운 용어를 소개하고 그 유래를 밝히고 있다.
② 대상에 대한 다양한 견해들의 장단점을 분석하고 있다.
③ 서로 대립하는 견해를 비교하고 이를 절충하여 통합하고 있다.
④ 현재의 상황을 객관적으로 분석함으로써 미래를 전망하고 있다.
⑤ 대상에 대한 사회적 통념의 문제점을 지적하고 올바른 이해를 유도하고 있다.

Easy

01 예지는 원가가 1,000원인 음료수 500병을 구매하고 여기에 이윤을 붙여 공연장에 판매하려 하였다. 그런데 운송 과정에서 100병이 파손되어 폐기하였다. 예지가 남은 음료수를 모두 판매한 결과 18만 원의 이익을 보았다면, 예지는 원가에 몇 %의 이윤을 붙여 정가를 책정하였는가?

① 40%
② 45%
③ 55%
④ 65%
⑤ 70%

02 둘레가 600m인 연못을 A와 B가 서로 반대방향으로 걷는다. A는 분당 15m의 속력으로 걷고, B는 A보다 더 빠른 속력으로 걷는다. 두 사람이 같은 위치에서 동시에 출발하여, 1시간 후 5번째로 만났다면 B의 속력은?

① 20m/min
② 25m/min
③ 30m/min
④ 35m/min
⑤ 40m/min

03 농도 4%의 소금물이 들어 있는 컵에 농도 10%의 소금물을 부었더니, 농도 8%의 소금물 600g이 만들어졌다. 처음 들어 있던 4%의 소금물은 얼마인가?

① 160g
② 180g
③ 200g
④ 220g
⑤ 240g

Easy

04 아버지와 어머니의 나이 차는 4세이고 형과 동생의 나이 차는 2세이다. 또한, 아버지와 어머니의 나이의 합은 형의 나이보다 6배 많다고 한다. 형과 동생의 나이의 합이 40세라면 아버지의 나이는 몇 세인가?(단, 아버지가 어머니보다 나이가 더 많다)

① 59세 ② 60세
③ 63세 ④ 65세
⑤ 67세

05 남자 5명과 여자 3명 중에서 4명의 대표를 선출할 때, 적어도 1명의 여자가 선출되도록 하는 경우의 수는?

① 55가지 ② 60가지
③ 65가지 ④ 70가지
⑤ 75가지

Hard

06 다음은 국가별 디스플레이 세계시장 점유율을 조사한 자료이다. 이에 대한 설명으로 옳은 것은?

〈국가별 디스플레이 세계시장 점유율〉

(단위 : %)

구분	2015년	2016년	2017년	2018년	2019년	2020년	2021년
한국	45.7	47.6	50.7	44.7	42.8	45.2	45.8
대만	30.7	29.1	25.7	28.1	28.8	24.6	20.8
일본	19.4	17.9	14.6	15.5	15.0	15.4	15.0
중국	4.0	5.0	8.2	10.5	12.5	14.2	17.4
기타	0.2	0.4	0.8	1.2	0.9	0.6	1.0

① 일본의 디스플레이 세계시장 점유율은 2018년까지 계속 하락한 후 2019년부터 15% 정도를 유지하고 있다.
② 조사기간 중 국가별 디스플레이 세계시장 점유율은 매해 한국이 1위를 유지하고 있으며, 한국 이외의 국가의 순위는 2019년까지 변하지 않았으나, 2020년부터 순위가 바뀌었다.
③ 중국의 디스플레이 세계시장의 점유율은 지속적인 성장세를 보이고 있으며, 2015년 대비 2021년의 세계시장 점유율의 증가율은 335%이다.
④ 2020년 대비 2021년의 디스플레이 세계시장 점유율의 증감률이 가장 낮은 국가는 일본이다.
⑤ 2016 ~ 2021년 중 한국의 디스플레이 세계시장 점유율의 전년 대비 증가폭은 2020년에 가장 컸다.

PART 5

다음은 유형별 국가지정 등록문화재 현황을 나타낸 자료이다. 이에 대한 설명으로 옳은 것은?

〈2022년 유형별 국가지정 등록문화재 현황〉

(단위 : 건)

행정구역별	지정문화재								등록문화재
	소계	국보	보물	사적	명승	천연기념물	국가무형문화재	국가민속문화재	
합계	3,939	331	2,106	500	110	457	138	297	724
서울	997	164	682	67	3	12	28	41	198
부산	71	5	45	5	2	7	5	2	18
대구	88	3	69	8	–	2	–	6	11
인천	66	1	27	18	1	14	5	–	8
광주	23	2	12	2	1	2	1	3	15
대전	17	1	12	1	–	1	–	2	21
울산	19	2	7	5	–	3	–	2	6
세종	4	–	2	–	–	1	–	1	–
경기	302	11	165	69	4	19	12	22	78
강원	188	11	79	18	25	41	3	11	40
충북	183	12	95	19	10	23	3	21	28
충남	249	27	125	50	3	16	4	24	54
전북	196	8	93	36	6	32	8	13	60
전남	383	21	184	45	19	61	15	38	83
경북	670	52	337	99	15	67	9	91	38
경남	308	11	164	51	12	44	14	12	43
제주	85	–	8	7	9	49	4	8	23
기타	90	–	–	–	–	63	27	–	–

① 서울의 국보가 전체 국보에서 차지하는 비율은 서울의 보물이 전체 보물에서 차지하는 비율보다 작다.

② 문화재가 없는 경우를 제외하고 등록문화재가 가장 적은 행정구역은 인천이다.

③ 지정문화재 중에서 사적이 가장 많은 행정구역은 경북이며, 명승이 가장 많은 행정구역은 전남이다.

④ 전남의 국가무형문화재가 전체 국가무형문화재에서 차지하는 비율은 약 15%이다.

⑤ 기타 행정구역을 제외하고 지정문화재 중 명승이 없는 행정구역 수와 국가무형문화재가 없는 행정구역 수는 같다.

08 다음은 주택전세가격 동향을 나타낸 자료이다. 이에 대한 설명으로 옳지 않은 것은?

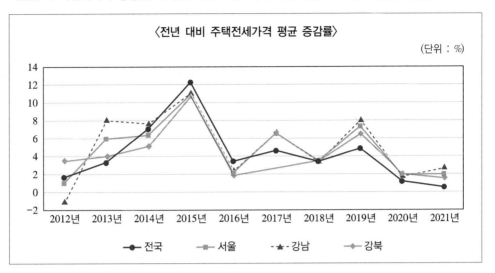

〈전년 대비 주택전세가격 평균 증감률〉

(단위 : %)

① 전국 주택전세가격은 2012년부터 2021년까지 매년 증가하고 있다.

② 2015년 강북의 주택전세가격은 2013년과 비교해 20% 이상 증가했다.

③ 2018년 이후 서울의 주택전세가격 증가율은 전국 평균 증가율보다 높다.

④ 강남 지역의 전년 대비 주택전세가격 증가율이 가장 높은 시기는 2015년이다.

⑤ 2012년부터 2021년까지 전년 대비 주택전세가격이 감소한 적이 있는 지역은 한 곳뿐이다.

09 다음은 우리나라 부패인식지수(CPI) 연도별 변동 추이에 대한 자료이다. 이에 대한 설명으로 옳지 않은 것은?

〈우리나라 부패인식지수(CPI) 연도별 변동 추이〉

구분		2015년	2016년	2017년	2018년	2019년	2020년	2021년
CPI	점수	4.5	5.0	5.1	5.1	5.6	5.5	5.4
	조사대상국	146	159	163	180	180	180	178
	순위	47	40	42	43	40	39	39
	백분율	32.2	25.2	25.8	23.9	22.2	21.6	21.9
OECD	회원국	30	30	30	30	30	30	30
	순위	24	22	23	25	22	22	22

※ CPI 0 ~ 10점 : 점수가 높을수록 청렴

① CPI를 확인해 볼 때, 우리나라는 다른 해에 비해 2019년도에 가장 청렴했다고 볼 수 있다.
② CPI 순위는 2020년에 처음으로 30위권에 진입했다.
③ 청렴도가 가장 낮은 해와 2021년도의 청렴도 점수의 차이는 0.9점이다.
④ 우리나라의 OECD 순위는 2015년부터 현재까지 상위권이라 볼 수 있다.
⑤ CPI 조사대상국은 2018년까지 증가하고 이후 2020년까지 유지되었다.

10 다음 퍼즐은 일정한 규칙에 따라 나열된 수열이다. $(A)+(B)+(C)$의 값은?

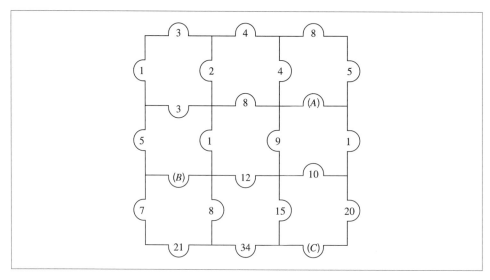

① 79
② 89
③ 99
④ 77
⑤ 87

11 다음은 우리나라의 에너지원별 발전량과 화력에너지의 종류별 발전량을 나타낸 자료이다. 이에 대한 〈보기〉의 대화 중 옳은 설명을 한 사람을 모두 고르면?

〈에너지원별 발전량〉

(단위 : GWh)

구분	2019년	2020년	2021년
원자력	164,762	161,995	148,427
화력	336,629	348,822	369,943
수력	3,650	3,787	4,186
신재생	23,050	25,837	30,817
기타	–	–	157
합계	528,091	540,441	553,530

〈화력에너지의 종류별 발전량〉

(단위 : GWh)

구분	2019년	2020년	2021년
석탄	204,230	213,803	238,799
유류	31,616	14,001	8,358
LNG	100,783	121,018	122,785
합계	336,629	348,822	369,943

보기

영준 : 원자력에너지 발전량은 2020년부터 2021년까지 매년 감소했어.

진경 : 2021년 신재생에너지 발전량은 같은 해 화력에너지 발전량의 10% 이상을 차지해.

현아 : 2019년 대비 2020년 LNG에너지 발전량의 증가율은, 2020년 대비 2021년의 석탄에너지 발전량 증가율의 2배 이상이야.

세종 : 2021년 대비 2022년 수력에너지 발전량의 증가율이 2020년 대비 2021년의 증가율과 같다면, 2022년 수력에너지 발전량은 4,600GWh 이상일 거야.

① 영준, 진경
② 영준, 세종
③ 진경, 현아
④ 진경, 세종
⑤ 현아, 세종

12 다음은 미국의 수입 세탁기 세이프가드의 설명과 우리나라 국내 기업의 대미 세탁기 수출량을 나타 낸 자료이다. 이에 대한 설명으로 옳지 않은 것은?

'세이프가드'란 특정 상품 수입이 급증하여 국내 산업계에 심각한 피해가 발생하거나 우려가 있을 경우 취하는 긴급 수입제한 조치이다.

미국은 2019년부터 한국의 세탁기에 대해 세이프가드를 적용하였으며, 첫 해는 세탁기 120만 대까 지의 수입에 대해서만 관세를 20% 적용하고, 초과분은 50%를 적용한다. 2년째 되는 해의 관세는 세탁기 120만 대까지는 18%를, 초과분은 45% 적용한다. 3년째 되는 해의 관세는 세탁기 120만 대까지는 16%를, 초과분은 40%를 적용한다.

〈국내 기업의 대미 세탁기 수출량〉

(단위 : 대)

구분	2016년	2017년	2018년	2019년	2020년	2021년
국내 제조 수출량	909,180	619,070	229,190	162,440	313,590	398,360
국외 제조 수출량	504,430	1,447,750	1,893,780	2,754,770	2,206,710	2,287,840
총 수출량	1,413,610	2,066,820	2,122,970	2,917,210	2,520,300	2,686,200

① 한국은 2020년에 세탁기 120만 대까지 미국으로부터 18%의 관세가 적용된다.

② 전년 대비 2017년 총 세탁기 수출량은 40% 이상 증가하였다.

③ 2019년 초과분 관세를 적용받는 세탁기는 175만 대 이하이다.

④ 2016년부터 2019년까지의 국내 제조 수출량과 국외 제조 수출량의 증감추세는 다르다.

⑤ 국내 제조 수출량 대비 국외 제조 수출량 비율은 2018년이 가장 높다.

13 다음은 시·도별 체납세 현황을 나타낸 표이다. 이를 바탕으로 작성한 기사가 〈보기〉와 같을 때, ㉠ ~ ㉣ 중 옳은 것을 모두 고르면?

〈시·도별 체납세 현황〉

(단위 : 건, 천 원)

구분	2019년		2020년		2021년	
	건수	세액	건수	세액	건수	세액
전국	16,031,915	1,330,442,067	20,402,115	1,600,301,744	18,797,368	1,619,582,774
서울	3,162,790	298,004,309	3,552,640	332,199,073	3,166,359	304,711,518
부산	1,140,762	63,079,365	1,279,470	74,767,279	1,215,922	80,617,991
대구	658,975	32,129,122	929,763	47,168,973	827,172	48,327,419
인천	1,015,397	98,279,068	1,137,703	113,154,868	957,422	111,181,062
광주	341,361	19,080,547	515,384	40,597,759	491,722	31,803,536
대전	385,421	23,794,531	554,743	33,397,450	518,402	34,460,459
울산	270,165	20,670,879	378,549	30,178,489	357,720	29,666,399
세종	41,130	4,194,163	71,945	5,538,334	78,944	10,409,874
경기	4,322,465	424,257,177	5,533,493	482,842,890	5,227,316	503,328,852
강원	519,701	36,504,086	690,796	47,105,722	615,642	45,106,504
충북	437,532	38,665,097	628,713	50,106,474	609,182	47,296,542
충남	685,756	56,109,311	949,515	67,836,031	846,736	69,443,676
전북	520,814	27,933,459	732,015	42,873,043	682,580	60,038,879
전남	558,708	30,468,533	718,891	43,455,079	671,114	39,796,149
경북	830,695	56,168,984	1,120,478	74,090,424	1,059,867	78,427,526
경남	970,113	84,895,548	1,356,230	96,733,333	1,248,409	105,271,808
제주	170,130	16,207,888	251,787	18,256,523	222,859	19,694,580

통계청은 지난 5일 2019년부터 2021년까지의 시도별 체납세 현황을 발표하였다. 발표에 따르면, ㉠ 전국 체납세 총액은 2019년에 약 1조 3,304억 원, 2020년에 약 1조 6,003억 원이었고, 2021년에는 약 1조 6,196억 원으로 매년 증가세를 보였다. 하지만 체납건수의 경우 2020년에 전년 대비 증가하였으나 2021년에는 전년 대비 감소하는 추세를 보였다.

시·도별로 체납세를 살펴보면, ㉡ 서울이 매년 체납세액이 가장 많았고, 부산은 매년 세 번째로 체납세액이 많았다. ㉢ 대구는 2020년에 전년 대비 40% 이상의 증가율을 보이는 등 각 시도들의 체납세액 증가세가 뚜렷했다.

체납건수의 경우, 충북과 충남은 2020년에 전년 대비 증가세를 보였으나 2021년에 다시 감소하였고, 세종은 매년 꾸준한 증가세를 보였다. 또한 ㉣ 경북은 2019년 대비 2021년 체납건수가 50% 이상 증가하였으며, 경남은 20% 이상 증가 하였다. 반면 인천의 경우, 2019년 대비 2021년에 체납건수가 오히려 감소하는 경향을 보였다.

① ㉠, ㉡

② ㉠, ㉢

③ ㉡, ㉢

④ ㉡, ㉣

⑤ ㉢, ㉣

14 S사는 휴대폰 부품 a, b를 생산하고 있다. 각 부품에 대한 불량률이 다음과 같을 때, 한 달간 생산되는 a, b부품의 불량품 개수 차이는?

<부품별 한 달 생산 개수 및 불량률>

구분	a부품	b부품
생산 개수	3,000개	4,100개
불량률	25%	15%

① 120개
② 125개
③ 130개
④ 135개
⑤ 140개

15 다음은 어느 지역의 주화 공급을 나타낸 표이다. 이에 대한 설명으로 옳은 것을 〈보기〉에서 모두 고르면?

<주화 공급 현황>

구분	액면가				합계
	10원	50원	100원	500원	
공급량(만 개)	3,469	2,140	2,589	1,825	10,023
공급기관 수(개)	1,519	929	801	953	4,202

※ 평균 주화 공급량 = $\dfrac{(주화 종류별 공급량의 합)}{(주화 종류 수)}$

※ 주화 공급액 = (주화 공급량) × (액면가)

> **보기**
>
> ㄱ. 주화 공급량이 주화 종류별로 각각 200만 개씩 증가한다면, 이 지역의 평균 주화 공급량은 2,700만 개 이상이다.
> ㄴ. 주화 종류별 공급기관당 공급량은 10원 주화가 500원 주화보다 적다.
> ㄷ. 10원과 500원 주화는 각각 10%씩, 50원과 100원 주화는 각각 20%씩 공급량이 증가한다면, 이 지역의 평균 주화 공급량의 증가율은 15% 이하이다.
> ㄹ. 액면가의 변동이 없다면 총 주화 공급액 규모가 12% 증가해도 주화 종류별 주화 공급량의 비율은 변하지 않는다.

① ㄱ, ㄴ
② ㄱ, ㄷ
③ ㄴ, ㄷ
④ ㄴ, ㄹ
⑤ ㄷ, ㄹ

16 다음은 시·도별 자전거도로 현황을 조사한 자료이다. 이에 대한 설명으로 옳은 것은?(단, 소수점 둘째 자리에서 반올림한다)

〈시·도별 자전거도로 현황〉

(단위 : km)

구분	합계	자전거 전용도로	자전거보행자 겸용도로	자전거 전용차로	자전거 우선도로
전국	21,176	2,843	16,331	825	1,177
서울특별시	869	104	597	55	113
부산광역시	425	49	374	1	1
대구광역시	885	111	758	12	4
인천광역시	742	197	539	6	0
광주광역시	638	109	484	18	27
대전광역시	754	73	636	45	0
울산광역시	503	32	408	21	42
세종특별자치시	207	50	129	6	22
경기도	4,675	409	4,027	194	45
강원도	1,498	105	1,233	62	98
충청북도	1,259	202	824	76	157
충청남도	928	204	661	13	50
전라북도	1,371	163	1,042	112	54
전라남도	1,262	208	899	29	126
경상북도	1,992	414	1,235	99	244
경상남도	1,844	406	1,186	76	176
제주특별자치도	1,324	7	1,299	0	18

① 제주특별자치도는 전국에서 다섯 번째로 자전거도로가 길다.

② 광주광역시를 볼 때, 전국 대비 자전거전용도로의 비율이 자전거보행자겸용도로의 비율보다 낮다.

③ 경상남도의 모든 자전거도로는 전국에서 9% 이상의 비율을 가진다.

④ 전국에서 자전거전용도로의 비율은 약 13.4%의 비율을 차지한다.

⑤ 자전거보행자겸용도로를 볼 때, 부산광역시가 전국에서 가장 짧다.

17 다음은 지자체별 쌀 소득보전 직불금 지급에 대한 자료이다. (A), (B), (C)에 들어갈 수치로 옳은 것은?(단, 소수점 둘째 자리 및 천 원 단위에서 반올림한다)

〈지자체별 쌀 소득보전 직불금〉

구분	대상자 수 (명)	대상 면적 (ha)	직불금액 (천 원)	총액 대비 (%)	1인당 평균 지급액 (만 원)
경기	77,581	71,800	71,372,460	8.6	92
강원	32,561	36,452	35,913,966	4.2	110
충북	53,562	44,675	43,923,103	5.2	82
충남	121,341	145,099	147,152,697	(A)	121
전북	90,539	136,676	137,441,060	16.4	(C)
전남	130,321	171,664	175,094,641	20.9	134
경북	140,982	120,962	119,398,465	14.2	85
경남	107,406	80,483	80,374,802	(B)	75
광역·자치시	39,408	29,615	27,597,745	3.3	70
합계	793,701	837,426	838,268,939		

	(A)	(B)	(C)
①	17.6	9.4	151
②	17.6	9.4	152
③	17.6	9.6	152
④	17.9	9.4	151
⑤	17.9	9.6	151

18 다음은 아시아 주요 국가의 기대수명에 대한 자료이다. 김사원이 이를 바탕으로 발표를 진행한다고 할 때, 발표할 내용으로 옳은 것은?

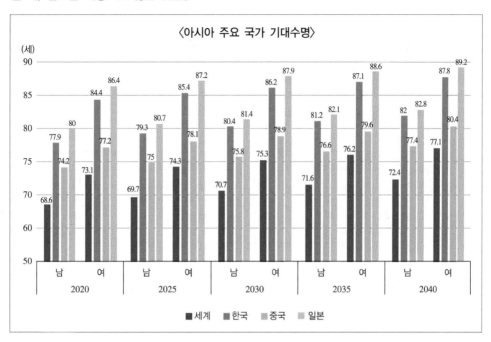

① 중국이 한국보다 5년 단위의 기대수명이 높음을 확인할 수 있습니다.

② 일본의 남성이 한국의 남성보다 매년 전년 대비 기대수명의 증가폭이 더 큰 것으로 보입니다.

③ 5년 단위로 매년 한국, 중국, 일본 여성의 기대수명의 증가폭은 세계 여성의 기대수명의 증가폭보다 높지 않을 것임을 알 수 있습니다.

④ 5년 단위로 매년 한국 여성의 기대수명의 증가폭은 한국 남성의 기대수명의 증가폭보다 높지 않을 것으로 보입니다.

⑤ 5년 단위로 매년 일본 여성의 기대수명의 증가폭이 중국 여성의 기대수명의 증가폭보다 높음을 알 수 있습니다.

19 다음은 S대학교의 전공별 졸업 후 취업률에 대한 자료이다. 이를 바르게 나타낸 그래프는?

〈전공별 졸업자 취업률 현황〉

(단위 : %)

구분	2016년	2017년	2018년	2019년	2020년	2021년
사진·만화	35.7	38.2	34.1	39.2	43.2	41.0
예체능교육	40.1	48.5	45.7	43.1	42.0	45.2
응용미술	28.7	35.1	36.8	39.6	42.0	40.2
공예	44.8	45.1	42.3	40.2	41.4	44.1
무용	38.5	40.6	41.0	35.2	37.8	29.7
조형	22.5	29.4	31.5	35.7	34.5	30.3
연극영화	30.4	33.7	31.6	35.9	34.8	35.6
순수미술	28.6	28.4	30.6	31.4	32.1	32.2
성악	35.5	36.7	35.8	32.2	31.6	26.8
작곡	37.0	35.2	36.4	32.9	31.1	25.1
국악	23.4	27.8	26.7	28.9	30.7	35.1
기악	21.4	23.5	28.4	25.9	26.3	19.0
음악학	26.5	24.1	27.3	28.0	28.9	21.8
기타음악	30.1	34.2	32.7	30.4	29.0	26.5

① 사진·만화, 예체능교육, 무용, 조형, 연극영화 전공 연도별 취업률

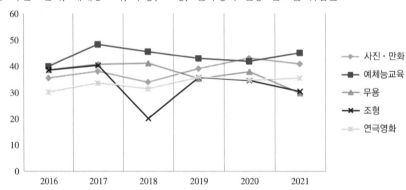

② 순수미술, 성악, 작곡, 국악, 기악, 음악학, 기타음악 전공 2016 ~ 2019년 취업률

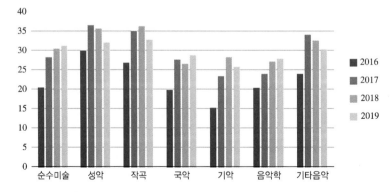

③ 2020 ~ 2021년 전공별 취업률

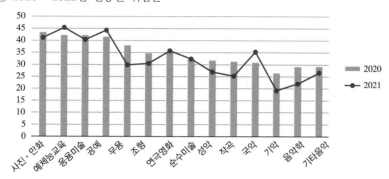

④ 응용미술, 연극영화, 순수미술, 성악, 작곡, 국악, 기악 전공 2016 ~ 2018년 취업률

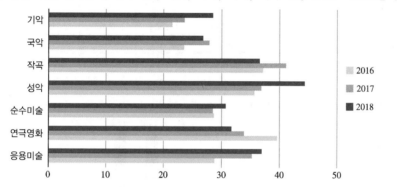

⑤ 공예, 무용, 조형, 성악, 작곡, 국악, 기악 전공 2018 ~ 2021년 누적취업률

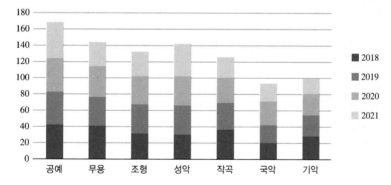

20 다음은 2022년도 신재생에너지원별 산업 현황 자료이다. 이를 나타낸 그래프 중 옳지 않은 것은?

〈신재생에너지원별 산업 현황〉

(단위 : 억 원)

구분	기업체 수 (개)	고용인원 (명)	매출액	내수	수출액	해외공장 매출	투자액
태양광	127	8,698	75,637	22,975	33,892	18,770	5,324
태양열	21	228	290	290	0	0	1
풍력	37	2,369	14,571	5,123	5,639	3,809	583
연료전지	15	802	2,837	2,143	693	0	47
지열	26	541	1,430	1,430	0	0	251
수열	3	46	29	29	0	0	0
수력	4	83	129	116	13	0	0
바이오	128	1,511	12,390	11,884	506	0	221
폐기물	132	1,899	5,763	5,763	0	0	1,539
합계	493	16,177	113,076	49,753	40,743	22,579	7,966

① 신재생에너지원별 기업체 수(단위 : 개)

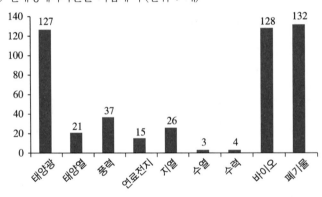

② 신재생에너지원별 고용인원(단위 : 명)

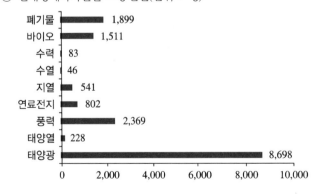

③ 신재생에너지원별 고용인원 비율

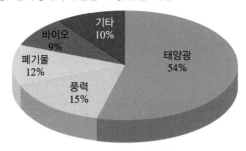

④ 신재생에너지원별 내수현황(단위 : 억 원)

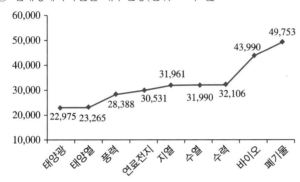

⑤ 신재생에너지원별 해외공장매출 비율

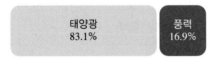

※ 다음 제시된 단어의 관계가 동일하도록 빈칸에 들어갈 가장 적절한 단어를 고르시오. [1~4]

Easy
01

마이크 : 스피커 = 키보드 : (　　)

① 키보드 덮개　　　　　　　② 마우스
③ 모니터　　　　　　　　　　④ 이어폰
⑤ 스캐너

02

간섭 : (　　) = 폭염 : 폭서

① 개입　　　　　　　　　　　② 개괄
③ 주의　　　　　　　　　　　④ 분투
⑤ 방조

03

배제 : 배척 = 정세 : (　　)

① 상황　　　　　　　　　　　② 경우
③ 기회　　　　　　　　　　　④ 눈치
⑤ 경감

04

> 너울너울 : 넘실넘실 = (　　) : (　　)

① 빨리빨리, 느릿느릿
② 우물쭈물, 쭈뼛쭈뼛
③ 싱글벙글, 울먹울먹
④ 거칠거칠, 보들보들
⑤ 멈칫멈칫, 까불짝까불짝

※ 다음 짝지어진 단어 사이의 관계가 나머지와 다른 하나를 고르시오. [5~6]

05

① 더위 – 열대야 – 에어컨
② 싸움 – 갈등 – 화해
③ 피로 – 노동 – 휴식
④ 비만 – 폭식 – 다이어트
⑤ 감기 – 추위 – 예방접종

06

① 숨다 – 앉히다 – 풀리다
② 앉다 – 떨어지다 – 죽이다
③ 자다 – 차이다 – 숨기다
④ 잡다 – 안기다 – 먹이다
⑤ 먹다 – 잡히다 – 재우다

07

> • 재현이가 춤을 추면 서현이나 지훈이가 춤을 춘다.
> • 재현이가 춤을 추지 않으면 종열이가 춤을 춘다.
> • 종열이가 춤을 추지 않으면 지훈이도 춤을 추지 않는다.
> • 종열이는 춤을 추지 않았다.

① 재현이만 춤을 추었다.
② 서현이만 춤을 추었다.
③ 지훈이만 춤을 추었다.
④ 재현이와 지훈이 모두 춤을 추었다.
⑤ 재현이와 서현이 모두 춤을 추었다.

08

> • 아메리카노는 카페라테보다 많이 팔린다.
> • 유자차는 레모네이드보다 덜 팔린다.
> • 카페라테는 레모네이드보다 많이 팔리지만, 녹차보다는 덜 팔린다.
> • 녹차는 스무디보다 덜 팔리지만, 아메리카노보다 많이 팔린다.

① 가장 많이 팔리는 음료는 스무디이다.
② 유자차는 가장 안 팔리지는 않는다.
③ 카페라테보다 덜 팔리는 음료는 3개이다.
④ 녹차가 가장 많이 팔린다.
⑤ 녹차가 레모네이드보다 팔리지 않는다.

09

- 음식을 요리하는 사람은 설거지를 하지 않는다.
- 주문을 받는 사람은 음식 서빙을 함께 담당한다.
- 음식 서빙을 담당하는 사람은 요리를 하지 않는다.
- 음식 서빙을 담당하는 사람은 설거지를 한다.

① A사원은 설거지를 하면서 음식을 서빙하기도 한다.
② B사원이 설거지를 하지 않으면 음식을 요리한다.
③ C사원이 음식 주문을 받으면 설거지는 하지 않는다.
④ D사원은 음식을 요리하면서 음식 주문을 받기도 한다.
⑤ E사원이 설거지를 하지 않으면 음식 주문도 받지 않는다.

PART 5

`Easy`

10 나란히 이웃해 있는 10개의 건물에 초밥가게, 옷가게, 신발가게, 편의점, 약국, 카페가 있다. 다음 〈조건〉에 따라 카페가 3번째 건물에 있을 때, 항상 참인 것은?(단, 한 건물에 한 가지 업종만 들어갈 수 있으며, 왼쪽의 건물을 1번째로 본다)

> **조건**
> - 초밥가게는 카페보다 왼쪽에 있다.
> - 초밥가게와 신발가게 사이에 건물이 6개 있다.
> - 옷가게와 편의점은 인접할 수 없으며, 옷가게와 신발가게는 인접해 있다.
> - 신발가게 옆에는 아무것도 없는 건물이 2개 있다.
> - 2번째와 4번째 건물은 아무것도 없는 건물이다.
> - 편의점과 약국은 인접해 있다.

① 카페와 옷가게는 인접해 있다.
② 초밥가게와 약국 사이에 2개의 건물이 있다.
③ 편의점은 6번째 건물에 있다.
④ 신발가게는 8번째 건물에 있다.
⑤ 옷가게는 5번째 건물에 있다.

11 약국에 희경, 은정, 소미, 정선 4명의 손님이 방문하였다. 약사는 이들로부터 처방전을 받아 A~D 네 봉지의 약을 조제하였다. 다음 중 〈조건〉이 모두 참일 때 항상 참인 것은?

> **조건**
> • 방문한 손님들의 병명은 몸살, 배탈, 치통, 피부병이다.
> • 은정이의 약은 B에 해당하고, 은정이는 몸살이나 배탈 환자가 아니다.
> • A는 배탈 환자에 사용되는 약이 아니다.
> • D는 연고를 포함하고 있는데, 이 연고는 피부병에만 사용된다.
> • 희경이는 임산부이고, A와 D에는 임산부가 먹어서는 안 되는 약품이 사용되었다.
> • 소미는 몸살 환자가 아니다.

① 은정이는 피부병에 걸렸다.
② 정선이는 몸살이 났고, 이에 해당하는 약은 C이다.
③ 소미는 치통 환자이다.
④ 희경이는 배탈이 났다.
⑤ 소미의 약은 A이다.

12 C아파트의 다섯 동 주민들의 쓰레기 배출에 대한 〈조건〉이 다음과 같을 때, 참이 아닌 것은?

> **조건**
> • 다섯 동 주민들은 모두 다른 날에 쓰레기를 버린다.
> • 쓰레기 배출은 격일로 이루어진다.
> • 다섯 동 주민들은 A동, B동, C동, D동, E동 순서대로 쓰레기를 배출한다.
> • 규칙은 A동이 첫째 주 월요일에 쓰레기를 배출하는 것으로 시작한다.

① A와 E는 같은 주에 쓰레기를 배출할 수 있다.
② 10주째에는 다시 A동이 월요일에 쓰레기를 배출한다.
③ A동은 모든 요일에 쓰레기를 배출한다.
④ 2주에 걸쳐 연속으로 쓰레기를 배출할 수 있는 동은 두 동이다.
⑤ B동이 목요일에 쓰레기를 버리는 주는 8주째이다.

13 S사에 근무하는 귀하는 부하직원 5명(A ~ E)을 대상으로 마케팅 전략에 대한 의견을 물었다. 이에 대해 직원 5명은 찬성과 반대 둘 중 하나의 의견을 제시했다. 다음 〈조건〉이 모두 참일 때, 옳은 것은?

> **조건**
> • A 또는 D 둘 중 한 명이라도 반대하면, C는 찬성하고 E는 반대한다.
> • B가 반대하면, A는 찬성하고 D는 반대한다.
> • D가 반대하면 C도 반대한다.
> • E가 반대하면 B도 반대한다.
> • 적어도 한 사람은 반대한다.

① A는 찬성하고 B는 반대한다.

② A는 찬성하고 E는 반대한다.

③ B와 D는 반대한다.

④ C는 반대하고 D는 찬성한다.

⑤ C와 E는 찬성한다.

Hard

14 A ~ G는 각각 차례대로 바이올린, 첼로, 콘트라베이스, 플루트, 클라리넷, 바순, 심벌즈를 연주하고 악기 연습을 위해 연습실 1, 2, 3을 빌렸다. 다음 〈조건〉을 만족할 때, 연습 장소와 시간을 확정하려면 필요한 조건은?

> **조건**
> • 연습실은 오전 9시에서 오후 6시까지 운영하고 모든 시간에 연습이 이루어진다.
> • 각각 적어도 3시간 이상, 한 번 연습을 한다.
> • 연습실 1에서는 현악기를 연습할 수 없다.
> • 연습실 2에서 D가 두 번째로 5시간 동안 연습을 한다.
> • 연습실 3에서 처음 연습하는 사람이 연습하는 시간은 연습실 2에서 D가 연습하는 시간과 2시간이 겹친다.
> • 연습실 3에서 두 번째로 연습하는 사람은 첼로를 켜고 타악기 연습시간과 겹치면 안 된다.

① E는 연습실 운영시간이 끝날 때까지 연습한다.

② C는 A보다 오래 연습한다.

③ E는 A와 연습시간이 같은 시간에 끝난다.

④ A와 F의 연습시간은 3시간이 겹친다.

⑤ A는 연습실 2를 사용한다.

15 재무팀 A과장, 개발팀 B부장, 영업팀 C대리, 홍보팀 D차장, 디자인팀 E사원은 봄, 여름, 가을, 겨울에 중국, 일본, 러시아로 출장을 간다. 다음 〈조건〉을 바탕으로 항상 옳은 것은?(단, A ~ E는 중국, 일본, 러시아 중 반드시 한 국가에 출장을 가며, 아무도 가지 않은 국가와 계절은 없다)

> **조건**
> • 중국은 2명이 출장을 가고, 각각 여름 혹은 겨울에 출장을 간다.
> • 러시아에 출장 가는 사람은 봄 혹은 여름에 출장을 간다.
> • 재무팀 A과장은 반드시 개발팀 B부장과 함께 출장을 간다.
> • 홍보팀 D차장은 혼자서 봄에 출장을 간다.
> • 개발팀 B부장은 가을에 일본에 출장을 간다.

① 홍보팀 D차장은 혼자서 중국으로 출장을 간다.
② 영업팀 C대리와 디자인팀 E사원은 함께 일본으로 출장을 간다.
③ 재무팀 A과장과 개발팀 B부장은 함께 중국으로 출장을 간다.
④ 영업팀 C대리가 여름에 중국 출장을 가면, 디자인팀 E사원은 겨울에 중국 출장을 간다.
⑤ 홍보팀 D차장이 어디로 출장을 가는지는 주어진 조건만으로 알 수 없다.

Hard
16 수빈, 인성, 성민, 지헌, 기열, 지혜가 달리기 시합을 하고 난 뒤 다음과 같은 대화를 나눴다. 모두의 말이 참일 때 다음 중 항상 참이 아닌 것은?

> 수빈 : 성민이와 지혜가 내 앞에서 결승선에 들어가는 걸 봤어.
> 인성 : 지헌이는 간발의 차로 바로 내 바로 앞에서 결승선에 들어갔어.
> 성민 : 나는 지헌이보다는 빨랐는데, 1등은 아니야.
> 지헌 : 성민이 말이 맞아. 정확히 기억은 안 나는데 나는 3등 아니면 4등이었어.
> 기열 : 내가 결승선에 들어오고, 나중에 지헌이가 들어왔어.
> 지혜 : 나는 1등은 아니지만 꼴등도 아니었어.

① 제일 먼저 결승선에 들어온 사람은 기열이다.
② 제일 나중에 결승선에 들어온 사람은 수빈이다.
③ 성민이는 지혜보다 순위가 높다.
④ 인성이는 성민이보다 순위가 낮다.
⑤ 지헌이가 3등이면 지혜는 5등이다.

17 S그룹에서 근무하는 A~E사원 중 한 명은 이번 주 금요일에 열리는 세미나에 참석해야 한다. 다음 A~E사원의 대화에서 2명이 거짓말을 하고 있다고 할 때, 이번 주 금요일 세미나에 참석하는 사람은 누구인가?

> A사원 : 나는 금요일 세미나에 참석하지 않아.
> B사원 : 나는 금요일에 중요한 미팅이 있어. D사원이 세미나에 참석할 예정이야.
> C사원 : 나와 D는 금요일에 부서 회의에 참석해야 하므로 세미나는 참석할 수 없어.
> D사원 : C와 E 중 한 명이 참석할 예정이야.
> E사원 : 나는 목요일부터 금요일까지 휴가라 참석할 수 없어. 그리고 C의 말은 모두 사실이야.

① A사원
② B사원
③ C사원
④ D사원
⑤ E사원

18 매주 화요일에 진행되는 취업 스터디에 A~E 5명의 친구가 함께 참여하고 있다. 스터디 불참 시 벌금이 부과되는 스터디 규칙에 따라 지난주 불참한 2명은 벌금을 내야 한다. 이들 중 2명이 거짓말을 하고 있다고 할 때, 다음 중 옳은 것은?

> A : 내가 다음 주에는 사정상 참석할 수 없지만 지난주에는 참석했어.
> B : 지난주 불참한 C가 반드시 벌금을 내야 해.
> C : 지난주 스터디에 A가 불참한 건 확실해.
> D : 사실 나는 지난주 스터디에 불참했어.
> E : 지난주 스터디에 나는 참석했지만, B는 불참했어.

① A와 B가 벌금을 내야 한다.
② A와 C가 벌금을 내야 한다.
③ A와 E가 벌금을 내야 한다.
④ B는 반드시 벌금을 내야 한다.
⑤ D는 반드시 벌금을 내야 한다.

Easy

19 어느 날 밤, 도둑이 금은방에 침입하여 보석을 훔쳐 달아났다. 용의자는 A ~ E 5명으로 조사 결과 이들은 서로 친구임이 밝혀졌다. 이들 중 2명은 거짓말을 하고 있으며, 그중 한 명이 보석을 훔친 범인이라고 할 때, 범인은 누구인가?(단, 거짓말을 한 사람이 여러 진술을 하였다면 그 진술은 모두 거짓이다)

A : B는 그 시간에 C와 함께 동네 PC방에 있었습니다.
B : 그날 밤 저는 A, C와 함께 있었습니다.
C : 저는 사건이 일어났을 때 혼자 집에 있었습니다.
D : B의 진술은 참이며, 저는 금은방에 있지 않았습니다.
E : 저는 그날 밤 A와 함께 집에 있었고, 금은방에 있지 않았습니다.

① A
② B
③ C
④ D
⑤ E

Hard

20 A ~ E는 점심 식사 후 제비뽑기를 통해 '꽝'을 뽑은 한 명이 나머지 네 명의 아이스크림을 모두 사주기로 하였다. 다음 대화에서 한 명이 거짓말을 한다고 할 때, 아이스크림을 사야 할 사람은 누구인가?

A : D는 거짓말을 하고 있지 않아.
B : '꽝'을 뽑은 사람은 C야.
C : B의 말이 사실이라면 D의 말은 거짓이야.
D : E의 말이 사실이라면 '꽝'을 뽑은 사람은 A야.
E : C는 빈 종이를 뽑았어.

① A
② B
③ C
④ D
⑤ E

21 백화점에서 함께 쇼핑을 한 A~E는 일정 금액 이상 구매 시 추첨을 통해 경품을 제공하는 백화점 이벤트에 응모하였다. 얼마 후 당첨자가 발표되었고, A~E 중 한 명이 1등에 당첨되었다. 다음 A~E의 대화에서 한 명이 거짓말을 한다고 할 때, 1등 당첨자는 누구인가?

> A : C는 1등이 아닌 3등에 당첨됐어.
> B : D가 1등에 당첨됐고, 나는 2등에 당첨됐어.
> C : A가 1등에 당첨됐어.
> D : C의 말은 거짓이야.
> E : 나는 5등에 당첨되었어.

① A
② B
③ C
④ D
⑤ E

22 불고기 버거, 치킨 버거, 새우 버거가 각각 두 개씩 있고 A~D 4명이 〈조건〉에 따라 전부 나눠 먹는다고 할 때, 다음 중 반드시 참인 것은?

조건

- 모든 사람은 반드시 하나 이상의 버거를 먹으며, 최대 두 개의 버거를 먹을 수 있다.
- 한 사람이 같은 종류의 버거 2개를 먹을 수는 없다.
- A는 불고기 버거를 먹었다.
- B는 치킨 버거를 먹지 않았다.
- C는 새우 버거를 먹었다.
- C와 D 중 한 명은 불고기 버거를 먹었다.

① A는 불고기 버거만 먹었다.
② B는 새우 버거를 먹었다.
③ C는 치킨 버거를 먹었다.
④ D는 불고기 버거를 먹었다.
⑤ A는 두 개의 버거를 먹었다.

※ 다음 제시된 도형의 규칙을 보고 ?에 들어갈 도형으로 적절한 것을 고르시오. [23~25]

Hard

23

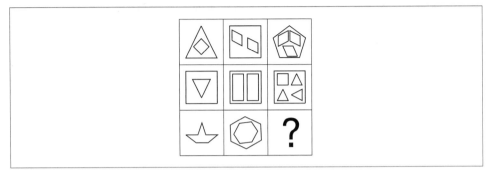

①

②

③

④

⑤

①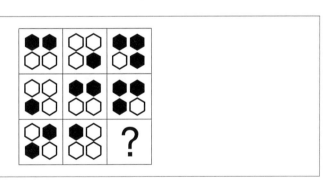

②

③

④

⑤

①

②

③

④

⑤

※ 다음 도식에서 기호들은 일정한 규칙에 따라 문자를 변화시킨다. ?에 들어갈 문자로 적절한 것을 고르시오. 【26~28】

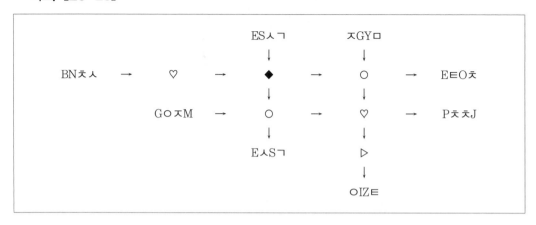

26

M1Y8 → ◆ → ♡ → ?

① 15KV
② 81AO
③ 82ZV
④ 12AP
⑤ 21ZM

27

S6H2 → ▷ → ○ → ?

① 2S6H
② 26HS
③ 62HS
④ 6H2S
⑤ 62SH

28

GㅅRㅎ → ♡ → ○ → ?

① ㅇTㄷJ
② JㅇㄷT
③ ㄷTJㅇ
④ TㄷㅇJ
⑤ ㄷTㅇJ

29 다음의 '증인'이 범하고 있는 오류로 가장 적절한 것은?

> 우리는 몇 년 전 국회 청문회에서 과거의 비리를 밝히기 위해 국회의원들이 권력층에 있었던 사람들을 증인으로 출두시켜 신문한 적이 있었다. 그때 어느 증인은 다음과 같은 발언을 하였다. "내가 입을 열면 엄청난 사태가 벌어질 것입니다. 그러한 사태는 전적으로 당신들의 책임입니다."

① 인신공격의 오류
② 순환 논증의 오류
③ 성급한 일반화의 오류
④ 감정에 호소하는 오류
⑤ 군중에 호소하는 오류

30 다음과 동일한 오류를 범하고 있는 것은?

> 철수가 우등상을 받지 못한 걸 보니 꼴찌를 한 것이 분명하다.

① 아파트 내에서 세차를 하면 구청에 고발하겠습니다.
② 철수, 넌 내 의견에 찬성할 거지? 넌 나의 죽마고우잖아.
③ 영희는 자장면을 좋아하지 않으니까 틀림없이 자장면을 싫어할 거야.
④ 어머니는 용꿈을 꾸었기 때문에 나를 낳았다고 말씀하셨다.
⑤ 지옥에는 행복이 없다. 이 세상은 지옥이다. 따라서 이 세상에는 행복이 없다.

행운이란 100%의 노력 뒤에 남는 것이다.

- 랭스턴 콜먼 -

PART 6

인성검사

인성검사의 개요

1. 인성검사의 의의

인성검사는 1943년 미국 미네소타 대학교의 임상심리학자 Hathaway 박사와 정신과 의사 Mckinley 박사가 제작한 MMPI(Minnesota Multiphasic Personality Inventory)를 원형으로 한 다면적 인성검사를 말한다. 다면적이라 불리는 것은 여러 가지 정신적인 증상들을 동시에 측정할 수 있도록 고안되어 있기 때문이다. 풀이하자면, 개인이 가지고 있는 다면적인 성격을 많은 문항수의 질문을 통해 수치로 나타내는 것이다. 그렇다면 성격이란 무엇인가?

성격은 일반적으로 개인 내부에 있는 특징적인 행동과 생각을 결정해 주는 정신적·신체적 체제의 역동적 조직이라고 말할 수 있으며, 환경에 적응하게 하는 개인적인 여러 가지 특징과 행동양식의 잣대라고 정의할 수 있다.

다시 말하면, 성격이란 한 개인이 환경적 변화에 적응하는 특징적인 행동 및 사고유형이라고 할 수 있으며, 인성검사란 그 개인의 행동 및 사고유형을 서면을 통해 수치적·언어적으로 기술하거나 예언해 주는 도구라 할 수 있다.

신규채용 또는 평가에 활용하는 인성검사로 MMPI 원형을 그대로 사용하는 기업도 있지만, 대부분의 기업에서는 MMPI 원형을 기준으로 연구, 조사, 정보수집, 개정 등의 과정을 통해서 자체 개발한 유형을 사용하고 있다.

인성검사의 구성은 여러 가지 하위 척도로 구성되어 있는데, MMPI 다면적 인성검사의 척도를 살펴보면 기본 척도가 8개 문항으로 구성되어 있고, 2개의 임상 척도와 4개의 타당성 척도를 포함, 총 14개 척도로 구성되어 있다.

캘리포니아 심리검사(CPI; California Psychological Inventory)의 경우는 48개 문항, 18개의 척도로 구성되어 있다.

2. 인성검사의 해석단계

해석단계는 첫 번째, 각 타당성 및 임상 척도에 대한 피검사자의 점수를 검토하는 방법으로 각 척도마다 피검사자의 점수가 정해진 범위에 속하는지 여부를 검토하게 된다.

두 번째, 척도별 연관성에 대한 분석으로 각 척도에서의 점수범위가 의미하는 것과 그것들이 나타낼 가설들을 종합하고, 어느 특정 척도의 점수를 근거로 하여 다른 척도들에 대한 예측을 시도하게 된다.

세 번째, 척도 간의 응집 또는 분산을 찾아보고 그에 따른 해석적 가설을 형성하는 과정으로 두 개 척도 간의 관계만을 가지고 해석하게 된다.

네 번째, 매우 낮은 임상 척도에 대한 검토로서, 일부 척도에서 낮은 점수가 특별히 의미 있는 경우가 있기 때문에 신중히 다뤄지게 된다.

다섯 번째, 타당성 및 임상 척도에 대한 형태적 분석으로서, 타당성 척도들과 임상 척도들 전체의 형태적 분석이다. 주로 척도들의 상승도와 기울기 및 굴곡을 해석해서 피검사자에 대한 종합적이고 총체적인 추론적 해석을 하게 된다.

02 척도구성

1. MMPI 척도구성

(1) 타당성 척도

타당성 척도는 피검사자가 검사에 올바른 태도를 보였는지, 또 피검사자가 응답한 검사문항들의 결론이 신뢰할 수 있는 결론인가를 알아보는 라이스케일(허위척도)이라 할 수 있다. 타당성 4개 척도는 잘못된 검사태도를 탐지하게 할 뿐만 아니라, 임상 척도와 더불어 검사 이외의 행동에 대하여 유추할 수 있는 자료를 제공해 줌으로써, 의미있는 인성요인을 밝혀주기도 한다.

〈타당성 4개 척도구성〉

무응답 척도 (?)	무응답 척도는 피검사자가 응답하지 않은 문항과 '그렇다'와 '아니다'에 모두 답한 문항들의 총합이다. 척도점수의 크기는 다른 척도점수에 영향을 미치게 되므로, 빠뜨린 문항의 수를 최소로 줄이는 것이 중요하다.
허구 척도 (L)	L 척도는 피검사자가 자신을 좋은 인상으로 나타내 보이기 위해 하는 고의적이고 부정직하며 세련되지 못한 시도를 측정하는 허구 척도이다. L 척도의 문항들은 정직하지 못하거나 결점들을 고의적으로 감춰 자신을 좋게 보이려는 사람들의 장점마저도 부인하게 된다.
신뢰성 척도 (F)	F 척도는 검사문항에 빗나간 방식의 답변을 응답하는 경향을 평가하기 위한 척도로 정상적인 집단의 10% 이하가 응답한 내용을 기준으로 일반 대중의 생각이나 경험과 다른 정도를 측정한다.
교정 척도 (K)	K 척도는 분명한 정신적인 장애를 지니면서도 정상적인 프로파일을 보이는 사람들을 식별하기 위한 것이다. K 척도는 L 척도와 유사하게 거짓답안을 확인하지만 L 척도보다 더 미세하고 효과적으로 측정한다.

(2) 임상 척도

임상 척도는 검사의 주된 내용으로써 비정상 행동의 종류를 측정하는 10가지 척도로 되어 있다. 임상 척도의 수치는 높은 것이 좋다고 해석하는 경우도 있지만, 개별 척도별로 해석을 참고하는 경우가 대부분이다.

건강염려증(Hs) Hypochondriasis	개인이 말하는 신체적 증상과 이러한 증상들이 다른 사람을 조정하는 데 사용되고 있지는 않은지 여부를 측정하는 척도로서, 측정내용은 신체의 기능에 대한 과도한 집착 및 이와 관련된 질환이나 비정상적인 상태에 대한 불안감 등이다.
우울증(D) Depression	개인의 비관 및 슬픔의 정도를 나타내는 기분상태의 척도로서, 자신에 대한 태도와 타인과의 관계에 대한 태도, 절망감, 희망의 상실, 무력감 등을 원인으로 나타나는 활동에 대한 흥미의 결여, 불면증과 같은 신체적 증상 및 과도한 민감성 등을 표현한다.
히스테리(Hy) Hysteria	현실에 직면한 어려움이나 갈등을 회피하는 방법인 부인기제를 사용하는 경향 정도를 진단하려는 것으로서 특정한 신체적 증상을 나타내는 문항들과 아무런 심리적·정서적 장애도 가지고 있지 않다고 주장하는 것을 나타내는 문항들의 두 가지 다른 유형으로 구성되어 있다.
반사회성(Pd) Psychopathic Deviate	가정이나 일반사회에 대한 불만, 자신 및 사회와의 격리, 권태 등을 주로 측정하는 것으로서 반사회적 성격, 비도덕인 성격 경향 정도를 알아보기 위한 척도이다.
남성-여성특성(Mf) Masculinity-Femininity	직업에 관한 관심, 취미, 종교적 취향, 능동·수동성, 대인감수성 등의 내용을 담고 있으며, 흥미형태의 남성특성과 여성특성을 측정하고 진단하는 검사이다.
편집증(Pa) Paranoia	편집증을 평가하기 위한 것으로서 정신병적인 행동과 과대의심, 관계망상, 피해망상, 과대망상, 과민함, 비사교적 행동, 타인에 대한 불안감 같은 내용의 문항들로 구성되어 있다.
강박증(Pt) Psychasthenia	병적인 공포, 불안감, 과대근심, 강박관념, 자기 비판적 행동, 집중력 곤란, 죄책감 등을 검사하는 내용으로 구성되어 있으며, 주로 오랫동안 지속된 만성적인 불안을 측정한다.
정신분열증(Sc) Schizophrenia	정신적 혼란을 측정하는 척도로서 가장 많은 문항에 내포하고 있다. 이 척도는 별난 사고방식이나 행동양식을 지닌 사람을 판별하는 것으로서 사회적 고립, 가족관계의 문제, 성적 관심, 충동억제불능, 두려움, 불만족 등의 내용으로 구성되어 있다.
경조증(Ma) Hypomania	정신적 에너지를 측정하는 것으로서, 사고의 다양성과 과장성, 행동영역의 불안정성, 흥분성, 민감성 등을 나타낸다. 이 척도가 높으면 무엇인가를 하지 않고는 못 견디는 정력적인 사람이다.
내향성(Si) Social Introversion	피검사자의 내향성과 외향성을 측정하기 위한 척도로서, 개인의 사회적 접촉 회피, 대인관계의 기피, 비사회성 등의 인성요인을 측정한다. 이 척도의 내향성과 외향성은 어느 하나가 좋고 나쁨을 나타내는 것이 아니라, 피검사자가 어떤 성향의 사람인가를 알아내는 것이다.

2. CPI 척도구성

〈18 척도〉

지배성 척도 (Do)	강력하고 지배적이며, 리더십이 강하고 대인관계에서 주도권을 잡는 지배적인 사람을 변별하고자 하는 척도이다.
지위능력 척도 (Cs)	현재의 개인 자신의 지위를 측정하는 것이 아니라, 개인의 내부에 잠재되어 있어 어떤 지위에 도달하게끔 하는 자기 확신, 야심, 자신감 등을 평가하기 위한 척도이다.
사교성 척도 (Sy)	사교적이고 활달하며 참여기질이 좋은 사람과, 사회적으로 자신을 나타내기 싫어하고 참여기질이 좋지 않은 사람을 변별하고자 하는 척도이다.
사회적 태도 척도 (Sp)	사회생활에서의 안정감, 활력, 자발성, 자신감 등을 평가하기 위한 척도로서, 사교성과 밀접한 관계가 있다. 고득점자는 타인 앞에 나서기를 좋아하고, 타인의 방어기제를 공격하여 즐거움을 얻고자 하는 성격을 가지고 있다.
자기수용 척도 (Sa)	자신에 대한 믿음, 자신의 생각을 수용하는 자기확신감을 가지고 있는 사람을 변별하기 위한 척도이다.
행복감 척도 (Wb)	근본 목적은 행복감을 느끼는 사람과 그렇지 않은 사람을 변별해 내는 척도 검사이지만, 긍정적인 성격으로 가장하기 위해서 반응한 사람을 변별해 내는 타당성 척도로서의 목적도 가지고 있다.
책임감 척도 (Re)	법과 질서에 대해서 철저하고 양심적이며 책임감이 강해 신뢰할 수 있는 사람과 인생은 이성에 의해서 지배되어야 한다고 믿는 사람을 변별하기 위한 척도이다.
사회성 척도 (So)	사회생활에서 이탈된 행동이나 범죄의 가능성이 있는 사람을 변별하기 위한 척도로서 범죄자 유형의 사람은 정상인보다 매우 낮은 점수를 나타낸다.
자기통제 척도 (Sc)	자기통제의 유무, 충동, 자기중심에서 벗어날 수 있는 통제의 적절성, 규율과 규칙에 동의하는 정도를 측정하는 척도로서, 점수가 높은 사람은 지나치게 자신을 통제하려 하며, 낮은 사람은 자기 통제가 잘 안되므로 충동적이 된다.
관용성 척도 (To)	침묵을 지키고 어떤 사실에 대하여 성급하게 판단하기를 삼가고 다양한 관점을 수용하려는 사회적 신념과 태도를 재려는 척도이다.
좋은 인상 척도 (Gi)	타인이 자신에 대해 어떻게 반응하는가, 타인에게 좋은 인상을 주었는가에 흥미를 느끼는 사람을 변별하고, 자신을 긍정적으로 보이기 위해 솔직하지 못한 반응을 하는 사람을 찾아내기 위한 타당성 척도이다.
추종성 척도 (Cm)	사회에 대한 보수적인 태도와 생각을 측정하는 척도검사이다. 아무렇게나 적당히 반응한 피검사자를 찾아내는 타당성 척도로서의 목적도 있다.
순응을 위한 성취 척도 (Ac)	강한 성취욕구를 측정하기 위한 척도로서 학업성취에 관련된 동기요인과 성격요인을 측정하기 위해서 만들어졌다.
독립성을 통한 성취 척도 (Ai)	독립적인 사고, 창조력, 자기실현을 위한 성취능력의 정도를 측정하는 척도이다.
지적 능률 척도 (Ie)	지적 능률성을 측정하기 위한 척도이며, 지능과 의미 있는 상관관계를 가지고 있는 성격특성을 나타내는 항목을 제공한다.
심리적 예민성 척도 (Py)	동기, 내적 욕구, 타인의 경험에 공명하고 흥미를 느끼는 정도를 재는 척도이다.
유연성 척도 (Fx)	개인의 사고와 사회적 행동에 대한 유연성, 순응성 정도를 나타내는 척도이다.
여향성 척도 (Fe)	흥미의 남향성과 여향성을 측정하기 위한 척도이다.

(1) 충분한 휴식으로 불안을 없애고 정서적인 안정을 취한다. 심신이 안정되어야 자신의 마음을 표현할 수 있다.

(2) 생각나는 대로 솔직하게 응답한다. 자신을 너무 과대포장하지도, 너무 비하하지 않도록 한다. 답변을 꾸며서 하면 앞뒤가 맞지 않게끔 구성돼 있어 불리한 평가를 받게 되므로 솔직하게 답하도록 한다.

(3) 검사문항에 대해 지나치게 골똘히 생각해서는 안 된다. 지나치게 몰두하면 엉뚱한 답변이 나올 수 있으므로 불필요한 생각은 삼간다.

(4) 인성검사는 대개 문항수가 많기에 자칫 건너뛰는 경우가 있는데, 가능한 모든 문항에 답해야 한다. 응답하지 않은 문항이 많을 경우 평가자가 정확한 평가를 내리지 못해 불리한 평가를 받을 수 있기 때문이다.

04 인성검사 모의연습

※ 인성검사는 정답이 따로 없는 유형의 검사이므로 결과지를 제공하지 않습니다.

1. 1단계 검사

※ 다음 질문내용을 읽고 본인에 해당하는 응답의 '예', '아니요'에 ○표 하시오. [1~140]

번호	질문	응답	
1	조심스러운 성격이라고 생각한다.	예	아니요
2	사물을 신중하게 생각하는 편이라고 생각한다.	예	아니요
3	동작이 기민한 편이다.	예	아니요
4	포기하지 않고 노력하는 것이 중요하다.	예	아니요
5	일주일의 예정을 만드는 것을 좋아한다.	예	아니요
6	노력의 여하보다 결과가 중요하다.	예	아니요
7	자기주장이 강하다.	예	아니요
8	장래의 일을 생각하면 불안해질 때가 있다.	예	아니요
9	소외감을 느낄 때가 있다.	예	아니요
10	훌쩍 여행을 떠나고 싶을 때가 자주 있다.	예	아니요
11	대인관계가 귀찮다고 느낄 때가 있다.	예	아니요
12	자신의 권리를 주장하는 편이다.	예	아니요
13	낙천가라고 생각한다.	예	아니요
14	싸움을 한 적이 없다.	예	아니요
15	자신의 의견을 상대에게 잘 주장하지 못한다.	예	아니요
16	좀처럼 결단하지 못하는 경우가 있다.	예	아니요
17	하나의 취미를 오래 지속하는 편이다.	예	아니요
18	한 번 시작한 일은 끝을 맺는다.	예	아니요
19	행동으로 옮기기까지 시간이 걸린다.	예	아니요
20	다른 사람들이 하지 못하는 일을 하고 싶다.	예	아니요

번호	질문	응답	
21	해야 할 일은 신속하게 처리한다.	예	아니요
22	병이 아닌지 걱정이 들 때가 있다.	예	아니요
23	다른 사람의 충고를 기분 좋게 듣는 편이다.	예	아니요
24	다른 사람에게 의존적이 될 때가 많다.	예	아니요
25	타인에게 간섭받는 것은 싫다.	예	아니요
26	의식 과잉이라는 생각이 들 때가 있다.	예	아니요
27	수다를 좋아한다.	예	아니요
28	잘못된 일을 한 적이 한 번도 없다.	예	아니요
29	모르는 사람과 이야기하는 것은 용기가 필요하다.	예	아니요
30	끙끙거리며 생각할 때가 있다.	예	아니요
31	다른 사람에게 항상 움직이고 있다는 말을 듣는다.	예	아니요
32	매사에 얽매인다.	예	아니요
33	잘하지 못하는 게임은 하지 않으려고 한다.	예	아니요
34	어떠한 일이 있어도 출세하고 싶다.	예	아니요
35	막무가내라는 말을 들을 때가 많다.	예	아니요
36	신경이 예민한 편이라고 생각한다.	예	아니요
37	쉽게 침울해한다.	예	아니요
38	쉽게 싫증을 내는 편이다.	예	아니요
39	옆에 사람이 있으면 싫다.	예	아니요
40	토론에서 이길 자신이 있다.	예	아니요
41	친구들과 남의 이야기를 하는 것을 좋아한다.	예	아니요
42	푸념을 한 적이 없다.	예	아니요
43	남과 친해지려면 용기가 필요하다.	예	아니요
44	통찰력이 있다고 생각한다.	예	아니요
45	집에서 가만히 있으면 기분이 우울해진다.	예	아니요
46	매사에 느긋하고 차분하게 매달린다.	예	아니요
47	좋은 생각이 떠올라도 실행하기 전에 여러모로 검토한다.	예	아니요
48	누구나 권력자를 동경하고 있다고 생각한다.	예	아니요
49	몸으로 부딪혀 도전하는 편이다.	예	아니요
50	당황하면 갑자기 땀이 나서 신경 쓰일 때가 있다.	예	아니요
51	친구들이 진지한 사람으로 생각하고 있다.	예	아니요
52	감정적으로 될 때가 많다.	예	아니요
53	다른 사람의 일에 관심이 없다.	예	아니요
54	다른 사람으로부터 지적받는 것은 싫다.	예	아니요
55	지루하면 마구 떠들고 싶어진다.	예	아니요
56	부모에게 불평을 한 적이 한 번도 없다.	예	아니요
57	내성적이라고 생각한다.	예	아니요
58	돌다리도 두들기고 건너는 타입이라고 생각한다.	예	아니요
59	굳이 말하자면 시원시원하다.	예	아니요
60	나는 끈기가 강하다.	예	아니요

번호	질문	응답	
61	전망을 세우고 행동할 때가 많다.	예	아니요
62	일에는 결과가 중요하다고 생각한다.	예	아니요
63	활력이 있다.	예	아니요
64	항상 천재지변을 당하지는 않을까 걱정하고 있다.	예	아니요
65	때로는 후회할 때도 있다.	예	아니요
66	다른 사람에게 위해를 가할 것 같은 기분이 든 때가 있다.	예	아니요
67	진정으로 마음을 허락할 수 있는 사람은 없다.	예	아니요
68	기다리는 것에 짜증내는 편이다.	예	아니요
69	친구들로부터 줏대 없는 사람이라는 말을 듣는다.	예	아니요
70	사물을 과장해서 말한 적은 없다.	예	아니요
71	인간관계가 폐쇄적이라는 말을 듣는다.	예	아니요
72	매사에 신중한 편이라고 생각한다.	예	아니요
73	눈을 뜨면 바로 일어난다.	예	아니요
74	난관에 봉착해도 포기하지 않고 열심히 해본다.	예	아니요
75	실행하기 전에 재확인할 때가 많다.	예	아니요
76	리더로서 인정을 받고 싶다.	예	아니요
77	어떤 일이 있어도 의욕을 가지고 열심히 하는 편이다.	예	아니요
78	다른 사람의 감정에 민감하다.	예	아니요
79	다른 사람들이 남을 배려하는 마음씨가 있다는 말을 한다.	예	아니요
80	사소한 일로 우는 일이 많다.	예	아니요
81	반대에 부딪혀도 자신의 의견을 바꾸는 일은 없다.	예	아니요
82	누구와도 편하게 이야기할 수 있다.	예	아니요
83	가만히 있지 못할 정도로 침착하지 못할 때가 있다.	예	아니요
84	다른 사람을 싫어한 적은 한 번도 없다.	예	아니요
85	그룹 내에서는 누군가의 주도하에 따라가는 경우가 많다.	예	아니요
86	차분하다는 말을 듣는다.	예	아니요
87	스포츠 선수가 되고 싶다고 생각한 적이 있다.	예	아니요
88	모두가 싫증을 내는 일에도 혼자서 열심히 한다.	예	아니요
89	휴일은 세부적인 예정을 세우고 보낸다.	예	아니요
90	완성된 것보다 미완성인 것에 흥미가 있다.	예	아니요
91	잘하지 못하는 것이라도 자진해서 한다.	예	아니요
92	가만히 있지 못할 정도로 불안해질 때가 많다.	예	아니요
93	자주 깊은 생각에 잠긴다.	예	아니요
94	이유도 없이 다른 사람과 부딪힐 때가 있다.	예	아니요
95	타인의 일에는 별로 관여하고 싶지 않다고 생각한다.	예	아니요
96	무슨 일이든 자신을 가지고 행동한다.	예	아니요
97	유명인과 서로 아는 사람이 되고 싶다.	예	아니요
98	지금까지 후회를 한 적이 없다.	예	아니요
99	의견이 다른 사람과는 어울리지 않는다.	예	아니요
100	무슨 일이든 생각해 보지 않으면 만족하지 못한다.	예	아니요

번호	질문	응답	
101	다소 무리를 하더라도 피로해지지 않는다.	예	아니요
102	굳이 말하자면 장거리 주자에 어울린다고 생각한다.	예	아니요
103	여행을 가기 전에는 세세한 계획을 세운다.	예	아니요
104	능력을 살릴 수 있는 일을 하고 싶다.	예	아니요
105	성격이 시원시원하다고 생각한다.	예	아니요
106	굳이 말하자면 자의식 과잉이다.	예	아니요
107	자신을 쓸모없는 인간이라고 생각할 때가 있다.	예	아니요
108	주위의 영향을 받기 쉽다.	예	아니요
109	지인을 발견해도 만나고 싶지 않을 때가 많다.	예	아니요
110	다수의 반대가 있더라도 자신의 생각대로 행동한다.	예	아니요
111	번화한 곳에 외출하는 것을 좋아한다.	예	아니요
112	지금까지 다른 사람의 마음에 상처준 일이 없다.	예	아니요
113	다른 사람에게 자신이 소개되는 것을 좋아한다.	예	아니요
114	실행하기 전에 재고하는 경우가 많다.	예	아니요
115	몸을 움직이는 것을 좋아한다.	예	아니요
116	나는 완고한 편이라고 생각한다.	예	아니요
117	신중하게 생각하는 편이다.	예	아니요
118	커다란 일을 해보고 싶다.	예	아니요
119	계획을 생각하기보다 빨리 실행하고 싶어한다.	예	아니요
120	작은 소리도 신경 쓰인다.	예	아니요
121	나는 자질구레한 걱정이 많다.	예	아니요
122	이유도 없이 화가 치밀 때가 있다.	예	아니요
123	융통성이 없는 편이다.	예	아니요
124	나는 다른 사람보다 기가 세다.	예	아니요
125	다른 사람보다 쉽게 우쭐해진다.	예	아니요
126	다른 사람을 의심한 적이 한 번도 없다.	예	아니요
127	어색해지면 입을 다무는 경우가 많다.	예	아니요
128	하루의 행동을 반성하는 경우가 많다.	예	아니요
129	격렬한 운동도 그다지 힘들어하지 않는다.	예	아니요
130	새로운 일에 처음 한 발을 좀처럼 떼지 못한다.	예	아니요
131	앞으로의 일을 생각하지 않으면 진정이 되지 않는다.	예	아니요
132	인생에서 중요한 것은 높은 목표를 갖는 것이다.	예	아니요
133	무슨 일이든 선수를 쳐야 이긴다고 생각한다.	예	아니요
134	다른 사람이 나를 어떻게 생각하는지 궁금할 때가 많다.	예	아니요
135	침울해지면서 아무 것도 손에 잡히지 않을 때가 있다.	예	아니요
136	어린 시절로 돌아가고 싶을 때가 있다.	예	아니요
137	아는 사람을 발견해도 피해버릴 때가 있다.	예	아니요
138	굳이 말하자면 기가 센 편이다.	예	아니요
139	성격이 밝다는 말을 듣는다.	예	아니요
140	다른 사람이 부럽다고 생각한 적이 한 번도 없다.	예	아니요

PART 6

2. 2단계 검사

※ 다음 질문내용을 읽고 A, B 중 해당되는 곳에 ○표 하시오. [1~36]

번호	질문	응답	
1	A 사람들 앞에서 잘 이야기하지 못한다. B 사람들 앞에서 이야기하는 것을 좋아한다.	A	B
2	A 엉뚱한 생각을 잘한다. B 비현실적인 것을 싫어한다.	A	B
3	A 친절한 사람이라는 말을 듣고 싶다. B 냉정한 사람이라는 말을 듣고 싶다.	A	B
4	A 예정에 얽매이는 것을 싫어한다. B 예정이 없는 상태를 싫어한다.	A	B
5	A 혼자 생각하는 것을 좋아한다. B 다른 사람과 이야기하는 것을 좋아한다.	A	B
6	A 정해진 절차에 따르는 것을 싫어한다. B 정해진 절차가 바뀌는 것을 싫어한다.	A	B
7	A 친절한 사람 밑에서 일하고 싶다. B 이성적인 사람 밑에서 일하고 싶다.	A	B
8	A 그때그때의 기분으로 행동하는 경우가 많다. B 미리 행동을 정해두는 경우가 많다.	A	B
9	A 다른 사람과 만났을 때 화제로 고생한다. B 다른 사람과 만났을 때 화제에 부족함이 없다.	A	B
10	A 학구적이라는 인상을 주고 싶다. B 실무적이라는 인상을 주고 싶다.	A	B
11	A 친구가 돈을 빌려달라고 하면 거절하지 못한다. B 본인에게 도움이 되지 않는 차금은 거절한다.	A	B
12	A 조직 안에서는 독자적으로 움직이는 타입이라고 생각한다. B 조직 안에서는 우등생 타입이라고 생각한다.	A	B
13	A 문장을 쓰는 것을 좋아한다. B 이야기하는 것을 좋아한다.	A	B
14	A 직감으로 판단한다. B 경험으로 판단한다.	A	B
15	A 다른 사람이 어떻게 생각하는지 신경 쓰인다. B 다른 사람이 어떻게 생각하든 신경 쓰지 않는다.	A	B
16	A 틀에 박힌 일은 싫다. B 절차가 정해진 일을 좋아한다.	A	B
17	A 처음 사람을 만날 때는 노력이 필요하다. B 처음 사람을 만나는 것이 아무렇지도 않다.	A	B
18	A 꿈을 가진 사람에게 끌린다. B 현실적인 사람에게 끌린다.	A	B

번호	질문	응답	
19	A 어려움에 처한 사람을 보면 동정한다. B 어려움에 처한 사람을 보면 원인을 생각한다.	A	B
20	A 느긋한 편이다. B 시간을 정확히 지키는 편이다.	A	B
21	A 회합에서는 소개를 받는 편이다. B 회합에서는 소개를 하는 편이다.	A	B
22	A 굳이 말하자면 혁신적이라고 생각한다. B 굳이 말하자면 보수적이라고 생각한다.	A	B
23	A 지나치게 합리적으로 결론짓는 것은 좋지 않다. B 지나치게 온정을 표시하는 것은 좋지 않다.	A	B
24	A 융통성이 있다. B 자신의 페이스를 잃지 않는다.	A	B
25	A 사람들 앞에 잘 나서지 못한다. B 사람들 앞에 나서는 데 어려움이 없다.	A	B
26	A 상상력이 있다는 말을 듣는다. B 현실적이라는 이야기를 듣는다.	A	B
27	A 다른 사람의 의견에 귀를 기울인다. B 자신의 의견을 밀어붙인다.	A	B
28	A 틀에 박힌 일은 너무 딱딱해서 싫다. B 방법이 정해진 일은 안심할 수 있다.	A	B
29	A 튀는 것을 싫어한다. B 튀는 것을 좋아한다.	A	B
30	A 굳이 말하자면 이상주의자이다. B 굳이 말하자면 현실주의자이다.	A	B
31	A 일을 선택할 때에는 인간관계를 중시하고 싶다. B 일을 선택할 때에는 일의 보람을 중시하고 싶다.	A	B
32	A 임기응변에 능하다. B 계획적인 행동을 중요하게 여긴다.	A	B
33	A 혼자 꾸준히 하는 것을 좋아한다. B 변화가 있는 것을 좋아한다.	A	B
34	A 가능성에 눈을 돌린다. B 현실성에 눈을 돌린다.	A	B
35	A 매사에 감정적으로 생각한다. B 매사에 이론적으로 생각한다.	A	B
36	A 스케줄을 짜지 않고 행동하는 편이다. B 스케줄을 짜고 행동하는 편이다.	A	B

PART 6

3. 답안지

(1) 1단계 검사

1	15	29	43	57	71	85	99	113	127
예 아니요	예 아니요	예 아니요	예 아니요	예 아니요	예 아니요	예 아니요	예 아니요	예 아니요	예 아니요
2	16	30	44	58	72	86	100	114	128
예 아니요	예 아니요	예 아니요	예 아니요	예 아니요	예 아니요	예 아니요	예 아니요	예 아니요	예 아니요
3	17	31	45	59	73	87	101	115	129
예 아니요	예 아니요	예 아니요	예 아니요	예 아니요	예 아니요	예 아니요	예 아니요	예 아니요	예 아니요
4	18	32	46	60	74	88	102	116	130
예 아니요	예 아니요	예 아니요	예 아니요	예 아니요	예 아니요	예 아니요	예 아니요	예 아니요	예 아니요
5	19	33	47	61	75	89	103	117	131
예 아니요	예 아니요	예 아니요	예 아니요	예 아니요	예 아니요	예 아니요	예 아니요	예 아니요	예 아니요
6	20	34	48	62	76	90	104	118	132
예 아니요	예 아니요	예 아니요	예 아니요	예 아니요	예 아니요	예 아니요	예 아니요	예 아니요	예 아니요
7	21	35	49	63	77	91	105	119	133
예 아니요	예 아니요	예 아니요	예 아니요	예 아니요	예 아니요	예 아니요	예 아니요	예 아니요	예 아니요
8	22	36	50	64	78	92	106	120	134
예 아니요	예 아니요	예 아니요	예 아니요	예 아니요	예 아니요	예 아니요	예 아니요	예 아니요	예 아니요
9	23	37	51	65	79	93	107	121	135
예 아니요	예 아니요	예 아니요	예 아니요	예 아니요	예 아니요	예 아니요	예 아니요	예 아니요	예 아니요
10	24	38	52	66	80	94	108	122	136
예 아니요	예 아니요	예 아니요	예 아니요	예 아니요	예 아니요	예 아니요	예 아니요	예 아니요	예 아니요
11	25	39	53	67	81	95	109	123	137
예 아니요	예 아니요	예 아니요	예 아니요	예 아니요	예 아니요	예 아니요	예 아니요	예 아니요	예 아니요
12	26	40	54	68	82	96	110	124	138
예 아니요	예 아니요	예 아니요	예 아니요	예 아니요	예 아니요	예 아니요	예 아니요	예 아니요	예 아니요
13	27	41	55	69	83	97	111	125	139
예 아니요	예 아니요	예 아니요	예 아니요	예 아니요	예 아니요	예 아니요	예 아니요	예 아니요	예 아니요
14	28	42	56	70	84	98	112	126	140
예 아니요	예 아니요	예 아니요	예 아니요	예 아니요	예 아니요	예 아니요	예 아니요	예 아니요	예 아니요

(2) 2단계 검사

1	5	9	13	17	21	25	29	33
A B	A B	A B	A B	A B	A B	A B	A B	A B
2	6	10	14	18	22	26	30	34
A B	A B	A B	A B	A B	A B	A B	A B	A B
3	7	11	15	19	23	27	31	35
A B	A B	A B	A B	A B	A B	A B	A B	A B
4	8	12	16	20	24	28	32	36
A B	A B	A B	A B	A B	A B	A B	A B	A B

4. 분석표

(1) 1단계 검사

	척도		0	1	2	3	4	5	6	7	8	9	10
합계 1	행동적 측면	사회적 내향성 (합계 1)											
합계 2		내성성 (합계 2)											
합계 3		신체활동성 (합계 3)											
합계 4		지속성 (합계 4)											
합계 5		신중성 (합계 5)											
합계 6	의욕적 측면	달성의욕 (합계 6)											
합계 7		활동의욕 (합계 7)											
합계 8	정서적 측면	민감성 (합계 8)											
합계 9		자책성 (합계 9)											
합계 10		기분성 (합계 10)											
합계 11		독자성 (합계 11)											
합계 12		자신감 (합계 12)											
합계 13		고양성 (합계 13)											
합계 14	타당성	신뢰도 (합계 14)											

(2) 2단계 검사

	척도		0	1	2	3	4	5	6	7	8	9	
합계 15	성격 유형	흥미관심 방향 (합계 15)											외향
합계 16		사물에 대한 견해 (합계 16)											감각
합계 17		판단의 방법 (합계 17)											사고
합계 18		사회에 대한 접근 방법(합계 18)											판단

5. 채점방식

(1) 1단계 검사

① 답안지에 '예', '아니요'를 체크한다.

② 답안지의 문제번호 줄 1, 15, 29, 43, 57, 71, 85, 99, 113, 127 중 '예'에 체크한 개수의 합계를 '합계 1'란에 숫자로 기입한다.

③ 위와 같이 문제번호 줄 2, 16, 30, 44, 58, 72, 86, 100, 114, 128 중 '예'에 체크한 개수의 합계를 '합계 2'란에 기입한다.

④ 마찬가지로 문제번호 줄 14까지 이렇게 '예'에 체크한 개수의 합계를 차례대로 '합계 14'란까지 숫자로 기입한다.

⑤ 집계는 각각 10문제씩 한다.

⑥ 집계가 끝나면 집계결과를 분석표에 옮겨 적는다.

(2) 2단계 검사

① 답안지의 문제번호 줄 1, 5, 9, 13, 17, 21, 25, 29, 33의 'B'에 ○표 체크한 개수의 합계를 '합계 15'란에 숫자로 기입한다.

② 마찬가지로 문제번호 줄 4까지 이렇게 'B'에 ○표 체크한 개수의 합계를 차례대로 '합계 18'란까지 숫자로 기입한다.

③ 집계는 각각 옆으로 9문제씩 한다.

④ 집계가 끝나면 집계결과를 분석표에 옮겨 적는다.

6. 결과 분석

(1) 1단계 검사

① '합계 1'에서부터 '합계 5'까지는 성격 특성을 나타내는 어떠한 행동적 특징이 있는지 나타낸다. 즉, 행동적 측면은 행동으로 나타내기 쉬운 경향을 나타내는 것이다. 행동적인 경향은 겉모습으로도 금방 알 수 있기 때문에 면접에서 다루어지기 쉬운 부분이다.

② '합계 6'과 '합계 7'은 의욕적인 측면을 나타낸다. 의욕적 측면은 의욕이나 활력을 나타내는 것이다. 인재를 채용하는 조직에 있어 의욕적인 사람은 열심히 일할 가능성이 높기 때문에 중요한 측면이라고 할 수 있다.

③ '합계 8'에서부터 '합계 13'까지는 정서적인 측면을 나타내는데, 이는 사회에서의 적응력이나 감정의 안정도를 나타내고 있다. 조직 내에서의 업무나 인간관계에 원활하게 적응할 수 있는지 등을 측정하는 것이다.

④ '합계 14'는 라이스케일, 즉 타당성 척도로서 허위성을 나타낸다. 업무상의 과실을 얼버무리거나 자신을 잘 보이게 하기 위해 거짓말을 하는 정도를 측정하는 것이다.

⑤ '합계 1'에서 '합계 13'까지는 평가치가 높을수록 측정된 특성 경향이 강하다는 것을 나타낸다. '합계 14'는 평가치가 높을수록 응답에 대한 신뢰성이 낮고, 평가치가 낮을수록 응답에 대한 신뢰성이 높다는 의미이다.

(2) 2단계 검사

① 2단계 검사는 성격유형에 관한 부분으로, 개인의 성향을 분류하기 위한 요소이다. 성격유형이 채용 여부에 직접 영향을 주는 일은 다소 적지만, 장래에 이동이나 승진 시 자료로 이용될 가능성이 있는 항목이다.

② 평가치는 높고 낮음을 나타내는 것이 아니라, 피검사자의 성향이 어느 방면에 치우쳐 있는가를 판단 하는 것이다. 예를 들어, '흥미관심'의 평가치가 9인 경우 외향적인 경향이 강하고, 2인 경우에는 내향적인 경향이 강하다고 할 수 있다. 평가치가 4 또는 5일 경우에는 어느 한 성향으로 치우쳐 있지 않고 중립적인 성향을 가지고 있다고 볼 수 있다.

05 인성검사 결과로 알아보는 예상 면접 질문

인성검사는 특히 면접 질문과 관련성이 높은 부분이다. 면접관은 지원자의 인성검사 결과를 토대로 질문을 하게 된다. 그렇다고 해서 자신의 성격을 꾸미는 것은 바람직하지 않다. 실제 시험은 매우 복잡하여 전문가라 해도 일정 성격을 유지하면서 답변을 하는 것이 불가능하기 때문이다. 따라서 인성검사는 솔직하게 임하되 인성검사 모의연습으로 자신의 성향을 정확히 파악하고 아래 예상 면접질문을 참고하여, 자신의 단점은 보 완하면서 강점은 어필할 수 있는 답변을 준비하도록 하자.

1. 사회적 내향성 척도

(1) 득점이 낮은 사람

- 자기가 선택한 직업에 대해 어떤 인상을 가지고 있습니까?
- 부모님을 객관적으로 봤을 때 어떻게 생각합니까?
- 당사의 사장님 성함을 알고 있습니까?

> 수다스럽기 때문에 내용이 없다는 인상을 주기 쉽다. 질문의 요지를 파악하여 논리적인 발언을 하도록 유의하자. 한 번에 많은 것을 이야기하려 하면 요점이 흐려지게 되므로 내용을 정리하여 간결하게 발언한다.

(2) 득점이 높은 사람

- 친구들에게 있어 당신은 어떤 사람입니까?
- 특별히 무언가 묻고 싶은 것이 있습니까?
- 친구들의 상담을 받는 쪽입니까?

> 높은 득점은 마이너스 요인이다. 면접에서 보완해야 하므로 자신감을 가지고 끝까지 또박또박 주위에도 들릴 정도의 큰 소리로 말하도록 하자. 절대 얼버무리거나 기어들어가는 목소리는 안 된다.

2. 내성성 척도

(1) 득점이 낮은 사람

- 학생시절에 후회되는 일은 없습니까?
- 학생과 사회인의 차이는 무엇이라고 생각합니까?
- 당신이 가장 흥미를 가지고 있는 것에 대해 이야기해 주십시오.

> 답변 내용을 떠나 일단 평소보다 천천히 말하자. 생각나는 대로 말해버리면 이야기가 두서없이 이곳저곳으로
> 빠져 부주의하고 경솔하다는 인식을 줄 수 있으므로 머릿속에서 내용을 정리하고 이야기하도록 유의하자. 응답은
> 가능한 간결하게 한다.

(2) 득점이 높은 사람

- 인생에는 무엇이 중요하다고 생각합니까?
- 좀 더 큰소리로 이야기해 주십시오.

> 과도하게 긴장할 경우 불필요한 생각을 하게 되어 반응이 늦어버리면 곤란하다. 특히 새로운 질문을 받았는데도
> 했던 대답을 재차 하거나 하면 전체 흐름을 저해하게 되므로 평소부터 이러한 습관을 의식하면서 적절한 타이
> 밍의 대화를 하도록 하자.

3. 신체활동성 척도

(1) 득점이 낮은 사람

- 휴일은 어떻게 보냅니까?
- 학창시절에 무엇에 열중했습니까?

> 졸업논문이나 영어회화, 컴퓨터 등 학생다움이나 사회인으로서 도움이 되는 것에 관심을 가지고 있는 것을 적극
> 어필한다. 이미 면접담당자는 소극적이라고 생각하고 있기 때문에 말로 적극적이라고 말해도 성격프로필의
> 결과와 모순되므로 일부러 꾸며 말하지 않는다.

(2) 득점이 높은 사람

- 제대로 질문을 듣고 있습니까?
- 희망하는 직종으로 배속되지 않으면 어떻게 하겠습니까?

> 일부러 긴장시키고 반응을 살피는 경우가 있다. 활동적이지만 침착함이 없다는 인상을 줄 수 있으므로 머릿속에
> 생각을 정리하는 습관을 들이자. 행동할 때도 마찬가지로, 편하게 행동하는 것은 플러스 요인이지만, 반사적인
> 언동이 많으면 마이너스가 되므로 주의한다.

4. 지속성 척도

(1) 득점이 낮은 사람

- 일에 활용할 수 있을 만한 자격이나 특기, 취미가 있습니까?
- 오랫동안 배운 것에 대해 들려주십시오.

> 금방 싫증내서 오래 지속하지 못하는 것은 마이너스다. 쉽게 포기하고 내팽개치는 사람은 어느 곳에서도 필요로
> 하지 않는다는 것을 상기한다. 면접을 보는 동안과 마찬가지로, 대기 시간에도 주의하여 차분하지 못한 동작을
> 하지 않도록 한다.

(2) 득점이 높은 사람

- 이런 것도 모릅니까?
- 이 직업에 맞지 않는 것은 아닙니까?

> 짓궂은 질문을 받으면 감정적이 되거나 옹고집을 부릴 가능성이 있다. 냉정하고 침착하게 받아넘겨야 한다.
> 비슷한 경험을 쌓으면 차분하게 응답할 수 있게 되므로 모의면접 등의 기회를 활용한다.

5. 신중성 척도

(1) 득점이 낮은 사람

- 당신에게 부족한 것은 어떤 점입니까?
- 결점을 극복하기 위해 어떻게 노력하고 있습니까?

> 질문의 요지를 잘못 받아들이거나, 불필요한 이야기까지 하는 등 대답에 일관성이 없으면 마이너스다. 직감적인
> 언동을 하지 않도록 평소부터 논리적으로 생각하는 습관을 키우자.

(2) 득점이 높은 사람

- 주위 사람에게 욕을 들으면 어떻게 하겠습니까?
- 출세하고 싶습니까?
- 제 질문에 대한 답이 아닙니다.

> 예상외의 질문에 답이 궁해지거나 깊이 생각하게 되면 역시나 신중이 지나쳐 결단이 늦다는 인상을 주게 된다.
> 주위의 상황을 파악하고 발언하려는 나머지 반응이 늦어지고, 집단면접 등에서 시간이 걸리게 되면 행동이 느
> 리다는 인식을 주게 되므로 주의한다.

6. 달성의욕 척도

(1) 득점이 낮은 사람

- 인생의 목표를 들려주십시오.
- 입사하면 무엇을 하고 싶습니까?
- 지금까지 목표를 향해 노력하여 달성한 적이 있습니까?

> 결과에 대한 책임감이 낮다, 지시에 따르기만 할 뿐 주체성이 없다는 인상을 준다면 매우 곤란하다. 목표의식이나 의욕의 유무, 주위 상황에 휩쓸리는 경향 등에 대해 물어오면 의욕이 낮다는 인식을 주지 않도록 목표를 향해 견실하게 노력하려는 자세를 강조하자.

(2) 득점이 높은 사람

- 도박을 좋아합니까?
- 다른 사람에게 지지 않는다고 말할 수 있는 것이 있습니까?

> 행동이 따르지 않고 말만 앞선다면 평가가 나빠진다. 목표나 이상을 바라보고 노력하지 않는 것은 한 번의 도박으로 일확천금을 노리는 것과 같다는 것을 명심하고 자신이 어떤 목표를 이루기 위해 노력한 경험이 있는지 미리 생각해서 행동적인 부분을 어필하는 답변을 하도록 하자.

7. 활동의욕 척도

(1) 득점이 낮은 사람

- 어떤 일을 할 때 주도적으로 이끄는 편입니까?
- 신념이나 신조에 대해 말해 주십시오.
- 질문의 답이 다른 사람과 똑같습니다.

> 의표를 찌르는 질문을 받더라도 당황하지 말고 수비에 강한 면을 어필하면서 무모한 공격을 하기보다는 신중하게 매진하는 성격이라는 점을 강조할 수 있는 답을 준비해 두자.

(2) 득점이 높은 사람

- 친구들로부터 어떤 성격이라는 이야기를 듣습니까?
- 협동성이 있다고 생각합니까?

> 사고과정을 전달하지 않으면 너무 막무가내이거나, 경박하고 생각 없이 발언한다는 인식을 줄 수 있으므로 갑자기 결론을 내리거나 단숨에 본인이 하고 싶은 말만 하는 것은 피하자.

8. 민감성 척도

(1) 득점이 낮은 사람

- 좌절한 경험에 대해 이야기해 주십시오.
- 당신이 약하다고 느낄 때는 어떤 때입니까?

구체적으로 대답하기 어려운 질문이나 의도를 알기 어려운 질문을 통해 감수성을 시험하게 된다. 냉정하게 자기분석을 하여 독선적이지 않은 응답을 하자.

(2) 득점이 높은 사람

- 지금까지 신경이 예민하다는 이야기를 들은 적이 있습니까?
- 채용되지 못하면 어떻게 하시겠습니까?
- 당신의 성격에서 고치고 싶은 부분이 있습니까?

예민한 성격이라는 부분을 마음에 두고 있으면 직접적인 질문을 받았을 때 당황하게 된다. 신경이 예민하다기보다 세세한 부분도 눈에 잘 들어오는 성격이라고 어필하자.

9. 자책성 척도

(1) 득점이 낮은 사람

- 학생시절을 통해 얻은 것은 무엇이라고 생각합니까?
- 자기 자신을 분석했을 때 좋아하는 면은 무엇입니까?

낙관적인 것은 면접관이 이미 알고 있으므로 솔직한 부분이나 신념을 가지고 의의가 있는 삶을 살고 있다는 점을 어필하자.

(2) 득점이 높은 사람

- 곤란한 상황에 어떻게 대처하겠습니까?
- 실수한 경험과 그 실수에서 얻은 교훈을 들려주십시오.

좋지 않은 쪽으로 생각해서 불필요하게 긴장하면 더욱 사태가 악화된다. 쉽게 비관하는 성격이므로, 면접을 받는 동안은 면접담당자의 눈을 보며 밝게 응답하고, 말끝을 흐리지 않고 또박또박 말하도록 유의하자. 또한 '할 수 없다.', '자신이 없다.' 등의 발언이 많으면 평가가 떨어지므로 평소부터 부정적인 말을 사용하지 않도록 긍정적으로 사고하는 습관을 들여야 한다.

"오늘 당신의 노력은 아름다운 꽃의 물이 될 것입니다."

그러나, 이 꽃을 볼 때 사람들은 이 꽃의 아름다움과 향기만을 사랑하고 칭찬하였지, 이 꽃을 그렇게 아름답게 어여쁘게 만들어 주는 병 속의 물은 조금도 생각지 않는 것이 보통입니다.

만일 이 꽃병 속에 들어 있는 물을 죄다 쏟아 버리고 빈 병에다 이 꽃을 꽂아 보십시오. 아무리 아름답고 어여쁜 꽃이기로서니 단 한 송이의 꽃을 피울 수 있으며, 단 한 번이라도 꽃 향기를 날릴 수 있겠는가?

우리는 여기서 아무리 본바탕이 좋고 아름다운 꽃이라도 보이지 않는 물의 숨은 힘이 없으면 도저히 그 빛과 향기를 자랑할 수 없는 것을 알았습니다.

– 방정환의 「우리 뒤에 숨은 힘」 중 –

PART 1

기출복원문제

01 언어

01	02	03	04	05	06	07	08	09	10
④	⑤	④	①	④	③	④	①	④	②

01

정답 ④

제시문은 중세 유럽에서 유래된 로열티 제도가 산업혁명부터 현재까지 지식재산권에 대한 보호와 가치 확보를 위해 발전되었음을 설명하고 있다. 따라서 가장 적절한 제목은 '로열티 제도의 유래와 발전'이다.

02

정답 ⑤

쇼펜하우어는 표상의 세계 안에서의 이성의 역할, 즉 시간과 공간, 인과율을 통해서 세계를 파악하는 주인의 역할을 함에도 불구하고 이 이성이 다시 의지에 종속됨으로써 제한적이며 표면적일 수밖에 없다는 한계를 지적하고 있다.

오답분석

① 세계의 본질은 의지의 세계라는 내용은 쇼펜하우어 주장의 핵심 내용이라는 점에서는 옳지만, 제시문의 주요 내용은 주관 또는 이성 인식으로 만들어내는 표상의 세계는 결국 한계를 가질 수밖에 없다는 것이다.
② 제시문에서는 표상의 세계의 한계를 지적했을 뿐, 표상의 세계의 극복과 그 해결 방안에 대한 내용은 없다.
③ 제시문에서 의지의 세계와 표상의 세계는 의지가 표상을 지배하는 종속관계라는 차이를 파악할 수는 있으나, 중심 내용으로는 적절하지 않다.
④ 쇼펜하우어가 주관 또는 이성을 표상의 세계를 이끌어 가는 능력으로 주장하고 있다는 점에서 타당하나 글의 중심 내용은 아니다.

03

정답 ④

오답분석

① 은 왕조의 옛 도읍지는 허난성이다.
② 용골에는 은 왕조의 기록이 있었다.
③ 지문에는 그러한 내용이 없다.
⑤ 사마천의 『사기』가 언제 만들어졌다는 내용은 없다.

04

정답 ①

기업은 최저임금제도로 인건비가 높아지면 경제적 부담을 느낄 수 있다. 그러나 근로자의 소비 지출 증가로 기업의 생산과 판매를 촉진시키므로 기업 입장에서 최저임금제도가 아무런 이득이 없는 것은 아니다.

오답분석

② 인건비 인상으로 인한 기업의 비용 부담 증가는 일자리의 제약이나 물가 상승으로 이어질 수 있다.
③ 근로자들이 안정된 임금을 받게 되면 소비력이 강화되고 소비 지출이 증가한다.
④ 최저임금제도는 불공정한 임금구조를 해소하고 경제적인 격차를 완화하는 데 도움을 준다.
⑤ 일정 수준 이상으로 설정된 최저임금은 근로자들의 생계비를 보장하고 근로 환경에서의 안정성을 확보할 수 있게 한다.

05

정답 ④

신경교 세포가 전체 뉴런을 조정하면서 기억력과 사고력을 향상시킨다는 가설하에, 인간의 신경교 세포를 갓 태어난 생쥐의 두뇌에 주입하는 실험을 하였다. 그리고 그 실험 결과는 이 같은 가설을 뒷받침해주는 결과를 가져왔으므로 옳은 내용이라고 할 수 있다.

오답분석
① 인간의 신경교 세포를 생쥐의 두뇌에 주입하였더니 쥐가 자라면서 주입된 인간의 신경교 세포도 성장했고, 이 세포들이 주위의 뉴런들과 완벽하게 결합되어 쥐의 두뇌 전체에 걸쳐 퍼지게 되었다고 하였다. 그러나 이 과정에서 쥐의 뉴런에 어떠한 영향을 주는지에 대해서는 언급하고 있지 않다.
②·③ 제시문의 실험은 인간의 신경교 세포를 쥐의 두뇌에 주입했을 때의 변화를 살펴본 것이지, 인간의 뉴런 세포를 주입한 것이 아니므로 추론할 수 없는 내용이다.
⑤ 쥐에 주입된 인간의 신경교 세포는 그 기능을 그대로 간직한다고 하였으므로 옳지 않은 내용이다.

06

정답 ③

레일리 산란의 세기는 보랏빛이 가장 강하지만 우리 눈은 보랏빛보다 파란빛을 더 잘 감지하기 때문에 하늘이 파랗게 보이는 것이다.

오답분석
①·②는 첫 번째 문단, ⑤는 마지막 문단의 내용을 통해 추론할 수 있다.
④ 빛의 진동수는 파장과 반비례하고, 레일리 산란의 세기는 파장의 네제곱에 반비례한다. 즉, 빛의 진동수가 2배가 되면 파장은 1/2배가 되고, 레일리 산란의 세기는 $2^4 = 16$배가 된다.

07

정답 ④

미생물을 끓는 물에 노출하면 영양세포나 진핵포자는 죽일 수 있으나, 세균의 내생포자는 사멸시키지 못한다. 멸균은 포자, 박테리아, 바이러스 등을 완전히 파괴하거나 제거하는 것이므로 물을 끓여서 하는 열처리 방식으로는 멸균이 불가능함을 알 수 있다. 따라서 빈칸에 들어갈 내용으로는 소독은 가능하지만, 멸균은 불가능하다는 ④가 가장 적절하다.

08

정답 ①

제시문은 코젤렉의 '개념사'에 대한 정의와 특징에 대한 글이다. 따라서 (라) 개념에 대한 논란과 논쟁 속에서 등장한 코젤렉의 '개념사' → (가) 코젤렉의 '개념사'와 개념에 대한 분석 → (나) 개념에 대한 추가적인 분석 → (마) '개념사'에 대한 추가적인 분석 → (다) '개념사'의 목적과 코젤렉의 주장 순으로 나열하는 것이 적절하다.

09

정답 ④

제시문은 가격을 결정하는 요인과 이를 통해 도출할 수 있는 예상을 언급하면서 현실적인 여러 요인으로 인해 나타나는 '거품 현상'과 이 '거품 현상'이란 구체적으로 무엇인지를 설명하는 글이다. 따라서 (가) 수요와 공급에 의해 결정되는 가격 → (마) 상품의 가격에 대한 일반적인 예상 → (다) 현실적인 가격 결정 요인 → (나) 이로 인해 예상치 못하게 나타나는 '거품 현상' → (라) '거품 현상'에 대한 구체적인 설명 순으로 나열하는 것이 적절하다.

10

정답 ②

'Ⅱ - 2 - 가'는 기부 문화의 문제점보다는 기부 문화의 활성화 방안으로 적절하며, ⓒ은 이러한 방안이 필요한 문제점으로 적절하다. 따라서 서로 위치를 바꾸는 것은 적절하지 않다.

01	02	03	04	05	06	07	08	09	10
⑤	④	③	③	④	②	③	④	③	④

01

정답 ⑤

작년 사원수에서 줄어든 인원은 올해 진급한 사원(12%)과 퇴사한 사원(20%)이므로 이를 합하면 $400 \times (0.12 + 0.2) = 128$명이며, 작년 사원에서 올해도 사원인 사람은 $400 - 128 = 272$명이다. 올해 사원수는 작년 사원수에서 6% 증가했으므로 $400 \times 1.06 = 424$명이 된다.

따라서 올해 채용한 신입사원은 $424 - 272 = 152$명임을 알 수 있다.

02

정답 ④

버스를 타고 간 거리를 $x$km, 기차를 타고 온 거리를 $y$km라고 하자.

$\dfrac{x}{70} + \dfrac{y}{120} = 5 \cdots \text{㉠}$

$y = x + 30 \cdots \text{㉡}$

㉠과 ㉡을 연립하면

$12x + 7y = 4,200 \cdots \text{㉠}'$

$y = x + 30 \cdots \text{㉡}'$

㉡'을 ㉠'에 대입하면

$19x = 3,990$

$\therefore x = 210, \ y = 240$

따라서 기차를 타고 온 거리는 240km이다.

03

정답 ③

사탕을 x개 산다고 하면 초콜릿은 $(14 - x)$개 살 수 있으므로 다음과 같은 부등식이 성립한다.

$235 \leq 15x + 20(14 - x) \leq 250$

$\therefore 6 \leq x \leq 9$

따라서 사탕을 최대 9개까지 구매할 수 있다.

04

정답 ③

ⅰ) 7명의 학생이 원탁에 앉는 경우의 수 : $(7 - 1)! = 6!$가지

ⅱ) 7명의 학생 중 여학생 3명이 원탁에 이웃해서 앉는 경우의 수 : $[(5 - 1)! \times 3!]$가지

따라서 7명의 학생 중 여학생 3명이 원탁에 이웃해서 앉는 확률은 $\dfrac{4! \times 3!}{6!} = \dfrac{1}{5}$이다.

05

정답 ④

오염물질의 양은 $\dfrac{14}{100} \times 50 = 7$g이므로 깨끗한 물을 xg 더 넣어 오염농도를 10%로 만든다면 다음과 같은 식이 성립한다.

$\dfrac{7}{50 + x} \times 100 = 10$

$\rightarrow 700 = 10 \times (50 + x)$

$\therefore x=20$

따라서 깨끗한 물을 20g 더 넣어야 한다.

06

정답 ②

26 ~ 30세 응답자는 총 51명이다. 그중 4회 이상 방문한 응답자는 5+2=7명이고, 비율은 $\frac{7}{51}\times100≒13.72\%$이므로 10% 이상이다.

오답분석

① 전체 응답자 수는 113명이다. 그중 20 ~ 25세 응답자는 53명이므로, 비율은 $\frac{53}{113}\times100≒46.90\%$가 된다.

③ 주어진 자료만으로는 31 ~ 35세 응답자의 1인당 평균방문횟수를 정확히 구할 수 없다. 그 이유는 방문횟수를 '1회', '2 ~ 3회', '4 ~ 5회', '6회 이상' 등 구간으로 구분했기 때문이다. 다만 구간별 최소값으로 평균을 냈을 때, 평균 방문횟수가 2회 이상이라는 점을 통해 2회 미만이라는 것은 틀렸다는 것을 알 수 있다.

{1, 1, 1, 2, 2, 2, 2, 4, 4} → 평균=$\frac{19}{9}≒2.11$회

④ 응답자의 직업에서 학생과 공무원 응답자의 수는 51명이다. 즉, 전체 113명의 절반에 미치지 못하므로 비율은 50% 미만이다.

⑤ 주어진 자료만으로 판단할 때, 전문직 응답자 7명 모두 20 ~ 25세일 수 있으므로 비율이 5% 이상이 될 수 있다.

07

정답 ③

쓰레기 1kg당 처리비용은 400원으로 동결상태이다. 오히려 쓰레기 종량제 봉투 가격이 인상될수록 A신도시의 쓰레기 발생량과 쓰레기 관련 적자 예산이 급격히 감소하는 것을 볼 수 있다.

08

정답 ④

2022년 이전 신문 선호에서 2022년 이후 인터넷으로 바꾼 구성원은 20명이다.

오답분석

① 2022년 이후 인터넷을 선호하는 구성원 수는 145명이고, 2022년 이전은 100명이라고 하더라도 2022년 이후의 구성원 수가 2022년 이전의 구성원 수를 모두 포함한다고 보기는 어렵다.

② 2022년 전·후로 가장 인기 없는 매체는 신문이다.

③ 2022년 이후에 가장 선호하는 언론매체는 TV이다.

⑤ TV에서 라디오를 선호하게 된 구성원 수는 15명으로, 인터넷에서 라디오를 선호하게 된 구성원 수인 10명보다 많다.

09

정답 ③

ㄴ. 연령대별 아메리카노와 카페라테의 선호율의 차이를 구하면 다음과 같다.

구분	20대	30대	40대	50대
아메리카노 선호율	42%	47%	35%	31%
카페라테 선호율	8%	18%	28%	42%
차이	34%	29%	7%	11%

따라서 아메리카노와 카페라테의 선호율 차이가 가장 적은 연령대는 40대임을 알 수 있다.

ㄷ. 20대와 30대의 선호율 하위 3개 메뉴를 정리하면 다음과 같다.
  • 20대 : 핫초코(6%), 에이드(3%), 아이스티(2%)
  • 30대 : 아이스티(3%), 핫초코(2%), 에이드(1%)
  따라서 20대와 30대의 선호율 하위 3개 메뉴는 동일함을 알 수 있다.

ㄱ. 연령대별 아메리카노 선호율은 20대 42%, 30대 47%, 40대 35%, 50대 31%로 30대의 선호율은 20대보다 높음을 알 수 있다.

ㄹ. 40대와 50대의 선호율 상위 2개 메뉴가 전체 선호율에서 차지하는 비율을 구하면 다음과 같다.
  - 40대 : 아메리카노(35%), 카페라테(28%) → 63%
  - 50대 : 카페라테(42%), 아메리카노(31%) → 73%

  따라서 50대의 선호율 상위 2개 메뉴가 전체 선호율에서 차지하는 비율은 70%를 넘지만, 40대에서는 63%로 70% 미만이다.

10

정답 ④

ㄷ. 2020 ~ 2022년에 사망자 수는 1,850명 → 1,817명 → 1,558명으로 감소하고 있고, 부상자 수는 11,840명 → 12,956명 → 13,940명으로 증가하고 있다.

ㄹ. 각 연도의 검거율을 구하면 다음과 같다.

  - 2019년 : $\frac{12,606}{15,280} \times 100 = 82.5\%$

  - 2020년 : $\frac{12,728}{14,800} \times 100 = 86\%$

  - 2021년 : $\frac{13,667}{15,800} \times 100 = 86.5\%$

  - 2022년 : $\frac{14,350}{16,400} \times 100 = 87.5\%$

  따라서 검거율은 매년 높아지고 있다.

ㄱ. 사고건수는 2020년까지 감소하다가 2021년부터 증가하고 있고, 검거 수는 매년 증가하고 있다.

ㄴ. 2020년과 2021년의 사망률 및 부상률은 다음과 같다.

  - 2020년 사망률 : $\frac{1,850}{14,800} \times 100 = 12.5\%$

  - 2020년 부상률 : $\frac{11,840}{14,800} \times 100 = 80\%$

  - 2021년 사망률 : $\frac{1,817}{15,800} \times 100 = 11.5\%$

  - 2021년 부상률 : $\frac{12,956}{15,800} \times 100 = 82\%$

  따라서 사망률은 2020년이 더 높지만 부상률은 2021년이 더 높다.

03 추리

01	02	03	04	05	06	07	08	09	10	11	12	13	14	15	16	17	18	19
①	④	④	④	⑤	③	④	②	②	③	①	①	④	③	④	②	④	⑤	④

01

정답 ①

다이아몬드는 광물이고, 광물은 매우 규칙적인 원자 배열을 가지고 있다. 따라서 다이아몬드는 매우 규칙적인 원자 배열을 가지고 있다.

02

정답 ④

'p : 음악을 좋아함', 'q : 상상력이 풍부함', 'r : 노란색을 좋아함'이라고 할 때, '$p \rightarrow q$', '$\sim p \rightarrow \sim r$'이 성립한다. 이때, 두 번째 명제의 대우 '$r \rightarrow p$'에 따라 '$r \rightarrow p \rightarrow q$'가 성립한다. 따라서 '$r \rightarrow q$'이므로 노란색을 좋아하는 사람은 상상력이 풍부하다.

03

정답 ④

• 이번 주 – 워크숍 : 지훈
• 다음 주 – 체육대회 : 지훈, 영훈 / 창립기념일 행사 : 영훈

따라서 다음 주 체육대회에 지훈이와 영훈이가 참가하는 것을 알 수 있으며, 제시된 사실만으로는 다음 주 진행되는 체육대회와 창립기념일 행사의 순서를 알 수 없다.

04

정답 ④

• 내구성을 따지지 않는 사람 → 속도에 관심이 없는 사람 → 디자인에 관심 없는 사람
• 연비를 중시하는 사람 → 내구성을 따지는 사람

따라서 '내구성을 따지지 않는 사람은 디자인에도 관심이 없다.'는 참이다.

05

정답 ⑤

'A : 연차를 쓸 수 있음', 'B : 제주도 여행을 함', 'C : 회를 좋아함', 'D : 배낚시를 함', 'E : 다른 계획이 있음'이라고 할 때, 'A → B', 'D → C', 'E → ~D', '~E → A'가 성립한다. 두 번째 명제를 제외한 후 연립하면 'D → ~E → A → B'가 되므로 'D → B'가 성립한다. 따라서 그 대우 명제인 '제주도 여행을 하지 않으면 배낚시를 하지 않는다.'는 참이다.

06

정답 ③

B는 오전 10시에 출근하여 오후 3시에 퇴근하였으므로 업무는 4개이다. D는 B보다 업무가 1개 더 많았으므로 D의 업무는 5개이고, 오후 3시에 퇴근했으므로 출근한 시각은 오전 9시이다. K팀에서 가장 늦게 출근한 사람은 C이고 가장 늦게 출근한 사람을 기준으로 오전 11시에 모두 출근하였으므로 C는 오전 11시에 출근하였다. K팀에서 가장 늦게 퇴근한 사람은 A이고 가장 늦게 퇴근한 사람을 기준으로 오후 4시에 모두 퇴근하였다고 했으므로 A는 오후 4시에 퇴근했다. A는 C보다 업무가 3개 더 많았으므로 C의 업무는 2개이다. 이를 정리하면 다음과 같다.

구분	A	B	C	D
업무	5개	4개	2개	5개
출근 시각	오전 10시	오전 10시	오전 11시	오전 9시
퇴근 시각	오후 4시	오후 3시	오후 2시	오후 3시

따라서 C는 오후 2시에 퇴근했다.

[오답분석]

① A는 5개의 업무를 하고 퇴근했다.
② B의 업무는 A의 업무보다 적었다.
④ 팀에서 가장 빨리 출근한 사람은 D이다.
⑤ C가 D의 업무 중 1개를 대신 했다면 D가 C보다 빨리 퇴근했을 것이다.

07

네 번째와 다섯 번째 결과를 통해 실용성 영역과 효율성 영역에서는 모든 제품이 같은 등급을 받지 않았음을 알 수 있으므로 두 번째 결과에 나타난 영역은 내구성 영역이다.

구분	A	B	C	D	E
내구성	3	3	3	3	3
효율성			2	2	
실용성		3			

내구성과 효율성 영역에서 서로 다른 등급을 받은 C, D제품과 내구성 영역에서만 3등급을 받은 A제품, 1개의 영역에서만 2등급을 받은 E제품은 첫 번째 결과에 나타난 제품에 해당하지 않으므로 결국 모든 영역에서 3등급을 받은 제품은 B제품임을 알 수 있다. 다섯 번째 결과에 따르면 효율성 영역에서 2등급을 받은 제품은 C, D제품뿐이므로 E제품은 실용성 영역에서 2등급을 받았음을 알 수 있다. 또한 A제품은 효율성 영역에서 2등급과 3등급을 받을 수 없으므로 1등급을 받았음을 알 수 있다.

구분	A	B	C	D	E
내구성	3	3	3	3	3
효율성	1	3	2	2	
실용성		3			2

이때, A와 C제품이 받은 등급의 총합은 서로 같으므로 결국 A와 C제품은 실용성 영역에서 각각 2등급과 1등급을 받았음을 알 수 있다.

구분	A	B	C	D	E
내구성	3	3	3	3	3
효율성	1	3	2	2	1 또는 3
실용성	2	3	1	1 또는 2	2
총합	6	9	6	6 또는 7	6 또는 8

D제품은 실용성 영역에서 1등급 또는 2등급을 받을 수 있으므로 반드시 참이 되지 않는 것은 ④이다.

08

조건을 정리하면 다음과 같다.

구분	A	B	C	D
꽃꽂이	×		○	
댄스	×	×	×	
축구			×	
농구		×	×	

A, B, C는 댄스 활동을 하지 않으므로 댄스 활동은 D의 취미임을 알 수 있다. 또한 B, C, D는 농구 활동을 하지 않으므로 A가 농구 활동을 취미로 한다는 것을 알 수 있다. 이를 정리하면 다음과 같다.

구분	A	B	C	D
꽃꽂이	×	×	○	×
댄스	×	×	×	○
축구	×	○	×	×
농구	○	×	×	×

[오답분석]

① B가 축구 활동을, D는 댄스 활동을 한다.
③ A는 농구 활동을, B는 축구 활동을 한다.
④ B는 축구 활동을, D는 댄스 활동을 한다.
⑤ A는 농구 활동을, D는 댄스 활동을 한다.

09

정답 ②

B가 과장이므로 대리가 아닌 A는 부장이다.

오답분석

조건에 따라 A ~ D의 사무실 위치를 정리하면 다음과 같다.

구분	2층	3층	4층	5층
경우 1	부장	B과장	대리	A부장
경우 2	B과장	대리	부장	A부장
경우 3	B과장	부장	대리	A부장

① A부장 외의 또 다른 부장은 2층, 3층 또는 4층에 근무한다.
③ 대리는 3층 또는 4층에 근무한다.
④ B는 2층 또는 3층에 근무한다.
⑤ C의 직위는 알 수 없다.

10

정답 ③

각각의 조건을 수식으로 비교해 보면 다음과 같다.
$C>D$, $F>E$, $H>G>C$, $G>D>F$
∴ $H>G>C>D>F>E$

11

정답 ①

E의 말이 진실인 경우와 거짓인 경우로 나누어 보면 다음과 같다.
• E가 진실을 말할 때 : E와 C가 범인이므로, B의 말은 진실, A의 말은 거짓이 되고 C, D의 말은 진실이 된다.
• E가 거짓을 말할 때 : E와 C는 범인이 아니므로, B의 말은 거짓, A의 말은 거짓, C의 말과 D의 말은 각각 진실이 된다. 따라서 거짓을 말한 사람이 3명이 되므로 성립하지 않는다.
따라서 A만 거짓을 말하고 B, C, D, E는 진실을 말했다.

12

정답 ①

○ : 1234 → 2341
□ : 각 자릿수 +2, +2, +2, +2
☆ : 1234 → 4321
△ : 각 자릿수 −1, +1, −1, +1

JLMP → LMPJ → NORL
　　　○　　　　　□

13

정답 ④

DRFT → FTHV → VHTF
　　　□　　　　　☆

14

정답 ③

8TK1 → 7UJ2 → UJ27
　　　△　　　　　○

15

F752 → 257F → 479H → 388I
　　☆　　　　□　　　　△

16

정답 ②

A : 왼쪽 내부도형과 오른쪽 내부도형 위치 변경

외부도형	①	②	③	④	→	①	②	③	④
내부도형	1	2	3	4		2	1	4	3

B : 왼쪽 외부도형과 오른쪽 내부도형 위치 변경

외부도형	①	②	③	④	→	2	②	4	④
내부도형	1	2	3	4		1	①	3	③

C : 오른쪽 외부도형과 오른쪽 내부도형 위치 변경

외부도형	①	②	③	④	→	①	2	③	4
내부도형	1	2	3	4		1	②	3	④

외부도형	①	②	③	④	A →	①	②	③	④	NO C →	①	1	③	3
내부도형	1	2	3	4		2	1	4	3		2	②	4	④

YES A →

①	1	③	3
②	2	④	4

17

정답 ④

A : 왼쪽 내부도형과 오른쪽 내부도형 위치 변경

외부도형	①	②	③	④	→	①	②	③	④
내부도형	1	2	3	4		2	1	4	3

B : 왼쪽 외부도형과 오른쪽 내부도형 위치 변경

외부도형	①	②	③	④	→	2	②	4	④
내부도형	1	2	3	4		1	①	3	③

C : 오른쪽 외부도형과 오른쪽 내부도형 위치 변경

외부도형	①	②	③	④	→	①	2	③	4
내부도형	1	2	3	4		1	②	3	④

외부도형	①	②		③	④	B →	2	②		4	④	A →	2	②		4	④
내부도형	1	2		3	4		1	①		3	③		①	1		③	3

NO
B →

1	②		3	④
①	2		③	4

18

정답 ⑤

규칙은 가로 방향으로 적용된다.
첫 번째 도형의 색칠된 부분과 두 번째 도형의 색칠된 부분을 합치면 세 번째 도형의 색칠된 부분이 된다.

19

정답 ④

규칙은 세로 방향으로 적용된다.
첫 번째 도형과 두 번째 도형을 합쳤을 때, 색이 같은 부분만을 나타낸 도형이 세 번째 도형이다.

01 언어

01	02	03	04	05	06	07			
④	④	④	②	④	⑤	②			

01

정답 ④

서양의 자연관은 인간이 자연보다 우월한 자연지배관이며, 동양의 자연관은 인간과 자연을 동일선상에 놓거나 조화를 중요시한다고 설명한다. 따라서 제시문의 중심내용은 서양의 자연관과 동양의 자연관의 차이로 보는 것이 가장 적절하다.

02

정답 ④

안전속도 5030 정책에 대한 연령대별 인지도의 평균은 $\frac{59.7+66.6+70.2+72.1+77.3}{5}=69.18\%$이다.

[오답분석]

① 운전자를 대상으로 안전속도 5030 정책 인지도를 조사한 결과 68.1%의 운전자가 정책을 알고 있다고 하였으므로 10명 중 6명 이상은 정책을 알고 있다.

② 안전속도 5030 정책에 대한 20대 이하 운전자의 인지도는 59.7%로 가장 낮다.

③ 20대는 59.7%, 30대는 66.6%, 40대는 70.2%, 50대는 72.1%, 60대 이상은 77.8%로, 연령대가 높을수록 정책에 대한 인지도가 높다.

⑤ 안전속도 5030 정책은 일반도로의 제한속도를 시속 50km로, 주택가 등의 이면도로는 시속 30km 이하로 하향 조정하는 정책이다.

03

정답 ④

휴일에 업무 시 휴일 근무일수의 2배의 휴가를 지급하며, 0.5일은 휴가 사용 시 토요일을 0.5일로 계산한다는 의미이므로 적절하지 않다.

04

정답 ②

휴일인 일요일을 제외하고 12월 1 ~ 13일 동안 평일은 9일이다. 3일과 10일은 토요일이므로 휴가 사용 시 토요일은 0.5일로 계산한다는 기준을 적용한다. 따라서 C팀장의 휴가 신청일수는 9(평일)+1(토요일, 0.5×2)=10일이다.

05

정답 ④

제시문은 정부가 제공하는 공공 데이터를 활용한 앱 개발에 대한 글이다. 먼저 다양한 앱을 개발하려는 사람들을 통해 화제를 제시한 (라) 문단이 오는 것이 적절하며, 이러한 앱 개발에 있어 부딪히는 문제들을 제시한 (가) 문단이 그 뒤에 오는 것이 적절하다. 그리고 이러한 문제들을 해결하기 위한 방법으로 공공 데이터를 제시하는 (나) 문단이 오고, 공공 데이터에 대한 추가 설명으로 공공 데이터를 위한 정부의 노력인 (다) 문단이 마지막으로 오는 것이 적절하다.

06

정답 ⑤

현대에는 텔레비전이나 만화책을 보는 문화가 신문이나 두꺼운 책을 읽는 문화를 대체하고 있다. 이처럼 휴식이 따라오는 보는 놀이는 사람들의 머리를 비게 하여 생각 없는 사회로 치닫게 한다. 즉, 사람들은 텔레비전을 보는 동안 휴식을 취하며 생각을 하지 않으므로 텔레비전을 많이 볼수록 생각하는 시간이 적어짐을 추론할 수 있다.

07

정답 ②

고대 중국인들은 하늘을 인간의 개별적 또는 공통적 운명을 지배하는 신비하고 절대적인 존재로 보았다. 따라서 이러한 고대 중국인들의 주장에 대한 반박으로는 사람이 받게 되는 재앙과 복의 원인은 모두 자신에게 있다는 ②가 가장 적절하다.

02	수리

01	02	03	04	05	06	07	08	09	
④	②	①	⑤	③	④	④	③	⑤	

01

정답 ④

네 사람이 모두 한 번씩 출장을 가고 그중 한 사람이 출장을 한 번 더 가면 된다.

네 사람을 A, B, C, D라고 하고 두 번 출장 가는 사람을 A라 하면 경우의 수는 $\frac{5!}{2}=60$가지이다.

따라서 네 사람이 적어도 한 번 이상씩 출장 갈 경우의 수는 $60 \times 4 = 240$가지이다.

02

정답 ②

작년 B부서의 신입사원 수를 x명이라고 하면 올해 A부서와 B부서의 신입사원 수는 각각 $55+5=60$명, $(x+4)$명이다. 올해 B부서 신입사원 수의 1.2배가 올해 A부서 신입사원 수와 같으므로 다음과 같은 방정식이 성립한다.

$(x+4) \times 1.2 = 60$

$\rightarrow x+4=50$

$\therefore x=46$

따라서 작년 B부서의 신입사원 수는 46명이다.

03

정답 ①

6개의 팀을 배치할 경우의 수는 $6 \times 5 \times 4 \times 3 \times 2 \times 1 = 720$가지이고, A팀과 B팀이 2층에 들어갈 경우의 수는 $4 \times 3 \times 2 \times 1 \times 2 = 48$가지이다.

따라서 A팀과 B팀이 2층에 들어갈 확률은 $\frac{48}{720} = \frac{1}{15}$ 이다.

다른 풀이

3층		
2층		
1층		
	01	02

A팀이 201에, B팀이 202에 들어갈 확률은 $\frac{1}{6} \times \frac{1}{5} = \frac{1}{30}$ 이다. A팀이 202에, B팀이 201에 들어갈 수도 있으므로 A팀과 B팀이 2층에 들어갈 확률은 $\frac{1}{30} \times 2 = \frac{1}{15}$ 이다.

04

정답 ⑤

두 제품 A와 B의 원가를 각각 a원, b원이라고 하면 다음과 같은 방정식이 성립한다.

$a+b=50,000 \cdots \bigcirc$

$(a \times 0.1 + b \times 0.12) \times 5 = 28,200$

$\rightarrow 5a+6b=282,000 \cdots \bigcirc$

$\therefore b=282,000-50,000 \times 5=32,000$

따라서 B제품의 원가는 32,000원이다.

05

정답 ③

인사이동 전 A부서와 B부서의 인원을 각각 a명, b명이라고 하면 다음과 같은 방정식이 성립한다.

$a \times \dfrac{15}{100} = b \times \dfrac{12}{100} = 6$

$\therefore a=40, \ b=50$

따라서 인사이동 전 두 부서의 인원 차이는 $50-40=10$명이다.

06

정답 ④

8명 중 3명을 선택하는 경우의 수는 $_8C_3=56$가지이고, 각 조에서 한 명씩 선택하는 경우의 수는 $4 \times 2 \times 2 = 16$가지이다.

따라서 이번 주 청소 당번이 각 조에서 한 명씩 뽑힐 확률은 $\dfrac{16}{56}=\dfrac{2}{7}$이다.

07

정답 ④

ㄱ. 휴대폰 A ~ D의 항목별 기본점수를 계산하면 다음과 같다.

구분	A	B	C	D
디자인	5	4	2	3
가격	2	3	4	5
해상도	3	4	5	2
음량	4	2	5	3
화면크기·두께	4	5	2	3
내장·외장메모리	2	3	4	5
합계	20	21	22	21

따라서 기본점수가 가장 높은 휴대폰은 22점인 휴대폰 C이다.

ㄷ. 휴대폰 A ~ D의 항목별 고객평가 점수를 단순 합산하면 다음과 같다.

구분	A	B	C	D
디자인	8	7	4	6
가격	4	6	7	8
해상도	5	6	8	4
음량	6	4	7	5
화면크기·두께	7	8	3	4
내장·외장메모리	5	6	7	8
합계	35	37	36	35

따라서 각 항목의 점수를 단순 합산한 점수가 가장 높은 휴대폰은 B이다.

ㄹ. 성능점수인 해상도·음량·내장외장메모리 항목의 점수를 제외한 디자인, 가격, 화면크기·두께 항목의 점수만을 단순 합산한 점수를 계산하면 다음과 같다.

기본점수	A	B	C	D
디자인	8	7	4	6
가격	4	6	7	8
화면크기·두께	7	8	3	4
합계	19	21	14	18

따라서 휴대폰 B의 점수는 휴대폰 C 점수의 $\frac{21}{14}=1.5$배이다.

오답분석

ㄴ. 휴대폰 A ~ D의 성능점수를 계산하면 다음과 같다.

구분	A	B	C	D
해상도	3	4	5	2
음량	4	2	5	3
내장·외장메모리	2	3	4	5
합계	9	9	14	10

따라서 성능점수가 가장 높은 휴대폰은 14점인 휴대폰 C이다.

08
정답 ③

먼저 표의 빈칸을 구하면 다음과 같다.

- A의 서류점수 : $\frac{?+66+65+80}{4}=70.75$ ∴ ?=72점

- A의 평균점수 : $\frac{72+85+68}{3}=75$점

- C의 필기점수 : $\frac{85+71+?+88}{4}=80.75$ ∴ ?=79점

- C의 평균점수 : $\frac{65+79+84}{3}=76$점

이에 따라 각 부서에 배치할 인원은 다음과 같다.

- 홍보팀 : 면접점수가 85점으로 가장 높은 B가 배치된다.
- 총무팀 : 평균점수가 76점으로 가장 높은 C가 배치된다.
- 인사팀 : A와 D의 서류점수와 필기점수의 평균을 구하면 A가 $\frac{72+85}{2}=78.5$점, D가 $\frac{80+88}{2}=84$점이이므로 인사팀에는 D가 배치된다.
- 기획팀 : 가장 마지막 배치순서이므로 A가 배치된다.

09
정답 ⑤

2019 ~ 2021년 국가채무를 계산하면 다음과 같다.

- 2019년 : 334.7+247.2+68.5+24.2+48.6=723.2조 원
- 2020년 : 437.5+256.4+77.5+27.5+47.7=846.6조 원
- 2021년 : 538.9+263.5+92.5+27.5+42.9=965.3조 원

ㄷ. 2020년 공적자금 등으로 인한 국가채무는 47.7조 원으로, 27.5조 원인 지방정부 순채무의 $\frac{47.7}{27.5}\times100 ≒ 173.5\%$이므로 60% 이상 많음을 알 수 있다.

ㄹ. 한 해의 GDP는 'GDP×$\left[\dfrac{\text{(GDP 대비 국가채무 비율)}}{100}\right]$=(국가채무)'이므로 국가채무와 GDP 대비 비율을 이용하여 도출할 수 있다.

2019년 GDP를 미지수 x원이라고 하자. 위 식에 각 항목을 대입하면 $x \times \dfrac{37.6}{100}$=723.2조 원이므로 2019년 GDP는 약 1,923.4조 원이 된다.

그리고 이렇게 도출한 GDP에서 외환시장안정용 국가채무가 차지하는 비율은 $\left[\dfrac{\text{(외환시장안정용 국가채무)}}{\text{(GDP)}}\right] \times 100$

=$\dfrac{247.2}{1,923.4} \times 100 ≒ 12.9\%$이다.

동일한 방식으로 구하면 2020년 GDP를 y원이라 하였을 때 $y \times \dfrac{43.8}{100}$=846.6조 원이므로 2020년 GDP는 약 1,932.9조 원이 된다. 그중 2020년 외환시장안정용 국가채무가 차지하는 비율은 $\dfrac{256.4}{1,932.9} \times 100 ≒ 13.3\%$로 2019년의 12.9%보다 높으므로 옳은 설명이다.

오답분석

ㄱ. 2020년에 서민주거안정용 국가채무가 국가채무에서 차지하는 비중은 $\dfrac{77.5}{846.6} \times 100 ≒ 9.2\%$이며, 2021년에 서민주거안정용 국가채무가 국가채무에서 차지하는 비중은 $\dfrac{92.5}{965.3} \times 100 ≒ 9.6\%$이다. 따라서 2021년에 전년 대비 증가하였으므로 옳지 않은 설명임을 알 수 있다.

ㄴ. GDP 대비 국가채무 비율은 2020년과 2021년 모두 증가하였지만, 지방정부 순채무의 경우 2020년에는 전년 대비 증가하고, 2021년에는 전년 대비 불변이다.

03 추리

01	02	03	04	05	06	07	08	09	10	11	12	13	14						
④	②	②	④	②	⑤	③	①	①	⑤	②	④	③	⑤						

01

정답 ④

'수학을 좋아한다.'를 '수', '과학을 잘한다.'를 '과', '호기심이 많다.'를 '호'라고 하자.

구분	명제	대우
전제1	수 → 과	과× → 수×
전제2	호× → 과×	과 → 호

전제1과 전제2의 대우에 의해 수 → 과 → 호이다. 따라서 수 → 호 또는 호× → 수×이므로 결론은 '호기심이 적은 사람은 수학을 좋아하지 않는다.'인 ④이다.

02

정답 ②

'물에 잘 번진다.'를 '물', '수성 펜이다.'를 '수', '뚜껑이 있다.'를 '뚜', '잉크 찌꺼기가 생긴다.'를 '잉'이라고 하자.

구분	명제	대우
전제1	물 → 수	수✕ → 물✕
전제2	수 → 뚜	뚜✕ → 수✕
전제3	물✕ → 잉	잉✕ → 물

전제1, 전제2의 대우와 전제3에 의해 뚜✕ → 수✕ → 물✕ → 잉이다. 따라서 뚜✕ → 잉이므로 결론은 '뚜껑이 없는 펜은 잉크 찌꺼기가 생긴다.'인 ②이다.

03

정답 ②

각각의 명제를 벤다이어그램으로 나타내면 다음과 같다.

전제1.

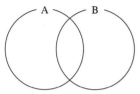

결론.

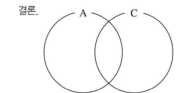

마지막 명제가 참이 되기 위해서는 A와 공통되는 부분의 B와 C가 연결되어야 하므로 B를 C에 모두 포함시켜야 한다. 따라서 전제2에 들어갈 명제는 'B를 구매한 모든 사람은 C를 구매했다.'인 ②이다.

[오답분석]

다음과 같은 경우 성립하지 않는다.

①·③

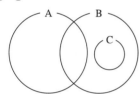

④

⑤

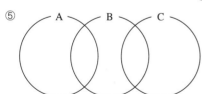

04

단 한 명이 거짓말을 하고 있으므로 C와 D 중 한 명은 반드시 거짓을 말하고 있다. 즉, C의 말이 거짓일 경우 D의 말은 참이 되며, D의 말이 참일 경우 C의 말은 거짓이 된다.
ⅰ) D의 말이 거짓일 경우
  C와 B의 말이 참이므로, A와 D가 모두 신발 당첨자가 되어 모순이 된다.
ⅱ) C의 말이 거짓일 경우
  A는 신발 당첨자가 되지 않으며, 나머지 진술에 따라 D가 신발 당첨자가 된다.
따라서 C가 거짓을 말하고 있으며, 신발 당첨자는 D이다.

05

주어진 조건을 표로 정리하면 다음과 같다.

구분	아메리카노	카페라테	카푸치노	에스프레소
A	○	×	×	×
B				○
C				×

따라서 A는 아메리카노를 좋아한다.

[오답분석]
①·⑤ 주어진 조건만으로는 C가 좋아하는 커피의 종류를 알 수 없다.
③ B는 에스프레소를 좋아하지만, C는 에스프레소를 좋아하지 않는다.
④ A와 B는 좋아하는 커피의 종류가 다르다고 했으므로, A는 에스프레소를 좋아하지 않는다. 또한 주어진 조건에서 카페라테와 카푸치노도 좋아하지 않는다고 했으므로 A가 좋아하는 커피는 아메리카노이다.

06

조건에 따라 사용할 수 있는 숫자는 1, 5, 6을 제외한 나머지 2, 3, 4, 7, 8, 9의 총 6개이다. (한 자리 수)×(두 자리 수)=1560이 되는 수를 알기 위해서는 156의 소인수를 구해보면 된다. $156=2^2 \times 3 \times 13$이고, 1560이 되는 수의 곱 중에 조건을 만족하는 것은 2×78과 4×39이다. 따라서 선택지 중 A팀 또는 B팀에 들어갈 수 있는 암호배열은 39밖에 없으므로 답은 ⑤이다.

07

A~D 네 명의 진술을 정리하면 다음과 같다.

구분	진술 1	진술 2
A	C는 B를 이길 수 있는 것을 냈다.	B는 가위를 냈다.
B	A는 C와 같은 것을 냈다.	A가 편 손가락의 수는 B보다 적다.
C	B는 바위를 냈다.	A~D는 같은 것을 내지 않았다.
D	A, B, C 모두 참 또는 거짓을 말한 순서가 동일하다.	이 판은 승자가 나온 판이었다.

먼저 A~D는 반드시 가위, 바위, 보 세 가지 중 하나를 내야 하므로 그 누구도 같은 것을 내지 않았다는 C의 진술 2는 거짓이 된다. 따라서 C의 진술 중 진술 1은 참이 되므로 B가 바위를 냈다는 것을 알 수 있다. 이때, B가 가위를 냈다는 A의 진술 2는 참인 C의 진술 1과 모순되므로 A의 진술 중 진술 2가 거짓이 되는 것을 알 수 있다. 결국 A의 진술 중 진술 1이 참이 되므로 C는 바위를 낸 B를 이길 수 있는 보를 냈다는 것을 알 수 있다.
한편, 바위를 낸 B는 손가락을 펴지 않으므로 A가 편 손가락의 수가 자신보다 적었다는 B의 진술 2는 거짓이 된다. 따라서 B의 진술 중 진술 1이 참이 되므로 A는 C와 같은 보를 냈다는 것을 알 수 있다. 이를 바탕으로 A~C의 진술에 대한 참, 거짓 여부와 가위바위보를 정리하면 다음과 같다.

구분	진술 1	진술 2	가위바위보
A	참	거짓	보
B	참	거짓	바위
C	참	거짓	보

따라서 참 또는 거짓에 대한 A ~ C의 진술 순서가 동일하므로 D의 진술 1은 참이 되고, 진술 2는 거짓이 되어야 한다. 이때, 승자가 나오지 않으려면 D는 반드시 A ~ C와 다른 것을 내야 하므로 가위를 낸 것을 알 수 있다.

[오답분석]
① B와 같은 것을 낸 사람은 없다.
② 보를 낸 사람은 2명이다.
④ B가 기권했다면 가위를 낸 D가 이기게 된다.
⑤ 바위를 낸 사람은 1명이다.

08

정답 ①

주어진 조건을 표로 나타내면 다음과 같다.

구분	제주도	일본	대만
정주		게스트하우스	
경순			호텔
민경	게스트하우스		

따라서 민경이가 가는 곳은 제주도이고, 게스트하우스에서 숙박한다.

09

정답 ①

제시된 단어의 대응관계는 반의관계이다.
'근면'은 부지런히 일하며 힘쓰는 것이고, '태만'은 열심히 하려는 마음이 없고 게으른 것으로, 서로 반의관계이다. '긴장'의 반의어는 '완화'이다.
• 긴장(緊張) : 마음을 조이고 정신을 바짝 차림
• 완화(緩和) : 긴장된 상태나 급박한 것을 느슨하게 함

[오답분석]
② 경직(硬直) : 몸 따위가 굳어서 뻣뻣하게 됨
③ 수축(收縮) : 부피나 규모가 줄어듦
④ 압축(壓縮) : 일정한 범위나 테두리를 줄임
⑤ 팽창(膨脹) : 부풀어서 부피가 커짐

10

정답 ⑤

제시된 단어의 대응관계는 유의관계이다.
'고집'은 자기의 의견을 바꾸거나 고치지 않고 굳게 버티는 것이고, '집념'은 한 가지 일에 매달려 마음을 쏟는 것으로, 서로 유의관계이다. '정점'의 유의어는 '절정'이다.
• 정점(頂點) : 사물의 진행이나 발전이 최고의 경지에 달한 상태
• 절정(絕頂) : 사물의 진행이나 발전이 최고의 경지에 달한 상태

[오답분석]
① 제한(制限) : 일정한 한도를 정하거나 그 한도를 넘지 못하게 막음
② 경계(境界) : 사물이 어떠한 기준에 의하여 분간되는 한계
③ 한도(限度) : 한정된 정도
④ 절경(絕景) : 더할 나위 없이 훌륭한 경치

11

- A : 색상만 상하 위치 변경
- B : 시계 방향으로 도형 및 색상 두 칸 이동
- C : 색 반전

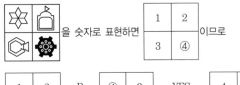

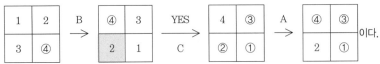

12

- A : 색상만 상하 위치 변경
- B : 시계 방향으로 도형 및 색상 두 칸 이동
- C : 색 반전

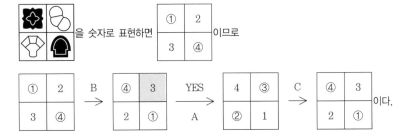

13

- A : 오른쪽 내부도형과 왼쪽 내부도형 위치 변경

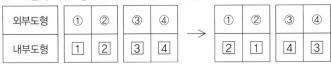

- B : 시계 반대 방향으로 한 칸 이동

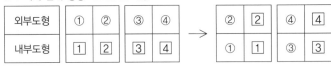

- C : 오른쪽 외부도형과 왼쪽 외부도형 위치 변경

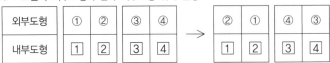

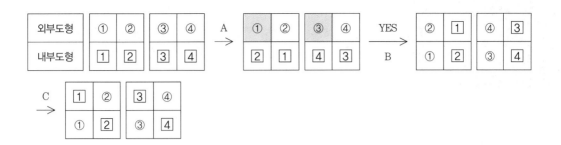

14

정답 ⑤

- A : 오른쪽 내부도형과 왼쪽 내부도형 위치 변경

- B : 시계 반대 방향으로 한 칸 이동

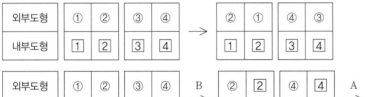

- C : 오른쪽 외부도형과 왼쪽 외부도형 위치 변경

PART 1

01 언어

01	02	03	04	05	06	07	08	09	
④	①	⑤	④	⑤	④	③	④	③	

01
정답 ④

제시문은 분자 상태의 수소와 산소가 결합하여 물이 되는 과정을 설명한 것으로, 수소 분자와 산소 분자가 원자로 분해되고, 분해된 산소 원자 하나와 수소 원자 두 개가 결합하여 물이라는 화합물이 생성된다고 했다. 그런데 ④에서는 산소 분자와 수소 분자가 '각각' 물이 된다고 했으므로 이는 잘못된 해석이다.

02
정답 ①

대중문화가 주로 젊은 세대를 중심으로 한 문화라고 설명한 다음, 대중문화라고 해서 반드시 젊은 사람들을 중심으로 이루어지는 것은 아니라고 번복하고 있다.

03
정답 ⑤

마지막 문단에서는 UPS 사용 시 배터리를 일정 주기에 따라 교체해 주어야 한다고 이야기하고 있을 뿐, 배터리 교체 방법에 대해서는 언급하지 않았다.

오답분석

① 첫 번째 문단에 따르면 일관된 전력 시스템의 필요성이 높아짐에 따라 큰 손실과 피해를 야기할 수 있는 급격한 전원 환경의 변화를 방지할 수 있는 UPS가 많은 산업 분야에서 필수적으로 요구되고 있다.
② 두 번째 문단에 따르면 UPS는 일종의 전원 저장소로, 갑작스러운 전원 환경의 변화로부터 기업의 서버를 보호한다.
③ 세 번째 문단에 따르면 UPS를 구매할 때는 용량을 고려하여 필요 용량의 1.5배 정도의 UPS를 구입하는 것이 적절하다.
④ 마지막 문단에 따르면 가정용 UPS에 사용되는 MF배터리의 수명은 1년 정도이므로 이에 맞춰 주기적인 교체가 필요하다.

04
정답 ④

해외여행 전에는 반드시 질병관리본부 홈페이지를 방문하여 해외감염병 발생 상황을 확인하고, 필요한 예방접종과 예방약 등을 미리 준비한다.

오답분석

①·③ 해외여행 중 지켜야 할 감염병 예방 행동이다.
② 해외여행을 마치고 입국 시에 지켜야 할 감염병 예방 행동이다.
⑤ 질병관리본부의 콜센터로 여행 지역을 미리 신고하는 것이 아니라 입국 후 감염병 증상이 의심될 경우 이를 신고하여야 한다.

05

견적 제출 및 계약방식에 따르면 국가종합전자조달시스템의 안전 입찰서비스를 이용하여 견적서를 제출해야 한다.

오답분석

① 견적서 제출기간에 따르면 견적서 제출확인은 국가종합전자조달 전자입찰시스템의 웹 송신함에서 확인할 수 있다.
② 개찰일시 및 장소에 따르면 개찰은 견적서 제출 마감일인 6월 14일 오전 11시에 진행되므로 마감 1시간 뒤에 바로 진행된다.
③ 견적서 제출기간 항목에 보면 마감 시간이 임박하여 제출할 경우 입력 도중 중단되는 경우가 있으므로 마감 시간 10분 전까지 입력을 완료하도록 안내한다. 따라서 마감 시간 이후로는 더 이상 견적서를 제출할 수 없음을 알 수 있다.
④ 견적 제출 참가 자격에 따르면 이번 입찰은 '지문인식 신원확인 입찰'이 적용되므로 입찰대리인은 미리 지문정보를 등록하여야 하나, 예외적으로 지문인식 신원확인이 곤란한 자에 한하여 개인인증서에 의한 제출이 가능하다. 따라서 둘 중 하나의 방법을 선택한다는 내용은 적절하지 않다.

06

정답 ④

• 재출 → 제출
• 걔약 → 계약
• 소제지 → 소재지
• 낙찰차 → 낙찰자

07

정답 ③

$$_{10}\mathrm{C}_2 \times {}_8\mathrm{C}_2 = \frac{10 \times 9}{2 \times 1} \times \frac{8 \times 7}{2 \times 1} = 1,260\text{가지}$$

08

정답 ④

6월 달력을 살펴보면 다음과 같다.

〈6월 달력〉

월	화	수	목	금	토	일
	1	2	3	4	5	6
7	8	9	10	11	12	13
14	15	16	17	18	19	20
21	22	23	24	25	26	27
28	29	30				

• 견적서 제출 마감일 제외(14−1=13일)
 → 둘째 주 주말 제외(13−2=11일)
 → 회의 결과에 따른 견적서 수정 기간 사흘 제외(11−3=8일)
 → 제출 전 검토 기간 이틀 제외(8−2=6일)
 → 첫째 주 주말 제외(6−2=4일)
따라서 견적서 제출일과 가장 가까운 회의 날짜는 6월 4일 금요일이다.

09

정답 ③

직장에서 업무와 관련된 이메일을 보낼 때는 메일을 받는 상대가 내용을 쉽게 알 수 있도록 내용이 축약된 제목을 붙여야 한다.

CHAPTER 03 2021년 기출복원문제 • 23

01	02	03	04	05	06	07	08	09	10	11									
②	②	③	④	④	③	①	②	④	④	④									

01

정답 ②

스마트패드만 구입한 고객의 수를 x명, 스마트패드와 스마트폰을 모두 구입한 고객의 수를 y명이라고 하자.

스마트폰만 구입한 고객은 19명이고, S사에서 스마트패드와 스마트폰을 구매한 고객은 총 69명이므로 $x+y+19=69$이다.

한 달 동안 S사의 매출액은 4,554만 원이므로 $80 \times x + 91 \times y + 17 \times 19 = 4,554$이다.

두 식을 정리하여 연립하면 다음과 같다.

$x+y=50 \cdots \bigcirc$

$80x+91y=4,231 \cdots \bigcirc$

$\bigcirc$과 $\bigcirc$을 연립하면

$x=29,\ y=21$

따라서 스마트패드와 스마트폰을 모두 구입한 고객의 수는 21명이다.

02

정답 ②

20대, 30대, 40대 직원 수를 각각 a, b, c명이라고 하자.

20대가 30대의 50%이므로 $a=b \times 50\% = b \times \frac{1}{2}$이다.

40대가 30대보다 15명이 많으므로 $c=b+15$이다.

총 직원의 수는 100명이므로 $a+b+c=100$이고, 앞서 구한 식을 이용하여 b에 관한 식으로 만들면 $b \times \frac{1}{2} + b + b + 15 = 100$이다.

따라서 $b=34$이므로 30대 직원은 총 34명이다.

03

정답 ③

투자금	100억 원	
주식 종류	A	B
수익률	10%	6%
수익금	7억 원	

100억 원을 A와 B에 분산투자하므로 A에 투자하는 금액을 x억 원이라고 하고, B에 투자하는 금액을 y억 원이라 하자.

$x+y=100 \rightarrow y=100-x$

A의 수익률 10%, B의 수익률 6%로 7억 원의 수익을 내면 다음과 같다.

$x \times 10\% + (100-x) \times 6\% = 7$

$\rightarrow 0.1x + 0.06(100-x) = 7$

$\rightarrow 10x + 600 - 6x = 700$

$\rightarrow 4x = 100$

$\therefore x = 25$

따라서 7억 원의 수익을 내기 위해서 A에 투자할 금액은 25억 원이다.

04

고급반 가, 나, 다 수업은 이어서 개설되므로 하나의 묶음으로 생각한다. 고급반 가, 나, 다 수업이 하나의 묶음 안에서 개설되는 경우의 수는 3!가지이다.

초급반 A, B, C수업은 이어서 개설되지 않으므로 6개 수업을 순차적으로 개설하는 방법은 다음과 같은 두 가지 경우가 있다.

초급반 A, B, C	고급반 가, 나, 다	초급반 A, B, C	초급반 A, B, C
초급반 A, B, C	초급반 A, B, C	고급반 가, 나, 다	초급반 A, B, C

두 가지 경우에서 초급반 A, B, C수업의 개설 순서를 정하는 경우의 수는 3!가지이다.

따라서 6개 수업을 순차적으로 개설하는 경우의 수는 $3! \times 2 \times 3! = 72$가지이다.

05

정답 ④

• 전체 경우

구분	1년	2년	3년
조장 가능 인원	6명	5명(첫 번째 연도 조장 제외)	5명(두 번째 연도 조장 제외)

연임이 불가능할 때 3년 동안 조장을 뽑는 경우의 수는 $6 \times 5 \times 5$가지이다.

• A가 조장을 2번 하는 경우

구분	1년	2년	3년
조장	1명(A)	5명(A 제외 5명 중 1명)	1명(A)

연임은 불가능하므로 3년 동안 A가 조장을 2번 할 수 있는 경우는 첫 번째와 마지막에 조장을 하는 경우이다. 그러므로 A가 조장을 2번 하는 경우의 수는 $1 \times 5 \times 1$가지이다.

$\therefore \dfrac{1 \times 5 \times 1}{6 \times 5 \times 5} = \dfrac{1}{30}$

06

정답 ③

인천과 세종의 여성공무원 비율은 다음과 같다.

• 인천 : $\dfrac{10,500}{20,000} \times 100 = 52.5\%$

• 세종 : $\dfrac{2,200}{4,000} \times 100 = 55\%$

따라서 비율 차이는 $55 - 52.5 = 2.5\%$p이다.

[오답분석]

① 남성 공무원 수가 여성 공무원 수보다 많은 지역은 서울, 경기, 부산, 광주, 대전, 울산, 강원, 경상, 제주로 총 9곳이다.

② 광역시의 남성 공무원 수와 여성 공무원 수의 차이는 다음과 같다.

  • 인천 : $10,500 - 9,500 = 1,000$명   • 부산 : $7,500 - 5,000 = 2,500$명
  • 대구 : $9,600 - 6,400 = 3,200$명   • 광주 : $4,500 - 3,000 = 1,500$명
  • 대전 : $3,000 - 1,800 = 1,200$명   • 울산 : $2,100 - 1,900 = 200$명

  따라서 차이가 가장 큰 광역시는 대구이다.

④ 수도권(서울, 경기, 인천)과 광역시(인천, 부산, 대구, 광주, 대전, 울산)의 공무원 수는 다음과 같다.

  • 수도권 : $25,000 + 15,000 + 20,000 = 60,000$명
  • 광역시 : $20,000 + 12,500 + 16,000 + 7,500 + 4,800 + 4,000 = 64,800$명

  따라서 차이는 $64,800 - 60,000 = 4,800$명이다.

⑤ 제주지역의 전체공무원 중 남성 공무원의 비율은 $\dfrac{2,800}{5,000} \times 100 = 56\%$이다.

07

대부분의 업종에서 2019년 1분기보다 2019년 4분기의 영업이익이 더 높지만, 철강업에서는 2019년 1분기(10,740억 원)가 2019년 4분기(10,460억 원)보다 높다.

오답분석

② 2020년 1분기 영업이익이 전년 동기(2019년 1분기) 대비 영업이익보다 높은 업종은 다음과 같다.
  • 반도체(40,020 → 60,420)
  • 통신(5,880 → 8,880)
  • 해운(1,340 → 1,660)
  • 석유화학(9,800 → 10,560)
  • 항공(−2,880 → 120)

③ 2020년 1분기 영업이익이 적자가 아닌 업종 중 영업이익이 직전 분기(2019년 4분기) 대비 감소한 업종은 건설(19,450 → 16,410), 자동차(16,200 → 5,240), 철강(10,460 → 820)이다.

④ 2019년 1, 4분기에 흑자였다가 2020년 1분기에 적자로 전환된 업종은 디스플레이, 자동차부품, 조선, 호텔로 4개이다.

⑤ 항공업은 2019년 1분기(−2,880억 원)와 4분기(−2,520억 원)에 모두 적자였다가 2020년 1분기(120억 원)에 흑자로 전환되었다.

08

제시된 식으로 응시자와 합격자 수를 계산하였을 때 다음과 같다.

구분	2016년	2017년	2018년	2019년	2020년
응시자	2,810	2,660	2,580	2,110	2,220
합격자	1,310	1,190	1,210	1,010	1,180

응시자 중 불합격자 수는 응시자에서 합격자 수를 빼준 값으로 연도별 알맞은 수치는 다음과 같다.
• 2016년 : 2,810−1,310=1,500명
• 2017년 : 2,660−1,190=1,470명
• 2018년 : 2,580−1,210=1,370명
• 2019년 : 2,110−1,010=1,100명
• 2020년 : 2,220−1,180=1,040명
제시된 수치는 접수자에서 합격자 수를 뺀 값으로 옳지 않은 그래프이다.

오답분석

① 미응시자 수는 접수자 수에서 응시자 수를 제외한 값이다.
  • 2016년 : 3,540−2,810=730명
  • 2017년 : 3,380−2,660=720명
  • 2018년 : 3,120−2,580=540명
  • 2019년 : 2,810−2,110=700명
  • 2020년 : 2,990−2,220=770명

09

(운동시간)=1일 때, (운동효과)=4이므로
$4=a×1-b^2 \cdots ㉠$
(운동시간)=2일 때, (운동효과)=62이므로
$62=a×2-\dfrac{b^2}{2} \cdots ㉡$

㉠과 ㉡을 연립하면 $a=40$, $b^2=36$이다.

이때 (운동효과)$=40\times$(운동시간)$-\dfrac{36}{\text{(운동시간)}}$이므로 (A)와 (B)를 구하면 다음과 같다.

(A) (운동시간)=3일 때

   (운동효과)$=40\times3-\dfrac{36}{3}=108$

(B) (운동시간)=4일 때

   (운동효과)$=40\times4-\dfrac{36}{4}=151$

따라서 (A)=108, (B)=151이다.

10

정답 ④

A제품과 B제품 매출액의 증감 규칙은 다음과 같다.

• A제품

$$100 \xrightarrow{} 101 \xrightarrow{} 103 \xrightarrow{} 107 \xrightarrow{} 115$$
$$+1 \quad +2 \quad +4 \quad +8$$

$+2^0$, $+2^1$, $+2^2$, $+2^3$, …인 수열이다.

2020년을 기준으로 n년 후의 A제품 매출액은 $115+\displaystyle\sum_{k=1}^{n}2^{k+3}$억 원이다.

• B제품

$$80 \xrightarrow{} 78 \xrightarrow{} 76 \xrightarrow{} 74 \xrightarrow{} 72$$
$$-2 \quad -2 \quad -2 \quad -2$$

앞의 항에 -2를 하는 수열이다.

2020년을 기준으로 n년 후의 B제품 매출액은 $72-2n$억 원이다.

2020년을 기준으로 n년 후 두 제품의 매출액의 합은 $\left(115+\displaystyle\sum_{k=1}^{n}2^{k+3}+72-2n\right)$억 원이다.

300억 원을 초과하는 연도를 구하라고 하였으므로 $115+\displaystyle\sum_{k=1}^{n}2^{k+3}+72-2n>300$인 n값을 구한다.

$115+\displaystyle\sum_{k=1}^{n}2^{k+3}+72-2n>300$

$\rightarrow 187+2^4\displaystyle\sum_{k=1}^{n}2^{k-1}-2n>300$

$\rightarrow 187+2^4\times\dfrac{2^n-1}{2-1}-2n>300$

$\rightarrow 187+2^4\times2^n-16-2n>300$

$\rightarrow 16\times2^n-2n>129$

n	$16\times2^n-2n$
1	30
2	60
3	122
4	248

따라서 2020년을 기준으로 4년 후에 매출액이 300억 원을 초과하므로 구하는 연도는 2024년이다.

11

정답 ④

A기계와 B기계 생산대수의 증감 규칙은 다음과 같다.

• A기계

앞의 항에 +3을 하는 등차수열이다.

• B기계

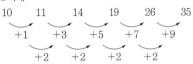

주어진 수열의 계차는 공차가 +2인 등차수열이다.

2025년의 A기계 생산량은 $35+5×3=50$대이고, B기계 생산량은 $35+\sum_{k=1}^{5}(9+2k)=35+9×5+2×\dfrac{5×6}{2}=110$대이다.

따라서 A기계와 B기계의 총 생산량은 $50+110=160$대이다.

03	추리

01	02	03	04	05	06	07	08	09	10	11	12	13	14	15	16	17	18	19	20
③	④	①	④	②	②	⑤	③	②	②	②	④	③	⑤	⑤	③	⑤	⑤	③	①

01

정답 ③

전제2의 대우와 전제1에 의해 대한민국에 사는 사람은 국내 여행을 가고, 국내 여행을 가는 사람은 김치찌개를 먹는다.

따라서 대한민국에 사는 사람은 김치찌개를 먹으므로 결론은 ③이다.

02

정답 ④

'작곡가를 꿈꾼다.'를 '작', 'TV 시청을 한다.'를 'T', '안경을 썼다.'를 '안'이라고 하자.

구분	명제	대우
전제1	작 → T	T× → 작×
결론	안× → 작×	작 → 안

전제1의 대우가 결론으로 연결되려면, 전제2는 안× → T×가 되어야 한다. 따라서 전제2는 '안경을 쓰지 않은 사람은 TV 시청을 하지 않는다.'인 ④이다.

03

정답 ①

'피아노를 배운다.'를 '피', '바이올린을 배운다.'를 '바', '필라테스를 배운다.'를 '필'이라고 하자.

구분	명제	대우
전제2	바 → 필	필× → 바×
결론	피 → 필	필× → 피×

전제2가 결론으로 연결되려면, 전제1은 피 → 바가 되어야 한다. 따라서 전제1은 '피아노를 배우는 사람은 모두 바이올린을 배운다.'인 ①이다.

04

정답 ④

'커피를 좋아한다.'를 '커', '와인을 좋아한다.'를 '와', '생강차를 좋아한다.'를 '생'이라고 하자.

구분	명제	대우
전제1	커× → 와×	와 → 커
결론	커× → 생	생× → 커

전제1이 결론으로 연결되려면, 전제2는 와× → 생이 되어야 한다. 따라서 전제2는 '와인을 좋아하지 않으면 생강차를 좋아한다.'인 ④이다.

05

정답 ②

'유행에 민감하다.'를 '유', '고양이를 좋아한다.'를 '고', '쇼핑을 좋아한다.'를 '쇼'라고 하면 다음과 같은 벤다이어그램으로 나타낼 수 있다.

전제1)

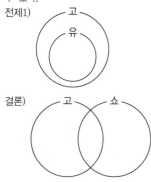

결론)

결론이 참이 되기 위해서는 '유'와 공통되는 '고'의 부분과 '쇼'가 연결되어야 한다. 즉, 다음과 같은 벤다이어그램이 성립할 때 결론이 참이 될 수 있으므로 전제2에 들어갈 명제는 어떤 유 → 쇼이거나 어떤 쇼 → 유이다. 따라서 전제2에 들어갈 명제는 '유행에 민감한 어떤 사람은 쇼핑을 좋아한다.'인 ②이다.

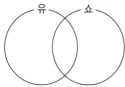

06

정답 ②

C 혼자 딸기맛을 선택했고, A와 D는 서로 같은 맛을 선택했으므로 A와 D는 바닐라맛 또는 초코맛을 선택했음을 알 수 있다. 또한 B와 E는 서로 다른 맛을 선택했고 마지막에 주문한 E는 인원 초과로 선택한 아이스크림을 먹지 못했으므로 E는 A, D와 같은 맛을 선택했다.

구분	A	B	C	D	E
경우1	바닐라	초코맛	딸기맛	바닐라	바닐라
경우2	초코맛	바닐라	딸기맛	초코맛	초코맛

따라서 C가 딸기맛이 아닌 초코맛을 선택했어도 B는 C와 상관없이 아이스크림을 먹을 수 있으므로 ②는 옳지 않다.

B는 검은색 바지를, C는 흰색 셔츠를 입어보았고, 티셔츠를 입어본 사람은 바지를, 코트를 입어본 사람은 셔츠를 입어보지 않았다. B는 티셔츠를 입어보지 않았고, C는 코트를 입어보지 않았다.

종류	티셔츠		바지		코트		셔츠	
색상	검은색	흰색	검은색	흰색	검은색	흰색	검은색	흰색
A			×					×
B	×	×	○	×				×
C			×		×	×	×	○
D			×					×

코트는 A, B가, 티셔츠는 A, C가 입어보았고, 검은색 코트와 셔츠는 A와 D가 입어보았으므로 검은색 코트는 A가 입어본 것을 알 수 있다. 또, 검은색 셔츠는 D가, 흰색 코트는 B, 흰색 바지는 D가 입어보았음을 알 수 있다.

종류	티셔츠		바지		코트		셔츠	
색상	검은색	흰색	검은색	흰색	검은색	흰색	검은색	흰색
A			×	×	○	×	×	×
B	×	×	○	×	×	○	×	×
C			×	×	×	×	×	○
D	×	×	×	○	×	×	○	×

같은 색상으로 입어본 사람은 2명이라고 하였으므로, A는 검은색 티셔츠를, C는 흰색 티셔츠를 입어보았음을 알 수 있다.

종류	티셔츠		바지		코트		셔츠	
색상	검은색	흰색	검은색	흰색	검은색	흰색	검은색	흰색
A	○	×	×	×	○	×	×	×
B	×	×	○	×	×	○	×	×
C	×	○	×	×	×	×	×	○
D	×	×	×	○	×	×	○	×

따라서 D는 흰색 바지와 검은색 셔츠를 입었다.

B가 세 번째에 뽑은 카드에 적힌 숫자를 a라고 하면 A가 세 번째에 뽑은 카드에 적힌 숫자는 $a+1$이고, B가 첫 번째에 뽑은 카드에 적힌 숫자는 $a-1$이다.

또한 첫 번째, 두 번째, 세 번째에 A가 뽑은 카드에 적힌 숫자는 B가 뽑은 카드에 적힌 숫자보다 1만큼 크므로 A가 첫 번째로 뽑은 카드에 적힌 숫자는 a이다.

또한 B가 두 번째에 뽑은 카드에 적힌 숫자를 b라고 하면, A가 두 번째에 뽑은 카드에 적힌 숫자는 $b+1$이다.

구분	첫 번째	두 번째	세 번째
A	a	$b+1$	$a+1$
B	$a-1$	b	a

A와 B는 같은 숫자가 적힌 카드를 한 장 뽑았고, 그 숫자는 2라고 하였으므로 $a=2$이다.

구분	첫 번째	두 번째	세 번째
A	2	$b+1$	3
B	1	b	2

2가 적힌 카드를 제외하고 A, B가 뽑은 카드에 적힌 숫자가 달라야 하므로 문제의 조건에 따라 $b=4$임을 알 수 있다.

구분	첫 번째	두 번째	세 번째
A	2	5	3
B	1	4	2

따라서 A와 B가 뽑은 카드에 적힌 숫자의 합 중 가장 큰 조합은 ③ A − 두 번째, B − 두 번째이다.

09

정답 ②

B는 3번 콘센트를 사용하고, A와 E, C와 D는 바로 옆 콘센트를 이용하므로 B를 기준으로 A와 E, C와 D가 이용한 콘센트가 나뉜다. 또한 D는 5번 콘센트를 이용하지 않고, A는 1번이나 5번 콘센트를 이용하므로 다음과 같이 3가지 경우가 나온다.

구분	1번 콘센트 (작동 O)	2번 콘센트 (작동 O)	3번 콘센트 (작동 O)	4번 콘센트 (작동 O)	5번 콘센트 (작동 ×)
경우1	A	E	B	D	C
경우2	D	C	B	E	A
경우3	C	D	B	E	A

C가 B의 바로 옆 콘센트를 이용하는 것은 경우2이므로, A의 휴대폰에는 전원이 켜지지 않는다.

[오답분석]

① C의 휴대폰에 전원이 켜지지 않는 것은 C가 5번 콘센트를 이용하는 경우1이므로, E는 2번 콘센트를 이용한다.

③ E가 4번 콘센트를 이용하는 것은 경우2, 3이므로, C는 B의 바로 옆 콘센트를 이용할 수도 있고 그렇지 않을 수도 있다.

④ A의 휴대폰에 전원이 켜지지 않는 것은 A가 5번 콘센트를 이용하는 경우2, 3이므로, D는 1번 콘센트를 이용할 수도 있고 그렇지 않을 수도 있다.

⑤ D가 2번 콘센트를 이용하는 것은 경우3이므로, E는 4번 콘센트를 이용하고 휴대폰에 전원이 켜진다.

10

정답 ②

A가 가 마을에 살고 있다고 가정하면, B 또는 D는 가 마을에 살고 있다. F가 가 마을에 살고 있다고 했으므로 C, E는 나 마을에 살고 있음을 알 수 있다. 하지만 C는 A, E 중 한 명은 나 마을에 살고 있다고 말한 것은 진실이므로 모순이다.

A가 나 마을에 살고 있다고 가정하면, B, D 중 한 명은 가 마을에 살고 있다는 말은 거짓이므로 B, D는 나 마을에 살고 있다. 따라서 A, B, D가 나 마을에 살고 있으므로 나머지 C, E, F는 가 마을에 살고 있음을 알 수 있다.

11

정답 ②

제시된 단어의 대응관계는 반의관계이다.

'영겁'은 '영원한 세월'의 뜻으로 '아주 짧은 동안'이라는 뜻인 '순간'과 반의관계이다. 따라서 '훌륭하고 귀중함'의 뜻을 가진 '고귀'와 반의관계인 단어는 '격이 낮고 속됨'이라는 뜻인 '비속'이다.

[오답분석]

① 숭고 : 뜻이 높고 고상함

③ 고상 : 고귀한 인상

④ 존귀 : 지위나 신분이 높고 귀함

⑤ 신성 : 고결하고 거룩함

12

정답 ④

제시된 단어의 대응관계는 반의관계이다.

'팽대'는 '세력이나 기운 따위가 크게 늘어나거나 퍼짐'의 뜻으로 '세력이나 기운, 사업 따위가 약화됨 또는 그런 세력'이라는 뜻인 '퇴세'와 반의관계이다. 따라서 '그릇된 것이나 묵은 것을 버리고 새롭게 함'의 뜻을 가진 '쇄신'과 반의관계인 단어는 '예로부터 해오던 방식이나 수법을 좇아 그대로 행함'이라는 뜻인 '답습'이다.

[오답분석]

① 진보 : 정도나 수준이 나아지거나 높아짐

② 은폐 : 덮어 감추거나 가리어 숨김

③ 세파 : 모질고 거센 세상의 어려움

⑤ 개혁 : 제도나 기구 따위를 새롭게 뜯어고침

13

'임대'는 '자기 물건을 남에게 돈을 받고 빌려줌'이라는 뜻이므로 '남에게 물건을 빌려서 사용함'이라는 뜻인 '차용'과 반의관계이고, 나머지는 유의관계이다.

[오답분석]

① • 참조 : 참고로 비교하고 대조하여 봄
 • 참고 : 살펴서 도움이 될 만한 재료로 삼음
② • 숙독 : 글의 뜻을 생각하면서 차분하게 읽음
 • 탐독 : 어떤 글이나 책 따위를 열중하여 읽음
④ • 정세 : 일이 되어 가는 형편
 • 상황 : 일이 되어 가는 과정
⑤ • 분별 : 서로 다른 일이나 사물을 구별하여 가름
 • 인식 : 사물을 분별하고 판단하여 앎

14

'겸양하다'는 '겸손한 태도로 남에게 양보하거나 사양하다.'라는 뜻이므로 '잘난 체하며 남을 업신여기는 데가 있다.'이라는 뜻인 '거만하다'와 반의관계이고, 나머지는 유의관계이다.

[오답분석]

① • 옹호하다 : 두둔하고 편들어 지키다.
 • 편들다 : 어떤 편을 돕거나 두둔하다.
② • 상정하다 : 어떤 정황을 가정적으로 생각하여 단정하다.
 • 가정하다 : 사실이 아니거나 또는 사실인지 아닌지 분명하지 않은 것을 임시로 인정하다.
③ • 혁파하다 : 묵은 기구, 제도, 법령 따위를 없애다.
 • 폐지하다 : 실시하여 오던 제도나 법규, 일 따위를 그만두거나 없애다.
④ • 원용하다 : 자기의 주장이나 학설을 세우기 위하여 문헌이나 관례 따위를 끌어다 쓰다.
 • 인용하다 : 남의 말이나 글을 자신의 말이나 글 속에 끌어 쓰다.

15

규칙은 세로 방향으로 적용된다.
첫 번째 도형을 색 반전한 것이 두 번째 도형이고, 이를 시계 방향으로 270° 회전한 것이 세 번째 도형이다.

16

규칙은 가로 방향으로 적용된다.
첫 번째 도형을 시계 반대 방향으로 90° 회전한 것이 두 번째 도형이고, 이를 시계 방향으로 45° 회전한 것이 세 번째 도형이다.

17

규칙은 세로 방향으로 적용된다.
첫 번째 도형을 180° 회전한 것이 두 번째 도형이고, 이를 색 반전한 것이 세 번째 도형이다.

18

• 문자표

A	B	C	D	E	F	G	H	I	J	K	L	M	N
O	P	Q	R	S	T	U	V	W	X	Y	Z		
ㄱ	ㄴ	ㄷ	ㄹ	ㅁ	ㅂ	ㅅ	ㅇ	ㅈ	ㅊ	ㅋ	ㅌ	ㅍ	ㅎ

• 규칙

△ : 0, +1, −1, +1

○ : 1234 → 4123으로 순서 바꾸기

☆ : −1, 0, 0, +1

□ : 1234 → 2314로 순서 바꾸기

QE1O → E1QO → D1QP
     □   ☆

19

JW37 → JX28 → 8JX2
     △   ○

20

UNWD → UOVE → OVUE
     △   □

CHAPTER

04 2020년 기출복원문제

01 언어

01	02	03	04	05	06	07	08	09	10
②	③	③	④	①	⑤	②	②	⑤	②

01

정답 ②

제시문은 제4차 산업혁명으로 인한 노동 수요 감소로 인해 나타날 수 있는 문제점으로 대공황에 대한 위험을 설명하면서도, 긍정적인 시각으로 노동 수요 감소를 통해 인간적인 삶 향유가 이루어질 수 있다고 말한다. 따라서 제4차 산업혁명의 밝은 미래와 어두운 미래를 나타내는 ②가 제목으로 적절하다.

02

정답 ③

할랄식품 시장의 확대로 많은 유통업계들이 할랄식품을 위한 생산라인을 설치 중이다.

[오답분석]

① · ② 할랄식품은 엄격하게 생산 · 유통되기 때문에 일반 소비자들에게도 평이 좋다.

④ 세계 할랄 인증 기준은 200종에 달하고 수출하는 무슬림 국가마다 별도의 인증을 받아야 한다.

⑤ 표준화되지 않은 할랄 인증 기준은 무슬림 국가들의 '수입장벽'이 될 수 있다.

03

정답 ③

제시문은 치매의 정의, 증상, 특성 등에 대한 내용이다. 따라서 '치매의 의미'가 글의 주제로 적절하다.

04

정답 ④

제시문은 편리성, 경제성, 객관성 등을 이유로 인공 지능 면접을 지지하고 있다. 따라서 객관성보다 면접관의 생각이나 견해가 회사 상황에 맞는 인재를 선발하는 데 적합하다는 논지로 반박하는 것은 옳다.

[오답분석]

① · ③ · ⑤ 제시문의 주장에 반박하는 것이 아니라 제시문의 주장을 강화하는 근거에 해당한다.

② 인공 지능 면접에 필요한 기술과 인간적 공감의 관계는 제시문에서 주장한 내용이 아니므로 반박의 근거로도 적당하지 않다.

05

정답 ①

'미국 사회에서 동양계 ~ 구성된다.'에서 '모범적 소수 인종'의 인종적 정체성은 백인의 특성이 장점이라고 생각하는 것과 동양인의 특성이 단점이라고 생각하는 것의 사이에서 구성된다. 따라서 '모범적 소수 인종'은 특유의 인종적 정체성을 내면화하고 있음을 추론할 수 있다.

② 제시문의 논점은 '동양계 미국인 학생들(모범적 소수 인종)'이 성공적인 학교생활을 통해 주류 사회에 동화되고 있는 것이 사실인지 여부이다. 그에 따라 사회적 삶에서 인종주의의 영향이 약화될 수 있는지에 대한 문제이다. 따라서 '모범적 소수 인종'의 성공이 일시적·허구적인지에 대한 논점은 확인할 수 없다.

③ 동양계 미국인 학생들은 인종적인 차별을 의식하고 있다고 말할 수 있지만 소수 인종 모두가 의식하고 있는지는 제시문을 통해서 추측할 수 없다.

④ 인종차별을 의식하는 것은 알 수 있지만 한정된 자원의 배분을 놓고 갈등하는지는 알 수 없다.

⑤ 인종차별을 은폐된 형태로 지속시킨다는 것은 알 수 없다.

06
정답 ⑤

경험론자들은 인식의 근원을 오직 경험에서만 찾을 수 있다고 주장한다. 따라서 파르메니데스의 주장과 대비된다.

오답분석

① 파르메니데스의 존재론의 의의는 존재라는 개념을 시간적, 물리적인 감각적 대상으로 보는 것이 아니라, 예리한 인식으로 파악하는 로고스와 같은 것이라고 주장했으므로 옳은 말이다.

② 플라톤은 이데아를 감각 세계의 너머에 있는 실재이자 모든 사물의 원형으로 파악하고 있다. 이는 파르메니데스의 존재개념과 유사하며, 윗글에서도 언급되어 있듯이 파르메니데스에 대한 플라톤의 평가에서 파르메니데스에게 영향을 받았음을 알 수 있다.

③ '감각적으로 지각할 수 있는 세계 전체를 기만적인 것으로 치부하고 유일하게 실재하는 것은 존재라고 생각했다.'는 구절에서 파르메니데스는 지각 및 감성보다 이성 및 지성을 우위에 두었을 것이라 추측할 수 있다.

④ 윗글의 내용 중 파르메니데스는 '예리한 인식에는 감각적 지각이 필요 없다고 주장'하면서 '존재는 로고스에 의해 인식되며, 로고스와 같은 것'이란 주장에서 추론할 수 있다.

07
정답 ②

첩보 위성은 임무를 위해 낮은 궤도를 비행해야 하므로, 높은 궤도로 비행시키면 수명은 길어질 수 있으나 임무의 수행 자체가 어려워질 수 있다.

08
정답 ②

첫 번째 문장에서는 신비적 경험이 살아갈 수 있는 힘으로 밝혀진다면 그가 다른 방식으로 살아야 한다고 주장할 근거는 어디에도 없다고 하였으며, 이어지는 내용은 신비적 경험이 신비주의자들에게 살아갈 힘이 된다는 근거를 제시하고 있다. 따라서 보기 중 빈칸에 들어갈 내용으로 '신비주의자들의 삶의 방식이 수정되어야 할 불합리한 것이라고 주장할 수는 없다.'가 가장 적절하다.

09
정답 ⑤

케플러식 망원경은 상의 상하좌우가 뒤집힌 도립상을 보여주며, 갈릴레이식 망원경은 상의 상하좌우가 같은 정립상을 보여준다.

오답분석

① 최초의 망원경은 네덜란드의 안경 제작자인 한스 리퍼쉬(Hans Lippershey)에 의해 만들어졌지만, 이 최초의 망원경 발명에는 리퍼쉬의 아들이 발견한 렌즈 조합이 계기가 되었다.

② 갈릴레오는 초점거리가 긴 볼록렌즈를 망원경의 대물렌즈로 사용하고 초점 거리가 짧은 오목렌즈를 초점면 앞에 놓아 접안렌즈로 사용하였다.

③ 갈릴레오는 자신이 발명한 망원경으로 금성의 각크기가 변한다는 것을 관측함으로써 금성이 지구를 중심으로 공전하는 것이 아니라 태양을 중심으로 공전하고 있다는 것을 증명하였다.

④ 케플러식 망원경은 장초점의 볼록렌즈를 대물렌즈로 하고 단초점의 볼록렌즈를 초점면 뒤에 놓아 접안렌즈로 사용한 구조이다.

10

제시문은 제품의 굽혀진 곡률을 나타내는 R의 값이 작을수록 패널이 받는 폴딩 스트레스가 높아진다고 언급하고 있다. 따라서 1.4R의 곡률인 S전자의 인폴딩 폴더블 스마트폰은 H기업의 아웃폴딩 스마트폰보다 곡률이 작을 것이므로 폴딩 스트레스가 높다고 할 수 있다.

오답분석
① H기업은 아웃폴딩 패널을 사용하였다.
③ 동일한 인폴딩 패널이라고 해도 S전자의 R값이 작으며, R값의 차이에 따른 개발 난이도는 제시문에서 확인할 수 없다.
④ 인폴딩 패널은 아웃폴딩 패널보다 상대적으로 곡률이 작아 개발 난이도가 높다. 따라서 아웃폴딩 패널을 사용한 H기업의 폴더블 스마트폰의 R값이 인폴딩 패널을 사용한 A기업의 폴더블 스마트폰보다 작을 것이라고 보기엔 어렵다.
⑤ 제시문에서 여러 층으로 구성된 패널을 접었을 때 압축응력과 인장응력이 동시에 발생한다고는 언급하고 있으나 패널의 수가 스트레스와 연관된다는 사실은 확인할 수 없다. 따라서 S전자의 폴더블 스마트폰의 R값이 작은 이유라고 판단하기는 어렵다.

02 수리

01	02	03	04	05	06	07	08	09	10	11	12	13	14	15	16	17	18		
③	③	②	④	③	⑤	①	②	③	②	②	④	⑤	④	⑤	③	⑤	①		

01

주어진 정보를 표로 나타내고 미지수를 설정한다.

구분	소금물 1		소금물 2		섞은 후
농도	25%	+	10%	=	$\dfrac{55}{y} \times 100$
소금의 양	$\dfrac{25}{100} \times 200 = 50\text{g}$		$x \times 0.1\text{g}$		55g
소금물의 양	200g		xg		yg

섞기 전과 섞은 후의 소금의 양과 소금물의 양으로 다음과 같이 식을 세울 수 있다.

$50 + x \times 0.1 = 55 \cdots$ ㉠

$200 + x = y \cdots$ ㉡

㉠과 ㉡을 연립하면 $x = 50$, $y = 250$이다.

따라서 섞은 후의 소금물의 농도는 $\dfrac{55}{y} \times 100 = \dfrac{55}{250} \times 100 = 22\%$이다.

02

처음의 농도 5% 소금물의 양을 xg이라고 하자.

$$\dfrac{\dfrac{5}{100} \times x + 40}{x + 40} \times 100 = 25$$

→ $5x + 4,000 = 25x + 1,000$

→ $20x = 3,000$

∴ $x = 150$

따라서 처음의 농도 5% 소금물의 양은 150g이다.

03

정답 ②

(이익)=(할인가)−(원가)이므로 이익이 생산비용보다 같거나 많아야 손해를 보지 않을 수 있다.

S사에서 생산하는 A상품의 개수를 x개라고 하면 다음과 같다.

(A상품 1개당 할인가)=$300 \times (1-25\%)=225$원

(A상품 1개당 이익)=(A상품 1개당 할인가)−(A상품 1개당 원가)=$225-200=25$원

(생산비용)=10억 원=$1,000,000,000$원

(A상품 x개의 이익)$\geq$(생산비용)

$\rightarrow 25 \times x \geq 1,000,000,000$

$\therefore x \geq 40,000,000$

따라서 A상품을 4천만 개 이상 생산해야 손해를 보지 않는다.

04

정답 ④

20억 원을 투자하였을 때 기대수익은 (원가)×(기대수익률)로 구할 수 있다. 기대수익률은 {(수익률)×(확률)}의 합으로 구할 수 있으므로 기대수익은 (원가)×{(수익률)×(확률)의 합}이다.

$20 \times \{10\% \times 50\% + 0\% \times 30\% + (-10\%) \times 20\%\}=0.6$억 원이다. 따라서 기대수익은 0.6억 원=6,000만 원이다.

(원가)+(수익)을 구하여 마지막에 (원가)를 빼서 (수익)을 구하는 방법도 있다.

{(원가)+(수익)}은 $20 \times (110\% \times 50\% + 100\% \times 30\% + 90\% \times 20\%)=20.6$억 원이다.

따라서 기대수익은 $20.6-20=0.6$억 원=6,000만 원이다.

05

정답 ③

일의 양을 1이라고 하고 A, B, C가 각자 혼자 일을 하였을 때 걸리는 기간을 각각 a, b, c일이라고 하면 다음과 같다.

• A가 혼자 하루에 할 수 있는 일의 양 : $\dfrac{1}{a}$

• B가 혼자 하루에 할 수 있는 일의 양 : $\dfrac{1}{b}$

• C가 혼자 하루에 할 수 있는 일의 양 : $\dfrac{1}{c}$

A, B, C 모두 혼자 일했을 때의 능률과 함께 일을 하였을 때의 능률이 같다고 하였으므로 다음과 같다.

• A, B, C가 하루에 할 수 있는 일의 양 : $\dfrac{1}{a}+\dfrac{1}{b}+\dfrac{1}{c}=\dfrac{1}{6}$ … ㉠

• A, B가 하루에 할 수 있는 일의 양 : $\dfrac{1}{a}+\dfrac{1}{b}=\dfrac{1}{12}$ … ㉡

• B, C가 하루에 할 수 있는 일의 양 : $\dfrac{1}{b}+\dfrac{1}{c}=\dfrac{1}{10}$ … ㉢

B가 혼자 일을 하였을 때 걸리는 기간을 구하는 문제이므로 ㉠, ㉡, ㉢을 다음과 같이 연립할 수 있다.

• ㉡+㉢ $\rightarrow \dfrac{1}{a}+\dfrac{2}{b}+\dfrac{1}{c}=\dfrac{1}{12}+\dfrac{1}{10}=\dfrac{11}{60}$

• (㉡+㉢)−㉠ $\rightarrow \dfrac{1}{a}+\dfrac{2}{b}+\dfrac{1}{c}-\left(\dfrac{1}{a}+\dfrac{1}{b}+\dfrac{1}{c}\right)=\dfrac{11}{60}-\dfrac{1}{6}=\dfrac{1}{60}$

$\therefore \dfrac{1}{b}=\dfrac{1}{60}$

따라서 B가 혼자 일을 하면 60일이 걸린다.

06

정답 ⑤

욕조에 물을 가득 채웠을 때 물의 양을 1이라고 하면 A는 1분에 $\frac{1 \times 75\%}{18} = \frac{0.75}{18}$ 만큼 채울 수 있고 B는 1분에 $\frac{0.75}{18} \times 1.5$ 만큼 채울 수 있다.

그러므로 A가 15분간 욕조를 채운 양은 $\frac{0.75}{18} \times 15$ 이며 욕조를 가득 채우기까지 남은 양은 $1 - \frac{0.75}{18} \times 15$ 이다.

따라서 남은 양을 B가 채웠을 때 걸리는 시간은 $\dfrac{1 - \dfrac{0.75}{18} \times 15}{\dfrac{0.75}{18} \times 1.5} = \dfrac{18 - 0.75 \times 15}{0.75 \times 1.5} = \dfrac{18 - 11.25}{1.125} = \dfrac{6.75}{1.125} = 6$ 분이다.

07

정답 ①

작년 직원 중 안경을 쓴 사람을 x 명, 안경을 안 쓴 사람을 y 명이라고 하면 $x + y = 45$ 이므로 $y = 45 - x$ 이다.
또한 올해는 작년보다 $58 - 45 = 13$ 명 증가하였으므로 다음과 같은 방정식이 성립한다.
$x \times 0.2 + (45 - x) \times 0.4 = 13$
$\rightarrow -0.2x = 13 - 45 \times 0.4$
$\rightarrow -0.2x = -5$
$\therefore x = 25$
따라서 올해 입사한 사람 중 안경을 쓴 사람의 수는 $x \times 0.2 = 25 \times 0.2 = 5$ 명이다.

08

정답 ②

총 9장의 손수건을 구매했으므로 B손수건 3장을 제외한 나머지 A, C, D손수건은 각각 $\frac{9 - 3}{3} = 2$ 장씩 구매하였다. 먼저 3명의 친구들에게 서로 다른 손수건을 3장씩 나눠 줘야하므로 B손수건을 1장씩 나눠준다. 나머지 A, C, D손수건을 서로 다른 손수건으로 2장씩 나누면 (A, C), (A, D), (C, D)로 묶을 수 있다. 이 세 묶음을 3명에게 나눠주는 방법은 $3! = 3 \times 2 = 6$ 가지가 나온다.
따라서 친구 3명에게 종류가 다른 손수건 3장씩 나눠주는 경우의 수는 6가지이다.

09

정답 ③

영희는 철수보다 높은 수가 적힌 카드를 뽑는 경우는 다음과 같다.

구분	철수	영희
카드에 적힌 수	1	2 ~ 9
	2	3 ~ 9
	...	...
	8	9

따라서 영희가 철수보다 큰 수가 적힌 카드를 뽑는 모든 경우의 수는 1부터 8까지의 합이므로 $\frac{8 \times 9}{2} = 36$ 가지이다.

10

정답 ②

A사와 B사로부터 공급받는 부품의 개수를 x 개라고 하자.

구분	A사	B사
개수	x 개	x 개
불량률	0.1%	0.2%
선별률	50%	80%

S사가 선별한 A사 부품의 개수는 $x \times 50\%$개, B사 부품의 개수는 $x \times 80\%$개다.

S사가 선별한 부품 중 불량품의 개수는 A사는 $x \times 50\% \times 0.1\%$개, B사는 $x \times 80\% \times 0.2\%$개다.

S사가 선별한 부품 중 불량품의 개수는 $x \times 50\% \times 0.1\% + x \times 80\% \times 0.2\%$개이므로 하자가 있는 제품이 B사 부품일 확률은 다음과 같다.

따라서 구하고자 하는 확률은 $\dfrac{x \times 80\% \times 0.2\%}{x \times 50\% \times 0.1\% + x \times 80\% \times 0.2\%} = \dfrac{x \times 80 \times 0.2}{x \times 50 \times 0.1 + x \times 80 \times 0.2} = \dfrac{16}{5+16} = \dfrac{16}{21}$이다.

11

정답 ②

대리는 X프로젝트와 Z프로젝트를 선택할 수 있으며, 사원은 Y프로젝트와 Z프로젝트를 선택할 수 있으므로, 대리와 사원은 한 사람당 2가지의 선택권이 있다. 대리 2명과 사원 3명이 프로젝트를 선택하여 진행하는 경우의 수는 $(2 \times 2) \times (2 \times 2 \times 2) = 2^2 \times 2^3 = 2^5 = 32$가지이다.

12

정답 ④

A가 목적지까지 이동하는 거리와 걸리는 시간을 계산하면 다음과 같다.

· 이동거리 : $0.8\text{km} + 4.8\left(= 36 \times \dfrac{8}{60}\right)\text{km} = 5.6\text{km}$

· 소요시간 : 12분 + 8분 = 20분

따라서 자전거를 이용해 같은 시간 동안 같은 경로로 이동할 때 평균 속력은 $5.6 \div 20 = 0.28\text{km/분}$이다.

13

정답 ⑤

X경로의 거리를 $x\text{km}$, Y경로의 거리를 $y\text{km}$, A의 이동 속력을 $r\text{km/h}$, B의 이동 속력은 $z\text{km/h}$라 하자.

$\dfrac{x}{r} = \dfrac{x}{z} + 1 \cdots \text{㉠}$

$\dfrac{x}{r} + 1 = \dfrac{y}{z} \cdots \text{㉡}$

$x + 160 = y$이므로 ㉡에 대입하면 $\dfrac{x}{r} + 1 = \dfrac{x+160}{z}$이다.

㉠과 연립하면 $\dfrac{x}{z} + 1 + 1 = \dfrac{x+160}{z}$

$\rightarrow \dfrac{x}{z} + 2 = \dfrac{x}{z} + \dfrac{160}{z}$

$\rightarrow 2 = \dfrac{160}{z}$

$\therefore z = 80$

따라서 B의 속력은 80km/h이다.

14

정답 ④

지방 전체 주택 수의 10%($1,115 \times 0.1 = 111.5$만 호) 이상을 차지하는 수도권 외(지방) 지역은 부산, 경북, 경남이다. 이 중 지방 주택보급률인 109%보다 낮은 지역은 부산(103%)이며, 부산의 주택보급률과 전국 주택보급률의 차이는 약 $104 - 103 = 1\%\text{p}$이다.

[오답분석]

① 전국 주택보급률(104%)보다 낮은 지역은 수도권(서울, 인천, 경기), 지방에는 부산, 대전이 있다.

② 수도권 외(지방) 지역 중 주택 수가 가장 적은 지역은 12만 호인 세종이며, 세종의 주택보급률 109%보다 높은 지역은 '울산, 강원, 충북, 충남, 전북, 전남, 경북, 경남'으로 여덟 곳이다.

③ 가구 수가 주택 수보다 많은 지역은 주택보급률이 100% 미만인 서울이며, 전국에서 가구 수가 두 번째로 많다.

⑤ 주택 수가 가구 수의 1.1배 이상인 지역은 주택보급률이 110% 이상인 지역을 말한다. '울산, 강원, 충북, 충남, 전북, 전남, 경북, 경남'에서 가구 수가 세 번째로 적은 지역인 충북의 주택보급률은 지방 주택보급률보다 약 $113 - 109 = 4\%\text{p}$ 높다.

15

ㄷ. 출산율은 2017년까지 계속 증가하였으며, 2018년에는 감소하였다.

ㄹ. 출산율과 남성 사망률의 차이는 2014년부터 2018년까지 각각 18.2%p, 20.8%p, 22.5%p, 23.7%p, 21.5%p로 2017년이
   가장 크다.

[오답분석]

ㄱ. 2014년 대비 2018년의 전체 인구수의 증감률은 $\dfrac{12,808-12,381}{12,381} \times 100 ≒ 3.4\%$이다.

ㄴ. 가임기 여성의 비율과 출산율은 서로 증감 추이가 다르다.

16

ⓒ 전체 인구수는 계속하여 증가하고 있다.

ⓔ 여성 사망률이 가장 높았던 해는 7.8%로 2017년이다.

ⓜ 2018년은 출산율이 계속 증가하다가 감소한 해이다.

17

첫 항은 220개이고 n시간($n≥1$) 경과할 때마다 2^{n-1}개가 증가한다. n시간 경과했을 때의 세포 수를 a_n개라고 하자.

$$a_n=220+\sum_{k=1}^{n} 2^{k-1}$$

$$\to \sum_{k=1}^{n} 2^{k-1}=\frac{2^n-1}{2-1}=2^n-1$$

$$\therefore a_n=220+2^n-1=219+2^n$$

따라서 9시간 경과 후인 a_9는 $219+2^9=731$개이다.

18

X조건에서 Z세균은 계차가 피보나치수열로 번식한다.

구분	1일 차	2일 차	3일 차	4일 차	5일 차	6일 차	7일 차	8일 차	9일 차	10일 차
X조건에서의 Z세균	10	30	50	90	150	250	410	670	1,090	(A)
계차		20	20	40	60	100	160	260	420	680

따라서 (A)=1,090+680=1,770이다.

Y조건에서 Z세균은 전날의 2배로 번식한다.

구분	1일 차	2일 차	3일 차	4일 차	5일 차	6일 차	7일 차	8일 차	9일 차	10일 차
Y조건에서의 Z세균	1	1×2^1	1×2^2	1×2^3	1×2^4	1×2^5	1×2^6	1×2^7	1×2^8	(B)

따라서 (B)=1×2^9=512이다.

01	02	03	04	05	06	07	08	09	10	11	12	13	14	15	16	17	18	19	20
②	④	①	③	②	①	②	②	④	⑤	⑤	②	⑤	③	⑤	④	②	④	①	①

21	22	23	24	25
①	①	④	⑤	①

01

정답 ②

'야근을 하는 사람'을 A, 'X분야의 업무를 하는 사람'을 B, 'Y분야의 업무를 하는 사람'을 C라고 하면, 제시된 두 명제는 각각 다음과 같은 벤다이어그램으로 나타낼 수 있다.

i) 첫 번째 명제   ii) 두 번째 명제

이를 정리하면 다음과 같은 벤다이어그램이 성립한다.

따라서 'Y분야의 업무를 하는 어떤 사람은 X분야의 업무를 한다.'가 답이 된다.

02

정답 ④

'피자를 좋아하는 사람'을 p, '치킨을 좋아하는 사람'을 q, '감자튀김을 좋아하는 사람'을 r, '나'를 s라고 하면, 첫 번째 명제는 $p \rightarrow q$, 두 번째 명제는 $q \rightarrow r$, 세 번째 명제는 $s \rightarrow p$이다. 따라서 $s \rightarrow p \rightarrow q \rightarrow r$이 성립되며, '나는 감자튀김을 좋아한다.'가 답이 된다.

03

정답 ①

'갈매기'를 p, '육식을 하는 새'를 q, '바닷가에 사는 새'를 r, '헤엄을 치는 새'를 s라고 하면, 첫 번째 명제는 $p \rightarrow q$, 세 번째 명제는 $r \rightarrow p$, 네 번째 명제는 $s \rightarrow q$이다. 따라서 $s \rightarrow r$이 빈칸에 들어가야 $s \rightarrow r \rightarrow p \rightarrow q$가 되어 네 번째 명제인 $s \rightarrow q$가 성립된다. 참인 명제의 대우 역시 참이므로 '바닷가에 살지 않는 새는 헤엄을 치지 않는다.'가 답이 된다.

04

정답 ③

1행과 2행에 빈자리가 한 곳씩 있고 a자동차는 대각선을 제외하고 주변에 주차된 차가 없다고 하였으므로 a자동차는 1열이나 3열에 주차되어 있다. b자동차와 c자동차는 바로 옆에 주차되어 있다고 하였으므로 같은 행에 주차되어 있다. 1행과 2행에 빈자리가 한 곳씩 있다고 하였으므로 b자동차와 c자동차가 주차된 행에는 a자동차와 d자동차가 주차되어 있을 수 없다. 따라서 a자동차와 d자동차는 같은 행에 주차되어 있다. 이를 정리하면 다음과 같다.

• 경우 1

a		d
	b	c

• 경우 2

a		d
	c	b

• 경우 3

d		a
b	c	

• 경우 4

d		a
c	b	

[오답분석]

① 경우 1, 4에서는 b자동차의 앞 주차공간이 비어있지만, 경우 2, 3에서는 b자동차의 앞 주차공간에 d자동차가 주차되어 있으므로 항상 거짓은 아니다.

② 경우 1, 4에서는 c자동차의 옆 주차공간에 빈자리가 없지만, 경우 2, 3에서는 c자동차의 옆 주차공간에 빈자리가 있으므로 항상 거짓은 아니다.

④ 경우 1, 2, 3, 4에서 모두 a자동차와 d자동차는 1행에 주차되어 있으므로 항상 참이다.

⑤ 경우 1, 4에서는 d자동차와 c자동차가 같은 열에 주차되어 있지만, 경우 2, 3에서는 d자동차와 c자동차가 같은 열에 주차되어 있지 않으므로 항상 거짓은 아니다.

05

가장 최근에 입사한 사람이 D이므로 D의 이름은 가장 마지막인 다섯 번째에 적힌다. C와 D의 이름은 연달아 적히지 않았으므로 C의 이름은 네 번째에 적힐 수 없다. 또한 E는 C보다 먼저 입사하였으므로 E의 이름은 C의 이름보다 앞에 적는다. 따라서 C의 이름은 첫 번째에 적히지 않았다. 이를 정리하면 다음과 같이 3가지 경우가 나온다.

구분	첫 번째	두 번째	세 번째	네 번째	다섯 번째
경우 1	E	C			D
경우 2	E		C		D
경우 3		E	C		D

여기서 경우 2와 경우 3은 A와 B의 이름이 연달아서 적혔다는 조건에 위배된다. 경우 1만 성립하므로 정리하면 다음과 같다.

구분	첫 번째	두 번째	세 번째	네 번째	다섯 번째
경우 1	E	C	A	B	D
경우 2	E	C	B	A	D

E의 이름은 첫 번째에 적혔으므로 E는 가장 먼저 입사하였다. 따라서 B가 E보다 먼저 입사하였다는 ②는 항상 거짓이다.

[오답분석]

① C의 이름은 두 번째로 적혔고 A의 이름은 세 번째나 네 번째에 적혔으므로 항상 옳다.

③ E의 이름은 첫 번째에 적혔고 C의 이름은 두 번째로 적혔으므로 항상 옳다.

④ A의 이름이 세 번째에 적히면 B의 이름은 네 번째에 적혔고, A의 이름이 네 번째에 적히면 B의 이름은 세 번째에 적혔다. 따라서 참일 수도, 거짓일 수도 있다.

⑤ B의 이름은 세 번째 또는 네 번째에 적혔고, C는 두 번째에 적혔으므로 항상 옳다.

06

K씨는 2020년 상반기에 입사하였으므로 K씨의 사원번호 중 앞의 두 자리는 20이다. 또한 K씨의 사원번호는 세 번째와 여섯 번째 자리의 수가 같다고 하였으므로 세 번째와 여섯 번째 자리의 수를 x, 나머지 네 번째, 다섯 번째 자리의 수는 차례로 y, z라고 하자. 이를 정리하면 다음과 같다.

자리	첫 번째	두 번째	세 번째	네 번째	다섯 번째	여섯 번째
사원번호	2	0	x	y	z	x

사원번호 여섯 자리의 합은 9이므로 $2+0+x+y+z+x=9$이다. 이를 정리하면 $2x+y+z=7$이다. K씨의 사원번호 자리의 수는 세 번째와 여섯 번째 자리의 수를 제외하고 모두 다르다는 것을 주의하며 1부터 대입해보면 다음과 같다.

42 • 온라인 인적성검사

구분	x	y	z
경우 1	1	2	3
경우 2	1	3	2
경우 3	2	0	3
경우 4	2	3	0
경우 5	3	0	1
경우 6	3	1	0

네 번째 조건에 따라 y와 z자리에는 0이 올 수 없으므로 경우 1, 경우 2만 성립하고 K씨의 사원번호는 '201231'이거나 '201321'이다.

오답분석

② '201321'은 가능한 사원번호이지만 문제에서 항상 옳은 것을 고르라고 하였으므로 답이 될 수 없다.

③ K씨의 사원번호는 '201231'이거나 '201321'이다.

④ 사원번호 여섯 자리의 합이 9가 되어야 하므로 K씨의 사원번호는 '211231'이 될 수 없다.

⑤ K씨의 사원번호 네 번째 자리의 수가 다섯 번째 자리의 수보다 작다면 '201231'과 '201321' 중 K씨의 사원번호로 적절한 것은 '201231'이다.

07

정답 ②

주어진 조건대로 원탁에 인원을 배치할 경우 원형 테이블에 앉아있는 A를 기준으로 왼쪽을 바라보면 'A → D → F → B → C → E'와 'A → D → F → C → B → E' 두 가지 경우의 수로 앉을 수 있다. 두 경우에서 A와 D는 늘 붙어있으므로 ②가 정답이다.

08

정답 ②

네 사람이 진실을 말하고 있으므로 거짓말을 하는 사람이 한 명만 발생하는 경우를 찾아내면 된다. 확실하게 순서를 파악할 수 있는 C, D, E의 증언대로 자리를 배치할 경우 A는 첫 번째, C는 두 번째, D는 세 번째로 줄을 서게 된다. 이후 A와 B의 증언대로 남은 자리에 배치할 경우 B의 증언에서 모순이 발생하게 된다. 또한 B의 증언은 A의 증언과도 모순이 생기므로 ②가 정답임을 확인할 수 있다.

09

정답 ④

셔츠를 구입한 D를 기준으로 제시된 조건을 풀어내면 다음과 같다.

• D는 셔츠를 구입했으므로, 치마와 원피스를 입지 않는 B는 바지를 구입하게 된다.

• A는 셔츠와 치마를 입지 않으므로 B가 구입한 바지 대신 원피스를 고르게 된다.

• C는 원피스, 바지, 셔츠 외에 남은 치마를 구입하게 된다.

따라서 정답은 ④이다.

10

정답 ⑤

제시된 단어의 대응관계는 유의관계이다.

'변변하다'는 '지체나 살림살이가 남보다 떨어지지 아니하다.'는 뜻으로 '살림살이가 모자라지 않고 여유가 있다.'라는 뜻인 '넉넉하다'와 유의관계이다. 따라서 '여럿이 떠들썩하게 들고일어나다.'는 뜻을 가진 '소요(騷擾)하다'와 유의관계인 단어는 '시끄럽고 어수선하다.'라는 뜻인 '소란하다'이다.

오답분석

① 치유하다 : 치료하여 병을 낫게 하다.

② 한적하다 : 한가하고 고요하다.

③ 공겸하다 : 삼가는 태도로 겸손하게 자기를 낮추다.

④ 소유하다 : 가지고 있다.

11

정답 ⑤

제시된 단어의 대응관계는 유의관계이다.

'공시하다'는 '일정한 내용을 공개적으로 게시하여 일반에게 널리 알리다.'는 뜻으로 '세상에 널리 퍼뜨려 모두 알게 하다.'라는 뜻인 '반포하다'와 유의관계이다. 따라서 '서로 이기려고 다투며 덤벼들다.'는 뜻을 가진 '각축하다'와 유의관계인 단어는 '같은 목적에 대하여 이기거나 앞서려고 서로 겨루다.'라는 뜻인 '경쟁하다'이다.

[오답분석]
① 공들이다 : 어떤 일을 이루는 데 정성과 노력을 많이 들이다.
② 통고하다 : 서면(書面)이나 말로 소식을 전하여 알리다.
③ 독점하다 : 혼자서 모두 차지하다.
④ 상면하다 : 서로 만나서 얼굴을 마주 보다.

12

정답 ②

제시된 단어의 대응관계는 반의관계이다.

'침착하다'는 '행동이 들뜨지 아니하고 차분하다.'는 뜻으로 '말이나 행동이 조심성 없이 가볍다.'라는 뜻인 '경솔하다'와 반의관계이다. 따라서 '곱고 가늘다.'라는 뜻을 가진 '섬세하다'와 반의관계인 단어는 '거칠고 나쁘다.'라는 뜻인 '조악하다'이다.

[오답분석]
① 찬찬하다 : 동작이나 태도가 급하지 않고 느릿하다.
③ 감분(感憤)하다 : 마음속 깊이 분함을 느끼다.
④ 치밀하다 : 자세하고 꼼꼼하다.
⑤ 신중하다 : 매우 조심스럽다.

13

정답 ⑤

제시된 단어의 대응관계는 유의관계이다.

'겨냥하다'는 '목표물을 겨누다.'는 뜻으로 '목표나 기준에 맞고 안 맞음을 헤아려 보다.'라는 뜻인 '가늠하다'와 유의관계이다. 따라서 '기초나 터전 따위를 굳고 튼튼하게 하다.'는 뜻을 가진 '다지다'와 유의관계인 단어는 '세력이나 힘을 더 강하고 튼튼하게 하다.'라는 뜻인 '강화하다'이다.

[오답분석]
① 진거하다 : 앞으로 나아가다.
② 겉잡다 : 겉으로 보고 대강 짐작하여 헤아리다.
③ 요량하다 : 앞일을 잘 헤아려 생각하다.
④ 약화하다 : 세력이나 힘이 약해지다.

14

정답 ③

제시된 단어의 관계는 유의관계이다.

'뇌까리다'와 '지껄이다'는 각각 '아무렇게나 되는대로 마구 지껄이다.'와 '약간 큰 소리로 떠들썩하게 이야기하다.'는 뜻의 유의관계이다. 따라서 빈칸에는 '복되고 길한 일이 일어날 조짐이 있다.'는 뜻의 '상서롭다'와 유의관계인 '운이 좋거나 일이 상서롭다.'는 뜻의 '길하다'가 오는 것이 적절하다.

[오답분석]
① 망하다 : 개인, 가정, 단체 따위가 제 구실을 하지 못하고 끝장이 남
② 성하다 : 물건이 본디 모습대로 멀쩡함
④ 실하다 : 실속 있고 넉넉함
⑤ 달하다 : 일정한 표준, 수량, 정도 따위에 이름

15

정답 ⑤

제시된 단어의 대응관계는 유의관계이다.

'초췌하다'와 '수척하다'는 각각 '병, 근심, 고생 따위로 얼굴이나 몸이 여위고 파리하다.'와 '몸이 몹시 야위고 마른 듯하다.'는 뜻의 유의관계이다. 따라서 빈칸에는 '능력이나 품성 따위를 길러 쌓거나 갖춤'이란 뜻의 '함양'과 유의관계인 '길러 자라게 함'이란 뜻의 '육성'이 오는 것이 적절하다.

오답분석

① 집합 : 사람들을 한곳으로 모으거나 모임
② 활용 : 충분히 잘 이용함
③ 결실 : 일의 결과가 잘 맺어짐
④ 도출 : 어떤 생각이나 결론, 반응 따위를 이끌어냄

16

정답 ④

'유지(維持)'는 '어떤 상태나 상황을 그대로 보존하거나 변함없이 계속하여 지탱함'이라는 뜻이므로 '상당히 어렵게 보존하거나 유지하여 나감'이라는 뜻인 '부지(扶持/扶支)'와 유의관계이고, 나머지는 반의관계이다.

오답분석

① • 황혼 : 해가 지고 어스름해질 때. 또는 그때의 어스름한 빛
  • 여명 : 희미하게 날이 밝아 오는 빛. 또는 그런 무렵
② • 유별 : 여느 것과 두드러지게 다름
  • 보통 : 특별하지 아니하고 흔히 볼 수 있음
③ • 낭설 : 터무니없는 헛소문
  • 진실 : 거짓이 없는 사실
⑤ • 서막 : 일의 시작이나 발단
  • 결말 : 어떤 일이 마무리되는 끝

17

정답 ②

'엄정(嚴正)'은 '엄격하고 바름'이라는 뜻이므로 '긴장이나 규율 따위가 풀려 마음이 느슨함'이라는 뜻인 '해이(解弛)'와 반의관계이고, 나머지는 유의관계이다.

오답분석

① • 노리다 : 무엇을 이루려고 모든 마음을 쏟아서 눈여겨보다.
  • 겨냥하다 : 목표물을 겨누다.
③ • 성기다 : 물건의 사이가 뜨다.
  • 뜨다 : 물속이나 지면 따위에서 가라앉거나 내려앉지 않고 물 위나 공중에 있거나 위쪽으로 솟아오르다.
④ • 자아내다 : 어떤 감정이나 생각, 웃음, 눈물 따위가 저절로 생기거나 나오도록 일으켜 내다.
  • 끄집어내다 : 속에 있는 것을 끄집어서 밖으로 내다.
⑤ • 보편 : 모든 것에 두루 미치거나 통함.
  • 일반 : 특별하지 아니하고 평범한 수준.

18

정답 ④

'판이하다'는 '비교 대상의 성질이나 모양, 상태 따위가 아주 다름'이라는 뜻이므로 '비교가 되는 두 대상이 서로 같지 아니함'이라는 뜻인 '다르다'와 유의관계이고, 나머지는 반의관계이다.

오답분석

① • 득의 : 일이 뜻대로 이루어져 만족해하거나 뽐냄
  • 실의 : 뜻이나 의욕을 잃음
② • 엎어지다 : 서 있는 사람이나 물체 따위가 앞으로 넘어짐
  • 자빠지다 : 뒤로 또는 옆으로 넘어짐

③ • 화해 : 화목하게 어울림
  • 결렬 : 교섭이나 회의 따위에서 의견이 합쳐지지 않아 각각 갈라서게 됨
⑤ • 고상 : 품위나 몸가짐이 속되지 아니하고 훌륭함
  • 저열 : 품격이 낮고 보잘것없는 특성이나 성질

19

정답 ①

규칙은 가로 방향으로 적용된다.
두 번째는 첫 번째 도형을 시계 반대 방향으로 120° 회전시킨 도형이다.
세 번째는 두 번째 도형을 시계 방향으로 60° 회전시킨 도형이다.

20

정답 ①

규칙은 세로 방향으로 적용된다.
두 번째는 첫 번째 도형을 시계 방향으로 90° 돌린 도형이다.
세 번째는 두 번째 도형을 좌우 반전시킨 도형이다.

21

정답 ①

규칙은 가로 방향으로 적용된다.
두 번째는 첫 번째 도형을 좌우 대칭하여 합친 도형이다.
세 번째는 두 번째 도형을 시계 방향으로 90° 돌린 도형이다.

22

정답 ①

• 규칙
▼ : 1234 → 4321
△ : -1, +1, -1, +1
● : 0, -1, 0, -1
□ : 1234 → 1324
ㅅㄴㄹㅁ   →   ㅁㄹㄴㅅ   →   ㅁㄴㄹㅅ
       ▼   □

23

정답 ④

isog   →   irof   →   hsng
      ●   △

24

정답 ⑤

wnfy   →   yfnw   →   yenv
      ▼   ●

25

정답 ①

ㅈㄹㅋㄷ   →   ㅈㅋㄹㄷ   →   ㅇㅌㄷㄹ
        □   △

CHAPTER 05 2019년 기출복원문제

01 언어

01	02	03	04	05	06	07	08	09	10	11	12	13	14	15	16	17		
⑤	⑤	③	③	②	①	②	④	④	②	①	②	③	④	④	②	④		

01

ㄷ. 마켓홀의 천장벽화인 '풍요의 뿔'은 시장에서 판매되는 먹을거리가 하늘에서 떨어지는 모습을 표현하기 위해 4,500개의 알루미늄 패널을 사용했으며, 이 패널은 실내의 소리를 흡수하고 소음을 줄여주는 기능 또한 갖추고 있다.

ㄹ. 마켓홀은 전통시장의 상설화와 동시에 1,200대 이상의 차량을 주차할 수 있는 규모의 주차장을 구비해 그들이 자연스레 로테르담의 다른 상권에 찾아갈 수 있도록 도왔다.

[오답분석]

ㄱ. 마켓홀 내부에 4,500개의 알루미늄 패널을 설치한 것은 네덜란드의 예술가 아르노 코넨과 이리스 호스캄이다.

ㄴ. 마켓홀이 로테르담의 무역 활성화에 기여했다는 내용은 제시문에서 찾아볼 수 없다.

02

엑셀로드는 팃포탯 전략이 두 차례 모두 우승할 수 있었던 이유가 비열한 전략에는 비열한 전략으로 대응했기 때문임을 알게 되었다고 마지막 문단에서 언급하고 있다.

[오답분석]

① 네 번째 문단에 의하면 팃포탯을 만든 것은 심리학자인 아나톨 라포트 교수이다.

② 두 번째 문단에 의하면 죄수의 딜레마에서 자신의 이득이 최대로 나타나는 경우는 내가 죄를 자백하고 상대방이 죄를 자백하지 않는 것이다.

③·④ 다섯 번째 문단에서 엑셀로드는 팃포탯을 친절한 전략으로 분류했음을 확인할 수 있다.

03

제시문에서 베버가 다른 종교관을 지닌 지역에서 근대 자본주의가 발달할 수 있을 것이라고 생각했다는 내용은 찾아볼 수 없다.

[오답분석]

① 베버는 칼뱅주의의 종교관이 근대 자본주의 정신의 밑바탕이 된다고 생각했다.

② 세 번째 문단은 당시 자본주의의 근본이 통념과는 다른 것이라는 사실을 주장한 베버의 생각에 대하여 서술하고 있다.

④ 네 번째 문단은 근대 자본주의 정신의 가치관에 대한 베버의 답변을 서술하고 있다.

⑤ 마지막 문단에서 당시 베버가 자본주의의 정신이 변질되는 것에 대하여 경계했음을 확인할 수 있다.

04

이소크라테스는 영원불변하는 보편적 지식의 무용성을 주장했을 뿐, 존재 자체를 부정했다는 내용은 제시문에서 확인할 수 없다.

오답분석

① 플라톤의 이데아론은 삶과 행위의 구체적이고 실제적인 일상이 무시된 채 본질적이고 이념적인 영역을 추구하고 있다는 비판을 받고 있다.
② 물질만능주의는 모든 관계를 돈과 같은 가치에 연관시켜 생각하는 행위로, 탐욕과 사리사욕을 위한 교육에 매진하는 소피스트들과 일맥상통하는 면이 있다.
④ 이소크라테스는 이데아론의 무용성을 주장하면서 동시에 비도덕적이고 지나치게 사리사욕을 위한 소피스트들의 교육을 비판했다.
⑤ 이소크라테스는 삶과 행위의 문제를 이론적이고도 실제적으로 해석하면서도, 도덕이나 정당화의 문제보다는 변화하는 실제적 행위만 추구한 소피스트들을 비판했기에 훌륭한 말(실제적 문제)과 미덕(도덕과 정당화)를 추구했음을 알 수 있다.

05

제시문에서는 좌뇌형 인간과 우뇌형 인간이라는 개념이 지닌 허점에 대하여 지적할 뿐, 브로카 영역과 베르니케 영역이 존재하는 좌반구가 손상을 받으면 언어 장애가 생긴다는 사실에 대해서는 긍정하고 있다. 실제로 베르니케 영역이 손상되면 '베르니케 실어증'이 생기며, 청각이나 시각은 정상이지만 말을 듣거나 글을 읽을 경우 그 내용을 이해할 수 없게 된다.

06

리플리 증후군 환자와 사기범죄자의 차이는 자신이 거짓말을 하고 있는지 아닌지를 인지하고 있는가, 그리고 그 거짓말을 들키는 것을 두려워하는가이다. 따라서 거짓말 탐지기나 취조, 증거물 제시 등의 방법으로 둘의 차이를 구분할 수 있을 것이다.

오답분석

② 세 번째 단락을 통해 현재까지 리플리 증후군의 정확한 원인은 밝혀지지 않았으며, 여러 가설만이 존재한다는 사실을 확인할 수 있다. 따라서 원인이 복합적일 가능성을 배제할 수 없다.
③ 제시된 가설의 경우 스트레스와 좌절감, 학대와 뇌 질환 등 다양한 정신적・육체적 문제를 그 원인으로 지목하고 있다.
④ 첫 번째 문단을 통해 소설 속 리플리와 같은 증상이 나타나면서 20세기 후반부터 정신병리학자들의 본격적인 연구 대상이 되었다는 사실을 알 수 있다. 따라서 소설 이전에는 별다른 연구 대상이 되지 않았음을 추론할 수 있다.
⑤ 리플리 증후군이 작화증의 일종이라는 가설이 사실로 나타날 경우, 작화증의 발생 원인인 해마의 손상을 치료함에 따라 리플리 증후군 또한 치료될 가능성이 있다.

07

제시문은 첫 문단에서 유행에 따라 변화하는 흥행영화 제목의 글자 수에 대한 이야기를 언급한 뒤 다음 문단에서 2000년대에 유행했던 영화의 제목 글자 수와 그 예시를, 그 다음 문단에서는 2010년대에 유행했던 영화의 제목 글자 수와 그 사례, 그리고 흥행에 실패한 사례를 예시로 들고 있다.

08

탄소배출권거래제는 의무감축량을 초과 달성했을 경우 초과분을 거래할 수 있는 제도이다. 따라서 온실가스의 초과 달성분을 구입 혹은 매매할 수 있음을 추측할 수 있으며, 빈칸 이후 문단에서도 탄소배출권을 일종의 현금화가 가능한 자산으로 언급함으로써 이러한 추측을 돕고 있다. 따라서 ④가 빈칸에 들어갈 말로 가장 적절하다.

오답분석

① 청정개발체제에 대한 설명이다.
② 제시문에는 탄소배출권거래제가 가장 핵심적인 유연성체제라고는 언급되어 있지 않다.
③ 제시문에서 탄소배출권거래제가 6대 온실가스 중 이산화탄소를 줄이는 것을 특히 중요시한다는 내용은 확인할 수 없다.
⑤ 탄소배출권거래제가 탄소배출권이 사용되는 배경이라고는 볼 수 있으나, 다른 감축의무국가를 도움으로써 탄소배출권을 얻을 수 있다는 내용은 제시문에서 확인할 수 없다.

09

보기의 단락은 아쿠아포닉스의 단점에 대해 설명하고 있다. 따라서 보기의 단락 앞에는 아쿠아포닉스의 장점이 설명되고, 단락 뒤에는 단점을 해결하는 방법이나 추가적인 단점 등이 오는 것이 옳다. 또한, 세 번째 문단의 '이러한 수고로움'이 앞에 제시되어야 하므로, 보기가 들어갈 곳으로 가장 적절한 것은 (라)이다.

10

제시문은 관객이 영화를 수용할 때 자주 쓰이는 동일시 이론에 대해 문제를 제기하며 칸트의 '무관심성', 그리고 '방향 공간'과 '감정 공간'으로 관객이 영화를 지각할 수 있는 원리를 설명할 수 있음을 주장하고 있다. 따라서 (나) 영화를 보면서 흐름을 지각하는 것을 제대로 설명하지 못하는 '동일시 이론' → (가) 영화 흐름의 지각에 대해 설명할 수 있는 칸트의 '무관심성' → (라) 영화의 생동감을 체험할 수 있게 하는 '방향 공간' → (마) 영화의 생동감을 체험할 수 있게 하는 또 다른 이유인 '감정 공간' → (다) 관객이 영화를 지각하는 과정에 대한 정리의 순서대로 나열하는 것이 올바르다. 따라서 글의 순서는 (나) – (가) – (라) – (마) – (다)이며, 글의 구조로는 ②가 가장 적절하다.

11

제시문은 진리에 대한 세 가지 이론인 대응설, 정합설, 실용설을 소개하고 그 한계점에 대하여 설명하고 있다. 따라서 (나) 대응설 이론 소개 → (바) 대응설의 한계점 → (가) 정합설 이론 소개 → (마) 정합설의 한계점 → (다) 실용설 이론 소개 → (라) 실용설의 한계점의 순서대로 이어져야 한다. 따라서 글의 순서는 (나) – (바) – (가) – (마) – (다) – (라)이며, 글의 구조로는 ①이 가장 적절하다.

12

(나)는 우리가 몸에 익히게 된 일상적 행위의 대부분을 의식하지 않고도 수행할 수 있음을 설명하며, (다)와 (가)를 통해 이러한 현상이 우리의 언어 사용 행위에서도 나타남을 설명한다. (라)는 언어 사용 행위뿐만 아니라 사유 행위도 일상적 행위와 같이 의식하지 않고도 수행할 수 있음을 설명한다. 따라서 글의 순서는 (나) – (다) – (가) – (라)이며, 글의 구조로는 ②가 가장 적절하다.

13

(바)는 사람들이 혐오스럽다고 생각하는 소리가 혐오감을 유발하는 까닭에 대해 의문을 제기한다. 이에 대한 원인으로 (나)에서는 소리의 고주파를 제시하고, (다)와 (마)에서는 그 원인이 선천적 이유 때문이라는 블레이크와 힐렌브랜드의 이론을 제시하였다. (라)와 (가)에서는 기존의 이론들을 반박하며 소리보다는 시각이 혐오감을 불러일으킨다고 입장을 바꾼 힐렌브랜드의 주장을 제시하고, 이를 뒷받침하는 필립 호지슨의 실험을 함께 제시하였다. 따라서 글의 순서는 (바) – (나) – (다) – (마) – (라) – (가)이며, 구조로는 ③이 가장 적절하다.

14

'Ⅱ – 2 – (1)'은 국내에 있는 외국인 노동자가 국내 문화에 적응을 하지 못하고 있다는 점을 지적하고 있다. 따라서 ⓔ에는 국내 외국인 노동자가 국내 문화에 잘 적응할 수 있도록 하는 방안이 제시되어야 한다.

15

기존의 개요 (가)와 자료 (나)에서 저성장과 관련된 내용은 확인할 수 없다. 따라서 저성장 시대에 재해 예방을 고려한 도시계획 세우기가 아니라, 4차 산업혁명과 관련된 '최첨단', '스마트', '똑똑한', '편리함' 등의 키워드를 넣은 재해 예방을 고려한 도시계획 세우기가 적절하다.

16

정답 ②

용해는 '물질이 액체 속에서 균일하게 녹아 용액이 만들어지는 현상'이고, 융해는 '고체에 열을 가했을 때 액체로 되는 현상'을 의미한다. 따라서 글의 맥락상 '용해되지'가 적절하다.

17

정답 ④

ⓔ의 '받아들이다'는 '다른 문화·문물을 받아서 자기 것으로 되게 하다.'라는 뜻이다. 따라서 '급여, 배급 따위를 받다.'라는 뜻의 '수급하다'로는 바꾸어 쓸 수 없다.

02　수리

01	02	03	04	05	06	07	08	09	10	11	12	13	14	15	16	17	18	19	20
①	⑤	③	④	①	③	④	④	⑤	②	②	⑤	⑤	③	①	②	⑤	④	④	②

01

정답 ①

전체 일의 양을 1이라고 할 때 A, B, C직원이 각각 1분 동안 혼자 할 수 있는 일의 양을 각각 a, b, c라고 하자.

$a = \dfrac{1}{120}$

$a + b = \dfrac{1}{80} \rightarrow b = \dfrac{1}{80} - \dfrac{1}{120} = \dfrac{1}{240}$

$b + c = \dfrac{1}{60} \rightarrow c = \dfrac{1}{60} - \dfrac{1}{240} = \dfrac{1}{80}$

$\therefore a + b + c = \dfrac{1}{120} + \dfrac{1}{240} + \dfrac{1}{80} = \dfrac{2+1+3}{240} = \dfrac{1}{40}$

따라서 A, B, C직원이 함께 건조기 1대의 모터를 교체하는 데 걸리는 시간은 40분이다.

02

정답 ⑤

작년에 입사한 남자 신입사원 수를 x명, 여자 신입사원 수를 y명이라고 하자.

$x + y = 55 \cdots$ ㉠

$1.5x + 0.6y = 60 \cdots$ ㉡

㉠과 ㉡을 연립하면 $x = 30$, $y = 25$이다.

따라서 올해 여자 신입사원 수는 $25 \times 0.6 = 15$명이다.

03

정답 ③

A는 8일마다 $\dfrac{1}{2}$씩 포장할 수 있으므로 24일 후에 남은 물품의 수는 다음과 같다.

처음	8일 후	16일 후	24일 후
512개	256개	128개	64개

B가 처음 받은 물품의 개수를 x개라고 하자. 24일 후에 B에게 남은 물품의 개수는 64개이고 2일마다 $\dfrac{1}{2}$씩 포장하므로 24일 동안 12번을 포장한다.

$$x \times \left(\frac{1}{2}\right)^{12} = 64 \rightarrow x \times 2^{-12} = 2^6$$

$$\therefore \; x = 2^{6+12}$$

따라서 B는 처음에 2^{18}개의 물품을 받았다.

04

정답 ④

동전을 던져서 앞면이 나오는 횟수를 x회, 뒷면이 나오는 횟수를 y회라고 하자.

$x + y = 5 \cdots \bigcirc$

0에서 출발하여 동전의 앞면이 나오면 $+2$만큼 이동하고, 뒷면이 나오면 -1만큼 이동하므로

$2x - y = 4 \cdots \bigcirc$

$\bigcirc$과 $\bigcirc$을 연립하면 $x = 3$, $y = 2$이다.

동전의 앞면이 나올 확률과 뒷면이 나올 확률은 각각 $\frac{1}{2}$이다.

따라서 동전을 던져 수직선 위의 A가 4로 이동할 확률은 $_5C_3\left(\frac{1}{2}\right)^3\left(\frac{1}{2}\right)^2 = \frac{5}{16}$이다.

05

정답 ①

1팀에 속한 사람이 모두 만나 한 번씩 경기하는 횟수는 $5+4+3+2+1 = 15$번이고, 마찬가지로 2팀에 속한 사람이 경기하는 횟수는 $6+5+4+3+2+1 = 21$번이다.

각 팀의 1, 2위가 본선에 진출하여 경기하는 횟수는 2명씩 준결승 경기 각각 2번, 결승전 1번, 3·4위전 1번으로 총 4번이다.

따라서 경기를 관람하는 데 필요한 총 비용은 $(21+15) \times 20,000 + 4 \times 30,000 = 720,000 + 120,000 = 840,000$원이다.

06

정답 ③

A는 0, 2, 3을 뽑았으므로 3200이 만들 수 있는 가장 큰 세 자리 숫자이다. 이처럼 5장 중 3장의 카드를 뽑는데 카드의 순서를 고려하지 않고 뽑는 전체 경우의 수는 $_5C_2 = 10$가지이다.

B가 이기려면 4가 적힌 카드를 뽑거나 1, 2, 3의 카드를 뽑아야 한다.

4가 적힌 카드를 뽑는 경우의 수는 4가 한 장을 차지하고 나머지 2장의 카드를 뽑아야 하므로 $_4C_2 = 6$가지이고, 1, 2, 3카드를 뽑는 경우는 1가지이다.

따라서 B가 이길 확률은 $\frac{7}{10} \times 100 = 70\%$이다.

07

정답 ④

O사원이 걸어간 거리는 $1.8 \times 0.25 = 0.45$km이고, 자전거를 탄 거리는 $1.8 \times 0.75 = 1.35$km이다. 3km/h와 30km/h를 각각 분단위로 환산하면 각각 0.05km/분, 0.5km/분이다. 이를 기준으로 이동시간을 계산하면 O사원이 걸은 시간은 $\frac{0.45}{0.05} = 9$분이고, 자전거를 탄 시간은 $\frac{1.35}{0.5} = 2.7$분이다. 즉, 총 이동시간은 $9+2.7 = 11.7$분이고, 0.7분을 초로 환산하면 $0.7 \times 60 = 42$초이다. 따라서 O사원이 출근하는 데 걸린 시간은 11분 42초이다.

08

정답 ④

증발하기 전 농도가 15%인 소금물의 양을 xg이라고 하자. 이 소금물의 소금의 양은 $0.15x$g이고, 5% 증발했으므로 증발한 후의 소금물의 양은 $0.95x$g이다. 또한, 농도가 30%인 소금물의 소금의 양은 $200 \times 0.3 = 60$g이다.

$$\frac{0.15x+60}{0.95x+200} = 0.2 \rightarrow 0.15x+60 = 0.2(0.95x+200) \rightarrow 0.15x+60 = 0.19x+40 \rightarrow 0.04x = 20$$

$$\therefore \; x = 500$$

따라서 증발 전 농도가 15%인 소금물의 양은 500g이다.

09

정답 ⑤

3월의 개체 수는 1월과 2월의 개체 수를 합한 것과 같고, 4월의 개체 수는 2월과 3월을 합한 것과 같다. 즉, 물고기의 개체 수는 피보나치수열로 증가하고 있다.

n을 월이라고 하고 A물고기의 개체 수를 a_n이라고 하자.

$a_1 = 1,\ a_2 = 1,\ a_n = a_{n-1} + a_{n-2}\,(n \geq 3)$

구분	1월	2월	3월	4월	5월	6월	7월	8월	9월	10월	11월	12월
개체 수	1	1	2	3	5	8	13	21	34	55	89	144

따라서 12월의 A물고기 수는 144마리이다.

10

정답 ②

A금붕어, B금붕어가 팔리는 일을 n일이라고 하고, 남은 금붕어의 수를 각각 a_n, b_n이라고 하자.

A금붕어는 하루에 121마리씩 감소하고 있으므로 $a_n = 1,675 - 121(n-1) = 1,796 - 121n$이다.

그러므로 10일 차에 남은 A금붕어는 $1,796 - 121 \times 10 = 1,796 - 1,210 = 586$마리이다.

B금붕어는 매일 3, 5, 9, 15, …마리씩 감소하고 있고, 계차의 차는 2, 4, 6, …이다.

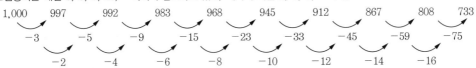

그러므로 10일 차에 남은 B금붕어는 733마리이다.

따라서 A금붕어는 586마리, B금붕어는 733마리가 남았다.

11

정답 ②

중국의 의료 빅데이터 예상 시장 규모의 전년 대비 성장률을 구하면 다음과 같다.

구분	2015년	2016년	2017년	2018년	2019년	2020년	2021년	2022년	2023년	2024년
성장률(%)	–	56.3	90.0	60.7	93.2	64.9	45.0	35.0	30.0	30.0

따라서 ②의 그래프가 적절하다.

12

정답 ⑤

ㄱ. 2017년 대비 2019년 의사 수의 증가율은 $\frac{11.40 - 10.02}{10.02} \times 100 \fallingdotseq 13.77\%$이며, 간호사 수의 증가율은 $\frac{19.70 - 18.60}{18.60} \times 100$

   $\fallingdotseq 5.91\%$이다.

   따라서 의사 수의 증가율은 간호사 수의 증가율보다 $13.77 - 5.91 = 7.86\%p$ 높다.

ㄷ. 2010 ~ 2014년 동안 의사 한 명당 간호사 수를 구하면 다음과 같다.

   • 2010년 : $\frac{11.06}{7.83} \fallingdotseq 1.41$명   • 2011년 : $\frac{11.88}{8.45} \fallingdotseq 1.40$명

   • 2012년 : $\frac{12.05}{8.68} \fallingdotseq 1.38$명   • 2013년 : $\frac{13.47}{9.07} \fallingdotseq 1.48$명

   • 2014년 : $\frac{14.70}{9.26} \fallingdotseq 1.58$명

   따라서 2014년도의 의사 한 명당 간호사 수가 약 1.58명으로 가장 많다.

ㄹ. 2013 ~ 2016년까지 간호사 수 평균은 $\frac{13.47 + 14.70 + 15.80 + 18.00}{4} \fallingdotseq 15.49$만 명이다.

오답분석

ㄴ. 2011 ~ 2019년 동안 전년 대비 의사 수 증가량이 2천 명 이하인 해는 2014년이다. 2014년의 의사와 간호사 수의 차이는 $14.7 - 9.26 = 5.44$만 명이다.

13

강수량의 증감 추이를 나타내면 다음과 같다.

1월	2월	3월	4월	5월	6월	7월	8월	9월	10월	11월	12월
−	증가	감소	증가	감소	증가	증가	감소	감소	감소	감소	증가

이와 동일한 추이를 보이는 그래프는 ⑤이다.

[오답분석]

① 증감 추이는 같지만 4월의 강수량이 50mm 이하로 표현되어 있다.

14

ⓛ 국가채권 중 조세채권의 전년 대비 증가율은 다음과 같다.

- 2015년 : $\dfrac{30-26}{26} \times 100 ≒ 15.4\%$

- 2017년 : $\dfrac{38-34}{34} \times 100 ≒ 11.8\%$

따라서 조세채권의 전년 대비 증가율은 2017년에 비해 2015년이 높다.

ⓒ 융자회수금의 국가채권과 연체채권의 총합이 가장 높은 해는 142조 원으로 2017년이다. 연도별 경상 이전수입의 국가채권과 연체채권의 총합을 구하면 각각 15, 15, 17, 18조 원이므로 2017년이 가장 높다.

[오답분석]

㉠ 2014년 총 연체채권은 27조 원으로, 2016년 총 연체채권의 80%인 36×0.8=28.8조 원보다 작다.

㉣ 2014년 대비 2017년 경상 이전수입 중 국가채권의 증가율은 $\dfrac{10-8}{8} \times 100 = 25\%$이며, 경상 이전수입 중 연체채권의 증가율은 $\dfrac{8-7}{7} \times 100 ≒ 14.3\%$로 국가채권 증가율이 더 높다.

15

룰렛 각 구간의 x, y, z 규칙은 다음과 같다.

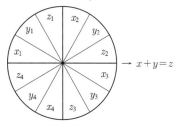 $\rightarrow x+y=z$

이를 통해 ⓛ=40−23=17인 것을 알 수 있다.

다음으로 각 구간을 라고 할 때 A, B, C, D의 규칙은 다음과 같다.

A, B, C, D의 값을 각 구간의 $x+y+z$라고 하자.

B를 제외한 A, C, D의 값을 구하면 10, B, 40, 80이다.

이에 따라 B=ⓒ+9+㉠=20 → ㉠+ⓒ=11

㉠+ⓒ=11과 ㉠=ⓒ+9를 연립하면 ㉠=10, ⓒ=1이다.

∴ ㉠+ⓛ+ⓒ=10+17+1=28

16

정답 ②

룰렛의 각 구간을 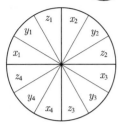 라고 할 때 각 구간의 x, y, z 규칙은 다음과 같다.

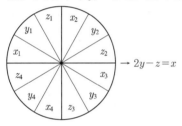

A는 $+1$, B는 $+2$, C는 $+3$, D는 $+4$이다.

이를 통해 ㉢$=$㉡$+1=$㉠$+2$인 것을 알 수 있다.

A, B, C, D의 값을 각 구간의 $x+y+z$라고 하자.

A를 제외한 B, C, D의 값을 구하면 A, 51, 81, 111이다. 이에 따라 ㉠$+$㉡$+$㉢$=21$이다.

3㉠$+3=21$ → ㉠$=6$이고, ㉡$=$㉠$+1=7$, ㉢$=$㉠$+2=8$이다.

$\therefore$ (㉠$+$㉢)$\div$㉡$=(6+8)\div 7=2$

17

정답 ⑤

룰렛 각 구간의 x, y, z 규칙은 다음과 같다.

→ $2y-z=x$

이를 통해 ㉠$=2\times 2-2=2$와 ㉡$+$㉢$=14$인 것을 알 수 있다.

다음으로 각 구간을 라고 할 때 A, B, C, D의 규칙은 다음과 같다.

A, B, C, D의 값을 각 구간의 $x+2y+3z$라고 하자.

C를 제외한 A, B, D의 값을 구하면 12, 24, C, 480이다. 이에 따라 $C=$㉡$+2\times 7+3\times$㉢$=36$ → ㉡$+3$㉢$=22$이다.

㉡$+3$㉢$=22$와 $14=$㉡$+$㉢을 연립하면 ㉡$=10$, ㉢$=4$이다.

$\therefore$ ㉠$\times$㉡$\times$㉢$=2\times 10\times 4=80$

18

정답 ④

(가운데 숫자)$=\dfrac{(시침의\ 숫자)+(분침의\ 숫자)}{2}$인 수열이다.

$A : \dfrac{12+2}{2}=7$

$B : 2\times 11-12=10$

$\therefore \text{A}\times\text{B}=7\times 10=70$

19

가운데 숫자는 $+1$, $+3$, $+5$, …인 수열이다.
$A : 11+1=12$
(시침의 숫자)$+$(분침의 숫자)$+$(가운데 숫자)$=30$
$B : 30-20-5=5$
$\therefore A+B=12+5=17$

20

정답 ②

가운데 숫자는 $+6$을 하는 수열이다.
$A : 3+6=9$
(가운데 숫자)$-$(시침의 숫자)$\times2=$(분침의 숫자)
$B : 9-4\times2=1$
$\therefore A\times B=9$

03	추리

01	02	03	04	05	06	07	08	09	10	11	12	13	14	15	16				
③	②	⑤	③	②	①	②	②	①	④	④	②	④	②	③	④				

01

정답 ③

제시된 단어는 유의관계로, '만족하다'의 유의어는 '탐탁하다'이다.

02

정답 ②

'돛단배'는 '바람'의 힘으로 움직이고, '전등'은 '전기'의 힘으로 빛을 낸다.

03

정답 ⑤

'응분'은 '어떤 정도나 분수에 맞음'을 의미하며, '분수에 넘침'을 의미하는 '과분'과 반의관계이다. '겸양하다'는 '겸손한 태도로 양보하거나 사양하다.'라는 의미로, '잘난 체하다.'라는 의미의 '젠체하다'와 반의관계이다.

04

정답 ③

'칠칠하다'는 '성질이나 일 처리가 반듯하고 야무지다.'라는 의미로, '야무지다'와 유의관계이다. '널널하다'와 '너르다'는 모두 '공간이 넓다. 또는 어떤 일이 여유가 있다.'라는 의미로, 서로 유의관계이다.

오답분석
② • 낙찰 : 경매나 경쟁 입찰 등에서 물건이나 일이 어떤 사람이나 단체에 가도록 결정됨
　 • 유찰 : 입찰 결과 낙찰이 결정되지 않고 무효로 돌아감
④ • 가축 : 집에서 기르는 짐승
　 • 야수 : 사람에게 길들지 않은 사나운 야생의 짐승

05

'오디'는 뽕나무의 열매이고, '뽕잎'은 뽕나무의 잎이다.

[오답분석]

①·③·④·⑤는 앞의 단어가 뒤의 단어의 재료가 된다. 즉, 재료와 가공품의 관계이다.

• 견사(絹絲) : 깁이나 비단을 짜는 명주실

06

정답 ①

'괄시(恝視)'는 '업신여겨 하찮게 대함'이고, '후대(厚待)'는 '아주 잘 대접함'으로 반의관계이다.

[오답분석]

②·③·④·⑤는 유의관계이다.

07

정답 ②

첫 번째 조건과 두 번째 조건에 따라 물리학과 학생은 흰색만 좋아하는 것을 알 수 있으며, 세 번째 조건과 네 번째 조건에 따라 지리학과 학생은 흰색과 빨간색만 좋아하는 것을 알 수 있다. 전공별로 좋아하는 색을 정리하면 다음과 같다.

경제학과	물리학과	통계학과	지리학과
검은색, 빨간색	흰색	빨간색	흰색, 빨간색

이때 검은색을 좋아하는 학과는 경제학과뿐이므로 C가 경제학과임을 알 수 있으며, 빨간색을 좋아하지 않는 학과는 물리학과뿐이므로 B가 물리학과임을 알 수 있다. 따라서 항상 참이 되는 것은 ②이다.

08

정답 ②

A는 B와 C를 범인으로 지목하고, D는 C를 범인으로 지목하고 있다. A의 진술은 진실인데 D는 거짓일 수 없으므로 A와 D의 진술이 모두 진실인 경우와, A의 진술이 거짓이고 D의 진술은 참인 경우, 그리고 A와 D의 진술이 모두 거짓인 경우로 나누어 볼 수 있다.

ⅰ) A와 D의 진술이 모두 진실인 경우 : B와 C가 범인이므로 B와 C가 거짓을 말해야 하며, A, D, E는 반드시 진실을 말해야 한다. 그런데 E가 거짓을 말하고 있으므로 2명만 거짓을 말해야 한다는 조건에 위배된다.

ⅱ) A의 진술은 거짓, D의 진술은 진실인 경우 : B는 범인이 아니고 C만 범인이므로 B는 진실을 말하고, B가 범인이 아니라고 한 E도 진실을 말한다. 따라서 A와 C가 범인이다.

ⅲ) A와 D의 진술이 모두 거짓일 경우 : 범인은 A와 D이고, B, C, E는 모두 진실이 된다.

따라서 A와 C 또는 A와 D가 동시에 범인이 될 수 있다.

09

정답 ①

6명이 앉은 테이블은 빈자리가 없고, 4명이 앉은 테이블에만 빈자리가 있으므로 첫 번째, 세 번째 조건에 따라 A, I, F는 4명이 앉은 테이블에 앉아 있음을 알 수 있다. 4명이 앉은 테이블에서 남은 자리는 1개뿐이므로, 두 번째, 다섯 번째, 여섯 번째 조건에 따라 C, D, G, H, J는 6명이 앉은 테이블에 앉아야 한다. 마주보고 앉는 H와 J를 6명이 앉은 테이블에 먼저 배치하면 G는 H의 왼쪽 또는 오른쪽 자리에 앉고, 따라서 C와 D는 J를 사이에 두고 앉아야 한다. 이때 네 번째 조건에 따라 어떤 경우에도 E는 6명이 앉은 테이블에 앉을 수 없으므로, 4명이 앉은 테이블에 앉아야 한다. 따라서 4명이 앉은 테이블에는 A, E, F, I가, 6명이 앉은 테이블에는 B, C, D, G, H, J가 앉는다. 이를 정리하면 다음과 같다.

• 4명이 앉은 테이블 : A와 I 사이에 빈자리가 하나 있고, F는 양 옆 중 오른쪽 자리만 비어 있다. 따라서 다음과 같이 4가지 경우의 수가 발생한다.

56 • 온라인 인적성검사

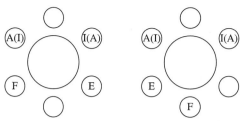

- 6명이 앉은 테이블 : H와 J가 마주본 상태에서 G가 H의 왼쪽 또는 오른쪽 자리에 앉고, C와 D는 J를 사이에 두고 앉는다. 따라서 다음과 같이 4가지 경우의 수가 발생한다.

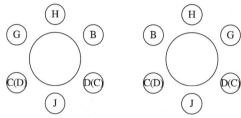

어떤 경우에도 A와 B는 다른 테이블이므로, ①은 항상 거짓이다.

10

정답 ④

규칙은 가로 방향으로 적용된다.
첫 번째 도형의 색칠된 부분과 두 번째 도형의 색칠된 부분이 겹치는 부분을 색칠한 도형이 세 번째 도형이 된다.

11

정답 ④

규칙은 세로 방향으로 적용된다.
첫 번째 도형과 두 번째 도형의 색칠된 부분을 합치면 세 번째 도형이 된다.

12

정답 ②

- 전체규칙 : 외부 도형 배경 색 변환(흰색 → 회색 → 검은색 → 흰색 → …)
- 개별규칙

  – □ : 해당 칸의 도형 색 반전

  – □ : 해당 칸의 도형 좌우대칭

  – □ : 해당 칸의 도형 시계 방향으로 90° 회전

  ※ 규칙이 있는 칸이 빈칸일 때는 해당 칸의 규칙을 나머지 모든 칸에 적용

13

정답 ④

- 전체규칙 : 내부 도형 시계 반대 방향으로 90° 회전
- 개별규칙

  – : 전체 도형 시계 방향으로 한 칸씩 이동

  – : 해당 칸의 도형 색 반전

  – : 해당 칸의 도형 상하대칭

  – : 해당 칸의 도형 180° 회전

  ※ 규칙이 있는 칸이 빈칸일 때는 해당 칸의 규칙을 나머지 모든 칸에 적용

14

정답 ②

가장 큰 도형은 그대로, 첫 번째 도형을 기준으로 외부도형은 화살표가 가리키는 방향으로 이동 후 시계 반대 방향으로 90° 회전, 첫 번째 도형을 기준으로 내부도형은 화살표가 가리키는 방향으로 이동 후 시계 방향으로 90° 회전하는 규칙이다.

15

정답 ③

가장 큰 도형은 그대로, 첫 번째 도형을 기준으로 왼쪽 도형은 시계 방향으로 바깥에서 안쪽으로 안쪽에서 바깥쪽으로 이동, 첫 번째 도형을 기준으로 오른쪽 도형은 위, 아래로 이동하는 규칙이다.

16

정답 ④

가장 큰 도형은 색 반전, 외부도형은 시계 반대 방향으로 가장 큰 도형을 기준으로 한 칸씩 이동, 내부도형은 시계 방향으로 90° 회전하면서 대각선으로 이동하는 규칙이다.

01 언어

01	02	03	04	05	06	07	08	09	
②	⑤	②	⑤	④	⑤	②	④	⑤	

01

정답 ②

제시된 ⓒ은 주장의 타당성을 위해 구체적인 수치를 제시하고 있는 반면, ②는 권위자의 이론을 바탕으로 설명하고 있다.

오답분석
① 특징을 나열하여 전개하고 있다.
③ 예화를 통해서 주장을 뒷받침하고 있다.
④ 특정 사안을 바라보는 서로 다른 관점을 제시한다.
⑤ 감정에 호소하여 주장을 관철시키려 하고 있다.

02

정답 ⑤

두 번째 문단에서 과시 소비는 합리성이나 유용성의 논리만으로 설명되지 않으며, 신분의 논리가 개입함으로써 개인이 소비를 통해 신분을 과시하려 한다고 하였다.

오답분석
① 소비가 더 이상 '합리적 소비' 행위에 머물지 않고 소비에 정서적・사회심리학적 요인이 개입한다고 하였을 뿐, 이론 그 자체에 '치명적 모순'이 있다는 설명은 없다.
② '인간의 기본적인 생존 욕구를 충족시켜 주는 합리적 소비 수준에 머물지 않고, 소비는 자신을 표현하는 상징적 행위가 된 것'이라고 하였을 뿐, 생존 욕구와 상관이 없는 것은 아니다.
③ 과시 소비의 중심에는 신분의 논리가 있으며, 신분의 논리는 유용성의 논리나 시장의 논리로 설명되지 않는 것들을 설명해 준다고 하였다. 따라서 유용성의 논리로는 과시 소비의 현상을 설명할 수 없다.
④ 폐쇄적 계층 사회에서는 권력자가 힘을 통해 자기의 취향을 주위 사람들과 분리시키고, 자신의 취향을 과시함으로써 잠재적 경쟁자들을 통제하였다. 따라서 권력자를 제외한 사람들은 과시적 소비를 일부 제한당했지만, 권력자는 제한 없이 과시적 소비를 한 것으로 볼 수 있다.

03

정답 ②

청색기술의 대상이 되는 동식물은 오랫동안 진화를 거듭하여 자연에 적응한 동식물이다.

04

정답 ⑤

시민 단체들은 농부와 노동자들이 스스로 조합을 만들어 환경친화적으로 농산물을 생산하도록 교육하고 이에 필요한 자금을 지원하는 역할을 했을 뿐, 이들이 농산물을 직접 생산하고 판매한 것은 아니다.

05

정답 ④

두 번째 문단의 마지막 두 문장에 따르면 지구상의 많은 식물들이 꿀벌을 매개로 번식하며, 꽃가루받이를 할 꿀벌이 사라진다면 이러한 식물군 전체가 열매를 맺지 못할 위기에 놓인다고 하였다. 그러나 마지막 문단 네 번째 줄에 따르면 자원봉사자를 투입하여 꽃가루받이 수작업이 이루어지고 있다고 하였으므로, 벌을 매개로 한 방법 이외에 번식할 수 있는 방법이 없다는 것은 옳지 않다.

오답분석

① 첫 번째 문단에 따르면 벌은 꽃가루와 꿀을 얻는 과정에서 꽃가루를 옮겨 식물의 번식에 도움을 주므로, 비의도적인 것이라고 할 수 있다.
② 두 번째 문단의 첫 번째 ~ 세 번째 문장을 통해 알 수 있다.
③ 마지막 문단에서 꿀벌의 개체 수가 줄어드는 원인으로 살충제와 항생제, 대기오염, 전자파 등을 들고 있으며, 이는 현대문명사회에 이르러서 생겨난 것들이다.
⑤ 마지막 문단의 두 번째 문장을 통해 알 수 있다.

06

정답 ⑤

골수계 종양의 하나인 진성적혈구증가증(ⓓ)에 걸리면 다른 혈액 성분에 비해 적혈구(ⓒ)가 많이 생산된다. 적혈구(ⓒ)의 총량에는 변동 없이 혈장(ⓛ)이 감소하는 것은 진성적혈구증가증(ⓓ)이 아닌 가성적혈구증가증이다.

07

정답 ②

전쟁에서 패전국이 있다면 반드시 승전국도 있기 마련이다. 따라서 나라가 승리할 것이라는 점쟁이의 예언 자체는 어긋날 수 없다. 또한 점쟁이의 예언과 상대 나라에 대한 정보가 어떠한 관계가 있는지는 제시문을 통해 추론할 수 없다.

08

정답 ④

과학적, 논리적 추론 과정의 정립은 서구의 고전적 탐정소설 유형이며, 1930년대 우리나라 탐정소설의 범위를 넓히는 동시에 다양한 세부 장르를 형성한 것은 감정적 혹은 육감적 사건 전개이다.

09

정답 ⑤

옆집 아저씨에 의해 크게 다쳐 실제 손해가 발생하였으며, 작정하고 때린 것에서 고의성과 위법성이 인정되기 때문에 민·형사 책임이 모두 적용된다.

오답분석

① 형사책임은 고의성과 위법성에 무게를 둔다. 손해를 배상하는 것에 중점을 두는 것은 민사책임이다.
② '나도 모르게'라는 점에서 고의성이 인정되지 않으며 위법성 여부 또한 판단할 수 없으므로 형사책임이라고 판단할 근거가 부족하다.
③ 제시문에서 고의성이 민사책임에서 더 큰 책임을 입증할 근거라는 내용은 확인할 수 없다.
④ 형사책임은 피해자가 원하지 않더라도 가해자의 위법성 여부에 따라 국가가 형벌을 가할 수 있다.

02 수리

01	02	03	04	05	06	07	08	09	10	11	12	13	14					
③	③	④	①	④	③	④	⑤	④	③	③	④	③	②					

01

정답 ③

8팀이 리그전으로 경기를 하려면 $_8C_2 = \dfrac{8 \times 7}{2} = 28$번의 경기를 해야 한다.

또한, 상위 4개 팀이 토너먼트로 경기를 할 경우 준결승전 2번, 결승전 1번을 해야 하므로 경기는 3번 진행된다.

따라서 모든 경기를 보기 위해 티켓에 들어가는 비용은 28×1만 원+3×2만 원=34만 원이다.

02

정답 ③

어떤 프로젝트를 진행하는 일의 양을 1이라고 하고, B사원이 혼자 프로젝트를 시작해서 끝내기까지의 시간을 x시간이라고 하자.

2시간 동안 A사원과 B사원이 함께 한 일의 양은 $\left(\dfrac{1}{4} + \dfrac{1}{x}\right) \times 2$이고, A가 40분 동안 혼자서 한 일의 양은 $\dfrac{1}{4} \times \dfrac{40}{60}$이므로 다음과 같은 방정식이 성립한다.

$\left(\dfrac{1}{4} + \dfrac{1}{x}\right) \times 2 + \dfrac{1}{4} \times \dfrac{40}{60} = 1 \rightarrow \dfrac{x+4}{2x} + \dfrac{1}{4} \times \dfrac{2}{3} = 1$

$\rightarrow \dfrac{x+4}{2x} = \dfrac{5}{6} \rightarrow 4x = 24$

$\therefore x = 6$

따라서 B가 혼자서 프로젝트를 수행했을 때 끝내기까지 걸리는 시간은 6시간이다.

03

정답 ④

A세포와 B세포의 배양 후 경과일 수를 각각 a일, b일이라 하면, A세포는 a일 후 4^a개, B세포는 b일 후 3^b개로 늘어난다. 각 세포의 개수에 대한 부등식을 세우면 다음과 같다($\log 5 = 1 - \log 2 = 1 - 0.30 = 0.70$).

• A세포 : 1개$\times 4^a \geq 250$개

   $\rightarrow a \times \log 4 \geq \log 250 \rightarrow a \times 2\log 2 \geq 1 + 2\log 5 \rightarrow a \geq \dfrac{1 + 1.40}{0.60}$

   $\therefore a \geq 4$

• B세포 : 2개$\times 3^b \geq 250$개

   $\rightarrow \log 2 + b \times \log 3 \geq \log 250 \rightarrow b \times \log 3 \geq 1 + 2\log 5 - \log 2 \rightarrow b \geq \dfrac{1 + 1.40 - 0.30}{0.48}$

   $\therefore b \geq 4.375$

따라서 각 세포가 250개 이상이 되는 것은 A세포는 4일, B세포는 5일 후부터이다.

04

정답 ①

모니터의 가격을 k원이라 하면, 불량률이 10%일 때와 불량률이 15%일 때의 매출액이 적어도 같아야 하므로 식을 세우면 다음과 같다.

$k \times 0.85 \times$(모니터 생산량)$=17$만 원$\times 0.9 \times$(모니터 생산량)

$\therefore k = \dfrac{17 \times 0.9}{0.85} = 18$

따라서 이번 달의 모니터 한 대당 가격은 최소 18만 원으로 해야 지난달보다 매출액이 떨어지지 않는다.

05

정답 ④

스마트폰을 사용하지 않고 충전만 한 시간을 x분, 사용하면서 충전한 시간을 y분이라고 하면 다음과 같은 방정식이 성립한다.

$x+y=48 \cdots \bigcirc$

$2x+y=100-20 \cdots \bigcirc$

$\bigcirc$, $\bigcirc$을 연립하면 $x=32$, $y=16$이다.

따라서 충전 중 스마트폰을 사용한 시간은 16분이다.

06

정답 ③

농도 10%인 소금물의 양을 xg이라 하면 다음과 같은 방정식이 성립한다.

$\dfrac{0.1x+3.2}{x+40} \times 100 = 9.2$

$\rightarrow 0.1x+3.2 = 0.092(x+40)$

$\rightarrow 0.008x = 0.48$

$\therefore x=60$

따라서 농도 10% 소금물의 양은 60g이다.

07

정답 ④

(속력)$=\dfrac{(거리)}{(시간)}$이므로 평균 속력과 관련하여 식을 세우면 $\dfrac{20}{\dfrac{10}{20}+\dfrac{10}{x}}$ 이다.

$24=\dfrac{400x}{10x+200}$

$\rightarrow 400x = 240x+4,800$

$\rightarrow 160x = 4,800$

$\therefore x=30$

08

정답 ⑤

달러 환율이 가장 낮은 달은 1월이고, 가장 높은 달은 10월이다. 1월의 엔화 환율은 946원/100엔, 10월의 엔화 환율은 1,003원/100엔이다. 따라서 1월의 엔화 환율은 10월의 엔화 환율 대비 $\dfrac{946-1,003}{1,003} \times 100 ≒ -5.7$이므로 5% 이상 낮다.

[오답분석]

① 1월의 엔화 환율 946원/100엔은 2월의 엔화 환율 990원/100엔 대비 $\dfrac{946-990}{990} \times 100 ≒ -4.4$%이므로 5% 미만 이득이다.

② 달러 환율은 6월과 8월에 전월 대비 감소하였다.

③ 월별로 달러 환율과 엔화 환율의 차를 구하면, 1월은 $1,065-946=119$원, 2월은 $1,090-990=100$원, 3월은 $1,082-1,020=62$원, 4월은 $1,070-992=78$원, 5월은 $1,072-984=88$원, 6월은 $1,071-980=91$원, 7월은 $1,119-1,011=108$원, 8월은 $1,117-1,003=114$원, 9월은 $1,119-1,004=115$원, 10월은 $1,133-1,003=130$원이다. 따라서 달러 환율과 엔화 환율의 차가 가장 큰 것은 10월이다.

④ 전월 대비 7월의 달러 환율 증가율은 $\dfrac{1,119-1,071}{1,071} \times 100 ≒ 4.5$%이고, 전월 대비 10월의 달러 환율 증가율은 $\dfrac{1,133-1,119}{1,119} \times 100 ≒ 1.3$%이므로 4배인 5.2%에 못 미친다.

09

2015년부터 2017년까지 경기 수가 계속 증가한 종목은 배구와 축구 2종류이다.

오답분석

① 농구의 전년 대비 2015년 경기 수 감소율은 $\frac{403-413}{413} \times 100 \fallingdotseq -2.4\%$이며, 2018년 전년 대비 증가율은 $\frac{410-403}{403} \times 100 \fallingdotseq$ 1.7%이다. 절대값으로 비교하면 전년 대비 2015년 경기 수 감소율이 더 크다.

② 2014년은 413+432+226+228=1,299회, 2015년은 403+442+226+230=1,301회, 2016년은 403+425+227+231 =1,286회, 2017년은 403+433+230+233=1,299회, 2018년은 410+432+230+233=1,305회이다. 따라서 경기 수 총합이 가장 많았던 연도는 2018년이다.

③ 5년 동안의 야구와 축구 경기 수의 평균은 다음과 같다.
   • 야구 : (432+442+425+433+432)÷5=432.8회
   • 축구 : (228+230+231+233+233)÷5=231.0회
   야구의 평균 경기 수는 432.8회이고, 이는 축구의 평균 경기 수인 231.0회의 약 1.87배로 2배 이하이다.

⑤ 2014~2018년 경기 수 평균은 농구는 406.4회, 야구 432.8회, 배구 227.8회, 축구 231회이다. 따라서 2018년 경기 수가 이보다 적은 스포츠는 야구뿐이다.

10

전개도를 접어 입체도형을 만들었을 때 마주보는 면에 적혀 있는 수의 차가 2이다.

11

전개도를 접어 입체도형을 만들었을 때 인접한 세 개의 면에 적힌 수의 합이 왼쪽 전개도에서는 12, 13이고 오른쪽 전개도에서는 14, 15이다.

12

전개도를 접어 입체도형을 만들었을 때 마주보는 면에 적힌 숫자의 차가 첫 번째 전개도는 5, 두 번째 전개도는 6, 세 번째 전개도는 7이다.

13

제시된 퍼즐의 각 열을 기준으로, 각 퍼즐의 상-좌-우-하 순서로 중복 없이 숫자를 나열하면 다음과 같다.
1열 : 1 1 (A) 3 5 8 13 21 34 55
2열 : 1 (A) 3 5 8 13 (B) 34 55 89
3열 : 2 3 5 8 13 21 34 55 (C) 144
즉, 앞의 두 자리 수의 합이 다음 자리 수가 되는 규칙을 갖고 있다.
(A)=1+1=2
(B)=8+13=21
(C)=34+55=89
∴ (A)+(B)+(C)=2+21+89=112

14

정답 ②

(A), (B), (C)가 포함되지 않은 퍼즐조각의 상·하·좌·우에 있는 숫자를 각각 더하면 다음과 같다.

1행3열 : $4+1+2+(-4)=3$

2행1열 : $1+5+(-3)+1=4$

2행3열 : $(-4)+6+7+(-3)=6$

3행1열 : $1+4+5+(-3)=7$

3행2열 : $(-2)+5+3+2=8$

즉, 1행, 2행, 3행의 각 퍼즐 순서대로 각각의 합이 1, 2, 3, …, 9가 되는 규칙을 갖는다.

1행1열 : $(A)+2+(-5)+1=1 \rightarrow (A)=3$

1행2열 : $2+(-5)+1+(B)=2 \rightarrow (B)=4$

3행3열 : $(-3)+3+5+(C)=9 \rightarrow (C)=4$

$\therefore (A) \times (B) \times (C) = 3 \times 4 \times 4 = 48$

03　추리

01	02	03	04	05	06	07	08	09	10	11	12	13	14						
②	①	③	①	⑤	②	③	⑤	③	③	①	④	⑤	③						

01

정답 ②

사자성어와 사자성어에 등장하는 동물의 관계이다.

'용호상박(龍虎相搏)'은 '용과 호랑이가 서로 싸운다.'는 뜻이고, '토사구팽(兎死狗烹)'은 '토끼를 잡으면 사냥하던 개는 쓸모가 없어져 삶아 먹는다.'는 뜻이다.

02

정답 ①

사자성어와 사자성어에 포함된 색깔의 관계이다.

'동가홍상(同價紅裳)'은 '같은 값이면 붉은 치마'라는 뜻으로 붉을 홍(紅)자가 포함되고, '청렴결백(淸廉潔白)'은 '마음이 맑고 깨끗하여 욕심이 없음'이라는 뜻으로 흰 백(白)자가 포함된다.

[오답분석]

② 청렴결백의 청(淸)은 '맑을 청'으로, '푸를 청(靑)'과는 다르다.

03

정답 ③

'마이동풍(馬耳東風)'은 '말 귀에 봄바람'이라는 뜻으로 남의 말을 귀담아 듣지 않고 흘려버리는 것을 말한다. 제시된 두 단어 중 말은 마이동풍에 등장하는 동물이고, '서당 개 삼 년이면 풍월을 읊는다.'는 의미의 '당구풍월(堂狗風月)'에 등장하는 동물은 개이므로 빈칸 안에 들어갈 단어는 '개'이다.

04

정답 ①

수필은 문학에 포함되는 개념이고, 포유류에 포함되는 개념은 박쥐이다.

[오답분석]

②·③·④·⑤ 펭귄은 조류, 도마뱀은 파충류, 상어는 어류, 개구리는 양서류에 해당한다.

05

정답 ⑤

돈은 지갑 안에 들어있는 내용물이지, 지갑의 재료는 아니다.

[오답분석]

①·②·③·④는 재료와 결과물의 관계이다.

06

정답 ②

'다독 – 정독'을 제외한 나머지는 모두 유의관계를 이루고 있다.

• 다독(多讀) : 많이 읽음
• 정독(精讀) : 뜻을 새기며 자세히 읽음

[오답분석]

④ '파견(派遣)'과 '파송(派送)'은 '일정한 업무를 주고 사람을 보냄'을 뜻한다.
⑤ '우수리'는 '물건 값을 제하고 거슬러 받는 잔돈'을 뜻한다.

07

정답 ③

홍차를 주문한 사람은 2명이었으나, 주문 결과 홍차가 1잔이 나왔으므로 홍차의 주문이 잘못된 것임을 알 수 있다. 즉, E는 본래 홍차를 주문하였으나, 직원의 실수로 딸기주스를 받았다. 또한 커피는 총 2잔이 나왔으므로 D는 녹차가 아닌 커피를 주문한 것임을 알 수 있다. A, B, C, D, E의 주문 내용을 정리하면 다음과 같다.

A	B	C	D	E
홍차	커피	녹차	커피	홍차 (딸기주스로 나옴)

따라서 녹차를 주문한 사람은 C이다.

08

정답 ⑤

모든 조건을 조합하면 다음과 같이 두 가지 경우의 수가 있음을 알 수 있다.

ⅰ)

영업2팀

벽	김팀장					복
	강팀장	이대리	유사원	김사원	박사원	이사원	도

영업1팀

ⅱ)

영업2팀

벽	김팀장					복
	강팀장	이대리	김사원	박사원	이사원	유사원	도

영업1팀

두 가지 경우에서 강팀장과 이대리의 자리는 항상 인접하므로 항상 옳은 것은 ⑤이다.

[오답분석]

① 두 가지 경우에서 유사원과 이대리의 자리는 인접할 수도, 그렇지 않을 수도 있다.
② 두 가지 경우에서 박사원의 자리는 유사원의 자리보다 왼쪽에 있을 수도, 그렇지 않을 수도 있다.
③ 두 가지 경우에서 이사원의 자리는 복도 옆에 위치할 수도, 그렇지 않을 수도 있다.
④ 두 가지 경우에서 김사원과 유사원의 자리는 인접할 수도, 그렇지 않을 수도 있다.

PART 1

09

정답 ③

B는 파란색 모자를 쓰지 않았고, C는 파란색 모자를 보고 있는 입장이므로 파란색 모자를 쓸 수 있는 사람은 A뿐이다. 조건에 따라 나올 수 있는 경우는 다음과 같다.

ⅰ) B(노란색) – A(파란색) – C(빨간색)

ⅱ) B(빨간색) – A(파란색) – C(노란색)

ⅲ) A(파란색) – C(노란색) – B(빨간색)

ⅳ) A(파란색) – C(빨간색) – B(노란색)

따라서 그 어떤 경우에도 B는 노란색 모자를 쓰고 두 번째에 서 있을 수 없다.

10

정답 ③

행을 기준으로 규칙이 적용되었음을 알 수 있고, 적용된 공통 규칙과 개별 규칙은 다음과 같다.

• 공통 규칙 : 시계 반대 방향으로 90° 회전

• 개별 규칙

  – 1행 : 좌우대칭

  – 2행 : 1행1열과 1행2열 교환

  – 3행 : 색 반전 & 시계 방향으로 두 칸 이동

11

정답 ①

열을 기준으로 규칙이 적용되었음을 알 수 있고 적용된 공통 규칙과 개별 규칙은 다음과 같다.

• 공통 규칙 : 색 반전

• 개별 규칙

  – 1열 : 180° 회전

  – 2열 : 1행2열과 2행1열 교환

  – 3열 : 좌우대칭 & 시계 방향으로 세 칸 이동

12

정답 ④

열을 기준으로 규칙이 적용되었음을 알 수 있고 적용된 공통 규칙과 개별 규칙은 다음과 같다.

• 공통 규칙 : 시계 방향으로 한 칸 이동

• 개별 규칙

  – 1열 : 상하대칭

  – 2열 : 시계 방향으로 90° 회전

  – 3열 : 시계 방향으로 두 칸 이동

13

정답 ⑤

오른쪽에 위치한 원이 각 행의 규칙을 표시한다.

◯ : 시계 방향으로 90° 회전+색 반전

◐ : 시계 방향으로 45° 회전

● : 상하대칭 후 시계 반대 방향으로 90° 회전

14

정답 ③

오른쪽에 위치한 원이 각 행의 규칙을 표시한다.

○ : 4개 칸의 가장 앞에 위치한 도형을 좌우로 교환하면서 시계 방향으로 90° 회전＋뒤에 위치한 도형 전체 가운데를 중심으로 시계 반대 방향으로 90° 회전

◒ : 4개 칸의 가장 앞에 위치한 도형이 시계 반대 방향으로 한 칸씩 이동＋뒤에 위치한 도형 시계 방향으로 한 칸씩 이동

● : 4개 칸의 가장 앞에 위치한 도형을 시계 방향으로 한 칸씩 이동하면서 시계 방향으로 45°씩 회전＋각 칸의 배경이 되는 사각형 시계 방향으로 두 칸씩 이동하면서 좌우대칭

PART 1

01	언어

01	02	03	04	05	06	07	08	09	
④	①	②	⑤	③	③	③	①	①	

01
정답 ④

제시문은 언어를 통해 선인들의 훌륭한 문화 유산이나 정신 자산을 이어받을 수 있음을 설명하며, 문명의 발달은 언어와 함께 이루어진 것이라고 말하고 있다.

02
정답 ①

네 번째 문단에 따르면 18세기의 다이어트는 '특정 집단에 속한 사람들이 음식의 양과 유형을 조절하는 방식'이었으며, '날씬한 몸매를 만들어서 자신의 상품 가치를 높이려는 목적'에서 이루어지는 것은 현대의 다이어트이다.

[오답분석]
②는 세 번째 문단의 내용과, ③·④·⑤는 두 번째 문단의 내용과 일치한다.

03
정답 ②

첫 번째 문단에 따르면 책을 읽기 전에 표지나 목차를 먼저 읽듯이 쇼윈도를 통해 소비 사회의 공간 텍스트에 입문할 수 있다. 이는 소비 사회에서 쇼윈도의 역할을 설명하기 위해 쇼윈도를 책의 표지나 목차에 비유한 것일 뿐이다. 따라서 이를 통해 ②처럼 독서 능력이 공간 텍스트 해독에 도움을 준다고 판단하기는 어렵다.

04
정답 ⑤

택견이 내면의 아름다움을 중시한다는 내용은 제시문에 나와 있지 않다.

[오답분석]
① 두 번째 문단 두 번째 줄의 '진정한 고수는 상대를 다치게 하지 않으면서도 물러나게 하는 법을 안다'와 네 번째 문단에서 택견은 상대에 대한 배려와 수비 기술을 더 많이 가르친다고 언급한 부분을 통해 알 수 있다.
② 마지막 문단 세 번째 줄에서 '걸고 차는 다양한 기술을 통해 공격과 방어의 조화를 이루는 실질적이고 통합된 무술'이라고 설명하고 있다.
③ 첫 번째 문단 두 번째 줄에 '택견 전수자는 우아한 몸놀림으로 움직이며 부드러운 곡선을 만들어 내지만 이를 통해 유연성뿐 아니라 힘도 보여준다.'라고 언급되어 있다.
④ 마지막 문단 두 번째 줄에 택견의 특징 중 하나가 '자연스럽고 자발적인 무술'이라고 나와 있다.

05

㉠ 첫 번째 문단에 따르면 영웅을 만들고 그들의 초상을 새롭게 덧칠해 온 각 시대의 서로 다른 욕망을 읽어 내면 그 시대로부터 객관적인 거리를 획득할 수 있다고 하였다.

㉢ 다섯 번째 문단에 따르면 영웅은 '애국'의 덕목과 결부되어 모르는 사람들을 하나의 '국민'으로 묶어 주는 상상의 원천이 되었으며, 구성원 모두를 매개하고 연결한다.

㉣ 네 번째 문단에 따르면 영웅은 민족의 영광과 상처를 상징하는 육화된 기호로서 구성원에게 동일시할 대상으로 나타난다.

06

제시문은 국가 기술 정책 수단인 기술 영향 평가가 지니는 문제점과 그러한 문제를 해결하기 위한 새로운 시도들을 평가하고 있다. 먼저 두 번째 문단에 따르면 기술의 발전은 인간과 사회에 긍정적인 영향과 부정적인 영향을 동시에 끼치므로 기술에 대한 사회적 통제가 필요하다고 보았다. 그러나 다섯 번째 문단에서 기술 발전의 방향은 불확실성이 많아 기술의 영향을 정확하게 예측하기 힘들며, 또한 기술 통제를 위해 실시되는 기술 정책이 의도하지 않은 결과를 낳을 수도 있다고 하였다. 따라서 글쓴이가 ③과 같은 생각을 한다고 보기는 어렵다.

07

제시문의 내용은 크게 두 부분으로 나눌 수 있다. 처음부터 세 번째 문단까지는 맥주의 주원료에 대해서, 그 이후부터 글의 마지막 부분까지는 맥주의 제조공정 중 발효에 대해 설명하며 이에 따른 맥주의 종류에 대해 서술하고 있다.

08

(나)는 (가)에 대한 보충 설명이므로 (가) 뒤에 와야 한다. 또한 (다)는 (나)에 의해 발생되는 '오류'의 가능성에 대한 언급이므로 (나)의 뒤에 오는 것이 적절하다. 그리고 (라)와 (마)는 각각 (다)의 오류의 가능성이 부정적인 것은 아니며 그에 대한 사례를 들어 설명하고 있으므로 (다)의 뒤에 이어지는 것이 문맥상 자연스럽다. 따라서 (가) – (나) – (다) – (라) – (마)의 순서가 된다.

09

글의 구조를 파악해 보면, (가)는 대전제, (다)는 소전제, (나)는 결론의 구조를 취하고 있다. 그리고 (마)는 (다)에 대한 보충 설명, (라)는 (마)에 대한 보충 설명을 하고 있으므로 (가) – (다) – (마) – (라) – (나)의 순서가 된다.

01	02	03	04	05	06	07	08	09	10	11	12	13						
⑤	①	④	③	⑤	③	③	③	③	④	⑤	③	②						

01

정답 ⑤

A, B, C물건 세 개를 모두 좋아하는 사람의 수를 x명이라고 하면

$(280+160+200)-110-3x+x=400-30$

$\therefore x=80$

02

정답 ①

선과 선이 만나는 부분까지 갈 수 있는 방법의 수는 다음과 같다.

		1	1	1	A
		4	3	2	1
10	10	P 10	6	3	1
30	20	10			
60	30	10			

B

따라서 A지점에서 B지점까지 P지점을 거쳐서 갈 수 있는 경우의 수는 60가지이다.

03

정답 ④

각 동전을 지불하는 경우의 수는 다음과 같다.

• 10원짜리 : 0원, 10원, 20원, 30원(4가지)
• 50원짜리 : 0원, 50원(2가지)
• 100원짜리 : 0원, 100원, 200원(3가지)
• 500원짜리 : 0원, 500원(2가지)

따라서 동전을 모두 이용해 지불할 수 있는 경우의 수는 $4\times2\times3\times2=48$가지이고, 0원은 지불한 것으로 보지 않으므로, 모든 동전을 지불하지 않는 1가지 경우를 제외하면 47가지이다.

04

정답 ③

500m의 거리에 가로등과 벤치를 각각 50m, 100m 간격으로 설치하므로, 총 거리를 간격으로 나누면 각각 10개, 5개이다. 단, 시작 지점은 포함되지 않았으므로 1개씩을 더해주면 가로등은 11개, 벤치는 6개가 되어 총 17개이다.

05

정답 ⑤

기차는 다리에 진입하여 완전히 벗어날 때까지 다리의 길이인 800m에 기차의 길이 100m를 더한 총 900m(0.9km)를 36초(0.01시간) 동안 이동했다.

$(\text{속력})=\dfrac{(\text{거리})}{(\text{시간})}=\dfrac{0.9}{0.01}=90$

따라서 기차의 속력은 90km/h이다.

06

ㄱ. 임차인 A의 전·월세 전환율이 6%일 때 전세금을 x만 원이라고 하면 $6=\dfrac{50\times12}{x-25,000}\times100$

∴ $x=35,000$

따라서 전세금은 3억 5천만 원이다.

ㄹ. 임차인 E의 전·월세 전환율이 12%일 때 월세를 x만 원이라고 하면 $12=\dfrac{x\times12}{58,000-53,000}\times100$

∴ $x=50$

따라서 월세는 50만 원이다.

오답분석

ㄴ. $\dfrac{60\times12}{42,000-30,000}\times100=6\%$

따라서 전·월세 전환율은 6%이다.

ㄷ. 임차인 C의 전·월세 전환율이 3%일 때 월세보증금을 x만 원이라고 하면 $3=\dfrac{70\times12}{60,000-x}\times100$

∴ $x=32,000$

따라서 월세보증금은 3억 2천만 원이다.

07

ㄴ. 표에서 장애인 고용률이 가장 낮은 기관을 살펴보면 고용률 1.06%인 A이므로 A가 서부청이다.

ㄱ. 표에서 장애인 고용의무인원을 비교해 보면 C>B>D>A 순서이고, 조건을 정리해 보면 남부청>동부청>서부청(A)이 된다.

ㄷ. 장애인 고용의무인원은 북부청이 남부청보다 적으므로 조건 ㄱ의 내용과 종합하면 남부청의 인원이 가장 많다는 것이 된다. B~D 중 장애인 고용의무인원이 가장 많은 것은 C이므로 C가 남부청이다.

ㄹ. 남은 B와 D 중에 남동청보다 장애인 고용인원은 많고, 장애인 고용률은 낮은 것은 B이므로 B가 동부청이 되며, 그 결과 자연히 D는 북부청이 된다.

08

사교육비와 참여율의 변화 양상이 동일한 지역은 부산(감소, 증가), 대전(감소, 감소), 세종(유지, 증가), 강원(감소, 증가), 전남(감소, 증가), 경북(증가, 감소)으로 총 6곳이다.

오답분석

① 2014년 대비 2015년 사교육비가 감소한 지역의 수는 5곳, 2014년 대비 2015년 참여율이 감소한 지역의 수는 5곳으로 같다.

② 2015년 시·도를 통틀어 사교육 참여율이 가장 높은 지역은 74.3%로 서울이고, 가장 낮은 지역은 59.6%로 전남이다. 따라서 이 두 지역의 차는 74.3−59.6=14.7%p이다.

④ 2014년 도 지역 중 학생 1인당 월평균 사교육비가 가장 높은 지역은 26.0만 원으로 경기이고 가장 낮은 지역은 16.4만 원으로 전남이다. 따라서 이 두 지역의 차는 9.6만 원이다.

⑤ 서울·경기 지역은 2014~2015년 모두 사교육비와 참여율에서 1, 2위를 차지하므로 평균 이상의 수치를 보여주고 있다고 볼 수 있다.

09

남자의 기대여명은 100세 이상에서 전년 대비 2015년 기대여명의 변동이 없었다. 또한 여자의 기대여명은 70세와 80세에서 전년 대비 2015년 기대여명의 변동이 없었으며 90세와 100세 이상의 기대여명은 감소했다.

오답분석

① 2015년에 1970년 대비 변동폭은 남자, 여자 모두 0.4세로 100세 이상의 연령대가 가장 작다.

② 1970년 대비 2015년의 기대여명이 가장 많이 늘어난 것은 20.3세 차이로 0세 남자이다.

④ 기대여명은 동일 연령에서 여자가 남자보다 항상 높음을 자료에서 확인할 수 있다.

⑤ 90세와 100세 이상을 제외하고 2014년 대비 2015년의 기대여명의 증감 수치는 항상 남자가 여자보다 크다.

10

정답 ④

양쪽 톱니바퀴의 수열을 맞물리는 순서대로 나열하면 1, 2, 3, 5, 8, …이다. 즉, 앞의 두 항을 더하면 뒤의 항이 된다.

$34+55=(B) \rightarrow (B)=89$

$55+89=(A) \rightarrow (A)=144$

$\therefore (A)+(B)=144+89=233$

11

정답 ⑤

왼쪽 톱니바퀴는 다음과 같은 규칙을 따른다.

$1+2=3$

$3\times4=12$

$5+6=11$

$7\times8=56$

$9+10=19$

$11\times12=132$

$(A)=13+14=27$

오른쪽 톱니바퀴는 다음과 같은 규칙을 따른다.

$1\times2=2$

$3+4=7$

$5\times6=30$

$7+8=15$

$9\times10=90$

$11+12=23$

$(B)=13\times14=182$

$\therefore (B)-(A)=182-27=155$

12

정답 ③

아래로 연결된 두 작은 원을 각각 A, B, 위에 있는 큰 원을 C라 하면 $A^B-A=C$이다.

$1^5-1=0$, $2^3-2=6$, $3^4-3=78$

$\therefore 4^4-4=252$

13

정답 ②

아래로 연결된 두 작은 원을 각각 A, B, 위에 있는 큰 원을 C라 하면 $\dfrac{A+C}{2}=B$이다.

$\dfrac{5+13}{2}=9$, $\dfrac{18+22}{2}=20$, $\dfrac{13+35}{2}=24$, $\dfrac{52+?}{2}=37$

$\therefore 37\times2-52=22$

01	02	03	04	05	06	07	08	09	10	11	12	13	14	15	16	17	18	19
④	④	④	②	⑤	②	③	③	①	④	⑤	④	①	②	②	③	①	④	⑤

01

정답 ④

'공부를 잘하는 사람은 모두 꼼꼼하다.'라는 전제를 통해 '꼼꼼한 사람 중 일부는 시간 관리를 잘한다.'는 결론이 나오기 위해서는 '공부를 잘한다.'와 '시간 관리를 잘한다' 사이에 어떤 관계가 성립되어야 한다. 그런데 결론에서 그 범위를 '모두'가 아닌 '일부'로 한정하였으므로 공부를 잘하는 사람 중 일부가 시간 관리를 잘한다는 전제가 필요하다.

02

정답 ④

'고매하다'는 '인격이나 품성, 학식, 재질 등이 높고 빼어나다.'라는 뜻이고, '고결하다'는 '성품이 고상하고 순결하다.'는 의미로 두 단어는 유의관계이다. 그리고 '곱다'에는 '가루나 알갱이 따위가 아주 잘다.'라는 뜻이 있으며, 이는 '아주 곱고 촘촘하다.'는 의미의 '치밀하다'와 비슷한 말이다.

03

정답 ④

'만족'과 '흡족'은 모자란 것 없이 충분하고 넉넉함을 뜻하는 단어로 동의관계이다. 따라서 요구되는 기준이나 양에 미치지 못해 충분하지 않음을 뜻하는 '부족'의 동의어로는 있어야 하는 것이 모자라거나 없음을 뜻하는 '결핍'이 적절하다.

오답분석

① 미미 : 보잘것없이 매우 작음
② 곤궁 : 가난하여 살림이 구차하고 딱함
③ 궁핍 : 몹시 가난함
⑤ 가난 : 살림살이가 부족함

04

정답 ②

제시된 단어는 직업 – 도구 – 결과물의 관계이다.
대장장이는 망치나 가위 등으로 철이나 구리 같은 금속을 담금질하여 연장 또는 기구를 만드는 장인으로, 광물은 그 결과물이 아니다.

05

정답 ⑤

세 가지 조건을 종합해 보면 A상자에는 테니스공과 축구공이, B상자에는 럭비공이, C상자에는 야구공이 들어가게 됨을 알 수 있다. 따라서 B상자에는 럭비공과 배구공, 또는 럭비공과 농구공이 들어갈 수 있으며, C상자에는 야구공과 배구공, 또는 야구공과 농구공이 들어갈 수 있다. 그러므로 럭비공은 배구공과 같은 상자에 들어갈 수도 있고 아닐 수도 있다.

오답분석

① 농구공을 C상자에 넣으면 배구공이 들어갈 수 있는 상자는 B밖에 남지 않게 된다.
② 세 가지 조건을 종합해 보면 테니스공과 축구공이 들어갈 수 있는 상자는 A밖에 남지 않음을 알 수 있다.
③ A상자는 이미 꽉 찼고 남은 상자는 B와 C인데, 이 두 상자에도 각각 공이 하나씩 들어가 있으므로 배구공과 농구공은 각각 두 상자에 나누어져 들어가야 한다. 따라서 두 공은 같은 상자에 들어갈 수 없다.
④ B상자에 배구공을 넣으면 농구공을 넣을 수 있는 상자는 C밖에 남지 않게 된다. 따라서 농구공과 야구공은 함께 C상자에 들어가게 된다.

06

조건에 따르면 A는 3반 담임이 되고, E는 2반 또는 4반, B는 1반 또는 5반의 담임이 된다. 따라서 B가 5반을 맡을 경우 C는 1반, 2반, 4반 중 하나를 맡게 되므로 반드시 1반을 맡는다고는 할 수 없다.

오답분석

① C가 2반을 맡으면 E는 4반을 맡고 D는 1반 또는 5반을 맡는다.
③ 조건에서 E는 A의 옆 반 담임을 맡는다고 하였으므로 2반 또는 4반을 맡는다.
④ 조건에서 B는 양 끝에 위치한 반 중 하나의 담임을 맡는다고 하였으므로 B는 양 끝 반인 1반 또는 5반을 맡는다.
⑤ 1반을 B가, 2반을 E가 맡으면 A는 3반을 맡으므로 남은 4, 5반은 C, D가 맡는다. 따라서 이 경우 C는 D의 옆 반이다.

07

우선 세 번째 조건에 따라 '윤지 – 영민 – 순영'의 순서가 되는데, 첫 번째 조건에서 윤지는 가장 먼저 출장을 가지 않는다고 하였으므로 윤지 앞에는 먼저 출장 가는 사람이 있어야 한다. 따라서 '재철 – 윤지 – 영민 – 순영'의 순서가 되고, 마지막으로 출장 가는 순영의 출장지는 미국이 된다. 또한 재철은 영국이나 프랑스로 출장을 가야하는데, 영국과 프랑스는 연달아 갈 수 없으므로 두 번째 출장지는 일본이며, 첫 번째와 세 번째 출장지는 영국 또는 프랑스로 재철과 영민이 가게 된다.

구분	첫 번째	두 번째	세 번째	네 번째
출장 가는 사람	재철	윤지	영민	순영
출장 가는 나라	영국 또는 프랑스	일본	영국 또는 프랑스	미국

오답분석

① 윤지는 일본으로 출장을 간다.
② 재철은 영국으로 출장을 갈 수도, 프랑스로 출장을 갈 수도 있다.
④ 순영은 네 번째로 출장을 간다.
⑤ 윤지와 순영의 출장 순서는 두 번째와 네 번째로, 연이어 출장을 가지 않는다.

08

가장 먼저 물건을 고를 수 있는 동성이 세탁기를 받을 경우와 컴퓨터를 받을 경우 두 가지로 나누어 생각해 볼 수 있다.
ⅰ) 동성이가 세탁기를 받을 경우 : 현규는 드라이기를 받게 되고, 영희와 영수는 핸드크림 또는 로션을 받게 되며, 미영이는 컴퓨터를 받게 된다.
ⅱ) 동성이가 컴퓨터를 받을 경우 : 동성이 다음 순서인 현규가 세탁기를 받을 경우와 드라이기를 받을 경우로 나누어 생각해 볼 수 있다.
　1) 현규가 세탁기를 받을 경우 : 영희와 영수는 로션 또는 핸드크림을 각각 가지게 되고, 미영이는 드라이기를 받게 된다.
　2) 현규가 드라이기를 받을 경우 : 영희와 영수는 로션 또는 핸드크림을 각각 가지게 되고, 미영이는 세탁기를 받게 된다.
따라서 미영이가 드라이기를 받는 경우도 존재한다.

09

기호가 하나만 적용된 부분부터 살펴보면 HㅋJ5가 5ㅋJH로 변하였으므로 ●은 양 끝에 있는 문자의 위치를 서로 바꾸는 기호임을 알 수 있다. ㅊㄱEB에 이 기호를 거꾸로 적용하면 BㄱEㅊ이 되고, AㄷBㅎ이 ■을 거쳐 BㄱEㅊ이 된 셈이므로 이는 각 항에 +1, −2, +3, −4를 하는 기호임을 알 수 있다. 다음으로 4ㅍHI가 ▲을 거쳐 5ㅋJH로 변한 과정을 살펴보면 각 항에 +1, −2, +2, −1을 한 것임을 밝힐 수 있다. 그러므로 이 모든 규칙을 정리하면 다음과 같다.

- ● : 1234 → 4231
- ■ : 각 자릿수에 +1, −2, +3, −4
- ▲ : 각 자릿수에 +1, −2, +2, −1

GHKT　→　HFNP　→　PFNH
　　　　 ■　　　　 ●

10

정답 ④

5454 → 6273 → 3276
    ▲   ●

11

정답 ⑤

76ㄱI → 84ㄷH → 92ㅂD
     ▲   ■

12

정답 ④

가로 두 번째 줄과 세로 첫 번째 줄을 살펴보면 2개의 기호가 적용되었고 공통적으로 ■를 거치는데, 가로 두 번째 줄은 순서만 변화하고, 세로 첫 번째 줄은 문자와 순서에 모두 변화가 있다. 따라서 ■는 1234 → 3412인 순서 바꾸기 규칙임을 알 수 있고, 그 전에 ◎가 3 → 4, ㅛ → ㅠ, ㅁ → ㅇ, J → N으로 바뀌었으므로 ◎는 각 항에 +1, +2, +3, +4를 하는 규칙임을 알 수 있다. 이를 토대로 가로 첫 번째 줄에 대입하면 ▲는 각 자릿수에 −1, −2, −1, −2를 하는 규칙임을 알 수 있으며, 마지막으로 세로 두 번째 줄에 대입하면 ◇는 1234 → 4321인 규칙임을 알 수 있다. 그러므로 이 모든 규칙을 정리하면 다음과 같다.

- ■ : 1234 → 3412
- ◎ : 각 자릿수에 +1, +2, +3, +4
- ▲ : 각 자릿수에 −1, −2, −1, −2
- ◇ : 1234 → 4321

2Uㅓㅋ → ㅋㅓU2 → ㅊㅏT0
      ◇   ▲

13

정답 ①

ㅂ5ㄴ6 → ㄴ6ㅂ5 → ㄷ8ㅈ9
     ■   ◎

14

정답 ②

4ㅜDH → 3ㅗCF → FCㅗ3 → GEㅠ7
     ▲   ◇   ◎

15

정답 ②

도형의 규칙은 가로 방향으로 적용된다.
첫 번째 도형과 세 번째 도형을 합쳤을 때 두 번째 도형이 되는데, 겹치는 칸이 모두 색칠되어 있거나 색칠되어 있지 않은 경우 그 칸의 색은 비워두고, 색칠된 칸과 색칠되지 않은 칸이 겹칠 경우 색칠하여 완성한다. 따라서 ?에는 ②가 와야 한다.

16

정답 ③

첫 번째 칸 → 두 번째 칸에서는 전면도형과 후면도형의 색상이 서로 바뀌고, 두 번째 칸 → 세 번째 칸에서는 후면도형과 외부도형의 모양이 서로 바뀐다. 또한, 첫 번째 칸 기준 전면도형은 시계 반대 방향으로 90°, 첫 번째 칸 기준 후면도형은 시계 방향으로 45°씩 계속 회전하고 있다.

17

첫 번째 칸 → 두 번째 칸에서는 전면도형과 후면도형의 모양이 서로 바뀌고, 두 번째 → 세 번째 칸에서는 후면도형과 외부도형의 모양이 서로 바뀐다. 또한, 첫 번째 칸 기준 외부도형은 180°, 첫 번째 칸 기준 후면도형은 시계 방향으로 90°씩 회전하고 있으며, 전면도형의 패턴은 시계 반대 방향으로 90°, 후면도형의 패턴은 시계 방향으로 90°씩 계속 회전하고 있다.

18

규칙을 차례대로 적용하여 추적해 보면 다음과 같다.

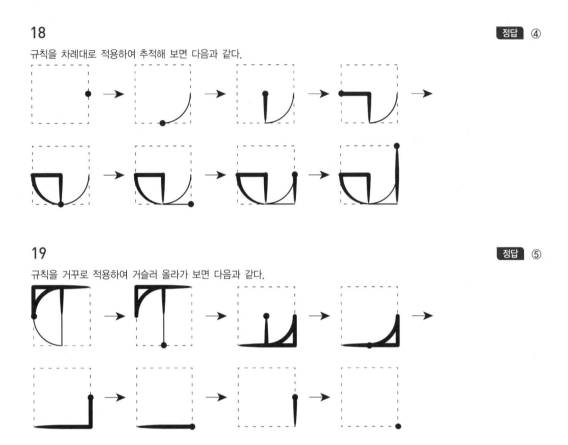

19

규칙을 거꾸로 적용하여 거슬러 올라가 보면 다음과 같다.

PART 2

언어

01	02	03	04	05	06	07	08	09	10
③	⑤	②	④	③	⑤	⑤	③	④	⑤
11	12	13	14	15	16	17	18	19	20
①	④	②	④	②	②	③	④	④	②
21	22	23	24	25	26	27	28	29	30
③	②	①	③	①	②	⑤	①	③	③
31	32	33	34	35					
②	⑤	④	③	①					

01 정답 ③

두 번째 문단의 "수급자들의 근로소득 공제율이 낮아 근로를 하고 싶어도 수급자 탈락을 우려해 일을 하지 않거나 일부러 적게 하는 경우도 생겨나고 있다."를 볼 때, 수급자들은 수급자 탈락을 우려해 근로를 피하고 있으므로 근로소득 공제율을 높이는 것은 탈수급을 촉진하기 보다는 근로 의욕을 촉진한다고 보는 것이 더 적절하다.

오답분석
① 첫 번째 문단의 "신청조차 할 수 없도록 한 복지제도가 많아 역차별 논란"이라는 내용과, 마지막 문단의 "기초수급자들은 생계급여를 받는다는 이유로 긴급복지지원제도・국민내일배움카드・노인일자리사업・구직촉진수당・연금(기초・공적연금) 등 5가지 복지제도에 신청조차 할 수 없다."라는 내용을 통해 알 수 있다.
② 두 번째 문단에 따르면, 근로를 하다가 수급자 탈락을 할 가능성이 있어 근로 이전보다 생계가 어려워질 수도 있다.
④ 세 번째 문단의 "수급자들은 생필품조차 제대로 구입하지 못하고 있는 것으로 나타났으며"라는 내용을 통해 알 수 있다.
⑤ 국민내일배움카드 사용과 국민취업지원제도의 구직촉진수당 지급으로 수급자들이 자기개발을 할 수 있도록 하여 취업할 여건을 제공해줄 수 있다.

02 정답 ⑤

마지막 문단에 따르면 인공지능 등의 스마트 기술 도입으로 까치집 검출 정확도는 95%까지 상승하였으므로, 까치집 제거율 또한 상승할 것임을 예측할 수 있으나, 근본적인 까치집 생성의 감소를 기대할 수는 없다.

오답분석
① 두 번째와 세 번째 문단을 살펴보면, 정확도가 65%에 불과했던 인공지능의 까치집 식별능력이 딥러닝 방식의 도입으로 95%까지 상승했음을 알 수 있다.
② 세 번째 문단에서 시속 150km로 빠르게 달리는 열차에서의 까치집 식별 정확도는 65%에 불과하다는 내용으로 보아, 빠른 속도에서의 인공지능 사물 식별 정확도는 낮음을 알 수 있다.
③ 마지막 문단에 따르면, 작업자의 접근이 어려운 곳에는 드론을 띄어 까치집을 발견 및 제거하는 기술도 시범 운영하고 있다고 하였다.
④ 실시간 까치집 자동검출시스템 개발로 실시간으로 위험 요인의 위치와 이미지를 작업자에게 전달할 수 있게 되었다.

03 정답 ②

고야가 이성의 존재를 부정했다는 내용은 제시되어 있지 않다. 다섯째 문장 '세상이 완전하게 이성에 의해서만 지배되지 않음을 표현하고 있을 뿐이다.'를 통해 ②의 내용이 적절하지 않음을 알 수 있다.

04 정답 ④

인간의 심리적 문제는 비합리적인 신념의 '원인'이 아닌 '산물'이다.

05 정답 ③

수면 패턴은 휴일과 평일 모두 일정하게 지키는 것이 성장하는 아이들의 수면 리듬을 유지하는 데 좋다. 따라서 휴일에 늦잠을 자는 것은 적절하지 않다.

06 정답 ⑤

제시문은 공기의 이동에 따라 구름이 형성되는 과정에 대한 글이다.
ⓒ 공기가 따뜻하고 습할수록 구름이 많이 생성된다.
ⓔ 아래쪽부터 연직으로 차곡차곡 쌓이게 되어 두터운 구름 층을 형성하는 형태의 구름이 적란운이다.

㉠ 공기가 충분한 수분을 포함하고 있다면 공기 중의 수증기가 냉각되어 작은 물방울이나 얼음 알갱이로 응결되면서 구름이 형성된다.

㉡ 구름이 생성되는 과정에서 열이 외부로 방출되고 이것이 공기의 온도를 높인다.

07
정답 ⑤

세 번째 문단에서 최종 단계를 통과하지 못한 사람들이 지방 사회에 기여하도록 하여 과거제의 부작용을 완화하고자 노력했다는 내용을 확인할 수 있다.

① 다섯 번째 문단에서 일군의 유럽 계몽사상가들은 학자의 지식이 귀족의 세습적 지위보다 우위에 있는 체제를 정치적 합리성을 갖춘 것으로 보았다고 했으므로 옳지 않다.

② 다섯 번째 문단에서 동아시아에서 실시된 과거제가 유럽에 전해져 유럽에서도 관료 선발에 시험을 통한 경쟁이 도입되기도 했었다고 했으므로 옳지 않다.

③ 세 번째 문단에서 과거제로 인해 그 결과 통치에 참여할 능력을 갖춘 지식인 집단이 폭넓게 형성되었다고 했으므로 옳지 않다.

④ 세 번째 문단에서 과거 시험의 최종 단계까지 통과하지 못한 사람들도 국가로부터 여러 특권을 부여받았다고 했으므로 옳지 않다.

08
정답 ③

혁신적 기술 등에 의한 성장이 아닌 외형성장에 주력해온 국내 경제의 체질을 변화시키기 위해 벤처기업 육성에 관한 특별조치법이 제정되었다고 하는 부분을 통해 알 수 있는 내용이다.

① 해외 주식시장의 주가 상승과 국내 벤처버블 발생이 비슷한 시기에 일어난 것은 알 수 있으나 전자가 후자의 원인이라는 것은 제시문을 통해서는 알 수 없는 내용이다.

② 벤처버블이 1999 ~ 2000년 동안의 기간 동안 국내뿐 아니라 미국, 유럽 등 전세계 주요 국가에서 나타난 것은 알 수 있으나 전세계 모든 국가에서 일어났는지는 알 수 없다.

④ 뚜렷한 수익모델이 없다고 하더라도 인터넷을 활용한 비즈니스를 내세우면 높은 잠재력을 가진 기업으로 인식되었다는 부분을 통해 벤처기업이 활성화되었으리라는 것을 유추할 수는 있다. 하지만 그것이 대기업과 어떠한 연관을 가지는지는 제시문을 통해서는 알 수 없는 내용이다.

⑤ 외환위기로 인해 우리 경제에 고용창출과 경제성장을 주도할 새로운 기업군이 필요해졌다는 부분은 알 수 있으나, 외환위기가 해외 주식을 대규모로 매입하는 계기가 되었는지는 알 수 없다.

09
정답 ④

청구범위를 넓게 설정할 경우 선행기술들과 저촉되어 특허가 거절될 가능성이 높아지므로 특허등록의 가능성이 줄어들게 되지만, 청구범위를 좁게 설정할 경우에는 특허등록 가능성이 높아지게 된다.

① 변리사를 통해 특허출원 명세서를 기재할 수 있다.

② 특허출원은 주로 경쟁자로부터 자신의 제품을 지키기 위해 이루어지나, 기술적 우위를 표시하기 위해 이루어지기도 한다.

③ 특허출원서에는 출원인이나 발명자 정보 등을 기재한다. 발명의 명칭, 발명의 효과, 청구범위 등은 특허명세서에 작성한다.

⑤ 청구범위가 좁을 경우 보호 범위가 좁아져 제3자가 특허 범위를 회피할 가능성이 높아지게 된다.

10
정답 ⑤

정의로운 국가라면 국가가 사회 구성원 모두 평등권을 되도록 폭넓게 누리도록 보장해야 한다는 정의의 원칙은 좌파와 우파 모두에게 널리 받아들여진 생각이다.

① 좌우 진영은 이미 사회정의의 몇 가지 기본 원칙에 서로 합의했다.

② 상속으로 생겨난 재산의 불평등 문제는 개인이 통제할 수 없는 요인으로 발생한 것이므로, 상속의 혜택을 받은 이들에게 불평등 문제를 해결하라고 요구하는 것은 바람직하지 않다.

③ 좌파는 불평등과 재분배의 문제에 강력한 정부의 개입이 필요하다고 주장하나, 이와 달리 우파는 정부 개입을 통한 재분배의 규모가 크지 않아야 한다고 주장한다.

④ 좌파와 우파의 대립은 불평등이 왜 생겨났으며, 그것을 어떻게 해소할 것인가를 다루는 사회경제 이론이 다른 데서 비롯되었다.

11
정답 ①

일반 시민들이 SNS를 통해 문제를 제기하면서 전통적 언론에서 뒤늦게 그 문제에 대해 보도하는 현상이 생기게 된 것이다.

㉠ · ㉢ 현대의 전통적 언론도 의제설정기능을 수행할 수는 있지만, 과거 언론에 비해 의제설정기능의 역할이 약화되었다.

㉣ SNS로 인해 역의제설정 현상이 강해지고 있다.

12

정답 ④

제시문은 예비 조건, 진지성 조건, 기본 조건 등 화행 이론에서 말하는 발화의 적절성 조건을 설명하고 있다. 두 번째 문단에서 '발화의 적절성 판단은 상황에 의존하고 있다.'고 하였으므로, 발화가 적절한지는 그 발화가 일어난 상황에 따라 달라진다.

13

정답 ②

복제 순서는 '복제 대상의 체세포를 채취해 핵을 분리 – 핵을 제거한 난자를 준비 – 전기 충격을 통해 복제 수정란을 만듦 – 자궁에 이식 – 출산'이다.

14

정답 ④

제시문은 유추에 의한 단어 형성에 대해서만 설명을 하고 있다. 따라서 다른 단어 형성 방식에 대해서는 알 수가 없다.

오답분석

①은 첫 번째 문단, ②는 두 번째 문단, ③은 세 번째 문단, ⑤는 마지막 문단에서 확인할 수 있다.

15

정답 ②

마지막 문단에서 '의리의 문제는 사람과 때에 따라 같지 않습니다.'라고 하였으므로 신하들이 임금에 대해 의리를 실천하는 방식이 누구에게나 동일하다는 말은 적절하지 않다.

오답분석

ㄱ. 부자관계는 천륜이어서 자식이 어버이를 봉양하는 데 한계가 없고, 이때는 은혜가 항상 의리에 우선하므로 관계를 떠날 수 없다고 하였으므로 적절하다.

ㄴ. 군신관계는 의리로 합쳐진 것이라 한계가 있는데 이 경우에는 때때로 의리가 은혜보다 앞서기도 한다고 하였으므로 적절하다.

16

정답 ②

A기술의 특징은 전송된 하나의 신호가 다중 경로를 통해 안테나에 수신될 때, 전송된 신호들의 크기가 다르더라도 그중 신호의 크기가 큰 것을 선택하여 안정적인 송수신을 이루는 것이다. 따라서 한 종류의 액체는 전송된 하나의 신호가 되고, 빨리 나오는 배수관은 다중 경로 중 크기가 큰 신호가 전송되는 경로이다.

17

정답 ③

제시문은 테레민이라는 악기를 두 손을 이용해 어떻게 연주하는가에 대한 내용이다. 두 번째 문단에서 '오른손으로는 수직 안테나와의 거리에 따라 음고를 조절하고, 왼손으로는 수평 안테나와의 거리에 따라 음량을 조절한다.'고 하였고, 마지막 문단에서는 이에 따라 오른손으로 음고를 조절하는 방법에 대해 설명하고 있다. 따라서 뒤에 이어질 내용은 왼손으로 음량을 조절하는 방법이 나오는 것이 적절하다.

18

정답 ④

독서 심리 치료의 성공 사례는 이론적 기초에 해당하지 않는다.

19

정답 ④

지역 축제들 각각의 특색이 없는 것은 사람들이 축제를 찾지 않는 충분한 이유가 되며, 이에 대해 그 지역만의 특성을 보여줄 수 있는 프로그램을 개발한다는 방안은 적절하다. 즉, 개요를 수정하기 전의 흐름이 매끄러우므로 불필요한 수정이다.

20

정답 ②

제시된 개요의 '본론 1'에서는 '포장재 쓰레기가 늘고 있는 원인'을, '본론 2'에서는 '포장재 쓰레기의 양을 줄이기 위한 방안'을 각각 기업과 소비자 차원으로 나누어 다루고 있다. 그러므로 빈칸에는 '본론 1 – (2)'에서 제시한 원인과 연계 지어, 소비자 차원에서 포장재 쓰레기의 양을 줄이기 위한 방안을 제시하는 내용이 들어가야 한다.

21

정답 ③

편의시설 미비는 '대형 유통점 및 전자상거래 중심으로의 유통구조 변화'와 내용이 중복된다고 보기 어려우며, Ⅱ-2-(1)의 '접근성과 편의성을 살려 구조 및 시설 재정비' 항목이 이와 대응된다고 볼 수 있다. 따라서 삭제하는 것은 적절하지 않다.

22

정답 ②

서론에서 제시한 과소비의 실태를 바탕으로 과소비의 문제점을 추리해야 한다. ②의 '개방화에 따른 외국 상품의 범람'은 과소비를 부추기는 원인 혹은 사회 현상은 될 수 있으나 과소비의 문제점이라고 할 수는 없다.

23
정답 ①

㉠에서는 의료 사각지대에서 발생할 수 있는 문제 사례를 통해 사람들에게 경각심을 주어야 한다. 따라서 치료를 받을 수 있는 의료 기관이 마땅치 못해 생명의 위험을 겪었거나 경제적인 문제로 인해 제때 치료를 받지 못한 사람들의 사례를 활용해야 한다. ①은 의료 사각지대에서 발생한 문제 사례로 보기 어려우므로 적절하지 않다.

24
정답 ③

'도시 농업을 통한 안전한 먹을거리 확보'는 'Ⅱ-2'에서 제시한 문제점들과 관련이 없으며, 내용상 도시 농업의 활성화 방안보다는 도시 농업을 통해 얻을 수 있는 이점에 해당하므로 빈칸에 들어갈 내용으로 가장 적절하지 않다.

오답분석
①은 'Ⅱ-2-다', ②는 'Ⅱ-2-라', ④는 'Ⅱ-2-가', ⑤는 'Ⅱ-2-나'와 관련이 있다.

25
정답 ①

서론은 환경오염이 점차 심각해지고 있음을 지적하며, 본론에서는 환경오염에 대해 일부 사람들이 그 심각성을 인식하지 못하고 있음을 화제로 삼고 있다. 따라서 결론에서는 환경오염의 심각성을 전 국민이 인식하고 이를 방지하기 위한 노력이 필요하다는 내용이 이어져야 한다.

26
정답 ②

②의 가격이 저렴한 산업용 전기를 통한 기업의 이익은 '전기 에너지 부족 문제'라는 글의 주제와 관련이 적으며, 기업이 과도한 전기 에너지를 사용하고 있는 문제 상황에 대한 근거로도 적절하지 않다.

27
정답 ⑤

'Ⅱ-3. 문제 해결 방안'에서 사내 가족친화제도의 활성화 방안으로 세제 혜택 정책이나 정부 차원의 관리를 제시한 것으로 보아 정부 차원의 노력이 필요하다는 관점에 있음을 알 수 있다. 따라서 빈칸에 들어갈 내용으로 ⑤가 가장 적절하다.

오답분석
① 이미 존재하는 사내 가족친화제도를 활성화하기 위한 방안을 다루고 있으므로 정부가 다양한 가족친화제도를 만들어야 한다는 것은 적절하지 않다.

28
정답 ①

문맥의 흐름상 '겉에 나타나 있거나 눈에 띄다.'의 의미를 지닌 '드러나다'의 쓰임은 적절하다. 한편, '들어나다'는 사전에 등록되어 있지 않은 단어로 '드러나다'의 잘못된 표현이다.

29
정답 ⑤

'오랜'은 '이미 지난 동안이 긴'의 의미를 지닌 관형사이므로 뒷말과 띄어 써야 한다. 따라서 ㉤에는 '오랜 세월'이 적절하다.

30
정답 ③

제시문은 전국 곳곳에 마련된 기획바우처 행사를 소개하는 글이다. (다)는 가족과 함께 하는 문화행사로 문화소외계층을 상대로 하는 기획바우처의 취지와는 거리가 멀기 때문에 글의 흐름상 필요 없는 문장에 해당한다.

31
정답 ②

'-(으)로서'는 지위나 신분·자격의 뒤에, '-(으)로써'는 도구나 방법 뒤에 사용할 수 있다. 따라서 ㉡은 '개발함으로써'로 수정해야 한다.

오답분석
① 뒤에 이어지는 내용을 살펴보면 문맥상 언어가 대규모로 소멸하는 원인에는 여러 가지가 있으므로, 겹치거나 포개어진다는 의미의 '중첩적'이라는 단어를 사용하는 것이 적절하다. '불투명하다'는 상황 따위가 분명하지 않음을 뜻하는 말이므로 적절하지 않다.
③ ㉢의 앞 문장은 모든 언어를 보존할 수 없다는 내용이고, ㉢은 그 이유를 제시하며, ㉢의 뒤에 오는 두 문장이 ㉢을 보충설명하고 있다. 따라서 ㉢은 문맥상 상관없는 내용이 아니므로 삭제할 수 없다.
④ ㉣의 앞에는 모든 언어를 보존하기 어려운 이유가, ㉣의 뒤에는 전 세계 언어의 50% 이상이 빈사 상태에 있으므로 바라볼 수만은 없다는 내용이 제시되어 있다. 따라서 역접 관계에 해당되므로 역접 기능의 접속어 '그러나'를 사용해야 한다.
⑤ '나누지 않은 덩어리'라는 의미를 가진 단어는 '통째'이다.

32
정답 ⑤

㉤의 세 번째 문단은 '고전은 왜 읽는가'라며 문제를 제기하고, 첫 번째 문단은 '고전을 읽는 이유'를 설명한다. 따라서 문제를 제기하고 대답하는 순서에 따라 ㉤은 첫 번째 문단보다 앞에 있어야 한다. ㉤을 마지막 문단으로 배치하면 오히려 문제 제기와 대답의 순서가 도치된다.

① ㉠에서 '흥부전'은 고전의 사례일 뿐이며, 제시문의 주제는 '고전의 가치'이므로 제목이 주제를 잘 드러내도록 고친다.

② '고전'이라는 핵심 소재를 소개하는 도입부에서 개념의 정의 없이 바로 논지를 펼치고 있으므로 이어지는 내용의 이해를 돕기 위해 ㉡에 고전의 개념을 정의하는 것이 적절하다.

③ ㉢은 '이유는 …… 의미를 준다.'는 식으로 기술되어 의미상 주어와 서술어의 호응이 부적절하다. 따라서 '이유는 …… 의미를 주기 때문이다.'로 고친다.

④ ㉣을 포함하는 문단에서 '고전에 나타난 문제의식은 여전히 유효하다.'고만 언급하고 있으므로 구체적으로 어떤 문제가 여전히 현대에서도 유효한지 구체적인 제시가 필요하다.

33　정답 ④

㉠ '소개하다'는 '서로 모르는 사람들 사이에서 양편이 알고 지내도록 관계를 맺어 주다.'의 의미로 단어 자체가 사동의 의미를 지니고 있으므로 '소개시켰다'가 아닌 '소개했다'가 올바른 표현이다.

㉡ '쓰여지다'는 피동 접사 '-이-'와 '-어지다'가 결합한 이중 피동 표현이므로 '쓰여진'이 아닌 '쓰인'이 올바른 표현이다.

㉢ '부딪치다'는 '무엇과 무엇이 힘 있게 마주 닿거나 마주 대다.'의 의미인 '부딪다'를 강조하여 이르는 말이고, '부딪히다'는 '부딪다'의 피동사이다. 따라서 ㉢에는 의미상 '부딪쳤다'가 들어가야 한다.

34　정답 ③

• 내로라하다 : 어떤 분야를 대표할 만하다.
• 그러다 보니 : 보조용언 '보다'가 앞 단어와 연결 어미로 이어지는 '-다 보다'의 구성으로 쓰이면 앞말과 띄어 쓴다.

① 무엇 보다 → 무엇보다 / 인식해야 만 → 인식해야만
　• 무엇보다 : '보다'는 비교의 대상이 되는 말에 붙어 '~에 비해서'의 뜻을 나타내는 조사이므로, 붙여 쓴다.
　• 인식해야만 : '만'은 한정, 강조를 의미하는 보조사이므로 붙여 쓴다.

② 두가지를 → 두 가지를
　조화시키느냐하는 → 조화시키느냐 하는
　• 두 가지를 : 수 관형사는 뒤에 오는 명사 또는 의존 명사와 띄어 쓴다.
　• 조화시키느냐 하는 : 어미 다음에 오는 말은 띄어 쓴다.

④ 심사하는만큼 → 심사하는 만큼 / 한 달 간 → 한 달간
　• 심사하는 만큼 : 뒤에 나오는 내용의 원인, 근거를 의미하는 의존 명사이므로 띄어 쓴다.
　• 한 달간 : '동안'을 의미하는 접미사이므로 붙여 쓴다.

⑤ 삼라 만상은 → 삼라만상은 / 모순 되는 → 모순되는
　• 삼라만상은 : 우주에 있는 온갖 사물과 현상을 의미하는 명사이므로 붙여 쓴다.
　• 모순되는 : 이 경우에는 '되다'를 앞의 명사와 붙여 쓴다.

35　정답 ①

첩어, 준첩어인 명사 뒤에는 '이'로 적는다. 따라서 번번이로 고쳐야 한다.

PART 3

수리

01	02	03	04	05	06	07	08	09	10
④	④	④	③	④	⑤	③	③	④	②
11	12	13	14	15	16	17	18	19	20
③	③	⑤	②	⑤	③	⑤	①	⑤	④
21	22	23	24	25	26	27	28	29	30
④	③	②	④	②	④	④	③	②	④
31	32	33							
④	②	⑤							

01　　　　정답 ④

사냥개의 한 걸음의 길이를 a, 토끼의 한 걸음의 길이를 b, 사냥개와 토끼의 속력을 각각 c, d라고 하자.

사냥개의 두 걸음의 길이와 토끼의 세 걸음의 길이가 같으므로

$$2a=3b \rightarrow a=\frac{3}{2}b$$

사냥개가 세 걸음 달리는 시간과 토끼가 네 걸음 달리는 시간이 같으므로

$$\frac{3a}{c}=\frac{4b}{d} \rightarrow \frac{9}{2}bd=4bc \rightarrow 8c=9d$$

사냥개가 9m 뛸 동안 토끼는 8m 뛰므로 사냥개가 9m 뛰어야 토끼와의 간격이 1m 줄어든다.

따라서 사냥개가 10m 앞선 토끼를 잡으려면 사냥개는 앞으로 90m를 더 달려야 한다.

02　　　　정답 ④

같은 시간동안 혜영이와 지훈이의 이동거리의 비가 3:4이므로 속력의 비 또한 3:4이다.

따라서 혜영이의 속력을 x/min이라 하면 지훈이의 속력은 $\frac{4}{3}x$/min이다.

같은 지점에서 같은 방향으로 출발하여 다시 만날 때 두 사람의 이동거리의 차이는 1,800m이다.

$$\frac{4}{3}x\times15-x\times15=1,800$$

$$\rightarrow 5x=360$$

$$\therefore x=360$$

따라서 혜영이가 15분 동안 이동한 거리는 $360\times15=$ 5,400m이고 지훈이가 15분 동안 이동한 거리는 $480\times15=$ 7,200m이므로 두 사람의 이동거리의 합은 12,600m이다.

03　　　　정답 ④

걷는 속력은 A씨가 오른쪽으로 0.8m/s, B씨는 왼쪽으로 x m/s라고 하자. 같은 지점에서 반대방향으로 걸어가는 두 사람의 30초 후 거리는 각자 움직인 거리의 합이다. B씨가 무빙워크를 탈 때와 타지 않을 때의 거리는 각각 다음과 같다.

• B씨가 무빙워크를 탈 때
$$(0.6+0.8)\times30+(0.6+x)\times30=42+18+30x=(60+30x)\text{m}$$

• B씨가 무빙워크를 타지 않을 때
$$(0.6+0.8)\times30+x\times30=(42+30x)\text{m}$$

따라서 B씨가 무빙워크를 탈 때와 타지 않을 때의 거리 차이는 $(60+30x)-(42+30x)=18$m이다.

04　　　　정답 ③

기차가 터널을 완전히 통과하기 위해 움직인 거리는 $150+30$ $=180$m이다.

따라서 기차의 속력은 $\frac{180}{30}=6$m/s이다.

05　　　　정답 ④

증발시킨 물의 양을 xg이라고 하자.

설탕의 양은 변하지 않으므로

$$\frac{10}{100}\times300=\frac{30}{100}\times(300-x)$$

$$\rightarrow 300=900-3x$$

$$\rightarrow 3x=600$$

$$\therefore x=200$$

따라서 증발시킨 물의 양은 200g이다.

06

정답 ⑤

- 9% 소금물 100g에 들어있는 소금의 양 : $\frac{9}{100} \times 100 = 9g$

- 4% 소금물 150g에 들어있는 소금의 양 : $\frac{4}{100} \times 150 = 6g$

따라서 그릇 B에 들어있는 소금물의 농도는 $\frac{9+6}{100+150} \times 100 = 6\%$이다.

07

정답 ③

모두 다 섞은 설탕물의 농도를 $x\%$라고 하자.

$\frac{36}{100} \times 50 + \frac{20}{100} \times 50 = \frac{x}{100} \times (100+50+50)$

$\rightarrow 36+20=4x \rightarrow 56=4x$

$\therefore x=14$

따라서 농도가 14%인 설탕물이 된다.

08

정답 ③

전체 작업량을 1로 둘 때, 6명이 5시간 만에 청소를 완료하므로 직원 한 명의 시간당 작업량은 $\frac{1}{30}$이다. 3시간 만에 일을 끝마치기 위한 직원의 수를 x명이라 하자.

$\frac{x}{30} \times 3 = 1 \rightarrow \frac{x}{10} = 1$

$\therefore x=10$

따라서 총 10명의 직원이 필요하며, 추가로 필요한 직원의 수는 4명이다.

09

정답 ④

수영장에 물이 가득 찼을 때의 물의 양을 1이라 하면, 수도관은 1분에 $\frac{1}{60}$만큼 물을 채우며, 배수로는 1분에 $\frac{1}{100}$만큼 물을 빼낸다.

따라서 $\frac{1}{\frac{1}{60} - \frac{1}{100}} = \frac{1}{\frac{1}{150}} = 150$분이므로 수영장에 물을 가득 채우는 데 2시간 30분이 걸린다.

10

정답 ②

A가 한 시간 동안에 정리할 수 있는 면적을 $x\text{m}^2$라고 하자. B가 정리할 수 있는 면적은 $\frac{2}{3}x\text{m}^2$이다.

$\left(x + \frac{2}{3}x\right) \times 5 = 100 \rightarrow \frac{5}{3}x = 20$

$\therefore x=12$

따라서 A는 한 시간 동안 12m^2의 면적을 정리할 수 있다.

11

정답 ③

50,000원을 넘지 않으면서 사과 10개들이 한 상자를 최대로 산다면 5상자(9,500×5=47,500원)를 살 수 있다. 나머지 금액으로 낱개의 사과를 2개까지 살 수 있으므로, 구매할 수 있는 사과의 최대 개수는 10×5+2=52개이다.

12

정답 ③

현재 아버지의 나이를 x세라고 하자.

$(8+a) + (x+a) = 8 \times 7 \rightarrow x = 48 - 2a$

따라서 현재 아버지의 나이는 딸의 나이의 $(48-2a) \div 8 = \frac{24-a}{4}$배이다.

13

정답 ⑤

B지역 유권자의 수를 x명이라 하자. A지역 유권자의 수는 $4x$명이다.

- A지역 찬성 유권자 수 : $4x \times \frac{3}{5} = \frac{12}{5}x$

- B지역 찬성 유권자 수 : $x \times \frac{1}{2} = \frac{1}{2}x$

따라서 구하는 비율은 $\frac{\frac{12}{5}x + \frac{1}{2}x}{4x+x} \times 100 = \frac{\frac{29x}{10}}{5x} \times 100 = 58\%$이다.

14

정답 ②

- 주말 티켓 정가 : 25,000×1.2=30,000원
- 주말 티켓 할인가 : 30,000×0.9=27,000원

따라서 30,000−27,000=3,000원 할인된 가격에 판매될 것이다.

15

정답 ⑤

- 아이스크림 개당 정가 : $\left(1 + \frac{20}{100}\right) \times a = 1.2a$원

- 아이스크림 개당 판매가 : $(1.2a - 500)$원

(이익)=(판매가)−(원가)=1.2a−500−a=700

$\rightarrow 0.2a = 1,200$

$\therefore a=6,000$

따라서 아이스크림 1개당 원가는 6,000원이다.

16
정답 ③

각자 낸 돈을 x원이라고 하자. 총금액은 $8x$원이다.

$8x-(8x\times0.3+8x\times0.3\times0.4)=92,800$

$\rightarrow 8x-(2.4x+0.96x)=92,800$

$\rightarrow 4.64x=92,800$

$\therefore x=20,000$

따라서 각자 20,000원씩 돈을 냈다.

17
정답 ⑤

다음 해는 2월 29일까지 있으므로 각 달의 일수를 계산하면 $31+30+31+31+29=152$일이 된다. 10월 1일이 월요일이고, 한 주가 7일이므로 $152\div7=21\cdots5$이다.

따라서 나머지가 5이므로 3월 1일은 토요일이 된다.

18
정답 ①

시침은 1시간에 $30°$, 1분에 $0.5°$ 움직인다. 분침은 1분에 $6°$ 움직이므로 시침과 분침은 1분에 $5.5°$씩 차이가 난다. 12시에 분침과 시침의 사이각은 $0°$이고, $55°$가 되려면 $5.5°$씩 10번이 움직이면 된다.

19
정답 ⑤

카드를 배열할 수 있는 방법 중 (1, 1, 4, 3, 2), (2, 1, 4, 3, 2), (2, 1, 4, 3, 3), (4, 1, 4, 3, 2)가 가능하기 때문에 결국 1, 2, 3, 4 모두 2장이 될 수 있다.

20
정답 ④

• 6석 테이블 : 같은 국가에서 온 대표자는 같은 테이블에 앉을 수 없으므로 6석 테이블에는 5명이 앉는다.

• 5석 테이블 : 러시아에서 2명의 대표자가 방문했기 때문에 5석 테이블 한 개에는 4명이 앉는다.

• 3석 테이블 : 러시아를 제외한 4개국 대표 중 3개국 대표자가 앉으면 된다.

따라서 최대 $5+5+4+3\times2=20$명이 앉는다.

21
정답 ④

3대의 버스 중 출근 시각보다 빨리 도착할 2대의 버스를 고르는 방법은 3가지이다.

따라서 구하고자 하는 확률은 $3\times\dfrac{3}{8}\times\dfrac{3}{8}\times\dfrac{1}{2}=\dfrac{27}{128}$이다.

22
정답 ③

A팀이 우승하지 못할 확률은 5, 6, 7번째 경기를 모두 질 경우이다. 따라서 A팀이 우승할 확률은 $1-\left(\dfrac{1}{2}\times\dfrac{1}{2}\times\dfrac{1}{2}\right)=1-\dfrac{1}{8}=\dfrac{7}{8}$이다.

23
정답 ②

부전승으로 올라갈 수 있는 팀을 한 팀 선정하는 경우의 수는 7가지이고, 남은 6팀을 먼저 4팀과 2팀으로 나누는 경우의 수는 $_6C_4\times_2C_2=15$가지이다. 다음으로 4개의 팀이 두 팀씩 경기하는 경우의 수를 나누면 $_4C_2\times_2C_2\times\dfrac{1}{2!}=3$가지이다.

따라서 전체 경우의 수는 $315(=7\times15\times3)$가지이다.

24
정답 ④

오답분석

① 4월과 7월의 국외 개봉편수가 자료와 다르다.

② 8~10월 국내 관객 수가 자료와 다르다.

③ 2~4월의 국내 관객 수와 국외 관객 수가 바뀌었다.

⑤ 1월과 12월에 각각 국내 개봉편수와 국외 개봉편수가 바뀌었다.

25
정답 ②

오답분석

① 자료보다 2011년 원/달러 절상률 수치가 낮다.

③ 자료보다 2017년 엔/달러 절상률 수치는 낮고, 원/100엔 절상률 수치는 높다.

④·⑤ 자료에서 2006년은 원/100엔 절상률>원/달러 절상률>엔/달러 절상률 순으로 수치가 높다.

26
정답 ④

규제의 연도별 수치를 보면 $+10$, $+20$, $+30$이 반복되는 규칙을 보이고 있다. 따라서 빈칸에 들어갈 숫자는 170이다.

27
정답 ④

2%p씩 상승한 경우 2023년도 경제성장률의 기댓값은 $7\times0.2+17\times0.4+22\times0.4=17\%$이다.

28

정답 ③

A사와 B사의 전체 직원 수를 알 수 없으므로, 비율만으로는 판단할 수 없다.

오답분석

① 여직원 비율이 높을수록 남직원 비율이 낮을수록 값이 작아진다. 따라서 여직원 비율이 가장 높으면서, 남직원 비율이 가장 낮은 D사가 비율이 최저이고, 남직원 비율이 여직원 비율보다 높은 A사가 비율이 최고이다.

② B, C, D사 각각 남직원보다 여직원의 비율이 높다. 따라서 B, C, D사 모두에서 남직원 수보다 여직원 수가 많다. 즉, B, C, D사의 직원 수를 다 합했을 때도 남직원 수는 여직원 수보다 적다.

④ B사의 전체 직원 수를 a명, A사의 전체 직원 수를 $2a$명이라 하자.
B사의 남직원 수는 $0.48a$명, A사의 남직원 수는 $0.54 \times 2a = 1.08a$명이다.
$$\therefore \frac{0.48a + 1.08a}{a + 2a} \times 100 = \frac{156}{3} = 52\%$$

⑤ A, B, C사의 전체 직원 수를 a명이라 하자. 여직원의 수는 각각 $0.46a$, $0.52a$, $0.58a$명이다. 따라서 $0.46a + 0.58a = 2 \times 0.52a$이므로 옳은 설명이다.

29

정답 ②

룰렛 각 구간의 x, y, z의 규칙은 다음과 같다.

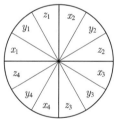

$$\rightarrow x^3 + y = z$$

이를 통해 $\bigcirc^3 = 25 - 24 = 1 = 1^3$인 것을 알 수 있다.

다음으로 각 구간을 $\begin{array}{c|c} A & B \\ \hline D & C \end{array}$ 라고 할 때 A, B, C, D의 규칙은 다음과 같다.

A, B, C, D의 값을 $x + y + z$이라고 하자. A구간을 제외한 B, C, D의 값을 구하면 A, 50, 50, 50이다.

이에 따라 $A = 500$이고, $5^3 + \bigcirc = \bigcirc$이다. $5 + \bigcirc + \bigcirc = 500$이므로 이를 연립하면 $\bigcirc = -40$, $\bigcirc = 85$이다.

$$\therefore (\bigcirc + \bigcirc) \div \bigcirc = (85 - 40) \div 1 = 45$$

30

정답 ④

전개도를 접어 정육면체를 만들었을 때, 마주보는 숫자는 공약수가 1밖에 없는 서로소 관계이다. 따라서 ?에 들어갈 수 있는 18과 서로소인 숫자는 5이다.

31

정답 ④

(A), (B), (C)가 포함되지 않은 퍼즐조각의 상·하·좌·우에 있는 숫자를 각각 더하면 다음과 같다.
- 1행 1열 : 10
- 1행 2열 : 20
- 1행 3열 : 30
- 2행 1열 : 40

즉, 1행 1열에서 2행, 3행의 각 퍼즐 순서대로 각각의 합이 10, 20, 30, …, 90이 된다고 유추할 수 있다.

따라서 $(A) = 50 - (8 + 16 + 25) = 1$,
$(B) = 70 - (22 + 27 + 16) = 5$,
$(C) = 90 - (35 + 12 + 24) = 19$가 된다.

$$\therefore (A) + (B) + (C) = 1 + 5 + 19 = 25$$

32

정답 ②

$(A, B) = [B$개의 자연수를 합해서 A를 만들 수 있는 수의 집합]

6을 4개의 자연수의 합으로 나타낼 수 있는 경우의 수는 (1, 1, 1, 3), (1, 1, 2, 2)이므로, 빈칸에 들어갈 쌍은 2개이다.

33

정답 ⑤

각 항을 네 개씩 묶고 $A\ B\ C\ D$라고 하면 다음과 같은 규칙이 성립한다.

$$A\ B\ C\ D \rightarrow \frac{A \times C}{B} = D$$

따라서 (　) $= 75 \times 5 \div 15 = 25$이다.

무언가를 시작하는 방법은 말하는 것을 멈추고 행동을 하는 것이다.

- 월트 디즈니 -

PART 4

추리

01	02	03	04	05	06	07	08	09	10
④	②	①	③	④	⑤	①	②	③	①
11	12	13	14	15	16	17	18	19	20
②	④	④	③	③	⑤	②	①	②	③
21	22	23	24	25	26	27	28		
②	③	②	③	①	④	①	①		

01　　　　정답 ④

제시된 단어는 유의관계이다.
'위임'은 '어떤 일을 책임 지워 맡김'을 뜻하고, '의뢰'는 '남에게 부탁함'을 뜻한다. 따라서 '지식수준이 낮거나 인습에 젖은 사람을 가르쳐서 깨우침'의 뜻을 가진 '계몽'과 유의관계인 단어는 '사람의 지혜가 열려 새로운 사상, 문물, 제도 따위를 가지게 됨'의 뜻인 '개화'이다.

오답분석
① 대리 : 남을 대신하여 일을 처리함
② 주문 : 다른 사람에게 어떤 일을 하도록 요구하거나 부탁함
③ 효시 : 어떤 사물이나 현상이 시작되어 나온 맨 처음을 비유적으로 이르는 말
⑤ 미개 : 사회가 발전되지 않고 문화 수준이 낮은 상태

02　　　　정답 ②

제시된 단어는 유의관계이다.
'준거'와 '표준'은 '사물의 정도나 성격 따위를 알기 위한 근거나 기준'을 뜻한다. 따라서 '어떤 것이 남긴 표시나 자리'의 뜻을 가진 '자취'와 유의관계인 단어는 '어떤 현상이나 실체가 없어졌거나 지나간 뒤에 남은 자국이나 자취'의 뜻의 '흔적'이다.

오답분석
① 척도 : 가하거나 측정할 때 의거할 기준
③ 주관 : 어떤 일을 책임을 지고 맡아 관리함
④ 반영 : 다른 것에 영향을 받아 어떤 현상이 나타남
⑤ 보증 : 어떤 사물이나 사람에 대하여 책임지고 틀림이 없음을 증명함

03　　　　정답 ①

오답분석
②・③・④・⑤ 목적어와 서술어 관계이다.

04　　　　정답 ③

이온음료는 음료수에 포함되는 단어이다.

오답분석
①・②・④・⑤ 대체재 관계의 단어이다.

05　　　　정답 ④

어떤 플라스틱은 전화기이고, 모든 전화기는 휴대폰이다. 따라서 어떤 플라스틱은 휴대폰이다.

06　　　　정답 ⑤

두 번째, 세 번째 명제를 통해, '어떤 남학생은 채팅과 컴퓨터 게임을 모두 좋아한다.'를 추론할 수 있다.

07　　　　정답 ①

삼단논법이 성립하기 위해서는 '호야는 노력하지 않았다.'라는 명제가 필요하다.

08　　　　정답 ②

조건에 의해서 A, B, C, D는 1층에 살 수 없으므로 E는 1층에 산다.
조건에 따라 가능한 경우를 정리하면 다음과 같다.

구분	1층	2층	3층	4층	5층
경우 1	E	A	B	C	D
경우 2	E	A	B	D	C
경우 3	E	A	C	D	B
경우 4	E	A	D	C	B

따라서 A는 E보다 높은 층에 산다.

09

정답 ③

B는 영어·독어만, D는 중국어·프랑스어만 하기 때문에 서로 언어가 통하지 않는다.

10

정답 ①

C와 D가 C의 역할에 대해 서로 다른 진술을 하고 있으므로 둘 중 한 명이 거짓을 말하고 나머지 한 명이 참인 것을 알 수 있다. 그러면 A의 말은 반드시 참이므로 C의 말도 참이 되며, D의 말이 거짓이 된다. 따라서 A는 홍보, C는 섭외, E는 예산을 담당하고 있다. D의 말은 거짓이므로 '구매' 담당은 B가 되며, D는 '기획'을 맡게 된다.

11

정답 ②

동주는 관수보다, 관수는 보람보다, 보람이는 창호보다 크다. 따라서 동주 – 관수 – 보람 – 창호 순서로 크다.

오답분석

① · ③ · ④ 인성이는 보람이보다 작지 않은 것은 알 수 있지만, 다른 사람과의 관계는 알 수 없다.
⑤ 창호는 키가 가장 작다.

12

정답 ④

냉면을 좋아하는 사람은 여름을 좋아하고, 여름을 좋아하는 사람은 호빵을 싫어한다. 따라서 이의 대우 명제인 ④가 적절하다.

13

정답 ④

우선 A의 아이가 아들이라고 하면 A의 진술에 따라 B, C의 아이도 아들이므로 아들이 2명뿐이라는 조건에 모순이다. 그러므로 A의 아이는 딸이다. 다음에 C의 아이가 아들이라고 하면 C의 대답에서 D의 아이는 딸이 되므로 B의 아이는 아들이어야 한다. 그런데 이것은 B의 대답과 모순이다(∵ 아들의 아버지인 B가 거짓말을 한 것이 되므로). 따라서 C의 아이도 딸이다. 그러므로 아들의 아버지는 B와 D이다.

14

정답 ③

딜레마의 논법으로 논리적으로 타당함을 알 수 있다.

오답분석

① 전건 부정의 오류로 전건 부정의 추리에서 후건 부정을 타당한 결론으로 받아들이는 오류로 볼 수 있다.
② 후건 긍정의 오류로 전건이 일어나면 후건이 일어나긴 하지만 후건이 일어나는 이유에 다른 전건들이 있음을 배제하는 오류로 볼 수 있다.

④ 선언지 긍정의 오류로 전제가 선언지로 되어있고, 선언지 중 하나를 긍정하면 하나를 부정하는 오류이다.
⑤ 흑백 사고의 오류로 철수의 성적이 중간 정도일 수 있는데도 불구하고 우등생이 아니면 꼴찌라고 생각하는 오류이다.

15

정답 ③

- 철이 : 후건 긍정의 오류를 범하고 있다. 철이가 오류를 범하지 않으려면 다음과 같이 이야기해야 한다. "흡연자의 90%는 폐암으로 사망한다. 너는 흡연자다. 따라서 너는 폐암으로 사망할 확률이 90%다."
- 민지·유진 : 인과 관계를 거꾸로 생각하고 있다. 민지의 경우, 감염자가 양성 판정을 받을 확률이 99%인 것이지, 양성 판정을 받은 사람이 감염자일 확률이 99%인 것은 아니다. 양성 판정을 받은 사람 중에는 실제 비감염자가 양성 판정을 받을 확률도 있을 것이고 주어진 조건으로 이 확률을 알 수는 없다.

오답분석

- 영이 : 통계적 귀납추론을 하고 있다.

16

정답 ⑤

제시된 오류는 결론에서 주장하고자 하는 것을 전제로 제시하는 '순환 논증의 오류'에 해당한다. 이와 동일한 오류를 범하고 있는 것은 ⑤이다.

오답분석

① 사적 관계에 호소하는 오류
② 성급한 일반화의 오류
③ 의도 확대의 오류
④ 합성의 오류

17

정답 ②

규칙은 가로로 적용된다.
첫 번째 도형을 데칼코마니처럼 좌우로 펼친 도형이 두 번째 도형이고, 두 번째 도형을 수평으로 반을 잘랐을 때의 아래쪽 도형이 세 번째 도형이다.

18

정답 ①

규칙은 세로로 적용된다.
첫 번째 도형과 두 번째 도형을 겹쳤을 때, 생기는 면에 색을 칠한 도형이 세 번째 도형이다.

19

정답 ②

가장 큰 도형은 상하대칭, 외부도형은 시계 방향으로 90° 회전하면서 가장 큰 도형의 변을 기준으로 상하로 이동, 내부도형은 가장 큰 도형의 꼭짓점을 기준으로 시계 반대 방향으로 이동하는 규칙이다.

20

정답 ③

가장 큰 도형은 그대로, 첫 번째 도형을 기준으로 위에 위치한 외부도형은 가장 큰 도형을 기준으로 시계 방향 이동 및 색 반전, 첫 번째 도형을 기준으로 아래 위치한 외부도형은 시계 반대 방향으로 90° 회전하면서 가장 큰 도형의 안쪽으로 움푹 들어간 꼭짓점을 따라 시계 반대 방향으로 이동하는 규칙이다.

21

정답 ②

• 가로(좌 → 우) : 1번째 행 각 도형 제자리에서 시계 방향으로 90° 회전
• 세로(위 → 아래) : 각 도형 제자리에서 시계 반대 방향으로 90° 회전

22

정답 ③

• 가로(좌 → 우) : 색 반전 후 각 도형 제자리에서 시계 방향으로 90° 회전
• 세로(위 → 아래) : 각 도형 제자리에서 180° 회전

23

정답 ②

☆ : 각 자릿수 +1, −1, +1, −1
♡ : 1234 → 4321
○ : 1234 → 3412

$$5873 \quad \rightarrow \quad 7358 \quad \rightarrow \quad 8267$$
$$\qquad\qquad ○ \qquad\qquad ☆$$

24

정답 ③

$$6573 \quad \rightarrow \quad 7482 \quad \rightarrow \quad 2847$$
$$\qquad\qquad ☆ \qquad\qquad ♡$$

25

정답 ①

$$0291 \quad \rightarrow \quad 9102 \quad \rightarrow \quad 2019$$
$$\qquad\qquad ○ \qquad\qquad ♡$$

26

정답 ④

● : 1234 → 3412
■ : 각 자릿수 +4, −3, +2, −1
△ : 각 자릿수마다 −1
▽ : 1234 → 4231

$$BSCM \quad \rightarrow \quad FPEL \quad \rightarrow \quad EODK$$
$$\qquad\qquad ■ \qquad\qquad △$$

27

정답 ①

$$IQTD \quad \rightarrow \quad HPSC \quad \rightarrow \quad SCHP$$
$$\qquad\qquad △ \qquad\qquad ●$$

28

정답 ①

$$ZNOR \quad \rightarrow \quad RNOZ \quad \rightarrow \quad OZRN$$
$$\qquad\qquad ▽ \qquad\qquad ●$$

PART 5

최종점검 모의고사

01 언어

01	02	03	04	05	06	07	08	09	10	11	12	13	14	15	16	17	18	19	20
④	④	①	①	②	③	④	④	③	④	⑤	④	①	③	③	⑤	⑤	⑤	①	①

01

정답 ④

제시문의 두 번째 문단에서 전기자동차 산업이 확충되고 있음을 언급하면서 구리가 전기자동차의 배터리를 만드는 데 핵심 재료임을 언급하고 있기 때문에 ④가 글의 중심 내용으로 가장 적절하다.

오답분석

① · ⑤ 제시문에서 언급하고 있는 내용은 아니나 중심 내용으로 보기는 어렵다.
② 제시문에서 '그린 열풍'을 언급하고 있으나 그 이유는 제시되어 있지 않다.
③ 제시문에서 산업금속 공급난이 우려된다고 하나, 그로 인한 문제가 제시되어 있지는 않다.

02

정답 ④

마지막 문단의 '기다리지 못함도 삼가고 아무것도 안함도 삼가야 한다. 작동 중에 있는 자연스런 성향이 발휘되도록 기다리면서도 전력을 다할 수 있도록 돕는 노력도 멈추지 말아야 한다.'를 통해 ④ '잠재력을 발휘하도록 하려면 의도적 개입과 방관적 태도 모두를 경계해야 한다.'가 이 글의 중심 주제가 됨을 알 수 있다.

오답분석

① 인위적 노력을 가하는 것은 일을 '조장(助長)'하지 말라고 한 맹자의 말과 반대된다.
② 싹이 성장하도록 기다리는 것도 중요하지만 '전력을 다할 수 있도록 돕는 노력'도 해야 한다.
③ 명확한 목적성을 강조하는 부분은 이 글에 나와 있지 않다.
⑤ 맹자는 '싹 밑의 잡초를 뽑고, 김을 매주는 일'을 통해 '성장을 보조해야 한다'라고 말하며 적당한 인간의 개입이 필요함을 말하고 있다.

03

정답 ①

청소년보호위원회는 부정했지만 동성애를 청소년에게 유해한 것으로 지정했다는 것을 알 수 있다.

04

정답 ①

제시문은 풀기 어려운 문제에 둘러싸인 기업적 · 개인적 상황을 제시하고, 위기의 시대임을 언급하고 있다. 그리고 그 위기를 이겨내는 자가 성공하는 자가 될 수 있음을 말하며, 위기를 이겨내기 위해서 지혜가 필요하다는 것에 대해 설명하고 있는 글이다. 따라서 (나) 풀기 어려운 문제에 둘러싸인 현재의 상황 → (라) 위험과 기회라는 이중의미를 가지는 '위기' → (다) 위기를 이겨내는 것이 필요 → (가) 위기를 이겨내기 위한 지혜와 성공이라는 결과 순으로 나열해야 한다.

05

정답 ②

제시문은 장인이 옹기를 만드는 과정에 대한 내용이다. 따라서 (다) 옹기를 만드는 목적을 결정 → (라) 흙가래를 만들고, 흙가래를 이용해 몸체를 만듦 → (나) 전체적으로 매끄럽게 손질함 → (가) 자신만의 무늬를 새겨 개성을 나타냄 순으로 나열해야 한다.

06

정답 ③

제시문은 우리의 단일 민족에 대한 의문을 제기하며 이에 대한 근거를 들어 우리는 단일 민족이 아닐 수도 있다는 것을 주장하고 있다. 따라서 (나) 단일 민족에 대한 의문 제기 → (다) 단일 민족이 아닐 수도 있다는 근거 제시 → (가) 이것이 증명하는 사실 → (라) 단일 민족이 아닐 수도 있다는 또 다른 근거 제시 순으로 나열해야 한다.

07

정답 ④

[오답분석]
① 조성은 음악에서 화성이나 멜로디가 하나의 음 또는 하나의 화음을 중심으로 일정한 체계를 유지하는 것이다.
② 무조 음악은 조성에서 벗어나 자유롭게 표현하고자 한 것이므로, 발전한 형태라고 말할 수 없다.
③ 무조 음악은 한 옥타브 안의 음 각각에 동등한 가치를 두었다.
⑤ 쇤베르크의 12음 기법은 무조 음악이 지닌 자유로움에 조성의 체계성을 더하고자 탄생한 기법이다.

08

정답 ④

마지막 문단에서 정약용은 청렴을 지키는 것의 효과로 첫째, '다른 사람에게 긍정적 효과를 미친다.'와 둘째, '목민관 자신에게도 좋은 결과를 가져다준다.'고 하였으므로 ④가 이 글의 내용으로 적절하다.

[오답분석]
① 두 번째 문단에서, '정약용은 청렴을 당위 차원에서 주장하는 기존의 학자들과 달리 행위자 자신에게 실질적 이익이 된다는 점을 들어 설득하고자 한다.'고 설명하고 있다.
② 두 번째 문단에서, 정약용은 "지자(知者)는 인(仁)을 이롭게 여긴다."라는 공자의 말을 빌려 "지혜로운 자는 청렴함을 이롭게 여긴다."라고 하였으므로 공자의 뜻을 계승한 것이 아니라 공자의 말을 빌려 청렴의 중요성을 강조한 것이다.
③ 두 번째 문단에서, '지혜롭고 욕심이 큰 사람은 청렴을 택하지만 지혜가 짧고 욕심이 작은 사람은 탐욕을 택한다.'고 하였으므로 청렴한 사람은 욕심이 크기 때문에 탐욕에 빠지지 않는다는 설명이 적절하다.
⑤ 첫 번째 문단에서, '이황과 이이는 청렴을 사회 규율이자 개인 처세의 지침으로 강조하였다.'고 하였으므로 이황과 이이는 청렴을 사회 규율로 보았다는 것을 알 수 있다.

09

정답 ③

종교적·주술적 성격의 동물은 대개 초자연적인 강대한 힘을 가지고 인간 세계를 지배하거나 수호하는 신적인 존재이다.

[오답분석]
① 미술 작품 속에 등장하는 동물에는 해태나 봉황 등 인간의 상상에서 나온 동물도 적지 않다.
② 미술 작품에 등장하는 동물은 성격에 따라 구분할 수 있으나, 이 구분은 엄격한 것이 아니다.
④ 인간의 이지가 발달함에 따라 신적인 기능이 감소된 종교적·주술적 동물은 신이 아닌 인간에게 봉사하는 존재로 전락한다.
⑤ 신의 위엄을 뒷받침하고 신을 도와 치세의 일부를 분담하기 위해 이용되는 동물들은 현실 이상의 힘을 가진다.

10

정답 ④

청구범위를 넓게 설정할 경우 선행기술들과 저촉되어 특허가 거절될 가능성이 높아지므로 특허 등록의 가능성이 줄어들게 되지만, 청구범위를 좁게 설정할 경우에는 특허등록 가능성이 높아지게 된다.

① 변리사를 통해 특허출원 명세서를 기재할 수 있다.
② 특허출원은 주로 경쟁자로부터 자신의 제품을 지키기 위해 이루어지나, 기술적 우위를 표시하기 위해 이루어지기도 한다.
③ 특허출원서에는 출원인이나 발명자 정보 등을 기재한다. 발명의 명칭, 발명의 효과, 청구범위 등은 특허명세서에 작성한다.
⑤ 청구범위가 좁을 경우 보호 범위가 좁아져 제3자가 특허 범위를 회피할 가능성이 높아지게 된다.

11

정답 ⑤

아인슈타인의 광량자설은 빛이 파동이면서 동시에 입자인 이중적인 본질을 가지고 있다는 것을 의미하는 것으로, 뉴턴의 입자설과 토머스 영의 파동성설을 모두 포함한다.

오답분석
① 뉴턴의 가설은 그의 권위에 의해 오랫동안 정설로 여겨졌지만, 토머스 영의 겹실틈 실험에 의해 다른 가설이 생겨났다.
② 겹실틈 실험은 한 개의 실틈을 거쳐 생긴 빛이 다음 설치된 두 개의 겹실틈을 지나가게 해서 스크린에 나타나는 무늬를 관찰하는 것이다.
③ 일자 형태의 띠가 두 개 나타나면 빛이 입자임은 맞으나, 겹실틈 실험 결과 보강 간섭이 일어난 곳은 밝아지고 상쇄 간섭이 일어난 곳은 어두워지는 간섭무늬가 연속적으로 나타났다.
④ 토머스 영의 겹실틈 실험은 빛의 파동성을 증명하였고, 이는 명백한 사실이었으므로 아인슈타인은 빛이 파동이면서 동시에 입자인 이중적인 본질을 가지고 있다는 것을 증명하였다.

12

정답 ④

슈퍼문일 때는 지구와 달의 거리가 35만 7,000km 정도로 가까워지며, 이때 지구에서 보름달을 바라보는 시각도는 0.56도로 커지므로 0.49의 시각도보다 크다는 판단은 적절하다.

오답분석
① 케플러의 행성운동 제1법칙에 따라 태양계의 모든 행성은 태양을 중심으로 타원 궤도로 돈다. 따라서 지구도 태양을 타원 궤도로 돌기 때문에 지구에서 태양까지의 거리는 항상 일정하지 않을 것이다.
② 달이 지구에 가까워지면 달의 중력이 더 강하게 작용하여, 달을 향한 쪽의 해수면이 평상시보다 더 높아진다. 즉, 지구와 달의 거리에 따라 해수면의 높이가 달라지므로 서로 관계가 있다.
③ 달이 지구에 가까워지면 평소 달이 지구를 당기는 힘보다 더 강하게 지구를 당긴다. 따라서 이와 반대로 달이 지구에서 멀어지면 지구를 당기는 달의 힘은 약해질 것이다.
⑤ 달의 중력 때문에 높아진 해수면이 지구의 자전을 방해하게 되고, 이 때문에 지구의 자전 속도가 느려져 100만 년에 17초 정도씩 길어진다고 하였으므로 지구의 자전 속도는 점점 느려지고 있다.

13

정답 ①

제시문에서 정보화 사회의 문제점으로 다루고 있는 것은 '정보 격차'로, 지식과 정보에 접근할 수 없는 사람들이 소득을 얻는 데 불리할 수밖에 없다고 주장한다. 때문에 정보가 상품화됨에 따라 정보를 둘러싼 불평등은 더욱 심화될 것이라고 전망하고 있다. 인터넷이나 컴퓨터 유지비 측면에서의 격차 발생은 글의 주장을 강화시키는 것으로, 이 문제에 대한 반대 입장이 될 수 없다.

14

정답 ③

제시문은 윤리적 상대주의가 참이라는 결론을 내리기 위한 논증이다. 어떤 행위에 대한 문화 간의 지속적인 시비 논란(윤리적 판단)은 사람들의 윤리적 기준 차이에 의하여 한 문화 안에서 시대마다 다르기도 하고, 동일한 문화와 시대 안에서도 다를 수 있다. 그러므로 올바른 윤리적 기준은 그것을 적용하는 사람에 따라 상대적이므로 윤리적 상대주의가 참이라는 논증이다. 따라서 이 논증의 반박은 '절대적 기준에 의한 보편적 윤리 판단은 존재한다.'가 되어야 한다. 그러나 ③은 '윤리적 판단이 항상 서로 다른 것은 아니다.'라는 내용이다. 이 글에서도 윤리적 판단이 '~다르기도 하다.', '다른 윤리적 판단을 하는 경우를 볼 수 있다.'고 했지 '항상 다르다.'고는 하지 않았다. 결국 ③은 반박이 아니다.

15

정답 ③

질소가 무조건 많이 함유된 것이 좋은 비료가 아니라 탄소와 질소의 비율이 잘 맞는 것이 중요하다.

오답분석

① 커피박을 이용해서 비료를 만들면 커피박을 폐기하는데 필요한 비용을 절약할 수 있기 때문에 경제적으로도 이득이라고 할 수 있다.
② 비료에서 중요한 요소로 질소를 언급하고 있고, 유기 비료이기 때문에 유기물의 함량 또한 중요하다. 그리고 본문에서도 질소와 유기물 함량을 분석하고 있기에 중요한 고려 요소라고 할 수 있다.
④ 비료를 만드는데 발생하는 열로 유해 미생물을 죽일 수 있다고 언급하였다.
⑤ 부재료로 언급된 것 중에서 한약재 찌꺼기가 가장 질소 함량이 높다고 하였다.

16

정답 ⑤

KCNK13 채널이 도파민을 촉진하는 활동을 차단할 수 있다면 폭음을 막을 수 있다고 하였으나 약을 개발하였는지는 글을 통해 추론할 수 없다.

오답분석

① 뇌는 알코올이 흡수되면 도파민을 분출하고, 도파민은 보상을 담당하는 화학 물질로 뇌에 보상을 받고 있다는 신호를 보내 음주 행위를 계속하도록 만든다.
② 실험 결과 KCNK13 채널을 15% 축소한 쥐가 보통의 쥐보다 30%나 더 많은 양의 알코올을 폭음하였다.
③ 이전에는 도파민이 어떤 경로를 거쳐 VTA에 도달하는지 알 수 없었으나, 일리노이대 후성유전학 알코올 연구센터에서 이를 밝혀냈다.
④ VTA에 도파민이 도달하면 신경세포 활동이 급격히 증가하면서 활발해지고 이는 보상을 얻기 위해 알코올 섭취를 계속하게 만들 수 있다.

17

정답 ⑤

초기의 독서는 낭독이 보편적이었고, 12세기 무렵 책자형 책이 두루마리 책을 대체하면서 묵독이 가능하게 되었다. 따라서 책자형 책의 출현으로 낭독의 확산이 아닌 묵독의 확산이 가능해졌다고 할 수 있다.

오답분석

①·②·③ 세 번째 문단에서 확인할 수 있다.
④ 글 전체에서 확인할 수 있다.

18

정답 ⑤

단순히 젊은 세대의 문화만을 존중하거나, 또는 기존 세대의 문화만을 따르는 것이 아닌 두 문화가 어우러질 수 있도록 기업 차원에서 분위기를 만드는 것이 제시된 문제의 본질적인 해결법으로 가장 적절하다.

오답분석

① 급여를 받은 만큼만 일하게 되는 악순환이 반복될 것이므로 글에서 언급된 문제를 해결하는 기업 차원의 방법으로는 적절하지 않다.
② 기업의 전반적인 생산성 향상을 이룰 수 없으므로 기업 차원의 방법으로 적절하지 않다.
③ 젊은 세대의 채용을 기피하는 분위기가 생길 수 있으므로 적절하지 않다.
④ 젊은 세대의 특성을 받아들이기만 하면, 전반적인 생산성 향상과 같은 기업의 이득은 배제하게 되는 문제점이 발생한다.

19

첫 번째 문단에서의 '특히 해당 건물은 조립식 샌드위치 패널로 지어져 있어 이번 화재는 자칫 대형 산불로 이어져'라는 내용과 빈칸 앞뒤의 '빠르게 진화되었지만', '불이 삽시간에 번져'라는 내용을 미루어 볼 때, 해당 건물의 화재가 빠르게 진화되었지만 사상자가 발생한 것은 조립식 샌드위치 패널로 이루어진 화재에 취약한 구조이기 때문으로 볼 수 있다. 따라서 빈칸에 들어갈 내용으로 가장 적절한 것은 ①이다.

오답분석

② 건조한 기후와 관련한 내용은 제시문에서 찾을 수 없다.
③ 해당 건물이 불법 가건물에 해당되지만 해당 건물의 안정성과 관련한 내용은 제시문에서 찾을 수 없다.
④ 소방 시설과 관련한 내용은 제시문에서 찾을 수 없으며, 두 번째 문단에서의 '화재는 30여 분 만에 빠르게 진화되었지만'이라는 내용으로 보아 소방 대처가 화재에 영향을 줬다고 보기는 어렵다.
⑤ 인적이 드문 지역에 있어 해당 건물의 존재를 파악하기는 어려웠지만, 화재로 인한 피해를 더 크게 했다고 보기는 어렵다.

20

빈칸의 뒷부분에서는 수면장애가 다양한 합병증을 유발할 수 있다는 점을 언급하며 낮은 수면의 질이 문제가 되고 있음을 설명하고 있다. 따라서 빈칸에 들어갈 내용으로는 수면의 질과 관련된 ①이 가장 적절하다.

02　수리

01	02	03	04	05	06	07	08	09	10	11	12	13	14	15	16	17	18	19	20
④	②	③	①	②	④	②	②	②	④	②	④	③	①	⑤	①	③	①	③	②

01

산책로의 길이를 xm라 하면, 40분 동안의 민주와 세희의 이동거리는
• 민주의 이동거리＝40×40＝1,600m
• 세희의 이동거리＝45×40＝1,800m
40분 후에 두 번째로 마주친 것이라고 하므로
$1,600+1,800=2x \rightarrow 2x=3,400$
$\therefore x=1,700$
따라서 산책로의 길이는 1,700m이다.

02

A과목과 B과목을 선택한 학생의 비율이 각각 전체의 40%, 60%이고
A과목을 선택한 학생 중 여학생은 30%, B과목을 선택한 학생 중 여학생은 40%이므로
A과목을 선택한 여학생의 비율은 0.4×0.3=0.120이고, B과목을 선택한 여학생의 비율은 0.6×0.4=0.24이다.
따라서 구하고자 하는 확률은 $\dfrac{0.24}{0.12+0.24}=\dfrac{2}{3}$이다.

03

정답 ③

소희와 상애의 속력을 각각 x, ym/min이라 하자.

$10(x-y)=2,000 \rightarrow x-y=200 \cdots$ ㉠

$5(x+y)=2,000 \rightarrow x+y=400 \cdots$ ㉡

㉠과 ㉡을 연립하면 $2x=600$

$\therefore x=300$

04

정답 ①

철수가 받은 돈을 x만 원이라 하자. 경수가 받은 돈은 $(x-50)$만 원, 민수가 받은 돈은 $(x+50)$만 원이다.

$x+(x-50)+(x+50)=300 \rightarrow 3x=300 \rightarrow x=100$

즉, 경수는 50만 원, 철수는 100만 원, 민수는 150만 원을 받았다.

구분	1배	2배	3배
경수	50만 원	100만 원	150만 원
철수	100만 원	200만 원	300만 원
민수	150만 원	300만 원	450만 원

따라서 태형 – 경수, 태준 – 철수, 태수 – 민수가 아버지와 아들 관계이다.

05

정답 ②

전체 투자 가격을 a원이라 하자. A, B, C주식에 투자한 금액은 각각 $0.3 \times a$, $0.2 \times a$, $0.5 \times a$원이다.

• A주식 최종 가격 : $0.3a \times 1.2=0.36a$원

• B주식 최종 가격 : $0.2a \times 1.4=0.28a$원

• C주식 최종 가격 : $0.5a \times 0.8=0.4a$원

따라서 A, B, C주식의 최종 가격 총합은 $1.04a$원이므로, 투자 대비 4%의 이익을 보았다.

06

정답 ④

ⅰ) 총 원화금액 : 4달러×1,000원/달러+3달러×1,120원/달러+2달러×1,180원/달러=9,720원

ⅱ) 평균환율 : 9,720원÷9달러=1,080원/달러

07

정답 ②

창고재고 금액 : 200달러(재고)×1,080원/달러(평균환율)=216,000원

08

정답 ②

오답분석

① 주어진 자료에서 2023년 6월 한국을 관광한 일본인 관광객 수는 전월 대비 감소했다.

③ 주어진 자료에서 2023년 6월 중국을 관광한 일본인 관광객 수는 전월 대비 감소했다.

④ 주어진 자료에서 2023년 8월 중국인 관광객의 한국 내 지출액은 전월 대비 감소했다.

⑤ 주어진 자료에서 2023년 10월 일본을 관광한 한국인 관광객 수는 전월 대비 증가했다.

PART 5

09
정답 ②

ㄱ. 표를 통해 쉽게 확인할 수 있다.

ㄷ. • 7월 일본인 전체 관광객의 한국 내 관광 지출 : 177×1,038=183,726천 달러
  • 8월 일본인 전체 관광객의 한국 내 관광 지출 : 193×1,016=196,088천 달러

[오답분석]

ㄴ. 주어진 자료로는 알 수 없다.

ㄹ. • 10월 한국의 총 관광 수입 : 1,301백만 달러
  • 10월 중국인 및 일본인 관광객의 한국 내 전체 관광 지출 : 105×600+232×2,000=527,000천 달러
  따라서 50% 이하이다.

10
정답 ④

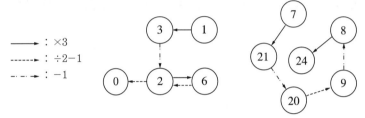

$A=21$, $B=24$

따라서 $2A+B=66$이다.

11
정답 ②

모바일워크의 공공 부분은 (재작년 취업인구 수)+(작년 취업인구 수)=(올해 취업인구 수)의 규칙을 보인다.

따라서 2021년 취업인구 수는 15+24=39천 명이다.

12
정답 ④

• (가)=723-(76+551)=96
• (나)=824-(145+579)=100
• (다)=887-(131+137)=619
• (라)=114+146+688=948

따라서 (가)+(나)+(다)+(라)=96+100+619+948=1,763이다.

13
정답 ③

2018 ~ 2022년 전체 기간 동안 총 감염자 수 대비 사망자 수 비율이 50% 미만인 도시는 서울, 대구, 대전, 제주, 세종 5곳이다.

14
정답 ①

각 항목의 2022년 수입수요량에서 2021년 수입수요량을 뺀 값에 목표재고일수를 곱한 값의 품목별 합이 양수이면, 2022년의 목표재고량의 값은 증가한다.

따라서 3,000×40-5,000×80+3,000×40-1,000×60+4,000×60=20,000이므로 2021년보다 증가한다.

[오답분석]

② 전년도 수입수요량이 감소하면 목표재고량도 감소한다. 따라서 2022년 목표재고량이 전년보다 감소한 품목은 구리, 아연으로 2개이다.

③ 분모가 동일하므로, 분자가 가장 큰 값의 목표재고량이 가장 크다. 따라서 알루미늄의 목표재고량이 가장 크다.

④ • 2021년 납의 목표재고량 : $\dfrac{40 \times 1,400}{365} \fallingdotseq 153$톤

   • 목표재고일수가 10일 때 2022년 납의 목표재고량 : $\dfrac{10 \times 4,400}{365} \fallingdotseq 121$톤

   따라서 2021년 납의 목표재고량이 더 크다.

⑤ • 2021년 구리의 목표재고량 : $\dfrac{80 \times 39,000}{365} \fallingdotseq 8,548$톤

   • 2021년 납의 목표재고량 : $\dfrac{40 \times 1,400}{365} \fallingdotseq 153$톤

   따라서 $153 \times 50 = 7,650 < 8,548$이므로 50배 이상이다.

15   정답 ⑤

• 2022년 11월 일본어선과 중국어선의 한국 EEZ 내 어획량 합 : $2,176 + 9,445 = 11,621$톤
• 2022년 11월 중국 EEZ와 일본 EEZ 내 한국어선 어획량 합 : $64 + 500 = 564$톤
따라서 $564 \times 20 = 11,280 < 11,621$이므로 20배 이상이다.

오답분석

① 2022년 12월 중국 EEZ 내 한국어선 조업일수는 전월 대비 증가하였다.
② 주어진 자료로는 알 수 없다.
③ • 2022년 12월 일본 EEZ 내 한국어선의 조업일수 : 3,236일
   • 2022년 12월 중국 EEZ 내 한국어선의 조업일수 : 1,122일
   따라서 $1,122 \times 3 = 3,366 > 3,236$이므로 3배 이하이다.

④ • 2022년 12월 일본어선의 한국 EEZ 내 입어척수당 조업일수 : $\dfrac{277}{57} \fallingdotseq 4.86$일

   • 2021년 12월 일본어선의 한국 EEZ 내 입어척수당 조업일수 : $\dfrac{166}{30} \fallingdotseq 5.53$일

16   정답 ①

산림 항목의 수치변화는 다음과 같다.

$$+40 \quad -80 \quad +20 \quad -160 \quad +10$$
$$\times(-2^1) \quad \div(-2^2) \quad \times(-2^3) \quad \div(-2^4)$$

따라서 (　)=$5,710 + 10 = 5,720$이다.

17   정답 ③

$20 \sim 30$대 청년들 중에서 자가에 사는 청년은 $\dfrac{5,657}{80,110} \times 100 \fallingdotseq 7.1\%$이며, 20대 청년 중에서 자가의 비중은 $\dfrac{537 + 795}{13,874 + 15,258}$

$\times 100 = \dfrac{1,332}{29,132} \times 100 \fallingdotseq 4.6\%$이므로 전체 청년 인원 대비 자가 비율보다 20대 청년 중에서 자가가 차지하는 비율이 더 낮다.

오답분석

① $20 \sim 24$세 전체 가구 수 중 월세 비중은 $\dfrac{5,722}{13,874} \times 100 \fallingdotseq 41.2\%$이고, 자가는 $\dfrac{537}{13,874} \times 100 \fallingdotseq 3.9\%$이다.

② $20 \sim 24$세를 제외한 연령대 청년 중에서 무상이 차지하는 비중은 $\dfrac{13,091 - 5,753}{80,110 - 13,874} \times 100 = \dfrac{7,338}{66,236} \times 100 \fallingdotseq 11.1\%$로 월세

   비중인 $\dfrac{45,778 - 5,722}{80,110 - 13,874} \times 100 = \dfrac{40,056}{66,236} \times 100 \fallingdotseq 60.5\%$보다 낮다.

④ 연령대가 높아질수록 자가를 가진 청년들은 늘어나지만 30 ~ 34세에서 자가 비율은 $\frac{1,836}{21,383} \times 100 ≒ 8.6\%$로 35 ~ 39세의

자가 비율 $\frac{2,489}{29,595} \times 100 ≒ 8.4\%$보다 높다. 또한 월세 비중은 다음과 같다.

- 20 ~ 24세 : $\frac{5,722}{13,874} \times 100 ≒ 41.2\%$
- 25 ~ 29세 : $\frac{7,853}{15,258} \times 100 ≒ 51.5\%$
- 30 ~ 34세 : $\frac{13,593}{21,383} \times 100 ≒ 63.6\%$
- 35 ~ 39세 : $\frac{18,610}{29,595} \times 100 ≒ 62.9\%$

따라서 연령대가 높아질수록 계속 낮아진다고 볼 수 없다.

⑤ 20 ~ 30대 연령대에서 월세에 사는 25 ~ 29세 연령대가 차지하는 비율은 $\frac{7,853}{80,110} \times 100 ≒ 9.8\%$로 10% 미만이다. 또한, 전체 청년 수의 10%는 8,011명이고 25 ~ 29세 연령대가 월세에 사는 청년 7,853명보다 많으므로 옳지 않다는 것을 알 수 있다.

18 정답 ①

- 2020년 '지지정당 없음'의 비율 : 100−25.9−17.2=56.9%
- 2021년 '지지정당 없음'의 비율 : 100−40.7−18.8=40.5%

오답분석

② 60대 이상의 경우 A당의 지지율이 감소하였다.

③ 2020년의 정당지도 차이는 1.2%p로 10% 미만의 차이를 보인다.

④ A당이 B당의 지지도를 추월한 해는 2020년이다. 2020년의 A당 지지도가 가장 높은 연령층은 50대이다.

⑤ 정당지지도의 차이가 가장 큰 해는 39.6-15.4=24.2%p 차이가 나는 2022년이다. 이 해의 연령별 정당 지지도 차이를 구하면 다음과 같다.
- 20대 : 35.3−12.6=22.7%p
- 30대 : 33.6−18.8=14.8%p
- 40대 : 38.4−14.4=24%p
- 50대 : 46.4−16.2=30.2%p
- 60대 이상 : 48.2−15.0=33.2%p

따라서 24.2%p보다 큰 차이를 보이는 연령대는 총 2개이다.

19 정답 ③

사업 대상 전체 기록물 중 전부공개로 재분류된 기록물의 비율은 $\frac{269,599}{6,891,460} \times 100 ≒ 3.9\%$이고, 30년 경과 비공개기록물 중 전부

공개로 재분류된 기록물의 비율은 $\frac{199,517}{6,228,952} \times 100 ≒ 3.2\%$이다.

오답분석

① 사업 대상 전체 기록물 중 비공개로 분류된 자료는 $\frac{630,358}{6,891,460} \times 100 ≒ 9\%$로 10% 미만이다.

② 30년 미경과 비공개기록물은 70,082건이고, 30년 경과 비공개기록물 중 개인 사생활 침해로 비공개 된 기록물의 건수는 99,645건이다. 따라서 30년 미경과 비공개기록물의 건수가 더 적다.

④ 제시된 자료를 통해 알 수 있다.

⑤ '국민의 생명 등 공익침해'에 해당하는 건수는 11,952건이고, '개인 사생활 침해'에 해당하는 건수는 99,645건으로 이 항목의 합은 11,952+99,645=111,597건이다. 이는 전체의 $\frac{111,597}{6,891,460} \times 100 ≒ 1.6\%$로 3% 이하이다.

20

정답 ②

정부지원금 유형A의 수령자는 $200 \times 0.36 = 72$명, 20대는 $200 \times 0.41 = 82$명이다.

따라서 20대 중 정부지원금 유형A의 수령자가 차지하는 비율은 $\frac{72}{82} \times 100 = 87.8\%$이다.

[오답분석]

① 100만 원$\times(200 \times 0.36) + 200$만 원$\times(200 \times 0.42) + 300$만 원$\times(200 \times 0.22) = 37,200$만 원이다.

③ 20대 수혜자 수는 $200 \times 0.41 = 82$명이고, 정부지원금 금액이 200만 원인 사람은 $200 \times 0.42 = 84$명이다.

따라서 200만 원 수령자 중 20대가 차지하는 비율은 $\frac{82}{84} \times 100 = 97.6\%$이다.

④ 정부지원금 수혜자가 2배가 되고, 비율은 동일하다면 각 항목별 수혜자 수는 2배 만큼 증가할 것이다.

따라서 정부 지원금에 들어간 총비용은 2배가 된다.

⑤ 정부지원금에 들어간 총 비용은 37,200만 원이다. 정부지원금은 유형별 중복수혜가 불가능하다했으므로, 유형A 수령자는 36%, 100만 원 수령자는 36%로 동일하므로 100만 원$\times(200 \times 0.36) = 7,200$만 원이다. 따라서 유형B, C, D에 들어간 총 비용은 $37,200 - 7,200 = 30,000$만 원이다.

03 추리

01	02	03	04	05	06	07	08	09	10	11	12	13	14	15	16	17	18	19	20
④	⑤	②	⑤	⑤	④	③	④	⑤	②	②	③	②	④	④	③	①	①	④	⑤

21	22	23	24	25	26	27	28	29	30										
⑤	⑤	②	①	②	①	②	⑤	②	②										

01

정답 ④

제시된 단어는 유의 관계이다.

'마수걸이'의 유의어는 '개시'이고, '뚜렷하다'의 유의어는 '분명하다'이다.

• 마수걸이 : 맨 처음으로 물건을 파는 일. 또는 거기서 얻은 소득

• 개시(開市) : 시장을 처음 열어 물건의 매매를 시작함

• 뚜렷하다 : 엉클어지거나 흐리지 않고 아주 분명하다.

• 분명(分明)하다 : 모습이나 소리 따위가 흐릿함이 없이 똑똑하고 뚜렷하다.

[오답분석]

① 흐릿하다 : 조금 흐린 듯하다.

② 복잡하다 : 1. 일이나 감정 따위가 갈피를 잡기 어려울 만큼 여러 가지가 얽혀 있다.

　　　　　　2. 복작거리어 혼잡스럽다.

③ 깔끔하다 : 1. 생김새 따위가 매끈하고 깨끗하다.

　　　　　　2. 솜씨가 야물고 알뜰하다.

⑤ 산뜻하다 : 1. 기분이나 느낌이 깨끗하고 시원하다.

　　　　　　2. 보기에 시원스럽고 말쑥하다.

02

정답 ⑤

제시된 단어의 관계는 사물과 사물을 세는 단위의 관계이다.
'강다리'는 쪼갠 장작을 묶어 세는 단위이고, '축'은 오징어를 묶어 세는 단위이다.

오답분석

① 김을 묶어 세는 단위는 '톳'으로, 한 톳은 김 100장을 나타낸다.
② 국수의 뭉치를 세는 단위는 '사리'이다.
③ 북어를 묶어 세는 단위는 '쾌'로, 한 쾌는 북어 20마리를 나타낸다.
④ 바늘을 묶어 세는 단위는 '쌈'으로, 한 쌈은 바늘 24개를 나타낸다.

03

정답 ②

제시된 단어는 유의관계이다.
'준거'와 '표준'은 '사물의 정도나 성격 따위를 알기 위한 근거나 기준'을 뜻한다. 따라서 '어떤 것이 남긴 표시나 자리'의 뜻을 가진
'자취'와 유의관계인 단어는 '어떤 현상이나 실체가 없어졌거나 지나간 뒤에 남은 자국이나 자취'의 뜻의 '흔적'이다.

오답분석

① 척도 : 가하거나 측정할 때 의거할 기준
③ 주관 : 어떤 일을 책임을 지고 맡아 관리함
④ 반영 : 다른 것에 영향을 받아 어떤 현상이 나타남
⑤ 보증 : 어떤 사물이나 사람에 대하여 책임지고 틀림이 없음을 증명함

04

정답 ⑤

'낱말'과 '단어'는 유의 관계이다.

오답분석

①·②·③·④ 포함 관계에 해당한다.

05

정답 ⑤

오답분석

①·②·③·④ 장소 – 주체 – 행위 관계로 이루어져 있다.

06

정답 ④

'물레'는 '도자기'를 빚는 도구에 해당한다.

오답분석

①·②·③·⑤ 원료 – 과정 – 생산품에 해당한다.

07

정답 ③

- ♥ : 1234 → 3214
- ▣ : 1234 → 3412
- ☆ : 각 자릿수에 +4
- ★ : 각 자릿수에 +1, −1, +2, −2

K ㄹ 7 Q → L ㄷ 9 O → 9 ㄷ L O
　　　　★　　　　　　♥

08

정답 ④

3ㅂ1ㅛ → 1ㅛ3ㅂ → 5ㅣ7ㅊ → 6ㅡ9ㅇ

▣ ♤ ★

09

정답 ⑤

Dㅋ W ㅁ → Eㅊ Y ㄷ → Yㅊ E ㄷ → Eㄷ Yㅊ

★ ♥ ▣

10

정답 ②

가로로 한 줄에 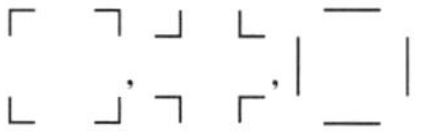 모양이 각각 한 번씩 나오며, ○은 왼쪽 위부터 시작해 가운데까지 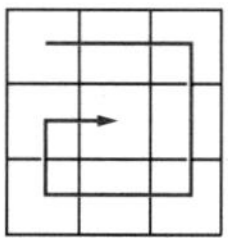 순서로 이동하면서 한 개씩 증가한다.

11

정답 ②

규칙은 세로 방향으로 적용된다.
첫 번째 도형과 두 번째 도형을 합친 것이 세 번째 도형이다.

12

정답 ③

제시문은 전체의 속성을 부분에 적용하는 분할(분해)의 오류를 범하고 있다.

오답분석

① 타당한 삼단논법으로 연역 추리를 보이고 있다.
② 결합(합성)의 오류
④ 성급한 일반화의 오류
⑤ 군중에 호소하는 오류

13

정답 ②

제시된 오류는 상대가 비판이나 거부를 하지 못하도록 미리 못박는 '원천봉쇄의 오류(우물에 독 풀기)'이다. 이와 동일한 오류를 범하고 있는 것은 ②이다.

오답분석

① 성급한 일반화의 오류
③ 피장파장의 오류(역공격의 오류)
④ 의도확대의 오류
⑤ 무지에 호소하는 오류

14

제시된 명제를 정리하면 다음과 같다.
- 테니스 ○ → 가족 여행 ×
- 가족 여행 ○ → 독서 ○
- 독서 ○ → 쇼핑 ×
- 쇼핑 ○ → 그림 그리기 ○
- 그림 그리기 ○ → 테니스 ○

위 조건을 정리하면 쇼핑 ○ → 그림 그리기 ○ → 테니스 ○ → 가족 여행 ×이므로, 쇼핑 ○ → 가족 여행 ×가 된다.

15

제시된 명제와 그 대우 명제를 정리하면 다음과 같다([ ]은 대우 명제이다).
- 액션영화 ○ → 팝콘 ○ [팝콘 × → 액션영화 ×]
- 커피 × → 콜라 × [콜라 ○ → 커피 ○]
- 콜라 × → 액션영화 ○ [액션영화 × → 콜라 ○]
- 팝콘 ○ → 나쵸 × [나쵸 ○ → 팝콘 ×]
- 애니메이션 ○ → 커피 × [커피 ○ → 애니메이션 ×]

위 조건을 정리하면 애니메이션 ○ → 커피 × → 콜라 × → 액션영화 ○ → 팝콘 ○ → 나쵸 ×이므로,
애니메이션 ○ → 나쵸 ×가 된다.

16

- 철학자 → 천재 → 공처가 → 거북이
- 조개 → 공처가 → 거북이

17

첫 번째 명제의 대우 명제는 '팀플레이가 안 되면 패배한다.'이다. 삼단논법이 성립하려면 '패스하지 않으면 팀플레이가 안 된다.'라는 명제가 필요한데, 이 명제의 대우 명제는 ①이다.

18

삼단논법이 성립하려면 '호감을 못 얻으면 타인에게 잘 대하지 않은 것이다.'라는 명제가 필요한데, 이 명제의 대우 명제는 ①이다.

19

삼단논법이 성립하려면 '감옥에 안 가면 경찰에 잡히지 않는다.'라는 명제가 필요하다. 이 명제의 대우 명제는 ④이다.

20

측정 결과를 토대로 정리하면 A별의 밝기 등급은 3등급 이하이며, C별의 경우 A, B, E별보다 어둡고 D별보다는 밝으므로 C별의 밝기 등급은 4등급이다. 따라서 A별의 밝기 등급은 3등급이며, D별은 5등급, 나머지 E별과 B별은 각각 1등급, 2등급이 된다. 별의 밝기 등급에 따라 순서대로 나열하면 'E − B − A − C − D'의 순이 된다.

21

A와 B는 하나가 참이면 하나가 거짓인 명제이다. 문제에서 한 명이 거짓말을 한다고 하였으므로, A와 B 둘 중 한 명이 거짓말을 하였다.

ⅰ) A가 거짓말을 했을 경우

1층	2층	3층	4층	5층
C	D	B	A	E

ⅱ) B가 거짓말을 했을 경우

1층	2층	3층	4층	5층
B	D	C	A	E

따라서 두 경우를 고려했을 때, A는 항상 D보다 높은 층에서 내린다.

22

제시문은 소비를 계속함으로써 다양한 산업의 공급을 독려할 수 있다는 내용으로, 공급이 사라지지 않도록 소비를 권유한다.

23

주어진 명제를 정리하면 '여름은 겨울보다 비가 많이 내림 → 비가 많이 내리면 습도가 높음 → 습도가 높으면 먼지와 정전기가 잘 일어나지 않음'이 된다. 따라서 비가 많이 내리면 습도가 높고 습도가 높으면 먼지가 잘 나지 않으므로 비가 많이 오지 않는 겨울이 여름보다 먼지가 잘 난다.

오답분석

④ 1번째 명제와 4번째 명제로 추론할 수 있다.
⑤ 4번째 명제의 대우와 1번째 명제의 대우로 추론할 수 있다.

24

영희가 전체 평균 1등을 했으므로 총점이 가장 높다.

오답분석

②・③・④・⑤ 등수는 알 수 있지만 각 점수는 알 수 없기 때문에 점수 간 비교는 불가능하다.

25

첫 번째, 네 번째 보기를 이용하면 미국 – 일본 – 캐나다 순서로 여행한 사람의 수가 많음을 알 수 있다.
두 번째 보기에 의해 일본을 여행한 사람은 미국 또는 캐나다 여행을 했다.
따라서 일본을 여행했지만 미국을 여행하지 않은 사람은 캐나다 여행을 했고, 세 번째 보기에 의해 중국을 여행하지 않았다.

오답분석

①・④・⑤ 주어진 보기만으로는 알 수 없다.
③ 미국을 여행한 사람이 가장 많지만 일본과 중국을 여행한 사람을 합한 수보다 많은지는 알 수 없다.

26

발견 연도를 토대로 정리하면 목걸이는 100년 전에 발견되어 제시된 왕의 유물 중 가장 먼저 발견되었다. 또한 신발은 목걸이와 편지보다 늦게 발견되었으나 반지보다 먼저 발견되었고, 초상화는 가장 최근에 발견되었다. 따라서 왕의 유물을 발견된 순서대로 나열하면 '목걸이 – 편지 – 신발 – 반지 – 초상화'가 된다.

27

다섯 번째 조건에 의해 F는 점검받는 순서가 네 번째부터 가능하다. 또한 네 번째, 여섯 번째 조건에 의해 F가 네 번째로 점검받음을 알 수 있다. 주어진 조건을 이용하여 가능한 경우를 나타내면 다음과 같다.
- G − C − E − F − B − A − D
- G − C − E − F − D − A − B

두 번째, 세 번째, 다섯 번째 조건에 의해 G, E는 귀금속점이고, C는 은행이다.

28

정답 ⑤

은진이가 예상한 '브라질, 불가리아, 이탈리아, 루마니아'는 서로 대결할 수 없다.
수린이가 예상한 팀은 은진이가 예상한 팀과 비교했을 때, '스웨덴과 독일'이 다르다.
그러므로 '불가리아와 스웨덴' 또는 '불가리아와 독일', '루마니아와 스웨덴' 또는 '루마니아와 독일'이 대결함을 알 수 있다.
여기서 민수가 예상한 팀에 루마니아와 독일이 함께 있으므로, '루마니아와 스웨덴', '불가리아와 독일'이 대결함을 알 수 있다.
또한 수린이가 예상한 팀과 비교했을 때, 이탈리아 대신에 스페인이 있으므로 '이탈리아와 스페인'이 대결함을 알 수 있다.
따라서 네덜란드의 상대팀은 브라질이다.

29

정답 ②

수영이 가장자리에 살지 않으므로, 수영이 왼쪽에서 두 번째, 세 번째, 네 번째에 사는 경우로 나눌 수 있다.
ⅰ) 수영이 왼쪽에서 두 번째에 사는 경우
유리는 수영과 이웃해서 살고 있으므로 첫 번째 또는 세 번째에 사는데, 만약 세 번째에 산다면 서현은 유리보다 오른쪽에 살아야 하므로 네 번째나 다섯 번째에 살아야 하고, 이 경우 윤아가 태연의 옆집에 살 수 없다. 따라서 유리는 첫 번째에 살고, 태연과 윤아가 세 번째·네 번째 또는 네 번째·다섯 번째에 살며, 서현은 세 번째나 다섯 번째에 산다.
ⅱ) 수영이 왼쪽에서 세 번째에 사는 경우
유리는 두 번째나 네 번째에 사는데, 만약 두 번째에 산다면 태연과 윤아는 네 번째·다섯 번째에 살아야 하고, 서현이 첫 번째에 살아야 하므로 유리보다 오른쪽에 산다는 조건을 만족시킬 수 없다. 따라서 유리는 네 번째에 살고 서현은 다섯 번째에 살며, 태연과 윤아는 첫 번째·두 번째에 산다.
ⅲ) 수영이 왼쪽에서 네 번째에 사는 경우
유리가 세 번째, 서현이 다섯 번째에 살고, 태연은 유리와 이웃해서 살지 않으므로 첫 번째에, 윤아가 두 번째에 산다.
이를 정리하면 다음과 같이 7가지의 경우의 수가 있음을 알 수 있다.
- 유리 − 수영 − 윤아 − 태연 − 서현
- 유리 − 수영 − 태연 − 윤아 − 서현
- 유리 − 수영 − 서현 − 윤아 − 태연
- 유리 − 수영 − 서현 − 태연 − 윤아
- 태연 − 윤아 − 수영 − 유리 − 서현
- 윤아 − 태연 − 수영 − 유리 − 서현
- 태연 − 윤아 − 유리 − 수영 − 서현

다섯 번째와 일곱 번째 경우에서 태연이 가장 왼쪽에 살 때, 가장 오른쪽에 서현이 살아야함을 확인할 수 있다.

30

정답 ②

A와 C가 공통적으로 'D가 훔쳤다.'라고 하고 있으므로 먼저 살펴보면, 'D가 훔쳤다.'가 참일 경우 D의 '나는 훔치지 않았다.'와 'A가 내가 훔쳤다고 말한 것은 거짓말이다.'가 모두 거짓이 되므로, 한 가지만 거짓이라는 문제의 조건에 어긋난다. 따라서 'D가 훔쳤다.'는 거짓이고, A의 진술에 따라 A와 C는 훔치지 않았으며, D의 발언에서 'E가 훔쳤다.'가 거짓이므로 E도 훔치지 않았다. 그러므로 지갑을 훔친 사람은 B이다.

01	언어

01	02	03	04	05	06	07	08	09	10	11	12	13	14	15	16	17	18	19	20
⑤	③	④	②	③	①	④	①	④	③	③	④	④	②	④	③	④	③	①	⑤

01
정답 ⑤

제시문은 빠른 사회변화 속 다양해지는 수요에 맞춘 주거복지 정책의 예로 예술인을 위한 공동주택, 창업 및 취업 희망자를 위한 주택, 의료안심주택을 들고 있다. 따라서 글의 주제로 적절한 것은 다양성을 수용하는 주거복지 정책이다.

02
정답 ③

제시문의 중심 내용은 나이 계산법 방식이 3가지가 혼재되어 있어 그로 인한 '나이 불일치'로 행정서비스 및 계약 상의 혼선과 법적 다툼이 발생해 이를 해소하고자 나이 계산 방식을 하나로 통합하자는 것이다. 또한 이에 덧붙여 나이 계산 방식이 통합되어도 일상에는 변화가 없으며 일부 법에 대해서는 기존 방식이 유지될 수 있다고 하였다. 따라서 ③이 제시문의 주제로 가장 적절하다.

[오답분석]

① 6번째 문단의 '연 나이를 채택해 또래 집단과 동일한 기준을 적용하는 것이 오히려 혼선을 막을 수 있고 법 집행의 효율성이 담보'라는 내용에서 일부 법령에 대해서는 연 나이 계산법을 유지한다는 것을 알 수 있으나, 해당 내용이 전체 글을 다루고 있다고 보기는 어렵다.

② 제시문의 3번째 문단에 따르면 나이 불일치가 야기한 혼선과 법적 다툼이 우리나라 나이 계산법으로 인한 문제가 아니라 나이 계산법 방식 3가지가 혼재되어 있어 발생하는 문제라고 하였다.

④ 제시문은 나이 계산법 혼용에 따른 분쟁 해결 방안을 다루기 보다는 이러한 분쟁이 발생하지 않도록 나이 계산법을 하나로 통일하자는 내용을 다루고 있다.

⑤ 제시문의 5번째 문단의 '법적·사회적 분쟁이 크게 줄어들 것으로 기대하고 있지만 국민 전체가 일상적으로 체감하는 변화는 크지 않을 것'이라는 내용으로 보아 나이 계산법의 변화로 달라지는 행정 서비스는 크게 없을 것으로 보이며, 이를 글의 전체적인 주제로 보기는 적절하지 않다.

03
정답 ④

제시문은 국제 사회에서의 개인의 위상과 국력의 관계를 통하여 국력의 중요성을 말하고 있다.

04
정답 ②

제시문은 무협 소설에서 나타나는 '협(俠)'의 정의와 특징에 대하여 설명하고 있다. 따라서 (라) 무협 소설에서 나타나는 협의 개념 → (다) 협으로 인정받기 위한 조건 중 하나인 신의 → (가) 협으로 인정받기 위한 추가적인 조건 → (나) 앞선 사례를 통해 나타나는 협의 원칙과 정의의 순서로 나열하는 것이 적절하다.

05

정답 ③

제시문은 행동주의 학자들이 생각하는 언어 습득 이론과 그 원인을 설명하고, 이를 비판하는 입장인 촘스키의 언어 습득 이론을 설명하는 내용의 글이다. 따라서 (라) 행동주의 학자들의 언어 습득 이론 → (가) 행동주의 학자들이 주장한 언어 습득의 원인 → (다) 행동주의 학자들의 입장에 대한 비판적 관점 → (마) 언어학자 촘스키의 언어 습득 이론 → (나) 촘스키 이론의 의의 순서로 나열하는 것이 적절하다.

06

정답 ①

제시문은 인공광의 필요성과 한계점, 부정적 측면에 대해 설명하고 있는 글이다. 따라서 (다) 인공광의 필요성 → (라) 인공광의 단점 → (나) 간과할 수 없는 인공광의 부정적 영향 → (가) 인공광의 부정적 영향을 간과할 수 없는 이유 순서로 나열해야 한다.

07

정답 ④

참여예산제는 인기 영합적 예산 편성으로 예산 수요가 증가하여 재정 상태를 악화시킬 가능성이 있지만, 참여예산제 자체가 재정 상태를 악화시키지는 않는다.

08

정답 ①

등장수축은 전체 근육 길이가 줄어드는 동심 등장수축과 늘어나는 편심 등장수축으로 나뉜다.

09

정답 ④

제시문은 '쓰기(Writing)'의 문화사적 의의를 기술한 글이다. '복잡한 구조나 지시 체계'는 이미 '소리 속에서' 발전해왔는데 그러한 복잡한 개념들을 시각적인 코드 체계인 '쓰기'를 통해 기록할 수 있게 되었다. 또한 그러한 '쓰기'를 통해 인간의 문명과 사고가 더욱 발전하게 되었다. 따라서 '쓰기'가 '복잡한 구조나 지시 체계'를 이루는 시초가 되었다고 하는 ④는 잘못된 해석이다.

10

정답 ③

마지막 문단에서 '선비들은 어려서부터 머리가 희어질 때까지 오직 글쓰기나 서예 등만 익혔을 뿐이므로 갑자기 지방 관리가 되면 당황하여 어찌할 바를 모른다.'고 하였으므로 형벌에 대한 사대부들의 무지를 비판하고 있음을 알 수 있다.

11

정답 ③

다른 회원국의 비협조를 가정할 경우 한국은 손실보다는 현상유지를 할 수 있는 A안을 선택해야 한다.

오답분석

① 한국의 입장에서는 다른 회원국들이 협조할 것으로 판단되면 10억의 이득을 볼 수 있는 A안을 선택해야 한다.
② 회원국의 협조를 가정할 경우 A안은 총 260억, B안은 총 220억의 이득을 내므로 ASEM은 A안을 선택할 것이다.
④ A안이 선택되어 협조하는 경우 총 이득이 260억으로 협조하지 않는 경우의 150억보다 이득을 더 많이 창출하므로 회원국들은 협조할 것으로 예상할 수 있다.
⑤ A안이 선택된 경우 다른 회원국들의 협조가 없다면 한국이 얻을 수 있는 경제적 이익은 없다.

12

정답 ④

'서도(書道)라든가 다도(茶道)라든가 꽃꽂이라든가 하는 일을 과외로 즐길 줄 아는 사람을 우리는 생활의 멋을 아는 사람이라고 말한다.'의 문장을 통해 알 수 있다.

① · ⑤ 언급되지 않은 내용이다.
② 값비싸고 화려한 복장을 한 사람이라고 해서 공리적 계산을 하는 사람은 아니다.
③ 소탈한 생활 태도는 경우에 따라 멋있게 생각될 수 있을 뿐, 가장 중요한 것은 아니다.

13
정답 ④

키드, 피어슨 등은 인종이나 민족, 국가 등의 집단 단위에 '생존경쟁'과 '적자생존'을 적용하여 우월한 집단이 열등한 집단을 지배하는 것을 주장하였는데, 이는 사회 진화론의 개념을 집단 단위에 적용시킨 것이다.

① 사회 진화론은 생물 진화론을 개인과 집단에 적용시킨 사회 이론이다.
② 사회 진화론의 중심 개념이 19세기에 등장한 것일 뿐, 그 자체가 19세기에 등장한 것인지는 알 수 없다.
③ '생존경쟁'과 '적자생존'의 개념이 민족과 같은 집단의 범위에 적용되면 민족주의와 결합한다.
⑤ 문명개화론자들은 사회 진화론을 수용하였다.

14
정답 ②

바다거북에게 장애가 되는 요인(갈증)이 오히려 목표를 이루게 한다(바다로 향하게 함)는 것이 제시문을 포함한 이어질 내용의 주제이다.

15
정답 ④

'멘붕', '안습'과 같은 인터넷 신조어는 갑자기 생겨난 말이며 금방 사라질 수도 있는 말이기에 국어사전에 넣기에는 적절하지 않다는 내용으로 의견에 대한 반대 논거를 펼치고 있다.

② 제시문의 내용을 뒷받침하는 근거이다.

16
정답 ③

보기의 문장은 '~ 때문이다.'로 끝나며 앞 내용의 근거를 의미하는 것을 알 수 있다. 따라서 '세균 오염으로 인해 치명적인 결과를 초래할 수 있다.'는 내용이 수식할 문장은 '유기농 식품이 더 위험할 수 있다.'이므로 (다)의 위치가 적절하다.

17
정답 ④

(라)의 앞부분에서는 위기 상황을 제시하고, 뒷부분에서는 인류의 각성을 촉구하는 내용을 다루고 있다. 각성의 당위성을 이끌어내는 내용인 보기가 (라)에 들어가면 앞뒤의 내용을 논리적으로 연결할 수 있다.

18
정답 ③

보기의 '또한'이라는 접속사를 보면 외래문화나 전통문화의 양자택일에 대한 내용이 앞에 있어야 하고, (다) 다음의 내용이 '전통문화는 계승과 변화를 다 필요로 하고 외래문화의 수용과 토착화를 동시에 요구하고 있기 때문이다.'이기 때문에 보기는 (다)에 들어가는 것이 적절하다.

PART 5

19

글의 내용에 따르면 똑같은 일을 똑같은 노력으로 했을 때, 돈을 많이 받으면 과도한 보상을 받아 부담을 느낀다. 또한 적게 받으면 충분히 받지 못했다고 느끼므로 만족하지 못한다. 따라서 공평한 대우를 받을 때 더 행복함을 느낀다는 것을 추론할 수 있다.

20

정답 ⑤

제시된 글은 지방에 대해 사실과 다르게 알려진 내용을 지적하고 건강에 유익한 지방도 있음을 설명하고 있다.

02 　수리

01	02	03	04	05	06	07	08	09	10	11	12	13	14	15	16	17	18	19	20
⑤	④	③	④	③	③	⑤	②	④	①	②	⑤	②	④	②	④	③	③	③	④

01

정답 ⑤

예지가 책정한 음료수의 정가를 x원이라고 하자.
$x \times (500-100) - 1,000 \times 500 = 180,000$
$\therefore \ x = 1,700$
따라서 이윤은 700원이고, 이익률은 70%이다.

02

정답 ④

B의 속력을 xm/min라 하자. 서로 반대 방향으로 걸었다고 했으므로 한 번 만날 때마다 연못을 1바퀴 걸은 것과 같다.
1시간 동안 5번을 만났다면, 두 사람의 이동거리 합은 $600 \times 5 = 3,000$m이다.
$3,000 = 60(15+x) \rightarrow 60x = 2,100$
$\therefore \ x = 35$
따라서 B의 속력은 35m/min이다.

03

정답 ③

4%의 소금물의 양을 xg이라고 하면, 10%의 소금물의 양은 $(600-x)$g이다.
$\dfrac{4}{100}x + \dfrac{10}{100}(600-x) = \dfrac{8}{100} \times 600 \rightarrow 4x + 10(600-x) = 4,800 \rightarrow 6x = 1,200$
$\therefore \ x = 200$
따라서 처음 컵에 들어있던 4%의 소금물의 양은 200g이다.

04

정답 ④

아버지의 나이를 x세, 형의 나이를 y세라고 하자.
동생의 나이는 $(y-2)$세이므로 $y+(y-2)=40 \rightarrow y=21$
어머니의 나이는 $(x-4)$세이므로 $x+(x-4)=6 \times 21 \rightarrow 2x=130$
$\therefore \ x=65$
따라서 아버지의 나이는 65세이다.

05

8명에서 4명을 선출하는 전체 경우의 수에서 남자만 4명을 선출하는 경우를 빼면 적어도 1명의 여자가 선출될 경우의 수와 같다.

$$_8C_4 - {}_5C_4 = \frac{8\times7\times6\times5}{4\times3\times2\times1} - \frac{5\times4\times3\times2}{4\times3\times2\times1} = 70 - 5 = 65$$

따라서 적어도 1명의 여자가 포함되도록 선출하는 경우의 수는 70−5=65가지이다.

06

제시된 자료에 의하면 중국의 디스플레이 세계시장의 점유율은 계속 증가하고 있고, 2015년 대비 2021년의 세계시장 점유율의 증가율을 구하면 $\frac{17.4-4.0}{4.0}\times100=335\%$이다.

오답분석

① 제시된 자료에 의하면 일본의 디스플레이 세계시장 점유율은 2017년까지 하락한 후 2018년에 소폭 증가한 뒤 이후 15% 정도대를 유지하고 있다.

② 디스플레이 세계시장 점유율은 매해 한국이 1위를 유지하고 있는 것은 맞다. 그러나 한국 이외의 국가의 순위는 2020년까지 대만 – 일본 – 중국 – 기타 순서를 유지하다 2021년에 대만 – 중국 – 일본 – 기타 순서로 바뀌었다.

④ 국가별 2020년 대비 2021년의 국가별 디스플레이 세계시장 점유율의 증감률을 구하면 다음과 같다.

- 한국 : $\frac{45.8-45.2}{45.2}\times100 ≒ 1.33\%$

- 대만 : $\frac{20.8-24.6}{24.6}\times100 ≒ -15.45\%$

- 일본 : $\frac{15.0-15.4}{15.4}\times100 ≒ -2.60\%$

- 중국 : $\frac{17.4-14.2}{14.2}\times100 ≒ 22.54\%$

- 기타 : $\frac{1.0-0.6}{0.6}\times100 ≒ 66.67\%$

따라서 2020년 대비 2021년의 디스플레이 세계시장 점유율의 증감률이 가장 낮은 국가는 한국이다.

⑤ 연도별 한국의 디스플레이 세계시장 점유율의 전년 대비 증가폭을 구하면 다음과 같다.

- 2016년 : 47.6−45.7=1.9%p
- 2017년 : 50.7−47.6=3.1%p
- 2018년 : 44.7−50.7=−6%p
- 2019년 : 42.8−44.7=−1.9%p
- 2020년 : 45.2−42.8=2.4%p
- 2021년 : 45.8−45.2=0.6%p

따라서 한국의 디스플레이 세계시장 점유율의 전년 대비 증가폭은 2017년이 가장 컸다.

07

기타 행정구역을 제외하고 명승이 없는 행정구역 수는 4곳이며, 국가무형문화재가 없는 행정구역 수도 4곳이다.

오답분석

① 서울의 국보가 전체 국보에서 차지하는 비율은 $\frac{164}{331}\times100 ≒ 49.6\%$이며, 서울의 보물이 전체 보물에서 차지하는 비율은 $\frac{682}{2,106}\times100 ≒ 32.4\%$이다.

② 문화재가 없는 경우를 제외하고 등록문화재가 가장 적은 행정구역은 6건인 울산이다.

③ 지정문화재 중에서 명승이 가장 많은 행정구역은 25건인 강원이다.

④ 전남의 국가무형문화재가 전체 국가무형문화재에서 차지하는 비율은 $\frac{15}{138}\times100 ≒ 10.9\%$이다.

08

2013년 강북의 주택전세가격을 100이라고 한다면 그래프는 전년 대비 증감률을 나타내므로 2014년에는 약 5% 증가해 100×1.05 =105이고, 2015년에는 전년 대비 약 10% 증가해 105×1.1=115.5라고 할 수 있다. 따라서 2015년 강북의 주택전세가격은 2013년 대비 약 $\frac{115.5-100}{100} \times 100 = 15.5\%$ 증가했다고 볼 수 있다.

[오답분석]

① 전국 주택전세가격의 증감률은 2012년부터 2021년까지 모두 양의 부호(+) 값을 가지고 있으므로 매년 증가하고 있다고 볼 수 있다.
③ 그래프를 보면 2018년 이후 서울의 주택전세가격 증가율이 전국 평균 증가율보다 높은 것을 알 수 있다.
④ 강남 지역의 주택전세가격 증가율이 가장 높은 시기는 2015년임을 알 수 있다.
⑤ 전년 대비 주택전세가격이 감소했다는 것은 전년 대비 증감률이 음의 부호(−) 값을 가지고 있다는 것이다. 그래프에서 증감률이 음의 부호(−) 값을 가지고 있는 지역은 2012년 강남뿐이다.

09

우리나라는 30개의 회원국 중에서 OECD 순위가 매년 20위 이하이므로 상위권이라 볼 수 없다.

[오답분석]

③ 청렴도는 2015년에 4.5점으로 가장 낮고, 2021년과 차이는 5.4−4.5=0.9점이다.

10

제시된 퍼즐 한 조각에 있는 상, 하, 좌, 우 4개의 숫자로 규칙을 찾으면, (상)+(하)=2×{(좌)+(우)}가 성립한다.
• 1행 1열 : 3+3=2×(1+2)
• 1행 2열 : 4+8=2×(2+4)
• 1행 3열 : 8+(A)=2×(4+5)=18 → (A)=18−8=10
• 2행 1열 : 3+(B)=2×(5+1)=12 → (B)=12−3=9
• 3행 3열 : 10+(C)=2×(15+20)=70 → (C)=70−10=60
∴ (A)+(B)+(C)=10+9+60=79

11

• 영준 : 제시된 자료를 통해 확인할 수 있다.
• 세종 : 2020년 대비 2021년 수력에너지 발전량의 증가율은 $\frac{4,186-3,787}{3,787} \times 100 \fallingdotseq 10.5\%$이다. 따라서 2022년의 수력에너지 발전량은 4,186×(1+0.105)=4,625.53GWh이다.

[오답분석]

• 진경 : 2021년 화력에너지 발전량의 10%는 369,943×0.1=36,994.3GWh이다. 이는 2021년 신재생에너지 발전량보다 많다.
• 현아 : 2019년 대비 2020년 LNG에너지 발전량의 증가율은 $\frac{121,018-100,783}{100,783} \times 100 \fallingdotseq 20.1\%$이고, 2020년 대비 2021년 석탄 에너지 발전량의 증가율 $\frac{238,799-213,803}{213,803} \times 100 \fallingdotseq 11.7\%$이므로 2배 미만이다.

12

2016 ~ 2021년 국내 제조 수출량 대비 국외 제조 수출량의 비율을 비교해 보면 다음과 같다.
• 2016년 : $\frac{504,430}{909,180} \times 100 \fallingdotseq 55\%$

- 2017년 : $\dfrac{1,447,750}{619,070}\times100\fallingdotseq234\%$
- 2018년 : $\dfrac{1,893,780}{229,190}\times100\fallingdotseq826\%$
- 2019년 : $\dfrac{2,754,770}{162,440}\times100\fallingdotseq1,696\%$
- 2020년 : $\dfrac{2,206,710}{313,590}\times100\fallingdotseq704\%$
- 2021년 : $\dfrac{2,287,840}{398,360}\times100\fallingdotseq574\%$

따라서 국내 제조 수출량 대비 국외 제조 수출량 비율이 가장 높은 해는 2019년도이다.

[오답분석]

① 2020년은 미국이 한국에 세이프가드를 적용한 지 2년째이므로 120만 대까지 관세는 18%이다.

② 2017년의 총 세탁기 수출량은 2016년보다 $\dfrac{2,066,820-1,413,610}{1,413,610}\times100\fallingdotseq46.2\%$ 증가하였다.

③ 2019년에 총 수출한 세탁기 수는 2,917,210대이며, 초과분은 120만 대를 제외한 1,717,210대이다.

④ 2016년부터 2019년까지 국내 제조 수출량은 계속 감소하고, 국외 제조 수출량은 계속 증가했음을 알 수 있다.

13

[정답] ②

㉠ 전국 체납세 총액은 매년 증가세를 보이고 있다.

㉢ 대구는 2020년에 전년 대비 $\dfrac{47,168,973-32,129,122}{32,129,122}\times100\fallingdotseq47\%$의 증가율을 보였으므로 옳은 설명이다.

[오답분석]

㉡ 매년 체납세액이 가장 많은 시도는 경기도이다.

㉣ 경북은 2019년 대비 2021년 체납건수가 $\dfrac{1,059,867-830,695}{830,695}\times100\fallingdotseq28\%$ 증가하였으므로 옳지 않은 설명이다.

14

[정답] ④

- a부품 불량품 개수 : $3,000\times0.25=750$개
- b부품 불량품 개수 : $4,100\times0.15=615$개

따라서 한 달 동안 생산되는 a, b부품의 불량품 개수 차이는 $750-615=135$개이다.

15

[정답] ②

ㄱ. $\dfrac{10,023+200\times4}{4}=\dfrac{10,823}{4}=2,705.75$만 개

ㄷ. • 평균 주화 공급량 : $\dfrac{10,023}{4}=2,505.75$만 개

　 • 주화 공급량의 증가량 : $3,469\times0.1+2,140\times0.2+2,589\times0.2+1,825\times0.1=1,475.2$만 개

　 • 증가한 평균 주화 공급량 : $\dfrac{10,023+1,475.2}{4}=2,874.55$만 개

　 따라서 $2,505.75\times1.15=2,881.6125>2,874.55$이므로, 증가율은 15% 이하이다.

[오답분석]

ㄴ. • 10원 주화의 공급기관당 공급량 : $\dfrac{3,469}{1,519}\fallingdotseq2.3$만 개

　 • 500원 주화의 공급기관당 공급량 : $\dfrac{1,825}{953}\fallingdotseq1.9$만 개

　 따라서 주화 종류별 공급기관당 공급량은 10원 주화가 500원 주화보다 많다.

ㄹ. 총 주화 공급액이 변하면 주화 종류별 공급량 비율이 당연히 변화한다.

PART 5

16

정답 ④

전국에서 자전거전용도로의 비율은 $\dfrac{2,843}{21,176} \times 100 ≒ 13.4\%$이다.

[오답분석]

① 제주특별자치도는 전국에서 여섯 번째로 자전거도로가 길다.

② 광주광역시의 전국 대비 자전거전용도로의 비율은 $\dfrac{109}{2,843} \times 100 ≒ 3.8\%$이며, 자전거보행자겸용도로의 비율은 $\dfrac{484}{16,331} \times 100$ ≒ 3%로 자전거전용도로의 비율이 더 높다.

③ 경상남도의 자전거보행자겸용도로의 비율은 $\dfrac{1,186}{16,331} \times 100 ≒ 7.3\%$이다.

⑤ 전국에서 자전거보행자겸용도로가 가장 짧은 곳은 세종특별자치시이다.

17

정답 ③

• (A) : $\dfrac{147,152,697}{838,268,939} \times 100 ≒ 17.6\%$

• (B) : $\dfrac{80,374,802}{838,268,939} \times 100 ≒ 9.6\%$

• (C) : $137,441,060 ÷ 90,539 ≒ 152$만 원

18

정답 ③

5년 단위로 매년 세계 여성의 기대수명 증가폭은 1.2세, 1세, 0.9세, 0.9세 증가함을 알 수 있으며, 한국, 중국, 일본 여성의 기대수명의 증가폭 모두 이보다 높지 않을 것임을 그래프의 기울기로 알 수 있다.

[오답분석]

① 한국이 중국보다 5년 단위의 기대수명이 높음을 그래프를 통해 확인할 수 있다.

② 한국 남성은 5년 단위로 매년 1.4세, 1.1세, 0.8세, 0.8세 증가하는 모습을 보이며, 일본 남성은 5년 단위로 매년 0.7세씩 증가하는 모습을 보이므로 한국 남성의 기대수명 증가폭이 더 크다.

④ 2030년에서 2035년으로 넘어가면서 한국 여성의 나이는 0.9세, 한국 남성의 나이는 0.8세 증가할 것임을 알 수 있다.

⑤ 5년 단위로 매년 일본 여성의 기대수명은 0.8세, 0.7세, 0.7세, 0.6세 증가하며, 중국 여성의 기대수명은 0.9세, 0.8세, 0.7세, 0.8세로 증가함을 알 수 있다.

19

정답 ③

[오답분석]

① 조형 전공의 2016년, 2017년 취업률은 자료보다 높고, 2018년 취업률은 자료보다 낮다.

② 2016년 모든 전공의 취업률이 자료보다 낮다.

④ 2016년 연극영화 전공, 2017년 작곡 전공, 2018년 성악 전공 취업률이 자료보다 높다.

⑤ 성악 전공의 취업률 누적수치는 자료보다 높고, 국악 전공은 낮다.

20

정답 ④

신재생에너지원별 내수현황을 누적으로 나타내었으므로 옳지 않다.

01	02	03	04	05	06	07	08	09	10	11	12	13	14	15	16	17	18	19	20
③	①	①	②	⑤	①	⑤	①	⑤	④	④	②	④	③	④	③	②	④	⑤	①
21	22	23	24	25	26	27	28	29	30										
④	②	④	③	①	④	②	⑤	④	③										

01

정답 ③

제시문은 입력장치와 출력장치의 관계이다.
'마이크'의 출력장치는 '스피커'이고, '키보드'와 대응되는 출력장치는 '모니터'이다.

[오답분석]

②·⑤ 입력장치이다.
④ 이어폰은 출력장치이지만 키보드에 대응되는 출력장치는 아니다.

02

정답 ①

제시문은 유의관계이다.
'폭염'의 유의어는 '폭서'이고, '간섭'의 유의어는 '개입'이다.

[오답분석]

② 개괄(概括) : 중요한 내용이나 줄거리를 대강 추려 냄
③ 주의(注意) : 마음에 새겨 두고 조심함
④ 분투(奮鬪) : 있는 힘을 다하여 싸우거나 노력함
⑤ 방조(傍助) : 곁에서 도와줌

03

정답 ①

제시문은 유의관계이다.
'배제'의 유의어는 '배척'이고, '정세'의 유의어는 '상황'이다.

[오답분석]

② 경우(境遇) : 놓여 있는 조건이나 놓이게 된 형편이나 사정
③ 기회(機會) : 어떠한 일을 하는 데 적절한 시기나 경우
④ 눈치 : 남의 마음을 그때그때 상황으로 미루어 알아내는 것
⑤ 경감(輕減) : 부담이나 고통 따위를 덜어서 가볍게 함

04

정답 ②

물결이나 늘어진 천, 나뭇잎 등이 부드럽고 느릿하게 굽이져 자꾸 움직이는 모양을 가리키는 너울너울과 물결 따위가 부드럽게 자꾸 굽이쳐 움직이는 모양을 가리키는 넘실넘실은 유의관계를 이룬다. 행동 따위를 분명하게 하지 못하고 자꾸 망설이며 몹시 흐리멍덩하게 하는 모양을 뜻하는 우물쭈물과 어줍거나 부끄러워서 자꾸 주저하거나 머뭇거리는 모양을 뜻하는 쭈뼛쭈뼛도 유의관계를 이룬다.

[오답분석]

①·③·④·⑤ 반의관계이다.

05

추위가 감기의 원인은 될 수 있으나, 예방접종은 감기를 예방하는 방법이므로 해결방안이 될 수 없다.

오답분석

①·②·③·④ 문제 – 원인 – 해결방안의 관계이다.

06

능동 – 사동 – 피동의 관계이다.

오답분석

②·③·④·⑤ 능동 – 피동 – 사동의 관계이다.

07

세 번째, 네 번째 명제에 의해, 종열이와 지훈이는 춤을 추지 않았다. 또한, 두 번째 명제의 대우에 의해, 재현이가 춤을 추었고, 첫 번째 명제에 따라 서현이가 춤을 추었다. 따라서 참이 되는 것은 ⑤이다.

08

'아메리카노'를 A, '카페라테'를 B, '유자차'를 C, '레모네이드'를 D, '녹차'를 E, '스무디'를 F로 변환하여 각각의 조건을 비교해 보면 'A>B', 'D>C', 'E>B>D', 'F>E>A'가 된다. 이를 연립하면 'F>E>A>B>D>C'가 되므로 가장 많이 팔리는 음료는 F, 즉 스무디임을 알 수 있다.

09

'요리'를 ㉠, '설거지'를 ㉡, '주문 받기'를 ㉢, '음식 서빙'을 ㉣이라고 하면 ㉠ → ~㉡ → ~㉣ → ~㉢이 성립한다. 따라서 항상 참이 되는 진술은 '설거지를 하지 않으면 음식 주문도 받지 않는다.'이다.

10

주어진 조건을 정리하면 다음과 같은 순서로 위치한다.
초밥가게 – X – 카페 – X – 편의점 – 약국 – 옷가게 – 신발가게 – X – X

오답분석

① 카페와 옷가게 사이에 3개의 건물이 있다.
② 초밥가게와 약국 사이에 4개의 건물이 있다.
③ 편의점은 5번째 건물에 있다.
⑤ 옷가게는 7번째 건물에 있다.

11

두 번째, 네 번째 조건에 의해, B는 치통에 사용되는 약이고, A는 세 번째, 네 번째 조건에 의해 몸살에 사용되는 약이다.
∴ A – 몸살, B – 치통, C – 배탈, D – 피부병
두 번째, 다섯 번째 조건에 의해, 은정이의 처방전은 B, 희경이의 처방전은 C에 해당된다. 그러면 소미의 처방전은 마지막 조건에 의해 D에 해당된다.
∴ A – 정선, B – 은정, C – 희경, D – 소미

12

정답 ②

쓰레기 배출 요일을 표로 정리하면 다음과 같다.

구분	월요일	화요일	수요일	목요일	금요일	토요일	일요일
1주 차	A		B		C		D
2주 차		E		A		B	
3주 차	C		D		E		A

월요일의 배출 동은 A → C → E → B → D → A 순서이다. 그리고 각 순서는 2주가 걸린다. 따라서 1주＋10주＝11주이다.

[오답분석]

① 2주차만 보더라도 참이다.
③ 배출 요일은 3일씩 밀리고 이는 7과 서로소이므로 옳다.
④ 2주에 걸쳐 모두 7번의 쓰레기 배출이 이루어진다. 따라서 A동과 B동은 두 번 배출한다.

13

정답 ④

주어진 조건에서 적어도 한 사람은 반대를 한다고 하였으므로, 한 명씩 반대한다고 가정하고 접근한다.

• A가 반대하는 경우
첫 번째 조건에 의해 C는 찬성하고 E는 반대한다. 네번째 조건에 의해 E가 반대하면 B도 반대하는데, 두 번째 조건에서 B가 반대하면 A가 찬성하는 것과 모순된다. 따라서 A는 찬성이다.

• B가 반대하는 경우
두 번째 조건에 의해 A는 찬성하고 D는 반대한다. 세번째 조건에 의해 D가 반대하면 C도 반대한다. 이것은 첫 번째 조건과 모순된다. 따라서 B는 찬성이다.

위의 두 경우에서 도출한 결론과 네 번째 조건의 대우를 함께 고려해보면, B가 찬성하면 E가 찬성하고 첫 번째 조건의 대우에 의해 D도 찬성이다. 따라서 A, B, D, E 모두 찬성이다. 따라서 적어도 한 사람은 반대한다는 마지막 조건에 의해 나머지 C가 반대임을 알 수 있다.

14

정답 ③

각 조건을 종합해 보면 D는 1시부터 6시까지 연습실 2에서 플루트를 연주하고, B는 연습실 3에서 첼로를 연습하며, 연습실 2에서 처음 연습하는 사람은 9시부터 1시까지, 연습실 3에서 처음 연습하는 사람은 9시부터 3시까지 연습한다. 따라서 연습실 1에서는 나머지 3명이 각각 3시간씩 연습해야 한다.

따라서 ③이 조건으로 추가되면 A와 E가 3시에 연습실 1과 연습실 3에서 끝나는 것이 되는데, A는 연습실 1을 이용할 수 없으므로 9시부터 3시까지 연습실 3에서 바이올린을 연습하고 E는 연습실 1에서 12시부터 3시까지 클라리넷을 연습한다. C도 연습실 1을 이용할 수 없으므로 연습실 2에서 9시부터 1시까지 콘트라베이스를 연습하고, 마지막 조건에 따라 G는 9시부터 12시까지 연습실 1, F는 3시부터 6시까지 연습실 1에서 바순을 연습하므로 모든 사람의 연습 장소와 연습 시간이 확정된다.

구분	연습실 1	연습실 2	연습실 3
9 ~ 10시	G	C	A
10 ~ 11시	G	C	A
11 ~ 12시	G	C	A
12 ~ 1시	E	C	A
1 ~ 2시	E	D	A
2 ~ 3시	E	D	A
3 ~ 4시	F	D	B
4 ~ 5시	F	D	B
5 ~ 6시	F	D	B

15

주어진 조건을 표로 정리하면 다음과 같다.

구분	중국	러시아	일본
봄		홍보팀 D차장	
여름	영업팀 C대리 (디자인팀 E사원)		
가을			재무팀 A과장 개발팀 B부장
겨울	디자인팀 E사원 (영업팀 C대리)		

조건에 따르면 중국에는 총 2명이 출장을 갈 수 있고, 각각 여름 혹은 겨울에 간다. 따라서 중국에 갈수 있는 C대리와 E사원은 한 사람이 여름에 가면 한 사람이 겨울에 가게 된다. 따라서 주어진 조건에 따라 항상 옳은 결과는 '영업팀 C대리가 여름에 중국 출장을 가면, 디자인 팀 E사원은 겨울에 중국 출장을 간다.'이다.

[오답분석]

①·⑤ 홍보팀 D차장은 혼자서 러시아로 출장을 간다.
②·③ 함께 일본으로 출장을 가는 두 사람은 재무팀 A과장과 개발팀 B부장이다.

16

지헌이가 3등인 경우와 4등인 경우로 나누어 조건을 따져보아야 한다.
- 지헌이가 3등일 때 : 지헌이의 바로 뒤로 들어온 인성이는 4등, 지헌이보다 앞섰다는 성민이와 기열이가 1~2등인데, 성민이가 1등이 아니라고 하였으므로 1등은 기열, 2등은 성민이가 된다. 지혜는 꼴등이 아니라고 했으므로 5등, 수빈이는 6등이다.
- 지헌이가 4등일 때 : 지헌이의 바로 뒤로 들어온 인성이는 5등, 2~3등은 성민이 또는 지혜가 되어야 하며, 1등은 기열이, 6등은 성민이와 지혜보다 뒤 순위인 수빈이다.

이를 정리해 보면 경우의 수는 다음과 같이 총 3가지이다.

구분	1등	2등	3등	4등	5등	6등
경우 1	기열	성민	지헌	인성	지혜	수빈
경우 2	기열	성민	지혜	지헌	인성	수빈
경우 3	기열	지혜	성민	지헌	인성	수빈

따라서 성민이는 지혜보다 순위가 높을 수도, 그렇지 않을 수도 있으므로 ③은 옳지 않다.

17

C사원과 E사원의 진술은 동시에 참이 되거나 거짓이 된다.
ⅰ) C사원과 E사원이 모두 거짓말을 한 경우
 참인 B사원의 진술에 따라 D사원이 금요일에 열리는 세미나에 참석한다. 그러나 이때 C와 E 중 한 명이 참석한다는 D사원의 진술과 모순되므로 성립하지 않는다.
ⅱ) C사원과 E사원이 모두 진실을 말했을 경우
 C사원과 E사원의 진술에 따라 C, D, E사원은 세미나에 참석할 수 없다. 따라서 D사원이 세미나에 참석한다는 B사원의 진술은 거짓이 되며, C와 E사원 중 한 명이 참석한다는 D사원의 진술도 거짓이 된다. 또한 A사원은 세미나에 참석하지 않으므로, 결국 금요일 세미나에 참석하는 사람은 B사원이 된다.

따라서 B사원과 D사원이 거짓말을 하고 있으며, 이번 주 금요일 세미나에 참석하는 사람은 B사원이다.

18

정답 ④

A와 C의 진술은 서로 모순되므로 동시에 거짓이거나 참일 경우 성립하지 않는다. 또한 A가 거짓인 경우 불참한 스터디원이 2명 이상이 되므로 A는 반드시 참이어야 한다. 따라서 C는 거짓이고, 성립 가능한 경우는 다음과 같다.

ⅰ) B와 C가 거짓인 경우

A와 C, E는 스터디에 참석했으며 B와 D가 불참하였으므로 B와 D가 벌금을 내야 한다.

ⅱ) C와 D가 거짓인 경우

A와 D, E는 스터디에 참석했으며 B와 C가 불참하였으므로 B와 C가 벌금을 내야 한다.

ⅲ) C와 E가 거짓인 경우

불참한 스터디원이 C, D, E 3명이 되므로 성립하지 않는다.

따라서 B와 D 또는 B와 C가 함께 벌금을 내야 하므로 B는 반드시 벌금을 내야 한다.

19

정답 ⑤

D의 진술에 따라 B와 D의 진술은 동시에 참이 되거나 거짓이 된다.

ⅰ) B와 D의 진술이 모두 거짓인 경우

B는 C와 함께 동네 PC방에 있었다는 A의 진술과 자신은 집에 있었다는 C의 진술이 서로 모순되므로 성립하지 않는다.

ⅱ) B와 D의 진술이 모두 참인 경우

A, C와 함께 있었다는 B의 진술이 참이므로 A와 둘이 집에 있었다는 E의 진술과 자신은 집에 혼자 있었다는 C의 진술은 거짓이 되고, 거짓인 E의 진술에 따라 범인은 E가 된다.

따라서 C와 E의 진술이 거짓이며, 범인은 E이다.

20

정답 ①

B와 E의 말이 서로 모순되므로 둘 중 한 명은 반드시 거짓을 말하고 있다.

ⅰ) B의 말이 거짓일 경우

E의 말이 참이 되므로 D의 말에 따라 아이스크림을 사야 할 사람은 A가 된다. 또한 나머지 A, C, D의 말 역시 모두 참이 된다.

ⅱ) E의 말이 거짓일 경우

B의 말이 참이 되므로 아이스크림을 사야 할 사람은 C가 된다. 그러나 B의 말이 참이라면 참인 C의 말에 따라 D의 말은 거짓이 된다. 결국 D와 E 2명이 거짓을 말하게 되므로 한 명만 거짓말을 한다는 조건이 성립하지 않으며, A의 말과도 모순된다.

따라서 거짓말을 하는 사람은 B이며, 아이스크림을 사야 할 사람은 A이다.

21

정답 ④

단 한 명이 거짓말을 하고 있으므로 C와 D 중 한 명은 반드시 거짓을 말하고 있다. 즉, C의 말이 거짓일 경우 D의 말은 참이 되며, D의 말이 참일 경우 C의 말은 거짓이 된다.

ⅰ) D의 말이 거짓일 경우

C와 B의 말이 참이므로 A와 D가 모두 1등이 되므로 모순이다.

ⅱ) C의 말이 거짓일 경우

A는 1등 당첨자가 되지 않으며, 나머지 진술에 따라 D가 1등 당첨자가 된다.

따라서 C가 거짓을 말하고 있으며, 1등 당첨자는 D이다.

22

정답 ②

두 개의 불고기 버거 중 하나는 A가 먹었고, 나머지 하나는 C와 D 중 한 명이 먹었으므로 B는 불고기 버거를 먹을 수 없다. 또한 B는 치킨 버거를 먹지 않았으므로 반드시 하나 이상의 버거를 먹는다는 조건에 따라 B는 새우 버거를 먹었을 것이다.

23

정답 ④

규칙은 가로 방향으로 적용된다.
각 행 안의 도형의 모서리 수를 합치면 왼쪽부터 순서대로 7, 12, 17이다.

24

정답 ③

규칙은 세로 방향으로 적용된다.
세 번째 도형과 두 번째 도형을 합치면 첫 번째 도형이 된다.

25

정답 ①

규칙은 가로 방향으로 적용된다.
첫 번째 도형과 두 번째 도형을 합치면 세 번째 도형이 된다.

26

정답 ④

- ◆ : 1234 → 4231
- ♡ : 각 자릿수 +3, +1, +2, +3
- ○ : 1234 → 4321
- ▷ : 1234 → 1324

M1Y8　→　81YM　→　12AP
　　　　　◆　　　　　♡

27

정답 ②

S6H2　→　SH62　→　26HS
　　　　　▷　　　　　○

28

정답 ⑤

GㅅRㅎ　→　JOTㄷ　→　ㄷTOJ
　　　　　♡　　　　　○

29

정답 ④

제시문은 공포에 호소하는 오류이다. 공포에 호소하는 오류는 감정에 호소하는 오류에 속한다.

30

정답 ③

철수의 성적을 모르는데도 불구하고 우등생이 아니면 꼴찌라고 생각하는 것은 흑백 사고의 오류이다. 이와 유사한 오류를 보이는 것은 ③이다.

최종점검 모의고사 답안지

언어

문번	1	2	3	4	5
1	①	②	③	④	⑤
2	①	②	③	④	⑤
3	①	②	③	④	⑤
4	①	②	③	④	⑤
5	①	②	③	④	⑤
6	①	②	③	④	⑤
7	①	②	③	④	⑤
8	①	②	③	④	⑤
9	①	②	③	④	⑤
10	①	②	③	④	⑤
11	①	②	③	④	⑤
12	①	②	③	④	⑤
13	①	②	③	④	⑤
14	①	②	③	④	⑤
15	①	②	③	④	⑤
16	①	②	③	④	⑤
17	①	②	③	④	⑤
18	①	②	③	④	⑤
19	①	②	③	④	⑤
20	①	②	③	④	⑤

수리

문번	1	2	3	4	5
1	①	②	③	④	⑤
2	①	②	③	④	⑤
3	①	②	③	④	⑤
4	①	②	③	④	⑤
5	①	②	③	④	⑤
6	①	②	③	④	⑤
7	①	②	③	④	⑤
8	①	②	③	④	⑤
9	①	②	③	④	⑤
10	①	②	③	④	⑤
11	①	②	③	④	⑤
12	①	②	③	④	⑤
13	①	②	③	④	⑤
14	①	②	③	④	⑤
15	①	②	③	④	⑤
16	①	②	③	④	⑤
17	①	②	③	④	⑤
18	①	②	③	④	⑤
19	①	②	③	④	⑤
20	①	②	③	④	⑤

추리

문번	1	2	3	4	5
1	①	②	③	④	⑤
2	①	②	③	④	⑤
3	①	②	③	④	⑤
4	①	②	③	④	⑤
5	①	②	③	④	⑤
6	①	②	③	④	⑤
7	①	②	③	④	⑤
8	①	②	③	④	⑤
9	①	②	③	④	⑤
10	①	②	③	④	⑤
11	①	②	③	④	⑤
12	①	②	③	④	⑤
13	①	②	③	④	⑤
14	①	②	③	④	⑤
15	①	②	③	④	⑤
16	①	②	③	④	⑤
17	①	②	③	④	⑤
18	①	②	③	④	⑤
19	①	②	③	④	⑤
20	①	②	③	④	⑤
21	①	②	③	④	⑤
22	①	②	③	④	⑤
23	①	②	③	④	⑤
24	①	②	③	④	⑤
25	①	②	③	④	⑤
26	①	②	③	④	⑤
27	①	②	③	④	⑤
28	①	②	③	④	⑤
29	①	②	③	④	⑤
30	①	②	③	④	⑤

교시장

성명

수험번호

⓪	①	②	③	④	⑤	⑥	⑦	⑧	⑨
⓪	①	②	③	④	⑤	⑥	⑦	⑧	⑨
⓪	①	②	③	④	⑤	⑥	⑦	⑧	⑨
⓪	①	②	③	④	⑤	⑥	⑦	⑧	⑨
⓪	①	②	③	④	⑤	⑥	⑦	⑧	⑨
⓪	①	②	③	④	⑤	⑥	⑦	⑧	⑨
⓪	①	②	③	④	⑤	⑥	⑦	⑧	⑨

감독위원 확인

인

최종점검 모의고사 답안지

교시장

성 명

수 험 번 호							
⓪	⓪	⓪	⓪	⓪	⓪		
①	①	①	①	①	①	①	
②	②	②	②	②	②	②	②
③	③	③	③	③	③	③	③
④	④	④	④	④	④	④	④
⑤	⑤	⑤	⑤	⑤	⑤	⑤	⑤
⑥	⑥	⑥	⑥	⑥	⑥	⑥	⑥
⑦	⑦	⑦	⑦	⑦	⑦	⑦	⑦
⑧	⑧	⑧	⑧	⑧	⑧	⑧	⑧
⑨	⑨	⑨	⑨	⑨	⑨	⑨	⑨

감독위원 확인

(인)

언어

문번	1	2	3	4	5
1	①	②	③	④	⑤
2	①	②	③	④	⑤
3	①	②	③	④	⑤
4	①	②	③	④	⑤
5	①	②	③	④	⑤
6	①	②	③	④	⑤
7	①	②	③	④	⑤
8	①	②	③	④	⑤
9	①	②	③	④	⑤
10	①	②	③	④	⑤
11	①	②	③	④	⑤
12	①	②	③	④	⑤
13	①	②	③	④	⑤
14	①	②	③	④	⑤
15	①	②	③	④	⑤
16	①	②	③	④	⑤
17	①	②	③	④	⑤
18	①	②	③	④	⑤
19	①	②	③	④	⑤
20	①	②	③	④	⑤

수리

문번	1	2	3	4	5
1	①	②	③	④	⑤
2	①	②	③	④	⑤
3	①	②	③	④	⑤
4	①	②	③	④	⑤
5	①	②	③	④	⑤
6	①	②	③	④	⑤
7	①	②	③	④	⑤
8	①	②	③	④	⑤
9	①	②	③	④	⑤
10	①	②	③	④	⑤
11	①	②	③	④	⑤
12	①	②	③	④	⑤
13	①	②	③	④	⑤
14	①	②	③	④	⑤
15	①	②	③	④	⑤
16	①	②	③	④	⑤
17	①	②	③	④	⑤
18	①	②	③	④	⑤
19	①	②	③	④	⑤
20	①	②	③	④	⑤

추리

문번	1	2	3	4	5
1	①	②	③	④	⑤
2	①	②	③	④	⑤
3	①	②	③	④	⑤
4	①	②	③	④	⑤
5	①	②	③	④	⑤
6	①	②	③	④	⑤
7	①	②	③	④	⑤
8	①	②	③	④	⑤
9	①	②	③	④	⑤
10	①	②	③	④	⑤
11	①	②	③	④	⑤
12	①	②	③	④	⑤
13	①	②	③	④	⑤
14	①	②	③	④	⑤
15	①	②	③	④	⑤
16	①	②	③	④	⑤
17	①	②	③	④	⑤
18	①	②	③	④	⑤
19	①	②	③	④	⑤
20	①	②	③	④	⑤

추리

문번	1	2	3	4	5
21	①	②	③	④	⑤
22	①	②	③	④	⑤
23	①	②	③	④	⑤
24	①	②	③	④	⑤
25	①	②	③	④	⑤
26	①	②	③	④	⑤
27	①	②	③	④	⑤
28	①	②	③	④	⑤
29	①	②	③	④	⑤
30	①	②	③	④	⑤

최종점검 모의고사 답안지

언어

문번	1	2	3	4	5
1	①	②	③	④	⑤
2	①	②	③	④	⑤
3	①	②	③	④	⑤
4	①	②	③	④	⑤
5	①	②	③	④	⑤
6	①	②	③	④	⑤
7	①	②	③	④	⑤
8	①	②	③	④	⑤
9	①	②	③	④	⑤
10	①	②	③	④	⑤
11	①	②	③	④	⑤
12	①	②	③	④	⑤
13	①	②	③	④	⑤
14	①	②	③	④	⑤
15	①	②	③	④	⑤
16	①	②	③	④	⑤
17	①	②	③	④	⑤
18	①	②	③	④	⑤
19	①	②	③	④	⑤
20	①	②	③	④	⑤

수리

문번	1	2	3	4	5
1	①	②	③	④	⑤
2	①	②	③	④	⑤
3	①	②	③	④	⑤
4	①	②	③	④	⑤
5	①	②	③	④	⑤
6	①	②	③	④	⑤
7	①	②	③	④	⑤
8	①	②	③	④	⑤
9	①	②	③	④	⑤
10	①	②	③	④	⑤
11	①	②	③	④	⑤
12	①	②	③	④	⑤
13	①	②	③	④	⑤
14	①	②	③	④	⑤
15	①	②	③	④	⑤
16	①	②	③	④	⑤
17	①	②	③	④	⑤
18	①	②	③	④	⑤
19	①	②	③	④	⑤
20	①	②	③	④	⑤

추리

문번	1	2	3	4	5
1	①	②	③	④	⑤
2	①	②	③	④	⑤
3	①	②	③	④	⑤
4	①	②	③	④	⑤
5	①	②	③	④	⑤
6	①	②	③	④	⑤
7	①	②	③	④	⑤
8	①	②	③	④	⑤
9	①	②	③	④	⑤
10	①	②	③	④	⑤
11	①	②	③	④	⑤
12	①	②	③	④	⑤
13	①	②	③	④	⑤
14	①	②	③	④	⑤
15	①	②	③	④	⑤
16	①	②	③	④	⑤
17	①	②	③	④	⑤
18	①	②	③	④	⑤
19	①	②	③	④	⑤
20	①	②	③	④	⑤

문번	1	2	3	4	5
21	①	②	③	④	⑤
22	①	②	③	④	⑤
23	①	②	③	④	⑤
24	①	②	③	④	⑤
25	①	②	③	④	⑤
26	①	②	③	④	⑤
27	①	②	③	④	⑤
28	①	②	③	④	⑤
29	①	②	③	④	⑤
30	①	②	③	④	⑤

교시장

성명

수험번호

⓪	①	②	③	④	⑤	⑥	⑦	⑧	⑨
⓪	①	②	③	④	⑤	⑥	⑦	⑧	⑨
⓪	①	②	③	④	⑤	⑥	⑦	⑧	⑨
⓪	①	②	③	④	⑤	⑥	⑦	⑧	⑨
⓪	①	②	③	④	⑤	⑥	⑦	⑧	⑨
⓪	①	②	③	④	⑤	⑥	⑦	⑧	⑨
⓪	①	②	③	④	⑤	⑥	⑦	⑧	⑨

감독위원 확인

인

최종점검 모의고사 답안지

교시장

성 명

수험번호

	0	1	2	3	4	5	6	7	8	9
	0	1	2	3	4	5	6	7	8	9
	0	1	2	3	4	5	6	7	8	9
	0	1	2	3	4	5	6	7	8	9
	0	1	2	3	4	5	6	7	8	9
	0	1	2	3	4	5	6	7	8	9
		1	2	3	4	5	6	7	8	9

감독위원 확인

(인)

언어

문번	1	2	3	4	5
1	①	②	③	④	⑤
2	①	②	③	④	⑤
3	①	②	③	④	⑤
4	①	②	③	④	⑤
5	①	②	③	④	⑤
6	①	②	③	④	⑤
7	①	②	③	④	⑤
8	①	②	③	④	⑤
9	①	②	③	④	⑤
10	①	②	③	④	⑤
11	①	②	③	④	⑤
12	①	②	③	④	⑤
13	①	②	③	④	⑤
14	①	②	③	④	⑤
15	①	②	③	④	⑤
16	①	②	③	④	⑤
17	①	②	③	④	⑤
18	①	②	③	④	⑤
19	①	②	③	④	⑤
20	①	②	③	④	⑤

수리

문번	1	2	3	4	5
1	①	②	③	④	⑤
2	①	②	③	④	⑤
3	①	②	③	④	⑤
4	①	②	③	④	⑤
5	①	②	③	④	⑤
6	①	②	③	④	⑤
7	①	②	③	④	⑤
8	①	②	③	④	⑤
9	①	②	③	④	⑤
10	①	②	③	④	⑤
11	①	②	③	④	⑤
12	①	②	③	④	⑤
13	①	②	③	④	⑤
14	①	②	③	④	⑤
15	①	②	③	④	⑤
16	①	②	③	④	⑤
17	①	②	③	④	⑤
18	①	②	③	④	⑤
19	①	②	③	④	⑤
20	①	②	③	④	⑤

추리

문번	1	2	3	4	5
1	①	②	③	④	⑤
2	①	②	③	④	⑤
3	①	②	③	④	⑤
4	①	②	③	④	⑤
5	①	②	③	④	⑤
6	①	②	③	④	⑤
7	①	②	③	④	⑤
8	①	②	③	④	⑤
9	①	②	③	④	⑤
10	①	②	③	④	⑤
11	①	②	③	④	⑤
12	①	②	③	④	⑤
13	①	②	③	④	⑤
14	①	②	③	④	⑤
15	①	②	③	④	⑤
16	①	②	③	④	⑤
17	①	②	③	④	⑤
18	①	②	③	④	⑤
19	①	②	③	④	⑤
20	①	②	③	④	⑤

추리

문번	1	2	3	4	5
21	①	②	③	④	⑤
22	①	②	③	④	⑤
23	①	②	③	④	⑤
24	①	②	③	④	⑤
25	①	②	③	④	⑤
26	①	②	③	④	⑤
27	①	②	③	④	⑤
28	①	②	③	④	⑤
29	①	②	③	④	⑤
30	①	②	③	④	⑤

2024 최신판 SD에듀 비대면 채용대비 온라인 인적성검사 언어 · 수리 · 추리

개정4판1쇄 발행	2024년 01월 05일 (인쇄 2023년 08월 14일)
초 판 발 행	2020년 09월 25일 (인쇄 2020년 08월 27일)
발 행 인	박영일
책 임 편 집	이해욱
편 저	SDC(Sidae Data Center)
편 집 진 행	이근희 · 김내원
표지디자인	김지수
편집디자인	김경원 · 채현주
발 행 처	(주)시대고시기획
출 판 등 록	제10-1521호
주 소	서울시 마포구 큰우물로 75 [도화동 538 성지 B/D] 9F
전 화	1600-3600
팩 스	02-701-8823
홈 페 이 지	www.sdedu.co.kr
I S B N	979-11-383-5720-3 (13320)
정 가	23,000원

ONLINE

2024 최신판 비대면 채용대비

온라인 인적성검사
언어 | 수리 | 추리

정답 및 해설

시대교육그룹

(주)시대고시기획 시대교육(주)	고득점 합격 노하우를 집약한 최고의 전략 수험서 **www.sidaegosi.com**
시대에듀	자격증 · 공무원 · 취업까지 분야별 BEST 온라인 강의 **www.sdedu.co.kr**
이슈&시사상식	최신 주요 시사이슈와 취업 정보를 담은 취준생 시사지 **격월 발행**
	외국어 · IT · 취미 · 요리 생활 밀착형 교육 연구 **실용서 전문 브랜드**

꿈을 지원하는 행복…

여러분이 구입해 주신 도서 판매수익금의 일부가
국군장병 1인 1자격 취득 및 학점취득 지원사업과
낙도 도서관 지원사업에 쓰이고 있습니다.